·추·천·사·

우리 목회자에게 부여된 설교의 특권은 어떤 것과도 비교할 수 없는 영광이며 또한 어깨를 누르는 부담이기도 합니다. 어떤 이들은 진리보다도 설교를 멋지게 하려고 하기도 하고 본인의 성숙의 무게보다 더한 말들을 하려고도 합니다.

이런 때에 찰스 스윈돌 목사님의 신약 인사이트 시리즈가 나오게 된 것은 모든 목회자들을 위한 축복이라고 생각합니다. 그는 50년 가까이 사역을 하면서 단 한 번의 소란스러운 소문도 내지 않고 모든 교인에게 존경을 받은 목회자입니다. 탁월한 삶의 안목으로 진리를 발견하고, 가장 풍성한 언어로 본문의 강해를 전하는 목회자입니다. 그런가 하면 그는 가장 말씀을 잘 교육하는 달라스 신학교를 맡아 후학들을 교육하여 미국에서 가장 영향력 있는 신학교로 발전시켜나갔습니다.

이 책은 그의 50년 말씀 강해 사역의 결산입니다. 어렵고 난해한 설명이 아니라 진리에 대한 분명한 이해와 전 생애를 통해 입증한 진리의 말씀을 그만이 할 수 있는 언어의 연금술사적 표현으로 이 강해를 완성했습니다. 이 시리즈는 가볍고 빈약한 말씀으로 얼룩진 한국 교회의 강단에 풍성한 말씀의 은혜를 가져다줄 것입니다. 성경 본문을 다시 보게 만들고, 진리의 깊은 뜻에 목회자 자신이 먼저 은혜를 받게 하며, 전해야 할 메시지를 분명하게 정리해주는 가이드가 될 것입니다. 한국 강단에 말씀이 흥왕되기를 간절히 바라며 젊은 목회자뿐만 아니라, 말씀 앞에 오늘도 씨름하며 간절히 사모하는 모든 설교자에게 진심으로 이 책을 권합니다.

홍정길 목사_남서울은혜교회

찰스 스윈돌은 우리 시대 하나님의 선물입니다. 그는 가장 신실한 강해 설교의 모본을 보이신 분입니다. 그는 학자는 아니지만 언제나 본문에 성실한 설교자입니다.

그는 주석/ 석의의 기본을 중시하면서 본문을 강해하는 분입니다. 그러면서 탁월한 적용으로 우리를 삶의 마당으로 안내합니다. 이번에 도서출판 디모데가 「찰스 스윈돌의 신약 인사이트」 시리즈를 펴낸 것에 대해 한국 교회와 더불어 축하하며 기뻐하고 싶습니다.

그만큼 한국 교회 강단이 풍성해질 것을 기대하기 때문입니다. 설교자들은 옷을 팔아서라도 이 시리즈를 비치하고, 모든 성경 연구자는 새로운 재산 목록으로 이 시리즈를 추가하십시오. 이 시리즈가 오늘의 허약한 강단을 부요하게 하고, 위기에 처한 한국 교회를 살리는 보약이 될 것을 예감합니다. 진지하게 말씀을 묵상하는 모든 이에게 이 책은 우리 시대의 동의보감이 될 것입니다. 찰스 스윈돌이 이미 끼친 영향력보다 더 오래, 그리고 더 깊게 이 시리즈는 말씀을 연구하는 모든 사람의 길잡이가 될 것입니다.

함께 귀한 보화를 나누는 기쁨으로 이 책을 추천합니다.

이동원 목사_지구촌교회

찰스 스윈돌 목사님은 저 개인의 판단으로는 현재 생존하고 있는 설교자 가운데 최고의 설교자라고 늘 생각해왔습니다. 제가 미국에 거주했던 오랜 시간 동안 기회가 있을 때마다 스윈돌 목사님의 설교를 들으면서 하나님의 말씀이 얼마나 귀하고 위대한 진리인지를 강하게 느끼곤 했습니다. 특히 설교를 전달하는 그분의 능력은 누구와도 비교가 되지 않습니다. 사실 이러한 판단은 저만의 느낌이 아니고 그분의 설교를 들어본 전 세계 수많은 기독교인들이 같은 판단을 하고 있다고 생각합니다. 스윈돌 목사님의 설교는 거의 강해식 설교인데 성경 말씀의 현실적 가치를 남김없이 드러내줍니다. 설교자들이 본받아야 할 모델임에 틀림없습니다. 달라스 신학대학원 총장을 은퇴한 스윈돌 목사님은 달라스에 교회를 개척하신 후 오늘까지도 설교를 하고 계십니다. 그 설교 시리즈를 〈인사이트 포 리빙(Insight for Living)〉이라 부릅니다. 이번에 디모데에서 출판한 「찰스 스윈돌의 신약 인사이트」 시리즈는 그분의 설교를 주석 형태로 정리하여 출판한 것으로서, 비록 활자화된 책이 그분의 현장 설교를 그대로 반영할 수는 없겠지만, 그래도 그분의 탁월한 말씀 선포를 최대한 반영한 것이라 할 수 있습니다. 한국의 모든 목회자와 신학생과 한국 교회에 이 시리즈가 소중한 자료로 사용되어지고, 독자들에게 큰 은혜를 끼치게 될 것을 기대해마지 않습니다.

김상복 목사_세계복음주의연맹(WEA) 회장, 할렐루야교회 원로목사

포스트모던 시대에 살고 있는 현대 크리스천들과 목회자들과 선교사들에게 있어서 가장 큰 취약점은 날이 갈수록 성경 말씀이 그들로부터 멀게 느껴진다는 사실이다. 찰스 스윈돌 목사님의 설교와 성경 강해는 이런 추세를 돌이키고도 남음이 있음을 지난 47여 년 동안 그의 설교를 듣고 하나님의 말씀이 주는 감동을 다시 찾은 미국 교회 회중들에 의해 충분히 입증된 바 있다. 이 「찰스 스윈돌의 신약 인사이트」 시리즈도 현대 한국 크리스천들과 목회자들과 선교사들로 하여금 말씀에 대한 이해와 적용을 할 수 있도록 도움으로써 다시 한 번 성경의 원저자가 의도했던 감동을 주기에 충분할 것이다.

성경 말씀이 처음 선포되었을 때 이를 들은 회중에게 일어났던 임팩트가 재현되기 위해서는 최소한 다음 두 가지 여건이 재조성되지 않으면 안 된다. 첫째, 하나님이 원래 의도하셨던 대로 그 의미(meaning)가 정확하게 전달되어야 한다. 둘째, 듣는 이들의 마음속에 말씀이 들어가서 하나님이 그 말씀을 통해 의도하셨던 일이 선명하게 드러나야 한다. 이럴 때 비로소 우리는 전해진 말씀이 자신들과 연관성(relevance)이 있다는 사실을 피부로 느끼게 될 것이다. 이를 다시 한국 상황에 맞게 정리하면 성경에 대한 이해와 아울러 이 말씀을 듣는 회중, 즉 한국 사람들의 마음에 대한 이해가 깊지 않으면 안 된다는 말이다. 이에 한 가지 중요한 요소를 더 보탠다면 이 둘 사이에 다리를 놓는 것, 즉 커뮤니케이션이 잘 되어야 한다는 것이다.

이 시리즈는 이 세 가지 모두를 탁월하게 이해한 이 시대의 가장 저명한 강해자 가운데 한 사람이 그의 전 생애를 건 결실이기도 하다. 이를 사용하는 한국 크리스천들과 목회자들과 선교사들에게도 다시 한 번 하나님의 말씀이 가슴속 깊이 파고들어가 원저자이신 성령이 의도하신 대로의 메시지에 따라 삶이 변화되며, 급기야 그 가치관과 세계관이 성경적이 되어 더 이상 얄팍한 크리스천이라는 비난을 받지 않게 되기를 간절히 기원하며 이 시리즈를 모든 사람에게 추천한다.

이태웅 목사_한국글로벌리더십연구원 원장

찰스 스윈돌 목사님은 우리 시대 최고의 목회자요 설교자로서 이미 수많은 저서를 통해 우리에게 잘 알려진 존경받는 저술가이기도 하다. 「찰스 스윈돌의 신약 인사이트」 시리즈는 목회자에게 유익을 주는 또 하나의 저서이다. 이 책은 목회자들의 설교나 성경 공부 준비에 아주 요긴한 좋은 지식을 제공하고 있어 대단히 유익하다.

김경원 목사_서현교회

"나는 성경 말씀을 고찰하고 선포하는 일에 중독되었다고 서슴없이 말할 수 있습니다." 이것은 찰스 스윈돌 목사님이 서문에서 고백한 내용이다. 그는 설교자로서 하나님의 말씀을 정확하고, 명료하고, 현실적이고, 통찰력 있게 전달하고자 애썼으며 이 일에 자신의 전 생애를 헌신했다. 이 책은 지난 50여 년 동안 설교하고 가르치면서 하나님의 진리를 이해하고 설명하고 적용한 귀한 책이다.

김병삼 목사_만나교회

찰스 스윈돌 목사님은 본문 주해와 적용에 탁월한 강해 설교자이다. 그에게는 원어로 말씀을 분석하는 지력과 말씀을 삶에 실제적으로 적용하는 통찰력이 있다. 그에게는 하나님의 말씀인 로고스(Logos), 그 말씀을 자신 있게 전하는 설교자의 에토스(Ethos), 그리고 열정과 헌신으로 가득한 설교자의 파토스(Pathos)가 있기에 이 시리즈가 말씀을 사랑하는 평신도와 목회자에게 큰 유익이 되리라 확신한다.

노창수 목사_워싱턴 중앙장로교회

찰스 스윈돌은 모든 사역자에게 존경을 받는 분입니다. 그분의 분명한 성경 강해와 실천적인 적용의 원리는 모든 곳, 모든 사람에게 깊은 영향력을 끼치고 있습니다. 이번에 디모데에서 출간된 「찰스 스윈돌의 신약 인사이트」 시리즈는 설교를 준비하는 신학생으로부터 담임목사에 이르기까지 매 주일 말씀을 선포하는 사역자들의 목마름을 해갈시켜줄 좋은 도움서입니다. 모든 분들의 일독을 적극 추천합니다.

박은조 목사_샘물교회

지난 반세기를 말씀을 전하는 일에 헌신해온 찰스 스윈돌 목사님은 과연 이 시대 가장 탁월한 설교자답게 모든 설교자를 위하여 대단히 귀한 선물을 준비했다. 설교자 치고 자료의 중요성을 모르는 사람이 어디 있을까? 이번에 그가 펴낸 이 새로운 시리즈는 어렵고 난해한 주석들과 너무도 평범한 설교집들 사이에서 방황하던 설교자들에게 마침표를 찍어줄 것이다.

박정근 목사_부산영안침례교회

내가 처음 강해 설교를 배운 후 연습을 위해 참고한 것이 찰스 스윈돌의 성경 공부였다. 그가 말씀을 묵상한 내용은 깊이도 있지만 적용의 포인트가 아주 신선했다. 무엇보다도 의사소통에 천재적인 능력을 보여주었다. 그는 자신이 강조하는 것처럼 성경 신학자는 아니다. 그럼에도 불구하고, 아니 그렇기 때문에 그의 성경 해석은 모든 사람에게 쉽게 전달이 된다. 이 시리즈는 성경을 공부하는 사람들에게 부담을 주지 않으면서도 실제적으로 많은 도움을 줄 것이다.

방선기 목사_직장사역연구소 소장

신약의 성경들과 관련된 주석들을 많이 읽어보았지만 찰스 스윈돌 목사님의 시리즈만큼 insightful한 책은 없었습니다. 방대한 자료를 제시하며 깊이 있게, 여러 가지 관점으로 볼 수 있도록 인도하는 「찰스 스윈돌의 신약 인사이트」 시리즈는 신기할 정도로 한결같이 친절하고 생생한 언어를 사용해 성경의 원저자들을 만난 것 같은 기분을 느끼게 합니다. 가르치는 사람이라면 꼭 읽고 공부하시기를 권합니다. 다만, 이 책을 펼치시기 전에 조심해야 할 일이 있습니다. 이 책을 읽는 사람이라면 누구나 이 시리즈의 전도사가 될 것이기 때문입니다.

서정인 목사_한국컴패션 대표

명료하면서도 풍성한 표현, 정확하면서도 깊은 이해, 어렵지 않으면서도 부족함이 없는 성경 해석서가 있기를 바라왔는데 주님은 그런 축복을 찰스 스윈돌 목사님을 통해 우리에게 주셨습니다. 훌륭한 목회자로, 탁월한 설교자로서 그의 47년 목회 사역의 귀중한 자료들을 망라한 이 책을 말씀에 대한 갈증을 느끼는 모든 목회자, 특별히 설교를 준비하는 모든 설교자에게 진심으로 권합니다.

이찬수 목사_분당우리교회

오늘날 교계의 가장 빼어난 지도자 가운데 한 분으로 나는 주저 없이 찰스 스윈돌 목사님을 꼽는다. 그는 탁월한 지도력을 갖춘 목회자이고, 건강한 신학적 안목을 지닌 성경 강해자이며, 선명한 복음을 선포하는 설교자이다. 그러나 내가 그를 존경하는 진짜 이유는 말과 행실이 일치하는 그의 성숙한 신앙 인격 때문이다. 평생 스캔들 한 번 없이 수많은 사람들에게 거룩한 영향력을 미친 그의 47년 사역의 결정체가 책자로 출간되었다니 말할 수 없이 기쁘고 감사하다. 전통적 주석과 달리 성경을 통합적으로 꿰어내는 통찰력이 그의 라디오 사역인 〈인사이트 포 리빙(Insight for Living)〉을 연상시킨다. 이 보석 같은 책자를 모든 성도와 신학도와 설교자에게 자신 있게 추천한다.

정민영 선교사_WBT 부총재

찰스 스윈돌 목사님은 우리에게 잘 알려져 있는 목사님이다. 그가 가진 성경 공부와 강해 설교에 대한 탁월한 은사는 우리로 하여금 성경을 전체적으로 그리고 세밀하게 바라볼 수 있도록 도와준다. 그리고 그가 저술한 여러 책들은 누구나 성경을 바로 이해할 수 있도록 도와줄 뿐만 아니라 말씀을 삶에 적용하고 실천하는 데 대단히 훌륭한 가이드가 된다. 이번에 디모데에서 출판한 「찰스 스윈돌의 신약 인사이트」 시리즈는 목회자들의 설교 사역에 대단히 큰 도움을 줄 것이라고 확신한다.

정주채 목사_향상교회

드디어 기다리던 작품이 나오게 되어 기쁘다. 찰스 스윈돌, 그는 실천적 성경 해석가요 본문을 살아나게 하는 설교자이다. 그는 '그때 거기서' 주어졌던 말씀을 '지금 여기에서도' 적용되도록 실용적 인사이트를 준다. 특히 그는 어느 본문에서도 예수 그리스도가 나타나도록 설교의 절정을 이루는 원리와 비법을 자연스럽게 제시해준다. 그래서 말씀을 듣는 사람들을 부활의 능력으로 소생시켜준다. 이것이 그가 만들어내는 인사이트 주석의 핵심이다.

조봉희 목사_지구촌교회(서울)

본문에 대한 세밀한 통찰력과 시대를 읽어내는 예리한 지성이 청중을 사로잡는 수사학과 버무려진 책이다. 본문을 통하여 하나님의 음성을 읽어내는 영성과 그 음성을 청중의 삶에 적용하기 위한 찰스 스윈들의 열정과 사랑이 집대성되었다. 이 책에는 천상의 소리를 지상의 소리로 만드는 비법이 고스란히 담겨 있다.

최명덕 목사_건국대학교 교수

「찰스 스윈돌의 신약 인사이트」 시리즈를 통해 찰스 스윈돌 목사님을 우리 개인의 서재로 초대하고, 그분과 함께 목회 동역자로 일할 수 있는 길이 가능해졌다. 성경에 대한 그분의 애정과 깊은 영성은 모든 목회자에게 엄선된 자료, 탁월한 분석과 요약, 놀라운 통찰력, 감동과 도전을 준다. 우리는 더 이상 성경 본문 속에서 방황할 필요가 없다. 왜냐하면 이제 성경의 핵심으로 바로 뛰어들어갈 수 있기 때문이다.

홍인종 목사_장로회신학대학원 교수

찰스 스윈돌의 신약 인사이트 시리즈

야고보서, 베드로전·후서

Swindoll's New Testament Insights on James, 1&2 Peter

Originally published in the U.S.A. under the title: Insights on James, 1 and 2 Peter

Translated by Hisoo Kim
Published by permission of Zondervan, Grand Rapids, Michigan, U.S.A.
through arrangement of rMaeng2, Seoul, Republic of Korea.

※본문의 성경은 한글개역개정을 사용하였습니다. 별도의 경우 따로 표기해두었습니다.

찰스 스윈돌
신약 인사이트 시리즈

김희수 옮김

SWINDOLL'S NEW TESTAMENT INSIGHTS

JAMES and 1&2 PETER

야고보서, 베드로전·후서

디모데
Timothy Publishing House

차례

■ 지도·도표·사진 목록

머리말

60여 년 동안 나는 성경을 애독해왔습니다. 성경을 향한 그 사랑에 내가 해병대 복무 중에 받은 복음 사역으로의 부르심이 더해져 나는 달라스 신학교에 입학하게 되었습니다. 그 4년 동안 나는 하나님의 말씀을 사랑하는 훌륭한 하나님의 사람들 밑에서 수학하는 특권을 누렸습니다. 그분들은 무오한 하나님의 말씀을 추앙하고, 신중하게 가르치며, 열정적으로 설교하고, 행동으로 실천하는 모범을 보여주었습니다. 나는 내 것이라고 선포된 위대한 유업에 대해 하나님께 감사하지 않고 보낸 주가 한 주도 없었습니다! 하나님의 진리를 이해하고 설명하고 적용하는 일에 이토록 헌신하도록 나를 키워준 그 훌륭한 신학자들과 멘토들에게 나는 영원한 빚을 지고 있습니다.

45년 이상을 나는 이 일에 정진해왔습니다. 그리고 얼마나 이 일을 사랑하는지 모릅니다! 고백하건대 나는 성경 말씀을 고찰하고 선포하는 일에 중독되었다고 서슴없이 말할 수 있습니다. 그렇기 때문에 이 시리즈 – 특히 하나님이 기록하신 말씀 속에 담겨진 진리를 설명하고 이해를 돕는 – 는 내 삶에서 매우 중요한 의미를 가집니다. 오랜 세월 힘을 다해 성경을 성실하게 연구하면서 발견한 소중한 서적들을 모아 널찍한 서재를 만들었습니다. 생의 마지막 날까지 내 인생의 가장 중요한 목표는 하나님의 말씀을 정확하고, 명료하며, 현실적이고, 통찰력 있게 전달하는 것입니다. 찾아볼 수 있는 많은 자료가 담겨진 신뢰할 만한 서적들이 없었다면 나의 작업은 몇 십 년 전에 '고갈'되어버렸을 것입니다.

내가 가장 많이 그리고 즐겨 사용한 책들은 성경의 본문을 더 잘 이해하는 데 유용한 책들입니다. 대부분의 주석가들이 그렇듯이 나는 끊임없이 나의 재능을 연마하고 더 날카롭게 해줄 문헌들을 찾고 있습니다. 다시 말해서, 복잡한 것을 단순하고 이해하기 쉽게 만들어주고, 내가 살고 있는 21세기 세상의 관점에서 신성한 진리와의 관련성을 볼 수 있게 해주는 통찰력 있는 해설과 눈으로 보는 듯한 생생한 서술을 제공하며, 그 진리들을 내가 쉽게 잊지 못하도록 마음속 깊이 새겨주는 자료들을 찾는다는 뜻입니다. 그런 책을 발견하면 나는 그것을 손에서 놓지 않고 탐독한 후에 나중에 다시 찾아보기 위해 내 서재에 보관합니다. 그리고 정말로, 나는 자주 그 책들을 찾아봅니다. 신선한 통찰이 부족하거나 적합한 이야기나 예화가 필요할 때, 또는 본문 해석이 잘 풀리지 않아 빠져나올 방법을 찾을 수 없을 때 찾아볼 수 있는 자료가 풍부한 저작들이 있다는 게 얼마나 다행인지 모릅니다. 열정적인 주석가들에게 서재는 반드시 있어야 합니다. 나의 멘토 중 한 분이 이런 말을 한 적이 있습니다. "도대체 다른 어디에서 자네 손바닥에 만 명의 교수들을 올려놓을 수 있겠나?"

최근에 나는 내가 방금 설명한 것과 같은 충분한 자료들이 턱없이 부족하다는 사실을 알게 되었습니다. 그리고 문제를 한탄하기보다는 내가 그 해답의 일부가 되자는 생각을 품게 되었습니다. 그러나 그 해답은 큰 임무를 떠맡는 것이 될 터였습니다. 신약의 모든 책과 편지들을 망라하는 저술 작업은 너무나 벅차고 두렵게 느껴졌습니다. 그러나 내가 지난 45년여 동안 신약 성경의 대부분을 가르치고 설교했다는 사실을 깨달았을 때 안도감이 밀려왔습니다. 내 자료 파일들은 이 시대의 필요에 부응하는 새로운 의미가 보태어져 세상에 나가 주님의 신선한 말씀을 갈망하는 사람들의 삶에 적용되기를 기다리며 숨어 있던 메시지들에 대한 주석들로 가득했습니다. 이거면 됐다! 나는 내 꿈을 실현시켜줄 최고의 출판사를 찾기 시작했습니다.

나의 저작권 대리인인 실리(Sealy)와 맷 예이츠(Matt Yates)의 노고에 감사합니다. 나는 이렇게 방대한 프로젝트에 관심이 있는 출판사를 택했습니다. 완간하는 데 10년 이상이 걸릴 전집을 출판하는 모험에 열정적인 지원을 아끼지 않은 존더반 출판사의 훌륭한 직원들에게 감사를 전합니다. 여러 해 동안 나의 다른 저작들을 출판하면서 그들 대부분과 알고 지냈던 나는 그들이 이러한 임무를 해낼 역량이 있으며, 내 자료들을 출판하는 작업에서 선한 청지기가 되어줄 것을 확신했습니다. 확신과 격려를 준 스탠 건드리(Stan Gundry)와 폴 앤글(Paul Engle)에게 감사합니다. 그들은 처음부터 끝까지 충성스럽게 도움을 주었습니다. 베를린 버브룩(Verlyn Verbrugge)과 함께 일하는 것은 또 하나의 기쁨입니다. 그의 경험에서 우러나온 지혜와 예리한 통찰에 진심으로 감사를 드립니다.

나의 오랜 친구이자 이전의 편집자였던 존 슬론(John Sloan)과 또다시 함께 일하게 된 것도 특별한 기쁨이었습니다. 그는 편집장으로서 참으로 소중한 조언을 해주었습니다. 무엇보다도 가장 감사한 것은 그의 열정적인 지원이었습니다. 직접 편집을 해준 마크 게이더(Mark Gaither)와 마이크 스비겔(Mike Svigel)의 지칠 줄 모르는 노고에도 감사의 마음을 전합니다. 그들은 신약 성경 27권의 각 장과 구절들을 모두 섭렵하는 작업을 멋지게 해냈습니다. 그들은 원고를 성경 본문에 충실하고 흥미롭고 독창적이면서도 읽기 편한 문체로 다듬고 자연스럽게 내 목소리가 드러나게 해주었습니다. 그 과정을 지켜보는 것은 또 다른 즐거움이었습니다.

내가 50년 가까이 섬겨온 미국 여러 지역의 교인들에게도 깊은 감사를 드립니다. 매년 하나님의 메시지를 지키고 전달하는 소명을 수행하면서 그분들의 사랑, 지원, 인내 그리고 수많은 격려의 말을 들을 수 있었던 것은 행운이었습니다. 나는 목자로서 그 양 떼들을 이루 말할 수 없이 사랑했습니다. 또한 내가 지금 기쁨으로 섬기고 있는 텍사스 주 프리스코에 있는 스톤브라이어 교회(Stonebriar Community Church)의 양 떼들은 더더욱 그렇습니다.

마지막으로, 공부와 설교와 글쓰기에 중독된 나를 이해해준 아내 신시아(Cynthia)에게 감사합니다. 아내는 내가 이 일을 하는 것을 한 번도 반대한 적이 없습니다. 언제나 내가 최선을 다하도록 격려해주었습니다. 그녀의 애정 어린 지원과 더불어 30여 년간 인사이트 포 리빙(Insight for Living)을 훌륭히 이끌어온 그녀의 헌신에 힘입어 "때를 얻든지 못 얻든지" 나의 소명에 충실할 수 있었습니다. 평생을 함께 사역하면서 형성된 동역자로서의 관계는 그렇다 치더라도, 나에 대한 그녀의 헌신이 없었다면 이 시리즈는 결코 시작되지 못했을 것입니다.

이 책에 당신의 손길이 닿을 수 있어서, 그리고 궁극적으로 당신의 서가에 놓일 수 있게 되어서 정말 기쁩니다. 나의 끊임없는 기도와 바람은 이 책들이 당신이 성경을 공부하고 적용하는 데 유용하게 쓰이는 것입니다. 내가 오랜 세월에 걸쳐 깨달았듯이 당신 또한 하나님의 말씀은 시대를 초월하는 진리라는 사실을 깨닫는 데 이 책이 도움이 되기를 기도합니다.

"풀은 마르고 꽃은 시드나
우리 하나님의 말씀은 영원히 서리라"(사 40:8).

찰스 스윈돌(Charles Swindoll)

텍사스 주 프리스코

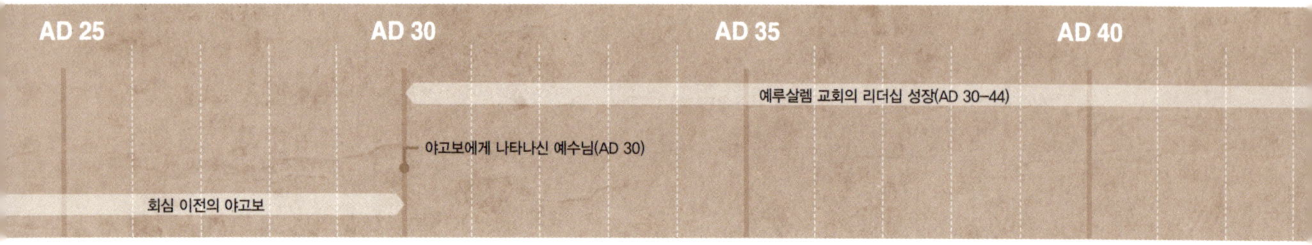

1세기 유대인들의 디아스포라.

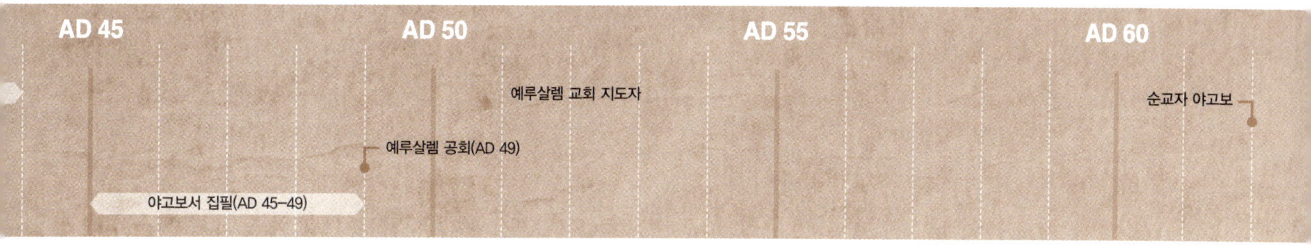

야고보서

서론

우리는 정치가 지배하는 세상에 살고 있다. 세상에서는 한 사람의 입에서 나온 대중적 평판이 그 당사자의 진정한 실체를 가리는 경우가 허다하다. 대체로 누구를 아느냐가 무엇을 아느냐보다 더 좋은 카드 패이다. 유력자의 이름을 들먹이는 것이 재능이나 기술보다 출세에 유리할 때가 많다. 이런 냉소적인 말들은 가는 게 있어야 오는 게 있다는 논리가 지배하는 정치에만 해당되지 않는다. 안타깝게도, "good ol' boy" (미국 남부에서 성격 좋고 활달한 전형적인 백인 남자를 지칭하는 말 – 역주) 식 분류법은 대부분의 기업, 학계, 연예계… 그리고, 맞다, 교회에서까지도 해체되고 있다.

야고보서의 서두가 신선하게 다가오는 것도 이런 이유에서이다. 퀴퀴한 냄새가 진동하는 방 안으로 불어오는 한 줄기 신선한 봄바람처럼, 거들먹거리지 않는 서두의 몇 마디가 교만, 자존심, 허세를 몰아낸다. 모든 이름 위에 그분의 이름을 들먹일 수도 있었을 한 남자가 쓴 이 간명한 인사말은 진정성과 겸손이 담긴 혁명적인 메시지가 되어 죄와 이기심으로 얼룩진 우리의 인간성을 불쑥 치고 들어온다.

한눈에 보는 야고보서

단락	참된 믿음은 진정한 안정을 낳는다	참된 믿음은 진정한 사랑을 낳는다
주제	환난 중에 기뻐함 유혹을 당함 말씀에 대한 반응	차별과 편견 행함이 있는 믿음 혀를 제어함
핵심 용어		지혜(1:5, 3:13, 15, 17)… 두 마음을 품음
	환난 인내 종교	행위 의롭다 함을 받음 혀
구절	1:1–27	2:1–3:12

<table>
<tr><th>참된 믿음은
진정한 겸손을 낳는다</th><th>참된 믿음은
진정한 인내를 낳는다</th></tr>
<tr><td>마음의 표현
분쟁을 해결함
정욕의 표출
부자들에 대한 경고</td><td>고난을 참음
질병과 죄
육신의 정욕과 바로잡음</td></tr>
<tr><td colspan="2">(1:8, 4:8)… 믿음(1:3, 6, 2:1, 5, 14–26, 5:15)</td></tr>
<tr><td>시기
겸손
심판</td><td>인내함
돌이킴</td></tr>
<tr><td>3:13–5:6</td><td>5:7–20</td></tr>
</table>

핵심 용어

σοφία [*sophia*, 소피아] *(4678)* * '지혜'

'지혜'는 초기 유대인 그리스도인들뿐 아니라 구약 성경에서도 다양한 의미를 지닌다. 지혜는 단순히 사실을 아는 것을 넘어서서 헬라 철학에서 볼 수 있는 실제적인 덕목의 강조나 노련한 생활 양식 이상으로까지 확장된다. 기독교적 의미의 '지혜'는 하나님의 선물로서 초자연적 분별력과 신중함을 주는 성령의 임재와 역사와 밀접한 관련이 있다. 그렇기 때문에 야고보가 여러 차례 강조했듯이, 지혜의 원천은 인간이 아닌 하나님이시다(약 1:5, 3:13, 15, 17).

δίψυχος [*dipsychos*, 딥시코스] *(1374)* '두 마음을 품은, 흔들리는, 의심하는'

'둘'과 '영혼'이라는 두 단어의 복합어인 이 단어는 야고보서에서 헬라어로 처음 등장했다가(약 1:8, 4:8), 1세기 말 성경 외의 기독교 서적에서 다시 나타날 때까지 모습을 감춘다. 어떤 학자들은 야고보가 이 용어를 만들었다고 생각한다. 어찌 됐든, 야고보는 믿는다고 하면서 그 믿음에 어긋나는 삶을 사는 그리스도인들의 흔들리는 믿음을 표현하는 데 이 단어를 사용한다. 이 단어는 야고보가 전하려는 메시지의 가장 중요한 논지를 한 마디로 요약한다.

πίστις [*pistis*, 피스티스] *(4102)* '믿음, 확신, 의탁, 신뢰'

그리스도인들에게 *pistis*란 하나님과 관계를 맺는 방법이다. 내용에 따라서 *pistis*는 그 의미가 단순한 지적 '동의'에서부터 '신실성'을 보여주는 것까지 다양하다. 그리스도인들에게는 모든 의미가 다 적용된다. 믿음의 핵심을 받아들이는 것도 믿음을 갖는 데 중요하지만 지식만으로는 구원을 이룰 수 없다. 야고보는 진실된 그리고 구원을 이루는 기독교 고유의 믿음의 개념을 발전시키는데, 이 믿음에는 흔들리지 않는 하나님에 대한 신뢰와 의탁이 포함된다. 이 진실된 믿음은 신실한 행위를 통해 드러난다(약 1:3, 6, 2:1, 5, 14–26, 5:15).

*주: 괄호 안 숫자는 스트롱 원어 코드임.

야고보

야고보서에서 제일 처음에 등장하는(영어 성경의 경우 '야고보'라는 이름이 제일 먼저 나온다 – 역주) '야고보'라는 이름에서부터 이 짧은 편지는 우리에게 의문점을 던져준다. 어떤 '야고보'가 이 편지를 썼는가? 그가 스스로 밝힌 "하나님과 주 예수 그리스도의 종"이라는 겸손한 신분 증명으로는 알 수 있는 것이 많지 않다. 우리가 이 편지의 최초 수신인이 아닌 이상 어떤 야고보가 이 글을 썼는지 알아내려면 옛날 탐정들처럼 뒤를 캐볼 수밖에 없다.

다섯 명의 야고보

신약 성경에는 야고보라는 이름을 가진 네(혹은 다섯) 사람이 등장한다.

신분	성경	설명
1. 유다의 아버지 야고보(가룟 사람이 아님)	눅 6:16	이 야고보에 대해서는 아무것도 알려진 바가 없다. 그의 이름은 최초의 열두 제자 가운데 예수님을 배신한 유다와 다른 유다를 구분하기 위해서 유다의 아버지로 언급된다. 이 유다는 '다대오'로도 불렸다.
2. 세베대의 아들이자 요한의 형제 야고보	마 4:21, 10:2, 17:1, 막 1:19, 29, 3:17, 5:37, 9:2, 10:35, 41, 13:3, 14:33, 눅 5:10, 6:14, 8:51, 9:28, 54, 행 1:13, 12:2	요한의 형제이자 '우레의 아들들' 가운데 한 사람이다. 그는 예수님이 개인적으로 행하신 몇 가지 기적을 목격했고, 변화산 위에 있었으며, 예수님이 겟세마네 동산으로 기도하러 가실 때 동행했다. 이 야고보는 AD 44년에 열두 제자 가운데서 최초로 칼에 찔려 순교했다.
3a. 알패오의 아들 야고보	마 10:3, 막 3:18, 눅 6:15, 행 1:13	2번의 야고보와 구분하기 위해서 '알패오의 아들'로 불린 열두 제자 가운데 한 사람이다. 많은 학자들은 이 야고보와 3b의 '작은 야고보'가 동일 인물이라고 생각한다.
3b. 마리아의 아들 작은 야고보	마 27:56, 막 15:40, 16:1, 눅 24:10	예수님의 매장과 부활을 목격한 마리아라는 여인의 아들. 많은 사람들이 이 '작은 야고보'와 알패오의 아들(3a) 야고보를 동일 인물로 본다.
4. 요셉과 마리아의 아들, 예수님의 동생 야고보	마 13:55, 막 6:3, 행 1:14, 12:17, 15:13, 21:18, 갈 1:19, 2:9, 12 고전 15:7, 유 1:1	예수님 탄생 후에 마리아와 요셉 사이에서 난 아들이다. 그는 예수님이 세상에 계시는 동안에는 형을 믿지 않았으나(요 7:5), 부활하신 주님이 그에게 나타나셨을 때 믿게 되어 AD 62년 무렵 순교당할 때까지 예루살렘의 유대인 교회를 이끌었다.

신약을 마태복음에서부터 야고보서까지 훑어보면 야고보라는 이름을 가진 인물을 네댓 명 – 세는 방법에 따라 차이가 있다 – 발견할 수 있다('다섯 명의 야고보' 표를 보라). 이들 중 두 명은 쉽게 제외시킬 수 있다. 유다의 아버지 야고보(1번)는 신약성경에서 누가복음 6장 16절에 딱 한 번 등장한다. 그리고 알패오의 아들 야고보는 '작은 야고보(3a와 b)'와 동일인인 듯하다. 그는 열두 제자 중 하나이지만 다락방에서의 유월절 사건(행 1:13) 이후로 성경에서 자취를 감춘다. 이 두 사람은 확실하게 후보 목록에서 제외시킬 수 있다.

그럼 이제 세베대의 아들이자 사도 요한의 형제인 야고보(2번), 아니면 예수님의 형제 야고보(4번)가 남는다. 첫 번째 야고보는 '우레의 아들' 중 하나였고, 그리스도와 가장 가까웠던 세 사람(베드로, 야고보, 요한) 중 하나로 초대 교회에서 주요 지도자의 위치에 있었다. 그는 열두 사도 중에서 가장 먼저 헤롯 아그립바 1세에 의해 순교당했다. 그의 순교는 유대인 그리스도인들을 로마 제국 전역에 흩어지게 만든 AD 44년의 박해(행 12:2)와 같은 무렵에 일어났다. 이 박해 사건 직후에 예수님의 형제 야고보(4번)가 예루살렘에서 박해받던 교회를 이끌기 시작했다(행 12:17, 15:13, 21:18). 예수님과 함께 요셉과 마리아 밑에서 성장한 이 야고보가 야고보서를 썼을 가능성이 높다.

저자를 예수님의 형제로 밝힌 것은 1세기 때부터였다. 대다수의 보수적인 신약 학자들은 이 편지의 어조나 내용이 최초의 유대인들이 모인 그리스도인 교회의 유명한 지도자에게서 나올 법한 문체라는 데 의견을 같이한다.

야고보의 삶

예수님의 형제인 야고보에 대해서 알면 야고보서를 읽는 데 도움이 되지 않을까? 그의 인생을 의미 있는 그림으로 재구성해보자.

세상의 어떤 둘째도 한 번도 죄를 짓지 않는 형으로 인해 겪는 둘째 아이 신드롬이 어떤 것인지 짐작할 수 있는 사람은 아무도 없다. 그런데 야고보는 알았다. 상상이 되는가? 예수님은 한 번도 어김없이 어머니가 부르면 바로 오셨다. 저녁 식사 전에는 반드시 절차에 따라 손을 씻으셨다. 언제나 주어진 집안일을 기쁨으로 부지런히 하셨다. 항상 순종하셨다. 그리고 우리처럼 죄성을 가지고 태어나, 육신을 입은 하나님이셨던 큰형의 그늘에 가려 사는 야고보가 있었다. 완전함과는 거리가 먼 동생 야고보는 처음부터 태생적인 문제를 안고 있었다.

야고보는 예수님이 집을 떠나실 때 기뻐했을 것 같다. 그런데 원래도 '이상했던' 형이 "내가 메시아다!"라고 주장하며 마을로 돌아왔다. 그때 야고보는 자기 형에게 어떤 감정을 느꼈을까? 궁금해할 필요가 없다. 요한복음 7장 5절을 보면 이렇다. "그 형제들까지도 예수를 믿지 아니함이러라." 그리고 마가복음 3장 21절은 그의 가족이 "그가 미쳤다"고 하면서 "그를 붙들러 나"왔다고 말한다. 복음서에 나타난 야고보의 모습은 자기 형을 믿지 않았고 회의적이었다.

그런데 상황이 변하기 시작했다.

고린도전서 15장 7절을 보면 사도 바울이 짧게나마 언급하지 않았다면 알려지지 않았을 사건이 나오는데, 바로 부활하신 예수님이 동생 야고보에게 나타나신 것이다. 그 방문의 성격을 추측해서는 안 되겠지만 바울에게 절대적으로 필요했던 다메섹 도상에서의 조우 – 바울을 말에서 떨어트리고 찬란한 광채로 눈을 멀게 만들었던 – 와는 달랐을 것 같다. 그보다는, 예수님이 동생의 어깨에 팔을 두르시고 격려와 사랑의 말, 곧 그가 평생 듣기를 갈구했던 말을 속삭이시는 모습이 떠오른다.

어쨌든, 주님이 승천하신 후 예수님의 제자들이 다락방에 모였을 때 야고보도 그들과 함께 있었다(행 1:14). 그는 유월절에 성령의 강림(행 2장)과 그후로 핍박받고 있던 예루살렘 교회의 성장(행 3–9장)을 목도했다. 스데반이 붙잡혀서 순교당할 때 야고보는 예루살렘에 있었던 것이 확실하다(6:8–7:60). 게다가 야고보는 다소의 사울이라고 알려진 열정적인 젊은 율법학도가 스데반을 참혹하게 죽이는 데 일조했으며, "사울이 교회를 잔멸할새 각 집에 들어가 남녀를 끌어다가" 옥에 넘겼다는 사실을 알고 있었을 것이다(8:3).

다메섹 도상에서의 회심이 있은 지 얼마 되지 않아(행 9:1–18) 훗날 사도 바울로 알려진 다소의 사울은 한때 자기가 그토록 잔혹하게 핍박했던 교회 지도자들을 만나기 위해 예루살렘으로 돌아왔다. 그때 그가 야고보를 찾았다는 사실(갈 1:19)은 주목할 만하다. 사도행전 9장 26–28절은 그 방문을 이렇게 기록했다.

"사울이 예루살렘에 가서 제자들을 사귀고자 하나 다 두려워하여 그가 제자 됨을 믿

> 지 아니하니 바나바가 데리고 사도들에게 가서 그가 길에서 어떻게 주를 보았는지와 주께서 그에게 말씀하신 일과 다메섹에서 그가 어떻게 예수의 이름으로 담대히 말하였는지를 전하니라 사울이 제자들과 함께 있어 예루살렘에 출입하며."

처음에 바울의 회심을 의심했던 야고보는 곧 바울의 언행에서 진실된 믿음의 표징을 보았다. 야고보는 어쩌면 평생을 예수님과 살았으면서도 메시아이심을 선포하셨던 예수님의 주장을 받아들이지 않은 자신의 완고함을 떠올렸는지도 모른다. 하지만 다소의 사울처럼 야고보도 결국에는 돌아왔다. 하나님의 은총이 그의 마음을 사로잡자 완전히 새로운 눈으로 형 예수를 보게 되었다. 그리고 얼마 후에 아마도 신약 성경에서 제일 먼저 쓰였을, 우리가 야고보서라고 부르는 그리스도인의 삶에 대한 간략하고 실제적인 지침서를 썼다.

AD 49년경 유대인들과 이방인들의 화합을 위협하는 논쟁이 불거졌다. 사도행전 15장은 "어떤 사람들이 유대로부터 내려와서 형제들을 가르치되 너희가 모세의 법대로 할례를 받지 아니하면 능히 구원을 받지 못하리라 하니"라고 기록하고 있다. 행위가 아닌 믿음을 통해 은혜로만 구원받는다는 단순한 메시지를 전파하고 있었던 바울과 바나바가 복음에 할례를 덧붙이는 이런 말에 심기가 불편해진 건 당연했다(갈 2:15–21). 오해를 바로잡기 위해 바울과 바나바는 곧장 예루살렘으로 가서 베드로와 야고보를 포함한 사도들과 장로들과 함께 논의했다. 바울이 예루살렘의 지도자들에게 자신의 의견을 피력할 때 베드로도 공회에 모인 사람들에게 자기가 고넬료와 그의 권속들에게 복음을 전했던 일을 언급하며 하나님이 철저히 믿음에 의해서만 그 이방인들을 구원하셨던 일(행 15:7–11, 10:1–11:18을 보라)을 상기시키면서 동조했다. 그러자 야고보도 나서서 베드로와 바울을 지지했다. 사도행전 15장 13–21절에 기록된 야고보의 주장을 주의 깊게 보라.

> "말을 마치매 야고보가 대답하여 이르되 형제들아 내 말을 들으라 하나님이 처음으로 이방인 중에서 자기 이름을 위할 백성을 취하시려고 그들을 돌보신 것을 시므온이 말하였으니 선지자들의 말씀이 이와 일치하도다 기록된 바 이 후에 내가 돌아와서 다윗의 무너진 장막을 다시 지으며 또 그 허물어진 것을 다시 지어 일으키리니 이는 그 남은 사람들과 내 이름으로 일컬음을 받는 모든 이방인들로 주를 찾게 하려 함

이라 하셨으니 즉 예로부터 이것을 알게 하시는 주의 말씀이라 함과 같으니라 그러므로 내 의견에는 이방인 중에서 하나님께로 돌아오는 자들을 괴롭게 하지 말고 다만 우상의 더러운 것과 음행과 목매어 죽인 것과 피를 멀리하라고 편지하는 것이 옳으니 이는 예로부터 각 성에서 모세를 전하는 자가 있어 안식일마다 회당에서 그 글을 읽음이라 하더라."

야고보의 지혜롭고 설득력 있는 말이 밑바탕이 되어 예루살렘 공회는 오직 믿음으로 은혜에 의해서만 구원받는다는 바울의 복음을 지지하기로 결정했다. 바울과 바나바에게 동의하는 예루살렘의 사도와 장로들은 복음에 행위를 더하는 것을 단호히 거부했다(감사하게도!). 하지만 유대인 신자들과 이방인 신자들의 결속을 유지하기 위해서, 그리고 모세의 율법을 지켜야 한다는 강박감을 가진 유대인들의 정서를 다치지 않게 하기 위해서 이방인 신자들에게 반감을 일으킬 수 있는 행위를 삼가줄 것을 요청했다. 요컨대, 야고보는 하나님을 영화롭게 하는 일이 참된 믿음을 입증해준다는 사실을 확실히 하기 원했다.

야고보는 10년 후 쯤인 AD 58년에 다시 사도행전에 모습을 나타낸다. 바울은 세 번째 전도 여행을 마치고 예루살렘에 도착했고, 그 직후에 체포되어 가이사랴로 압송되었다가 로마로 호송되었다. 그 전도 여행 중에 바울은 야고보를 만났는데, 그 무렵 그는 이미 예루살렘의 유대인 그리스도인들 사이에서 지도자가 되어 있었다(행 21:15-19). 야고보와 예루살렘의 장로들은 바울이 유대인들에게 그리스도를 믿은 후에 유대인의 관습을 버리라고 했다는 비난에서 벗어나게 해주려고 바울에게 성전에서 행해지는 결례에 참석할 것을 권면했다(21:23-24). 이 사실에서 우리는 예루살렘에 사는 유대인 그리스도인이자 유대인 신자들을 이끌고 있는 야고보가 동료 유대인들에게 믿음을 증거하기 위해서 율법을 계속 지켰음을 알 수 있다. 그와 그의 동족들이 갑작스레 모세의 율법에 등을 돌림으로써 예수님을 메시아로 믿는 그의 진실된 믿음이 비난받는 것을 그는 결코 원하지 않았다. 율법은 절대 구원의 방법이 될 수 없었지만, 야고보와 많은 유대인 신자들은 율법을 지킴으로써 그들에게 선한 일을 행할 수 있는 힘을 주는 것이 믿음이라는 사실을 믿지 않는 유대인들에게 증거하는 수단으로 삼았다.

고대 역사가들에 의하면 야고보는 계속 예루살렘에 거주하면서 수많은 유대인들과 방문객들에게 예수님이 하나님의 아들이시며 메시아시라고 가르쳤다고 한다. 경건한 사람으로 큰 존경을 받았던 그는 성전에서 오랜 시간 무릎을 꿇고 기도했던 탓에 '낙타 무릎'이라는 별명을 얻었다. 그에게 적대적이었던 서기관들과 바리새인들조차도 그에게서 어떤 오점 – 물론 예수님을 메시아로 믿는 그의 '잘못된' 믿음은 제외하고 – 도 찾아내지 못했다.

야고보는 그의 신실한 믿음 때문에 결국 죽음으로 내몰렸다. 그리스도에 대한 그의 진실된 믿음 – 선행을 통해 본을 보이고, 고난을 통해 강건해지며, 하나님이 주신 지혜로 무르익은 – 은 점점 그를 시기하는 열성적인 종교 엘리트들의 화를 돋구었다. 야고보의 말과 행동은 유대인 수천 명을 그리스도께로 이끌었고, 예루살렘의 반기독교 세력은 마침내 그를 더 이상 그냥 두고 볼 수 없다는 판단을 하기에 이르렀다. 고대 교회사가인 유세비우스는 야고보가 그의 반대자들과 최후의 대면을 했던 사건을 다음과 같이 서술한다.

> 그러나 바울이 가이사랴에서 한 청원 때문에 베스도가 그를 로마로 보내자, 그를 함정에 빠트려 옭아매려 했던 계획이 수포로 돌아간 데 실망한 유대인들은 주님의 동생인 야고보에게로 화살을 돌렸다… 그들은 야고보를 그들 가운데로 끌고 와 모든 사람 앞에서 그리스도에 대한 믿음을 부인하라고 요구했다. 그러나 모두의 생각과는 반대로, 그들이 예상했던 것보다도 더 담대하게 야고보는 또렷한 음성으로 우리의 구세주 예수님이 하나님의 아들이심을 고백했다. 그러나 그가 삶으로 보여준 누구보다도 고결한 금욕적 덕목과 경건함으로 만인에게 가장 의로운 사람으로 존경받고 있던 그 남자의 증언을 더 이상 듣고 있을 수 없었던 그들은 결국 그를 죽였다.[1]

요세푸스는 야고보가 돌에 맞아 죽었다고 기록하고 있다.[2] 그러나 유세비우스는 그가 성전 꼭대기에서 내던져진 후 곤봉에 맞아 죽었다고 말한다. 이처럼 그의 죽음은 참혹하고 부당했으며, 그 상세한 내막에 대해서는 여러 이야기들이 있지만, 어찌 되었든 예수님의 동생이었던 야고보는 AD 62년 그의 믿음으로 인해 순교당했다.

야고보서의 개요

야고보의 혈통, 지위, 친족, 유업을 생각해볼 때 그는 이 편지를 이렇게 시작할 수도 있었다.

"유다 지파이자 다윗의 자손이며 유다 왕조의 혈통을 이어받은 야고보…" 또는
"성육신하신 하나님의 아들 예수님의 첫째 동생인 야고보…" 또는
"세계 최초의 기독교 교회 목사인 야고보…" 또는
"베드로, 야고보, 요한, 바울 그리고 다른 모든 사도들의 오랜 동료인 야고보…."

야고보는 온갖 유명인들의 이름을 들먹이고, 높은 지위를 과시하며, 자만심으로 가득 찬 타이틀로 독자들의 관심을 끌 수 있었다. 그러나 그의 편지를 펼쳐 보면 알 수 있듯이, 그런 식의 자만심이야말로 그가 멸시하는 태도 가운데 하나이다. 그것은 자기 자신이 최우선인 이 세상의 스타일이 될 수는 있겠지만 야고보의 스타일은 아니었다. 그 대신 그는 편지를 이렇게 간략히 시작했다. "하나님과 주 예수 그리스도의 종 야고보." 야고보는 종(헬라어로 *doulos*), 곧 로마 제국의 계급 문화에서 존중받는 지위라고 할 수 없는 도제살이를 하는 종 또는 노예였다. 그러나 야고보는 자기가 하나님의 종인 것과 예수 그리스도께 순종하는 것을 부담이나 저주가 아니라 영광으로 생각했다.

자기소개를 끝낸 야고보는 당시의 전형적인 편지 형식에 맞추어 편지를 썼다. 그는 자신의 편지를 '흩어져 있는 열두 지파에게' 보냈다. 이스라엘의 열두 지파는 대부분 수 세기 전 앗수르와 바벨론에게 포로로 잡혀갔던 때에 그 고유의 정체성을 상실했지만, '이스라엘의 열두 지파'라는 말은 전 세계의 이스라엘 자손들을 일컫는 수사적 표현으로 계속 사용되었다. '흩어져 있는'이라는 구절은 야고보가 기본적으로 유대인 그리스도인들, 그가 예루살렘에서 알고 지냈고, 믿지 않는 유대인 권력이 교회를 핍박할 때 뿔뿔이 흩어진 자들에게 이 편지를 보냈다는 사실을 뒷받침한다. 야고보서를 통틀어 수 차례 그는 독자들을 '형제들'이라고 부르는데, 이는 그가 로마 제국 전역에 흩어져 있는 모든 유대인이 아니라 예수님을 믿는 동료 신자들에게 말하고 있음을 나타낸다.

따라서 야고보는 1세기에 '흩어져 있는' 유대인 신자들에게 편지를 쓰고 있는 유대인 신자였다. 헬라어로는 디아스포라(*diaspora*)라고 하며, 들판에 뿌려진 씨처럼 '사방으로 흩어진'이라는 뜻이다. 야고보가 이 편지를 쓸 당시에는 거룩한 땅에서 쫓겨난 수많은 유대인들이 이미 로마 제국 전역에 유대인 공동체를 정착시킨 후였다. 그뿐 아니라 당대 로마 황제였던 글라우디오는 유대인들을 핍박하고 로마에서 쫓아냈다. 유대인들이 하는 사업은 배척당했고, 유대인 아이들은 놀림을 받으며 학교에서 쫓겨났다. 혹독한 시절이었고, 암담한 삶이었다.

게다가, 야고보서의 수신인들과 같은 유대인 그리스도인들은 이중으로 디아스포라의 삶을 살았던 것 같다. 유대인으로서 로마의 미움을 받았을 뿐만 아니라, 많은 이들이 메시아에 대한 믿음을 가졌다는 이유로 유대인 공동체에서 추방당했다. 디아스포라 가운데서도 뿌리내릴 곳을 찾아 정처 없이 유대 외지를 떠도는 유대인 그리스도인들이 제일 많았다. 이런 유대인 그리스도인들 가운데 대다수는 자신들이 사회적, 종교적 림보(limbo, 지옥과 천국 사이에 있으며, 예수님을 믿을 기회를 얻지 못했던 착한 사람 또는 세례를 받지 못한 어린이 또는 정신 장애자 등의 영혼이 머무는 곳 – 역주)에 있다는 것을 알았다.

고난이 우리를 정화시키고 성숙시키는 것도 사실이지만, 쉴 새 없이 이어지는 극심한 고난은 우리를 짓밟고 혼란스럽게 한다. 이러한 유대인 신자들 가운데 많은 이들이 지쳐가고 있었고, 때문에 그들은 유대인의 뿌리를 버리거나 그리스도에 대한 믿음을 저버리고 싶은 유혹에 빠졌다. 많은 이들이 주 예수님에 대한 하나님의 진리를 믿는다고 주장했지만 시대적 압력을 이기지 못하여 거짓된 삶을 살기 시작했다.

이러한 고난, 혼란, 변절의 소용돌이 속에서 야고보가 강력하고 간곡한 권고의 편지를 쓴 것은 놀라운 일이 아니다. 기억하라. 이 편지는 교리에 관한 논문도 아니고, 그리스도의 인격과 공로에 관한 복음의 변론도 아니며, 그리스도의 이야기를 다시 들려주지도 않는다. 이 편지는 독자들이 이미 이 모든 것을 알고 있다고 추정한다. 야고보의 편지는 우리를 적대시하는 세상 속에서 진실한 믿음의 삶을 사는 것에 대해 말하고 있다.

야고보서의 주제는 참된 믿음은 진실한 행위를 낳는다는 것이다. 다시 말해서, 진정 올바른 길을 찾은 사람은 그 길을 걷는다는 말이다. 당신이 "나는 예수 그리스도께 왔습니다. 그분은 내 주님이고 구세주이십니다"라고 주장하면 야고보는 이렇게 응답할 것이다. "그렇다면 당신의 삶으로 그 진리를 증거하십시오. 밖으로 보여지는 당신의 행위에 내면의 실체가 투영되게 하십시오. 당신의 선행으로 당신의 믿음이 옳다는 걸 다른 이들에게 증명해 보이십시오." 이 요지를 이해하면 각 단락과 까다로운 구절들의 의미가 명확해진다.

이제 이 책의 간략한 개관을 살펴보자. 18-19쪽에 나와 있는 표는 야고보서 전체를 한눈에 볼 수 있게 해준다. 이 책을 공부하면서 그 표를 참조하라.

야고보서 1장을 모두 포함하는 첫 번째 단락에서 야고보는 독자들에게 참된 믿음은 진정한 안정감을 준다고 말한다. 참된 믿음은 잡아당겨도 끊어지지 않고 도리어 더 끈기가 생긴다. 야고보는 세 가지 예를 들어 이 주장을 뒷받침한다. 첫째, 1장 1-12절에서 그는 삶에서 마주치는 시련과 고난은 믿음을 파괴하는 것이 아니라 믿음을 깊어지게 하고 성장시킨다는 것을 보여준다. 그리고 1장 13-18절에서는 순전한 믿음으로 유혹을 물리칠 수 있음을 일깨워준다. 그리고 1장 19-27절에서 진실한 믿음의 사람들은 하나님의 진리의 말씀에 맞춰 삶을 변화시키며 하나님의 말씀에 적극적으로 반응한다고 설명한다.

우리가 살펴볼 두 번째 주 단락은 2장 1절에서 3장 12절까지다. 이 대목에서 야고보는 참된 믿음은 진정한 사랑을 낳는다고 주장한다. 진정한 사랑은 여러 가지 환경, 사회적 도전, 개인적 고난에 짓눌려도 포기하지 않는다. 오히려 진실한 사랑은 다른 사람들을 나보다 우선시하는 마음을 갖게 한다. 참된 믿음은 편견에 맞서고(2:1-13), 순종과 행위로 믿음의 정당성을 밝히며(2:14-26), 난폭한 혀에 재갈을 물린다(3:1-12). 참된 믿음은 수동적이고 나약한 겁쟁이가 아닌 담대하고 변치 않는 사랑의 행위를 낳는다.

세 번째 단락에서 야고보는 참된 믿음은 진정한 겸손을 낳는다고 주장한다(3:13-5:6). 그는 세속적 야망과 천국의 지혜를 대비시킨다. 하나는 질시와 다툼을, 다른 하나는 의와 평화를 가져온다(3:13-18). 야고보는 분열을 일으키는 행위를 비롯한 교회 안에 존재하는 세속적인 행태를 극복할 수 있는 실제적인 조언도 덧붙인다(4:1-10). 그런 다음 그는 하나님 앞에서 진심으로 자기를 낮춤으로써 자랑하는 마음을 이겨내라고 권고한다(4:11-17). 마지막으로 그는 부자들에게 그들의 부에 상응하는 삶을 살 것을 촉구한다(5:1-6).

마지막 단락에서 야고보는 참된 믿음은 진정한 인내를 낳는다는 진리를 재확인한다(5:7-20). 믿음을 위협당하는 상황 속에서 고통받고 있는 유대인 그리스도인들은 그 확신의 말을 누누이 들을 필요가 있었다. 야고보는 주님의 강림을 생각하며 고난을 견디라고 권면한다(5:7–12). 그는 육체적으로 그리고 영적으로 온전해지기 위해 노력하라고 권고한다(5:13–18). 그리고 더할 나위 없이 실제적인 그의 편지는 죄를 범하고 있는 신자들을 다시 올바른 길로 인도하라는 권고로 끝난다(5:19–20).

1세기의 유대인 그리스도인들은 고난을 견뎌내고, 선행을 그치지 않으며, 교회 안에 평화로운 분위기를 조성하고, 주님의 재림을 고대하며, 인내하는 삶을 살기 위해 씨름했다. 그들은 예수님이 유일한 생명의 길이라는 사실을 알았지만 평생 그 길을 걷기 위해서는 여행 가이드가 필요했다. 우리도 마찬가지다! 하루하루를 투쟁하며 살아가고 있는 우리는 야고보가 제공하는 실제적 안내서를 사용할 수 있다.

적용
당신은 어떤 길을 걷고 있는가?

"두 종류의 길이 있다. 생명의 길과 죽음의 길. 두 길은 엄청난 차이가 있다"(디다케 1:1).

이 말은 하나님의 영감으로 쓰인 신약 성경 외에 가장 오래된 기독교 문서일 수도 있는 글의 서두이다. 야고보서와 같이 디다케, 또는 '가르침'은 초기 유대인 그리스도인의 글이다. 이 글의 일부는 아마 야고보가 전 세계에 흩어져 있는 유대인 그리스도인들에게 편지를 쓰던 때와 비슷한 시기에 쓰였을 것이다. 디다케는 실제적인 그리스도인의 삶을 '생명의 길'을 걷는 여정으로 묘사하면서 시작된다.

믿는 자들에게 이 여정은 그리스도를 믿는 것에서 시작해 최종 목적지인 천국에 도달할 때까지 계속된다. 존 번연(John Bunyan)이 그의 불후의 명작 「천로역정(The Pilgrim's Progress)」에서 생생하게 묘사한 대로 그것은 고난과 역경, 고통으로 가득 찬 길이다. 그러나 동시에 그 길은 기뻐하고, 확신으로 가득하며, 승리한 성도들과 함께하는 여정이다. 그 길에는 핍박자들, 유혹자들, 훼방꾼들이 득실거리지만, 주 예수 그리스도가 우리의 짐을 지시고 우리의 지친 발걸음에 새 힘을 불어넣어주시기 위해 성령을 보내주시면서 순례자들과 동행하신다. 유대인 그리스도인들은 생명의 길은 좁고 힘들지만 그 길 위에서 어떤 위험, 좌절, 장애를 만나더라도 갈 만한 가치가 있는 목적지로 우리를 인도한다고 생각했다.

야고보는 이미 그 길을 발견하고 그곳으로 걸어가려고 애쓰고 있는 유대인 그리스도인들에게 이 글을 썼다. 그들은 이미 문턱을 넘어섰고 이제는 길을 따라 앞으로 나아가야 했다. 그렇기 때문에 우리가 생명의 길로 발을 내딛지 않는다면 행동하는 기독교에 대한 야고보의 실제적인 지침도 무용지물이 되고 말 것이다. 그렇다면 어떻게 한 사람이 딛고 서 있는 길이 '천성'으로 인도하는 길인지… 아니면 파멸의 구렁텅이로 떨어질 죽음의 길인지 분별할 수 있을까?

우리 문화로부터 얻을 수 있는 대답은 애매모호하다. 거리에서 아무나 붙잡고 물어보라. 각양각색의 의견을 듣게 될 것이다. 내 멘토 가운데 한 분이 표현하셨듯이 '모호함이라는 끈적한 분비물'은 어디에서나 발견된다. 그러나 예수님이 주신 답은 구체적이고 간단하다. "내가 곧 길이요 진리요 생명이니"(요 14:6). 길이신 그분은 스스로가 생명의 길이시다. 진리이신 그분의 말과 행동은 전폭적으로 신뢰할 수 있다. 그리고 생명이신 그분은 이전에는 어두움, 혼란, 두려움, 거짓 그리고 죽음과도 같은 실존 속을 걸었던 이들에게 활력과 의미, 목적과 소망을 회복시키신다.

우리 죄인들을 향한 지극한 사랑 때문에 하나님 아버지는 그의 영원한 아들을 인간으로 보내어 죄 없는 삶을 살게 하시고, 십자가에서 불의한 죄인처럼 죽게 하셨다. 그분은 우리를 대신해, 즉 불의한 자를 위해 의로운 자가 목숨을 내어놓았다. 우리가 그분을 믿음으로 영접할 때 우리의 죄와 죽음은 그분에게로 옮겨지고, 그분의 의와 생명이 우리 계좌로 이체된다.

만약 이 글을 읽고 있는 당신이 구세주로서 주 예수 그리스도가 성취하신 일을 믿지 않았다면, 부활하신 주님께 당신의 삶 속으로 들어와달라고 요청한 적이 없다면 지금 그렇게 할 수 있다. 여기 당신이 드릴 수 있는 간단한 기도문이 있다. "주님, 예수 그리스도를 저의 구세주로 인정합니다. 저는 그분이 제가 지은 죄의 대가를 온전히 치르셨고 저에게 그분의 생명 – 영원한 생명 – 을 주기 위해 죽음을 이기고 부활하셨음을 믿습니다. 저는 예수님만이 생명의 길로 들어가는 유일한 문임을 인정합니다. 오늘 저는 믿음으로 기꺼이 그 문으로 들어갑니다."

당신이 그리스도 안에서 믿음으로 영생의 길을 걷기 시작했다면 야고보의 편지는 당신을 위한 것이다. 계속 읽으라!

주: 서론

1. Eusebius, *Ecclesiastical History* 2.23.1–2. Philip Schaff와 Henry Wace 영역, eds., *Nicene and Post–Nicene Fathers,* 2ndser.;vol.1, Eusebius: *Church History, Life of Constantine the Great, and Oration in Praise of Constantine*(NewYork: Christian Literature, 1890).
2. Josephus, *Antiquities of the Jews* 20.9.1.

참된 믿음은
진정한 안정을 낳는다

야고보서 1:1-27

언뜻 사람으로 보이는 희미한 두 개의 형체가 청록색 물에 허리까지 잠긴 채 서 있었다. 깃털 구름 사이로 내리쬐는 햇살이 강 수면을 가로지르며 흔들렸고, 언쟁을 벌이고 있는 듯한 두 남자를 비추었다. 한 사람은 낙타털로 만든 소박한 겉옷에 가죽으로 된 허리띠를 두르고 가벼운 항의의 표시로 손을 흔들며 고개를 저었다. 곧이어 눈을 감은 그는 가슴을 치며 자신을 가리켰다.

긴 겉옷에 평민들이 하는 허리띠를 두른 또 다른 사람은 세례를 받기 위해 겉옷을 벗고 선지자의 어린 제자들의 안내를 받아 조금 전에 요한에게로 인도되었었다. 잠시 실랑이를 벌이던 요한은 망설이다가 예수라는 이름을 가진 그 젊은이의 머리에 손을 얹고 그를 물속으로 밀어넣었다.

예수님이 요단 강에 담구셨던 몸을 일으키시자 요한은 하늘을 쳐다보았다. 흘러가던 구름에 잠시 가려졌던 햇살이 다시 찬란한 빛을 비추었다. 그러나 지금 그의 눈은 어떤 것, 오직 그만 볼 수 있는 무언가에 고정되어 있다. 그가 물속에서 비틀거리며 뒷걸음치다가 발을 헛디디자 제자들이 그를 얼른 붙잡았다.

"왜 그러세요, 선생님? 뭘 보셨나요?"

"하나님의 영이 마치… 비둘기처럼 하늘에서 내려오고 있구나." 요한이 말했다. "그리고 한 음성이, 하늘에서 내려온 음성이 '이는 내 사랑하는 아들이요 내 기뻐하는 자라'고 말씀하시는구나."

요한과 그의 제자들은 예수라는 남자가 물에서 나와 광야로 이어진 반대편 강둑으로 올라가는 모습을 지켜보았다. 예수님은 굽이쳐 흐르는 요단 강 쪽으로 몸을 돌이키지 않고 날갯짓하는 비둘기를 따라 동편 광야 쪽으로 가셨다.

40일 밤낮을 예수님은 유혹받고, 시험당하고, 고난당하셨다. 주리고, 목마르고, 지친 그분은 바위에 발부리를 채이셨고, 모래 위에서 잠을 주무셨으며, 사정없이 내리꽂는 뜨거운 햇볕 아래를 정처 없이 떠도셨다. 그러나 이런 육체적 고통은 그분이 당한 영적 시험에 비하면 아무것도 아니었다. 무자비한 장군이 그의 영혼을 포위하여 공격하기 위해 흉벽을 쌓듯이 사탄은 하나님의 아들에게 인간적 욕망을 채우고(마 4:1–4), 고난을 통해 구원을 이루시려는 하나님의 계획을 회피하며(4:5–7), 엎드려 그를 경배하라고 유혹했다(4:8–11). 예수님은 극심한 육체적 고통과 유혹의 시기를 견뎌내시고 승리자로 우뚝 서 완전한 사람이

핵심 용어

πειρασμός [*peirasmos*, 페이라스모스] *(3986)* '시련, 시험, 유혹'

요한계시록은 그리스도의 재림 전 온 세상이 시험받는 때라는 표현에서 이 말을 사용한다(계 3:10). 이 단어는 일반적으로 믿음의 강도에 대한 시험(벧전 1:6) 또는 정신력을 시험하는 '유혹'(눅 4:13, 한글 성경에서는 '시험'으로 쓰였으나, 영어 성경 NASB의 경우 'temptation'으로 쓰임)을 지칭한다. 야고보는 그의 편지에서 두 가지 의미를 다 사용한다. 1장 2-12절에서는 믿음의 시험이라는 뜻으로, 1장 13-18절에서는 죄에 대한 유혹이라는 뜻으로 사용된다.

ὑπομονή [*hypomonē*, 히포모네] *(5281)* '참을성, 인내, 한결같음'

두 개의 헬라어 *hypo*('밑에')와 *menō*('견디다')가 결합되어 만들어진 이 단어는 원래 "밑에서 견디다"라는 뜻을 가지고 있다. 이 단어는 짐을 나르는 짐승이 무거운 짐을 질 때 쓰러지지 않고 견뎌내듯이 힘든 부담이나 상황의 무게를 견뎌내는 힘을 강조한다.

θρησκεία [*thrēskeia*, 트레스케이아] *(2356)* '종교, 예배, 경건, 경건 생활'

헬라어로 '종교'란 개인의 사적인 신념이 아니라 잘 규정된 종교 집단이나 체계를 뜻한다. 골로새서 2장 18에서 천사를 숭배하는 이교를 종교라고 했듯이 유대교는 이런 의미에서 '종교'였다(행 26:5). 야고보서에서 종교는 다른 '종교들'과 기독교를 구분 짓는 기본적인 믿음과 실천을 강조하는 정통 기독교를 가리킨다.

자 완전한 하나님이신 그분의 진정한 본질을 드러내셨다.

그렇지만 예수님의 시련은 거기에서 끝나지 않았다. 그후 3년 간의 공생애 동안 사명을 다 이루실 때까지 그분은 끊임없이 거부와 핍박, 거짓 고발과 버림받음, 모욕과 조롱과 매맞음 그리고 마지막으로 십자가 처형을 당하실 것이었다.

예수 그리스도를 믿는 사람들은 그분을 본받아 세례를 받고, 성령의 축복을 받으며, 하나님의 양자라고 불려왔다. 그러나 우리는 종종 우리를 구원한 그 믿음이라는 선물이 계속 고난과 유혹의 시험을 받을 것이라는 사실을 망각한다. 고난과 유혹의 광야를 방랑하는 자들처럼 우리 그리스도인들에게는 인생의 고난과 죄의 유혹이 다가온다. 그러나 우리보다 앞서 주님이 그러셨듯이 우리는 유혹에 넘어가지 않고 믿음과 순종으로 성경의 진리에 응답하면서 이 냉엄한 현실을 자신 있게 직시할 수 있다.

야고보서는 참된 믿음은 진실한 행위를 낳는다는 논지를 전개시킨다. 1장에서 야고보는 믿음이 시험을 받으면 인내가 자란다고 주장한다. 인내는 안정으로 인도한다. 그는 이 요지를 예증하는 세 가지 예를 제시한다. 1장 1–12절은 살다보면 누구나 겪게 마련인 역경은 참된 믿음을 짓밟지 못하며 인내를 낳는다고 말한다. 그런 다음 1장 13–18절에서 야고보는 죄에 대한 유혹을 이길 수 있는 비결 – 하나님이 주신 능력에 의지하는 것 – 을 언급한다. 마지막으로 1장 19–27절에서는 예수님이 광야에서 받으신 시험처럼 진실한 믿음은 하나님의 말씀에 순종하게 하며, 믿는 자의 삶이 그리스도를 닮아가게 만든다고 설명한다.

인생의 시련(야고보서 1:1–12)

---

1 하나님과 주 예수 그리스도의 종 야고보는 흩어져 있는 열두 지파에게 문안하노라

2 내 형제들아 너희가 여러 가지 시험을 당하거든 온전히 기쁘게 여기라 3 이는 너희 믿음의 시련
이 인내를 만들어 내는 줄 너희가 앎이라 4 인내를 온전히 이루라 이는 너희로 온전하고 구비하여 조
금도 부족함이 없게 하려 함이라 5 너희 중에 누구든지 지혜가 부족하거든 모든 사람에게 후히 주시
고 꾸짖지 아니하시는 하나님께 구하라 그리하면 주시리라 6 오직 믿음으로 구하고 조금도 의심하지
말라 의심하는 자는 마치 바람에 밀려 요동하는 바다 물결 같으니 7 이런 사람은 무엇이든지 주께 얻
기를 생각하지 말라 8 두 마음을 품어 모든 일에 정함이 없는 자로다

9 낮은 형제는 자기의 높음을 자랑하고 10 부한 자는 자기의 낮아짐을 자랑할지니 이는 그가 풀의
꽃과 같이 지나감이라 11 해가 돋고 뜨거운 바람이 불어 풀을 말리면 꽃이 떨어져 그 모양의 아름다움
이 없어지나니 부한 자도 그 행하는 일에 이와 같이 쇠잔하리라

12 시험을 참는 자는 복이 있나니 이는 시련을 견디어 낸 자가 주께서 자기를 사랑하는 자들에게
약속하신 생명의 면류관을 얻을 것이기 때문이라.

사람들은 인생이라는 음악이 대부분 단조로 연주된다는 사실을 깨닫기까지 굳이 오랫동안 단조로운 일상을 계속하거나, 그 곡조를 분석할 필요가 없다. 모두가 바라는 것은 즐거운 합창이었지만 상처, 마음의 고통, 아픔, 문제, 실망, 좌절, 질병, 고난, 죽음이 부자연스러운 베이스 선율을 연주한다. 그리고 더 감미로운 연주를 하도록 아무리 열심히 지휘를 해도 대부분 시끄러운 소음을 내는 그 오케스트라의 불협화음은 끊임없이 우리의 신경을 건드린다.

이 고난의 실재는 우리에게 하나님의 정의와 인생의 목적에 대해 의구심을 품게 만든

다. 수천 년 동안 최고의 철학자들과 신학자들은 항상 선하시고 전능하신 하나님과 그분이 창조하신 세상에 창궐하는 부정, 악, 고통 사이의 명백한 부조화를 해결하려고 애썼다. 동시에, 과학자들과 성인들도 인류의 고통을 영속적으로 경감시키기 위해 필사적으로 노력하며 자연 질서와 싸워왔다. 결국 세상의 많은 사람들이 잠시 고통을 잊게는 해주지만 결코 그것에서 벗어나게 해주지는 못하는 심신을 마비시키는 방법 – 마약, 알코올, 유흥, 분주함, 교육, 여행… 심지어 세상을 부정하는 종교적 수행 – 으로 짧은 생을 견뎌내려고 한다. 그러나 그런 것들은 일시적인 도피의 수단일 뿐, 홍수처럼 밀어닥치는 시련은 가장 높은 피난처까지도 집어삼키고 만다. 삶의 시련 – 또는 죽음 – 은 결국에는 모든 사람을 덮친다. 예외는 없다.

참된 믿음은 진실한 행위를 낳는다는 요지의 주장을 펼치면서 야고보는 현대의 대다수 설교자들이 설교의 맺음말에서나 잠깐 언급하는 인생의 고난과 시련의 문제로 첫 논의를 시작한다. 그는 참된 믿음의 내구력이라는 주제를 논하기에 이보다 더 적합한 논제를 찾을 수 없었을 것이다. 서두와 인사말에서 보았듯이 뿔뿔이 흩어져 있는 야고보의 독자들은 유대인과 그리스도인들을 모두 멸시하는 문화 속에서 고난을 견디며 유대인 그리스도인이라는 새 신분에 적응하려고 애쓰고 있었다. 이런 사회적 분위기 속에서 이와 같은 시련을 당한 많은 사람들이 어쩔 수 없이 더 편안한 대안 – 다시 유대교로 귀의하거나 그리스도에 대한 믿음을 버리거나 – 을 선택했으리란 걸 이해할 수 있다.

그러나 이런 상황은 1세기의 그리스도인들에게만 있었던 것은 아니다. 사실, 인생의 고통스러운 시련은 역사를 통틀어, 당신과 나를 포함해서, 모든 세대의 그리스도인들을 시험했다.

—1:1–4—

야고보의 인사말에서 알 수 있듯이, 이 편지의 수신인들은 역경에 처해 있었다. 외지에 '흩어져 있던' 그들은 갈피를 잡지 못한 채 환멸을 느끼며, 아마 극도로 의기소침해져 있었을 것이다. 그들은 노골적인 비난, 가혹 행위 그리고 부당한 대우를 받았다.

야고보는 이런 괴로운 처지에 있던 신자들에게 한 마디 인사말을 건넨다. "문안하노라." 이것은 당시에 보편적으로 사용되던 인사말이지만(행 15:23), *chairein*이라는 헬라어는 로마서 12장 15절에 "즐거워하는 자들과 함께 즐거워하고(*chairein*)"라고 쓰인 것과 같이 문자적으로는 '기뻐하다'라는 뜻이다. 독자들의 괴로운 처지와 바로 다음에 나오는 "온전히 기쁘게 여기라(*charan*)"는 권고가 보여주는 대비는 야고보서의 기조를 이룬다.

야고보는 곧바로 가장 절박한 문제인 시련에 대해 언급했다. 야고보가 사용하고 있는 '시험'이라는 헬라어 단어는 *peirasmos*인데, 1장 12절에 두 번째로 등장한다. 이 단어는 개인의 믿음의 진정성을 시험하는 시련을 지칭할 수 있으나(베드로전서 1장 6절에서처럼), 우리의 죄성에 호소하거나 도덕성을 시험하는 '유혹'을 말할 수도 있다(눅 4:13). 2–12절에 나오는 시험은 첫 번째 뜻, 곧 신자의 믿음에 대한 시험이다. 그리고 13–18절에서는 두 번째 뜻, 죄에 대한 유혹으로 사용되었다. 유혹의 측면에서의 시험을 논하기 전에 먼저 이 구절에서 말하는 믿음의 시련에 대한 두 가지 요소를 살펴보자.

야고보서 1장의 두 행로

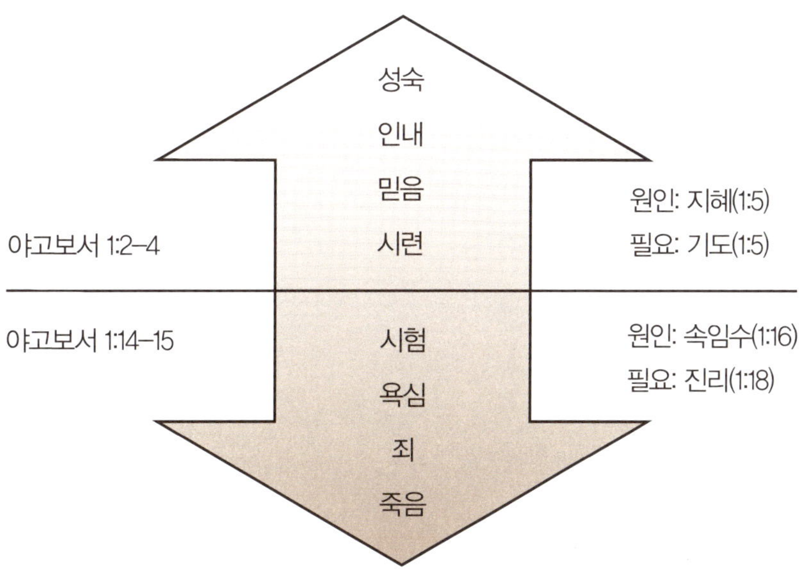

첫째, 그는 시련은 피할 수 없는 것이라고 말한다. 야고보가 "만일 여러 가지 시험을 당

한다면 온전히 기쁘게 여기라"고 말하지 않은 것에 유의하라. 대신 그는 시험을 당할 '때'라는 단어를 사용한다(영어 성경 NASB의 경우 "Consider it all joy, my brethren, when you encounter various trials"라고 표현한다 – 역주). 죽음처럼 시련도 피할 수 없다. 세상에서 분명한 몇 가지가 있는데 고난, 시련, 믿음에 대한 도전은 맹세코, 반드시 닥친다는 것이다.

둘째, 야고보는 시련을 '여러 가지'라고 말한다. 별로 중요해 보이지 않는 단어를 곱씹는 것이 시간 낭비로 보일 수도 있지만 한번 생각해보라. 우리는 시련이 오리라는 걸 예상할 수는 있지만 그게 어떤 형태로 올지는 전혀 모른다. '여러 가지'라는 헬라어 단어(*poikilos*)는 다양한, 가지각색, 다채로운이라는 뜻을 가지고 있다. 다시 말해서, 시련은 어떤 형태 어떤 크기로도 올 수 있다는 뜻이다. 불청객처럼, 시련은 아무 예고 없이 우리 삶에 난입해 아주 오래 머무른다! 시련은 뻔질나게 우리를 찾아와 좌절시킬 수도 있고, 거대한 힘으로 인생을 바꾸어놓을 수도 있다. 우리는 조금도 예측할 수 없다.

그러나 야고보는 거기서 그치지 않고 베일을 들춰 독자들에게 시련의 내적 작용을 보여주며, 시련에는 목적이 있음을 밝혀준다. 그리고 시련에는 즉각적인 결과와 궁극적인 결과가 모두 따른다고 선포한다.

첫째, 믿음의 시련은 인내를 만들어낸다(1:3). 이것은 즉각적인 결과이다. '시험'이라는 헬라어는 *dokimion*이다. 이것은 어떤 것이 진짜인지 아닌지를 입증하는 방법을 일컫는다. 금을 캐는 사람들이 금덩이의 품질을 판단하려고 깨물어보듯이, 하나님은 자녀들 한 사람 한 사람에게 특별한 시험을 주어서 믿음의 참 모습을 드러내게 하신다.

하나님이 시험하시는 것은 '너희 믿음'이라는 사실에 유의하라. 우리의 하나님 아버지는 실험 대상이 더 이상 견딜 수 없을 때까지 고문하는 정신 나간 과학자가 아니시다. 그분은 최선의 결과를 만들어내기 위해서 어떤 근육을 키워야 하는지, 어떤 음식을 먹어야 하는지, 어떤 스케줄을 따라야 하는지 알고 있는 전문 트레이너에 더 가깝다. 그분의 목적은 우리 믿음의 근육을 끊어버리는 것이 아니라 그것을 늘리고 강화시켜 인내 – 두 개의 헬라어 단어가 결합해 말 그대로 '밑에서 견디다'라는 뜻에서 파생된 – 를 키워내는 것이다. 우리는 흔히 '버티는 것'이라고 말한다.

인내는 초기의 결과들일 뿐이다. 인내 자체는 더 큰 목적, 즉 '온전한 결과'(문자적으로 '온전한 일')를 목적으로 한다. 실제로 하나님은 이렇게 말씀하신다. "내 주권적 계획 가운데 연속해서 일어날 사건들을 배열해놓았다. 그리고 시험하는 내 손가락은 첫 번째 단추, 곧 인내를 누른다." 인내가 생기면 그것은 성숙을 만나고, 성숙은 결국 온전히 성숙된 성품을 낳는다.

내가 보기에 훌륭한 그리스도인의 성품을 가진 사람들은 하나같이 혹독한 시련 속에서 삶을 다루는 방법을 터득한 이들이다. 그들은 아이를 잃고 하나님께 이렇게 말할 수 있는 어머니다. "당신이 주시고 당신이 데려가셨으니 당신의 이름을 찬양하나이다." 오랜 세월 회사에 헌신했으나 직장을 잃은 날 가족에게 이렇게 말할 수 있는 아버지다. "오늘 밤 이렇게 함께 그분을 의지할 수 있는 기회를 주신 하나님께 감사드리자." "친구들에게 따돌림 당하더라도 내 원칙을 포기하지 않고 지킬 거예요"라고 말하는 청소년이다. 그것이야말로 성숙의 놀라운 특성이다. 인내를 가지고 '참고 견딜' 때 온전하고 완전한 성품이 나타난다.

야고보는 불가피한 시련은 특별한 목적 – 인내심을 형성하고 하나님의 자녀들을 성숙시키기 위한 – 을 이루기 위해 삶 속에서 다양한 형태로 나타난다고 말한다. 이 구절에서 그는 '어떻게'라는 질문에도 답한다. 어떻게 곤경에 처한 그리스도인들이 떨어져나가거나, 포기하거나, 탈선하지 않고 자신이 처한 상황을 극복할 수 있는가? 그들 앞을 가로막는 온갖 시련을 어떻게 감당할 수 있는가? 2-4절은 야고보가 독자들에게 주는 구체적인 명령이다. "여기라"(1:2), "알라"(1:3), "…하게 하라"(1:4). 이 각각의 단어들을 모두 자세히 살펴볼 필요가 있다.

"여기라"고 번역된 헬라어는 흥미로운 배경을 가지고 있다. 이 단어는 '주도하다' 또는 '이끌다'라는 뜻의 어원을 가지고 있는데, 이 어원에서 주도권이나 패권을 뜻하는 '헤게모니'(hegemony)라는 단어가 파생되었다. 이 헬라어는 열의 맨 앞에서 행렬을 이끄는 사람을 가리킬 때 쓰이기도 한다. 따라서 야고보는 기쁨이 우리의 생각을 이끌고, 우리의 모든 태도나 행위는 그 뒤를 따라야 한다고 말하고 있는 것이다.

야고보는 "앎이라"는 현재 분사를 사용하고 있는데, 이는 그가 독자들이 어떻게 시련을 겪는 중에도 기뻐하고, 긍정적이며, 침착하기까지 할 수 있는지를 보여주는 방식이다. 시련에는 하나님의 더 큰 목적이 있음을 앎으로써 믿는 자들은 "온전히 기쁘게 여"길 수 있는 것이다.

마지막으로 야고보는 "인내를 온전히 이루라"(1:4)고 권고한다. 이 말은 하나님의 역사하심에 협력한다는 의미를 전달한다. 이와 유사하게 베드로전서 5장 6절에는 하나님의 계획에 수동적으로 협조하는 개념이 나온다. “그러므로 하나님의 능하신 손 아래에서 겸손하라 때가 되면 너희를 높이시리라.” 토기장이가 손으로 토기를 빚듯이 하나님도 다양한 상황을 통해 백성들의 삶에서 성숙과 온전함이라는 결과를 멋지게 빚어내신다.

그렇다면 그리스도인들은 일상에서 부딪히는 고난들을 어떻게 극복할 수 있을까? 그들은 하나님이 그들의 삶 속에서 역사하고 계시다는 사실을 스스로에게 일깨우고, 그 모든 과정을 하나님과 협력하며, 의지적으로 기뻐함으로써 고난에 맞서야 한다.

—1:5-8—

이면에 숨겨진 시련의 궁극적 목적을 들여다보고, 그것을 긍정적인 태도로 견뎌낼 수 있는 방법에 대해 실제적인 조언을 해준 야고보는 또 다른 해결되지 않은 질문에 답하면서 그 주제를 계속 이어간다. “왜 시련은 우리를 압도하는가? 어째서 우리는 때때로 굴복하는가? 혹독한 시련을 견디는 삶의 기쁨을 막는 것은 무엇인가?” 그 답은 바로 지혜가 부족하기 때문이다.

그러므로 시련을 맞을 준비가 되어 있지 않다고 느낄 때마다 우리는 선택할 수 있는 것이 하나 있다. 하나님께 지혜를 구하는 것이다. 여기서 말하는 지혜란 하나님의 관점에서 인생을 보는 능력을 말한다. 야고보는 이러한 지혜는 기도에서 나온다고 말한다(1:5). 이는 간단히 “주님, 이 상실, 이 상한 마음, 이 실패 속에서 당신의 지혜를 구합니다. 우선 제가 지금 겪고 있는 일을 당신의 관점에서 보도록 도와주세요. 그리고 제게 포기하지 않는 믿음을 주세요”라고 기도하는 것일 수도 있다.

물론, 시련에 압도되어 힘겨울 때 믿음을 갖기란 쉽지 않다. 지혜가 없어서 우리가 압도당할 수 있는 것과 마찬가지로 믿음이 없으면 포기할 수 있다. 야고보가 6절에서 언급하고 있는 것은 구원의 믿음이 아니다. 그가 염두에 두고 있는 것은 지탱하는 믿음, 곧 시련을 견딜 수 있게 하고, 우리의 의지와 태도를 하나님의 관점에 맞추며, 우리 자신을 하나님과 그분의 전능하신 손에 내어드리는 믿음이다.

믿음의 반대는 의심이다. 야고보는 의심하는 사람을 바람에 흔들리는 ‘바다 물결’에 비유했다. '물결'이라는 단어, *klydōn*은 누가복음에서 제자들이 갈릴리 바다에서 폭풍을 만나 죽을지도 모른다고 생각하는 장면을 묘사할 때 사용되었다. 제자들은 예수님을 깨웠고, 예수님은 곧바로 "바람과 물결(*klydōn*)을 꾸짖으"셨다(눅 8:24). 흥미로운 점은 폭풍을 잠재우신 후 예수님이 하신 첫 말씀이 "너희 믿음이 어디 있느냐"(8:25)였다는 것이다.

야고보는 이런 뿌리 깊은 의심을 "두 마음을 품은 자"라고 표현한다(약 1:8). *Dipsychos* 라는 말은 말 그대로 '두 마음을 가진'이라는 뜻이다. 이 단어는 헬라어로 된 모든 문헌을 통틀어 야고보서의 이 구절에서 최초로 사용되었다. 어쩌면 야고보가 이 단어를 만들어냈을지도 모르겠다.[1] 어쨌든, 단어를 만들었으면 만든 사람이 뜻도 정의해야 한다. 그러니 야고보가 우리를 위해 그 단어를 정의하게 하자. 야고보는 그 말을 4장 8절에서 다시 사용한다. "두 마음을 품은 자들아 마음을 성결하게 하라." 이것은 우리의 불순한 속마음을 가리킨다. 한 가지 생각, 목표, 태도, 헌신이 있어야 할 곳에서 서로 싸우고 있는 두 마음을 발견한다. 결과적으로 두 마음을 품은 사람은 자기의 뜻과 하나님의 뜻을 동시에 원하는 사람이다. 그런 사람은 무슨 일을 하든지 불안정하다. 잠시 멈추고 두 마음을 품은 사람이 인생에서 연타로 시련을 당한다면 어떻게 될지 상상해보라!

한 번도 해본 적은 없지만 – 전문가의 지도가 없다면 이렇게 하지 말 것을 당부한다 – 원숭이를 포획하는 가장 쉬운 방법은 속이 비고 목이 긴 조롱박의 끝을 잘라낸 다음 그 안에 쌀을 가득 넣고 나무에 매달아놓는 것이다. 그러면 배고픈 원숭이가 뼈만 앙상한 작은 손을 목이 가는 조롱박에 집어 넣고 쌀을 움켜쥔다. 원숭이는 쌀을 한 움큼 쥐고 손을 빼내려고 하지만 주먹이 조롱박의 목보다 크다. 굶주리고 생각이 짧은 원숭이는 쌀을 버리고 손을 뺄 생각을 하지 못한 채 꼼짝없이 잡히고 만다. 원숭이는 쌀을 버리고 자유로워지는 것이 쌀을 움켜쥔 채 잡히는 것보다 낫다는 판단을 할 지혜가 없는 것이다.

이것이 바로 두 마음을 품은 그리스도인의 모습이다. 조롱박 안에는 내 뜻이 있다. 그런데 나의 일부는 하나님의 뜻대로 살기를 원한다. 그러나 또 다른 부분이 내 뜻대로 하기 원한다. 시련이 닥칠 때 나는 주먹 쥔 손은 펴지 않으면서 하나님의 목적과 계획이 참된 자유를 가져다줄 거라고 믿는다.

—1:9–12—

시련은 누구에게나, 심지어 부자들에게까지도 영향을 미친다. 부자들은 간혹 자기들이 보호막, 또는 최소한 추락의 충격을 완화시켜줄 쿠션을 가지고 있다고 믿는다. 그러나 지혜와 믿음은 가난한 자든 부요한 자든 모두에게 다 필요하다. 물질적인 궁핍함으로 시달리는 가난한 사람에게 하나님의 지혜는 그가 처한 높은 지위를 상기시켜줄 수 있다. 그것은 어떤 지위일까? 야고보는 그리스도 안에서 믿는 자들이 가지고 있는 지위를 염두에 둔 듯하다. 바울은 그것을 이렇게 표현했다. "(하나님이) 또 함께 일으키사 그리스도 예수 안에서 함께 하늘에 앉히시니 이는 그리스도 예수 안에서 우리에게 자비하심으로써 그 은혜의 지극히 풍성함을 오는 여러 세대에 나타내려 하심이라"(엡 2:6–7).

부자들에게 최악의 시련은 세상적인 부를 잃거나 돈으로 막을 수 없는 재앙이 닥칠 때이다. 그때는 부자들도 인생의 허무함을 생각하게 된다(약 1:10). 그런 사람이 하나님의 일에 협력하지 않고 쌀을 움켜쥔 원숭이처럼 자기 뜻대로 하려고 한다면, 그는 야고보의 말처럼 "그 행하는 일에"(1:11) 쇠잔하게 될 것이다.

그러나 시련의 무게를 지탱하는 자는 복을 받을 것이다. '복을 받다(*makarios*)'라는 말은 '진정으로 행복하다'는 뜻이다. 예수님은 이 단어를 산상수훈의 서두에서 대략 아홉 번 정도 반복하셨다(마 5:3–11). 이 팔복의 마지막 두 구절이 야고보의 가르침의 배경일 가능성이 높다.

> "의를 위하여 박해를 받은 자는 복이 있나니 천국이 그들의 것임이라 나로 말미암아 너희를 욕하고 박해하고 거짓으로 너희를 거슬러 모든 악한 말을 할 때에는 너희에게 복이 있나니 기뻐하고 즐거워하라 하늘에서 너희의 상이 큼이라"(마 5:10–12 상).

야고보는 천국에서의 상급을 "생명의 면류관"(약 1:12)으로 묘사한다. 시련과 시험을 견뎌낸 자들을 위해 미래의 상급이 예비되어 있음을 부인하지 않지만, 나는 현세의 면류관도 있다고 생각한다. 나는 진실된 그리스도인의 삶을 산 사람은 시련을 견뎌낸 자라고 생각한다. 그들은 이 땅에서 성숙, 지혜, 하나님이 뜻하시는 계획에 대한 통찰이라는 상급을 받는다. 그것이야말로 이 땅에서 누릴 수 있는 최상의 삶이다!

적용
시련을 딛고 서기

우리에게 햇살이 비칠 때, 영광의 동이 틀 때, 인생 예보가 청명할 때 찬양의 콧노래를 부르기는 쉽다. 그러나 어두운 하늘이 우리를 노려보고, 천둥이 울리며, 거센 고난의 폭풍이 우리의 삶에 몰아칠 때 하나님 아버지를 찬양하는 것은 전혀 다른 문제이다. 날이 어두워지고 밤이 길어질 때 어떻게 노래할 수 있는가? 그러나 야고보는 우리에게 그렇게 하라고 말한다. 피할 수 없는 인생의 시련이 닥칠 때 기쁨, 지혜 그리고 그분에 대한 흔들리지 않는 확신으로 화답하라고 한다.

하나님의 진리에 대한 우리의 개인적 반응을 보면서 우리가 역경을 다룰 수 있는 두 가지 방법을 다시 논의해보자.

첫째, 고난이 닥칠 때 지혜로 대응하는 것이 중요하다. 시련에 대한 이런 통찰은 저절로 생기지 않는다. 시련을 다루는 지혜는 하나님에게서만 나온다. 하나님이 우리에게 지혜를 주시는 데 사용하는 가장 중요한 방법은 그분의 말씀이다. 고난의 문제를 다루고 있는 특정한 성경 말씀을 생각해내면 고난을 당할 때 적절한 태도로 대응하는 데 도움이 될 것이다. 곰곰이 생각해볼 수 있는 세 구절이 있다. 각 구절을 성경에서 찾아 오래 곱씹어보기 바란다. 로마서 8장 28절은 우리의 선을 위해 '모든 것'이 합력하여 하나님의 주권적 계획을 성취한다고 말한다. 히브리서 12장 1-3절은 예수님과 또한 우리보다 먼저 고난을 받고 인내의 귀감이 된 다른 동료 그리스도인들에게로 우리의 주의를 돌린다. 베드로전서 1장 6-7절은 인내는 결국 칭찬과 영광과 존귀를 낳을 것임을 상기시켜준다. 시련에 대한 하나님의 지혜를 얻기 위해 이 구절들을 묵상하라.

둘째, 고난이 닥칠 때 우리는 믿음으로 응답해야 한다. 시련 속에서 믿음으로 응답한다는 것은 하나님의 약속들과 상반되어 보이는 상황 속에서도 하나님의 약속을 전적으로 신뢰하는 것을 의미한다. 시련을 당할 때에는 하나님이 모든 것을 무너지게 내버려두신 것처럼 보일 수도 있다. 자기가 처한 상황 너머를 볼 수 있는 통찰력과 믿음이 부족한 사람들에게는 자신의 삶이 멸망의 구렁텅이로 빙빙 돌며 추락하는 듯이 보일 것이다. 그러나 한 마음을 품은, 흔들리지 않는 믿음이란 하나님의 도움으로 우리의 태도를 의지적으로 선택하는 것을 의미한다. 즉, 그분을 신뢰하기에 희망을 내동댕이치고 싶은 우리의 본성을 거슬러 하나님께 온전히 순복한다는 뜻이다.

이 부분이 우리가 서로를 도울 수 있는 지점이다. 하나님의 영이 믿음의 공동체 안에서 각 사람의 믿음을 강건하게 하신다. 바울은 데살로니가 사람들의 믿음을 "굳건하게 하고 위로"하기 위해서 디모데를 보냈다(살전 3:2). 히브리서 저자는 독자들에게 믿음의 소망을 굳게 잡고 "서로 돌아보아 사랑과 선행을 격려"하기 위해서 모이기를 힘쓰라고 권고한다(히 10:24). 하나님은 이런 일들을 홀로 견디라고 우리를 내버려두지 않으셨다. 그분은 우리의 믿음을 굳건하게 하고 격려해줄 믿는 자들의 온전한 몸을 우리에게 주셨다. 주신 선물을 받으라.

당신이 마음에 상처를 입고 아파하고 있다면, 깊은 슬픔과 고통의 시기를 통과하고 있다면, 인내의 중요성 – '아래에서 버티는' – 을 절대 잊지 않기를 기도한다. 하나님이 성령에 의해 그리고 말씀을 통해 당신에게 지혜와 믿음을 주셔서 그분이 당신 안에서 이루시고 있는 성숙의 축복을 거둘 수 있기를 간절히 바란다.

죄에 대한 유혹(야고보서 1:13-18)

13 사람이 시험을 받을 때에 내가 하나님께 시험을 받는다 하지 말지니 하나님은 악에게 시험을
받지도 아니하시고 친히 아무도 시험하지 아니하시느니라 14 오직 각 사람이 시험을 받는 것은 자기
욕심에 끌려 미혹됨이니 15 욕심이 잉태한즉 죄를 낳고 죄가 장성한즉 사망을 낳느니라 16 내 사랑하
는 형제들아 속지 말라 17 온갖 좋은 은사와 온전한 선물이 다 위로부터 빛들의 아버지께로부터 내려
오나니 그는 변함도 없으시고 회전하는 그림자도 없으시니라 18 그가 그 피조물 중에 우리로 한 첫 열
매가 되게 하시려고 자기의 뜻을 따라 진리의 말씀으로 우리를 낳으셨느니라.

마르쿠스 안토니우스 – 마크 안토니로 더 많이 알려진 – 는 BC 83년에서 30년까지 로마의 유명한 정치가였다. 줄리어스 시저의 지지자였다가 결국에는 제국을 다스린 세 명의 통치자 가운데 한 사람이 되었다. 그는 유창한 웅변으로 대중들을 좌지우지할 수 있었고, 그 점에 있어서 당대에 그를 필적할 자가 없었다. 그는 열정적인 대중 연설가였음은 물론,

교활한 장군이자 뛰어난 사상가이기도 했다. 그럼에도 불구하고 그의 군사적, 지적 능력은 그의 도덕적 약점을 이겨내지 못했다. 실제로, 한 개인 교사는 그렇게 재능 있는 젊은이가 부도덕한 행위로 망가지는 것에 격분해서 그의 면전에 대고 이렇게 소리쳤다. "오 마르쿠스! 이 엄청난 아이야! 세상을 정복할 수는 있어도… 유혹은 이기지 못하는구나!"

이 비난은 현대의 허다한 '마크 안토니'들에게도 해당될 수 있다. 지금의 그리스도인들은 교육, 성경 지식, 도덕적 성공에 대한 감동적인 예화들, 도덕적 해이에 대한 엄중한 경고로 과포화 상태이다. 그런데도 너무 많은 사람들이 쉽게 유혹에 빠져 직장, 교회, 가정에서 위기에 처해 있다. 유혹에는 한계가 없다. 유혹은 직함도 아랑곳하지 않는다. 편애도 하지 않는다. 어떤 인간적 장애물도 무시하며, 밤낮도 가리지 않고, 어떤 상황에서든 자신의 모습을 위장하며, 호시탐탐 덮칠 기회를 노리고 있다. 유혹은 여러 가지 얼굴을 가지고 있다. 도둑질, 거짓말, 험담, 속임수, 질시. 인기를 얻으려고 애쓰고, 권력을 차지하기 위해 혈안이 되어 있다. 그렇지만 심리학자라기보다는 의사에 더 가까운 야고보는 확실한 사실을 바탕으로 유혹을 묘사하면서 서두를 연다(1:13–16). 그런 다음 승리를 결정하는 주요 논제로 나아간다(1:17–18).

—1:13—

야고보는 그의 동료 신자들이 유혹에 대해 적어도 네 가지 사실을 알기 바랐다. 첫째, 유혹은 언제나 존재한다. '아무도' 거기서 제외될 수 없다. 믿음의 시험과 마찬가지로 유혹은 피할 수 없다. 영적 예방 주사나 '유혹에서 벗어나게 해주는' 카드, 길에 도사리고 있는 함정을 피해 갈 수 있는 다른 길은 없다. 이 글을 읽고 있는 사람도 면역이 있거나 깨끗하지 않다. 수도원에서 삶을 보내고 있는 수도사도 쇼핑몰 안에서 걸어다니고 있는 젊은이보다 유혹에서 더 안전하다고 할 수 없다. 기도하는 성도도 포르쉐를 타고 다니는 세일즈맨과 마찬가지로 유혹에 시달린다.

둘째, 하나님은 절대 유혹하지 않으신다. "사람이 시험을 받을 때에 내가 하나님께 시험을 받는다 하지 말지니"(1:13). 헬라어 본문에 작지만 중요한 단어가 나온다. 'by'로 번역된 헬라어는 *apo*이다. 야고보는 하나님으로부터 올 수 있는 시험을 몇 가지로 표현했다.

*Hypo*라는 전치사는 사단이 직접 예수님을 죄로 유혹했던 것처럼 직접 미혹하는 것을 의미한다(마 4:1). 물론 하나님은 우리 마음속에 악한 생각을 속삭이거나 유혹하는 이미지를 만들어내지 않으신다. 그러나 야고보는 *apo*를 사용해 하나님의 결백까지 입증한다. 이 전치사는 어떤 것의 근원을 가리킨다. 죄에 대한 유혹은 그 궁극적 기원이 하나님께 있지 않다. 하나님은 간접적으로도 유혹과는 아무 관련이 없으시다. 하나님은 우리를 성숙시키시기 위해서 시련과 고난을 사용하실지언정(약 1:1-12), 절대 유혹이나 죄를 만들어내는 분이 아니시다. 절대로!

하나님의 궁극적인 선하심과 거룩하심이 이 진술의 진실성을 보장한다. 거룩하다는 것은 악과 분리되고, 구별되고, 영향을 받지 않는다는 의미다. 거룩함에는 두 가지 측면이 있다. 악의 영향을 받을 수 없는 것과 악을 초래할 수 없는 것. 거룩함의 절대 기준이신 하나님은 두 가지를 모두 가지고 계신다. 야고보는 하나님은 유혹을 받으실 수도, 유혹하지도 않으신다고 말한다. 그분은 거룩하시다!

—1:14-15—

유혹에 대해 알아야 할 세 번째 사실은 유혹은 반드시 일정한 과정을 밟는다는 것이다. 야고보는 대조를 나타내는 '그러나'(다수의 영어 성경은 14절을 'But'으로 시작하고 있다 - 편주)로 진술을 시작한다. 하나님이 유혹의 장본인이라는 그릇된 시각과 달리 야고보는 진짜 출처를 밝힌다. 14절에서 야고보는 유혹은 어떤 외적 대상에서 비롯된다는 암시를 한다. 그리고 같은 구절에서 유혹받는 자는 "자기 욕심에 끌려 미혹"된다고 분명하게 말한다. '미혹하다'라는 말은 낚시 용어로서 '미끼로 꾀다'라는 뜻이다. 즉, 우리 삶에 미끼 - 외부의 어떤 것 - 가 드리워지는데 그것 자체는 죄가 아니다. 문제는 우리 마음속 깊은 곳에서 그 미끼를 물려고 하는 굶주림이 고개를 드는 것이다. 그것이 욕망이다. 수많은 합리화와 호기심의 꼬드김이 뒤섞이면서 우리는 그것을 가지고 싶은 욕망에 이끌려 그 유혹에 다가서게 된다.

바로 여기서 야고보는 전치사 *hypo*를 사용한다. 우리는 우리 자신의 욕망이 만들어내는 '직접적인 작용에 의해' 유혹을 받는다. 그 차이를 잘 보라! 하나님은 눈곱만큼도, 간접적으로라도 유혹과는 관련이 없으시다. 우리의 욕망이 우리 죄의 직접적인 원인이다. 사실, 우리는 그 유혹의 미끼를 탓할 수조차 없다! 유혹 자체는 필요 조건이지만 충분 조건은 아니기 때문이다. 결국 비난받아야 할 대상은 우리 자신일 뿐이다.

히틀러의 악정에 항거했다가 나치에 의해 사형당한 용감한 독일 신학자 디트리히 본회퍼(Dietrich Bonhoeffer)는 내가 지금까지 본 중에서 가장 명료하게 유혹의 과정을 설명한다.

> 우리를 구성하는 것들 가운데는 불쑥 튀어나오는 격렬한 욕망에 편향하는 잠자고 있는 성향이 있다. 불가항력적인 힘으로 욕망은 육신을 제압한다. 일시에 내밀한 곳에서 연기를 피우던 불꽃이 타오른다. 육신은 화염 속에서 불탄다. 그것이 정욕이든, 야망이든, 허욕이든, 복수심이든, 명예욕이든, 권력욕이든, 탐욕이든 그리고 세상, 즉 자연의 아름다움에 대한 별스러운 욕망이든 상관없다. 하나님 안에서 누리던 기쁨은 우리 안에서 꺼져가고, 우리는 피조물 속에서 모든 기쁨을 찾는다. 지금 우리에게 하나님은 전혀 실재가 아니시다. 하나님은 완전히 실재를 잃으셨고, 피조물에 대한 욕망만이 실재이다. 사탄만이 유일한 실재이다. 사탄은 이러한 상태에서 우리로 하여금 하나님을 혐오하게 만드는 게 아니라 하나님을 잊게 만든다.[2]

요컨대, 야고보서 1장 14절은 유혹의 필수 요소들 - 외부에서 가해지는 유혹의 미끼와 우리 내면의 욕망 - 을 설명한다. 이 두 가지가 유혹에 미혹되려는 마음과 결합하면 15절에서 설명한 대로 재앙을 낳는다.

야고보는 15절을 'then'(한글 성경의 경우 '~한 즉'으로 번역됨 - 역주)이라는 말로 시작한다. 과정의 진행 순서는 분명하다. '잉태한'이라는 말은 문자 그대로 아이를 임신했다는 말이며, '하나로 합치는 것'이라는 뜻의 헬라어 *syn*과 *lambano*에서 유래되었다. 여기서 야고보는 두 개의 필수 요소 - 유혹하는 것과 내면의 욕망 - 가 결합할 때 유혹이 잉태된다는 사실을 강조한다. 그 사이클이 시작되었을 때 그대로 방치하면 죄를 짓게 된다.

야고보서 1장 14-15절의 극단적인 예가 다윗 왕이다. 다윗 왕은 그의 군대가 전쟁에 나갔을 때 예루살렘 궁전에 머물면서 빈둥거렸다(삼하 11:1). 그가 마땅히 있어야 할 곳에 함께 있었다면, 이를테면, 그의 군대가 있는 곳에 함께 있었다면 악의 구렁텅이에 떨어지지 않았을 것이다. 그러나 전쟁터에서 물리적 전쟁을 치르는 대신 다윗은 유혹 - 그리고 정욕 -

에 대해 영적 싸움을 벌였다. 그리고 졌다. 시작은 잘못된 것이 없었다. 궁전 지붕을 거닐며 주위를 둘러보던 왕의 눈에 목욕하고 있는 여인의 모습이 들어온 것이다(11:2). 우연히 보게 된 것 자체는 죄가 아니었다. 그러나 다윗의 흥분된 욕구와 결합하자 그 우연한 일별은 이내 고의적인 응시로 변했다. 그는 그녀가 "심히 아름다워"(11:2) 보였다. 밧세바를 바라본 다윗의 시선과 내적 욕망이 강력한 유혹을 잉태했고, 그 유혹은 다윗과 같은 위치에 있는 남자라면 거의 저항할 수 없는 것이었다. 함정에 빠진 희생물이 추락하듯이 다윗은 무서운 속도로 유혹에서 죄로 돌진했다. 다윗은 그 여인에 대해 알아보고(11:3)… 그녀에게 전령을 보내고(11:4)… 그녀와 동침했다(11:4). 그녀가 헷사람 우리아의 아내 밧세바임을 알면서도 말이다(11:3).

다윗의 죄는 간음에서 끝나지 않았다. 그의 악행은 죄를 덮으려는 절박한 시도로 바뀌면서 결국 두 사람 - 헷사람 우리아와 하룻밤의 쾌락이 만든 그의 아들 - 을 죽음으로 내몰았다(삼하 11:5-12:14). 욕정에서 시작해 죽음에 이른 다윗의 유혹은, 마치 그가 야고보서 1장 14-15절을 대본 삼아 파멸에 이르는 길을 걷기라도 한 듯이, 유혹과 정욕의 교과서와 같은 예가 되었다.

다윗의 죄에서 가장 놀라운 부분은 그것이 "그(여호와)의 마음에 맞는 사람"에게서 일어났다는 점이다(삼상 13:14). 그렇게 위대한 하나님의 사람이 그렇게 갑자기 그리고 그렇게 심각하게 타락할 수 있다면 우리에게 그런 일이 일어날 수 없다는 생각은 한 순간이라도 가져서는 안 된다. 그것이 유혹에 대한 나쁜 소식이다.

좋은 소식은, 이겨낼 수 없는 유혹은 없다는 것이다. 인간은 욕망에 저항하고, 미끼를 거부하고, 왔던 길을 돌이킴으로써 욕망이 진행시키는 그 과정을 차단할 수 있다. 하지만 유혹을 받은 사람이 그 욕망을 애지중지하면서 유혹을 껴안고 함정 속으로 뛰어들면(또는 방황하면) 죄의 행위를 낳게 된다. 그 과정을 잘 보라. 매혹적인 무엇이 우리의 마음을 미혹하면 우리는 유혹의 영지로 들어간다. 유혹이 머물도록 허용하면 결국 죄를 짓게 된다. 그리고 회개하지 않고 계속 죄를 지으면 사망 - 죽음과 같은 실존 - 을 낳는다(약 1:15). 타락이 낳은 괴물과 같은 자식인 죄는 잉태, 발달, 출생, 성장 그리고 최종적으로 죽음을 겪는다. 그것이 야고보가 말하는 죄의 생명 주기다.

야고보서 1장 15절의 '사망'이라는 말에 대해 잠시 생각해보는 것이 도움이 될 듯하다.

인간은 성적인 죄로 질병에 감염되거나, 알코올 중독이나 마약 중독으로 인한 요절 등 죄의 결과로 죽을 수 있다. 바울, 야고보, 요한은 모두 죄가 질병이나 죽음까지도 초래할 수 있다고 말한다(고전 11:30, 약 5:15, 요일 5:16-17). 이런 경우 병이나 죽음은 성도들을 궁극적으로 성화시키기 위해 하나님이 일시적으로 징계하신 결과이다. 그러나 야고보서 1장 15절에서 유혹과 죄의 결과로 언급하는 사망은 육체적 죽음이 될 수 없다. 그것이 육신의 죽음이라고 한다면 우리는 며칠 안에 모두 시체가 되고 살아남을 수 없을 것이다. 그렇다고 야고보가 영적인 죽음을 말하고 있는 것도 아니다. 우리의 선행은 우리를 구원하지 못하며, 우리의 악행은 우리를 정죄하지 못한다. 바울은 우리가 행위와 무관하게 믿음을 통해 은혜로 구원받는다고 말한다(엡 2:8-9). "그러므로 이제 그리스도 예수 안에 있는 자에게는 결코 정죄함이 없나니"(롬 8:1). 죄의 결과로 인한 육체적 사망도 영적 사망도 아니라면 야고보가 말하는 사망은 도대체 어떤 것일까?

여기서 야고보의 유대적 배경을 아는 것이 도움이 된다. 유대인들은 흔히 죽음을 목적지이기보다는 경로로 본다. '죽었다'는 것은 대부분 존재의 중단이 아니라 낮은 삶의 질을 표현했다. 신명기 30장 15절은 이렇게 말한다. "보라 내가 오늘 생명과 복과 사망과 화를 네 앞에 두었나니." 잠언에 나오는 '생명의 실존'과 '죽음의 실존'에서도 이런 용법을 볼 수 있다. "공의로운 길에 생명이 있나니 그 길에는 사망이 없느니라"(잠 12:28). "지혜 있는 자의 교훈은 생명의 샘이니 사망의 그물에서 벗어나게 하느니라"(13:14).

유대인 그리스도인들은 사람들이 생명의 길(성령에 이끌려 그리스도와 동행하는) 또는 사망의 길(육에 속해서 그리스도와는 별개로 걷는) 가운데 하나를 여행하고 있다고 보았다. 이러한 '죽음 같은 실존'은 그리스도가 약속하신 '풍성한 삶'과 정반대이다(요 10:10). 죽음의 길을 걷고 있는 죄인들은 더 이상 성령 안에서 참된 삶을 살 수 없다. "오직 성령의 열매는 사랑과 희락과 화평과 오래 참음과 자비와 양선과 충성과 온유와 절제니"(갈 5:22-23). 죽음의 길을 걷고 있는 이들은 소원해진 친구들에 대한 기억이 희미해지듯 영적 생명력의 흔적이 사라진다. 이것이 야고보가 말하는 죽음이다.

우리는 유혹은 언제나 존재하며(1:13) 하나님은 결코 우리를 시험하지 않으신다는 사실(1:13)을 보았다. 우리는 또한 유혹에 수반되는 일정한 과정(1:14-15)도 살펴보았다. 야고보가 유혹에 대해 주목한 네 번째 사실은 우리의 생각이 이리저리 흔들릴 때 유혹은 더욱 왕

묵상의 서재

앞만 보고 달려라

20대의 풋내기 해병으로 아내와 가족들로부터 수천 킬로미터 떨어진 오키나와에서 16개월을 지내면서 나는 하나님의 말씀에 초점을 맞추는 것이 얼마나 중요한지를 깨달았다. 복무하는 동안 나는 다른 군인들과 함께 성경 공부를 했다. 우리는 매주 금요일 밤마다 섬의 여러 기지로부터 수도인 나하에 사는 네비게이토 대표 밥 뉴커크(Bob Newkirk)의 집으로 모여들었다. 내가 소속된 기지에서 밥의 집까지 가려면 여러 마을을 지나야 했는데 마을마다 술집과 집창촌들이 즐비했다. 섬 곳곳에는 윤락 행위를 하는 여성들로 넘쳐났다. 그들은 언제라도 젊고 외로운 남자들에게 기꺼이 몸을 줄 준비가 되어 있었다. 밥은 우리가 매주 금요일 밤 그의 집에 올 때마다 강력한 유혹에 맞닥뜨리게 된다는 사실을 알고 있었다.

그는 우리에게 간단한 공식을 가르쳤다. "앞만 보고 달려라!" 우리는 좌우를 둘러보지 않고 미리 암송해둔 '승리의 구절'에 정신을 집중하면서 똑바로 앞을 향해 걷는 법을 배웠다. 그뿐 아니라 한 병사는 빠르게 걷는 법을 터득했다. 그는 심지어 어떤 때에는 뛰기도 했다. (나는 뛰면서는 정욕을 느낄 수 없다는 사실을 알게 되었다.) 그때를 돌이켜볼 때마다 나는 밥의 충고가 정말 고맙다. 무엇보다도 시편 119편 9-11절에 나와 있듯이 하나님의 말씀이 한 젊은이(그리고 나이 든 사람도!)의 순결을 실제로 지킬 수 있다는 사실에 감사한다.

> "청년이 무엇으로 그의 행실을 깨끗하게 하리이까 주의 말씀만 지킬 따름이니이다 내가 전심으로 주를 찾았사오니 주의 계명에서 떠나지 말게 하소서 내가 주께 범죄하지 아니하려 하여 주의 말씀을 내 마음에 두었나이다."

이제 나에게는 십대 손자들이 있고, 나는 그들과 함께 성경을 읽고 토론하면서 똑같은 충고를 해준다. 예전에 그 '승리의 구절'에 정신을 집중하는 것이 나에게 효력이 있었던 것처럼 지금 그들에게도 동일한 효력을 발휘한다.

성해진다는 것이다(1:16).

—1:16—

야고보는 유혹, 죄 그리고 그 결과에 대해 설명하다가 느닷없이 단호한 명령을 끼워 넣는다. "내 사랑하는 형제들아 속지 말라." 미혹되지 말라. 유혹은 이런저런 모습으로 여러 경우에 올 것이다. 너희의 생각이 진리에서 벗어나 거짓의 속임수로 기울지 않게 하라. 유혹의 과정은 마음속에서 시작되기 때문에 우리는 힘써 사실을 직시하고, 진리를 적용하며, 육신의 행위가 가져올 결과를 미리 헤아려보아야 한다. 유혹은 기만적인 생각과 헛된 약속을 기반으로 한다. 곧이 듣지 말라.

—1:17-18—

유혹의 실체에 대해 생생하게 설명한 후 마지막 이 두 구절에서 야고보는 독자들의 주의를 승리의 원천이신 하나님께로 돌린다.

하나님은 유혹과 죄의 미세한 꼬임을 이겨낼 수 있는 방법을 제공하신다. 모든 선하고 완전한 것은 선하고 완전하신 그분에게서 나온다. 그분은 "빛들의 아버지"로서 거짓의 어둠을 몰아내신다. 그분은 변함이 없으시며, 그분 안에는 유혹의 꼬임처럼 "회전하는 그림자"도 없으시다. 우리는 야고보가 1장 13절("내가 하나님께 시험을 받는다")에서 인용한 무책임한 죄인과 신자들의 삶 속에서 하나님이 실제로 하시는 일 – 좋은 은사와 온전한 선물 – 을 대조한 것에 주목해야 한다(1:17).

좋고 온전한 것들을 창조하신 이가 "진리의 말씀으로 우리를 낳으"신 분이다(1:18, 참고 – 골 1:5, 딤후 2:15). 그분이 우리 안에서 계속 행하시는 일은 바로 그 말씀으로 이루어진다. 우리는 그분의 창조물 가운데 덩굴에서 썩어가고 있는 상한 열매가 아닌 '첫 열매'로 설계되었다.

앞(1:1-12)에서 야고보는 우리의 선을 위해서, 즉 우리를 성숙시키기 위해서 믿음의 시험이 주어진다고 주장했다. 하나님의 지혜는 시험이 의도했던 결과를 낳도록 도우실 수 있다. 이번 단락(1:13–18)에서 야고보는 죄에 대한 유혹은 하나님으로부터 오지 않고 우리의 악한 본성에서 나온다고 설명했다. 그러나 하나님의 좋고 온전한 은사와 선물이 그분의 말씀을 통해 우리로 하여금 승리하게 할 수 있다. 야고보는 신자들의 삶 속에 존재하는 두 가지 행로 – 하나는 성숙에 이르고 다른 하나는 죄에 이르는, 하나는 시련을 견뎌냄으로써 이르게 되고 다른 하나는 유혹에 넘어감으로써 이르게 되는, 하나는 풍성한 삶으로 오르는 길이고 다른 하나는 사망으로 떨어지는 비탈길인 – 를 대조한다(39쪽의 '야고보서 1장의 두 행로' 표를 보라.) 야고보는 이 영감 넘치는 말씀을 읽는 모든 사람에게 한 가지 질문을 넌지시 던지고 있다. 당신은 어떤 길을 걷고 있는가?

적용

집중하는 자가 승리한다

> 생각을 심으면 행동을 거두고
> 행동을 심으면 습관을 거두고
> 습관을 심으면 성품을 거두고
> 성품을 심으면 운명을 거둔다.
> – 작자 미상

이 말은 정확히 야고보의 경고를 반영한다. '대수롭지 않은' 생각들, '사소한' 죄, '해롭지 않은' 습관들. 이 모든 것이 눈덩이처럼 불어나 가장 존경받는 성도의 간증을 무너뜨릴 수 있다. 그리고 그것은 한 가지 분명한 질문을 남긴다. '어떻게 해야 죄에 이르는 위험한 비탈길을 피하고 유혹에 대항해 승리할 수 있을까?'

첫째, 승리는 선에 거할 때만이 가능하다. 야고보는 좋고 온전한 은사는 하나님 아버지로부터 온다는 사실에 주목한다(1:17). 하나님이 이 좋은 것들을 주시는 데에는 분명한 목적이 있다. 악한 생각을 품은 채 선한 결과를 거둘 수 없고, 마음속에 선하고 온전한 생각을 키우면서 끝없이 악을 생산하지 못한다. 그러므로 당연히, 선한 것을 거두려면 선에 거해야 한다. 하나님의 평안이 우리의 마음과 생각을 지키게 하는 것이 얼마나 중요한지 말하면서 바울은 이렇게 썼다. "끝으로 형제들아 무엇에든지 참되며 무엇에든지 경건하며 무엇에든지 옳으며 무엇에든지 정결하며 무엇에든지 사랑 받을 만하며 무엇에든지 칭찬 받을 만하며 무슨 덕이 있든지 무슨 기림이 있든지 이것들을 생각하라"(빌 4:8).

당신은 진정 그렇게 하는가? 어려움에 짓눌릴 때 당신은 무슨 생각을 하는가? 무엇을 읽는가? 누구의 말에 귀를 기울이는가? 무엇을 되새기는가? 마음의 비옥한 정원에 당신은 어떤 씨앗을 뿌리고 있는지 시간을 들여 평가해보라. 그것들은 진실되고, 고결하고, 올곧고, 순결하고, 사랑스럽고, 뛰어나고, 칭찬받을 만한 생각으로 자라날 씨앗들인가? 아니면 당신은 서서히 당신의 생각을 독살하면서 피할 길 없는 유혹의 폭풍이 당신의 인생을 날려버릴 때 실패에 이를 준비를 하고 있는가?

둘째, 승리는 진리 안에 사는 삶을 통해서만이 가능하다. 야고보는 우리가 "진리의 말씀"에 의해 태어났다고 말한다(1:18). 우리를 낳은 그 자애로운 말씀이 우리가 성장하는 데 필요한 모든 것을 제공하면서 우리를 양육하고 보호하실 것이다. 그리고 피할 길 없는 유혹이 찾아올 때 하나님의 말씀은 말 그대로 우리를 악에서 구출하실 수 있다. 다윗 왕은 이렇게 말했다. "내가 주께 범죄하지 아니하려 하여 주의 말씀을 내 마음에 두었나이다"(시 119:11).

당신은 하나님의 말씀을 얼마나 소중하게 간직하고 있는가? 그냥 재미 삼아 간간이 성경을 들여다보는가, 아니면 우리를 정결하게 하는 그 신선한 물에 푹 잠기는가? 호기심을 채우려고 기술적으로 탐구하는가, 아니면 당신의 마음과 생각을 깨끗케 하기 위해 말씀으로 자신을 샅샅이 탐색하는가? 하나님이 주신 가장 위대하고 완전한 선물인 하나님의 말씀을 읽고, 암송하고, 묵상하면 유혹이 몰아칠지라도 견고히 설 수 있다.

바로 이 순간 성령께 당신의 삶 속에서 영혼의 수술을 해달라고 요청하라. 다윗과 같은 기도를 드리라.

> "하나님이여 나를 살피사 내 마음을 아시며 나를 시험하사 내 뜻을 아옵소서 내게 무슨 악한 행위가 있나 보시고 나를 영원한 길로 인도하소서"(시 139:23-24).

당신이 어떤 유혹을 당하든, 그것이 얼마나 끈질기든 상관없이 하나님 아버지는 좋고 온전한 은사와 승리를 주실 준비가 되어 있으시다. 그 은사는 생명을 주시는 권능으로 당신의 마음을 강건하게 할 것이다. 내가 직접 경험한 바 분명히 말할 수 있는 한 가지는 하나님의 말씀에 집중하면 유혹을 물리칠 수 있다는 것이다.

성경 말씀에 대한 반응(야고보서 1:19–27)

19 내 사랑하는 형제들아 너희가 알지니 사람마다 듣기는 속히 하고 말하기는 더디 하며 성내기도
더디 하라 20 사람이 성내는 것이 하나님의 의를 이루지 못함이라 21 그러므로 모든 더러운 것과 넘치
는 악을 내버리고 너희 영혼을 능히 구원할 바 마음에 심어진 말씀을 온유함으로 받으라 22 너희는 말
씀을 행하는 자가 되고 듣기만 하여 자신을 속이는 자가 되지 말라 23 누구든지 말씀을 듣고 행하지
아니하면 그는 거울로 자기의 생긴 얼굴을 보는 사람과 같아서 24 제 자신을 보고 가서 그 모습이 어
떠했는지를 곧 잊어버리거니와 25 자유롭게 하는 온전한 율법을 들여다보고 있는 자는 듣고 잊어버리
는 자가 아니요 실천하는 자니 이 사람은 그 행하는 일에 복을 받으리라

26 누구든지 스스로 경건하다 생각하며 자기 혀를 재갈 물리지 아니하고 자기 마음을 속이면 이
사람의 경건은 헛것이라 27 하나님 아버지 앞에서 정결하고 더러움이 없는 경건은 곧 고아와 과부를
그 환난중에 돌보고 또 자기를 지켜 세속에 물들지 아니하는 그것이니라.

심신을 쇠약하게 하는 '질병'은 그리스도의 몸을 무력하게 만든다. 그 증상은 너무 흔해서 모든 신자 – 증상이 미약하건 심하건 – 에게 영향을 미치는 듯하다. 이렇듯 은밀히 퍼져나가는 질병은 교회의 영향력을 떨어뜨리고 그 증언을 무력하게 만든다. 그 질병은 효율성을 낮추고 생산을 마비시킨다. 과연 무엇이 문제인가? 고백과 행위… 신학과 행동… 듣는 것과 행하는 것 사이의 부조화다. 우리 그리스도인들 가운데는 하나님의 말씀을 머리에서 가슴으로 가져오지 못한 이들이 허다하다. 그리고 더 많은 그리스도인들이 하나님의 말씀을 가슴과 손 사이에 두고 있다.

A. W. 토저(A. W. Tozer)는 이런 상황을 실감나게 묘사했다.

> 교회 안에서 이론과 실제 사이의 괴리가 너무나 큰 나머지 탐구심이 많은 한 이방인이 이 둘을 우연히 보게 된다면 그것이 서로 어떤 식으로든 연관되어 있으리라고는 꿈에도 생각하지 못할 것이다. 어떤 지적인 관찰자가 주일 아침 설교를 들은 사람들

> 이 주일 오후에 하는 행동을 본다면 그는 자기가 두 개의 상반된 종교를 보고 있는 것이라고 생각할 것이다….
> 대다수의 그리스도인들은 정의가 주는 감동은 원하면서 정의로 인한 불편은 감수하려고 하지 않는 듯하다. 따라서 말로는 이론과 실제의 결합이 영원하다고 선포하지만 사실상 그 둘의 분리는 고착된다. 진리는 자신을 추종한다고 공언했던 사람들이 잠시 들를 때까지 버림받은 채 슬퍼한다. 그리고 자신에 대한 청구서의 지불 기일이 돌아오면 그들이 다시 떠나는 것을 본다.[3]

진정한 믿음은 참된 행위를 낳는다는 중요한 가르침을 펼치면서 야고보는 우리의 믿음을 증명하는 시련을 통한 인내(1:1–12)와 우리의 성품을 나타내는 유혹에 대한 승리(1:13–18)를 다루었다. 1장의 이 끝부분에서 야고보는 하나님의 말씀에 대해 신자가 보여야 할 적절한 반응에 초점을 맞춘다. 믿음과 행위 사이의 관계의 단절은 그리스도인들 사이에 널리 퍼질 수 있다. 그러나 야고보는 소원해진 이 두 파트너가 화해할 수 있음을 일깨워준다.

—1:19–20—

야고보는 이렇게 일깨우는 말로 시작한다. "내 사랑하는 형제들아 너희가 알지니." 두말할 여지없이 그는 그리스도 안에서 형제자매 된 신자들에게 이 글을 쓰고 있다. 그리고 그는 자신이 말하려고 하는 것을 그들이 이미 알고 있다는 사실을 인정하면서 시작한다. 야고보는 이렇게 말하고 있는 것이다. "너희가 내가 말하려고 하는 것을 이미 알고 있다는 사실을 안다. 그래도 너희는 다시 들어야 한다. 나는 이미 알고 있는 사실이지만 다시 검토하고, 일부 기본적인 것들을 다시 논의해야 할 필요가 있다고 생각한다." 그런 의미에서 "너희가 알지니"라는 구절은 완곡한 명령으로 쓰인 것이다. "기억하라!" 곧 보게 되겠지만 이는 질책이기도 하다. "너희가 잊었도다!"

그렇다면 알아야 할 내용은 무엇인가? 우리 마음속에 하나님의 말씀을 심기 위한 준비로서 마음의 토양을 비옥하게 하는 세 가지가 있다(1:21). 첫째, 야고보는 "듣기는 속히"(1:19) 하라고 권고한다. 이 명령은 그냥 열심히 듣는 것 이상을 의미한다. 야고보는 우리가

들은 말씀을 진심으로 받아들이기 원한다.

예를 하나 들어보겠다. 당신은 아마 두 가지 독서 방법을 경험해보았을 것이다. 첫 번째 '독서' 방법 – 그렇게 불릴 수 있다면 – 은 학교나 대학에서 과제로 내준 책을 읽는 것이다. 책장을 넘기며 눈은 글자들을 훑어보고, 문장들은 망막을 통과하지만 내용은 머리 속에 들어오지 않는다. 이런 류의 독서는 독서 보고서에 읽었다는 표시를 하기 위함이 목적이다. 그러나 다른 종류의 독서 – 진정한 독서 – 는 중요한 요점에 밑줄을 긋거나 강조 표시를 하고, 메모를 하고, 토의나 리포트에 그 책의 사상을 인용한다. 어떤 학생이 정말 그 책을 읽었는지 분명히 알 수 있다. 듣는 것도 마찬가지다.

예수님은 당대의 위선자들에게 직접 불만을 토로하셨다. "너희가 듣기는 들어도 깨닫지 못할 것이요"(마 13:14). 그런 다음 이 감정을 이어서 씨 뿌리는 자의 비유를 설명하셨다. "돌밭에 뿌려졌다는 것은 말씀을 듣고 즉시 기쁨으로 받되 그 속에 뿌리가 없어 잠시 견디다가 말씀으로 말미암아 환난이나 박해가 일어날 때에는 곧 넘어지는 자요"(13:20-21). 예수님의 가르침이 야고보서의 배경을 이룬다. 인생의 시련을 감내하고 죄의 유혹을 이겨내야 한다고 말한 후에(약 1:1-18) 야고보는 준비된 마음으로 하나님의 말씀을 받아들이지 않으면 멸망에 이를 수 있음을 경고한다(1:19-27).

하나님의 말씀을 잘 받아들일 수 있는 마음을 준비하는 데 필요한 두 번째 요소는 혀를 제어하는 것이다. 이것은 경청의 또 다른 면이다. 입을 다물면 생각하고, 숙고하고, 묵상하고, 배려할 수 있는 여지 – 모두 진정한 경청(그리고 배움)의 필수 요소이다 – 가 생긴다.

마지막으로 "말하기는 더디 하라"에 이어서 야고보는 "성내기도 더디 하라"는 구절을 덧붙인다. 헬라어 본문에는 이 훈계들 사이에 '그리고'와 같은 접속사가 없다. 이 세 가지는 하나님의 말씀이 뿌리내리기 위해서 긴밀하게 연결된 전제 조건이기에 야고보는 이것들을 일련의 연결 고리로 보았다.

"성내기를 더디 하는 것"이 말씀을 받는 것과 어떻게 연결되는가? 이것은 신자들의 삶 속에서 작용하는 말씀의 역할과 부분적으로 관련이 있다. 바울은 이렇게 말한다. "모든 성경은 하나님의 감동으로 된 것으로 교훈과 책망과 바르게 함과 의로 교육하기에 유익하니"(딤후 3:16). 말씀이 들어올 때 죄인의 가장 자연스러운 반응은 방어, 분개, 심지어는 분노이다. 자신의 부정직한 모습이 온전한 기준에 비춰지는 것을 좋아할 사람은 아무도 없다. 그것이 하나님의 말씀이 우리의 내밀한 생각과 행동을 드러나게 할 때 일어나는 일이다. 야고보는 흔히 그렇듯 분노로 반응하지 말고 온유함으로 받으라고 권고한다. "사람이 성내는 것이 하나님의 의를 이루지 못함이라"(1:20). 화는 질책을 거부한다. 온유는 질책을 수용한다. 화는 교정을 물리친다. 온유는 교정을 수용한다.

—1:21—

마음의 귀를 열어 진리를 받아들일 준비를 하고, 입을 다문 다음, 반격하고 싶은 충동을 억누른 후에야(1:19-20), 우리는 진리를 제대로 받아들일 준비가 된다(1:21). 이 짧은 구절의 중심에 전체를 아우르는 단순한 명령이 들어 있다. "받으라." *Dechomai*라는 단어는 보통 수동적으로 '받는 것' 이상을 의미한다. 이 단어는 예수님을 극진하게 '영접한' 사람들에게 쓰였다(요 4:45). 야고보서에서의 쓰임새에 더 맞는 것은 베뢰아 사람들에 대한 구절에서 찾아볼 수 있다. "간절한 마음으로 말씀을 받고 이것이 그러한가 하여 날마다 성경을 상고하므로"(행 17:11). 이와 비슷하게, 데살로니가의 신자들은 "많은 환난 가운데서 성령의 기쁨으로 말씀을 받"았을 뿐만 아니라(살전 1:6), 그것을 "사람의 말로 받지 아니하고 하나님의 말씀으로 받"았다(2:13). 이 구절들은 야고보가 1장 21절에서 의도하고 있는 열망, 즉 열정적으로 받아들이는 것의 예다.

"그러므로"라는 접속사를 사용함으로써 야고보는 듣기는 속히 하고, 말하기는 더디 하며, 성내기도 더디 하라는 앞의 권고에 이 명령의 기초를 둔다(1:19-20). 말씀에 분노로 반응하면 하나님의 의를 이루지 못하기에 우리는 말씀을 특정한 방식으로 받아야 한다. 야고보는 이러한 받아들임에 수반되어야 하는 조건을 설명한다. 모든 더러움과 넘치는 악을 내어버리고 겸손을 입으라. 삶 속에 쌓인 더러움은 우리의 귀를 막는다. 악은 우리의 반응 시간을 지연시킨다. 교만은 우리 자신을 말씀의 빛에 비추지 못하도록 방해한다. 그러나 겸손은 우리에게 어떤 말씀이 주어지든 순종하며, 새로운 태도와 행동을 위해 과거의 생활 방식에서 비롯되는 생각과 행동을 벗어버릴 자세를 갖춘다는 의미다.

방청객으로 보낸 세월

오랫동안 나는 '연기자'가 아닌 '방청객', 말씀의 '행위자'가 아닌 '청취자'였다. 과거의 내 상태에 대한 책임은 전적으로 나에게 있지만, 성경을 마치 교과서처럼 대하는 교회에 다닌 것은 아무런 도움이 되지 않았다. 나는 귀에 다 담을 수 없을 정도로 대단히 많은 지식을 들었던 터라 머릿속은 온갖 새로운 진리로 가득 찼지만, 그 진리는 내 가슴과 손으로 이어지는 가장 중요한 여정을 끝내지 못했다. 매 주일마다 강대상에서 들려오는 강의는 지식에 지식을 더했고, 급기야 나는 모든 것을 안다고 생각하기에 이르렀다.

하나님은 그러한 방청객식 사고방식을 깨뜨리기 위해 나를 교실 속 기독교에서 끄집어내셔야 했다. 그리고 그분은 그렇게 하셨다. 나의 멘토가 정직하게 내 눈을 응시하며 생각을 바로잡아주었다. "척, 자네는 우리 교회 모든 교인을 합친 것보다 더 많은 진리를 알고 있는데도 그것이 조금도 나타나지 않는군. 그게 바로 위선이라네!" 나는 정신이 번쩍 들었다. 시간이 흐르면서 나는 성경을 지적 호기심을 만족시키기 위한 지식, 토론, 논리적 명제의 교과서가 아니라 마음가짐을 바꾸고 행위를 변화시키기 위해 하나님이 주신 살아 있는 하나님의 말씀으로 보게 되었다.

평생 목회를 하면서 교회에 말씀의 '방청객들'이 너무나 많은 것을 보아왔다. 나는 회중석에 앉아 있는 많은 사람들의 얼굴에서 과거의 내 모습을 본다. 그들은 메모가 빼곡한 공책을 가지고 있지만, 그 메모를 바탕으로 중대한 변화를 이루기는 매우 힘들 것이다. 나는 더 이상 그런 식의 기독교 신앙에 안주할 수 없다. 나는 기초가 탄탄한 믿음을 갖고 싶다. 내가 그런 믿음을 갈구하는 이유는 균형 잡힌 삶을 살기 위해서이다.

—1:22-25—

야고보가 말하는 진리를 준비하고, 받아들이고, 반응하는 논리적인 과정은 간단명료하다. 첫째, 우리 영혼의 토양이 준비되어야 한다(1:19-20). 둘째, 진리의 씨앗이 심겨야 한다(1:21). 그리고 셋째, 분노, 더러움, 악의 무성한 잡초는 뿌리째 뽑혀야 한다(1:19-21). 그러나 여기까지 과정이 진행되었어도 하나님의 말씀은 아직 우리 삶 속에 열매를 맺지 않았다. 열매를 맺으려면 적절한 반응이 있어야 한다(1:22-27).

야고보는 한 가지 명령으로 시작한다. "너희는 말씀을 행하는 자가 되고 듣기만 하여 자신을 속이는 자가 되지 말라"(1:22). 야고보서에서 핵심 구절을 딱 하나 꼽으라고 한다면 바로 이 구절이다. 이 구절이 이 책의 주제 – 참된 믿음은 진정한 행동을 낳는다 – 를 요약하고 있다. 행함 없이 듣기만 하는 자들은 '거짓된 믿음'의 죄를 범할 수 있지만, 듣고 행하는 자들은 그들의 진실성을 증명한다. 야고보가 독자들에게 단지 '행하는 자'가 되라고 말하지 않은 것에 유의하라. 그는 행하는 자와 정반대의 사람을 짝지어서 '듣기만 하는 자'가 되지 말라고 한다. 말씀을 듣고, 경청하고, 받아들이는 것은 필요한 첫 단계이다. 말씀은 이해되고 우리 마음속에 머물러야 한다. 그것은 필수다. 그러나 야고보는 듣고 행하는 자와 듣기만 하는 자를 대조한다.

대학교에서는 흔한 상황이지만, 우리가 주의 깊게 보지 않는 일을 예로 들어 이것을 설명해보겠다. 많은 수업들이 이른바 '청강생'을 받는다. 그들은 가르침을 그냥 듣기만 하는 사람들이다. 그들은 그 수업에 등록하고, 소정의 청강료를 지불하고, 앉아서 강의를 다 듣는다. 그렇지만 그 외의 일들은 그들 마음대로 할 수 있다. 강의를 받아 적을 수도 있지만 반드시 그래야 하는 것은 아니다. 교과서를 읽을 수도 있지만 그것 역시 선택 사항이다. 청강생들은 리포트를 쓰거나 시험을 치지 않는다. 청강생들은 강의를 듣는 사람일 뿐 행위자들이 아니므로 학점을 따려고 수업에 참석하는 것이 아니다. 이와는 대조적으로 야고보는 그리스도인의 삶은 듣기도 하고 행하기도 하는 것이라고 말한다. 말씀을 행하지 않고 듣기만 하는 자들은 "자신을 속이는"(1:22) 것이다.

야고보는 말씀을 행하는 자가 되라는 권고 뒤에 예화를 들려준다(2:23-25). 그는 교회에 다니는 두 부류의 그리스도인을 묘사한다. 40여 년 동안 목회를 하면서 나는 지금도 그

때와 다르지 않음을 보아왔다! 나는 어느 교회에서든 이 두 부류의 그리스도인을 발견한다. 첫 번째는 우리가 '듣고 잊어버리는 자들'이라고 부르는 부류이다(1:23–24). 야고보는 거울에서 자신의 모습(보기에 좋지 않은)을 보고는 어깨를 으쓱하며 걸어 나가 아무 조치도 취하지 않는 사람의 예를 든다. 이와 마찬가지로, 하나님의 영적 거울은 당신이 어떤 사람인지를 보여준다. 야고보는 성경을 보고, 거기에 쓰인 글자들을 읽은 다음 책을 덮고나서는 하나님이 자신의 상태에 대해 뭐라고 하셨는지 잊어버린 채 자기 생각대로 사는 사람에 대해 말한다.

두 번째 부류의 그리스도인은 말씀을 '효과적으로 실천하는 자'이다(1:25). 이런 사람의 특징은 무엇인가? 그는 야고보가 "자유롭게 하는 온전한 율법"이라고 한 성경 말씀에 귀를 기울인다. 그는 곰곰이 생각하고, 기꺼이 순종하며, 긍정적으로 반응하고, 성경의 원칙을 따른다. 듣고 잊어버리지 않는다. 듣고 행한다. 이런 사람은 그가 하는 일에 복을 받을 것이다. 올바른 일을 행하려고 노력하면서 참된 행복을 느끼게 될 것이다.

—1:26–27—

야고보는 자신의 종교를 진심으로 신봉하는 사람을 묘사한다. '종교'라는 헬라어 단어 *thrēskeia*는 이 구절에서 두 번 사용되었는데, 그것은 한 사람의 개인적 확신이나 원칙을 지칭하는 게 아니라 잘 규정된 종교 공동체나 조직을 가리킨다. 이런 의미에서 골로새서 2장 18절에 나오는 천사를 숭배하는 이교와 마찬가지로 유대교는 '종교'(행 26:5)였다. 그렇기 때문에 야고보는 기독교를 신자들로 이루어진 구별된 조직으로 언급한다. 이 점에 주목해야 하는 이유는 야고보가 혀를 제어하지 못하고 언행이 일치하지 않는 사람은 사실상 자기의 종교를 무익하게 만든다고 말하고 있기 때문이다(약 1:26). 우리는 이 말이 사실임을 수없이 보아왔다! 믿지 않는 사람들이 그리스도인의 위선을 목격하면 그 사람만이 아니라 기독교 전체를 나쁘게 보는 예가 허다하다.

야고보는 그의 특유의 방식으로 부정적인 예와 대비되는 긍정적인 예를 제공한다. 삶과 종교가 일치하는 사람들은 다른 사람들의 필요에 관심을 기울인다. 이런 참된 믿음의 분명한 예 – 고아나 과부들을 찾아가고 세속에 물들지 않는 것 – 는 기독교가 전하려는 메시지의 독특성과 진실성을 보여준다.

주: 참된 믿음은 진정한 안정을 낳는다(야고보서 1:1–27)

1. Stanley E. Porter, "Is *Dipsychos*(James 1, 8; 4, 8) a 'Christian' Word?" Biblica 71(1990): 469–98.
2. 디트리히 본회퍼, 「창조와 타락(*Creation and Fall*, 대한기독교서회)」
3. A. W. 토저, 「신앙의 기초를 세워라(*The Root of the Righteous*, 생명의 말씀사)」

참된 믿음은
진정한 사랑을 낳는다

야고보서 2:1-3:12

신병 훈련소에서 보낸 첫 주를 나는 절대 잊지 못할 것이다. 나는 해병대에 대한 완전히 잘못된 생각을 가지고 그곳에 도착했다. 현실이 내 허술한 이미지를 산산조각 내기까지 대략 60초 정도 걸렸다. 머리는 빡빡 깎이고, 몸은 욱신거리고, 자아는 해체된 채 참석한 첫 번째 예비 교육에서 나는 교관이 이렇게 소리치던 것을 또렷하게 기억한다. "좌우를 둘러보라! 14주가 지나기 전 둘 중에 한 명은 여기 없을 것이다!" 나는 생각했다. '총으로 쏴 버린다는 건가?' 그건 물론 아니었지만 그때 우리는 무서워서 죽을 지경이었다. 우리는 살아남기만을 바랐다. 신병들이 겁을 잔뜩 먹고 좌우를 두리번거릴 때 나는 생각했다. '어! 내 옆에 앉은 녀석들이 나를 보고 있잖아!' 그 순간 나 역시 기대에 부합하지 못하는 사람들 가운데 하나가 될 수 있다는 사실을 깨달았다.

그건 그냥 엄포가 아니었다. 85명이 훈련을 시작했는데 졸업한 것은 42명이었다. 그러니 그 교관의 말은 전혀 과장된 것이 아니었다. 해병대의 강도 높은 훈련은 신병들의 수를 줄여나갔다. 우리는 너나 할 것 없이 해병대의 삶에 대해 순진하고, 심지어는 낭만적이기까지 한 생각을 가지고 있었다. 14주짜리 여름 캠프나 성인들을 위한 보이 스카우트 캠프 정도로 생각했던 거다. 그런데 몇 달 만에 43명이 탈락했고, 나는 해병대의 실상을 알게 되었다. 우리는 'the few, the proud(소수 정예)'의 일원이 된다는 것이 무슨 뜻인지 알게 되었고, 복종한다는 것, 지휘를 받는다는 것, 임무를 뛰어넘는다는 것이 무슨 뜻인지 배웠다. 그리고 해병대의 모토인 *Semper Fidelis*('항상 충성하라')의 진정한 의미를 깨달았다.

삶을 변화시키는 신병 훈련소의 경험처럼 야고보서를 진지한 자세로 읽다보면 사람들이 떨어져나간다. 야고보서는 그리스도인들 사이에 섞여 있는 종교적 사기꾼들을 가려낸다. 야고보는 언행에 있어서 '항상 충성스러울' 소수를 찾고 있다. 야고보는 그리스도를 추종하는 이들의 거짓 믿음을 가차 없이 공격한다. 일부 구경꾼들은 이렇게 말할지도 모른다. "그건 나와는 아무 상관없는 말이야." 그러나 바로 그것이 이 책의 역할이다. 야고보는 이렇게 묻고 있다. "너희는 마땅히 행할 바를 알면서 어찌 그것을 행하지 않는가?" 아무 생각 없이 가만히 앉아서 구경만 하겠다는 식의 안일한 기독교 신앙을 받아들인 사람들은 우리의 훈련 교관인 야고보와 함께하는 시간이 쉽지 않을 것이다.

상당수의 아주 실제적인 주제들 – 인생의 시험과 유혹을 견디는 것(1:2-8), 부자와 가난한 자 사이의 갈등(1:9-11), 말씀을 진실되게 실천하는 자가 되어야 함(1:22-26), 혀를 제

핵심 용어

ἔργον [*ergon*, 에르곤] *(2041)* '일, 행위, 과제나 의무의 성취'

이 헬라어 단어는 영어의 'work'라는 명사처럼 노동 행위와 결과를 모두 나타낸다. 만약 어떤 사람이 집을 짓는다면 그 집은 그 사람의 '일(work)'이다. 즉, 그 집은 건축자의 노고와 그 결과물을 모두 나타낸다. 야고보는 *ergon*이라는 단어로 한 사람의 내적 확신의 실제적 결과 – 눈에 보이지 않는 생각이 눈에 보이는 것으로 나타나는 것 – 를 강조한다.

δικαιόω [*dikaioō*, 디카이우] *(1344)* '정당화하다, 의롭다고 선포하다, 무죄를 입증하다, 정당성을 입증하다'

신약 성경에서 이 동사는 거의 대부분 '무죄'를 인정하는 법적 함의, 즉 어떤 사람이 실제로 무죄인지 유죄인지를 반영할 수도 있고 아닐 수도 있는 공적인 선포를 나타낸다. 당국자가 공적으로 그 사람의 정당성을 확인함으로써 무고한 사람의 무죄가 입증될 수도 있고, 실제로는 유죄인데 정당하다고 선포됨으로써 진짜 무고한 사람과 동일한 권리와 특권을 누릴 수도 있다.

γλῶσσα [*glōssa*, 글로싸] *(1100)* '혀, 언어'

구약을 통틀어 그리고 특히 지혜서에서 '혀'는 부정적, 긍정적 의미를 모두 가진다. 잠언 18장 21절은 "죽고 사는 것이 혀의 힘에 달렸나니"라고 말한다. 유대인의 지혜에 관한 수사적 표현이 몸에 밴 야고보는 이러한 축복과 저주, 삶과 죽음의 도구로서 혀의 개념을 이용한다. 혀라는 말은 신체 기관을 지칭하는 단어지만 대부분의 경우 사람의 말이나 언어를 가리키는 은유적 표현으로 사용된다.

어함(1:26), 되갚을 수 없는 사람들을 돕는 것(1:27) – 이 편지의 첫 부분에서 이미 소개되었다. 그는 이런 문제들을 성경에서 말하는 자유롭게 하는 '온전한 율법'에 순종하는 방법의 예로 소개하면서 '참된 믿음이란 무엇인가?'라는 질문에 답한다.

그런데 이제 이 기독교의 실천 매뉴얼 두 번째 단락에서 야고보는 얄팍한 믿음의 환상을 여지없이 깨버린다. 그는 차별과 편견(2:1-13), 믿음과 행함(2:14-26), 혀를 제어하는 것(3:1-12) 같은 문제들을 파고들면서 그리스도인의 삶의 핵심을 다루기 시작한다. 야고보는 첫 단락에서 잠깐 언급했던 문제들에 대해 본격적으로 논하면서 독자들을 어수룩한 오합지졸에서 타락과 타협이 판을 치는 세상 가운데 신실한 삶의 귀감이 되는 영적 전사들로 변화시키려고 한다.

차별과 편견(야고보서 2:1-13)

1 내 형제들아 영광의 주 곧 우리 주 예수 그리스도에 대한 믿음을 너희가 가졌으니 사람을 차별
하여 대하지 말라 2 만일 너희 회당에 금 가락지를 끼고 아름다운 옷을 입은 사람이 들어오고 또 남루
한 옷을 입은 가난한 사람이 들어올 때에 3 너희가 아름다운 옷을 입은 자를 눈여겨 보고 말하되 여기
좋은 자리에 앉으소서 하고 또 가난한 자에게 말하되 너는 거기 서 있든지 내 발등상 아래에 앉으라
하면 4 너희끼리 서로 차별하며 악한 생각으로 판단하는 자가 되는 것이 아니냐 5 내 사랑하는 형제
들아 들을지어다 하나님이 세상에서 가난한 자를 택하사 믿음에 부요하게 하시고 또 자기를 사랑하
는 자들에게 약속하신 나라를 상속으로 받게 하지 아니하셨느냐 6 너희는 도리어 가난한 자를 업신여
겼도다 부자는 너희를 억압하며 법정으로 끌고 가지 아니하느냐 7 그들은 너희에게 대하여 일컫는 바
그 아름다운 이름을 비방하지 아니하느냐
8 너희가 만일 성경에 기록된 대로 네 이웃 사랑하기를 네 몸과 같이 하라 하신 최고의 법을 지키
면 잘하는 것이거니와 9 만일 너희가 사람을 차별하여 대하면 죄를 짓는 것이니 율법이 너희를 범법
자로 정죄하리라 10 누구든지 온 율법을 지키다가 그 하나를 범하면 모두 범한 자가 되나니 11 간음하
지 말라 하신 이가 또한 살인하지 말라 하셨은즉 네가 비록 간음하지 아니하여도 살인하면 율법을 범
한 자가 되느니라 12 너희는 자유의 율법대로 심판 받을 자처럼 말도 하고 행하기도 하라 13 긍휼을 행
하지 아니하는 자에게는 긍휼 없는 심판이 있으리라 긍휼은 심판을 이기고 자랑하느니라.

그리스도인으로 살아온 대부분의 세월을 나는 겉치레에 집착하는 기독교 신앙과 싸워왔다. 보고 들은 것에만 근거해서 사람들을 성급히 판단하는 그리스도인들이 너무나 많아 "사람은 외모를 보거니와 나 여호와는 중심을 보느니라"(삼상 16:7)는 말씀은 완전히 잊힌 것 같다.

- 저 여자 머리는 너무 짧아.
- 저 남자는 교회에 저런 옷을 입고 오면 안 되지.
- 이 문신은 뭐지?
- 저 차는 너무 비싸.
- 저 사람들 집은 너무 커.
- 저 여자는 어떻게 저런 옷을 교회에 입고 오는 거지?
- 저 사람은 박사 학위 소유자야.

- 저 여자는 고등학교도 졸업하지 않았대.
- 저 아이들은 공립 학교에 다녀.
- 저 아이들은 홈스쿨링을 하는 애들이야.

편견. 편견(prejudice)이라는 단어는 어떤 사람에 대해 모든 사실을 알기도 전에 의견을 형성하게 만드는, 누군가를 예단하는 것을 강조하는 라틴어에서 파생되었다. 우리는 일단 결론에 도달하면 중요한 사실을 무시하면서 비이성적인 생각으로 치닫는다. 그리고 그런 생각은 마음속 깊이 잠재되어 있는 "내 마음은 정해졌으니 그 사실이란 걸로 날 혼란시키지 말아요"라는 식의 교활한 태도를 낳는다.

야고보서 2장 1-13절은 그런 식의 그릇된 생각을 해부한다. 소통의 대가인 야고보는 먼저 원칙을 말하고(2:1), 그 다음에 실생활에서 그 원칙의 예를 제공한다(2:2-4). 이어서 그런 행동이 왜 참된 기독교 신앙에 위배되는지를 설명하고(2:5-11), 옳은 일을 행하라는 마지막 권고로 마친다(2:12-13).

—2:1—

이 서두는 본질적으로 이런 뜻이다. "그리스도에 대한 믿음과 차별은 양립할 수 없다." 이 구절에 나오는 명령은 간명하다. 말 그대로 "갖지 말라"이다. 야고보는 분명히 그리스도인들, 즉 그가 "형제"라고 부르는 이미 그리스도를 믿고 있는 이들에게 말하고 있다. 문제는 그들이 무엇을 믿느냐가 아니라 누구를 신뢰하느냐이다. 실제로, 야고보는 이 짧은 문장에서 그리스도를 가장 높이는 말 - "영광의 주 곧 우리 주 예수 그리스도" - 을 사용한다. 이렇게 그들은 견고한 신학을 가지고 있다. 그들은 하나님의 영원한 가족의 일원이다.

그런데 무언가가 잘못되었다. 그들의 믿음과 태도가 맞지 않는 것이다. '사람에 대한 차별'이라는 헬라어는 *prosōpolēmpsia*인데, '외모를 취하다'라는 개념을 가진 복합어이다. 얼마나 멋진 표현인가! 우리는 사람의 외모(그 사람의 '얼굴')를 보고 그것을 그 사람의 실체라고 생각한다. 신약에서 이 단어는 하나님과 관련해서 쓰인다. 사도행전 10장 34절에서 베드로는 이와 연관된 단어를 사용한다. "내가 참으로 하나님은 사람의 외모를 보지 아니하시고." 하나님은 외모가 아닌 마음으로 문제의 진상을 판단하신다. 그리고 우리 그리스도인들은 삶 속에서 이와 같은 특질을 반영하라는 명령을 받았다.

설명은 순서대로 되어 있다. 차별과 편견은 둘 중 한 가지 방향 – 긍정적이거나 부정적이거나 – 으로 나갈 수 있다. 외적 특성만 보면 멋진 옷차림, 능란한 말솜씨, 굳건한 악수에 가려진 치명적 약점을 놓칠 수 있다. 반면에, 그 사람의 진정한 모습인 그리스도를 닮은 성품이나 풍성한 영적 열매를 보지 못하고 외모만으로 성급하게 판단할 수도 있다. 그러므로 야고보는 우리가 어떤 사람과 함께해야 할 것인지 아닌지를 판단하기 위해서 지혜롭게 성품을 살피는 것이 중요하다는 데에는 이의가 없다. 우리는 그런 분별력을 키워야 한다. 야고보는 사람을 처음 만날 때 발생하는 편견의 문제를 다루고 있다.

—2:2–4—

창문으로 들어온 빛이 집 안을 화사하게 밝혀주듯이, 예화는 우리 마음에 진리를 전달하여 진리가 그 안에서 빛을 발하게 해준다. 야고보는 예화의 대가이다. 그는 독자들에게 따라야 할 규율만 남기는 것이 아니라 독자들이 그들 자신과 연관 지을 수 있는 이야기를 들려준다.

예화의 배경은 '모임'이다. 여기서 사용된 단어는 '교회'라는 뜻의 *ekklēsia*가 아니라 '회당(시나고그)'이라는 뜻의 *synagōgē*이다. 기독교 초기에, 특히 유대인 신자들은 회합 장소를 여전히 '시나고그'라고 불렀다. 일부 도시들에서는 유대인 그리스도인들이 유대인 시나고그에서 모일 수 있었지만, 동료 유대인들이 예수님을 약속의 메시아로 믿는 것을 참지 못한 믿지 않는 유대인들이 그들을 시나고그에서 내쫓았다. 대다수의 유대인 그리스도인들은 집이나 다른 편리한 장소에서 모임을 가지면서도 그들의 모임을 예전처럼 '시나고그'라고 부르곤 했다. 이것을 현대에 적용하자면 '모임'은 우리가 예배하는 장소, 곧 교회를 나타낸다.

야고보의 예화를 보면 두 남자가 교회 예배에 등장한다. 한 사람은 화려한 귀금속과 고급스러운 의복으로 치장하고 있다. 고대 중동에서는 부자나 귀족은 비단 같은 고급 직물로 된 보석 박힌 의상을 입는 것이 관례였다. 그들의 의상은 그들이 고개만 까딱해도 당신의 삶을 좌지우지할 수 있는 영향력과 권력을 가졌음을 상징했다. 그런데 이 예화에는 1세기의 야고보의 독자들에게 이상하게 보일 무언가가 있다. 야고보가 이 편지를 쓸 무렵에는 대체로 상황이 이와 반대였다. 부유하고 권세 있는 자들은 걸핏하면 그리스도인들을 소환해 심문하고 재판에 회부했다. 부유하고 존경받는 사람들이 교회에 나타나는 일은 흔치 않았다! 이렇게 독자들의 상상력을 자극한 야고보는 예화 속 두 번째 인물을 소개한다.

남루하고 지저분한 옷을 입은 한 가난한 남자가 회당에 들어온다. 그는 간이역에서 기차에 올라탄 부랑자 같은 모습이다. 앙상한 몸에 더럽고 허름한 옷을 걸치고 있다. 보석도 비단도 없고, 도둑이나 암살의 위험으로부터 지켜줄 수행원들도 없고… 어느 누구에게 미칠 영향력도 없다. 그의 행색이 길을 가다가 호기심에 이끌려 교회에 들어온 평범한 사람의 모습이 아니라는 것에 유념하기 바란다. 이 사람은 그 부자가 부러움을 살 정도로 부자여서 눈에 띄듯이, 너무나 가난해서 사람들의 눈에 띈다.

안내인은 생각할 겨를도 없이 결정을 해야 한다. 이런 순간에 그 사람의 진정한 인품이 빛을 발하는 법이다. 그는 어떻게 하는가? 야고보의 이야기 속 안내인은 화려한 외양에 눈이 먼다(2:3). 그 부자는 귀빈 대접을 받는다. "여기 좋은 자리에 앉으소서." 그 좋은 자리가 어디였을까? 마태복음 23장 6절에 "회당의 높은 자리"라고 언급되어 있는 것으로 보아 중요한 사람들을 위한 좌석이 있었던 게 분명하다. 고대 시나고그에서 연단은 회당 중앙에 있었고, 두루마리를 넣어 두는 성궤는 앞쪽에 있었다. 남자들 좌석은 양옆에 나란히 있었고, 여자들과 아이들은 발코니에 앉았다. 제일 좋은 자리는 강대상에서 제일 가까운 곳이었다.

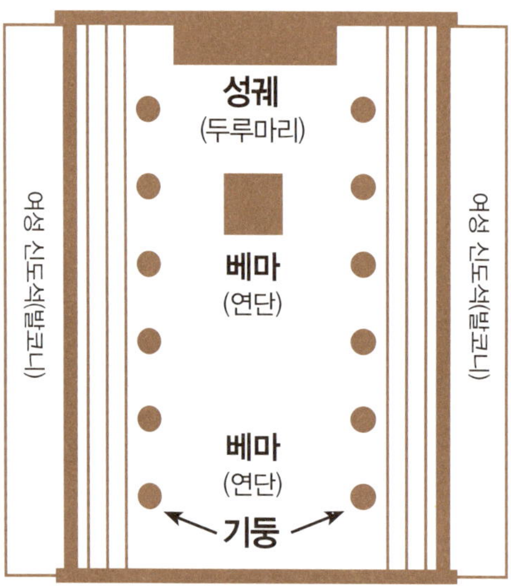

1세기 시나고그의 평면도로서 좌석 배치, 베마, 강대상의 위치를 보여준다.

부자는 귀빈석으로 안내되었지만 가난한 사람은 자리를 얻지도 못했다! 도리어 손을 내젓고 짜증을 내면서 안내인은 소리친다. "너는 거기 서 있든지 내 발등상 아래에 앉으라"(2:3). 다른 말로 하면 "저리 비켜요!" 쯤 된다.

이제, 야고보가 이 구절에서 말하지 않은 것이 무엇인지 분명히 밝히겠다. 이 예화는 부자가 가난한 사람보다 더 훌륭하다고 생각하는 사람에 대한 것이지 부자나 가난한 사람에 대한 것이 아니다. 부요하거나 가난한 것이 잘못이라고 할 수 없다. 야고보의 요지는 행동에 영향을 미치는 동기다.

4절에서 야고보는 평결을 내린다. 그 안내자는 차별의 죄를 지었다. 그는 객관적으로 명확한 이유 없이 '악한 동기'로 사람을 차별하고 판단했다. 어쩌면 그는 개인적 이득을 위해 권세 있는 정치가의 호감을 사려고 그를 우대했을지도 모른다. 혹은 그보다는 덜 개인적인 차원에서 – 물론 이 역시 잘못이지만 – 교회가 그런 부유한 사람으로부터 큰 재정적 지원을 받을 수 있겠다는 생각을 했을 수도 있다.

야고보는 단호하다. 이런 류의 편견은 죄다. 계급 차별이 있지 말아야 할 딱 한 곳이 있다면 그곳은 우리가 예배하는 장소다. 피부색, 정치 신조, 재정 상태, 옷차림, 외모 이런 것들은 문 앞에 내려놓아야 한다.

—2:5–11—

야고보는 속도를 늦추어 왜 편견과 차별이 그리스도인들에게 부적합한지 설명한다. 그는 세 가지 이유 – 신학적, 논리적, 성경적 – 를 제시한다.

신학적 이유(2:5). 하나님은 조금도 차별하지 않으시므로 그분의 자녀들도 차별해서는 안 된다. 사도 바울은 고린도전서 1장 26–29절에서 이 원칙을 설명한다.

> "형제들아 너희를 부르심을 보라 육체를 따라 지혜로운 자가 많지 아니하며 능한 자가 많지 아니하며 문벌 좋은 자가 많지 아니하도다 그러나 하나님께서 세상의 미련한 것들을 택하사 지혜 있는 자들을 부끄럽게 하려 하시고 세상의 약한 것들을 택하사 강한 것들을 부끄럽게 하려 하시며 하나님께서 세상의 천한 것들과 멸시 받는 것들과 없는 것들을 택하사 있는 것들을 폐하려 하시나니 이는 아무 육체도 하나님 앞에서 자랑하지 못하게 하려 하심이라."

묵상의 서재

장군을 위한 자리는 없습니다

우리 부대가 오키나와에 주둔하고 있었을 때 우리 부대장은 예배 때 맨 앞자리에 앉기를 좋아했다. 부대장과 그의 보좌관들 그리고 그의 온갖 시중을 들어주는 이들을 위한 자리가 늘 지정되어 있었다. 부대장은 보통 예배가 시작된 지 5분 정도 지나고나서야 도착했다. 그래서 모두가 그들이 걸어 들어가 그들을 위해 남겨진 자리에 앉는 소리를 들을 수 있었다.

우리 부대 군목은 훌륭한 분이었다. 그는 진정한 의미에서 자유인이었고, 훌륭한 설교자였으며, 용감한 사람이었다. 그분은 내가 아는 군목들 가운데 진정으로 거듭난 몇 안 되는 한 분이었다. 어느 부활 주일 아침이었다. 예배당 안은 사람들로 가득했다. 자리를 잡지 못한 많은 사람들이 예배당 밖에서 서성였다. 군목은 모두에게 최대한 자리를 마련해주려고 공간이 있기만 하면 사람들을 앉게 했다. 그는 안내자들에게 "저들을 이리로 데려오게"라고 말했다. 누가 부대장 자리에 앉았는지 아는가? 한 이등병이었다. 해병대에서는 어느 누구도, 졸병은 더군다나 부대장들이 앉기로 되어 있는 자리에 앉지 않는다!

그런데 그 부활 주일에는 한 이등병이 앉았다.

그때 부대장이 들어왔다. 그는 예배당을 둘러보고는 자리가 없다는 사실을 알았다. 부대장은 불쾌했던 게 확실하다. 왜냐하면 석 달도 채 되지 않아 우리의 훌륭한 군목은 그 섬에서 쫓겨났으니까. 그 군목은 고귀한 가치를 위해 큰 대가를 치렀다. 그는 시간을 지켜 예배에 참석한 사병을 지각한 장군 자리에 앉히면서까지 차별을 거부했다.

그러나 하나님이 일하시는 방법은 신비롭다. 나는 한 달 후에 오키나와에서 쫓겨난 그 군목이 하와이에 배치되었다는 사실을 알게 되었다. 얼마나 다행인가!

논리적 이유(2:6-7). 야고보는 유대인 그리스도인들이 처해 있는 상황을 보여주는 두 개의 수사 의문문을 던진다. 첫째, 부유하고 권세 있는 자들이 그리스도인들을 핍박하고 권력자들에게 끌고 갔다(2:6). 둘째, 부유하고 권세 있는 자들이 그리스도의 이름을 욕되게 하고 있었다. 행간을 읽어보면 가난한 자들은 이런 핍박에 참여하지 않았다는 사실을 알 수 있다. 그러므로 부유한 사람에게 무차별적 호의를 베풀고 가난한 사람을 푸대접하는 것은 논리적으로 맞지 않는다.

성경적 이유(2:8-11). 마지막으로 야고보는 독자들에게 모든 차별을 배제하는 성경 말씀을 제시한다. 그는 레위기 19장 18절을 인용한다. "네 이웃 사랑하기를 네 자신과 같이 사랑하라." 야고보의 독자들은 이것이 예수님이 친히 가르치셨을 때 사용했던 구약의 핵심 구절이라는 사실을 금방 알아챘을 것이다(마 19:19). 실로 이것은 예수님이 가르치신 '황금률'의 기초다. "그러므로 무엇이든지 남에게 대접을 받고자 하는 대로 너희도 남을 대접하라"(7:12). 그리스도는 이것을 가장 중요한 두 개의 명령 – 다른 하나는 "네 마음을 다하고 목숨을 다하고 뜻을 다하고 힘을 다하여 주 너의 하나님을 사랑하라"이다(막 12:30) – 가운데 두 번째 명령이라고 하셨다. 바울은 모세가 율법에서 말한 모든 명령이 "그 말씀 가운데 다 들었"으며(롬 13:9), "온 율법은 네 이웃 사랑하기를 네 자신 같이 하라 하신 한 말씀에서 이루어졌"다고 말한다(갈 5:14).

이 '최고의 율법' – 또는 '율법의 왕' – 의 본질적인 중요성을 고려해볼 때 이 율법 하나를 범하면 모든 율법을 범한 것이다. 그리고 그 반대도 마찬가지다. 즉, 다른 율법을 하나라도 범하면 이 율법을 범한 것이다(약 2:11). 그렇기 때문에, 모든 사람을 동등하게 사랑하기를 거부하는 편견은 대계명(the Great Commandment)에 위배된다.

—2:12-13—

야고보는 자신의 가르침을 적용하라고 권면하며 차별에 대한 질책을 마무리한다. 성경을 기준으로 삼으라! 사랑이 율법이 되게 하라! 자비의 메시지를 전하라! 너희의 자연적, 피상적, 문화적 조건에서 나오는 언행을 하지 말라. 그런 식으로 말하고 행동할 때 범법자가 되어 하나님이 훈육하시는 대상이 될 것이다. 절대 하나님의 정죄를 받지 않지만(롬 8:1), 이 땅에서는 그들의 행동에 따라 심판을 받거나 보상을 받을 것이다. 야고보는 신자들이 받을 심판의 기준을 알려준다. "자유의 율법대로"(2:12). 2장 8-11절의 내용을 보면 야고보가 마음속에 어떤 율법을 염두에 두고 있는지 알 수 있다. 그것은 모든 편견을 물리치고 모든 차별을 추방하여 우리를 자유롭게 하는 최고의 율법이다. "네 이웃을 네 몸과 같이 사랑하라."

적용

편견은 죄다

유유상종이라는 말이 있다. 이 말은 교회 안에서도 진리다. 나는 특히 우리 교회들이 그렇다고 말하고 싶다. 대형 교회, 소형 교회, 도시 교회, 농어촌 교회, 도심 지역 교회, 젊은 교회, 늙은 교회, 형식적인 교회, 비형식적인 교회들이 있으며, 이 모든 교회는 똑같은 외모, 똑같은 생각, 똑같은 말, 똑같은 행동을 하는 사람들로 이루어져 있다. 아, 그리고 그들은 종종 그들의 문화 밖에 있는 '다른 사람들'을 불신하고, 싫어하고, 소원하게 대한다.

그리스도인들이 차별과 편견에 대한 야고보의 말을 진지하게 받아들이는 것이 왜 그렇게 힘들었을까? 우리가 우리 이웃을 선택할 수 있는 한 우리는 이웃을 사랑할 수 있다! 그러나 차별과 편견에 대한 야고보의 말은 우리의 태도에 도전이 되며 우리의 행동을 변화시킨다. 2장 1-13절 말미에서 야고보는 우리의 삶 속에 있는 편견에 맞서기 위해 그의 원칙을 적용할 수 있는 몇 가지 방법을 제시한다.

첫째, 습관이 아닌 성경을 행동의 기준으로 삼으라(2:12). 나는 남부 태생이다. 나는 세상에 태어나던 순간부터 편견으로 가득한 온갖 광고들을 듣고 보았다. 나는 학교에서 그것을 배웠다. 친구들 사이에서 그것을 보았다. 심지어 강대상에서도 그것을 들었다. 그러나 나는 그것을 성경이 부르는 대로 죄라고 부를 수밖에 없다. 우리는 흔히 "나는 그렇게 배우면서 컸어요"라거나, "그 사람들은 그들 나름대로의 방식이 있어요"라는 변명 뒤에 숨곤 한다. 야고보가 말했듯이 편견과 그리스도에 대한 믿음은 공존할 수 없다(2:1).

그러니 더 이상 당신의 편견에 매달린 채 얄팍한 변명 뒤에 숨지 말라. 당신이 특별히 편견을 가진 집단이 흑인이든, 백인이든, 히스패닉이든, 아랍인이든, 아시아인이든, 팔레스타인인이든, 유대인이든, 인디언이든 그 편견을 극복해야 한다! 지금 당장 성경에 동의하고 죄를 죄라고 부르기로 결심하라.

둘째, 사랑을 당신의 율법으로 삼으라(2:12). 야고보는 네 이웃을 네 몸과 같이 사랑하라는 명령을 "최고의 법"(2:8), "자유의 율법"(2:12)이라고 부른다. 우리와 다른 사람들 – 더 젊었거나 더 나이 들었거나, 피부색이 더 희거나 더 검거나, 더 부유하거나 더 가난하거나 – 과 마주칠 때, 우리는 "어떻게 해야 이 사람에게서 최대한 멀어질 수 있을까?"라는 질문에 저항해야 하며, "내가 어떤 말과 행동으로 이 사람을 최선을 다해 사랑할 수 있을까? 어떻게 이 사람을 도울 수 있을까? 어떻게 이 사람을 세워줄 수 있을까? 어떻게 차별과 편견이 아니라 은혜와 자비를 보여줄 수 있을까?"라는 질문에 답해야 한다.

야고보의 가르침을 적용할 방법을 찾으면서 하나님께 당신이 차별과 편견의 죄를 짓고 있을지도 모르는 부분을 드러내달라고 간구하라. 특정 집단을 전도의 대상으로 삼고 그 밖의 다른 사람들은 배제하는가? 당신 교회의 프로그램들이 주변의 보잘것없고 가난한 주민들은 외면하면서 더 많은 개종자들을 배출하고 많은 돈을 헌금할 수 있는 특정 집단에 초점을 맞추고 있는가? 전략적으로 사역을 해야 한다고 해서 편파적이 되라는 말은 아니다.

동시에, 어떻게 사랑해야 하는지, 누구를 신뢰해야 하는지 그리고 언제 대면해야 하는지를 정확하게 분별할 수 있는 지혜를 구하라. 야고보의 말은 세상의 모든 영혼을 똑같이 대해야 한다는 것이 아니라 우리의 얄팍한 편견에 근거해서 사람들을 부당하게 대해서는 안 된다는 것이다. 한 사람 한 사람을 대할 때마다 사랑을 보여줄 수 있는 기회로 삼는다면, 우리 안의 편견을 없애는 데 큰 진보를 이루게 될 것이다.

행함이 있는 믿음(야고보서 2:14-26)

14 내 형제들아 만일 사람이 믿음이 있노라 하고 행함이 없으면 무슨 유익이 있으리요 그 믿음이
능히 자기를 구원하겠느냐 15 만일 형제나 자매가 헐벗고 일용할 양식이 없는데 16 너희 중에 누구든
지 그에게 이르되 평안히 가라, 덥게 하라, 배부르게 하라 하며 그 몸에 쓸 것을 주지 아니하면 무슨
유익이 있으리요 17 이와 같이 행함이 없는 믿음은 그 자체가 죽은 것이라

18 어떤 사람은 말하기를 너는 믿음이 있고 나는 행함이 있으니 행함이 없는 네 믿음을 내게 보
이라 나는 행함으로 내 믿음을 네게 보이리라 하리라 19 네가 하나님은 한 분이신 줄을 믿느냐 잘하
는도다 귀신들도 믿고 떠느니라 20 아아 허탄한 사람아 행함이 없는 믿음이 헛것인 줄을 알고자 하
느냐 21 우리 조상 아브라함이 그 아들 이삭을 제단에 바칠 때에 행함으로 의롭다 하심을 받은 것이 아

니냐 22 네가 보거니와 믿음이 그의 행함과 함께 일하고 행함으로 믿음이 온전하게 되었느니라 23 이에
성경에 이른 바 아브라함이 하나님을 믿으니 이것을 의로 여기셨다는 말씀이 이루어졌고 그는 하나
님의 벗이라 칭함을 받았나니 24 이로 보건대 사람이 행함으로 의롭다 하심을 받고 믿음으로만은 아
니니라 25 또 이와 같이 기생 라합이 사자들을 접대하여 다른 길로 나가게 할 때에 행함으로 의롭다
하심을 받은 것이 아니냐 26 영혼 없는 몸이 죽은 것 같이 행함이 없는 믿음은 죽은 것이니라.

오래전 나는 차 뒷좌석에 우리 두 아이를 태우고 동네를 지나가고 있었다. 아이들은 주일학교에서 배운 노래를 흥얼거리고 있었다. 그때는 뒷좌석에 앉은 아이들이 안전벨트를 매는 게 의무화되기 전이어서 한 아이는 좌석에 드러누워 있었고, 또 한 아이는 바닥에 누워 있었다. 지금 보면 기겁을 할 일이지만 나이가 많은 사람들은 그런 모습이 아무렇지도 않던 때를 기억할 것이다. 뒤에 있는 아이들을 볼 수는 없었지만 아이들이 작은 목소리를 최대한 높여서 목청껏 노래하는 소리를 들을 수 있었다. "구원받은 사람은 외쳐요, '아멘!'" 그리고 아이들은 "아멘!" 하고 소리를 높였다.

결국 아이들은 나까지 노래에 끌어들였다. 마지막 절의 "이 세 가지를 하세요"라는 대목에서 신호등에 빨간불이 들어와 차를 멈췄다. 나는 창문을 내린 채 소리치고 있었다. "구원받은 사람은 이 세 가지를 하세요!" 그리고 나는 발을 구르며 "아멘"이라고 소리치며 손뼉을 쳤다. 바로 그 순간 우리 옆 차에서 교양 있게 보이는 두 사람이 우리를 보고 있는 걸 발견했다. 아, 나를 보고 있었다고 말해야 맞을 것 같다. 그들은 뒷좌석에 누워서 나와 함께 노래하고 있는 두 아이를 볼 수 없었으니까!

나는 그들의 경악하는 표정을 볼 수 있었다. 그들은 내가 미쳤거나, 술에 취했거나, 마약을 했거나, 어쩌면 그보다 더한 생각을 하고 있는 게 분명했다. 하지만 차에서 내려 진상을 파악하려고 하지는 않을 것이었다. 그들은 파란불이 들어오자마자 출발했다. 나는 그들을 쫓아가서 설명하고 싶었다. "뒤에 있는 두 애들 때문에 그랬던 거예요!" 그렇지만 나는 어깨를 으쓱하고 생각했다. 무슨 상관이람? 파란불이 들어와 가속 페달을 밟을 때 노래는 "구원받았다면 보여주세요, 구원의 삶을"이라는 부분을 부를 차례였다. 아이들은 노래를 계속했지만 나는 더 이상 부르지 않았다.

이내 깨달음이 왔다. 나는 생각했다. 주님, 제 삶이 진정 노래의 메시지를 보여주고 있나요? 분명 옆 차 사람들에게 무언가를 보여주기는 했는데 나는 그 사소한 일탈 행위가 부

끄럽기만 했다. 그리스도를 믿는 자로서 매일 하도록 명령 받은 모든 일들 – 문화 규범과 사회의 기대에 어긋나는 – 은 어떤가? 그래서 내 삶이 정말로 내 믿음을 보여주는지 알아보려고 재빨리 지난 일주일… 지난 몇 달… 몇 해를 돌이켜보았다. 그 단순한 아이들의 노래가 내 마음을 흔들었다.

누군가가 이런 말을 했다. 믿음은 칼로리와 같다고. 그것은 눈에 보이지는 않지만 결과는 언제나 볼 수 있다! 이것이 야고보서 전체에 울려 퍼지고 있는 가장 중요한 주제다. 우리는 그것을 한 마디로 농축할 수 있다. 바로 결과이다. 참된 믿음은 진정한 행동을 낳는다. 그리고 야고보가 가장 열정적으로 이 주제를 논하고 예시하고 있는 곳이 야고보서 2장 14-26절이다. 이 단락은 우리에게 심중을 꿰뚫는 질문을 던진다. "너희는 마땅히 행할 바를 알면서 어찌 그것을 행하지 않는가?"

—2:14—

이 단락이 야고보서의 핵심 주제다. 이 구절 이전의 모든 구절은 이것을 향해 앞을 겨냥하고 있는 화살과 같고, 이 구절 뒤에 나오는 모든 구절은 뒤를 겨냥하고 있는 화살과 같다. 이 구절은, 야고보의 생각으로는 피라미드의 꼭짓점이다. 그는 대답을 듣기 위해서가 아닌 답을 주기 위한 두 개의 수사 의문문을 던진다. "내 형제들아 만일 사람이 믿음이 있노라 하고 행함이 없으면 무슨 유익이 있으리요 그 믿음이 능히 자기를 구원하겠느냐?"

야고보의 질문은 이렇게 묻고 있는 것과 같다. "당신이 실제로 운전을 할 줄 모르는 데 운전면허증을 가지고 다니는 게 무슨 소용인가?" 사람들은 다른 사람들로부터 그리스도인이라고 불리며 자신들을 믿음에 속한 사람이라고 주장할 수 있다. 그러나 그들은 그러한 고백의 진실성을 주변 사람들에게 증명해 보이는 거짓 없는 삶의 결과를 드러내고 있는가?라고 야고보는 묻고 있는 것이다. 그리고 만약 어떤 사람이 그리스도를 믿는다고 주장하지만 그의 삶이 믿음의 결과를 보여주지 못한다면 그 믿음은 가짜이기 쉽다고 야고보는 솔직히 말한다.

"그 믿음이 능히 자기를 구원하겠느냐?"는 두 번째 질문은 믿음의 어떤 특성 – 열매 맺지 못하는 믿음 – 을 가리킨다. 물론 여기에 내포된 대답은 아니요이다! 실제로 헬라어의 그 질문은 부정의 대답을 기대하는 의문문 형식으로 되어 있다.

이 단락의 나머지 부분에서 야고보는 행위가 없는 거짓 믿음은 구원에 이르는 참된 믿음이 아니라는 이 기본적인 주장을 더 깊이 파고든다.

—2:15–20—

15절에서 20절까지 야고보는 참된 믿음의 네 가지 특성을 제시한다.

1. 참된 믿음은 방관하지 않고 개입한다(2:15–16). 이 예를 곰곰이 생각해보라. 야고보는 그의 독자들이 도움의 손길을 필요로 하는 사람들을 도와야 할지를 결정하기 쉽게 해준다. 그들은 배은망덕한 이교도들이나 하나님을 모독하는 사악한 자들에게 자선 기금을 주라는 요구를 받고 있는 것이 아니다. 여기서 도움을 필요로 하는 사람들은 진짜 도움 – 식량과 의복(2:15) – 이 필요한 진정한 '형제자매들'이다. 디모데전서 6장 8절에서 바울은 이렇게 말했다. "우리가 먹을 것과 입을 것이 있은즉 족한 줄로 알 것이니라." 야고보가 예로 든 사람들은 삶에 필요한 기본적인 것조차도 가지고 있지 않았다! 그들은 도움의 손길이 필요한 절박한 상황에 있는데 야고보가 말한 믿음의 위선자들은 그들에게 허울뿐인 뻔한 말만 해주고 보낸다. "평안히 가라, 덥게 하라, 배부르게 하라"(2:16).

내 생각에 이 구절을 읽는 사람들은 너나 할 것 없이 이른바 그리스도 안에 있는 형제자매들로부터 이와 비슷한 일을 경험했을 것 같다. 끼니나 입을 옷이 없지는 않았겠지만 고난을 당하고 있었거나, 위로가 절실히 필요했을 수 있다. 아니면 최소한 관심을 갖고 들어주는 귀, 기대어 울 수 있는 어깨가 필요했던 때가 있었을 것이다. 그런데 그런 도움보다는 머리를 툭툭 치는 손길이나 성급히 내뱉는 상투적인 말이 돌아왔다. 진정한 도움의 손길을 내밀 수 있었던(내밀어야 했던) 사람들이 도리어 아무 도움도 주지 않았다. 야고보는 그것을 비난한다.

야고보만 이런 생각을 가진 것이 아니다. 사도 요한도 똑같은 말을 했다. "누가 이 세상의 재물을 가지고 형제의 궁핍함을 보고도 도와 줄 마음을 닫으면 하나님의 사랑이 어찌 그 속에 거하겠느냐"(요일 3:17). 무슨 의미가 함축되어 있는가? 함축된 의미는 없다. 진정한 사랑은 다른 사람들에게 손길을 내민다. 참된 믿음은 긍휼의 행위를 낳는다. 야고보가 내린 정의에 의하면 진정한 믿음은 방관하지 않고 개입한다.

2. 야고보는 참된 믿음은 독단적이지 않고 함께한다고 주장한다(2:17). 야고보는 참된 믿음은 반드시 결과가 따른다고 말한다. 만약 결과가 없다면 그것은 '죽은' 믿음이다. '죽었다'는 말에서 야고보가 전달하려는 뜻은 '무익하고, 효과가 없으며, 무력하다'는 것이다. 이는 살아 있고, 효과적이며, 활기찬 믿음의 반대다. 이 구절에서 '믿음'이라는 단어에 인용부호를 붙여도 된다. 왜냐하면 야고보의 생각에 이른바 행함이 없는 '믿음'은 가짜이기 때문이다.

3. 참된 믿음은 볼 수 없는 것이 아니라 보여진다(2:18). 야고보는 가상의 인물을 등장시켜 이런 말을 하게 한다. "너는 믿음이 있고 나는 행함이 있으니 행함이 없는 네 믿음을 내게 보이라 나는 행함으로 내 믿음을 네게 보이리라." 이 절묘한 논쟁은 야고보의 말에 동의하면서도 조용하고, 겉으로 드러나지 않으며, 개인적인 믿음을 가지고 있다고 주장하는 사람을 떠올리게 한다. 당신은 그런 부류의 사람들을 만나보았다. "나는 혼자만의 신앙을 마음속에 간직하고 있답니다." 그들은 말한다. "나는 내 종교를 겉으로 드러내지 않아요." 이런 사람들의 눈에는 자신의 믿음을 행동으로 실천하며 사는 사람은 광신자로 보인다. 그러나 야고보는 개인적이고 수동적인 믿음이라는 개념에 정면으로 도전한다. 진정한 믿음은 드러난다. 당신이 실제로 볼 수 없다면, 다른 사람은 어떻게 그것이 정말 존재한다고 생각할 수 있겠는가?

4. 참된 믿음은 머리가 아니라 마음에서 나온다(2:19-20). 야고보는 또 다른 부류의 사람을 생각해낸다. 종교적 지식인. 그런 사람은 사실을 알고 진리를 열거할 수 있지만 그 지식에 걸맞는 삶이 없다. 그는 "하나님은 한 분"(2:19)이심을 믿는다. 이 진술은 쉐마라고 불리는 고대 유대교의 신앙 고백에서 그대로 나온 것이다. "이스라엘아 들으라 우리 하나님 여호와는 오직 유일한 여호와이시니"(신 6:4). 이 사람은 기본적인 신학은 완벽하게 알고 있다. 그는 그 진리에 지적으로 동의한다. 그러나 그 진리가 마음속으로 파고 들지 못했고, 손이나 발로 전달되지도 않았다. 단순히 지적인 신앙을 가진 사람들은 사탄과 많은 공통점을 가지고 있다! 겉으로 드러나는 행위로 진실된 믿음을 보여주는 사람들만이 완벽한 신학을 알고 있으면서 행동은 그와 상반되는 사탄보다 낫다고 할 수 있다.

한편, 우리 시대에는 또 다른 부류의 '종교적 지식인'인 지적인 회의론자들을 보게 된다. 그런 사람들이 나와 역사적 예수나 성경의 '신화' 뒤에 숨은 '진리'에 대해 열변을 토하는 다큐멘터리를 본 적이 있을 것이다. 그들은 과학과 역사에 관한 온갖 자격증을 뽐낸다. 그들은 종교를 사회적, 심리적, 철학적 현상으로 말하고 싶어한다. 그들은 객관적인 태도로 현대적인 사고에 맞게 믿음을 분석하고 재해석하고 있다고 주장한다. 그러나 그들에게 실은 믿음이 없다. 설상가상으로, 그들은 믿음을 갖는 데 관심이 없다! 이는 야고보가 생각했던 것보다 더 심한 지적 단절이지만 오늘날 우리가 해결해야 할 새로운 현실이다. 하나님의 개념을 연구하거나 신앙 체계를 분석하는 것과 진실한 믿음으로 예수 그리스도를 받아들이고, 진실한 행위로 그 믿음을 실천하며 사는 것은 완전히 별개다.

마지막으로 야고보는 자신의 주장을 납득시키기 위해 논지를 반복하면서 이렇게 말한다. "아아 허탄한 사람아 행함이 없는 믿음이 헛것인 줄을 알고자 하느냐"(2:20). 이렇게 표현을 바꾸어 말한 덕분에 야고보가 행함이 없는 믿음을 '죽은' 것이라고 한 말의 뜻을 이해하기가 좀 더 수월해진다. 야고보는 믿음이 없는 사람은 죽었다고 말하는 것이 아니라 행함이 없는 '믿음'은 죽은 것과 마찬가지로 무익하다고 말하고 있다는 것에 유의하라. 야고보는 이 문제를 직접 다루지는 않지만 거짓 믿음에 대한 이런 설명 뒤에는 그런 사람은 참된 믿음을 통해 은혜로 받는 구원의 선물을 제대로 경험하지 않았다는 주장이 들어 있을 수 있다.

이것을 실제적인 예로 설명해보겠다. 당신이 속한 구역 모임의 어느 가장이 실직해서 아이들에게 교복을 사줄 돈이 없다고 가정해보라. 당신은 바로 얼마 전에 월급이 크게 올랐다. 그런데 당신은 형제에게 도움의 손길을 펼치기는커녕 그의 등을 두드리며 고작 이런 말만 한다. "당신을 위해서 기도할게요." 아니면 입장을 바꾸어보라. 느닷없는 병마가 당신 가족을 덮치는 바람에 병원비를 감당하기가 힘들어졌다. 이렇게 어려운 때에 당신을 도와줄 자선 기금을 사용하는 것은 고사하고 당신이 목사로부터 받은 것은 "우리가 알거니와 하나님을 사랑하는 자 곧 그의 뜻대로 부르심을 입은 자들에게는 모든 것이 합력하여 선을 이루느니라"(롬 8:28)고 쓴 카드 한 장이 전부이다. 이와 같은 경우 모두 특정한 필요와 그 필요를 채워줄 수 있는 능력이 있는데도 불구하고 그들이 보여준 것은 무익하고 형식적인 반응뿐이다.

야고보의 비난에 비추어볼 때 이런 태도가 참된 믿음의 본보기가 될 수 있을까? 절대 그렇지 않다!

—2:21-25—

유능한 선생인 야고보는 분명한 외적 행위로 드러난 참된 믿음의 두 가지 예를 성경에서 가져와 자신의 논지를 이해시킨다. 구약에서 믿음과 신실함에 대한 수많은 예를 얼마든지 가져올 수 있지만 그는 두 개의 극단적 예를 선택했다. 아브라함과 라합. 얼마나 대조적인가!

아브라함, 히브리 민족의 조상	라합, 이방인 창녀
아브라함, 권세를 가지고 있으며 존경을 받는 남자	라합, 평판이 나쁜 여자
아브라함, 하나님의 약속을 받은 자	라합, 하나님의 율법의 파괴자

야고보가 자신의 논지를 입증하기 위해서 이런 상반된 예를 택한 것은 그물을 넓게 펼쳐 우리 모두의 관심을 낚기 위해서다. 그리스도인들은 모두 자신이 아브라함과 라합 사이의 어느 지점에 있음을 알게 된다. 그러므로 야고보의 믿음과 행위에 대한 메시지는 우리 모두에게 적용된다.

히브리서 역시 아브라함과 라합의 행위를 통해 드러난 믿음에 감탄한다. 히브리서 11장 17절은 이렇게 말한다. "아브라함은 시험을 받을 때에 믿음으로 이삭을 드렸으니 그는 약속들을 받은 자로되 그 외아들을 드렸느니라." 그리고 11장 31절에는 이렇게 쓰여 있다. "믿음으로 기생 라합은 정탐꾼을 평안히 영접하였으므로 순종하지 아니한 자와 함께 멸망하지 아니하였도다." 신약 성경의 저자들 가운데서 참된 믿음의 예로 아브라함과 라합을 꼽은 것은 비단 야고보만이 아니었다! 그리고 히브리서와 야고보서 모두 이 행위가 믿음으로 말미암았음을 강조하고 있다. 이것은 행위란 각 신자들 안에 있는 순전한 믿음의 결과이며, 그 믿음은 실천하는 행위로 나타난다는 뜻이다.

여기서 바울의 서신서를 잘 아는 사람들은 한 가지 분명한 문제점을 보게 된다. 21절에서 야고보는 이렇게 썼다. "우리 조상 아브라함이 그 아들 이삭을 제단에 바칠 때에 행함으로 의롭다 하심을 받은 것이 아니냐." 잠깐! 행함으로 의롭다 함을 받았다? 이 말은 바울이 로마서에서 한 말과 상충되지 않는가? 바울은 이렇게 썼다. "그러므로 사람이 의롭다 하심을 얻는 것은 율법의 행위에 있지 않고 믿음으로 되는 줄 우리가 인정하노라"(롬 3:28). 그런데 어떻게 야고보는 "이로 보건대 사람이 행함으로 의롭다 하심을 받고 믿음으로만은 아니니라"(2:24)고 말할 수 있는가? 야고보가 은혜의 복음이 강조하는 핵심을 부인하고 있는 것일까? 아니면 바울이 복음을 완전히 잘못 이해했던 것일까?

둘 다 아니다! 야고보가 바울을 반박하는 것도 아니고, 바울이 야고보의 말을 정정하는 것도 아니다. 우리는 야고보가 믿음을 통해 은혜로 구원받는다는 바울의 설교를 전적으로 지지했다는 사실을 기억해야 한다(행 15:13-21). 훗날, 야고보는 예루살렘의 유대인 그리스도인들에게 바울의 평판에 대해 옹호했다(21:15-24). 어디에서도 바울과 야고보가 복음의 본질에 대해 언쟁을 벌이는 모습은 찾아볼 수 없으며, 그들은 기본적인 진리에 대해서 항상 의견이 일치하는 모습을 보였다! 1세기 때 야고보와 바울 사이에는 화해할 일이 전혀 없었다. 그렇다면 21세기에 사는 우리는 분명히 상반되어 보이는 그들의 주장을 어떻게 조화시킬 것인가?

그에 대한 답은 "의롭다 함을 받다"라는 말이 미묘하게 다른 두 가지 뜻을 가지고 있다는 데서 찾을 수 있다. 헬라어로 *dikaioō*라고 하는 이 단어는 상황에 따라 법적 절차로서 "의롭다고 선포하다"라는 뜻이 되기도 하고, "의롭게 보여지다"라는 뜻이 되기도 한다. 법적인 정의는 어떤 사람이 실제로는 유죄임에도 '무죄' 선고를 받는 것을 의미할 수 있다. 두 번째 경우는 누구나 볼 수 있는 행위를 통해서 그 사람의 의가 나타나는 것이다. 바울과 야고보는 동전의 양면처럼 두 가지 뜻을 가진 "의롭다 함을 받다"라는 말을 각기 다른 의미로 사용하고 있는 것이다.

바울은 구원의 뿌리를 보았다. 구원받을 때 우리는 아무것도 더함 없이 믿음으로 구원받는다. 반면에 야고보는 구원의 열매를 보았다. 구원받은 후, 즉 믿음의 뿌리가 내려진 후 우리의 삶은 선행의 열매를 맺게 된다.

또 다른 면으로는 두 가지 대조적인 관점과 관련이 있다. 바울은 인생을 하나님의 관점에서 본다. 야고보는 인생을 인간의 관점에서 본다. 바울은 "의롭다 함을 받다"라는 말을 "나는 아직 죄인인 상태지만 하나님이 보시기에 의롭다고 선포되었다"는 뜻으로 사용한다. 이것은 선물이다. 야고보는 이 구원의 선물을 이미 체험한 신자들에게 말하고 있기 때문에 "의롭다 함을 받다"라는 말을 "하나님이 주시는 영생의 선물을 받았음을 나타내기 위해서 사람들 앞에서 스스로 의를 보여준다"라는 뜻으로 사용하고 있다. '바울과 야고보: 동전의 양면'이라는 다음의 표를 보면 바울과 야고보의 상호 보완적인(모순되지 않은!) 의도를 분별하는 데 도움을 얻을 수 있다.

바울과 야고보: 동전의 양면

바울	야고보
"그러므로 사람이 의롭다 하심을 얻는 것은 율법의 행위에 있지 않고 믿음으로 되는 줄 우리가 인정하노라"(롬 3:28).	"이로 보건대 사람이 행함으로 의롭다 하심을 받고 믿음으로만은 아니니라"(약 2:24).
"의롭다 함을 받다"라는 말을 "하나님 앞에서 의롭다고 선포되다"라는 뜻으로 사용.	"의롭다 함을 받다"라는 말을 "다른 사람들 앞에서 의롭다고 입증되다"라는 뜻으로 사용.
믿지 않는 자가 어떻게 그리스도인이 되는지 보여줌.	믿는 자가 어떻게 그리스도인으로 사는지 보여줌.
구원의 뿌리에 역점을 둠.	구원의 열매에 역점을 둠.
내적 성향을 강조.	외적 행위를 강조.
인간의 참여가 수반된 하나님의 역할을 설명.	하나님의 도움이 수반된 인간의 역할을 설명.

일단 야고보의 색다른 접근 방식을 이해하고나면 아브라함과 라합을 예로 든 그의 설명이 이해가 된다. 우리는 아무리 터무니없어 보일지라도 하나님의 명령에 순종한 아브라함의 모습에서 그의 궁극적인 믿음의 행위를 볼 수 있기 때문에 그가 믿음의 사람이었음을 안다. 오늘날 하나님이 아브라함에게 이삭을 희생 제물로 바치라고 하시면서 아브라함의 믿음을 시험하신 이야기를 읽으면 우리는 몹시 당혹스럽다. 하나님이 아브라함의 행동을 제지하시고 대체 제물로 양을 제공하실 생각이었다는 것을 미리 알고 있어도 마찬가지다. 아브라함은 그 사실을 몰랐으니 말이다. 그런데 아브라함은 하나님의 이해할 수 없는 명령

을 받고도 그분의 절대적 선함과 능력을 신뢰했다.

생각해보라! 이삭은 아브라함의 유일한 약속의 아들이었고, 하나님은 그의 자손들로 큰 민족을 이룰 계획이셨다. 그런데 바로 그가 하나님께 제물로 바쳐져야 하다니! 히브리서는 아브라함이 이삭을 하나님께 바치면서 "그가 하나님이 능히 이삭을 죽은 자 가운데서 다시 살리실 줄로 생각"(히 11:19)했다고 말한다. 하나님이 어떤 방법으로 이삭을 통해 하신 약속을 지키실지 모르는 가운데에서도 아브라함은 하나님의 선하심과 전능하심에 대한 절대적이고 흔들리지 않는 신뢰를 후세에 보여주었다. 그렇기 때문에 야고보는 이렇게 결론을 짓는다. "이로 보건대 사람이 행함으로 의롭다 하심을 받고 믿음으로만은 아니니라"(약 2:24).

라합은 야고보가 두 번째 예로 사용한 인물이다. 그녀는 이스라엘 사람이 아니었으므로 하나님의 약속 가운데 있던 백성이 아니었다. 그럼에도 그녀는 위험을 무릅쓰면서까지 이스라엘의 하나님이 이스라엘 백성들에게 하신 약속을 지키실 것이며, 그녀가 살고 있는 여리고를 그들에게 넘겨주실 것임을 믿었다. 여리고의 신들이 그 도시를 지켜주리라는 믿음을 잃어버린 라합은 자기의 믿음과 충성이 거짓 신들에게서 단 한 분뿐인 참된 하나님에게로 옮겨 갔음을 보여주었다. 여호수아 6장 17절, 22-23절을 보면 이스라엘 백성들이 여리고를 정복했을 때 라합의 용감한 믿음의 행위로 인해 그녀와 그녀의 가족은 목숨을 구했다. 라합도 이스라엘 백성이 되었다. 뿐만 아니라 그녀는 구약 성경에서 예수님의 족보에 이름을 올린 네 명의 여자 가운데 하나가 되었다(마 1:3-6). 진정한 믿음이 맺은 영원한 열매를 보여주는 얼마나 멋진 예인가!

—2:26—

야고보는 논제를 재차 언급하면서 행함이 있는 믿음을 주제로 한 이 단락을 마무리한다. "영혼 없는 몸이 죽은 것 같이 행함이 없는 믿음은 죽은 것이니라." 분리가 있는 곳에는 반드시 사망이 있다. 육신의 생명도 영혼이 육신에서 분리되면 죽는다. 이는 그리스도인의 삶에서도 마찬가지다. '믿음'이라고 하는 생명을 가지고 있으면서 오랫동안 그것의 진실성을 보여주지 못하면 믿음과 행위 사이에 비정상적인 분리가 발생한다. 그리고 그 결과는 아무 쓸모없는 허울뿐인 믿음이다.

행위가 없는 삶은 두 가지 가운데 하나를 의미한다. 그 사람이 진정한 믿음을 가지고 있다면 죽음과 같은 실존에 처하게 될 것이다. 우리는 야고보가 죄의 구렁텅이로 떨어지는 것을 설명하면서 이 문제를 다루는 것을 보았다(1:13–15). 그렇다면 진실한 믿음을 가진 사람들에게는 회개하고 영적 생명과 성장으로 나아가는 길로 다시 돌아오는 것이 그 답이다.

또 다른 부류의 사람은 믿음의 뿌리가 없어서 진정한 열매를 맺지 못한다. 이런 사람은 구원이 그리스도가 우리를 위해서 죽으시고 부활하셨다는 단순한 믿음을 통해 하나님으로부터 온 선물임을 이해하지 못했을 수도 있다. 그들은 진정한 믿음이 없기 때문에 행위가 없다. 이런 류의 영적 죽음에 대한 해결책은 행위를 더 많이 해서 스스로 더 훌륭해지려고 하지 말고 그리스도를 떠나서는 아무것도 할 수 없음을 인정하는 것이다. 믿음의 뿌리가 깊이 뿌리를 내려야만 하나님을 기쁘시게 하고 다른 사람들에게도 뚜렷하게 보이는 진정한 열매를 맺을 수 있다.

적용
살아 있는 믿음으로 성장하기

간혹 야고보 사도가 말한 "행함으로 의롭다 함을 받음"이라는 아리송한 구절 때문에 이 단락에 나오는 지극히 실제적인 원칙들에 집중하는 것이 방해받을 수 있다. 그의 말을 분석하는 대신 소화를 시켜보면 어떨까? 장소를 서재에서 식당으로 옮겨 야고보의 메시지로 요리된 균형 잡힌 영적 식사를 제공하는 다섯 가지 코스 요리를 대접하고 싶다.

이번 주에는 식사를 허겁지겁하지 말고 식탁 위에 차려진 영혼의 양식으로 당신의 영혼을 살찌워보지 않겠는가? 토론하기에 최적의 식사 시간을 택해서 가족, 친구 또는 당신이 정기적으로 식사를 함께하는 사람들과 다음의 질문들을 음미하라. 아니면 한 주 동안 매일 홀로 시간을 내어 야고보가 역설한 참된 믿음의 열매란 실제 어떤 의미인지를 곰곰이 생각해보라.

첫째 날. 야고보서 2장 14절에 나오는 문제를 명확하게 규정하라. 사람들이 진정한 믿음이 없으면서도 믿음이 있다고 주장하는 이유는 무엇인가? 오늘날 세상에서 사람들이 이런 거짓말(또는 자기기만)을 하게 만드는 이유는 무엇인가? 다른 사람이 진정 거듭 났는지 어떻게 확실히 알 수 있을까? 또는 알 수 있는가?

둘째 날. 야고보서 2장 15-16절을 읽으라. 우리가 도움이 필요한 모든 사람을 도와야 한다는 뜻인가? 그들이 그리스도 안에 있는 '형제자매들'이 아닐 경우에는 어떻게 해야 하는가? 분별이 필요하지 않은가? 이 구절에 의하면 실질적인 필요란 무엇을 말하는가? 어떻게 우리 교회나 공동체 안에서 실질적인 필요를 찾을 수 있는가? 그것은 무엇인가?

셋째 날. 야고보는 2장 19-20절에서 차갑고 지적인 믿음을 비난한다. 지금 우리 사회에서 이렇게 기독교를 '머리로만' 접근하는 태도의 예를 두 가지 정도 생각해보라. 자신의 삶은 아무 영향도 받지 않으면서 지식에 동의하는 것이 왜 잘못인가? 당신은 어떤 방식으로 당신의 믿음을 실현하기보다 이론화하려고 하는가?

넷째 날. 야고보서 2장 21-25절을 보라. 아브라함과 라합, 얼마나 절묘한 조합인가! 열매 맺는 믿음에 관한 이 두 가지 예의 차이점을 생각해보고 야고보가 왜 그들을 예로 들었는지 논의하라. 그들의 이야기는 창세기 22장과 여호수아 2장, 6장에 나와 있다. 그들의 입장에 서서 당신이 그런 상황에 있을 때 믿음을 보여주는 것이 얼마나 어려울지 설명해보라. 당신의 삶에서 믿음대로 사는 게 힘들었던 상황은 어떤 것이었는가?

다섯째 날. 당신이 구원받았던 때를 돌이켜보라. 당신이 그리스도 안에서 진정한 믿음을 가졌음을 다른 사람들에게 보여주는 특정한 '행위'가 곧바로 나타났는가? 하나님이 당신의 삶에 가져다주신 변화들 가운데 몇 가지를 서로 나누라. 야고보서 2장 20절과 26절을 기준으로 표현한다면 당신의 믿음은 '살았는가', 아니면 '죽었는가?' 즉, 유익한가, 무익한가?

식탁을 치우기 전에 이 문제들에 대한 당신의 대답에 비추어 당신이 무엇을 해야 하는지 논의하라. 야고보서는 실천하는 기독교 신앙에 관한 책이다. 그는 우리 한 사람 한 사람에게 더 이상 손 놓고 있지 말고 손을 사용해 하나님의 일을 하라고 말한다!

혀 길들이기(3:1-12)

1 내 형제들아 너희는 선생된 우리가 더 큰 심판을 받을 줄 알고 선생이 많이 되지 말라 2 우리가
다 실수가 많으니 만일 말에 실수가 없는 자라면 곧 온전한 사람이라 능히 온 몸도 굴레 씌우리라 3 우
리가 말들의 입에 재갈 물리는 것은 우리에게 순종하게 하려고 그 온 몸을 제어하는 것이라 4 또 배를

보라 그렇게 크고 광풍에 밀려가는 것들을 지극히 작은 키로써 사공의 뜻대로 운행하나니 5 이와 같
이 혀도 작은 지체로되 큰 것을 자랑하도다 보라 얼마나 작은 불이 얼마나 많은 나무를 태우는가 6 혀
는 곧 불이요 불의의 세계라 혀는 우리 지체 중에서 온 몸을 더럽히고 삶의 수레바퀴를 불사르나니
그 사르는 것이 지옥 불에서 나느니라 7 여러 종류의 짐승과 새와 벌레와 바다의 생물은 다 사람이 길
들일 수 있고 길들여 왔거니와 8 혀는 능히 길들일 사람이 없나니 쉬지 아니하는 악이요 죽이는 독이
가득한 것이라 9 이것으로 우리가 주 아버지를 찬송하고 또 이것으로 하나님의 형상대로 지음을 받은
사람을 저주하나니 10 한 입에서 찬송과 저주가 나오는도다 내 형제들아 이것이 마땅하지 아니하니라
11 샘이 한 구멍으로 어찌 단 물과 쓴 물을 내겠느냐 12 내 형제들아 어찌 무화과나무가 감람 열매를,
포도나무가 무화과를 맺겠느냐 이와 같이 짠 물이 단 물을 내지 못하느니라.

동네에서 야생 동물이 배회하고 있는 것을 보면 지역 동물 관리 센터에 전화해 동물을 포획해가도록 할 수 있다. 들개를 포획하는 사람들은 들개들을 동물 수용소에 보내거나 길 잃은 개들을 주인들에게 돌려줄 수 있다. 야생 고양이들을 포획하고, 스컹크들을 쫓아내고, 너구리들을 유인해낼 수 있다. 우리는 배회하는 온갖 야생 동물들을 포획할 수 있다.

그런데 왜 길 잃은 말(語)을 잡는 사람이나 보호소는 없는 걸까? 현대에 그런 직업이 있다면 어떤 경제 상황에서도 엄청난 돈을 벌 수 있을 것이다!

면도날처럼 날카로운 욕설이 두어 명의 말(語) 포획자들에 의해 구석으로 몰리는 것을 상상해보라. "조심하시오. 자, 조심해요… 그건 비열한 말이오!"

"누가 저런 말을 내뱉었을까요?"

"아, 어떤 남자가 뚜껑이 열려서 불쌍한 아내에게 그 말을 쏟아버렸어요."

"그 여자가 지금 어떤 기분일지 생각하면 끔찍하군요."

"만신창이가 된 느낌이겠죠."

"자, 이 무지막지한 말이 다른 사람을 물어뜯기 전에 어서 길에서 몰아냅시다."

그럼 이제 이 말 포획자들이 느닷없이 당신 집의 초인종을 울린다고 생각해보자. "실례합니다, 선생님." 그들은 묻는다. "이 말이 당신 건가요? 이게 저쪽에서 당신 직장의 모든 사람을 헐뜯으면서 달아나고 있는 걸 붙잡았습니다. 당신 직장 상사가 들어보고 말하기를 당신 것 같다고 하는군요." 당신은 그들의 포획물을 한동안 물끄러미 바라본다. 분명… 수요일에 당신이 그 작은 험담을 풀어놓았고, 토요일까지 그것은 십여 명의 주말을 망쳐놓았

다. 벌개진 얼굴로 당신은 그 비열한 말들이 당신 것임을 고백하고 말 포획자들을 보낸다.

물론, 말 포획은 가상의 직업이다. 그러나 내 생각에 말이 사람들을 해치기 전에 재빨리 사람들의 말을 붙잡아 돌려보낼 수 있다면 제멋대로인 입술과 제어되지 않은 혀가 판을 치는 이 세상에서 수익성 좋은 사업이 될 것이다. 나는 지금까지 살면서 다시 주워 담을 수 있다면 어떤 대가라도 치를 수 있는 비열한 말을 내뱉은 적이 몇 번 있다. 당신도 분명 그런 목록을 가지고 있을 것이다.

야고보서 2장 14–26절에서 주님의 동생은 핵심 메시지 – 참된 믿음이 진정한 행위를 낳는다 – 를 집중적으로 자세히 검토했다. 야고보서를 통틀어 하나의 질문이 그 총체적인 주제를 아우른다. "너희는 마땅히 행할 바를 알면서 어찌 그것을 행하지 않는가?" 야고보서 3장 1–12절에서 야고보는 이 보편적 주제를 구체적인 방향, 곧 혀를 제어하는 것으로 전개한다. 성경의 다른 어떤 곳에서도 말의 잠재적 파괴력에 대해 이보다 더 명확하고 설득력 있게 설명한 곳은 없다. 우리는 이 강력한 구절을 하나의 질문으로 요약할 수 있다. "너희는 마땅히 행할 바를 알면서 어찌 그것을 행하지 않는가?"

—3:1–2—

야고보는 깜짝 놀랄 만한 서론으로 혀에 대한 고발을 시작한다. 언뜻 보면 일견 야고보가 교회에서 가르치는 사역을 공격하고 비난하는 것처럼 보인다. 그러나 좀 더 면밀히 검토해보면 오히려 그가 그것을 보호하려는 것임을 알게 된다. 야고보의 단도직입적인 명령은 마치 독자들에게 이렇게 말하는 듯하다. "성급히 가르치는 직책에 뛰어들지 말라." 이것은 경고이지 비난이 아니다. 왜냐하면 하나님의 진리를 온전하고 정확하게 전해야 할 책임을 진 선생들은 더 엄격한 심판을 받을 것이기 때문이다.

왜 가르치는 자가 배우는 자보다 더 엄격한 심판을 받을까? 몇 가지 이유가 떠오른다.

1. 선생은 개인적인 의견이 아니라 진리를 말해야 할 책임이 있다. 우리는 선생들이 진리에서 벗어나 그들 나름대로 추측한 영역으로 들어가는 것을 보아왔다.
2. 선생의 말은 많은 영혼들에게 영향을 미친다. 이따금 주일 아침 설교를 전하기 전에

나는 감당할 수 없을 정도로 벅찬 감정에 휩싸인다. 하나님의 말씀을 정확히 다루어야 하는 책임은 가볍게 취급할 수 있는 것이 아니다. 즉흥적으로 하기에는 대단히 많은 사람들의 생명이 달려 있다.

3. 선생들은 진리를 가르치기만 하는 것이 아니라 그 진리대로 살아야 하기 때문에 더 엄격한 심판을 받게 된다. 당신도 알다시피 선생에 대한 진정한 판단 기준은 그가 하는 말이 아니라 그의 가족이 하는 말이다. 한 사람의 사역의 규모는 그의 교회의 크기가 아니라 그의 가정 생활의 깊이다. 선생들은 이 사실을 절대로 잊어서는 안 된다.

2절은 특별히 선생에게 적용된다. 과오가 없는 사람은 없다. 누구나 이런저런 면에서 실수를 한다. 그렇지만 선생이 넘어지면 그와 함께 다른 모든 사람이 넘어질 수 있다. 혀는 선생이 가진 필수 불가결한 도구이다. 하지만 무례하고, 기만적이고, 사악한 혀는 재앙을 초래하는 무기가 될 수 있다. 만약 당신이 가르치는 직책에 있는데 제멋대로인 혀를 가지고 있다면 당신은 하나님의 심판의 대상이 될 거라고 야고보는 말한다. 모든 선생은 야고보가 타협의 여지없이 분명하게 말하고 있는 사실을 마음에 새겨야 한다. "우리가 다 실수가 많으니 만일 말에 실수가 없는 자라면 곧 온전한 사람이라"(3:2). 온전한 사람은 단 한 분뿐이기 때문에 우리는 예외 없이 우리가 하는 말에 걸려 넘어질 수밖에 없다는 것이 논리적 귀결이다. 따라서 우리는 이 경고를 최대한 진지하게 받아들여야 한다.

이 구절을 자세히 살펴보기에 앞서 기억해야 할 두 가지 사실이 있다. 첫째, 야고보는 가르치는 것을 비난하고 있지 않다. 교회는 적극적이고, 재능 있으며, 훈련되고, 자질이 있는 선생들을 필요로 한다. 야고보는 다만 가르치는 것이 얼마나 중요한 책임인지 미처 깨닫지 못한 채 가르치는 일에 섣불리 뛰어드는 것에 대해 경고하고 있다. 둘째, 야고보는 침묵을 묵과하거나 장려하고 있지 않다. 그는 자제를 권고하고 있다. 그리고 이 자제는 혀에서 시작되는 것이 아니라 마음에서 시작된다.

마태복음 15장에 나오는 예수님의 말씀은 혀에 대한 야고보의 실제적인 가르침에 적합한 신학적 배경을 제공한다. 예수님은 근본적인 문제는 혀가 아니라 마음이라고 말씀하신다. 혀는 마음에서 나오는 말을 전달하는 전령에 불과하다. 혀는 우물에서 신선한 물 또는 독을 길어 올리는 두레박이다.

실제로 예수님은 바리새인들을 '맹인이 맹인을 인도'하여 함께 구덩이에 빠지게 만드는 자들이라고 하시면서 선생들의 막중한 책임에 대해 말씀하셨다(마 15:14). 이것으로 볼 때 야고보가 그의 유대인 그리스도인 청중들에게 글을 쓰면서 바로 이 예수님의 가르침을 염두에 두고 있었음을 알 수 있다. 예수님의 말씀을 들어보라.

> "입으로 들어가는 것이 사람을 더럽게 하는 것이 아니라 입에서 나오는 그것이 사람을 더럽게 하는 것이니라… 입으로 들어가는 모든 것은 배로 들어가서 뒤로 내버려지는 줄 알지 못하느냐 입에서 나오는 것들은 마음에서 나오나니 이것이야말로 사람을 더럽게 하느니라 마음에서 나오는 것은 악한 생각과 살인과 간음과 음란과 도둑질과 거짓 증언과 비방이니"(마 15:11, 17–19).

이제 마음이 문제의 뿌리라는 사실을 알았으니 야고보가 혀에 대한 그의 생각을 어떻게 전개시키는지 살펴보자.

—3:3–5—

위대한 조각가의 재능을 가졌던 레오나르도 다 빈치는 그로 인해 당대의 어떤 의사보다도 더 세밀하게 인간의 육체를 연구할 수 있었다. 그는 혀(그의 그림이나 조각상에서 거의 찾아볼 수 없는)를 이렇게 묘사했다. "혀만큼 많은 근육이 필요한 기관은 없다. 다른 어떤 기관도 그 움직이는 횟수에 있어서 혀를 능가하지 못한다." 정말로 혀는 아주 작지만 매우 강력하다. 야고보는 이 사실을 우리 마음속에 각인시켜서 혀가 끼칠 수 있는 영향력 – 긍정적인 것과 부정적인 것 모두 – 을 과소평가하지 않기를 바랐다.

첫째, 혀는 말의 입에 물리는 재갈과 같다(3:3). 한 가닥의 밧줄, 몇 개의 가죽 끈, 또는 독특한 모양의 금속 띠가 말의 모든 움직임을 조종할 수 있다. 이와 유사하게 혀는 한 사람의 인생의 향방을 조종할 수 있다.

둘째, 혀는 배의 키와 같다(3:4). 물 위에 떠서 하늘 높이 솟아올라 있는 호텔 같은 대형

유람선을 생각해보라. 그 거대한 쇳덩이를 조종하는 것은 그 선체와 비교가 안 될 만큼 작은, 항로를 정하는 금속 날개다. 마찬가지로 혀는 작지만 한 사람의 인생 행로를 결정한다.

처음 두 개의 예는 중립적이다. 그것은 긍정적이거나 부정적인 결과를 낳을 수 있다. 그러나 야고보의 세 번째 비유는 혀의 잠재적 위험성을 일깨워준다. “보라 얼마나 작은 불이 얼마나 많은 나무를 태우는가”(3:5). 작은 불꽃이나, 불티가 남아 있는 잿불이나, 연기 나는 깜부기불을 가져와 떨어뜨리지 말아야 할 곳에 떨어뜨리면 수십만 평방미터에 달하는 숲이 불길에 휩싸일 수 있다. 유추해보자면, 혀는 작은 불꽃이지만 수백 명의 인생을 불태울 수 있다. 제어되지 않은 혀는 한 사람의 인격을 암살하고, 명성을 짓밟으며, 심지어는 교회를 몰락시킨다.

나는 몇 년 전 험담, 언쟁, 가십, 중상의 파괴적인 영향에 시달리던 교회를 방문했다. 그 교회에는 심각한 이단도, 자연재해도, 재정적 어려움도 없었다. 그 대신 분개한 수백 개의 혀들이 사람들의 마음에 불을 질렀고, 논란의 불꽃이 휩쓸고 지나간 후 남은 35명 남짓한 교인들이 잿더미 속에서 비틀거리고 있었다.

우리가 하는 말이 화합을 이룰 수도 파괴할 수도 있다. 혀는 유대감을 강화시킬 수도 깨트릴 수도 있다. 우리의 입은 공동체를 세우거나 분열시킬 수 있다. 혀는 작지만 강력한 구성원이다. 그렇다. 혀는 선을 행할 엄청난 능력을 가지고 있다. 그러나 혀는 막대한 해를 끼칠 수 있는 잠재력도 가지고 있다.

—3:6-8—

야고보는 한 걸음 더 나아가 혀의 필요성과 위험성을 나타내는 더 노골적인 그림을 그린다. 그는 불로 표현한 혀의 이미지를 더 발전시킨다. 우리 이빨 뒤에 접혀 있는 이 작은 근육을 묘사하는 데 야고보가 사용한 생생한 용어들에 대해 두 가지 살펴볼 것이 있다. 첫째, 3장 6절의 흥미로운 구절들을 보라.

- 혀는 불의의 세계다.
- 혀는 온 몸을 더럽힌다.

• 혀는 삶의 수레바퀴를 불사른다.

• 혀는 지옥불로 사른다.

얼마나 험악한 말들인가! 야고보는 온갖 불의가 혀를 통해 배출된다고 말하고 있다. 생각해보라. 분해서 씩씩대면서 말로 분노를 표현하지 않기란 사실상 불가능하다. 신랄한 마음은 말을 비꼰다. 자만심은 쉴 새 없이 지껄인다. 증오는 입술에서 폭발한다. 혀는 그것만 아니라면 유순할 사람을 돌연히 괴물로 바꿀 수 있다. 그것이 '불의의 세계'다.

혀는 또 지옥과 관계가 있다. 흥미롭지 않은가? 그 관계를 보라. 혀는 지옥불로 사른다. 그리고 혀는 우리의 인생 행로를 통째로 불사른다. 이 구절에서 '지옥'으로 번역된 헬라어는 *gehenna*이다. 이 단어는 복음서에 나오는 예수님의 가르침과 야고보서의 이 구절에만 등장한다. 이 단어는 예루살렘을 잘 아는 유대인들에게서 유래되어 그들 사이에서 가장 많이 사용되었기 때문에 야고보의 청중들은 대번에 그의 의중을 알아챘을 것이다.

*Gehenna*는 예루살렘 남쪽을 따라 이어진 힌놈 골짜기를 가리킨다. 예수님과 야고보의 시대에 예루살렘 주민들은 온갖 쓰레기와 오물을 힌놈 골짜기에 쌓아놓고 가끔 그것을 소각했다. 야고보는 이렇게 말하고 있는 것이다. "도시 남쪽에 있는 그 고약한 냄새를 피우며 타고 있는 쓰레기 더미를 아느냐? 우리 혀는 바로 그것과 같다. 우리가 함부로 혀를 놀리기 시작하면 우리 마음속 쓰레기에 불이 붙는다. 그리고 그 악취를 풍기며 타오르는 연기가 힌놈 골짜기에서 타고 있는 쓰레기를 상기시키듯 혀는 다른 모든 사람으로 하여금 우리 마음속 사악함을 듣게 만든다."

야고보는 또 혀를 길들여지지 않은 짐승으로 일컫는다(3:7). 우리는 뱀에서부터 코끼리, 호랑이로부터 돌고래에 이르기까지 길들이지 못하는 동물이 없지만, 사나운 혀는 길들이지 못한다. 우리는 그 짐승을 거꾸러트리지 못할 성싶다.

기억해야 할 진리가 하나 있다. 8절은 말 그대로 "혀는 능히 길들일 사람이 없나니"라고 말한다. 야고보는 우리의 악한 말을 우리 힘으로 억누르는 것에 대해서 말하고 있다. 그는 인간은 스스로 자기 혀를 제압할 수 없다고 말한다. 그렇지만 인격적으로 그리스도를 알면 성령의 임재를 통해 오는 하나님의 능력이 당신의 마음을 변화시켜 혀를 온전히 제어할 수 있다. 그리스도가 또 다른 불가능에 대해 말씀하셨던 것과 마찬가지로 이 역시, "사람으로는 할 수 없으나 하나님으로서는 다 하실 수 있느니라"(마 19:26).

야고보는 또한 혀를 "죽이는 독이 가득한 것"으로 묘사한다(3:8). 그것은 마치 우리가 이빨 뒤에 청산가리가 든 캡슐을 물고서 언제라도 그것을 깨트려 가는 곳마다 죽음의 말을 퍼트릴 태세를 취하고 있는 것과 같다. 나는 육군 장교들 - 몇몇 대령들, 소령들, 중령들,

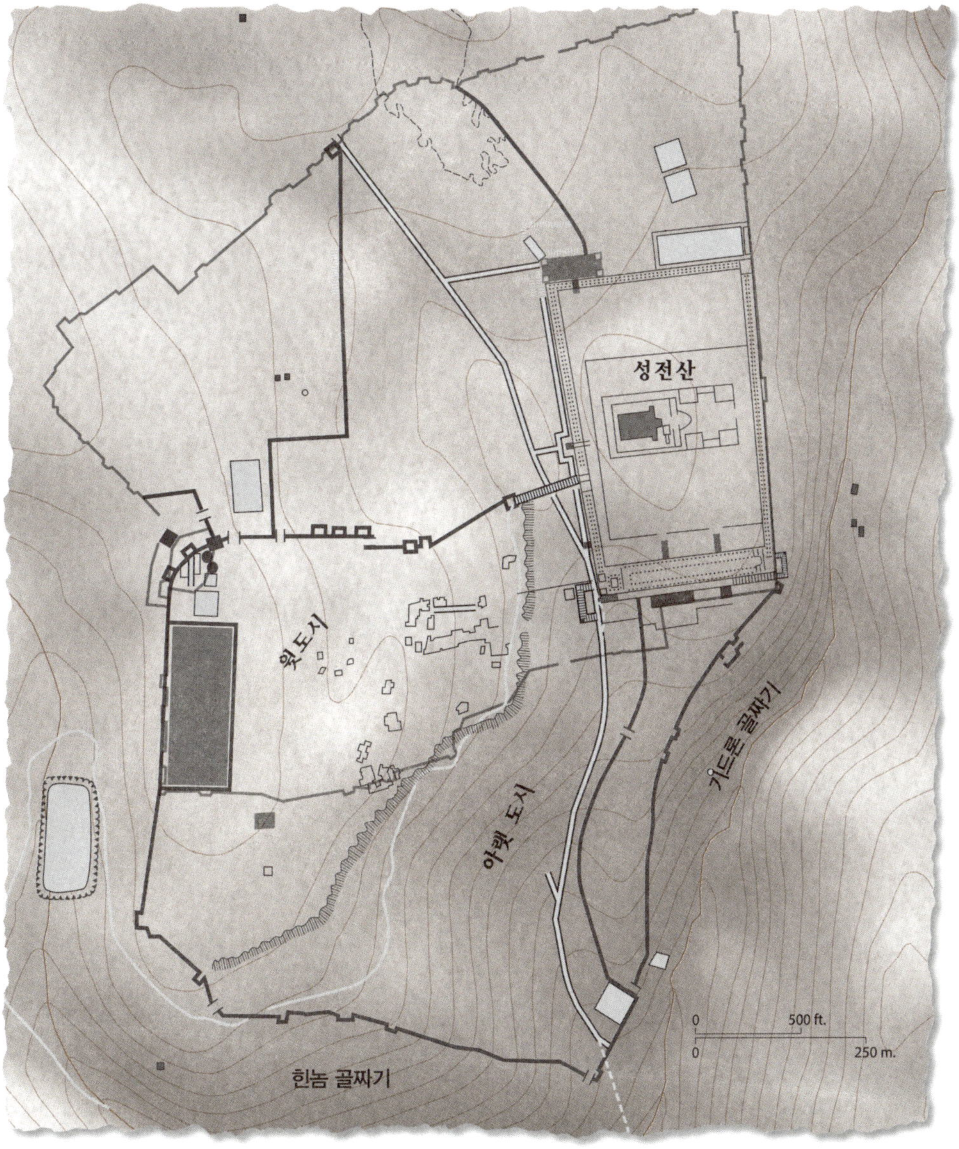

1세기의 예루살렘.

대위들 – 이 집회 장소로 쓰고 있던 호텔에 묵은 적이 있었다. 그 무리들 안에는 여러 계급의 군인들이 있었다. 어느 날 저녁 식사 때 남녀 장교들이 무리를 지어 우리 테이블 주변에 앉았다. 자리가 너무 가까웠던 탓에 나는 그들 입에서 끊임없이 흘러나오는 상스러운 말을 듣게 되었다. 그들은 주변에 앉아 있는 '민간인들'은 아랑곳하지 않았다. 그들은 자기들이 입고 있는 훈장 달린 제복에는 신경도 쓰지 않았다. 그러기는커녕 기관총이 계속해서 총알을 뿜어내듯이 뱉어내는 말마다 욕설이 흘러나왔다.

그들의 말을 들으면서 나는 로마서 3장 13-14절을 생각했다. "그들의 목구멍은 열린 무덤이요… 그 입술에는 독사의 독이 있고 그 입에는 저주와 악독이 가득하고." 물론, 그들의 말이 나나 그 방 안에 있던 다른 사람들을 해치지 않았다. 그것은 우리나 어떤 특정한 사람을 향해서 한 말이 아니었다. 그렇지만 그들이 스스로 자신들의 이미지에 먹칠을 한 것은 분명했다. 그들의 상스러운 장광설이 그들의 제복이나 계급에 대해 품었을 수도 있는 존경심을 훼손시키고 말았다.

—3:9-12—

혀를 불, 사나운 짐승, 치명적 독에 비유한 후에 야고보는 두 가지 예를 들어 자신의 주장에 힘을 싣는다. 첫 번째 예는 인간의 경험에서 나온다(3:9-10). 두 번째 예는 자연에서 나온다(3:11-12). 이 예들은 모두 혀는 필요하지만 변덕스럽다는 사실을 보여준다.

내 생각에 우리는 모두 인간의 경험에서 나온 야고보의 첫 번째 예에 공감할 수 있다. 당신은 운전을 하면서 주님을 찬양하는 노래를 부르고 있다. "이날은 주의 지으신 주의 날일세 기뻐하고 기뻐하며 즐거워하세." 별안간 어떤 멍청이가 당신 앞으로 끼어드는 바람에 당신은 급정거를 하면서 고속도로 위에 타이어 자국을 남긴다. 그런데 설상가상으로 당신이 방금 하나님을 찬양하는 데 사용했던 혀가 돌연 태도를 바꾸어 휴대 전화를 들고 있느라 깜박이를 켤 손이 없었던 그 작자에게 욕을 퍼붓고 있는 것을 보게 된다! 야고보는 말한다. "한 입에서 찬송과 저주가 나오는도다 내 형제들아 이것이 마땅하지 아니하니라"(3:10).

이런 일은 가정에서 흔히 일어날 수 있다. 길고 긴 주일 아침 예배를 마치고 한 가족이 점심을 먹기 위해 둘러앉았다. 아버지가 고개를 숙이고 식사 기도를 했다. 그는 주님께 음식과 그날과 가정을 주신 것에 대해 감사했다. "아멘"이라고 말하고나서 그는 이내 설교자, 교회, 직장에 대해 불평을 늘어놓기 시작했다. 그의 입에서 나오는 건 불평밖에 없었다. 이 모습을 처음부터 지켜보던 어린 딸이 아빠에게 물었다. "아빠, 아빠가 감사 기도를 드렸을 때 하나님이 들으셨나요?"

신학적 권위를 되찾으며 아버지는 대답했다. "그럼, 아가야, 들으셨지."

"그러면요," 아이가 물었다. "하나님은 아빠가 기도 후에 불평하는 것도 들으셨나요?"

"글쎄… 음, 그래, 그러셨을 거다."

"그럼, 아빠," 아이가 말했다. "하나님은 어떤 말을 믿으셨나요?"

야고보는 자연에서 얻은 두 가지 예로 끝을 맺는다. 한 샘에서 단 물과 쓴 물이 날 수 없고, 무화과나무가 감람 열매를, 포도나무가 무화과를 맺지 못한다. 우리의 마음이 은혜로 가득 차면 우리의 입술에서 선한 말이 넘쳐흐르지 않겠는가?

3장 11-12절에서 야고보는 심은 대로 거둔다고 말한다. 한 입으로 두 말을 하는 것은 그 사람이 두 마음을 품은 자라는 사실을 드러낸다. 예수님도 이렇게 말씀하셨다. "좋은 나무가 나쁜 열매를 맺을 수 없고 못된 나무가 아름다운 열매를 맺을 수 없느니라"(마 7:18). 이 엄혹한 말은 우리로 하여금 자문하게 한다. 이 변덕스러운 말은 어디서 오는 걸까? 행여 우리가 지속적으로 부정적이고, 기만적이며, 신랄하다면 우리의 혀가 우리의 마음에 대해서 드러내는 것을 검토해보아야 한다. 그것에 대해 생각해보라. 그냥 어깨를 으쓱하고는 마지막 단락으로 넘어가지 말라. 그것을 마음속 깊이 새기라.

야고보가 우려한 실생활에서 부딪힐 수 있는 문제들을 요약하는 다음의 세 가지 진술을 통해 보다 깊이 이해해보기로 하자. 제일 먼저, 혀는 부정(不淨)하게 만든다. 마태복음 15장에서 예수님이 그렇게 말씀하셨고, 야고보는 이 구절의 첫 몇 절에서 그렇게 말한다. 단 한 마디의 말로 당신의 혀는 당신의 단정한 이미지에 오점을 남길 수 있다. 혀는 그렇게 강력하다.

둘째, 혀는 반항한다. 혀는 스스로를 통제하려는 자연스러운 시도 - 다짐, 자가발전 장치, 그 외에 무엇이건 - 에 저항한다. 우리 힘으로 하면 이런 기술들은 효과가 없을 것이고, 효과가 있다 해도 영구적이지는 못할 것이다.

셋째, 혀는 당신의 참모습을 드러낸다. 다른 사람들에게 보여주는 좋은 이미지 뒤에 숨어 있는 속사람은 혀를 통해서 그 모습을 드러낼 기회를 호시탐탐 노리고 있다. 우리 입술이 맺은 열매의 뿌리는 우리 영혼 속에 박혀 있다.

나는 어린아이들의 얼굴 표정이 아버지의 혀에서 나오는 분노의 말로 인해 풀이 죽는 것을 보아왔다. 나는 신앙 생활을 오래 하고 성마른 그리스도인의 비하하고 위축시키는 말이 새 그리스도인의 영혼을 짓밟는 것을 보아왔다. 제어되지 않은, 사악한 혀로 인해 인신공격을 당하고, 명성이 땅에 떨어지며, 결혼이 파탄 나는 것을 보아왔다. 혀는 엄청난 파괴를 불러오는 가공할 힘이 될 수 있다!

해결책은 무엇일까? 스스로를 통제하려는 모든 시도를 중단하고 하나님의 통제에 순복하라. 그분은 격노의 불길을 끄실 수 있다. 그분은 으르렁대는 괴물을 길들이실 수 있다. 그분은 몸서리가 쳐지도록 불쾌한 말의 독을 해독하실 수 있다. 야고보는 과거의 행적을 탓하기보다 앞으로 그 행위가 계속되지 않기를 바란다. 지금이 그 행위를 중단하고 기도할 때다. 하나님께 오늘 당신의 마음과 혀를 변화시켜달라고 간구하라.

참된 믿음은
진정한 겸손을 낳는다

야고보서 3:13-5:6

북아프리카의 리비아 사막은 세상에서 가장 황량한 곳 가운데 하나이다. 삭막하고, 메마르고, 황량하고, 아무 쓸모없는 거대한 불모지를 상상해보라. 그곳은 하루하루 몇 안 되는 가축 떼를 몰고 오아시스를 찾아 떠도는 유목민들이나 살 수 있는 땅이다.

몇 년 전에 이 광대한 사막을 공중에서 찍은 다큐멘터리를 본 적이 있다. 아름답지만… 황량했다. 반짝이는 모래 물결이 몇 킬로미터씩 펼쳐져 있었다. 그런데 눈에 띄는 무언가에 카메라의 초점이 맞춰졌다. 그 황무지 한가운데에 모래 바다 위에 떠 있는 낙원의 섬처럼 한 조각의 푸른 땅이 나타났다. 카메라는 더 가까이 초점을 맞추어 그곳을 자세하게 보여주었다. 그곳은 그냥 야자수가 군집해 있는 오아시스가 아니었다. 그곳에는 짙푸른 초목들, 달콤한 과실수들, 식물들이 무성했다. 그 거대한 오아시스의 크기를 측정해보니 사막 위로 수 킬로미터에 걸쳐 펼쳐져 있었다. 그 푸른 풍경을 이루고 있는 곳은 사막의 다른 부분에는 없는 특별한 무언가를 가지고 있는 것이 분명했다. 물! 풍부한 물이었다. 바싹 마른 땅을 적셔 한때는 메마른 불모지였던 곳에 에덴 동산 같은 낙원을 만들기 위해 기술자들이 깊은 우물을 파서 엄청난 양의 물을 지표면으로 퍼 올렸던 것이다.

이 이미지는 그리스도인의 삶을 생생하게 예시한다. 자연 상태의 우리 인간은 거칠고, 황량하며 메마른 불모지인 사막과 같다. 우리는 세상에 먼지와 죽음밖에 내놓을 것이 없다. 그것이 하나님의 은혜에서 떨어져나온 영혼의 자연스런 상태이다. 그러나 하나님의 영이 없다면 황폐했을 인간의 마음속에 하나님의 영이 들어오시면 생명이 넘친다. 생수의 강이 영혼을 적시면 이내 영적 열매가 맺히기 시작한다.

야고보는 앞에서 "온갖 좋은 은사와 온전한 선물이 다 위로부터 빛들의 아버지께로부터 내려오나니"(1:17)라고 말했다. 그는 하나님이 "그 피조물 중에 우리로 한 첫 열매가 되게 하시려고 자기의 뜻을 따라 진리의 말씀으로 우리를 낳으셨"음을 상기시켰다(1:18). 이 위에서부터 나는 새로운 탄생, 곧 성령에 의한 영적 탄생은 신자들의 삶을 내면에서부터 변화시킨다. 야고보는 그의 편지에서 줄곧 신자들에게 그들의 마음에 심어진 말씀을 잘 함양하라고 권고한다(1:21). 그러면 말씀은 하나님의 영이 우리 안에 만들어놓은 살아 있는 믿음의 행위로 우리를 이끈다.

첫 단락에서 야고보는 참된 믿음은 진정한 안정을 낳는다고 주장한다(1:1-27). 참된 믿음은 시련을 견디며(1:2-12), 시험을 물리치고(1:13-18), 하나님의 말씀에 응답한다(1:19-27).

핵심 용어

ζῆλος [*zēlos*, 젤로스] *(2205b)* '질투, 열심'
야고보서에서 이 개념은 '이기적인 야망'과 밀접한 관련이 있다. 이 말이 긍정적인 의미 – 하나님께 '열심이 있거나(zealous)' '선망하거나(jealous)'(롬 10:2) – 를 갖는 경우도 있지만, 대체로 열심(zeal)은 오도되고 부적절한 것으로 묘사된다. 이 경우에는 자기 중심적인 열심이나 질투에서 비롯된 이기적인 행위라는 뜻을 담고 있다.

ταπεινόω [*tapeinoō*, 타페이노] *(5013)* '겸허하게 하다, 낮추다, 낮아지게 하다'
야고보는 이 단어를 그의 편지에서 딱 한 번 사용하지만(4:10), 겸손한 태도에 대한 개념은 그의 권고 속에서 계속 찾을 수 있다. 낮춘다는 개념은 정상적인 위상보다도 자기를 더 낮춘다는 뜻이다. 고대에는 '낮추는 것'이 흔히 마음의 겸손을 표현하는 뜻에서 지체가 더 높은 사람 앞에서 절을 하거나 땅에 엎드리는 행위와 관련되었다.

κρίνω [*krinō*, 크리노] *(2919)* '판단하다, 나누다, 평가하다, 결정하다'
문자적 의미는 혼합물의 구성 성분을 분리하기 위해서 '체로 쳐서 가려낸다'는 뜻이다. 주로 '결론을 도출하기 위해 샅샅이 살펴서 가려낸다'는 은유적 표현으로 쓰인다. 사람에게 쓸 때에는 한 사람의 성품을 판단하기 위해 그 사람의 삶을 상세히 살핀다는 뜻을 가진다. 이 경우, '판단'은 이렇게 걸러낸 결과이다.

둘째 단락에서 야고보는 참된 믿음은 진정한 사랑을 낳는다고 말한다(2:1–3:12). 믿음은 차별을 거부하고(2:1–13), 도움이 필요한 사람들에게 친절을 베풀며(2:14–26), 혀로 다른 사람들을 해치는 일을 삼간다(3:1–12).

편지의 세 번째 단락에서 야고보는 참된 믿음은 진정한 겸손을 낳는다는 사실을 일깨워준다(3:13–5:6). 그는 우리의 선함은 우리가 가진 인간적 지혜에서 나오는 것이 아니라 하나님이 주신 지혜로부터 오는 것임을 상기시켜준다(3:13–18). 그는 화평을 얻으려면 우리 자신이 아니라 그분께 의지하라고 말한다(4:1–10). 그러고나서 하나님의 주권에 순종하지 않고 우리의 생명을 자랑하는 것에 대해 경고한다(4:11–17). 그리고 세상의 부자들을 너무 쉽게 속이는 교만을 질책한다(5:1–6). 이 모든 경우에 대해 야고보는 하나님으로부터 말미암는 겸손을 취하라고 권유한다. 하나님의 은혜가 우리 마음속에 역사해서 하나님의 지혜와 선행을 열매 맺게 해주시지 않는다면 우리는 메마른 리비아 사막처럼 아무 열매도 맺지 못할 것이기 때문이다.

지혜로운 자와 어리석은 자(야고보서 3:13-18)

13 너희 중에 지혜와 총명이 있는 자가 누구냐 그는 선행으로 말미암아 지혜의 온유함으로 그 행
함을 보일지니라 14 그러나 너희 마음 속에 독한 시기와 다툼이 있으면 자랑하지 말라 진리를 거슬러
거짓말하지 말라 15 이러한 지혜는 위로부터 내려온 것이 아니요 땅 위의 것이요 정욕의 것이요 귀신
의 것이니 16 시기와 다툼이 있는 곳에는 혼란과 모든 악한 일이 있음이라 17 오직 위로부터 난 지혜는
첫째 성결하고 다음에 화평하고 관용하고 양순하며 긍휼과 선한 열매가 가득하고 편견과 거짓이 없
나니 18 화평하게 하는 자들은 화평으로 심어 의의 열매를 거두느니라.

나무꾼들 사이에 전해지는 오래된 속담 가운데 이런 것이 있다. "나무는 쓰러졌을 때 가장 정확히 잴 수 있다." 재목의 진짜 크기와 질은 베어 넘어진 후에 가장 정확히 측정할 수 있다는 말이다. 마찬가지로 한 사람의 업적에 대한 진정한 평가는 그 사람이 삶을 마감할 때 볼 수 있다. 이 속담은 특히 다윗의 아들 솔로몬의 삶에 적용된다. 솔로몬은 그의 재위 기간 동안 작가, 외교관, 시인, 정치가, 박애주의자, 건축가, 엔지니어로 승승장구했다. 전성기 때에는 그를 따를 자가 세상에 아무도 없었다.

어떻게 솔로몬은 평생 동안 그렇게 많은 일을 성취할 수 있었을까? 역대하 1장이 그 답을 제공한다. 그가 아버지로부터 왕국을 물려받았을 때 하나님이 그에게 환상 가운데 나타나 말씀하셨다. "내가 네게 무엇을 주랴 너는 구하라"(1:7). 그 제의가 어떤 의미인지 상상이 가는가? 만약 하늘과 땅의 주인이 당신이 원하는 것을 주신다면 당신은 무엇을 요청하겠는가?

그런데 솔로몬은 "주는 이제 내게 지혜와 지식을 주사 이 백성 앞에서 출입하게 하옵소서 이렇게 많은 주의 백성을 누가 능히 재판하리이까"(대하 1:10)라고 대답함으로써 그의 진정한 성품을 드러냈다. 실질적으로 그는 이렇게 말한 것이다. "저는 감당하기 벅찬 임무를 물려받았습니다! 무엇보다도 저는 지혜가 필요합니다! 당신의 백성들을 잘 다스릴 수 있도록 삶의 세밀한 부분에 대한 현실적인 통찰력이 필요합니다. 제가 요청하는 것은 이것뿐입

니다." 자, 이것이 겸손이 드러나는 반응이다! 그는 하나님을 향해 두 손을 벌리고 그가 해야 할 일을 완수하는 데 필요한 것을 달라고 했다.

솔로몬이 그의 소명을 완수하기 위해서 하나님께 지혜를 구한 지 천 년 후에 야고보라는 이름의 또 다른 다윗의 자손은 이렇게 썼다. "너희 중에 누구든지 지혜가 부족하거든 모든 사람에게 후히 주시고 꾸짖지 아니하시는 하나님께 구하라 그리하면 주시리라"(약 1:5). 참으로 야고보서는 구약 지혜서의 신약판이라고 할 수 있다. 잠언의 첫 몇 장에서 솔로몬이 어리석은 여자와 지혜로운 여자를 대조하듯이 야고보서 3장 13–18절은 지혜로운 자와 어리석은 자를 대비한다. 이 짧은 여섯 개의 구절은 다채로운 단어의 팔레트로 두 개의 초상화를 그린다. 하나는 하나님의 지혜가 없는 사람의 초상이고, 다른 하나는 위로부터 난 지혜를 얻은 사람의 초상이다.

—3:13—

야고보는 한 가지 질문으로 시작한다. "너희 중에 지혜와 총명이 있는 자가 누구냐?" 야고보는 사람들이 진짜로 손을 들기를 바라는 것이 아니다. 분명 이 질문을 읽은 대부

어리석은 자 대 지혜로운 자(야고보서 3:13–18)

	어리석은 자	지혜로운 자
징후(3:13–14)	1. 독한 시기 2. 이기적 야망(3:14)	1. 선행 2. 온유함(3:13)
특징(3:14–15, 17)	1. 교만 2. 거짓말 3. 세상적 4. 정욕적 5. 귀신적(3:14–15)	1. 성결 2. 화평 3. 관용 4. 양순 5. 긍휼 6. 풍성한 선한 열매 7. 편견 없음 8. 거짓 없음(3:17)
결과(3:16, 18)	1. 혼란 2. 악한 일(3:16)	1. 의 2. 화평(3:18)

분의 사람들은 스스로를 지혜롭고 총명하다고 생각하고 싶어할 것이다. 이 질문은 한 때 인기 있었던 텔레비전 게임 쇼, 〈누가 백만장자가 되고 싶은가?(Who Wants to Be a Millionaire?)〉 처럼 바보 같은 질문이다. 물어보는 사람마다 거의 예외 없이 두 손을 번쩍 들 테니까! 그러나 정말 중요한 핵심은 도전자의 지식의 범위와 깊이 – 모호하고 소소한 것들에 대해 얼마나 많은 지식이 있는가 – 를 보여주는 것이다. 그런 사람은 많지 않다. 그것이 야고보가 질문하는 핵심이다. "너희는 너희가 총명하고 지혜롭다고 생각하느냐? 그렇다면 그 점에 대해 살펴보겠다. 너희의 지혜를 시험해볼 수 있는 두 가지를 살펴보자."

야고보는 지혜로운 사람에게 선행과 온유함으로 지혜를 보여주라고 지시한다(3:13). 선행은 야고보가 앞서 깊이 있게 다룬 주제인 신자의 변화된 생활 방식을 말한다(2:14-26 참고). 지혜로운 사람의 삶은 하나님의 말씀에 복종할 준비가 되어 있음을 보여주면서 선한 쪽으로 변화한다. 이것은 야고보서의 주제 – 참된 믿음은 진정한 행위를 낳는다 – 와 직접적인 연관이 있다. 재치, 기지, 교육은 사람을 지혜롭게 만들지 못한다. 사람이 지혜롭게 되는 것은 그 사람의 생활 방식이 얼마나 진리를 잘 반영하는가에 달려 있다.

둘째, '지혜의 온유함으로 보이는 행함'이란 지혜에 의한 겸손과 온유함을 말한다. 현대인들은 '온유'와 '양순'을 다른 사람들에게 짓밟히는 줏대 없는 나약한 사람의 특성으로 생각한다. 성경의 관점은 그렇지 않다! '온유'는 갈라디아서 5장 23절에 나오는 성령의 열매 가운데 하나이며, '자기 절제'와 밀접하게 연결되어 있다. 이것은 성질이 거친 말이 길들여지는 것을 표현하는 데 사용되는 단어이다. 길들여진 말은 타고난 힘을 잃지 않으면서 그 힘을 온유하고 겸허하게 발휘한다. 그것이 성경적 의미의 지혜이다.

여기에는 심오한 실제적 의미가 내포되어 있다. 훌륭한 선생이나 설교자를 찾는가? 그렇다면 으레 그렇듯 예리한 지성을 가진, 가급적이면 신학교를 나온 사람에게 마음이 갈 것이다. 이름 뒤에 붙는 수식어가 많으면 많을수록 좋을 것이다. 그렇지 않은가? 좋다. 그들이 통제된 자아를 소유하고 진리를 따르는 생활 방식을 가지고 있다면 학위와 교육은 중요하다. 그러나 자격증을 가진 선생들이나 유창한 설교자들이 무분별하고 어리석은 극단으로 치우치는 경우가 허다하다. 지혜로운 지도자와 멘토들은 브레이크를 밟을 때와 가속기를 밟을 때를 안다. 교회 지도자라는 프로필을 가진 바울이 "온유하고" "참아야" 한다는 말 사이에 "가르치기를 잘 하며"를 끼워 넣은 것은 우연이 아니다(딤후 2:24).

—3:14-16—

지혜로운 사람의 특성이 선한 생활 방식과 온유한 행위라는 개념을 소개한 야고보는 태도를 바꾸어 어리석은 사람의 특성을 설명하는 데 시간을 할애한다. 그는 14절에서 두 마음을 가진 사람의 특성 – 독한 시기와 다툼 – 을 언급하는 것으로 시작한다. 이런 기질은 야고보가 14-15절에서 설명한 바와 같이 개인의 삶 속으로 넘쳐흐른다. 그는 16절에서 그런 행위가 초래하는 궁극적 결과를 말한다.

'독한 시기'란 분한 마음을 품은 시기를 말하는 것으로 생각된다. 시기는 자신의 소유나 성취가 다른 사람의 성공으로 인해 위협받는다고 생각하는 사람을 일컫는다. 이 첫 번째 악은 보통 두 번째 악 – 다툼 – 을 동반한다. 어리석은 자의 마음은 정상을 향해 나아가기 위해 스스로를 채찍질하는 채울 수 없는 갈망을 가지고 있다.

그렇다고 그리스도인 집단은 시기와 다툼에서 자유롭다고 생각해서는 안 된다. 당신이 충분히 많은 성경 컨퍼런스에 참석하고, 많은 교회를 방문하며, 기독교 학계에서 오랜 시간을 보낸다면 사소한 질투와 제어되지 않은 야망들을 많이 보게 될 것이다. 그리고 찬양 가수들, 설교자들, 선교사들, 교육자들에게서도 그런 모습 – 더 높은 자리에 오르기 위해 책략을 쓰고 정상의 자리를 지키기 위해 아귀다툼을 벌이는 성도들 – 을 보게 될 것이다.

야고보는 위에서부터 주어진 지혜와 대립되는, 정욕의 지배를 받는 가짜 지혜의 다섯 가지 특성을 제시한다. 인간의 마음은 이런 육적인 지혜를 만들어낸다.

1. 교만(3:14). 여기서 사용된 헬라어는 기본적으로 다른 사람 앞에서 뻐긴다는 뜻이다. 사악한 사람들이 자신의 악행을 의기양양하게 정당화하는 것을 의미한다. 이것은 하나님으로부터 온 겸손과 반대되는 것이다. 훌륭한 신학자 찰스 하지(Charles Hodge)가 이것을 가장 잘 표현했다. "인간에 대한 성경의 교리는… 인간을 창조할 때 원래 의도했던 모습 – 부풀리지 않으면서 높이고 비하하지 않으면서 낮추는 – 으로 만드는 데 아주 적합하다."[1]

2. 진리를 거스르는 거짓말(3:14). 오늘날 숱한 철학자들과 신학자들 그리고 설교자들이 하는 말에도 불구하고, 진리는 여전히 확고한 기준으로 남아 있다. 포스트모던의 상대적 진리나 진리의 불확실성 같은 개념은 잊으라. 계시된 하나님의 진리는 실제로 사물이 돌아가는 이치와 일치한다. 하지만 어리석은 자들은 자신들의 믿음이나 생활 방식에 맞추기 위

묵상의 서재

제어되지 않은 열심

1950년대에 나는 기계 공장에서 일하면서 대학을 다녔다. 나는 일터를 개인적인 선교지로 생각했다. 나와는 크게 다른 교파의 일원이었던 사람에게 전도했던 일이 생각난다. 당연히 나는 그를 개종 대상으로 삼았다. 어쨌든, 나는 확고한 진리의 토대를 가지고 있었고, 그 친구는 오류에 깊이 빠져 있었으니까! 당시에는 몰랐지만 나는 흡사 광신자와 같았다. 나는 성경 구절, 지식, 대답, 도발적인 질문들 – 내 적들을 궤멸시킬 영적 무기고 – 을 가지고 있었다. 게다가 나는 내가 가지고 있는 무기를 있는 대로 다 사용했다. 나는 단지 내 신앙을 증거만 한 것이 아니었다. 그때 내가 이단들을 향해 진리의 검을 휘두르던 모습은 아마 중세의 십자군들을 무색하게 했을 것이다!

나는 날이면 날마다, 근무 시간마다 잘못된 길로 들어선 동료에게 끈덕지게 들이댔다. 집요하고 무자비한 전도였다. 급기야 그는 넌더리를 쳤다! 그는 내 팔을 부여잡고 눈을 똑바로 쳐다보면서 말했다. "잘 들어. 너는 사실을 들이대면서 내가 틀렸다고 설득하지만 나는 절대 변하지 않아…." 내가 마음속으로 황망히 그 어리석고, 바보 같은 말에 대꾸할 답을 찾고 있을 때 그가 이렇게 덧붙였다. "왜냐하면 너를 참을 수가 없거든!"

내가 얼마나 어리석었는지 생각할 때마다 아직도 그 말이 내 폐부를 찌른다. 마치 누군가가 내 영혼의 창에 내가 반드시 들었어야 할… 그리고 절대 잊지 못할 메시지가 담긴 돌을 던진 것 같았다. 당신이 온갖 유리한 지식을 가지고 있더라도 상대방을 공격하지 않고 그것을 나눌 수 있는 지혜가 없다면 입을 다물라. 나는 그 동료를 몇 번이고 깔아뭉개고, 내 지식으로 멍이 들도록 두들겨 팼다. 그 결과 그는 내 이름만 들어도 거품을 물었다. 그에게 나는 짜증스러운 정도가 아니라 역겨운 사람이었다.

달라스 신학교의 저명한 교수 하워드 헨드릭스(Howard Hendricks)는 이 메시지를 핵심을 찌르는 간결한 격언으로 요약했다. 분명 이 말은 아직도 그를 거쳐간 수천 명의 학생들의 귀에 쟁쟁할 것이다. "사람들은 여러분이 그들을 얼마나 걱정하는지 알기 전에는 여러분이 얼마나 많이 아는지에는 관심을 보이지 않을 것입니다." 이 지혜로운 말이야말로 야고보서 3장 13절에서 권고한 그 선행과 온유한 지혜를 나타낸다.

해 진리의 기준을 바꾼다.

나는 오래전 실수를 통해 이 교훈을 깨우쳤다. 나는 한 성경 교사의 삶에서 깊은 감명을 받았다. 나는 그를 깊이 사랑하고 존경했다. 내가 아는 한 그 특별한 학자처럼 말씀을 다룰 수 있는 사람은 없었다. 나는 그의 말을 인용하고, 그를 따르고, 그와 함께 공부하고, 그를 닮기를 열망했다. 내 주변의 많은 사람들이 그랬다. 그런데 시간이 흐르면서 그의 가르침 가운데 성경과 일치하지 않는 듯한 것들이 보이기 시작했다. 그래서 그에게 가서 말했다. "이것 좀 봐주세요. 이 구절은 이렇게 말하고 있는데, 이 구절이 선생님의 말과 어떻게 일치하나요?" 그는 그것을 설명하는 대신 권위로 나를 누르려고 했다. 그의 반응과 질책의 말 속에서 나는 교만, 자기 방어, 자기 합리화를 목격했다. 결국 상황이 더 나빠져서 그는 내가 동의하지 않는 것에 대해 나를 심하게 질책하며 – 그의 말과 성경 말씀 사이의 불일치에 대해 물어보았다는 이유만으로 – 권위로 나를 눌렀다. 그는 자기가 만든 교리가 하나님의 진리와 맞지 않아도 그것을 고수하고야 마는 교만을 보여주었다.

3. **땅 위의 것**(3:15). 이 말은 '세상에 속한'이라는 뜻이며, 야고보는 이 말을 '위로부터 난' 지혜와 대비시킨다. 이것은 순전히 수평적 시각 – 세속적인 진리의 측정, 세상적인 성공의 기준, 물질적인 동기, 현세적인 우선순위 – 이다.

4. **정욕의 것**(3:15). 어리석은 자의 네 번째 특성은 글자 그대로 인간의 '혼적인(soulish)'이라는 의미다. 헬라어 *psychikos*는 영어의 'psyche'와 관련이 있는데, 'psyche'는 자아, 즉 인간의 내면의 동기를 나타내는 데 쓰인다. 이 지혜의 원천은 위에서부터 오는 성령의 지혜가 아니라 우리의 생각, 태도, 관심, 추구에 있다.

어리석은 자의 열매

5. **귀신의 것**(3:15). 이것은 비록 그런 경우가 더러 있을 수는 있지

만, 그들의 세상적인 지혜가 반드시 악한 존재로부터 직접 온다는 뜻이 아니다. 그보다는 어떤 철학이나 사고방식에 반영된 지혜가 하나님의 진리와 상반됨으로써 그것이 사탄이 지지할 수 있는 철학이나 사고방식이 된다는 사실을 강조한다.

우리는 독한 시기와 이기적인 야망으로 얼룩져 있는 어리석은 자의 마음을 본다(3:14). 그런 사람은 성품이 교만하고, 정직하지 않으며, 세속적이고, 정욕적이며, 사탄을 닮는다(3:14-15). 야고보는 최종 결과에 대한 간단한 설명으로 어리석은 자의 초상을 마무리한다. "시기와 다툼이 있는 곳에는 혼란과 모든 악한 일이 있음이라"(3:16). 어리석은 자가 지나간 자리에는 혼돈, 혼란, 불화, 적의, 옹졸함의 파문이 인다. 이런 것들은 따라야 할 모범이 아니다!

—3:17-18—

야고보는 3장 14-16절에서 아래로부터 온 지혜를 적나라하게 묘사한 후에 그것을 '위로부터 난 지혜'와 극명히 대조하면서 끝을 맺는다(3:17-18). 그는 이미 정말 지혜로운 사람은 선행과 지혜의 온유함으로 그 지혜를 보여준다고 언급했다(3:13). 이제 그는 그런 마음을 가진 사람을 다시 거론하면서 그 사람의 삶에서 나타나는 특성(3:17)과 그에 따르는 결과(3:18)를 보여준다.

지혜로운 자의 열매

1. 성결. 위로부터 난 지혜는 '첫째 성결'하다. '첫째'라는 말은 단순히 목록에서 첫 번째인 것 이상을 의미한다. 하나님이 주신 지혜는 외적 행위뿐 아니라 내적 동기를 순수하게 만든다. 이런 생활 방식에는 예수님이 말씀하셨듯이 내재된 약속이 있다. "마음이 청결한 자는 복이 있

나니 그들이 하나님을 볼 것임이요"(마 5:8). 성결한 생각과 행위는 우리가 어떤 상황에 처해 있든지 그 안에서 하나님이 역사하시는 것을 볼 수 있게 해준다.

2. **화평.** 어리석은 자의 '독한 시기'와 '다툼'과는 대조적으로 하나님이 주신 지혜는 화평한 관계를 낳는다. 우리의 본성은 논쟁적이고, 싸우기 좋아하며, 호전적이고, 성마르다. 그러나 우리 안에 있는 하나님의 초자연적 생명이 다른 사람들과 소원해지는 것을 막아준다. 도리어 그것은 악의를 없애려고 애쓴다. 예수님은 화평한 자들을 위한 약속을 주셨다. "화평하게 하는 자는 복이 있나니 그들이 하나님의 아들이라 일컬음을 받을 것임이요"(마 5:9).

3. **관용.** 지혜로운 자의 세 번째 특성은 관용이다. 이 헬라어는 3장 13절에서 '온유함'으로 번역된 단어와 다른 말이다. 3장 13절은 겸손을 강조했다. 17절에 관용으로 번역된 말은 '공정한, 온건한, 유연한'이라는 뜻을 갖는다. 이 말은 지고한 이상을 위해서 자신의 권리를 포기하는 사람을 표현한다. 현대인들은 자신의 권리가 침해당했다고 느끼면 아주 사소한 것일지라도 소송을 벌인다. 그것이 속 좁고, 다투기 좋아하며, 이기적이고, 신랄한 세상의 지혜다. 그러나 하나님의 지혜를 가진 우리는 우리의 '권리'에 대한 사소한 침해를 다른 윤리로 대한다. "누구든지 네 오른편 뺨을 치거든 왼편도 돌려 대며 또 너를 고발하여 속옷을 가지고자 하는 자에게 겉옷까지도 가지게 하며"(마 5:39-40).

4. **양순.** 이 헬라어는 신약 성경에서 여기에만 나온다. 이 말은 '잘'과 '설득할 수 있는'이라는 두 개의 헬라어에서 파생되었다. 이 두 단어가 합하여 '잘 설득되는'이라는 의미를 갖는다. 그러나 잘못 생각하면 안 된다. 이것은 지혜로운 자가 어리숙하게 잘 속는 사람이라는 뜻이 아니다! 그보다는 '가르침을 잘 받는', 즉 고집을 버리고 진리를 쾌히 받아들이는 사람이라는 뜻을 가지고 있다. 이 말은 융화적이고, 유연하며, 변화에 대해 열려 있는 사람을 지칭하기도 한다. 하나님의 영이 마음을 사로잡아 마음속 깊은 곳에서 역사하실 때 그분은 우리를 온순하게 만드신다.

창세기 13장에 나오는 아브라함과 롯의 관계가 이런 융화적인 태도의 좋은 예이다. 하나님이 이 두 남자에게 복을 주셔서 더 이상 같은 땅에서 그들의 가축을 키울 수 없을 정도로 그 수가 불어났다. 자, 명심하라. 아브라함이 둘 중에서 더 나이가 많았고, 하나님이 가나안 땅을 모두 주겠다고 약속하신 사람도 그였다. 그는 이렇게 말할 수 있었다. "롯, 네 목자들과 가축을 데리고 떠나라." 그러나 그는 그러지 않았다. 창세기 13장 8-9절을 보면

"아브람이 롯에게 이르되 우리는 한 친족이라 나나 너나 내 목자나 네 목자나 서로 다투게 하지 말자 네 앞에 온 땅이 있지 아니하냐 나를 떠나가라 네가 좌하면 나는 우하고 네가 우하면 나는 좌하리라." 이것이 지혜로운 자의 모습이다. 도리에 맞고… 협조적이며… 융통성 있는.

5. **긍휼.** 위로부터 나오는 지혜를 보여주는 사람의 다섯 번째 특성은 긍휼이다. 은혜가 자격이 없는 자에게 복을 베푸는 것이라면, 긍휼은 벌을 받아야 할 자에게 벌을 유보하는 것이다. 긍휼은 어떤 사람이 벌을 받아야 할 것 같을 때 그 사람을 측은하게 여기는 것을 뜻한다. 세상의 지혜는 조소하고 정죄하지만, 긍휼은 친절과 자비를 보여준다.

6. **풍성한 선한 열매.** 지혜로운 자들은 '선한 열매'가 가득하다. 야고보는 이것을 앞에 나온 '긍휼'과 연결시킨다. 이것은 아마도 다른 사람들을 불쌍히 여기는 태도에서 나오는 외적 행위를 일컫는 듯하다. 진정한 긍휼을 가진 사람은 다른 사람들에게 풍성한 복을 베풀 것이다. 앞 장에서 야고보는 도움을 필요로 하는 형제자매를 보고도 아무것도 하지 않는 자들을 무익한 '믿음'의 예로 들었다(2:15-16). 그러나 하나님의 지혜는 긍휼을 베풀며 선한 열매가 가득하다.

7. **편견 없음.** 이 말은 확고한 원칙을 가진 사람, 즉 어떤 상황에서도 성경적 기준을 어기지 않을 사람을 가리킨다. 이런 확고한 사람은 성경의 진리를 절대 타협하지 않는다. 결코! 그렇다면 이것은 앞에서 말한 '양순'과 상충되지 않는가? 더 정확히 말하면 야고보는 진정한 지혜가 주는 조화를 말하고 있다. 지혜로운 사람은 지조의 미덕을 고집불통의 극단적 율법주의로 끌고 가지 않고, 융통성을 진리의 타협으로 끌고 가지 않는다. 그런 균형을 이루려면 참된 지혜가 필요하다. 그리고 그것은 위로부터만 나온다.

8. **거짓 없음.** 마지막으로 야고보는 위로부터 내려온 지혜는 "거짓이 없다"고 말한다. 헬라어 *hypokrisis*는 두 가지 배역을 맡은 배우를 지칭하는 단어에서 유래되었다. 헬라 연극에서는 한 배우가 종종 여러 배역을 연기하기 위해 가면, 의상 또는 소도구들을 바꾸곤 했다. (연극에 투입된 배우의 수가 적을수록 매표 수익이 컸다!) 배우가 희극적 인물을 연기할 때는 크게 웃음 짓는 가면을 썼다. 비극적 인물을 연기할 때는 슬픈 표정의 가면으로 바꿨다. 그러고는 무대 밖으로 달려나가 악역을 위해 성난 얼굴의 가면을 쓰고 등장했다. 그것이 바로 hypocrisy – 임기응변, 변덕, 예측 불가능성 – 의 본질이다. 그러나 지혜의 영을 받

Erich Lessing/Art Resource, NY

헬라의 hypocritēs(배우)가 썼던 연극 가면들.

은 신자들은 거짓 없는 삶을 살 수 있다. 그들은 모든 가면을 벗고 위지윅(WYSIWYG)의 원칙을 따른다. "What You See Is What You Get(보이는 그대로이다)."

지혜로운 자의 8가지 특성에 이어서 18절에서는 그 결과를 보게 된다. "화평하게 하는 자들은 화평으로 심어 의의 열매를 거두느니라." '화평'이라는 단어는 관계에서의 융화, 즉 다른 사람들과 사이 좋게 지내는 것을 말한다. 야고보서 3장 16절에 나오는 거짓 '지혜'의 결과 - "혼란과 모든 악한 일" - 를 기억하는가? 양극단의 생활 방식은 정반대의 결과를 낳는다. 그것은 바로 질서(화평)와 모든 선한 일(의)이다.

야고보는 자신의 요지를 명명백백하게 밝힌다. "너희는 지혜를 가졌다고 주장하면서 어째서 지혜가 없는 자들처럼 사는가?"

적용
두 개의 초상 사이에서

자그마한 화랑 한가운데 앉아 있다고 상상해보라. 불이 환하게 켜진 방에는 마주 보이는 벽에 걸려 있는 두 개의 대조적인 초상화 외에는 아무것도 없다. 한쪽 벽에는 분노와 질시의 감정을 불러일으키는 어두운 배경 속에 교만하고 세속적이며 사악한 인물의 초상이 걸려 있다. 듬성듬성한 턱수염과 콧수염으로 얼굴을 가린 채, 큼지막한 모자가 그의 교활한 눈 위로 그늘을 드리우고 있다. 그는 질투와 야망에 이끌려 목표를 향해 부단히 정진하면서 혼란과 파괴를 남긴다. 그 초상화 밑에는 이런 제목이 쓰여 있다. '어리석은 자.' 작가 '자아.'

건너편 벽에 걸린 초상화는 판이하게 다르다. 그 남자는 점잖은 태도, 편안한 자세, 평온한 표정을 짓고 있다. 그의 눈은 사람들을 초대하는 듯하고, 그의 손은 섬길 준비가 되어 있는 듯 보인다. 그의 말에 귀 기울이고 그의 행동을 따라 하기를 열망하는 이들이 그의 뒤를 따르고 있다. 어린아이들은 그가 가져올 선물을 보게 될 기쁨에 겨워 그의 도착을 축하한다. 존경받고 있는 것이 분명한 그에게서 어떤 교만의 흔적도 찾아볼 수 없다. 그가 가는 길에는 기쁨과 평화와 번영이 있다. 이 초상화 밑에는 이런 제목이 쓰여 있다. '지혜로운 자.' 작가 '성령.'

야고보서 3장 13-18절에 나오는 지혜로운 자와 어리석은 자의 상반되는 모습에 비추어 볼 때 당신은 어느 쪽 초상과 더 닮아 있는가? 당신은 다른 사람의 성공을 보면 질투심으로 괴로워하는가? 당신의 삶은 화평을 희생하면서 개인의 목표를 이루려는 동기에 떠밀리는가? 이런 내적 감정들과 외적 행위가 당신 주변 사람들에게 어떤 영향을 미치는가? 혼란과 옹졸함이 당신 삶의 대명사인가? 하나님의 일보다 세상의 일을 추구하는가?

아니면 당신의 삶은 온유와 겸손으로 특징지을 수 있는가? 사람들은 당신을 긍휼, 진실, 평화의 사람으로 아는가? 당신이 가정에서 보여주는 행동은 당신이 직장과 교회 또는 사람들 앞에서 보여주는 행동과 똑같은가? 당신은 다른 사람들을 세워주고, 그들의 성공을 기뻐하며, 다른 사람들의 필요와 이익을 당신의 그것보다 우선시하는가? 당신이 지나온 곳에는 화합과 기쁨이 남는가?

이 질문을 진지하게 생각하면서 당신이 바라는 대답을 하지 않도록 주의하라. 지금 실제 모습대로 대답하라. 마음에 떠오르는 예들을 실제적인 증거로 제시해서 당신의 대답을 옹호해보라. 가장 가까운 가족이나 친구들이 이 질문에 대해 당신과 똑같은 대답을 할지 자문해보라.

당신의 초상이 지혜로운 자인지 어리석은 자인지 규명한 후에 당신이 어떻게 반응할지 생각하라. 지혜로운 자는 하나님이 당신이 살아온 세월 속에서 지금의 당신 모습으로 빚어 주신 데 대해 감사와 찬양으로 응답하라. 당신은 당신 스스로의 힘으로가 아니라 하나님의 영이 내적으로 역사하심으로써 지혜롭게 된다. 어리석은 자는 하나님께 지혜를 구한 다음, 특별히 하나님의 도움으로 해결해야 할 인격적 문제들이 무엇인지 규명하라. 특정 관계를 개선해야 하는가? 그렇게 하라. 이기적인 목표를 버려야 하는가? 버리라. 기도, 예배, 성경 읽기와 같은 소홀히 했던 영적 훈련을 시작해야 하는가? 지금 시작하라. 옳은 일을 시작하기에 너무 늦은 때는 없다.

걷잡을 수 없는 어리석은 악순환에 빠지지 않도록 하라. 하나님이 당신의 초상을 삶을 변화시키는 색채로 다시 칠하시게 하라. 당신은 당신의 나약한 성품이 아니라 하나님의 아들의 성품을 나타내기 시작할 것이다.

싸움은 어떻게 시작되고 어떻게 끝나는가(야고보서 4:1-10)

1 너희 중에 싸움이 어디로부터 다툼이 어디로부터 나느냐 너희 지체 중에서 싸우는 정욕으로부터
나는 것이 아니냐 2 너희는 욕심을 내어도 얻지 못하여 살인하며 시기하여도 능히 취하지 못하므로 다
투고 싸우는도다 너희가 얻지 못함은 구하지 아니하기 때문이요 3 구하여도 받지 못함은 정욕으로 쓰
려고 잘못 구하기 때문이라 4 간음한 여인들아 세상과 벗된 것이 하나님과 원수 됨을 알지 못하느냐
그런즉 누구든지 세상과 벗이 되고자 하는 자는 스스로 하나님과 원수 되는 것이니라 5 너희는 하나님
이 우리 속에 거하게 하신 성령이 시기하기까지 사모한다 하신 말씀을 헛된 줄로 생각하느냐 6 그러나
더욱 큰 은혜를 주시나니 그러므로 일렀으되 하나님이 교만한 자를 물리치시고 겸손한 자에게 은혜
를 주신다 하였느니라 7 그런즉 너희는 하나님께 복종할지어다 마귀를 대적하라 그리하면 너희를 피
하리라 8 하나님을 가까이하라 그리하면 너희를 가까이하시리라 죄인들아 손을 깨끗이 하라 두 마음
을 품은 자들아 마음을 성결하게 하라 9 슬퍼하며 애통하며 울지어다 너희 웃음을 애통으로, 너희 즐
거움을 근심으로 바꿀지어다 10 주 앞에서 낮추라 그리하면 주께서 너희를 높이시리라.

풀을 먹어본 적이 있는가?

내가 자란 동네에서는 싸움에서 진 사람이 벌로 풀을 먹는 것이 관례였다. 승자와 구경꾼들은 진 사람이 풀을 뜯어먹는 동안 소리치며 야유를 보냈다. 그러고는 다시 함께 가서 놀곤 했다… 다음 싸움 때까지. 당신도 아마 이처럼 싸움을 청소년들의 하위 문화의 풍조 속으로 흡수시키는 당신들만의 불문율을 가지고 있었을 것이다. '싸우고, 풀을 먹고, 놀고, 싸우고, 풀을 먹고, 노는' 우리의 사이클은 분명 어리석게 들릴 것이다. 그렇지 않은가? 그리고 실제로도 그랬다.

다만 어른이 되어서는 그런 짓을 그만두기를 바랄 뿐이다.

물론, 이제 풀을 먹지는 않지만 여전히 우리는 삶 속에서 싸움을 완전히 배제하려고 하지 않는다. 싸움은 대다수의 사람들, 특히 남자들에게는 자연스러운 일이다. 왜냐하면 우리는 굴복하기보다는 급소를 공격하기를 더 좋아하는 비루한 본성을 가지고 태어나기 때문이다. 모든 것은 창세기 3장에 기록된 대로 타락 후에 시작되었다. 가인과 아벨 사이에 벌어졌던 최초의 싸움은 살인으로 끝났다(창 4:1-8). 그 이후로 우리는 역사의 도표를 분쟁과 전쟁들로 어렵지 않게 채울 수 있다. 그러므로 야고보가 그리스도인들 사이에서 일어나는 분쟁의 사이클을 다루고 있는 것은 놀랄 일이 아니다. 예배, 다툼, 기도, 예배, 다툼, 기도 이 사이클은 2천 년 전이나 지금이나 다르지 않다. 그것이 야고보가 4장 1-10절에서 말하고 있는 구체적인 문제이다.

야고보서 3장 18절과 4장 1절이 다른 장으로 나뉜 것이 유감스럽다. 그러나 기억하라. 야고보는 장이나 절에 번호를 매기지 않았다. 이것들은 몇 백 년 후에 편의상 붙인 것이다. 4장은 3장과 동일한 주제를 계속 다룬다. 사실상, 3장 6-10절에서 혀의 파괴적 본성에 대해 그가 처음으로 꺼낸 말은 그리스도인들 사이에서 벌어지는 공공연한 분쟁을 다루는 4장의 서두에서 정점을 이룬다. 그리고 그는 더 나아가 3장 13-15절에 나오는 독한 시기와 다툼의 영향을 분석한다. 4장의 첫 열 구절에서 야고보는 다툼의 비극적 결말과 더불어 신자들 사이에서 벌어지는 다툼의 이유를 설명한다. 야고보는 우리 안에서 악영향을 미쳐온 이런 분쟁들을 중단시키는 해결책을 제시하지 않은 채 우리를 버려두지 않는다. 그의 진단에는 온갖 종류의 분쟁을 해결할 수 있는 처방전도 포함되어 있다.

—4:1—

우리는 하나님께 등을 돌린, 그분의 말씀과 영이 없는 이 세상은 다툼이 특징이 된다는 사실을 예상해야 한다. 사람들은 일, 정치, 종교, 교육, 결혼, 스포츠에서 다툰다. 그리고 슬프게도 믿는 자들 또한 교회에서 다툰다. 사실 교회는 야고보가 1절의 첫 부분에서 염두에 두고 있는 구체적인 분쟁의 장소이다. "너희 중에 싸움이 어디로부터 다툼이 어디로부터 나느냐." 그의 편지는 처음부터 끝까지 유대인 그리스도인들을 대상으로 하고 있다(3:1, 4:11). 여기에서 그들 사이에 문제가 있었음이 분명하게 드러난다.

무엇이 문제였을까? '싸움과 다툼.' '싸움'으로 번역된 헬라어는 영어의 'polemics(논쟁)'라는 단어의 어원으로서 일반적으로 싸움이나 전쟁을 가리킨다. '다툼'이라는 말은 작은 충돌, 개인적 공격을 나타내는 더 좁은 의미의 용어이다. 물리적 전쟁에서는 전자가 전쟁을 일컬었고, 후자가 특정 전투를 의미했다. 이 그리스도인들은 갈등이 촉발시킨 싸움이 끊임없이 일어나고 있는 상태에 있었다.

이런 싸움과 충돌은 어디에서 오는가? 우리는 이렇게 말하고 싶을 것이다. "사탄으로부터!" 또는 "거짓 형제들로부터!" 또는 "은밀히 스며드는 이단들로부터!" 틀렸다! 야고보는 대답한다. "너희 지체 중에서 싸우는 정욕으로부터 나는 것이 아니냐." 야고보는 필요할 때 우리의 타락상을 상기시키는 데 능하다. 그것이 때로는 가혹하게 보일 수도 있을 것이다. 만일 온종일 매 순간 그 생각에 잠겨 있다면 가혹할 수 있다.

하지만 하나님의 은총과는 별개로 우리의 악한 본성을 자주 상기시키는 것은 우리에게 큰 유익이 될 수 있다. 야고보가 유혹과 죄의 근원을 "자기 욕심"(1:14)이라고 말한 것을 기억하라. 그리고 혼란과 악한 일은 우리의 "시기와 다툼"(3:16)의 결과이다. 마찬가지로 우리의 내분에 대한 책임은 기본적으로 우리에게 있다. 사탄이 신나게 즐기고, 믿지 않는 자들이 우리가 내분을 일으키는 것을 보고 기뻐할 수는 있겠지만 비난 받아야 할 것은 우리 자신들이다.

야고보서 4장 1절은 '정욕(영어 성경에는 'pleasures'라는 단어가 사용되었다 – 역주)'이라는 말에 대해서 더 중립적인 단어를 사용한다. 이 용어는 문자적으로 '즐거움'이라는 뜻이다. 이것은 성공하고 싶은 욕망, 은사와 재능을 사용하고 싶은 욕망, 인간관계, 음식, 여가 또는 생활 필수품에 대한 욕망을 포함할 수 있다. 문제는 세상이 이런 욕망의 성취를 좌절시킬 때 발생한다. 그러면 삶의 '즐거움'은 분쟁의 원인이 된다. 무언가가 우리의 욕망을 채우는 것을 방해할 때 우리는 원하는 것을 얻을 때까지 싸우려고 한다.

—4:2-4—

사기가 갖지 못한 것을 탐하는 자들이 '살인'을 한다(4:2). 물론 말 그대로 진짜 살인을 저지르는 사람들은 극소수이지만 우리는 모두 마음과 입술로 살인죄를 짓는다. 그리스도는 율법을 이렇게 해석하셨다. 그것을 기억하라. "옛 사람에게 말한 바 살인하지 말라 누구든지 살인하면 심판을 받게 되리라 하였다는 것을 너희가 들었으나 나는 너희에게 이르노니 형제에게 노하는 자마다 심판을 받게 되고"(마 5:21-22 상). 이와 유사한 말을 요한은 간결하게 언급했다. "그 형제를 미워하는 자마다 살인하는 자니 살인하는 자마다 영생이 그 속에 거하지 아니하는 것을 너희가 아는 바라"(요일 3:15).

좌절된 욕망으로 인해 싸우는 사람들은 그들의 필요를 공급받기 위해 하나님께로 돌아서지 못한다. 예수님은 말씀하셨다. "지금까지는 너희가 내 이름으로 아무 것도 구하지 아니하였으나 구하라 그리하면 받으리니 너희 기쁨이 충만하리라"(요 16:24). 싸우는 자들은 기도하지 못한다. '그러나' 어떤 사람은 이의를 제기할 수도 있다. "나는 이런저런 것을 아뢰며 기도하고 기도했지만 하나님은 내가 바라는 것을 주지 않으셨어요!" 야고보는 이것에 대한 답을 가지고 있다. "구하여도 받지 못함은 정욕으로 쓰려고 잘못 구하기 때문이라"(약 4:3).

우리의 기도를 들으시고 우리가 간구하는 것을 주시겠다는 하나님의 약속은 기도에 대한 성경의 모든 가르침에 준거해서 의미를 해석해야 한다. 이것은 '말만 하면 다 되는' 식의 거래나, '무조건 많이 기도하면 응답 받는다'는 식의 신학이 아니다. 사도 요한은 우리가 기도에 대해 균형 잡힌 관점을 갖도록 도와준다.

> "무엇이든지 구하는 바를 그에게서 받나니 이는 우리가 그의 계명을 지키고 그 앞에서 기뻐하시는 것을 행함이라… 그를 향하여 우리가 가진 바 담대함이 이것이니 그

의 뜻대로 무엇을 구하면 들으심이라"(요일 3:22, 5:14).

이해가 됐는가? 야고보는 쾌락을 얻기 위한 기도에 대해 경고한다. 요한은 하나님을 기쁘시게 하는 기도를 권고한다. 영적인 것에 관심이 있는 그리스도인들은 자기가 바라는 이기적인 욕구를 부채질하는 것을 구하지 않고 하나님을 기쁘시게 하는 것을 위해 기도한다.

야고보는 4절에서 성경의 어떤 구절보다도 엄격하게 독자들에게 말한다. "간음한 여인들아!" 이 말은 그들의 주의를 끌 수밖에 없다. 야고보는 왜 그의 독자들 가운데 어떤 이들을 '간음한 여인들'이라고 불렀을까? 왜냐하면 그들이 하나님을 속이고 바람을 피우고 있기 때문이다! 그들의 관심, 애정, 충성심은 하나님과 그분의 백성들을 향하지 않고 그들 자신과 세상을 향하고 있다.

여기서 '세상'이라는 말은 헬라어로 *kosmos*이다. 이것은 하나님과 대립하는 세상 체계를 말한다. 세상의 타락한 인류는 집단으로 하나님께 주먹을 휘두르며 창조주에게 등을 돌렸다. 사람들이 하나님께 충성해야 하는데 그러지 않을 때에만 하나님은 그들을 '간음한 여인들'이라고 부르신다. 구원받지 못한 사람은 간음한 사람이 아니다. 그러나 구원받은 사람이 세상과 친하다면 그것은 간음을 저지르고 있는 것이며, 스스로를 하나님의 적으로 만들고 있는 것이다.

그래서 야고보는 그리스도인들이 영적 간음을 하고 있다고 말한다. 교회 안의 이러한 속된 마음이 싸움과 다툼을 일으킨다. 이런 속된 마음은 우리가 정치를 하고, 사역보다 재정을 우선시하며, 훈련보다 재미를 추구하려고 할 때 생겨난다. 불변의 진리를 문화라는 유행으로 대체하고, 그리스도와의 관계가 한낱 다른 세속 종교로 변질될 때 영적 간음이 나타난다. 이런 변화는 교회를 분열시키고 사역을 파괴한다.

요컨대, 좌절된 내적 갈망은 살의, 다툼, 기도하지 않음, 그릇된 동기로 하는 기도로 이어진다(4:1-3). 세상의 리듬에 맞추어 뛰는 심장은 하나님께 분노하고, 하나님의 역사와 말씀에 반항하게 된다(4:4). 이렇게 되면 믿는 자들 사이에 싸움과 다툼이 일어난다.

—4:5–6—

고맙게도 야고보는 해결책 없이 문제만 던지지 않는다. 훌륭한 의사가 그렇듯이 그는 우리의 병을 진단한 후에 처방을 내린다. 그는 해결의 시놉시스, 즉 내분에 대한 치유책을 제시한다. 그 치유책은 먼저 해결할 수 있는 힘에 주목한 후 원칙을 정립한다.

5절은 번역과 해석이 난해하기로 악명이 높다. 어떤 학자는 이 구절을 신약 성경을 통틀어 "가장 난해한 구절 가운데 하나"라고 했다![2] 야고보는 구약의 몇몇 구절이나 가르침 – "너희는… 말씀을 헛된 줄로 생각하느냐" – 을 넌지시 내비친다. 하지만 실제 구절을 번역하려면 이런저런 해석상의 결정을 해야 하는 어려움이 있다. 몇 가지 성경 번역을 비교해보면 이 구절의 번역이 얼마나 까다로운지 알 수 있다.

> "너희는 하나님이 우리 속에 거하게 하신 성령이 시기하기까지 사모한다 하신 말씀을 헛된 줄로 생각하느냐"(개역개정).

> "하느님께서는 우리에게 심어주신 영혼을 질투하실 만큼 사랑하신다." 하는 성서 말씀이 공연한 말씀인 줄 압니까?(공동번역)

> "하나님께서는 우리 안에 살게 하신 그 영을 질투하실 정도로 그리워하신다"라는 성경 말씀을 여러분은 헛된 것으로 생각합니까?"(새번역)

> "하나님이 우리 속에 살게 하신 성령님은 우리를 질투하시기까지 사랑하신다는 성경 말씀을 여러분은 하찮은 말로 생각하십니까?"(현대인의 성경)

> "하나님께서 우리 안에 거하게 하신 성령이, 우리를 시기하시기까지 사랑하신다"라는 성경 말씀이 아무것도 아닌 말처럼 생각됩니까?(쉬운성경)

그렇다면 어떤 것이 맞는 말일까? 문제는 야고보가 사용한 '시기하기까지(jealously)'와

'사모하다(desire)'라는 단어가 긍정적이거나 부정적인 뜻을 모두 내포할 수 있는 중립적인 용어라는 점이다. 게다가, '영(spirit)'이라는 말은 인간의 영혼 또는 성령을 지칭할 수 있다. 문제를 더 복잡하게 만드는 것은 헬라어의 '영'이라는 단어의 형태가 이 구절의 주어도 될 수 있고 목적어도 될 수 있다는 점이다! 그렇다면 야고보가 말하고 있는 것은 하나님이 아담을 창조하실 때 우리에게 주어진 인간의 영이 '시기하기까지 사모한다'는 것인가, 아니면 하나님이 우리가 우리의 영으로 그분께 영광 돌리기를 간절히 원하신다는 것인가, 아니면 우리 안에 있는 하나님의 영이 우리의 신실성을 간절히 바라신다는 것인가, 아니면 하나님이 우리가 우리 안에 거하시는 성령으로 인해 그분께 영광 돌리는 것을 간절히 바라신다는 것인가?

이 구절의 문맥을 보면 그 혼란을 말끔히 정리할 수 있을 거라고 생각된다. 야고보가 4장 4절에서 신자들이 '간음한 여인들', 즉 세상과 세상의 방식을 더 좋아해서 하나님과 그분의 방식을 배반한 자들이 된 것을 비난하고 있음을 기억하라. 그런 후에 야고보는 신자들의 불륜에 대한 하나님의 반응을 덧붙인다. 우리는 이 구절을 이렇게 번역할 수 있다. "우리 안에 거하시는 성령이 시기할 정도로 간절히 원하신다."

만약 이 구절이 이런 의미라면 야고보는 "하신 말씀"이라고 말할 때 구약 성경에 나오는 수십 개의 구절들을 생각하고 있었을 것이다. 자기 백성들의 신실함을 시샘하시는 하나님은 자기 아내의 정절을 갈구하는 남편과 같다. 이 주제가 가장 잘 설명된 곳이 호세아서로서, 하나님과 이스라엘의 관계가 선지자와 그의 창녀 아내 고멜의 관계로 예시되어 있다. 이런 배경은 정당하게 신부인 교회의 정절을 갈구하는 남편과 같은 하나님의 이미지에 잘 맞는다. 따라서 야고보가 제기한 문제에 대한 첫 번째 해결책은 성령의 능력이다. 하나님은 성령으로 당신의 삶을 지배하기 원하시며, 이는 당신의 지배권을 양도하는 것을 의미한다.

오래전 우리 아이들이 어렸을 때, 아이들은 차를 운전하고 싶어했다. 때때로 나는 아이들이 운전을 하게 해주었다. 그렇다고 해서 여섯 살배기 우리 아이에게 "7시까지 돌아오렴" 하면서 자동차 열쇠를 내주었다는 말이 아니다. 천만의 말씀이다! 나는 안전한 집 앞 진입로에서 아이들을 내 무릎에 앉히고 기어를 바꾼 다음 몇 미터 정도 차의 핸들을 '조정'하게 해주었다. 아이들은 자기들이 운전을 하고 있다고 생각했다. 그리고 어떤 의미에서 아이들은 운전을 하고 있었다. 그렇지만 사실은 내가 브레이크 위에 발을 올려놓고, 손을 핸들 가까이에 둔 다음 주변을 주의 깊게 살피고 있었다. 내가 다 통제하고 있었고 아이들은 나와 함께 움직였다. 바로 그런 식으로 하나님은 우리의 삶을 통제하기 원하신다. 우리가 움켜쥔 손을 펴고 이기적인 요구를 포기하면, 그분은 우리가 바른 길로 가게 도와주실 것이다.

이러한 하나님의 통제에 대한 겸허한 순복이 6절에 설명된 핵심 원칙이다. "그러나 더욱 큰 은혜를 주시나니." 무엇보다 크다는 것인가? 우리의 의지, 이기심 또한 통제권을 포기하지 못하는 우리의 모습보다 크다는 것이다. 그것이 성령이 하시는 가장 주된 일이다. 자기중심적인 이 세상의 영화를 버리고 하나님 앞에서 스스로를 낮추는 것은 쉽지 않은 일이지만, 우리가 그렇게 할 때 우리에게 쏟아부어질 준비가 되어 있는 하나님의 은혜의 보고를 발견하게 될 것이다. 애니 존슨 플린트(Annie Johnson Flint)의 거의 잊혀진 오래된 찬송가가 이것을 잘 표현했다.

> 짐이 무거워질 때 주님은 더 큰 은혜를 주시고
> 일이 많아질 때 주님은 더 강한 힘을 주시네
> 고난이 더해지면 주님은 긍휼을 더하시고
> 시련이 커지면 주님은 평강을 늘려주시네.[3]

—4:7-10—

야고보는 겸손의 원칙을 성령의 능력으로 실행하는 방법을 조언하면서 끝을 맺는다. 우리가 걸핏 하면 싸우는 원인은 좌절된 쾌락의 추구이며(4:1-4), 그에 대한 처방은 하나님의 은혜의 성령이다(4:5-6). 야고보는 이제 우리가 삶에 적용할 수 있는 치유책을 차근차근 설명한다(4:7-10). 이것은 하나님이 주신 겸손을 우리의 성품으로 만드는 방법을 설명하는 매일매일 지켜야 하는 치료 요법 – 말하자면, 복용해야 할 적정량 – 이다.

우선 하나님께 순종해야 한다(4:7). 이것은 의무, 즉 명령이다. 싸우거나 저항하거나 밀쳐내지 말라. 그 대신 순종하고, 물러서며, 포기하라. 그렇다. 이것은 싸우려는 우리의 본성에 위배된다. 그러나 하나님은 그렇게 할 수 있는 은총을 베푸신다. 이렇게 말하라. "주님, 제가 포기합니다. 제가 졌습니다."

이것은 사탄을 대적하는 것과 연관되어 있다. 이 말을 앞뒤 문맥에서 따로 떼어놓고 보면 안 된다. 야고보는 느닷없이 마귀를 쫓는 것에 대한 가르침으로 넘어가고 있는 것이 아니다. 그가 말하고 있는 것은 우리의 "내가 ~하리라"는 식의 오만한 추구와 사탄을 타락하게 만든 반항적인 자만심이 매우 닮아 있다는 것이다(사 14:13-14). 세상의 철학을 따르는 것은 사탄의 세상 지혜를 따르는 것이다(약 4:15). 이것은 하나님을 따르는 것과 배치된다.

8절은 이렇게 말한다. "하나님을 가까이하라 그리하면 너희를 가까이 하시리라." 구원에 관한 한 우리는 이미 더 이상 가까워질 수 없을 정도로 하나님과 가깝다. 우리가 그리스도만이 우리를 구원하실 수 있음을 믿는 순간 우리는 바로 성령의 세례를 받고 그리스도와 한 몸이 된다(고전 12:13). 성령이 우리에게 구원을 인치셨고(엡 4:30), 우리는 "생명과 경건에 속한 모든 것"(벧후 1:3)을 받았다. 우리는 오직 믿음으로 말미암아 하나님의 은혜로 구원받았다(과거 시제, 엡 2:8-9). 이 모든 것이 절대 변할 수 없는, 그리스도 안에서의 우리의 위치를 설명한다.

야고보서 4장 8절은 날마다 우리가 맺어야 할 하나님과의 관계 - 체험을 통해 그분을 점점 더 알아가면서 점차적으로 그분의 아들을 닮아가는 것 - 에 대해 말하고 있다. 그렇다면 우리는 어떻게 그분과의 개인적 관계 속에서 '하나님께 가까이' 갈 수 있는가? 4장 8-10절의 나머지 부분이 속사포처럼 답을 쏟아낸다.

- 손을 깨끗이 하라(악행을 멈추라!)
- 마음을 성결하게 하라(악한 생각을 멈추라!)
- 슬퍼하며 애통하며 울지어다(너희의 사악함을 뉘우치라!)
- 너희 웃음을 애통으로, 너희 즐거움을 근심으로 바꿀지어다(너희의 사악함을 가볍게 생각하지 말라!)

이 명령들은 모두 속생각과 회개의 외적 결과를 나타낸다. 만약 우리가 교만한 반항심에 주먹을 쥐고 하나님께 등을 돌렸다면, 하나님께 가까이 간다는 것은 그분을 향해 돌아서는 것이다. 그리고 그것이 무엇이 됐든 그분이 우리를 위해 예비하신 것을 향해 손을 벌리는 것이다. 그러면 우리를 가장 아끼시는 그분의 품 안에서 우리가 우리 힘으로 얻으려고 발버둥쳤던 것을 그분으로부터 받게 된다. "주 앞에서 낮추라 그리하면 주께서 너희를 높이시리라"(4:10).

야고보의 메시지는 분명하다. 싸우지 말고 믿음을 취하라. 분쟁을 일으키지 말고 만족감을 키우라. 박차고 나가거나 회피하지 말고 기꺼이 하나님께 순종하라. 그러면 그분은 당신이 어떤 상황에 처하든지 그것을 감당할 수 있는 은혜를 베푸실 것이다.

적용
푸른 눈의 괴물 죽이기

> 오, 장군님, 질투를 조심하십시오.
> 그것은 사람의 마음을 사로잡아 농락하는
> 푸른 눈의 괴물이랍니다.[4]

셰익스피어의 「오셀로(Othello)」에 나오는 이 말에서 영어의 '질투에 눈이 멀다(green with envy)'라는 숙어가 유래되었다. 고대 헬라인들은 부러움과 그 자매뻘 되는 죄인 질투심이 담즙을 과다 분비시켜서 사람의 안색을 푸르죽죽하게 만든다고 생각했다. 질투심으로 병이 난다는 생각은 우리가 질투하거나 시샘할 때 심하게 메슥거리는 느낌에서 유래되었다. 야고보는 다음과 같은 말로 온갖 문제들에 대한 제어되지 않은 시기심을 나무란다. "너희는 욕심을 내어도 얻지 못하여… 다투고 싸우는도다"(4:2).

부러움(envy)이란 정확히 무엇인가? 부러움은 그의 형제 질투(jealousy)와 어떻게 다른가? 부러움은 다른 누군가가 혜택을 누리는 것을 알고 똑같은 혜택을 얻고 싶은 강한 욕망과 더불어 불쾌하고 분하게 생각하는 것이다. 부러움은 소심하게 다른 누군가가 소유한 것을 갖기 원한다. 질투는 이미 가지고 있는 것을 독점하기 원한다. 질투는 거칠고 무자비하다. 부러움은 은밀하고 섬세하다. 질투는 움켜쥐고 질식시킨다. 부러움은 끊임없이 추종하고, 갈망하고, 곁눈질하고, 곰곰이 생각하고, 악담을 한다.

부러움은 개인적인 분노를 사회적으로 용인 받을 수 있는 방법으로 표현할 길을 찾는다. 많이 사용되는 방법 가운데 하나는 '하지만' 식 접근법이다. 부러워하는 사람에 대해서 언급할 때 이렇게 말할 수 있다. "그는 정말 뛰어난 세일즈맨이야. 하지만 그다지 진실하지는 않아." 또는 "맞아, 그녀는 수재야. 하지만 선생으로는 별로야!" 또는 "그 남자는 실력 있는 의사야. 하지만 돈밖에 몰라!"

부러움을 표현하는 데 사람들이 즐겨 사용하는 또 다른 방법은 '전도(顚倒)'이다. 누군가가 일을 잘 하면 그 동기에 의문을 제기함으로써 그늘을 드리운다. 어떤 사람이 진심에서 우러나온 큰 선물을 하면 우리는 이렇게 중얼거린다. "우리에게 좋은 인상을 남기려고 애쓰는 게 분명해." 그리스도인 부부가 새 차와 약간의 가구를 구입했다면, 조심하라! 이런 식의 질투 어린 말을 하는 누군가가 있기 마련이다. "흠. 저 차 할부금으로 얼마나 많은 선교사들이 지원을 받을 수 있을까?"

'비판적 비교'도 냉소적이기는 마찬가지다. 바리톤 가수가 주일날 멋지게 노래를 하면 신도석에 앉아 있는 사람들은 부러운 마음에 이런 생각을 한다. "그래, 괜찮았어. 하지만 사람들은 저 노래를 아무개가 부르는 걸 들어봤어야 해." 아니면 "우리 옆집 잔디가 보기 좋다고? 저 아래 1번가에 있는 집을 봤어야 해!" 또는 "멋진 차야. 하지만 소비자 평가서에서는 평균 점수밖에 못 받았지."

부러움이 종종 전문직 종사자들, 재능 있는 사람들, 유능한 사람들 사이에서 적대감의 모습으로 발견되는 것은 참 이상한 일이다. 당신은 그들이 어떤 부류인지 알 것이다. 의사, 가수, 예술가, 법률가, 벤처 기업가, 작가, 연예인, 설교자, 교육자, 운동선수, 정치가. 이상하지 않은가? 그렇게 유능한 사람들이 같은 분야에서 자신들보다 약간 더 뛰어난 다른 사람들을 칭찬하는 것이 거의 불가능하다니. 부러움의 송곳니는 감춰져 있을 수 있으니 그 괴물이 휘감을 때 조심하라. 겉으로는 아무리 교양 있고 고상해 보일지라도 그 '푸른 눈의 괴물'은 한 사람을 갈가리 찢고, 나아가 공동체 전체를 혼란에 빠뜨릴 수 있다.

성경에 나오는 그 괴물을 보라. 그것은 요셉을 노예로 팔았고, 다윗을 추방시켰으며, 다니엘을 사자굴에 던져넣었고, 그리스도를 심판대에 올렸으며, 고린도 교회를 분열시켰다. 바울은 시기가 타락의 주된 특성 가운데 하나라고 말한다(롬 1:29). 그리고 그것은 신성모독, 의심, 교만과 같은 다른 괴물들과 함께 어울린다(딤전 6:4).

부러워하는 마음과 싸우고 있는가? 다음 질문들을 자문해보라. 직장에서 당신도 연관되어 있는 어떤 일에 대해서 다른 사람이 칭찬을 받거나 승진했을 때 당신은 어떻게 반응하는가? 교회에서 어떤 사람이 그가 성취한 일로 인정받을 때 당신은 어떤 반응을 보이는가? 그 소식을 '하지만' 식 태도로 다른 사람들과 나누는가? 그 성취 뒤에 있을지도 모르는 그릇된 동기를 찾아내려고 하는가? 만약 그렇다면 당신은 그 푸른 눈의 괴물에게 물린 것이다. 속이 메스껍지 않은가?

치료제는 단 하나뿐, 바로 만족이다. 현재 당신의 모습과 위치에 대해 편안함과 안정감을 느끼는 것이다. '더 나아지고', '더 나아가고', '더 많이 갖고', '세상에 보여주고', '정상에 도달'하지 않아도 된다. 만족이란 당신의 좌절된 소망이나 이루지 못한 목표를 "가난하게도 하시고 부하게도 하시며 낮추기도 하시고 높이기도 하시는"(삼상 2:7) 단 한 분이신 하나님께 내어드리는 것이다. 부러운 마음 때문에 괴로운가? 다른 사람이 경주에서 당신보다 앞서 있거나 우세해져서 속상한가? 긴장을 풀라. 당신은 당신이다. 그 남자나 그 여자가 아니다! 그리고 당신은 당신이 가진 것으로 당신이 할 수 있는 한에서 최선을 다할 책임이 있다.

다툼을 선택할 것인지 만족을 선택할 것인지 선택은 당신에게 달려 있다. 만족에 수반되는 평안을 원한다면 시간을 들여서 빌립보서 4장 11-13절을 암송하라. 그런 다음 하나님께로 돌아서서 그 푸른 눈의 괴물을 처치할 힘을 달라고 요청하라.

하나님 역할을 대신하는 것의 위험성(야고보서 4:11-17)

11 형제들아 서로 비방하지 말라 형제를 비방하는 자나 형제를 판단하는 자는 곧 율법을 비방하고
율법을 판단하는 것이라 네가 만일 율법을 판단하면 율법의 준행자가 아니요 재판관이로다 12 입법자
와 재판관은 오직 한 분이시니 능히 구원하기도 하시며 멸하기도 하시느니라 너는 누구이기에 이웃
을 판단하느냐 13 들으라 너희 중에 말하기를 오늘이나 내일이나 우리가 어떤 도시에 가서 거기서 일
년을 머물며 장사하여 이익을 보리라 하는 자들아 14 내일 일을 너희가 알지 못하는도다 너희 생명이
무엇이냐 너희는 잠깐 보이다가 없어지는 안개니라 15 너희가 도리어 말하기를 주의 뜻이면 우리가
살기도 하고 이것이나 저것을 하리라 할 것이거늘 16 이제도 너희가 허탄한 자랑을 하니 그러한 자랑
은 다 악한 것이라 17 그러므로 사람이 선을 행할 줄 알고도 행하지 아니하면 죄니라.

의문의 여지없이 예수 그리스도는 참된 겸손의 가장 훌륭한 모범이시다. 그분은 자원하여 천국의 지위를 버리고 이 땅에 오셔서 노동자의 삶을 사셨고, 하나님과 율법에 온전히 순종하셨으며, 모든 인간의 죄를 위해 기꺼이 십자가에 달려 목숨을 버리셨다(빌 2:6-8). 하나님의 아들이 보여주신 이러한 온전한 겸손은 우리가 추구하는 겸손의 귀감이 된다. 바울은 말했다. "너희 안에 이 마음을 품으라 곧 그리스도 예수의 마음이니"(2:5).

이를 뒷받침하기 위해서 바울은 빌립보 교인들에게 야고보가 그의 편지에서 내내 질책한 것과 같은 종류의 자기중심적인 교만에 대해 경고했다. 바울은 이렇게 쓰고 있다. "아무 일에든지 다툼이나 허영으로 하지 말고 오직 겸손한 마음으로 각각 자기보다 남을 낫게 여기고 각각 자기 일을 돌볼뿐더러 또한 각각 다른 사람들의 일을 돌보아 나의 기쁨을 충만하게 하라"(빌 2:3-4).

야고보서 3장 13절-5장 6절에서 야고보는 참된 믿음은 진정한 겸손을 낳는다는 주제를 전개시킨다. 4장 11-17절에서 야고보는 우리가 이른바 교만이라고 일컫는 태도를 더 드러내면서 우리를 보다 깊은 차원으로 데려간다. 첫 번째는 우리가 다른 사람들을 볼 때 흔히 갖는 태도와 관련이 있다(4:11-12). 그는 우리가 다른 사람들을 판단하거나 비난하면서 다른 사람들의 삶에서 하나님의 자리를 차지하려 하는 습성에 대해서 말한다. 두 번째는 우리가 우리 자신을 볼 때 많이 갖는 태도와 관련이 있다(4:13-16). 이 구절들 속에서 그는 우리가 스스로에 대해 우쭐해하거나 자랑하면서 삶에서 하나님을 대신하려는 성향을 다룬다. 두 경우 모두 - 다른 사람에 대해 심판관 노릇을 하거나 스스로에 대해 왕 노릇을 하거나 - 오직 하나님만 맡으실 수 있는 역할을 우리가 대신하는 잘못을 범하는 것이다.

—4:11-12—

다른 사람들의 삶에서 하나님의 역할을 대신하는 것은 스스로를 다른 그리스도인들보다 우월하다고 생각하고 여러 방법으로 그들을 깎아내리기 위한 것이다. 하나님의 역할을 대신하는 사람은 유능한 비판자, 즉 자기가 우위에 있다고 생각하면서 동료들을 감독하는 존재가 된다.

우리는 11절에서 이 게임의 두 가지 간단한 규칙을 알 수 있다. 첫째는 그리스도 안에 있는 형제자매를 '비난'하는 것이다. 이것은 어떤 행동을 말하는 것일까? 구약의 헬라어 번역본과 헬라어 신약 성경 모두에서 *katalaleō*('얕잡아 말하다')라는 헬라어를 사용한 몇 가지 예를 찾아볼 수 있다.

- 아론과 미리암은 구스 여인과 결혼한 것에 대해 모세를 비방했다(민 12:8).
- 이스라엘 백성은 광야에서 그들의 처지를 불평하면서 하나님을 비방했다(민 21:5).
- 시편 기자는 악인은 자기 형제를 거짓말로 공박하며 비방한다고 말한다(시 50:20).
- 욥의 친구들은 말로 욥을 모욕하고 희망을 꺾으면서 그를 비방했다(욥 19:1-3).
- 믿지 않는 자들이 그리스도인들을 행악자라고 비방하면서 그리스도인을 비난한다(벧전 2:12, 3:16).

*Katalaleō*에 대한 이런 설명은 무엇을 말하는가? 단도직입적으로 말하겠다. 야고보는 그리스도 안에 있는 형제자매들을 '비방'하는 그리스도인들은 성경에 나오는 반항적으로 투덜대는 자들, 탄식하는 불평가들, 기만적인 중상가들, 남을 짓밟으며 모욕하는 사람들, 악한 모략가들의 명단에 자기 이름을 포함시키는 것이라고 말하고 있다(좋은 친구는 절대 아니다!)

이 게임이 어떤 식으로 돌아가는지 알려주겠다. 당신은 당신이 비방하는 사람이 사람들에게 평가 절하되기를 바라면서 그 사람을 비방한다(그리고 그 과정에서 당신이 훨씬 우월해 보이기를 바란다). 물론, 감상적인 말을 덧붙여 당신의 악의를 은폐해야 한다. 그래서 당신은 이런 말로 시작한다. "음, 내 말이 틀렸다면 말해주세요, 그런데…." 또는 "비난하려는 건 아니지만…." 또는 "그 사람에 대해서 이런 말 하는 게 어떨지 모르겠지만…." 심지어 "나는 개인적으로는 그 사람을 정말 좋아해요, 하지만…."

야고보는 신자들을 판단하는 고약한 습성에 대해서도 말을 꺼낸다. 이 둘 - 한 자매를 비방하고 판단하는 것, 한 형제를 중상하고 정죄하는 것 - 은 밀접한 관련이 있다. 성경은 여러 차례 비판하는 태도와 행동을 비난한다. 예수님은 말씀하셨다. "비판을 받지 아니하려거든 비판하지 말라"(마 7:1). 그리고 바울은 이렇게 말한다. "그러므로 남을 판단하는 사람아, 누구를 막론하고 네가 핑계하지 못할 것은 남을 판단하는 것으로 네가 너를 정죄함이니 판단하는 네가 같은 일을 행함이니라"(롬 2:1).

함부로 다른 사람을 판단하지 않는 것은 분명 성경적인 일이다. 그러나 동시에 문맥에 유의해야 한다. 예수님은 "그대보다 내가 더 의롭다"는 식의 바리새인적이고, 율법주의적인 판단을 말씀하신 것이다. "보라 네 눈 속에 들보가 있는데 어찌하여 형제에게 말하기를 나로 네 눈 속에 있는 티를 빼게 하라 하겠느냐"(마 7:4). 바울은 덧붙인다. "이런 일을 행하는 자를 판단하고도 같은 일을 행하는 사람아, 네가 하나님의 심판을 피할 줄로 생각하느냐"(롬 2:3).

성경의 요지는 지혜롭고 올바른 분별은 권장하되 자신의 유익을 추구하는 악의적인 판단을 하지 말라는 것이다. 예수님은 "외모로 판단하지 말고 공의롭게 판단하라"(요 7:24)고 말씀하셨다. 그리고 바울은 이렇게 말했다. "밖에 있는 사람들을 판단하는 것이야 내게 무슨 상관이 있으리요마는 교회 안에 있는 사람들이야 너희가 판단하지 아니하랴 밖에 있는 사람들은 하나님이 심판하시려니와 이 악한 사람은 너희 중에서 내쫓으라"(고전 5:12-13). 그러니 분명히 해두자. 야고보는 사람들의 말을 무조건 믿고 허용하면서 그들이 무슨 짓을 하건 그냥 넘어가라고 말하는 것이 아니다. 기억하라. 야고보가 그의 편지에서 동료 그리스도인들의 죄를 분명하게 지적하고 있다는 사실을. 하지만 사람을 세우기 위한 대면과 허물기 위한 비난은 다르다.

야고보는 당신이 동료 그리스도인들을 넘어뜨리고 판단한다면 당신은 율법을 범하는 자라고 말한다. 야고보가 말하는 것은 어떤 율법일까? 그것은 모세의 율법도 아니고 유대교의 부가적인 율법은 더더구나 아니다. 야고보가 말하는 것은 그의 편지에서 줄곧 내세워 온 율법이다. 그는 이것을 "자유롭게 하는 온전한 율법"(1:25)이라고 표현한다. 이것은 "네 이웃 사랑하기를 네 몸과 같이 하라"(2:8)는 황금률이다. 실제로 야고보는 2장 4-13절에서 차별과 편견의 문제를 논할 때 말했던 다른 사람을 판단하는 일에 가담하는 문제를 다시 꺼낸다. 판단하는 태도는 여러 방법으로 나타난다. 그러나 어떤 경우든 심판관을 자처하는 것은 사랑의 율법을 어기는 것이다.

다른 사람을 판단하는 것이 정말 문제가 되는 점은 그것이 하나님의 역할을 대신 하는 행위에 위험할 정도로 근접해 있다는 점이다. 야고보서 4장 12절은 "입법자와 재판관은 오직 한 분"이심을 일깨운다. 오직 하나님 한 분만이 오류 없이, 위선 없이 그리고 악의 없이

묵상의 서재

사실을 제대로 알고 있는가?

신학교에 다닐 때 경험했던 한 사건이 아직도 나의 기억에서 떠나지 않는다. 한 선교사가 초청되어 설교를 했는데 설교가 엉망이었다. 예배 후에 우리는 뒤편에 무리를 지어 서서 그 설교에 대해 혹평을 했다. 우리는 우쭐대면서 비판적인 태도로 그 선교사를 헐뜯었다. 우리가 대놓고 비웃는 바람에 한 하급생이 우리 말을 듣게 되었다. 그는 내가 학생회 간부였기 때문에 – 인정하기 싫지만 – 나를 지목해서 질책했다. 그때 나는 제대로 알고 말을 했어야 했다….

그 하급생은 내 팔을 부여잡고 말했다. "척, 당신이 아는 것이 다가 아닙니다."

"무슨 말이야?" 나는 말했다. "그건 형편없는 설교였다고!"

그가 대꾸했다. "그분이 설교하기 두 시간 전에 막내아들이 세상을 떠났다는 전화를 받은 걸 알아요? 석 달 전에 그분 아내가 말기암 진단을 받은 걸 알아요? 그럼에도 불구하고 그분은 여기에 와서 설교를 했다고요."

그 하급생이 나에게 대들 만했다. 그때 내가 느꼈던 부끄러움은 말로 표현할 수 없다. 나는 상상하기 힘든 고난 가운데에서 소박한 설교를 한 그리스도 안에 있는 형제를 판단했던 – 그리고 비방했던 – 것이다. 나는 사실을 제대로 알지 못했다.

그리스도인들이 사실을 제대로 알지도 못하면서 다른 사람들을 비판하는 일은 허다하다. 우리는 한 사건을 관찰하고, 몇 마디 대화를 듣고, 몇 가지 정보를 임의로 수집한다. 그런 다음 속단을 내리고 그것에 대해 말하기 시작한다. 그 말은 기세 좋게 퍼져나가 당신도 모르는 사이 그 '가십'은 '뉴스'가 된다. 교회, 학생회, 업계, 간부, 조직, 가정 안에서 부정적인 생각만큼 전염이 잘 되는 것은 없다. 그 병은 전염된다. 그것은 유치원에서 감기가 전염되는 것처럼 퍼져나간다.

감사하게도, 나보다 어렸던 그 신학생은 내 비판적인 태도가 걷잡을 수 없는 지경이 되기 전에 나를 대면할 용기를 가지고 있었다. 그는 적절한 방법으로 내가 그 선교사를 판단할 자격이 없다는 사실을 일깨워주었다.

이 원칙은 반복해 되새길 가치가 있다. 오직 하나님만이 판단할 자격이 있으시다. 왜냐하면 오직 그분만이 모든 사실을 알고 계시니까.

각 사람의 행위와 동기를 판단하실 수 있다. 12절의 마지막 고발은 헬라인들에게 강펀치를 날린다. 그는 이렇게 말하고 있다. "듣거라! 너희가 누구이길래 이웃을 판단하느냐?" 이 고발을 이렇게 고쳐 쓸 수도 있다. "너희가 누구라고 생각하느냐?" 또는 이렇게까지 고쳐도 될 듯하다. "누가 너희를 하나님으로 세웠느냐?"

—4:13–16—

11절과 12절은 다른 사람의 삶에서 하나님의 역할을 대신하는 문제를 다루었다. 13–16절은 우리 자신의 삶에 대해서 하나님 역할을 하는 문제를 검토한다. 이 게임의 목적은 스스로를 우리 삶에 대한 최종 권위자로 생각하고 그렇게 사는 것이다. 당신은 하나님을, 아주 드물게 당신이 진짜 곤경에 처한 경우만 제외하고, 당신의 삶 속에 있는 그분의 방에 고립시켜놓는다. 대부분의 사람들은 하나님을 그들 삶의 뒷방으로 쫓아낸 것을 시인하지 않을 것이다. 하지만 우리는 대부분 어떤 문제에 대해서는 그분의 주권을 인정하면서 일상적인 일은 자신에게 할당한다. 하나님은 종교적 쟁점, 도덕적 문제, 국제 분쟁, 믿음과 관련된 사안에 대해서는 우두머리가 되신다. 그것이 그분의 영역이다. 그러나 재정, 인간관계, 사업과 관련된 결정들 – 하나님이 우리 마음을 차지하고 계신 한 무관심하실 수 없는 것들 – 은 우리가 하려고 한다.

이 그릇된 철학의 핵심에는 우리 자신이 우리 운명의 주인이라는 생각이 들어 있다. 그런 사람들은 윌리엄 어니스트 헨리(William Ernest Henry)의 시 〈인빅투스(Invictus)〉 속에 농축되어 있는 자주 정신을 찬양한 구절을 읊는다.

> 천국으로 가는 문이 아무리 좁다 해도
> 지옥 명부에 적힌 형벌이 아무리 가혹하다 해도
> 나는 내 운명의 주인
> 나는 내 영혼의 선장[5]

그것이 자신의 삶에서 하나님 역할을 하는 사람의 철학이다. 중요한 일들에 대해서만 기도하라. 스스로의 힘으로 성공하라! 당신 스스로 결정하라!

이 게임의 규칙이 야고보서 4장 13절에 나온다. 이 구절을 나누어 자세히 살펴보기로 하자.

야고보서 4장 13절에 나오는 하나님 역할 게임의 규칙

1. 당신의 스케줄을 정하라.	"오늘이나 내일이나."
2. 당신의 길을 정하라.	"우리가 어떤 도시에 가서."
3. 당신의 한계를 정하라.	"일 년을 머물며."
4. 당신의 행동을 계획하라.	"장사하여."
5. 당신의 결과물을 예상하라.	"이익을 보리라."

자, 야고보가 말한 어떤 행동도 그것 자체로는 부정적인 것이 아니라는 사실에 유의하라. 미리 계획하는 것은 전혀 잘못이 아니다. 스케줄을 정하는 것이 나쁘거나 이상할 것은 없다. 사업 계획을 세우는 것이 비정상도 아니고 이익을 남기는 것이 죄도 아니다. 사실 야고보는 평범한 일상을 표현하고 있다. 그런데 그것이 바로 그가 말하려는 요지이다. 하나님은 우리의 주권자이시기에 우리 삶의 모든 면에 그분의 뜻이 고려되어야 한다.

야고보는 14절에서 삶을 자신의 힘으로 꾸리는 문제를 지적하기 시작한다. 첫째, 한낱 인간에 불과한 우리는 장차 무슨 일이 닥칠지 전혀 알 수 없다. 우리는 내년이나 후년은 고사하고 오늘 당장 무슨 일이 일어날지조차 모른다. 우리는 모두 죽음을 바로 옆에 둔 채 살고 있다. 예상치 못했던 사건이 불시에 닥치면 우리의 모든 계획이 끝장날 수도 있다. 우리는 90대까지 살 수도 있고… 아니면 오늘 밤에 죽을 수도 있다. 아무도 모른다. 하나님만이 아신다.

둘째, 인생에서 우리가 하나님 노릇을 하는 것은 우리가 오래 산다는 보장이 없기 때문에 위험하다. 야고보는 인간의 삶을 홀연히 나타나 금방 사라지는 '안개'로 표현한다. 영하의 겨울날 찬바람이 부는 바깥에 서 있다고 상상해보라. 당신은 두툼한 코트, 털모자, 장갑으로 몸을 감싸고 목에는 목도리를 칭칭 감았다. 숨을 내쉬어보라. 어떻게 되는가? 따뜻한 입김이 하얀 김이 되어 잠시 떠돌다가 사라진다. 그것이 인생이다. 젊어서 요절하는 사람의 삶만 말하는 것이 아니다. 비교적 장수한 사람의 인생도 눈 깜짝할 사이에 지나간다. 90대에 접어든 사람들도 학교를 졸업한 일이 바로 엊그제 같다고 말한다. 젊음은 영원하지 않다. 당신이 미처 깨닫기 전에 휙 안개처럼 인생은 사라진다. 순식간에 그런 일이 벌어진다. 그리고 젊음이 가면 정신이 흐려진다.

셋째, 우리는 삶의 모든 면에서 하나님의 뜻을 무시할 자격이 없다. 15절에서 야고보는 하나님 노릇을 하는 어리석음을 교정하는 데 필요한 방법을 제시한다. "너희가 도리어 말하기를 주의 뜻이면 우리가 살기도 하고 이것이나 저것을 하리라 할 것이거늘." 많은 그리스도인들에게 '하나님 뜻이면'이라는 이 두 마디는 주제넘게 보이지 않으려고 자신의 계획에 미신처럼 덧붙이는 상투적인 문구, 즉 꼬리표 같은 것이 되었다.

"주의 뜻이면"이라고 말하라는 야고보의 가르침은 인생을 대하는 태도와 지향점이 어떠해야 하는지를 반영해준다. 이것은 우리 삶의 몇 가지 부분에 대해서만이 아니라 모든 것의 주님이 될 자격이 있는 유일하신 참 하나님 앞에 우리 자신을 겸허하게 내어드리는 것을 의미한다. 이는 우리 마음속에서 어떤 것은 하나님께, 어떤 것은 우리 자신에게 위임하는 곧, 신성한 – 세속적인, 하늘에 속한 – 땅에 속한, 영적 – 육체적인 이분법을 지우는 것을 뜻한다. 하나님이 만물, 곧 날마다 내리는 '일상적인' 결정까지도 지배하신다. 하나님이 모든 것의 주인이시다. 하나님께 모든 것을 내어드리는 것 외에 다른 방법은 악하고 허세를 부리는 오만으로서, 우리가 우리 운명의 주인 또는 우리 영혼의 대장인 양 사는 것 이다(4:16).

—4:17—

야고보는 하나님처럼 행동하는 것을 막을 수 있는 두 가지 방법을 제시하면서 마무리한다. 두 가지 모두 참된 믿음에서 나오는 겸손과 관련이 있다. 첫째, 옳은 일이 무엇인지 알라. 둘째, 옳은 일을 하라. 올바른 삶에 대한 하나님의 기준은 우리의 이득이나 일보다 우위에 있다. 그리고 그분은 우리를 위해 예비하신 길로 우리를 인도하기 원하신다. 그렇게 되기 위해서는 그분의 말씀을 늘 가까이 하고 말씀이 주시는 지혜에 따라서 가야 할 길을 정하는 것이 필요하다.

그러나 그것은 절반의 해결책에 불과하다. 하나님이 우리에게 무엇을 원하시는지 알면 그대로 행해야 한다. 만약 우리가 하나님이 우리 삶의 어떤 영역에는 관심이 없으신 것처럼 여기고 계속 살아간다면 그것은 죄이다. 우리가 결과를 예견하고, 나름대로 계획을 세우며, 독자적으로 우리의 일을 하려고 한다면 그것은 하나님이 원하시는 일을 하고 있는 것이 아니다. 그것이 야고보가 주는 마지막 경고의 요점이다. 옳은 길을 알라. 그리고 겸손히 그 길을 따르라.

적용
"나의 뜻이 너의 뜻이 되게 하라"

시편 14편 1절은 말한다. "어리석은 자는 그의 마음에 이르기를 하나님이 없다 하는도다." 하나님이 없다고 말하고 그렇게 사는 것보다 더 어리석은 것은 하나님을 알고 믿으면서도 그분이 하나님이 아닌 듯 행동하는 것이다. 그리고 신성 모독에 우상 숭배를 더하는 것 가운데 최악의 경우는 우리 삶의 심판관과 주인이 될 자격이 있는 유일하신 분의 자리에 우리 자신을 '신'으로 올려놓는 것이다. 이것이 야고보서 4장 11-17절의 요지다. 우리가 그리스도 안에 있는 형제자매들을 판단하는 자리에 설 때 우리는 하늘의 심판관 역할을 하고 있는 것이다. 그리고 우리가 마치 하나님이 무관심하시거나 관여하지 않으시는 듯 우리의 삶을 계획할 때 우리는 하늘에 계신 주님의 역할을 대신하고 있는 것이다.

야고보서 4장 17절은 하나님의 영역을 침해하는 성향을 가진 우리에게 특별히 실제적이다. "그러므로 사람이 선을 행할 줄 알고도 행하지 아니하면 죄니라." 이 짧은 구절에서 야고보는 우리가 따라야 할 두 가지 단순한 규칙을 제공한다. 첫째, 해야 할 올바른 일이 무엇인지 알아야 한다. 어떤 대가를 치르더라도 당신의 삶을 습관이나 관례에 맞추지 말고 하나님의 말씀에 따라 평가하고 본을 삼아야 한다. 둘째, 옳은 일을 행해야 한다. 그릇된 일을 하지 말고 그것을 옳은 일로 바꾸라. 첫째, 알라. 그 다음에 행하라.

분명히 말하겠다. 당신이 부정적이고, 옹졸하며, 남의 말 하기를 좋아하고, 하나님의 말씀을 통해 이 메시지를 듣게 되었다면 변화를 위한 결정은 당신 몫이다. 당신이 변하지 않는다면 죄를 짓는 것이다. 이것을 달리 표현하자면 이렇다. 헐뜯는 비판, 악의적인 비난,

비열한 명예 훼손, 이런 것들은 모두 그리스도인답지 못한 것이다. 이것들은 그리스도의 몸과 당신 자신을 해친다. 잠깐! 야고보서 4장 11–12절을 다시 읽고, 다음의 질문들을 곰곰이 생각해보라.

- 비판적인 태도로 그리스도 안에 있는 형제나 자매를 비방한 적이 있는가?
- 이기적인 동기를 가지고 위선적으로 다른 사람들을 손가락질한 적이 있는가?
- 부러움이나 질투심을 감춘 채 다른 사람들을 위한다는 명목 아래 그들과 대면한 적이 있는가?
- 이런 습관의 틀을 깨기 위해서 어떻게 해야 하는가?

그런데 하나님을 대신하는 것과 관련된, 아마도 더 흔할, 또 다른 면이 있다. 당신 삶의 모든 면이 그리스도의 절대적 주권에서 벗어났다면 그 자리에서 멈추어야 한다. 당신이 스스로 결과를 예측하고, 스스로 심판관이 되며, 스스로 계획을 세운다면 그것은 죄를 짓는 것이다. 분명히 말한다. 멈추라. 다음의 질문들에 대하여 자문해보라.

- 구체적으로 내 인생의 어떤 영역에서 나는 '혼자 하려고' 하는가?
- 최근에 내가 하나님의 관점을 배제하고 내린 결정은 무엇인가?
- 하나님 앞에 내어놓고 그분의 뜻을 구해야 할 결정들은 무엇인가?

우리는 너나 할 것 없이 어느 정도는 하나님을 대신하는 죄를 짓는다. 다른 사람들을 깎아내리고 판단할 때 우리는 그들에게 하나님 노릇을 하고 있는 것이다. 하나님께 우리의 발걸음을 인도할 여지를 드리지 않을 때 우리는 우리 자신에게 하나님 노릇을 하는 것이다. 윌리엄 어니스트 헨리의 〈인빅투스(Invictus)〉에 표현된 자기중심적인 철학보다 프랜시스 리들리 해버걸(Frances Riddley Havergal)의 시를 본받는 것이 얼마나 더 좋은지 모른다.

주여 나의 생명을 받으사
주께 헌신하게 하시고

내 시간과 내 날을 받으사
끊임없는 찬양으로 흐르게 하소서.

내 음성을 받으사
오직 내 왕만을 늘 찬송케 하시고
내 입술을 받으사
주의 말씀으로 가득하게 하소서.
내 뜻을 받으사 당신의 것으로 삼으소서.
이젠 내 것이 아니니이다.
나의 마음을 받으소서. 당신의 것이니이다.
당신의 왕좌가 되리이다.[6]

당신은 무엇 때문에 오늘 이 순복의 찬양을 부르지 못하고 있는가?

부자들에 대한 경고(야고보서 5:1-6)

1 들으라 부한 자들아 너희에게 임할 고생으로 말미암아 울고 통곡하라 2 너희 재물은 썩었고 너
희 옷은 좀먹었으며 3 너희 금과 은은 녹이 슬었으니 이 녹이 너희에게 증거가 되며 불 같이 너희 살
을 먹으리라 너희가 말세에 재물을 쌓았도다 4 보라 너희 밭에서 추수한 품꾼에게 주지 아니한 삯이
소리 지르며 그 추수한 자의 우는 소리가 만군의 주의 귀에 들렸느니라 5 너희가 땅에서 사치하고 방
종하여 살륙의 날에 너희 마음을 살찌게 하였도다 6 너희는 의인을 정죄하고 죽였으나 그는 너희에게
대항하지 아니하였느니라.

1923년 한 무리의 엘리트 사업가들이 시카고의 호화로운 에지워터 비치 호텔(Edgewater Beach Hotel)에 모였다. 그 명단에는 20세기 초 당시 가장 영향력 있고, 유명하며, 부유한 거물들이 포함되어 있었다. 바로 다음과 같은 사람들이었다.

- 찰스 M. 슈왑(Charles M. Schwab): 베들레헴 철강 회사 사장

- 리차드 위트니(Richard Whitney): 뉴욕 증권 거래소 사장
- 앨버트 펄(Albert Fall): 하딩 대통령 통치 시절 내무부 장관
- 제시 리버모어(Jesse Livermore): 월 스트리트의 거부
- 이바 크루거(Ivar Kreuger): 세계 최대 성냥 전매 회사 사장

이 막강한 실력자들은 당시 미 재무성의 총자산보다 더 많은 돈을 주물렀다. 그들은 기업가 정신의 귀감이자 물질적 성공을 거둔 스타가 될 것이 분명했다. 그러나 약 25년 후 그들이 남긴 발자취를 되돌아보자.

- 찰스 M. 슈왑: 1939년 30만 달러의 빚을 남기고 사망함.
- 리차드 위트니: 횡령 혐의로 싱싱 감옥에서 복역함.
- 앨버트 펄: 이권에 개입하여 직권을 남용함으로써 명성은 땅에 떨어졌고 감옥살이를 함.
- 제시 리버모어: 스스로를 '실패자'로 표현하면서 1940년에 자살.
- 이바 크루거: 세계적인 전매 사업이 실패한 후 1932년 권총 자살.[7]

수많은 동료들과 함께 치욕, 패배, 범죄, 질병, 재정 파탄의 잔해에 깔린 이들은 암담하고 비참한 상태로 죽음을 맞이했다. 그들의 부, 권력, 특권은 그들이 살면서 겪은 개인적인 고뇌와 죄의식을 해소시켜주지 못했다. 위대한 지성과 노력이 한 개인을 부자로 만들 수 있다는 것은 사실이다. 그러나 부와 영향력을 관리할 수 있으려면 하나님이 주신 지혜와 초자연적인 겸손이 필요하다.

—5:1—

야고보는 부유한 독자들의 주의를 환기시키는 것으로 시작한다. "들으라!" 그는 4장 13절에서 자주적인 사업가에 대해 말할 때와 똑같은 문구를 사용했다. 이것은 마치 야고보가 어떤 사람들이 세상적인 것을 추구하는 것이 너무 못마땅한 나머지 그들을 탁 쳐서 멍한

상태에서 깨어나게 하려는 것과 같다. "들으라!" 4장 13절에서 그는 하나님이 그들의 주님이 아닌 것처럼 세월을 허비하는 사람들에게 말한다. 5장 1절에서는 하나님이 그들의 주인이 아닌 것처럼 물질을 소모하는 사람들에게 말한다.

부자들에 대해 앞에서 두 번 언급한 적은 있지만 야고보는 그의 편지에서 처음으로 부자들을 향해 직접 말한다. 야고보서 1장 10–11절에서 그는 뜨거운 바람이 불어 풀이 시드는 것처럼 부자도 그 추구하는 일이 쇠잔할 것이기에 "자기의 낮아짐을 자랑"해야 한다고 말했다. 그리고 2장 5–6절에서는 가난한 자들보다 부유한 자들을 편애하는 사람들을 꾸짖었다. 부유하고 권세 있는 자들이 그리스도인들을 핍박하는 경향이 있었기 때문이다. 이 구절을 근거로 야고보가 부자들을 싫어한다고 결론 내리기가 쉬울 것이다. 어떤 사람은 야고보가 부자들을 대놓고 조롱하는 것을 보고 가난한 사람은 천국에 가고 부자는 지옥에 간다는 결론을 내리고 가버릴지도 모른다. 그러나 예단하지는 말자. 분명, 성경은 개인과 하나님과의 관계를 결정짓는 것은 물질적인 부나 가난이 아니라 그 사람의 영적 상태라고 가르친다.

외적인 부나 가난은 한 사람이 얼마나 많은 세상 재물을 마음대로 쓸 수 있는지를 나타낸다. 내적인 부나 가난은 다른 사람들을 향한 사랑을 통해 표현된 한 개인과 하나님과의 관계(또는 그런 관계의 결여)를 나타낸다. 이런 관점에서 볼 때 네 가지 범주가 있다. 다음 페이지에 나오는 표는 이 점을 더 간략하게 설명해준다. 각 범주에 해당하는 성경의 한두 가지 예와 그런 사람들을 어떻게 보살필지에 대한 설명과 처방이 들어 있다.

당신은 세 번째 범주 – 세상적으로는 가난하지만 그리스도 안에서 영적으로는 부유한 사람 – 에 속한다고 생각하는가? 그렇다면 대개의 경우 우리가 정의하는 '가난'은 성경의 정의와 사뭇 다르다는 점을 알려줌으로써 도전을 주고 싶다. 성경에 나오는 가난한 사람들이란 갈 데 없고, 무력하며, 궁핍하고, 절망에 빠진 사람들이다. 그들은 종종 먹을 것도, 입을 것도, 살 곳도 없다. 성경적 관점에서 보면 우리 사회에서 '가난'의 범주에 들어가는 대부분의 사람들은 진짜 '가난'하다고 여겨지지 않을 것이다. 사실 우리 대부분은 우리에게 필요한 것보다 더 많은 것을 누리는 축복을 받았다. 그렇기 때문에 우리는, 물론 우리가 영적으로 가난한 네 번째 범주에 들어가지 않는다는 가정 아래 다른 사람들을 축복해주어야 할 위치에 있다.

야고보가 질책하고 있는 대상은 물질적으로 부유하면서 영적으로 가난한 사람들이다.

네 종류의 부와 가난

물리적 상태	영적 상태	설명	처방	성경의 예
가난한	가난한	세속적 재산도 거의 없고 하나님의 사랑 안에 거하지도 않아서 이중으로 가난한 이 사람들은 가장 비참한 상태이다.	하나님의 사랑을 나타내기 위해서 그들에게 필수적인 물질적 필요를 채워주라. 불신자들에게는 그리스도 안에서의 구원을 말해주고, 믿는 자들에게는 그리스도가 물질적인 필요와 영적인 필요를 채우실 것을 신뢰하도록 권고해주라.	물질적, 영적으로 모두 고통받고 있는 사람들(사 61:1).
부유한	부유한	물질적 부와 천국의 부 모두를 받은 이중으로 부요한 이 사람들은 자신들의 부를 사용해 다른 사람들을 돕는다.	시간과 자원을 사용해 다른 사람들에게 베풀고 섬길 수 있는 기회를 마련해주라.	시험받기 전과 후의 욥 (욥 1:1–3, 42:10), 아리마대 요셉(마 27:57).
가난한	부유한	세속적 재산은 거의 없는 외적으로 가난한 사람들은 종종 의식주의 도움을 필요로 하지만, 그들은 견고한 믿음이 있고 그나마 가진 것도 잘 베푼다.	물질적 필요를 채워주고 다른 사람들의 영적인 필요를 돌볼 기회를 제공해주라.	가난한 과부(막 12:42–44), 믿음이 풍요로운 세상의 가난한 사람들(약 2:5), 서머나 교회(계 2:9).
부유한	가난한	세속적 재산은 풍부하지만 영적으로 가난한 사람들은 그들이 받은 축복이 다른 사람들을 축복하기 위해서 하나님이 주신 것임을 망각하고 있다.	바로잡아주라. 불신자들에게는 그들의 부를 믿지 말고 그리스도를 믿으라고 권고하고, 믿는 자들에게는 그들의 부를 그리스도의 주권에 맡길 것을 권고하라.	불신자들: 젊은 부자 (막 10:21). 믿는 자들: 라오디게아 교회 (계 3:17).

그리스도인들도 재정 문제에 있어서 하나님의 뜻을 벗어날 수는 있지만, 5장 1-6절에서 야고보가 주로 겨냥하고 있는 대상은 가난한 자들을 핍박하는 믿지 않는 부자들이다. 이들은 야고보서 2장 6-7절에서 언급했던 바로 그런 사람들이다. 야고보는 이들에게 뭐라고 하는가? "너희에게 임할 고생으로 말미암아 울고 통곡하라"(5:1). 이 일반적인 경고 뒤에는 하나님을 경외하지 않는 자들에게 내리는 심판으로 인한 오랜 애곡의 역사가 있다(사 13:6).

야고보는 이런 맥락에서 압제적인 부자들에게 말하고 있는 것이다. 그는 야고보서 5장 3절에서 "말세"를 언급한 다음, 5장 7절에서 "주께서 강림하시기까지" 어떻게 살아야 하는지를 논한다. 경고는 분명하다. 그리스도를 신뢰하는 대신 부의 힘을 믿으면 참담한 결말을 맞이하게 될 것이다. 시편 62편 10절에서 말하듯이 "포악을 의지하지 말며 탈취한 것으로 허망하여지지 말며 재물이 늘어도 거기에 마음을 두지 말지어다."

—5:2-6—

야고보는 일반적인 질책 후에 구체적인 이유로 넘어간다. 그는 부유한 불신자들의 어두운 영적 상태를 암울하게 그리면서 이런 행위에 따르는 하나님의 징벌에 대해서도 말한다.

첫째, 야고보는 부자들이 재물을 쌓아놓는 죄를 질책한다(5:2-3). 당시에는 부를 과시하는 방법이 세 가지 있었다. 풍성한 연회, 호화로운 의복, 돈을 흥청망청 쓰는 것. (어떤 것들은 예나 지금이나 똑같다!) 야고보는 이런 것들을 인생의 목표로 삼는 것이 얼마나 어리석은 일인지 지적하면서 이 세 영역에 대해 부자들의 호사스러운 생활 방식을 비난한다. 오래 두고 사용하지 않으면 음식은 썩고, 의복은 좀먹으며, 귀금속은 변색된다. 나누지 않고 쌓아둔 부자의 재물은 썩고 녹이 슨다.

둘째, 야고보는 부자들이 사람들을 속인 죄를 비난한다(5:4). 부자들은 그들의 밭에서 일한 일꾼들에게 정당한 품삯을 주지 않고 속였다. 이기적인 부자의 징표 가운데 하나는 청구서에 대해 지불하기를 싫어하는 것이다. 2008년에 시작된 재정 위기 때 우리는 수많은 거부(巨富)들이 그들의 직원들이 직장을 잃을 때 자신들에게는 보너스를 지급하는 것을 목격했다. 놀라운 것은 가장 탐욕스러운 사람들 가운데 가장 부유한 사람들도 포함되어 있다는 사실이다. 그리고 가장 관대한 사람들 가운데 어떤 이들은 그들이 가진 마지막 동전한 닢까지 베풀 것이다.

셋째, 야고보는 부자들의 이기적인 생활 방식을 비난한다(5:5). 악한 부자들은 쾌락을 탐닉하고 호사스런 삶을 사면서 그들의 배만 아니라 그들의 마음에까지 기름기가 끼게 한다. 야고보는 내밀한 갈망을 채우려고 바람둥이로 사는 사람의 모습을 그린다. 살육당하기 위해 살을 찌운 돼지처럼 이런 부자들은 인생의 쾌락을 게걸스럽게 탐닉할 때 그들에게 임할 심판을 먹고 마시고 있다는 사실을 깨닫지 못한다.

넷째, 야고보는 부자들이 의인을 부당하게 이용하는 죄를 짓는 것에 대해 그들을 비난한다(5:6). 2장 6절에서 이미 했던 비난을 되풀이하면서 야고보의 비난은 정점을 찍는다. 부자들은 '의인'을 판단하고 죽이는 죄를 짓는다. '의인'이라는 말은 단수로서 어떤 부류의 사람 - 의로운 사람 - 을 일컫는다. 여기에는 궁극적인 의인이신 예수님뿐 아니라 예수님처럼 믿음을 지키다가 부자들, 권세를 가진 압제자들에게 비난받고 순교당한 모든 믿는 사람들까지 포함된다. 이 범주 안에는 부유한 불신자들에게 가혹한 대우를 받는 모든 의인들이 포함된다.

하나님은 이 모든 것에 대해 어떤 반응을 보이시는가? 우리는 인간적인 관점에서 질책의 이유를 보았다. 이에 대한 하나님의 징벌을 보면 오싹해진다. 네 가지 하나님의 반응이 있다.

첫째, 축재한 부자들은 초라한 배당금을 받는다(5:1-3). 오늘날 구원받지 못한 부자들을 보면 그 얼굴에 스트레스, 걱정, 비통함, 공허가 묻어나는 것을 자주 목격하게 될 것이다. 부자들은 결국 행복은 돈으로 살 수 없다는 사실을 깨닫는다. 오히려 돈이 절망을 가져올 때도 많다.

둘째, 재물은 영원한 위안을 주지 못한다(5:3). 잠언 11장 4절은 "재물은 진노하시는 날에 무익하나 공의는 죽음에서 건지느니라"고 말한다. 때가 이르고 있다고 야고보는 말한다. 진정한 회계사가 결산을 할 때가 가까이 온 것이다. 그날에 구원받지 못한 부자들은 그들이 지불할 수 없는 청구서를 받게 될 것이며, 그들의 세상 보화는 바람에 날리는 재와 같이 될 것이다. 오로지 하나님의 의 - 예수 그리스도 안에서 믿음으로 받는 공짜 선물 - 만이 심판날에 사람을 구원한다.

셋째, 구원받지 못한 사람들의 부당한 행위는 잊혀지지 않는다(5:4). 야고보는 부당한 대우를 받은 사람들의 외치는 소리가 "만군의 주의 귀에 들렸느니라"고 한다. '만군의 주'라는 명칭은 '군대의 대장'이라는 뜻으로, 이것은 하나님을 적에 대항해서 전쟁을 벌이는 심판관으로 일컫는 것이다(사 2:12). 이 명칭은 유대인 고유의 언어와 문화에서 나온 것이기 때문에 야고보의 유대인 청중들은 이 의미를 알았을 것이다. 그리고 그들은 이 말 속에 담긴 다가올 마지막 때의 심판에 대한 암시도 알아차렸을 것이다. 애굽의 압제에 시달리던 히브리 노예들의 목소리가 하나님께 들려서 심판이 임했듯이(출 2:23-25), 오늘날에도 하나님은 압제받는 사람들의 목소리를 들으신다.

마지막으로, 오늘 심판이 없었다고 해서 내일도 심판이 없다는 뜻은 아니다(5:1-6). 이 구절을 통틀어 야고보는 부자들에게 임한 말세의 심판을 경고하고 있다. 믿는 사람들의 심판은 이미 지나갔다. 그리스도가 십자가에서 우리 죄의 대가를 대신 치르시고 죽음의 형벌을 다 받으신 것이다. 하지만 믿지 않는 사람들의 심판은 그들 앞에 놓여 있다. 그리스도를 부인한 채 죽는 사람들은 마지막 때에 살아 있다면 종말의 고통을 당할 뿐 아니라 크고 흰 보좌 앞에서 선고를 받은 후에 영원한 심판까지 받게 된다(계 20:11-15). 잠시 동안은 악한 사람들이 다른 사람들을 희생시킨 대가로 번성하는 것처럼 보일지 모르지만, 결국 그들의 악행은 기억될 것이다.

지금까지 살펴본 것과 같이 야고보는 악인에 대해서 신랄한 단어를 사용하면서 물질적으로 부유하지만 영적으로 가난한 사람들에게 가장 엄중한 경고를 남긴다. 이 경고에 어깨를 으쓱하며 우리는 제외되었다고 안심하기에 앞서 모든 믿는 사람들이 따라야 할 두 가지 실제적인 원칙을 기억하는 것이 현명하다.

야고보가 피해야 할 극단적인 예들을 설명했다면, 바울이 디모데에게 보낸 첫 번째 편지는 따라야 할 두 가지 원칙을 제시한다. 첫째, 하나님의 관심은, 그 자체로는 선하지도 악하지도 않은 부에 있지 않고, 부에 대한 우리의 태도에 있다(딤전 6:8-10). 하나님은 자신의 백성들에게 부자가 되기를 바라지 말고 만족하라고 권고하신다(6:8). 돈 자체는 죄의 뿌리가 아니다. 돈을 사랑하는 것이 모든 악의 뿌리다(6:10). 둘째, 하나님은 부자가 되는 것을 반대하시는 것이 아니라 그들의 잘못된 우선순위를 반대하신다(6:17-19). 부자들은 "선을 행하고 선한 사업을 많이 하고 나누어 주기를 좋아하며 너그러운 자"가 되어야 할 특별한 의무를 지닌다(6:18). 하나님이 우리에게 복을 주시는 이유는 다른 사람들을 축복하기 위한 것이지 우리 자신의 이기적인 쾌락을 충족시키기 위해서가 아니다.

올바른 태도와 제대로 된 우선순위를 견지한다면 우리는 부로 인해 타락하여 영적으로 가난한 사람이 되지 않을 것이다. 그러나 재물에 대한 이런 태도는 하나님이 우리의 마음속에 심어주신 겸손을 통해서만 가능하다. 재물로 인한 오만과 교만을 치료할 수 있는 것은 성령의 역사이다.

이 책의 세 번째 주 단락에서 야고보는 참된 믿음이 진정한 겸손을 낳는다는 사실을 일깨웠다(3:13-5:6). 이런 초자연적인 이타심이야말로 우리의 천성적인 교만과 이기심으로 가득 찬 메마른 땅에 무성한 오아시스가 된다. 본래부터 가지고 태어난 지혜밖에 없다면 우리는 척박한 불모지다. 그러나 위에서부터 나온 지혜가 있다면 우리는 질 좋은 열매를 풍성하게 맺을 수 있다(3:13-18). 자기중심적인 동기에서 행동하면 갈등이 따른다. 하지만 그분 앞에서 우리 자신을 낮추면 우리의 관계에는 평화가 충만해진다(4:1-10). 우리의 계획을 자랑하면 실패한다. 그러나 하나님의 주권에 순복하면 결과와 무관하게 영적으로 성공한다(4:11-17). 마지막으로 우리가 우리의 재물에 의지하면 실족할 것이다. 그러나 하나님 앞에서 겸손하면 경제적 지위와 무관하게 영적으로 부유해질 것이다(5:1-6).

각각의 경우마다 야고보는 참된 믿음에서 흘러나오는 하나님이 가능하게 하시는 겸손을 권고한다. 하나님의 지혜를 공급하고 선행을 낳는 하나님의 은혜가 우리 마음속에 역사하지 않으면 우리는 광대한 리비아 사막처럼 황량한 불모지가 될 것이다.

주: 참된 믿음은 진정한 겸손을 낳는다(야고보서 3:13-5:6)

1. 찰스 하지, 「조직 신학(*Systematic Theology*, 크리스찬 다이제스트)」
2. Douglas J. Moo, *The Letter of James*, The Pillar New Testament Commentary, ed. D.A. Carson(Grand Rapids: Eerdmans, 2000), 188.
3. Annie Johnson Flint, "He Giveth More Grace," in *The Hymnal for Worship and Celebration*(Waco, TX: Word Music, 1986), no. 415.
4. 윌리엄 셰익스피어, 오셀로(*Othello*), 3막, 3장.
5. William Ernest Henley, "Invictus," in *Modern British Poetry*, ed. Louis Untermeyer(New York: Harcourt, Brace, & Company, 1920), 10.
6. Frances Ridley Havergal, "Take My Life and Let It Be," in *The Hymnal for Worship and Celebration*, no. 379.
7. Paul Lee Tan, *Encyclopedia of 7,700 Illustrations*에 나온 예를 더 조사해서 개작함(Rockville, MD: Assurance, 1979), 824; and Walter B. Knight, *Knight's Master Book of New Illustrations*(Grand Rapids: Eerdmans, 1956), 572-73.

참된 믿음은 진정한 인내를 낳는다

야고보서 5:7-20

유대인 그리스도인들에게 보낸 이 짧은 편지 속에서 야고보는 독자들에게 이렇게 묻고 있다. "너희는 마땅히 행할 바를 알면서 왜 그것을 행하지 않는가?" 1세기의 유대인 그리스도인들은 고난 속에서도 참고, 선행을 멈추지 않으며, 교회 안에서 평화를 조성하고, 주님의 재림을 인내 가운데 기대하면서 살려고 발버둥쳤다. 그들은 예수님이 생명의 길이라는 사실을 알았지만 그 길을 걷기 위해서는 단계적인 인도가 필요했다.

실제적인 기독교 신앙에 대한 이 짤막한 안내서의 클라이맥스에서 야고보는 참된 믿음이 진정한 인내를 낳는다고 단언한다(5:7-20). 믿음에 도전을 받고 있는 상황 속에서 고통당하고 있는 이 유대인 그리스도인들은 그 메시지를 되풀이해 들을 필요가 있었다. 야고보는 그의 독자들에게 주님의 재림을 생각하며 고난 속에서도 인내하라고 권고한다(5:7-12). 그는 육체적, 영적 온전함을 추구하라고 독려한다(5:13-18). 마지막으로 그는 탈선한 신자들을 올바른 길로 이끌라고 도전한다(5:19-20). 인생의 도전을 받을 때 나타나는 인내야말로 진정한 신자임을 드러내는 참된 믿음의 확실한 징표임에 틀림없다.

고난 가운데서의 인내(5:7-12)

---

7 그러므로 형제들아 주께서 강림하시기까지 길이 참으라 보라 농부가 땅에서 나는 귀한 열매를
바라고 길이 참아 이른 비와 늦은 비를 기다리나니 8 너희도 길이 참고 마음을 굳건하게 하라 주의 강
림이 가까우니라 9 형제들아 서로 원망하지 말라 그리하여야 심판을 면하리라 보라 심판주가 문 밖에
서 계시니라 10 형제들아 주의 이름으로 말한 선지자들을 고난과 오래 참음의 본으로 삼으라 11 보라
인내하는 자를 우리가 복되다 하나니 너희가 욥의 인내를 들었고 주께서 주신 결말을 보았거니와 주
는 가장 자비하시고 긍휼히 여기시는 이시니라

12 내 형제들아 무엇보다도 맹세하지 말지니 하늘로나 땅으로나 아무 다른 것으로도 맹세하지 말
고 오직 너희가 그렇다고 생각하는 것은 그렇다 하고 아니라고 생각하는 것은 아니라 하여 정죄 받음
을 면하라.

그 일은 운전 중에 일어날 수 있다. 우리가 실수로 누군가의 차 앞으로 끼어들면 그들은 그 보답으로 100킬로미터 정도 더 속도를 내어 앞지르기를 한다. 그 일은 직장에서 일어날 수 있다. 어느 날 누군가가 우리를 힘들게 하면 우리는 그들에게 '그대로 갚아줄' 기회를 노린다. 그 일은 교회에서 일어날 수 있다. 어떤 사람이 우리의 감정을 상하게 만들면

핵심 용어

μακροθυμέω [*makrothymeō*, 마크로디메오] *(3114)* '인내하다, 참다, 오래 기다리다'
이 말은 두 개의 헬라어, '큰'이라는 뜻의 *makro*와 '격노', '격분' 또는 '폭발적인 분노'라는 뜻의 *thymos*에서 나왔다. 두 단어가 결합한 *makrothymeō*는 화를 억누르는 것을 뜻한다. 이런 사람은 인내심이 많고 격노를 억제할 수 있다고 일컬어진다. 이 말은 역경을 당해도 좌절감을 드러내지 않고 오랫동안 침착함과 냉정을 유지할 수 있는 능력을 의미하기도 한다.

ἐπιστρέφω [*epistrephō*, 에피스트레포] *(1994)* '돌다, 돌이키다, 뒤돌아보다, 돌아오다'
'회개하다'라는 말처럼 *epistrephō*는 내적 또는 외적 돌이킴, 또는 경로의 변경, 어떤 생각이나 행위의 방향을 바꾸는 것을 의미하다. 야고보는 그의 유대적인 배경에서 비롯된 '두 가지 길', 즉 생명의 길과 사망의 길에 대한 지혜를 반영해 이 단어를 사용한 듯하다(5:19–20). 방황하던 신자가 그릇된 길에서 돌이킬 때 그는 열매 맺는 그리스도인으로 가는 올바른 길을 회복하는 것이다.

우리는 그 기록을 적절한 때에 꺼내 볼 수 있도록 마음 한 구석에 보관해둔다. 그 일은 어디에서든 일어날 수 있다. 누군가가 우리를 의도적으로든 실수로든 부당하게 대하면 억제할 수 없는 구토와 같이 복수심이 치민다. 그 일은 나에게도 일어날 수 있고… 당신에게도 일어날 수 있다.

우리는 누구나 부당한 대우와 오해로 마음을 다친 경험이 있다. 그런 고통은 다양한 형태 – 견디기 힘든 직장 분위기, 가정 안에서의 갈등, 고압적인 부모, 반항적인 자녀들, 믿음을 저버린 친구, 속 좁은 이웃 – 로 온다. 우리의 본성은 악에는 악, 눈에는 눈으로 갚는 것이다. 또는 그것을 꾹꾹 눌러놓은 채 서서히 계속 끓어오르게 한다. 그러나 하나님은 그것을 억누르거나 폭발시키는 것보다 더 좋은 방법을 가지고 계신다. 야고보는 그 대안을 알려준다. 그는 우리가 부당한 대우를 받았을 때 무엇을 해야 하는지뿐만 아니라 어떻게 해야 하는지도 알려준다.

묵상의 서재

반사 작용된 복수 억누르기

때때로 일상에서 벌어지는 사소한 사건들이 우리의 인내심을 시험할 때가 있다. 몇 년 전 나는 수퍼마켓 주차장에서 주차 공간을 찾고 있었다. 적당한 장소를 찾은 나는 조심스럽게 내 소형차를 두 대의 자동차 사이에 집어넣었다. 자리가 비좁아서 차 문을 열고 나올 때 힘들 것 같았지만 거기 외에 다른 공간을 찾을 수 없었다. 함께 있던 아들아이는 별탈 없이 자기 쪽 문을 열고 빠져나왔다. 그런데 내 쪽은 아무리 조심스럽게 문을 열어도 옆 차에 문이 닿았다.

나는 얼굴을 찌푸리며 차의 부딪힌 곳을 닦았다. 말짱했다. 스친 자국 하나 없었다. 다행이었다! 그러고나서 눈을 들었을 때 그 차 안에 있던 남자를 보게 되었다. 그의 얼굴이 굳어 있었다. 나는 문짝을 가리키면서 웃으며 말했다. "죄송합니다. 아무 흠집도 나지 않았어요." 그는 내 말을 믿지 않든지, 아니면 나를 좋아하지 않든지 둘 중 하나였다. 왜냐하면 내가 그렇게 말했는데도 그의 냉랭한 얼굴은 전혀 바뀌지 않았으니 말이다. 그는 아무 말 없이 나를 노려보았다. 나는 어깨를 으쓱하고, 차 문을 닫은 다음, 아들을 데리고 가게로 들어갔다.

직관이었는지 무의식적인 추리였는지 모르겠지만 나는 무언가에 이끌려 뒤를 돌아보았다. 아니나 다를까 그 사람은 자기 차의 뒷문을 열어 내 차 뒤쪽 펜더를 쾅! 쾅! 박고 있었다. 0.5초 동안 내 머릿속으로 무슨 생각이 지나갔는지 말해주겠다. 제일 먼저 떠오른 생각은 주차장을 가로질러 달려가 그 작자의 머리를 몸통에서 분리시키는 것이었다. 그런 육신적인 생각이 가시지 않은 채로 두 번째 영상 – 지역 신문 1면에 실린 '목사가 주차장에서 살인'이라는 제목의 기사가 – 이 떠올랐다. 그 생각에 연이어 세 번째 생각이 떠올랐다. '저 놈 나보다 몸집이 크군!' 그래서 1면의 머리기사는 뒷면의 부고로 바뀌었다.

결국, 나는 아무것도 하지 않았다. 나는 내 손을 잡고 있는 어린 아들을 보며 생각했다. '맙소사, 자기 아빠가 주차장에서 피투성이가 되는 걸 저 애가 본다면 얼굴을 들고 다닐 수가 없겠구나!' 그래도, 아무것도 안 한 것은 아니었다. 놀랄 만한 일을 했다. 나는 아주 희귀한 인내의 미덕 – 오로지 성령의 역사에 의해서만 나타나는 종류의 인내심 – 을 발휘했다. 나는 손가락 '욕설'도 날리지 않았고, 경찰에 전화도 하지 않았으며, 그를 향해 큰 소리로 분노를 퍼붓지도 않았다. 하나님의 영이 반사 작용으로 일어나는 복수를 기적적으로 억누르셨다. 볼썽사나운 장면이 연출될 수도 있었던 일을 무사히 넘겼던 그날을 돌이켜볼 때 나는 내가 그렇게 했던 것이 감사하다. 하지만 그것은 내 공로가 아니다. 그것은 내 안에 설명할 수 없는 인내를 만들어낸 믿음의 선물이었다.

—5:7 상—

야고보서 5장 7절은 앞 단락의 내용과 연결되면서 대립각을 형성한다. 야고보는 다음에 이어질 말이 이전의 말을 토대로 하고 있음을 나타내는 "그러므로"라는 말로 시작한다. 그러나 그는 그러면서 청중을 "부한 자들"(5:1)에서 "형제들"(5:7)로 바꾼다. 야고보는 1-6절에서 부자들을 상대로 그들의 악행을 폭로하고, 도래할 하나님의 심판에 비추어 참회하며 자신을 낮출 것을 요구했다. 이제, 5장 7절의 서두에서 야고보는 그들의 추악함의 희생자들에게 말한다. "그러므로 형제들아 주께서 강림하시기까지 길이 참으라."

야고보는 그리스도가 심판하러 오신다는 주제를 이어간다. "주께서 강림하시기까지." 핍박자들은 그리스도의 재림을 두려워해야 하지만, 신자들은 인내심을 가지고 고난을 견디면서 그리스도의 재림을 기대한다. 야고보가 이 부분에서 청중 대상을 신자들로 옮겨 갔다는 사실을 놓치지 말라. 그리스도를 모르는 사람은 핍박, 학대, 일상의 고통을 참으려고 애쓰다보면 좌절감에 빠지게 된다. 그러나 신자들은 그것이 가벼운 것이든 극심한 것이든, 인생의 불행을 견딜 수 있는 초자연적 능력 - 성령의 역사에 의해 주어지는 - 을 가지고 있다. 인내는 얼마나 소중한 것인가!

7절의 "참으라"는 권고는 5장의 나머지 부분의 의미를 결정한다. 이것은 그리스도인들이 이 세상에 살면서 견뎌내야 하는 온갖 상황들 - 고난을 견디는 것(5:7-11)에서부터 병에 대한 반응(5:14-15)에 이르기까지, 경솔한 맹세의 유혹(5:12)에서부터 죄에 빠진 사람들을 대하는 것(5:19-20)에 이르기까지 - 에 대한 믿음에서 우러나오는 반응이다. 야고보는 이 단락에서 한 가지 단순한 질문에 답한다. "부당한 대우를 받았을 때 어떻게 하는 것이 옳은가?"

그는 네 가지 명령, 곧 받아들여야 할 두 가지 긍정적인 명령과 삼가야 할 두 가지 부정적인 명령으로 이 기본적인 질문에 답한다.

—5:7 하-8 상—

참으라. 야고보는 우리가 부당한 대우를 받을 때 어떻게 올바로 반응할 수 있는지에 대한 첫 번째 답을 예를 들어 설명한다. 농부가 수고의 결실을 얻기 전에 열매가 자라는 시기를 참고 기다리는 법을 배우는 것과 같이 그리스도인들도 '참아야' 한다(5:8). '참다'로 번역된 단어는 헬라어로 '느긋한'이라는 뜻의 *makrothymeō*에서 나왔다. 야고보는 말한다. "부당한 일을 당했을 때 오래 참으라. 노발대발하지 말고 냉정하라."

솔직히 말하자면 우리는 우리를 공격하는 사람들의 목을 조르고 싶다. 하지만 하나님의 계획이 더 낫다. 그분을 기다리는 것이다. 그것이 무슨 뜻일까? 궁극적으로는, 그리스도가 재림하시면 자기 백성들을 핍박한 자들에게 벌을 내리실 것이라는 뜻이다(5:7). 그러나 주님을 참고 기다린다는 것은 현 시점에서의 적용도 포함하고 있다. 하나님은 우주적인 규모의 거대한 계획은 물론, 일상적인 규모의 계획과 목적을 이루실 방법도 가지고 계신다. 따라서 역경 속에서 인내한다는 것은 하나님이 그 상황을 그분의 방식으로 그분의 때에 해결하시도록 의지적으로 내어드린다는 의미다. 농부가 추수를 기다리듯이 인내하라.

—5:8 하—

마음을 굳건하게 하라. 두 번째 명령은 우리가 부당한 대우를 받았을 때 보이는 태도와 관련이 있다. 이것은 우리의 감정적 견고함이나 내면의 성향을 일컫는다. "굳건하게 하다"라는 말은 '세우다, 지지하다, 버티다'라는 뜻이다. 압박감과 강압 속에서 마음이 무거워질 수 있지만 하나님의 영은 압박감에 눌린 마음의 짐을 가볍게 해주실 수 있다. 시편 55편 22절은 말한다. "네 짐을 여호와께 맡기라 그가 너를 붙드시고 의인의 요동함을 영원히 허락하지 아니하시리로다." 이와 비슷하게, 베드로전서 5장 6–7절은 우리의 모든 염려를 그분께 맡기고 하나님의 전능하신 손 아래에서 겸손하라고 말한다.

실제로 나는 이 구절에서 '50–20 원칙'의 유용성을 알게 되었다. 나는 요셉이 그의 일생에서 다다른 정점을 표현한 구절인 창세기 50장 20절에서 그 이름을 따왔다. 요셉의 이야기를 기억하는가? 요셉의 형들은 그를 노예로 팔고나서 아버지 야곱에게 그가 죽었다고 말했다. 그후 요셉은 비극적인 삶을 살다가 감옥에 갇힌 노예에서 애굽의 총리에까지 올랐다. 오랜 세월이 흐른 후 그를 팔았던 형들이 나타나 엎드려 자비를 구할 때 요셉은 어떻게 반응하는가? '50–20 원칙'이 여기서 나온다. "당신들은 나를 해하려 하였으나 하나님은 그것을 선으로 바꾸사 오늘과 같이 많은 백성의 생명을 구원하게 하시려 하셨나니"(창 50:20).

우리에게 나쁜 짓을 한 '어떤 사람'의 너머를 보지 못하면 우리는 복수하려고 한다. 그것이 자연스러운 (그리고 세상의) 반응이다. 그러나 하나님은 모든 것을 합력하여 우리의 선을 이루신다(롬 8:28). 우리는 큰 그림을 보는 거시적 관점을 가져야 한다. 우리에게 필요한 것은 좋은 시력이 아니라 '50-20' 시력이다. 나의 제한된 시각을 하나님의 시각으로 전환시킴으로써 온갖 부당한 일을 당하는 중에도 마음을 굳건하게 할 수 있었다. 나를 믿으라. 당신도 그럴 수 있다.

—5:9-11—

원망하지 말라. 신자들이 고난에 대해 어떤 태도를 보여야 하는지에 대한 세 번째 대답은 주변 사람들을 향한 행위와 관계가 있다. 환경이 우리의 인내를 요구하고 외부적인 압력으로 인해 낙담하고 좌절할 때 우리는 원망하게 된다. 여기서 야고보는 우리에게 나쁜 짓을 한 사람들에 대해 조용히 원한을 품는 것보다 서서히 퍼지는 현상을 언급한다. 그는

이른 비와 늦은 비

수천 년 동안 이스라엘의 농부들은 일 년을 주기로 건기와 우기의 순환을 경험해왔다. 대략 6월에서 9월까지 이어지는 건기를 거치면서 토양은 바싹 마른다. 그러나 10월과 11월('이른 비') 그리고 다시 4월과 5월('늦은 비')에 찾아오는 두 번에 걸친 6주 동안의 우기가 대지를 적셔준다. 이른 비는 씨앗을 싹트게 한다. 오랜 기다림 끝에 내리는 늦은 비는 식물들이 뿌리를 내리고 성장하게 해준다. 5개월의 건기를 거치는 동안 농부들은 하나님이 비를 내려주셔서 풍성한 수확을 얻을 수 있도록 간절한 마음으로 하늘을 살핀다(렘 5:24, 욜 2:23, 슥 10:1).

이스라엘 백성들은 하나님을 언약에 따라서 축복의 비를 내리시는 분, 그들의 삶을 유지시키시고 필요를 공급하시는 분으로 인식했다(창 1:11-12, 8:22). 그에 반해서 충분한 비가 내리지 않는 것은 구약의 율법을 어긴 데 대한 저주 가운데 하나였다(신 11:13-17, 28:12, 23-24). 야고보는 신자들이 주님의 재림을 기다리는 것을 농부들이 늦은 비를 기다리는 것에 비유하면서 인내의 필요성을 강조한다. 비록 믿음의 씨앗으로 우리 삶 속에 심겨진 궁극적 구원의 축복을 아직 받지 못하고 있더라도, 우리가 받은 깨지지 않을 구원의 새 언약은 언젠가 아들이 영광 가운데 나타나실 때 하나님이 우리에게 쏟아부으실 축복을 확증한다.

'서로'에 대해 짜증스러워하거나, 투덜대거나, 불평하지 말라고 경고한다(5:9).

가족, 사업 또는 교회가 역경에 처했을 때 종종 그 구성원들이 공격의 화살을 안으로 돌려 서로를 공격하는 것이 이상하지 않은가? 그렇지 않으면 지도자들을 공격하거나, 자녀들, 직원들 또는 애완동물을 공격한다! 우리는 주변 사람들에게 우리의 좌절감을 발산한다. 밖에서 볼 때는 우리가 고난 가운데에서 인내하고 있는 것처럼 보일 수 있지만, 속마음은 단단히 감긴 용수철처럼 슬쩍 건드리기만 해도 가장 가까이에 있는 사람들에게 폭발한다.

야고보는 이미 4장 11–12절에서 이런 식으로 불평하는 마음의 결과를 다루었다. 동료 그리스도인을 비난하거나 판단하는 사람은 하나님께 심판을 받을 것이다(4:12). 마찬가지로, 다른 사람들을 손가락질하고 원망하는 사람들은 하나님이 징계하시는 대상이 될 것이다(5:9). 우리는 이미 하나님은 신자들을 정죄하거나 지옥에 보내지 않으신다는 사실을 알고 있다(롬 8:1). 그분은 우리의 신랄함이나 악행을 징계하시기는 하지만, 그것은 자애로운 아버지가 자녀들의 유익을 위해서 징계하는 것과 같은 것이다(히 12:5–11).

고대 히브리 선지자들은 고난 속에서 인내하는 것에 대한 실례를 제공한다(5:10). '선지자'라는 명칭은 많은 경우 예언하는 직무를 가진 이들 – 이사야나 다니엘 같은 사람들 – 뿐 아니라 하나님을 위해서 말하고 행동한 구약의 모든 인물도 가리킨다(마 5:17, 롬 1:2). 야고보는 극심한 고통 속에서 인내한 가장 위대한 본보기일 욥을 부각시킨다. 욥은 이해할 수 없는 개인적, 재정적, 육체적 상실을 겪으면서도 반사적으로 튀어나오는 복수심에 굴복하지 않고 진정한 인내를 통해 그의 참된 믿음을 보여주었다. 야고보는 욥의 고난은 일시적인 것이었고, 결국 하나님의 긍휼과 자비를 나타내는 풍성한 축복의 통로가 되었음을 상기시킨다(약 5:11). 마찬가지로 불평하지 않고 현재의 고통을 감내하는 사람들은, 이 땅에서든 천국에서든 하나님의 궁극적인 보상과 축복의 약속을 의지할 수 있다. 불평은 깨뜨릴 가치가 있는 습관이다!

—5:12—

맹세하지 말라. 우리가 부당한 대우를 받을 때 어떻게 반응하느냐와 관련된 이 마지막 명령은 중압감 속에서 성급한 결정과 약속을 하는 성향에 대해 말하고 있다. '맹세하다'라

야고보와 오실 심판관

야고보의 편지는 그리스도의 재림, 하나님의 심판과 상급, 왕국의 도래를 계속 언급한다. 다음에 나오는 구절들은 그리스도의 재림이 야고보의 사상에 어떤 역할을 하고 있는지 분명하게 보여준다.

- "시험을 참는 자는 복이 있나니 이는 시련을 견디어 낸 자가 주께서 자기를 사랑하는 자들에게 약속하신 생명의 면류관을 얻을 것이기 때문이라"(1:12).
- "내 사랑하는 형제들아 들을지어다 하나님이 세상에서 가난한 자를 택하사 믿음에 부요하게 하시고 또 자기를 사랑하는 자들에게 약속하신 나라를 상속으로 받게 하지 아니하셨느냐"(2:5).
- "긍휼을 행하지 아니하는 자에게는 긍휼 없는 심판이 있으리라 긍휼은 심판을 이기고 자랑하느니라"(2:13).
- "내 형제들아 너희는 선생된 우리가 더 큰 심판을 받을 줄 알고 선생이 많이 되지 말라"(3:1).
- "들으라 부한 자들아 너희에게 임할 고생으로 말미암아 울고 통곡하라"(5:1).
- "너희 금과 은은 녹이 슬었으니 이 녹이 너희에게 증거가 되며 불 같이 너희 살을 먹으리라 너희가 말세에 재물을 쌓았도다"(5:3).
- "너희가 땅에서 사치하고 방종하여 살륙의 날에 너희 마음을 살찌게 하였도다"(5:5).
- "그러므로 형제들아 주께서 강림하시기까지 길이 참으라 보라 농부가 땅에서 나는 귀한 열매를 바라고 길이 참아 이른 비와 늦은 비를 기다리나니"(5:7).
- "너희도 길이 참고 마음을 굳건하게 하라 주의 강림이 가까우니라"(5:8).
- "형제들아 서로 원망하지 말라 그리하여야 심판을 면하리라 보라 심판주가 문 밖에 서 계시니라"(5:9).
- "내 형제들아 무엇보다도 맹세하지 말지니 하늘로나 땅으로나 아무 다른 것으로도 맹세하지 말고 오직 너희가 그렇다고 생각하는 것은 그렇다 하고 아니라고 생각하는 것은 아니라 하여 정죄 받음을 면하라"(5:12).

는 단어는 원래 신성 모독의 뜻으로 사용되지 않는다. 오히려 '자기가 한 말을 지키다', '서약하다'라는 뜻을 가지고 있다. 즉, 그 상황 속으로 하나님을 불러들여 우리의 헌신에 정당성을 부여해달라고 그분께 내어놓는 것이다. 예를 들면 이런 것이다. "하나님을 놓고 맹세해. 정말이야!"라든지, "하나님 앞에서, 이 일을 할 거야!"라든지, "하나님께 맹세코, 다시는 이런 일이 없을 거야!"라고 하는 것이다.

야고보는 맹세에 대한 가르침을 예수님의 산상 수훈에서 가져왔다.

> "나는 너희에게 이르노니 도무지 맹세하지 말지니 하늘로도 하지 말라 이는 하나님의 보좌임이요 땅으로도 하지 말라 이는 하나님의 발등상임이요 예루살렘으로도 하지 말라 이는 큰 임금의 성임이요 네 머리로도 하지 말라 이는 네가 한 터럭도 희고 검게 할 수 없음이라 오직 너희 말은 옳다 옳다, 아니라 아니라 하라 이에서 지나는 것은 악으로부터 나느니라"(마 5:34-37).

야고보는 맹세하지 말라는 말을 현재 시제로 하고 있는데, 이것은 독자들이 이미 그렇게 하고 있는 행위를 중단시키려 하고 있다는 것을 시사한다. 그들이 왜 맹세를 하고 있는지 정확한 역사적 상황은 잘 모른다. 그러나 그의 독자들이 유대인과 이방인 박해자들 사이에서 괴로움을 당하고 있다는 것은 안다. 그들은 말과 행동으로 그리스도를 부인하라는 극도의 종교적, 문화적, 경제적 압박감 속에서 살고 있었다. 야고보가 맹세를 금지한 것도 그리스도에 대한 신앙 고백을 번복하거나, 교회 외부의 다른 사람들에게 충성을 맹세하는 것과 관련이 있을 수 있다. 이런 정황을 고려해볼 때, 그들은 맹세의 결과로 고통과 핍박에서 벗어나고, 고난과 시련이 경감되는 등의 큰 이득을 누렸을 것이다.

나는 이 모든 것 속에서 말을 간결하게 하라는 권고를 본다. 단순히 '예' 또는 '아니요'로 답하라. 간결하면서도 진실된 대답을 하라. 인생의 역경에 관해서라면 우리는 긴 설명, 시시콜콜한 변명, 특히 고상한 영적인 이야기로 탈바꿈시키지 않는 것이 현명하다. 이런 식으로 확대 해석을 하다보면 우리의 말에 걸려 넘어지게 된다. 우리는 상황 속으로 하나님을 끌어들여 우리가 원하는 역할을 해주시기를 바라게 될 것이다. 하나님이 그 짐의 무게를 덜어주시기만 한다면 이런저런 과도한 일들을 하겠다는 약속을 하면서 하나님과 거래하는 오류를 범할 것이다. 그 과정 속에서 우리는 고통의 원인과 그것을 회피할 수 있는 방법을 발견했다고 생각한다. 과도한 영화(靈化)와 지나친 해석의 유혹을 경계하라.

그 대신 조용히 앉아서 하나님이 그분의 뜻을 이루시게 하라.

인내하라.

적용
부당한 일을 당했을 때 올바르게 행동하기

야고보서 5장 7–12절에서 야고보는 한 가지 단순한 질문에 답하고 있다. "부당한 일을 당했을 때 어떻게 하는 것이 옳은가?" 그의 답은 네 가지 명령의 형태로 나온다. 참으라(5:7–8), 마음을 굳건하게 하라(5:8), 원망하지 말라(5:9–11), 맹세하지 말라(5:12). 이 실제적인 권고를 바탕으로 이해하기 쉬운 네 가지 적용 사항을 살펴보기로 하자.

첫째, 상황에 초점을 맞추지 말라. 그렇지 않으면 분노하게 될 것이다. 그 대신 인내하라! 그렇다, 당신은 부당한 대우를 받았다. 그렇다, 당신은 앙갚음으로 분노를 표현할 수 있었다. 하지만 그렇게 하지 않았다. 반사 작용된 복수심에 굴하지 말고 그냥 넘어가라. 참으라.

둘째, 당신 자신에게 초점을 맞추지 말라. 그렇지 않으면 자기 연민에 빠지게 될 것이다. 그 대신 마음을 굳게 하라! '50-20 원칙'을 기억하라. 그리고 이렇게 말하라. "주님, 그 사람을 적으로 생각하지 않고 도구로 생각하겠습니다. 그 사람은 자신을 저의 적이라고 생각하며 저에게 해를 가할지 모르지만 저는 당신의 능력이 크심을 압니다. 저를 당신의 작품으로 만들어주셔서 감사합니다. 저를 당신의 은혜를 전달하는 도구로 만들어주세요." 하나님이 당신을 온전히 사용하셔서 그분의 뜻을 이루시게 하라. 강건하라.

셋째, 당신을 비난하는 사람에게 초점을 맞추지 말라. 그렇지 않으면 원망하게 될 것이다. 그 대신 사람들을 당신의 삶을 다듬기 위해서 하나님이 사용하시는 도구로 생각하라. 당신에게 행악한 사람들이 당신의 영적 성장을 위한 도구가 되듯이 하나님이 당신 위에, 당신 주변에, 당신 밑에 두신 사람들은 당신에게 인내를 가르치기 위한 도구가 될 수 있다. 당신의 분노를 그들에게로 되돌리지 말라. 불평과 격한 마음으로 그들을 깔아뭉개지 말라. 비난의 화살을 다른 사람들에게로 돌리지 말라. 그 대신 그들을 하나님이 당신의 속사람을 다듬기 위해 사용하시는 도구로 생각하라. 원망하지 말라.

넷째, 현재에 초점을 맞추지 말라. 미래를 내다보며 영감을 얻으라. 위기에 처해 있을 때 이것은 적용하기 힘든 원칙이다. 그러므로 이 생각을 당신 마음에 새길 수 있도록 다음의 핵심 구절들을 암송하라.

> "생각하건대 현재의 고난은 장차 우리에게 나타날 영광과 비교할 수 없도다"(롬 8:18).

> "우리가 잠시 받는 환난의 경한 것이 지극히 크고 영원한 영광의 중한 것을 우리에게 이루게 함이니 우리가 주목하는 것은 보이는 것이 아니요 보이지 않는 것이니 보이는 것은 잠깐이요 보이지 않는 것은 영원함이라"(고후 4:17-18).

> "그러므로 너희가 이제 여러 가지 시험으로 말미암아 잠깐 근심하게 되지 않을 수 없으나 오히려 크게 기뻐하는도다 너희 믿음의 확실함은 불로 연단하여도 없어질

금보다 더 귀하여 예수 그리스도께서 나타나실 때에 칭찬과 영광과 존귀를 얻게 할 것이니라"(벧전 1:6–7).

다음 주, 다음 달, 다음 해에 당신에게 무슨 일이 일어날지 나는 모른다. 당신 또한 모를 것이다. 하지만 하나님은 아신다. 영문도 모른 채 법원 출두 명령을 받을지도 모르고, 상사로부터 부당한 질책을 받거나, 느닷없이 해고를 당할지도 모른다. 이웃이 사소한 문제를 놓고 질질 끌며 애를 먹일 수도 있다. 배우자가 떠나고, 아이가 반항하며, 부모가 당신을 천하에 쓸 데 없는 인간이라고 생각할지도 모른다. 어떤 일이 닥치건 야고보서의 조언을 적용한다면 당신은 이겨낼 수 있다. 참으라. 마음을 굳게 먹으라. 원한을 품지 말라. 그것으로부터 벗어날 책략을 꾸미지 말라.

기도를 통한 인내(야고보서 5:13–18)

13 너희 중에 고난 당하는 자가 있느냐 그는 기도할 것이요 즐거워하는 자가 있느냐 그는 찬송할
지니라 14 너희 중에 병든 자가 있느냐 그는 교회의 장로들을 청할 것이요 그들은 주의 이름으로 기름
을 바르며 그를 위하여 기도할지니라 15 믿음의 기도는 병든 자를 구원하리니 주께서 그를 일으키시
리라 혹시 죄를 범하였을지라도 사하심을 받으리라 16 그러므로 너희 죄를 서로 고백하며 병이 낫기
를 위하여 서로 기도하라 의인의 간구는 역사하는 힘이 큼이니라 17 엘리야는 우리와 성정이 같은 사
람이로되 그가 비가 오지 않기를 간절히 기도한즉 삼 년 육 개월 동안 땅에 비가 오지 아니하고 18 다
시 기도하니 하늘이 비를 주고 땅이 열매를 맺었느니라.

연료 없는 자동차처럼 기도 없는 인생은 서서히 멈춘다. 전기가 들어오지 않는 전등처럼 기도를 굶는 그리스도인은 캄캄하고 절망적인 세상에 빛을 발할 수 없다. 내게 기도의 사람을 보여달라. 그러면 당신에게 신실한 신앙인을 보여주겠다. 능력 있고 간절한 기도는 우주를 다스리시는 전능하신 하나님의 마음을 움직인다. 그럼에도 분주한 일들로 삶을 가득 채워 인간의 행위를 하나님의 능력의 역사로 바꿀 수 있는 이 중요한 시간을 남겨놓지 않는 그리스도인들이 수두룩하다.

야고보서의 서두에서 우리는 야고보가 기도하는 사람으로 유명했다는 사실을 살펴보았다. 그는 오랜 시간 무릎을 꿇고 기도하느라 못이 박인 무릎이 낙타의 그것을 닮아서 '낙

타 무릎'이라는 별명을 얻었다. 기도하는 사람으로 유명했던 저자가 쓴 책에서 예상되는 바대로 야고보서에는 기도에 대한 주제가 여러 차례 나온다. 야고보서 1장 5절에서 그는 "너희 중에 누구든지 지혜가 부족하거든 모든 사람에게 후히 주시고 꾸짖지 아니하시는 하나님께 구하라 그리하면 주시리라"고 썼다. 그리고 4장 2절에서는 이렇게 말했다. "너희가 얻지 못함은 구하지 아니하기 때문이요." 이제, 편지의 클라이맥스에서 야고보는 기도에 관한 주제를 더 상세히 전개시킨다.

그의 논지를 바탕으로 효과적인 기도에 대해 논의해보겠다. 야고보서의 마지막 단락에서 야고보는 참된 믿음은 진정한 인내를 낳는다고 주장한다(5:7–20). 5장 7–12절에서 그는 어떻게 인내를 통해 고난에 대처할 것인가라는 질문에 답했다. 이제 5장 13–18절에서 주님의 재림을 기다리면서 어떻게 인내심을 가지고 행동해야 하는가라는 주제를 계속 전개하는 것을 보게 될 것이다. 하지만 이번에 인내를 통해 나타나는 참된 믿음은 다른 모습으로, 다시 말해 기도 속에서 그 모습을 드러낸다. 어떤 역경을 만나더라도, 그것이 질병이 됐든 죄가 됐든, 올바른 반응은 기도이다. 기도에는 진실된 믿음의 태도만 투영되는 것이 아니다. 기도는 우리가 인생의 역경을 그분의 때에 그분의 약속에 따라 해결해달라고 하나님께로 돌아설 때 인내도 투영해준다. 이렇듯, 기도는 참된 믿음의 전형적 표상이 된다.

—5:13—

야고보는 인생이라는 스펙트럼의 양극인 고난과 즐거움을 언급하는 것으로 시작한다. 하나는 고통, 즉 육체적, 정신적, 정서적, 영적 고통을 의미한다. 여기에는 질병이나 좌절, 의심이나 불안, 재정적 어려움이나 인간관계에서의 갈등이 포함될 수 있다. 한마디로 어려움이나 고통을 유발하는 모든 것을 포함한다. 이에 대한 우리의 반응은 이것이다. "기도할 것이요."

사람들은 대개 삶이 위태로워지면 결국에는 기도하며 하나님께로 돌아선다. 고통이 커지고, 근심이 짓누르며, 사태가 걷잡을 수 없이 돌아갈 때에야 비로소 하나님은 호출을 받으신다. 내 경험에 비추어볼 때, 사람들은 기도를 마지막 선택으로 미루거나, 스스로의 힘으로 문제를 해결하는 데 있어서 시간만 낭비하게 만드는 방해물로 취급하는 경향이 있다.

그러나 야고보는 분명히 말한다. 기도가 문제의 해결책이다. 무슨 일을 하든 우리는 기도로 시작해야 한다. 오래되어 거의 잊혀진 토마스 헤스팅스(Thomas Hastings)의 찬송가를 기억 속에 담아두라.

어떤 폭풍이 몰아쳐도
슬픔의 파도가 아무리 높아도
자비의 보좌 아래
평온하고, 안전한 피난처가 있네.[1]

우리는 도움을 구하러
어디로 갈 수 있나요?
유혹당하고, 고립되었으며,
실망한
지옥의 권세에 패배한
고난당하는 성도들,
그들을 위한 자비의
자리는 왜 없는 건가요?

하나님이 즉각 고통을 끝내신다는 뜻이 아니다. 하나님은 즉각적인 해결을 약속하신 적이 없다. 그러나 인내와 끈기를 주겠다고 약속하신다. 기도는 하나님이 우리를 시련으로부터 구원해주시리라는 믿음의 표현이 아니라 시련을 통과하게 해주시리라는 믿음의 표현이다. 그러므로 고난을 당할 때가 기도해야 할 때다. 그리고 마침내 그 고통이 사라질 때가 찬양해야 할 때다!

이렇게 할 때 우리는 고통의 저편, 곧 즐거움에 도달한다. 여기에 적합한 반응은 찬양이다. 야고보는 찬양을 다른 형태의 기도, 곧 하나님이 행하신 일이 무엇이며 하나님이 어떤 분이신가에 대해 그분께 예배, 감사, 영광을 마음으로 올려드리는 것으로 본다. 이것은 좋든 나쁘든 어떤 상황 속에서도 올바른 반응은 기도와 찬양으로 하나님을 바라보는 것이라는 사실을 알려준다. 다시 말해, 쉬지 말고 기도해야 한다.

—5:14-15—

야고보는 그 다음에 대다수의 그리스도인들이 잘 알고 있는 기도의 주요 영역을 다룬다. 자기 자신을 위해서든 다른 사람을 위해서든 하나님께 병 낫기를 위해서 기도해보지 않은 사람이 있을까? 사실, 우리의 기도 제목 가운데 대부분은 병, 수술, 부상으로부터의 회복과 관련되어 있다. 그래서 야고보는 14-15절에서 육체적인 질병의 문제를 다루고 있다.

14절의 "병든"이라는 말은 본래 '약한' 또는 '허약한'이라는 뜻을 가지고 있다. 신약 성경에서 이것은 흔히 육체적 질병을 의미한다(눅 4:40, 행 9:37). 하지만 '믿음이 약한'(롬 4:19, 14:1) 사람들이나 '약한 양심'(고전 8:12)의 소유자들을 비유하는 말로 쓰이기도 했다. 야고보서 5장 14-15절은 육신의 병으로 인해 약해진 사람들을 의미한다. 야고보는 그런 사람들을 위해서 세 가지 처방을 내린다.

첫째, 그 사람은 교회의 영적 지도자들을 불러야 한다(5:14). 흥미롭지 않은가? 요즘과는 반대이다. 간혹 누군가가 아프거나, 병원에 입원을 했거나, 장애를 입었을 때 목사들이 그 일을 제일 나중에야 알게 될 때가 있다. 상태가 심각해진 후에야 교회에 알리는 것이다. 사람들이 먼저 교회 지도자들을 찾는 경우는 거의 없다. 사실, 아픈 사실을 아무에게도 알리고 싶어하지 않는 사람들도 있다. 하지만 야고보는 우리 육신의 질병이 사사롭고, 개인적인 문제라는 생각에 동의하지 않는다. 우리는 의학적 치료와 더불어 그리스도의 몸이 우리의 연약함을 돌볼 기회를 주어야 한다.

둘째, 야고보는 교회의 장로들이 보여야 할 구체적인 반응, 곧 기도와 기름 바르는 것을 지시한다. 헬라어 본문은 하나가 다른 하나를 동반하는 형태로 이 두 행위를 결합시킨다. "기름을 바르며 그를 위하여 기도할지니라." 성경에는 기름을 바르는 행위의 두 가지 상이한 쓰임새가 나온다. 하나는 다윗을 이스라엘의 왕으로 기름 부은 것처럼 거룩하게 구별된다는 상징으로 쓰이는 종교적 또는 의례적 행위이다(삼상 16:13). 두 번째 기름 부음은 더 일상적이고 흔한, 의료적 또는 위생적 목적으로 쓰였다. 건조한 피부에 로션을 바르거나 상처에 연고를 바르듯이 기름은 몸에 특별한 작용을 하도록 사용되었다. 누가복음 10장

34절에서 사마리아인이 상처 입은 사람에게 포도주와 기름을 붓는 것에서 그 쓰임새를 볼 수 있다. 포도주는 상처를 소독했고, 기름은 상처를 완화시키고 보호했다.

야고보가 염두에 두고 있던 것은 두 번째 용도였을 가능성이 높다. 기도와 기름 부음을 모두 사용하라는 말이 시사하는 것은 교회가 아픈 사람의 육체적, 영적 필요 모두를 지원할 방법을 모색해야 한다는 것이다. 기름의 의학적 용도는 육체적으로 편안하게 해주고 치유 과정을 촉진시키는 것이었다. 야고보가 기도와 의술이 상충된다고 보지 않는 점에 유의하라.

육체적 질병에 대한 세 번째 처방은 결과를 하나님께 맡기는 것이다. 궁극적으로 치유하시는 이는 기름도, 장로들도, 기도도 아니다. 하나님이시다. '주의 이름으로' 기도하는 것은 하나님의 뜻에 따라 기도한다는 뜻이다. 이것은 결국 그분의 계획과 목적을 받아들인다는 뜻이다.

15절은 믿음으로 시행된 장로들의 기도와 기름 부음의 세 가지 구체적 결과, 곧 회복, 세움, 죄 사함을 설명한다. 이것은 야고보가 죄의 결과로 병마에 시달리고 있는 특정 개인을 염두에 두고 있었을 가능성을 시사한다. '회복'이라는 뜻의 헬라어 *sōzō*는 영적 구원과 동의어지만 육체적 치유를 의미할 수도 있다(마 9:21, 요 11:12). 또한 야고보는 육체적 질병이 개인이 범한 죄의 결과일 수 있다는 점을 분명히 밝힌다. 야고보는 이 마지막 구절, "혹시 죄를 범하였을지라도 사하심을 받으리라"에서 *kan*('혹시')이라는 헬라어를 사용한다. 이것은 모든 육신의 질병이 죄의 결과는 아니라는 사실을 나타낸다. 그러나 만약 그 사람의 병이 죄에 기인한 것이라면, 하나님의 회복은 육체적, 영적 회복을 모두 포함할 수 있다.

—5:16—

앞 절과의 연결에 유의하라. 야고보는 "그러므로 너희 죄를 서로 고백하며"라고 말한다. 그는 삼인칭('병든 자')에서 이인칭('너희 죄')으로 전환한다. 16절은 우리가 병과 죄에 대한 이 단락을 이해하는 데 도움을 준다. 그는 사실 이렇게 말하고 있는 것이다. "너희 회중에 어떤 사람들은 죄로 인해 병들었다. 장로들은 가서 기도하고 하나님이 회복시켜주시기를 기다려야 한다. 하지만 너희 가운데 어떤 사람들은 지금 당장 병이 퍼지기 전에 이 문

고난의 다섯 가지 원칙

하나님은 지금도 병을 고치시는가?

이 질문은 끝없는 논쟁을 불러일으킨다. 모든 교단은 치유의 은사를 받은 치유자들에 대한 믿음을 구축해왔다. 그들은 그리스도의 죽음이 우리에게 죄 사함과 영원한 구원을 가져다줄 뿐 아니라 이 땅의 삶에서 육체적 치유도 보장한다고 주장한다. 그들이 옳은가? 고통, 질병, 시련을 당하는 사람들은 믿음이 부족한 것인가? 그들은 그리스도인에게 주어지는 삶의 혜택 가운데 몇 가지를 놓치고 있는가?

지난 몇 년에 걸쳐 나는 '고난의 다섯 가지 원칙'이라고 명명한 원칙을 만들었다. 이 원칙들은 상처 입은 사람들에게 도움이 되고, 우리가 고난받는 이유와 그것에 대해 하나님은 무엇을 하셨는지(그리고 하실 것인지)에 대한 혼란을 해결해줄 것이다.

법칙 1: 죄는 두 가지로 분류된다. 원죄는 모든 인류(예수 그리스도만 제외하고)가 인류의 기원이자 '머리'였던 아담으로부터 물려받은 죄성이다(롬 5:12). 개인적인 죄는 우리의 죄성으로 인해 우리가 정기적으로 그리고 고의적으로 하는 개인의 그릇된 행위이다(롬 3:23). 원죄(뿌리) 때문에 우리는 악행(열매)을 저지른다.

법칙 2: 원죄가 고통, 질병, 인류의 죽음을 불러왔다(롬 5:12). 에덴 동산에 원죄가 들어오지 않았다면 인간은 병이나 죽음을 전혀 알지 못했을 것이다. 넓은 의미에서 모든 질병과 고통은 원죄의 결과이다. 아담과 하와가 타락한 후 하나님의 길에서 이탈함으로써 고통이 특성이 된 세상에서 죽음과 같은 실존을 경험하기 시작했다(창 3장).

법칙 3: 간혹 개인의 죄와 질병 사이에 직접적인 연관이 있을 때도 있다. 다윗은 시편 32편 3-5절과 38편 3-5절에서 불순종의 행위와 육신의 질병 사이의 연관성을 증언했다. 바울 또한 고린도의 믿는 자들 가운데 일부는 "약한 자와 병든 자들"이며, 그들 가운데 상당수가 개인의 죄로 인해 죽었다고 경고했다(고전 11:27-30).

법칙 4: 개인의 죄와 병이 아무 관련이 없을 때도 있다. 어떤 사람들은 병을 가지고 태어나서 죄를 짓는 나이가 되기 전부터 고통을 당한다(요 9:1-3, 행 3:1-2). 또 어떤 사람들은 욥처럼 온전한 삶을 살고 있을 때 고난이 찾아온다(욥 1:1-5). 예수님은 전혀 죄를 짓지 않으셨는데도 많은 고난을 당하셨다. 그렇기 때

제를 해결해야 한다. 그러니 피차간에 죄를 고백하고 서로를 위해 기도하라."

여기서 우리는 교회 안에서 일어났던 죄가 질병, 허약, 심지어는 죽음에까지 이르는 하나님의 징계를 불러왔던 비슷한 상황을 볼 수 있다. 고린도전서 11장 27-31절에서 바울은 이렇게 쓰고 있다.

> "그러므로 누구든지 주의 떡이나 잔을 합당하지 않게 먹고 마시는 자는 주의 몸과 피에 대하여 죄를 짓는 것이니라 사람이 자기를 살피고 그 후에야 이 떡을 먹고 이 잔을 마실지니 주의 몸을 분별하지 못하고 먹고 마시는 자는 자기의 죄를 먹고 마시는 것이니라 그러므로 너희 중에 약한 자와 병든 자가 많고 잠자는 자도 적지 아니하니 우리가 우리를 살폈으면 판단을 받지 아니하려니와."

이렇듯 병과 죽음으로 이어지는 죄의 실재가 서로에게 죄를 고백하라는 야고보의 권고 뒤에 있다(5:16). 이것은 어떤 종류의 고백일까? 야고보는 구원을 위한 근본적인 고백을 말하고 있지 않다. 하나님 앞에서의 죄 고백을 말하고 있지도 않다. 그는 어둡고 좁은 칸막이 안에서 성직자에게 하는 고

백을 권하고 있지 않다. 무분별하게 당신의 죄를 모두 쏟아내어 모든 회중 앞에서 수치를 당하라고 주장하는 것은 더더욱 아니다. 야고보가 전하는 메시지의 맥락을 살펴볼 때 그는 당신이 잘못을 저지른 사람들에게 보상을 하고, 당신에게 잘못을 저지른 사람들을 용서할 것을 제안하고 있다.

어쩌면 당신의 깊은 속마음이 병들었을 수도 있다. 당신의 영혼은 당신을 좀먹고 있는 비통함이나 죄의식에 시달리고 있다. 당신이 이런 생각들을 고백과 기도로 제거하지 않고 곪게 놔두면 그것들이 당신을 집어삼킬 것이다. 그것들은 결국 건전하지 않은 습관, 만성적인 우울, 감당하기 힘든 스트레스, 잠재적인 분노, 심지어는 육체적 질병의 형태로 빠져나갈 방도를 찾을 것이다. 그러나 꼭 그렇게 되는 것만은 아니다. 그리스도를 믿는 사람들이 잘못한 사람들에게 죄를 고백하면 죄책감은 치유될 것이다. 그들이 자신에게 해를 가한 사람들을 위해 기도하면 쓰라린 마음이 나을 것이다.

잘 들으라. 당신이 고백과 기도로 죄의식과 원통한 마음의 짐을 내려놓을 때 당신 내면의 삶을 오염시키고 병들게 했던 오물이 씻겨나갈 것이다. 또한 하나님과 다른 사람들 앞에서 의로운 상태가 되면 더 능력 있는 기도를 할 수 있게 된다. 야고보는 "의인의 간

문에 그분은 타락한 세상에 살면서 우리가 당하는 고통을 온전히 이해하실 수 있다(히 4:15, 5:8).

법칙 5: 하나님의 뜻은 이 땅에서 모든 사람의 병이 치유되는 것이 아니다. 어떤 사람들은 모든 그리스도인이 이 땅에서 온전한 육신의 치유를 경험하는 것이 하나님의 뜻이라고 믿는다. 그들은 이사야의 말로 그들의 확신을 뒷받침한다. "그가 채찍에 맞으므로 우리는 나음을 받았도다"(사 53:5). "그리스도의 죽음으로 우리가 나음을 입었다!" 그들은 노래하고 외친다. 물론 그랬다! 그러나 어떤 나음인가? 문맥을 살펴보라. 이사야 53장이 말하는 전체적인 생각의 흐름은 인간의 영적 필요와 죄 사함을 위한 그리스도의 고귀한 예비하심과 관련이 있다. 마태복음 8장 17절이 육체적, 영적 치유와 관련해서 이사야 53장 4절을 인용하는 것은 사실이다. 하지만 마태는 이것은 그리스도가 자신의 진정한 신분 - 이사야가 말하는 종 - 을 입증하기 위해서 하신 개인적 치유 사역이라고 말한다.

병을 치유할 수 있는 권세가 있음을 보여주심으로써 그리스도는 영적인 병을 치유할 수 있는 능력을 입증하신다(마 9:4-6). 그것이 예수님이 멍들고 상처 입으셨던 이유이다. 그것이 그분이 죽으신 이유이다. 곧 기본적으로 이 땅에서 병든 자들을 치유하시기 위해서가 아니라 모든 사람에게 영생을 주고 죽은 사람들을 언젠가 육체로 부활시켜 다시는 질병과 죽음으로 고통당하지 않게 하기 위해서인 것이다(계 21:3-4). 실제로, 베드로도 이 구절을 죄 사함과 의의 삶에 적용시키면서 같은 방법으로 해석한다. "친히 나무에 달려 그 몸으로 우리 죄를 담당하셨으니 이는 우리로 죄에 대하여 죽고 의에 대하여 살게 하려 하심이라 그가 채찍에 맞음으로 너희는 나음을 얻었나니"(벧전 2:24). 베드로는 분명 육신의 치유가 아니라 영적인 온전함을 말하고 있는 것이다.

아직도 믿는 사람들에게 육신의 치유가 보장되지 않았다는 확신이 서지 않는가? 바울의 예를 보라. 그는 하나님으로부터 직접 분명하게 "no"라는 답을 세 번 들었다(고후 12:7-9). 그 충격적인 경험 뒤에 그는 "나의 여러 약한 것들에 대하여 자랑하리니"라고 말했다. 치유는 받지 못했지만 예수님이 그의 삶을 통해서 예수님만으로 충족되고 강건해질 수 있음을 보여주셨기 때문이다(12:10). 모든 사람에게 육체적 치유가 약속된 것은 아니다.

두 가지 중요한 요점을 분명히 밝히고 싶다. 내가 하나님이

병을 치유하지 않으신다고 주장하고 있는가? 천만의 말씀이다! 하나님은 어떤 때에는 즉각적이고 기적적으로, 어떤 때에는 천천히 점진적으로 사람들을 치유하실 수 있으며 치유하신다. 사실 일어나는 모든 치유는 방법에 상관없이 하나님이 주관하신다. 그분이 생명과 건강의 근원이시다. 대개의 경우, 치유는 진단과 의학적 치료를 통해서 일어난다. 하지만 때때로 하나님은 기적적인 방법으로 – 그분에게 너무 어려운 일은 없다 – 치유하시기도 한다. 그분의 치유는 완전하고 영구적이다. 그렇기 때문에 하나님이 치유하시면 어느 누구도 그 영광을 가로채거나 책임질 수 없다.

하나님이 오늘날 거룩한 치유자들, 곧 사람들에게 안수하고 그 자리에서 병을 고칠 수 있는 특별한 성령의 '기름 부음'을 받은 사람들을 사용하신다고 내가 말하고 있는가? 절대 그렇지 않다! 신약 성경 시대에는 교회 안에서 하나님의 새로운 계시의 역사를 확인시키기 위해서 이런 특별한 징표의 은사가 주어졌고, 이것은 특히 사도와 선지자들의 시대에 기초를 다지는 일과 연관이 있었다(엡 2:20, 고후 12:12, 히 2:3-4). 초대 교회 때에는 특별한 치유자들이 존재했었지만, 오늘날 소위 말하는 '신령한 치유자들'은 사실을 모르는 사람들을 먹잇감으로 삼는다. 그들은 질병을 모두 죄와 믿음이 부족한 탓으로 돌린다. 그러니 그들의 치유 능력이 발휘되지 않을 때 그 사기꾼들이 누구를 탓하겠는가? 치유를 받을 만한 믿음이 없는 병든 자들이다. 참담한 일이다!

이 다섯 가지 고난의 법칙을 잊지 말라. 성경책 뒤에 적어 놓으라. 분명, 당신은 어째서 자신들이(혹은 자신들이 사랑하는 사람들이) 치유받지 못하고 있는지 궁금해하는 사람들을 만나게 될 것이다. 하나님이 당신의 말을 통해 그들을 안심시키시고 혼란을 종식시켜주시기를 기원한다.[2]

구는 역사하는 힘이 큼이니라"(5:16)고 단언한다. 이것은 신자들을 위한 네 번째 기도의 영지로 우리를 인도한다.

—5:17-18—

고난당할 때 우리는 기도해야 한다(5:13). 몸이 아플 때 우리는 기도해야 한다(5:14-15). 죄의식이나 원통함으로 마음이 얼룩졌을 때 기도해야 한다(5:16). 이제, 기도에 대한 이 논고를 마무리하기 위해 야고보는 구체적인 요청을 담은 기도의 예를 제시한다(5:17-18).

명심하라. 구체적인 요청에 응답해달라고 하나님께 기도할 수 있으려면 기도로 죄 씻음받은 삶이 뒷받침되어야 한다(5:16). 당신이 죄책감, 원통한 마음 또는 다른 죄 가운데에 빠져 있다면 당신의 기도는 무력할 뿐 아니라 심지어 무엇을 위해서 기도해야 하는지, 또는 어떻게 기도해야 하는지를 분별할 수 있는 영적 상태가 되지 못할 수도 있다. 의로운 사람은 하나님의 뜻에 따른 태도, 우선순위, 기질을 가지고 있다. 그것이 바로 의인의 기도를 능력 있고 특별히 강력하게 만드는 것이다. '강력한'이라는 뜻을 가진 헬라어 *energeō*에서 영어의 'energy'가 나왔다. 기도는 평범한 표현을 강력한 말로 바꾸는 요소이다. 야고보가 의인의 '기도'라고 말할 때 사용한 단어는 구체적인 도움을 요청한다는 뜻이다. 이런 경우 '탄원' 또는 '간청'이 더 나은 번역이다.

능력 있는 기도를 하는 방법에 대한 몇 가지 지침이 있다. (1) 성경을 알고 하나님의 말씀에 부합하는 기도를 하라. (2) 구체적으로 하라. 특정 문제들을 직접 다루면서 구체적인 응답을 요청하라. (3) 당신의 간청에 대한 하나님의 응답이 정답이라는 사실을 전적으로 신뢰하며 하나님의 능력, 때, 지혜에 대한 절대적인 믿음을 가지라. 이런 요소가 의인이 하는 기도 생활의 특징이다. 이런 류의 기도가 '많은 것을 성취한다!'는 것은 놀랄 일이 아니다.

야고보는 그런 기도의 예로 엘리야 선지자 이야기를 한다. 그는 엘리야의 성정 – 죄 많고, 변덕스러우며, 불완전하고, 그럼에도 용서 받고 또한 위에서 내려온 은사를 갖춘 – 이 우리와 다를 바 없었음을 상기시킨다(5:17). 엘리야의 구체적인 간청은 엄청난 능력이 있어서 그는 비를 그치게 하거나 내리게 할 수 있었다.

당신이 밖으로 뛰어나가 날씨를 갑자기 바꿔달라는 기도를 하기 전에 전반적인 정황 – 야고보와 엘리야가 처해 있던 상황 – 을 이해할 필요가 있다. 의인이었던 엘리야는 무엇을 기도할지 그리고 언제 기도할지를 알았다. 성령이 특별히 하나님의 뜻을 분별할 수 있는 능력을 주셔서 그는 몇 가지 기적을 일으켜달라는 기도를 했다. 그 기적들은 이스라엘의 통치자들의 관심을 끌고 회개의 외침을 받아들이도록 하는 데 필요했다(왕상 17–18장). 오늘날의 의로운 신자 역시 성령의 인도하심에 따라 언제, 어떻게, 무엇을 기도할지 알 수 있다. 그러나 어떤 문제에 대한 하나님의 인도하심을 분명하게 느끼지 못할 때에도 우리는 성경에서 하나님이 우리에게 분명하게 말씀하신 것들을 위해 언제나 기도할 수 있다(롬 8:26을 보라).

신자들이 기도해야 할 12가지 목록

1. 그들을 핍박하는 자들을 위해(마 5:44).
2. 하나님의 왕국을 위해(마 6:10).
3. 매일의 공급을 위해(마 6:11).
4. 유혹을 이기기 위해(마 6:13).
5. 죄 사함을 위해(눅 11:4).
6. 성도들을 위해(엡 6:18).
7. 복음 전파를 위해(살후 3:1).
8. 세상 통치자들을 위해(딤전 2:2).
9. 지혜를 얻기 위해(약 1:5).
10. 고난을 위해(약 5:13).
11. 서로를 위해(약 5:16)
12. 죄 지은 신자들을 위해(요일 5:16).

이 간결하면서도 핵심을 간파하는 기도에 관한 구절(5:13–18)에서 야고보는 인내를 통해 나타난 진정한 믿음은 하나님에 대한 우리의 태도에 영향을 미친다는 사실을 가르친다. 모든 상황 속에서, 곧 아프든지 건강하든지, 기쁘든지 괴롭든지 간에 우리는 기도를 통해 하나님께 나아가야 한다. 기도는 참된 믿음의 태도를 반영하는 것은 물론이거니와, 우리가 인생의 역경을 그분의 때에 그리고 그분의 약속에 따라 해결하기 위해 그분을 바라보며 기도할 때 인내를 드러낸다. 그런 식으로 기도는 참된 믿음의 전형적인 표징이 된다.

적용

기도의 실제적인 원칙

기도는 그리스도인의 삶에서 가장 잘못 이해되고 간과되는 축복 가운데 하나일 것이다. 아이러니한 것은 기도가 가장 이해하기에 간단하고 행하기 쉬운 개념 가운데 하나라는 것이다. 기도에 대해 야고보가 전한 뜻깊은 구절에서 나는 단순하고 실제적인 네 가지 교훈을 얻었다.

첫째, 기도는 지속적이어야 한다. 기도가 어떤 상황이나 환경에서도 적용된다면 기도란 삶 속에서 끊임없이 이어지는 박동과 같은 것이어야 한다. 그것은 심장 박동처럼 한결같고 호흡처럼 자연스러운 리듬을 만들어내는 하나님을 향한 내면의 성정을 나타내야 한다. 특정 시간을 정해놓고 하루에 서너 번씩 기도해야 한다고 말하는 것이 아니다. 물론 그것은 생각해볼 만한 좋은 훈련이다. 내가 말하는 것은 하루를 지내면서 벌어지는 일들에 대해 기도와 찬양으로 응답하며 하나님과 대화해야 한다는 것이다. 신자들은 기도 중독자들이 되어야 한다. 우리는 만성 기도 증후군에 '시달려야' 한다. 당신은 그런가? 당신은 지난 주일 예배 시간에 고개 숙여 기도하라는 요청을 받았던 이후로 얼마나 많이 기도했는가? 당신은 하루를 지내면서 주님께 말을 거는가? 식사 기도는 제외하고 말이다. 아니면 되는 대로 드문드문 기도하는가?

둘째, 기도는 삶의 모든 영역을 위한 것이다. 더 이상 기도를 소화기 같은 것으로 생각하지 말라. 기도란 위기가 닥치거나 불행한 사태가 발생하기 전에는 마음 뒤편에 걸려 있어야 하는 것이 아니다. 그렇다, 기도는 대개 고통, 질병, 죄, 두려움, 상실 뒤에 나오기 마련이다. 그러나 기도는 기쁨, 축복, 감사 그리고 당신의 하나님 아버지와 나누는 친밀한 대화이다. 기도가 필요하지 않은 상황은 없다. 당신은 아직도 필요할 때만 기도로 대처하는 기도의 자원봉사대원처럼 행동하는가? 아니면 당신은 모든 상황 속에서 아버지께 화답할 때 찾아오는 평안과 기쁨을 발견했는가?

셋째, 기도는 책임을 대체하지 않는다. 야고보가 기도에 의학적 치료가 수반되어야 한다고 말한 것을 기억하라(5:14). 기도는 지적 활동을 배제하지 않는다. 계획과 행동에서 기도를 배제하는 것은 잘못된 것이다. 그러나 기도에서 행동을 배제하는 것 역시 잘못된 것이다. 기도와 더불어 건강을 회복하기 위한 적절한 단계를 밟지 않으면서 치유되기를 바라지 말라. 자녀들을 방임하면서 하나님께 그들을 보호해달라고 요청하지 말라. 그것은 믿음이 아니다. 그것은 뻔뻔한 것이다. 기도와 행위는 함께 간다.

마지막으로, 기도는 완전한 자들을 위한 것이 아니라 불완전한 자들을 위한 것이다. 야고보는 "우리와 성정이 같은"(5:17) 사람의 능력 있는 기도의 표상으로 엘리야를 들었다. 능력 있는 기도를 하기 위해서 선지자나 사도가 될 필요는 없다. 당신이 완전한 사람이 되어야 하나님이 당신의 기도를 들으시는 것이 아니다. 죄 씻음은 기도를 통해서 온다(5:15). 지혜는 기도를 통해서 온다(1:5–6). 특정한 필요는 기도를 통해서 충족된다(4:2–3). 그렇다. 의인의 기도는 풍성한 열매를 맺는다(5:16). 그러나 죄가 없어야만 기도할 수 있는 것은 아니다. 만약 그렇다면 어느 누구도 어떤 것에 대해서도 기도할 수 없을 것이다! 그러므로 훌륭한 사람이 될 때까지 기다리지 말라. 기다리면서 기도하라.

잊지 말라. 하나님은 듣고 계신다!

당신은 기도하고 있는가?

교정(矯正)에 필요한 인내(5:19–20)

[19] 내 형제들아 너희 중에 미혹되어 진리를 떠난 자를 누가 돌아서게 하면 [20] 너희가 알 것은 죄인을 미혹된 길에서 돌아서게 하는 자가 그의 영혼을 사망에서 구원할 것이며 허다한 죄를 덮을 것임이라.

물에 빠진 사람을 구출한 경험이 있는 구조원은 물에 빠진 사람들이 공포가 밀려오면 히스테리 상태가 되어 구조자들과 싸우게 된다는 사실을 누구보다도 잘 안다. 걷잡을 수 없는 공포 속에서 그들은 구조자들을 물 밑으로 끌어당기려고 한다. 물론 이성적으로는 만약 그 구조자가 물 밑으로 가라앉으면 생존의 희망 또한 가라앉는 것임을 알고 있다. 그러나 사람은 물에 빠지면 이성적인 사고를 하지 못한다. 그리스도인이 믿음이 난파되어 영적으로 허우적대고 있는 사람들을 구하려고 할 때에도 똑같은 상황이 종종 벌어진다.

내 멘토이며 평생지기인 달라스 신학교의 하워드 헨드릭스(Howard Hendricks) 박사는 하나님을 떠났다가 그를 진심으로 사랑하는 한 친구의 도움으로 결국 다시 돌아온 한 젊은이의 이야기를 들려주었다. 그가 완전히 회복된 후 어느 날 헨드릭스 박사는 하나님을 떠나 있었을 때 어떤 느낌이었는지 물었다.

그 남자는 이렇게 대답했다. "마치 제가 점점 바다 멀리 깊은 곳으로 밀려가고 있는 것 같은 느낌이었죠. 그리고 제 모든 친구들이 해변에 선 채 의, 심판, 죄에 대해서 저를 비난하고 있었어요." 그리고 그는 이렇게 덧붙였다. "그런데 한 그리스도인 형제가 저를 향해 헤엄쳐 와서 저를 꼭 붙잡았어요. 저는 그와 씨름했지만 그는 끄떡도 하지 않았지요. 그는 저를 붙잡고 구명조끼를 입히고서는, 억지로 물가로 끌고 나왔지요. 하나님의 은혜로 제가 회복될 수 있었던 유일한 이유는 저를 놓아주지 않았던 바로 그 친구였답니다."

야고보 역시 우리를 놓아주려 하지 않는다. 그의 편지에서 그는 행함이 있는 믿음의 필요를 역설한다. 그는 묻는다. "너희는 마땅히 행할 바를 알면서 어찌 그것을 행하지 않는가?" 이제, 이 책의 가장 중요한 결론에 도달한 이 시점에서 야고보는 그들이 마땅히 행할 바를 알면서 그것을 행하지 않는 사람들을 실제로 어떻게 다루어야 하는지를 가르친다.

마지막 몇 구절에서 야고보는 참된 믿음은 진정한 인내를 낳는다는 주제를 전개시켰다. 그러나 진정한 인내는 수동적인 허용과는 다르다. 그리스도인들이 "인내 가운데 주님을 기다린다"는 핑계로 뒤로 물러선 채 '참을성 있게' 형제나 자매가 죄 속으로 점점 더 깊이 빠져드는 것을 지켜보는 경우가 종종 있다. 그래서는 안 된다! 탈선한 성도를 다루는 문제는 참된 믿음으로 말미암는 순수한 기도 외에 더 많은 것을 필요로 한다. 거기에는 보통 중재가 포함되는데, 그 중재를 하려면 대면과 회복의 과정이 진행되는 동안 하나님을 끈기 있게 의지해야 하며 참을성이 있어야 한다.

이 마지막 두 구절에서 야고보는 몇 가지 실질적인 질문들을 던진다. 지금까지 일개 그리스도인이 다른 사람의 죄에 개입하고 그것을 다뤄야 했던 때가 있었는가? 그리스도인의 인내는 언제 고갈되어야 하는가? 탈선한 성도를 바로잡는 것은 인간이 개입되지 않는 성령만의 역사인가, 아니면 우리가 나서서 해결에 참여해야 하는가? 만약 그렇다면 어떻게 율법주의적으로나 비판적으로 보이지 않으면서 이 일을 할 수 있는가? 야고보는 이 책의 앞에서 이런 식의 정죄하는 태도를 비난하지 않았는가?

이 질문들을 마음속에 품고 그의 대답을 검토해보자.

—5:19—

어느 해 여름, 우리 큰아들 커트(Curt)는 금속 가공에 대한 수업을 들었다. 그러던 어느 날 아주 작은 금속 파편 하나가 커트의 눈 속으로 날아들어와 각막 속에 깊이 박혔다. 조각이 너무 작았던 탓에 당시에는 그 사실을 미처 몰랐다. 그런데 아이의 눈이 따끔거리면서 그 문제가 드러났다. 우리는 아이를 안과 의사에게 데려갔고 의사는 바로 작은 금속 조각을 찾아냈다. 그는 침착하게 아이의 턱을 받침대 위에 올려놓고 각막을 마취시킨 다음, 조심스럽고 정확하게 그 조각을 제거했다. 그것은 내게 아주 고역스러운 일이었다. 의사가 아들의 눈에서 금속 조각을 뽑아내려고 할 때 기다란 쇠갈퀴가 핑… 핑… 핑 하는 날카로운 소리가 들렸다(그런 일은 나를 기진맥진하게 만들기 때문에 나는 다른 쪽을 보아야 했다.) 다행히, 그 노련한 의사는 아주 조심스럽게 그리고 엄청난 인내심을 가지고 그 조각을 제거했다.

마태복음 7장 3–5절에서 예수님은 죄로 인해 시야가 흐려진 사람들의 눈에서 티끌을 제거하는 것에 대해 설명하신다.

> "어찌하여 형제의 눈 속에 있는 티는 보고 네 눈 속에 있는 들보는 깨닫지 못하느냐 보라 네 눈 속에 들보가 있는데 어찌하여 형제에게 말하기를 나로 네 눈 속에 있는 티를 빼게 하라 하겠느냐 외식하는 자여 먼저 네 눈 속에서 들보를 빼어라 그 후에야 밝히 보고 형제의 눈 속에서 티를 빼리라."

어떤 사람들은 비판을 사명으로 생각한다! 자신들의 삶이 비틀거리고 죄로 시야가 흐려졌을 때에도 그들은 다른 사람들의 아주 사소한 결점까지 지적하는 것을 의무라고 생각한다. 예수님은 이런 식의 위선적 판단을 비난하신다. 그의 형 되시는 예수님과 마찬가지로 야고보 또한 그리스도 안에 있는 형제자매들을 위선적으로 판단하고 중상하며 비판하는 자들을 비난한다(4:11–12). 이런 경고에 비추어볼 때 절대 성급히 영안의 수술을 시행해서는 안 된다. 또렷한 시력을 가진, 인내심이 뛰어나고, 지혜와 겸손을 두루 갖춘 사람들만이 이 임무를 맡아야 한다(갈 6:1–2을 보라).

이 중요한 경고와 탈선한 성도들에 대한 우리 책임의 막중함을 이해한다면 방종한 형제들을 다루는 야고보의 원칙들을 적용할 수 있다. 19절에 나오는 야고보의 합리적인 가르침을 따라가보자. 첫째, 야고보는 타락한 신자들의 상태에 대해 말하고 있다. 그는 믿지 않는 사람들을 구원의 길로 이끄는 것에 대해서 말하고 있는 것이 아니라 진리에서 벗어난 그리스도인들의 회복에 대해서 말하고 있다. '빗나갔다'라는 말은 헬라어의 *planaō*에서 나왔는데 이 단어에서 영어의 'planet(유성)'이라는 말도 나왔다. 하늘의 다른 발광체들과 일정한 거리를 유지하며 자기 자리를 지키는 별들과는 다르게 유성들은 밤하늘을 정처 없이 떠도는 것처럼 보인다. 그렇듯 이 사람들은 옳은 길에서 벗어나 배회하고 있는 것이다.

야고보가 염두에 두고 있는 사람이 의도적으로 진리에서 멀어졌다는 사실에도 유의하라. 이것은 성경에 나와 있는 기독교 진리의 본체를 말한다. 사람들이 진리에서 빗나갈 수 있는 방법에는 몇 가지가 있다. 교리적으로 빗나갈 수 있다. 즉, 잘못된 믿음을 가질 수 있다. 또한 신앙 고백대로 실천하지 못함으로 실제 삶에서 진리에서 빗나갈 수도 있다. 어떤 경우든 건강한 신자들의 반응은 동일해야 한다. 우리는 탈선한 사람들을 다시 진리로 돌이켜야 한다.

'돌이키다'라는 뜻의 헬라어 *epistrephō*는 돌아서서 180도 반대 방향으로 간다는 뜻이다. 당신은 야고보가 유대인 신자들이 인생을 두 개의 행로, 곧 생명의 길과 사망의 길 중 하나를 향해 가는 것으로 보았다는 사실을 기억할 것이다. 믿음과 선행이 성숙해가고 있는 신자들은 생명의 길에 있는 것이고, 믿지 않는 사람들은 사망의 길에 있는 것으로 보았다. 야고보는 어떤 신자들은 생명의 길을 따라 나아간 후에 탈선해서 그릇된 방향으로 갈 수 있다고 말한다. 그런 사람들이 5장 15–16절에 설명된 하나님의 징계를 피하려면 단호하면서도 은혜로운 개입이 필요하다.

정도(正道)에서 벗어난 성도들을 옳은 길로 돌아오게 하는 데 있어서 누구나 다 올바른 태도를 가지고 있지는 않다. 앞서 나는 갈라디아서 6장 1절을 언급했다. 이 구절은 탈선한 성도들에게 접근할 때 가져야 할 태도를 분명하게 설명한다. "형제들아 사람이 만일 무슨 범죄한 일이 드러나거든 신령한 너희는 온유한 심령으로 그러한 자를 바로잡고 너 자신을 살펴보아 너도 시험을 받을까 두려워하라." 이해하겠는가? 제멋대로 행동하는 형제자매의 삶에 개입하려는 사람은 영적이고, 온유하며, 지혜롭고, 겸허해야 한다. 종종 세속적이고, 무자비하며, 거만한 사람들이 방황하는 형제자매들을 구출하려고 나서는데, 그들은 그 일을 할 자격이 없다.

나는 자신이 그럴 자격이 있는지 먼저 생각해보지도 않은 채 다른 사람의 눈에서 티끌을 빼주려고 하는 사람들을 볼 때 무척 염려가 된다. 만약 어떤 사람이 다른 그리스도인과 대면하는 것을 좋아한다면 그 사람이야말로 대면을 해서는 안 된다. 더구나 방황하는 영혼을 대면하는 사람이 자신은 거룩한 척하는 태도를 취한다면 그 개입은 득보다는 해가 더 클 것이다. 그런 접근 방식은 티끌을 조심스레 빼내기보다는 더 깊이 박히게 한다.

—5:20—

야고보는 우리가 인내, 겸손, 온유, 끈기로 구출 작전에 성공한다면 그 사람을 올바른 길로 돌아오게 할 수 있다고 단언한다. 그런 다음 그는 이러한 회복의 온전하고 고무적인 결과를 설명한다.

첫째, 우리가 죄에 빠진 그리스도인을 돌이켜 세울 때 우리는 "그의 영혼을 사망에서 구원할 것"이다. 이 편지가 유대인 그리스도인들을 대상으로 하고 있다는 사실을 고려해볼 때 여기서 말하는 '사망'이란 '사망의 길', 즉 암울한 '죽음 같은' 실존을 의미할 가능성이 높다. 초기 기독교 가르침에서 삶이란 두 개의 길, 곧 생명의 길과 사망의 길 가운데 하나를 따라가는 것으로 보았다는 사실을 기억하라. '길' 또는 '경로'라는 뜻의 헬라어 *hodos*는 글자 그대로 '길'이라는 뜻 외에도 비유적으로 '지향하는 생활 양식'을 뜻한다. 20절에서 야고보는 바로 이 *hodos*라는 단어를 사용하여 방종하는 그리스도인의 생활 양식을 "미혹된 길(*hodos*)"이라고 표현한다. 그러므로 야고보는 이 말을 비유적 의미, 곧 육체적 죽음보다는 죽음의 모습을 한 생활 양식으로 사용하고 있는 것이다. 그러나 우리는 또 회개하지 않은 죄가 질병이나 육체적 죽음으로 이어질 수도 있음을 보았다(5:14-16). 그리고 그 죽음은 회개하고 돌아서지 않은 채 '사망의 길'로 계속 간 사람들의 종착지다.

둘째, 우리가 죄에 빠진 그리스도인을 미혹된 길에서 돌이킬 때 우리는 "허다한 죄를 덮을 것이다." 이 말은 이중으로 적용될 수 있다. 죄의 고백은 미혹된 길로 갔던 사람에게 용서를 가져다주기도 하지만, 그 사람이 막다른 길로 계속 나아가는 것을 중지시키기도 한다. 반항적인 그리스도인의 개인적인 죄가 입힌, 그리고 입힐 수 있는 피해가 덮일 것이다. 베드로가 "사랑은 허다한 죄를 덮느니라"(벧전 4:8)고 말할 때 바로 이 "덮는다"는 말을 사용한다. 사랑하는 그리스도인들이 기도, 인내, 끈기를 가지고 개입하면 그 사람이 더 많은 죄를 쌓고 자신의 삶을 더 망치는 것을 막을 수 있을 뿐 아니라, 방종한 형제자매들이 교회를 훼손하는 것을 막을 수 있다.

바로 야고보가 참된 믿음은 진정한 인내를 낳는다고 주장하기는 했지만 우리는 여기에서 한 발짝 더 나아가 탈선한 성도들을 위한 기도에 신중한 언행을 수반해야 한다. 다시 말해서 인내는 수동적인 태도에 대한 변명이 될 수 없다. 믿음은 아무것도 하지 않는 것에 대한 핑계가 될 수 없다. 야고보가 우리에게 분명하게 가르친 것이 있다면 참된 믿음은 참된 행위를 동반한다는 것이다.

탈선한 신자의 삶에 격려, 위로 또는 교정의 말로 관여할지 말지를 생각하고 있다면 우선 당신의 동기를 점검하라. 당신의 행위가 그 사람을 향한 순수한 사랑을 바탕으로 하고 있는지 확인하라. 반드시 집중해서 기도하라. 그리고 긴 과정을 감내하면서 인내심을 발휘할 마음의 준비를 하라. 제멋대로 행동하는 성도들 대부분은 어깨를 툭툭 친다고 바로 돌아서지 않는다. 시간이 아주 오래 걸릴 수도 있다.

내 생각에는 야고보가 방종한 성도들을 돌아보라는 권고로 그의 편지를 마무리하는 것이 어울리는 것 같다. 그는 이 책을 통틀어 외적 행위에는 반드시 내적 확신이 수반되어야 하고, 언행이 일치되어야 하며, 참된 믿음은 요동하지 않는 진실한 행위(1:1-27), 사랑(2:1-3:12), 겸손(3:13-5:6) 그리고 인내(5:7-20)를 낳는다고 주장했다. 그는 독자들의 삶의 가장 내밀한 영역에 대해 확신과 관심을 가지고 참여했다. 야고보의 편지는 시종일관 탈선한 성도들을 생명의 길로 돌이키려는 그의 소명을 예시한다. 그가 원독자들에게 남긴 마지막 말은 당신에게도 해당되는 것이다. "나는 너희를 구하려고 이 편지를 썼고, 너희가 빗나가고 있는 구체적인 영역들에 대해서 내 생각을 알려주기 위해 시간을 들였다. 이제는 너희가 그렇게 할 차례다."

주: 참된 믿음은 진정한 인내를 낳는다(야고보서 5:7-20)

1. Thomas Hastings, "From Every Stormy Wind That Blows," in *The Hymnal for Worship and Celebration*, no. 432.
2. 찰스 스윈돌, 「겨울이 오기 전에 돌아오라(*Come Before Winter and Share My Hope*, 기독교 문서선교회)」 중 '치유(Healing)'를 개작함.

AD 25 AD 30 AD 35 AD 40 AD 45

- 시몬 베드로, 부르심을 받음
- 베드로의 부인과 회복
- 바울의 회심
- 고넬료의 회심

베드로전·후서를 받은 소아시아의 지역들.

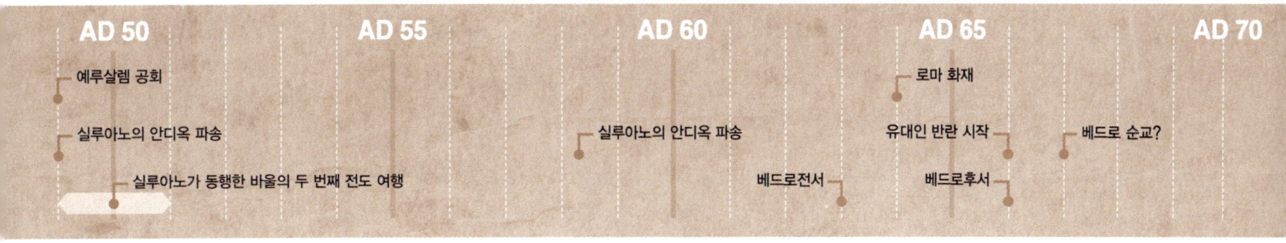

베드로전서

서론

"모두 주를 버릴지라도 나는 결코 버리지 않겠나이다"(마 26:33).

베드로의 이 말은 모든 제자가 – 한 사람도 빠짐없이 – 주님께 등을 돌릴 것이라는 예수님의 냉엄한 선포 뒤에 경솔하게 나온 말이었다. "오늘 밤에 너희가 다 나를 버리리라"(마 26:31). 자기 자신을 몰랐던 베드로는 '경건하게' 예수님의 말을 부인하고 주님께 절대적인 충성을 맹세했다. 그런데 베드로의 충동적인 헌신에 대한 그리스도의 응답은 예수님이 비관적인 의미로 말씀하신 것이 아니라 예언적 의미로 말씀하셨다는 사실을 더 공고히 해준다. "내가 진실로 네게 이르노니 오늘 밤 닭 울기 전에 네가 세 번 나를 부인하리라"(26:34).

예수님의 분명하고 구체적인 선포를 들은 베드로는 강하게 반박했다. "내가 주와 함께 죽을지언정 주를 부인하지 않겠나이다"(26:35). 일단 내뱉어진 말들은 예수님과 다른 제자들의 기억 속에 남아 밤새 그들의 귓가를 떠나지 않았을 것이다. 어쨌든, 베드로는 예수님의 말을 그의 운명을 확정 짓는 직접적인 예언이 아니라 제자들 가운데서 가장 위대한 인물로 자신의 가치를 입증할 수 있는 개인적인 도전으로 받아들이는 듯했다. 그는 아직도 얼마나 많은 것을 배워야 했던가!

한눈에 보는 베드로전서

단락	우리의 산 소망	우리의 특별한 삶	우리의 불 같은 시련
주제	**정보** "은혜와 평강이 너희에게…" 우리가 소망을 가질 때(1:3-12). 우리가 거룩하게 행할 때(1:13-25). 우리가 함께 성장할 때(2:1-12). 계속 나아가기 위한 은혜. 그리스도의 부활을 통한 산 소망(1:3).	**권고** "사랑하는 자들아… 너희를 권하노니…" 순종하라(2:13-3:7). 겸손하라(3:8-22). 갑옷을 입으라(4:1-6). 하나님을 영화롭게 하라(4:7-11). 굳건히 서기 위한 은혜. 개인의 순종을 통한 침착한 소망(3:6).	**위로** "사랑하는 자들아… 이상히 여기지 말고…" 이상히 여기지 말라(4:12). 즐거워하라(4:13). 영혼을 의탁하라(4:19). 너희 염려를 주께 맡기라(5:7). 기뻐하기 위한 은혜. 믿음을 통한 확고한 소망(4:19).
	소망… 고난… 깨어 있음		
핵심 용어	썩지 아니할 거룩한 순종	순종 거룩하게 하다	목자 겸손한
구절	1:1-2:12	2:13-4:11	4:12-5:14

핵심 용어

ἐλπίς [*elpis*, 엘피스] *(1680)* '소망, 확신에 찬 기대'

히브리서 11장 1절은 이렇게 말한다. "믿음은 바라는 것들의 실상이요 보이지 않는 것들의 증거니." "바라는 것들"과 "보이지 않는 것들"을 짝지은 대구법은 그리스도인의 삶에서 소망의 깊이가 어떠한가를 엿보게 해준다. 그리스도인의 산 소망 – 그리스도인의 세 가지 중요한 덕목 중 하나인(고전 13:13) – 은 믿음과 사랑이 가지고 있는 미래 지향적 특질이다. 그리스도인에게 소망이란 추상적인 것이 아니라 특별한 약속들, 특히 그리스도의 재림과 장차 우리가 죽음에서 부활할 것에 대한 약속에 초점이 맞춰져 있다(벧전 1:3, 21, 3:15).

πάσχω [*paschō*, 파스코] *(3958)* '고통받다, 아픔을 겪다, 고난을 감내하다'

이 단어의 동사형이나 이것에 상응하는 명사인 *pathēma* 중 하나, 또는 두 단어 모두가 베드로전서의 모든 장마다 나온다. 베드로의 삶 자체가 그랬듯이, 그의 편지도 고난에 대한 말로 가득 차 있다. 특별히 그리스도의 고난을 나타날 때 쓰이는 영어의 'passion'이라는 단어의 배후에 이 단어가 있다. 베드로의 편지에서 신자들의 고난은, 그리스도의 몸인 교회가 영원한 영광뿐만 아니라 일시적 고난으로 부름받았듯이, 그리스도의 사역에 지속적으로 참여하는 것과 밀접하게 관련되어 있다.

νήφω [*nēphō*, 네포] *(3525)* '근신하는, 차분하고 침착한, 절제된'

베드로전서에서 세 번(1:13, 4:7, 5:8) 나오는 "근신하라"는 권고는 술 취하지 말라는 뜻이다. 그러나 신약 성경에 여섯 차례 사용된 용법을 모두 살펴보면 은유적으로 정신을 차리는 것(살전 5:6, 8, 딤후 4:5)과 베드로전서에서 주로 사용된 절제되고 분별력 있는 정신 상태를 의미한다. 이 단어는 가장 중요한 것에 집중할 수 있는 능력을 뜻한다.

불과 몇 시간 후 예수님이 예언하신 대로 자신의 구세주를 한 번도 아니고 두 번도 아닌, 세 번이나 부인한 베드로는 비탄에 잠겨 통곡하고 있었다(마 26:69–75). 많은 사람들에게 이런 장면은 그의 사역이 종료되는 것으로 보였을 것이다. 그러나 베드로에게 그 부인의 순간은 상심 이상의 순간이었다. 그 순간 베드로는 하나님 앞에서 자신의 절대적인 연약함을 극명하게 드러냈고, 주님의 왕국에서 하나님이 주시는 진정한 위대함을 받을 수 있는 자세를 갖추게 되었다.

"나는 그 사람을 알지 못하노라"(마 26:72)고 내뱉었던 사람이 훗날 "너희 마음에 그리스도를 주로 삼아 거룩하게 하고… 대답할 것을 항상 준비하되…"(벧전 3:15)라고 썼다는 사실을 상상하기란 쉽지 않다. 이 사람은 어떤 사람인가? 어디에서 왔는가? 무엇이 그의 만용을 담대한 자신감으로 변화시켰는가?

베드로의 사역

당신이 나와 비슷한 유형의 사람이라면 쪽지나 편지 또는 이메일을 받으면 제일 먼저 누가 그것을 보냈는지 살펴볼 것이다. 전혀 모르는 사람이 보냈을 경우, 대충 무슨 말인지 이해는 할 수 있지만, 그 이면의 감정과 동기를 완전히 알 수는 없다. 하지만 그 사람을 알면 글을 읽고 이해하는 것이 한결 수월해진다. 따라서 베드로전서라고 불리는 신약 성경의 책 속으로 뛰어들기에 앞서 투박하고 거친 어부로 시작해 교회의 원로 지도자가 되었고, 순교로 생을 마감한 한 남자에 대해 알아보는 시간을 가져야 할 필요가 있다.

우리는 마가복음 1장에서 예수님이 베드로와 그의 형제 안드레를 제자로 부르실 때 베드로의 모습을 처음으로 언뜻 보게 된다.

> "갈릴리 해변으로 지나가시다가 시몬과 그 형제 안드레가 바다에 그물 던지는 것을 보시니 그들은 어부라 예수께서 이르시되 나를 따라오라 내가 너희로 사람을 낚는 어부가 되게 하리라 하시니 곧 그물을 버려 두고 따르니라"(막 1:16-18).

시몬과 안드레는 갈릴리 지방의 가버나움을 기반으로 하여 제법 수익이 나던 고기잡이를 미련 없이 버리고 예수님을 따라갔다. 우리는 그들의 반응을 열정적이거나 충동적인 것으로 해석할 수 있다. 어느 쪽이든, 시몬 베드로의 즉각적인 반응 – 실제로는 모든 갈릴리 출신 제자들의 반응 – 은 우리가 알고 있는 갈릴리 사람들의 보편적 특성과 일치한다. 유대인 역사가이자 1세기의 갈릴리 지방 총독이었던 요세푸스는 갈릴리 사람들의 기질을 "늘 혁신을 좋아하고, 천성적으로 변화를 좋아하며, 선동을 즐긴다"[1]고 묘사했다. 윌리엄 바클레이(William Barclay)는 이렇게 말한다. "성급하고, 충동적이며, 감정적이고, 모험을 외치는 호소에 쉽게 자극받으며, 끝까지 충성한다. 베드로는 갈릴리 남자의 전형이었다."[2]

시몬 베드로의 반응을 생각해보라. 내가 아는 대부분의 성인들은 직업을 가지고 있다. 아무리 지겨워도 직업을 바꾼다는 것은 대개의 경우 다시 시작한다는 뜻이며, 소위 말하는

가버나움에 있는 베드로의 집으로 추정되는 장소 위에 세워진 비잔틴 양식의 교회 터(오른쪽 아래).

사다리의 맨 아래 칸부터 올라간다는 뜻임을 그들은 알고 있다. 그렇기 때문에, 어떤 일을 이제 막 시작했건 수십 년째 해오고 있건 간에 대부분의 사람들은 갑자기 모든 것을 내려놓고 떠나야 하는 상황일 때 사전에 심사숙고할 것이다. 그런데 시몬 베드로는 하던 일을 즉시 내려놓고 떠났다. 이 일은 예수님의 강렬한 인격과 설교에 대한 중요한 무언가를 우리에게 말해줌과 동시에 베드로의 과감한 포기를 설명해준다.

성경에 기록된 베드로가 제자들 사이에서 했던 역할을 얼핏 보면 그가 중요한 위치를 차지하기를 좋아했다는 사실을 알 수 있다. 마태는 베드로를 열두 제자 가운데 "첫째"로 지칭한다. "열두 사도의 이름은 이러하다. 첫째로 베드로라고 부르는 시몬과"(마 10:2, 새번역). (한글 성경의 경우 새번역만 "첫째"라는 말을 사용했다 – 역주.) 그런데 베드로가 부르심을 받는 장면을 보면 베드로와 그의 형제 안드레가 동시에 부르심을 받았음을 알 수 있다(막 1:16–18). 그러므로 마태복음 10장 2절에 나오는 헬라어 *prōtos*는 "가장 먼저"라는 뜻이 아니라 "가장 걸출한"이라는 뜻이다.[3]

베드로는 금세 제자들의 대표가 되었다. 그는 어느 누구도 묻기에 쉽지 않을 질문들을 나서서 할 만큼 대담했다(마 15:15, 18:21, 19:27). 그는 외부 사람들에게 예수님을 홍보하는 역할을 했다(17:24). 그리고 그들이 가버나움에 머물렀을 때 예수님은 베드로의 집을 사역 본부로 사용하셨다(막 1:29–32).

그런데 성경은 베드로의 충성심이 충동적일 때가 있었음을 시사한다. 그는 실제로 마태복음 16장 21절에서 예수님이 제자들에게 그분의 임박한 죽음과 부활에 대해 알려주셨을 때 주님과 언쟁을 벌였다. 그런 계획은 베드로가 생각하기에 메시아가 나아갈 방향과 맞지 않았다. 마태는 이렇게 쓰고 있다. "베드로가 예수를 붙들고 항변하여 이르되 주여 그리 마옵소서 이 일이 결코 주께 미치지 아니하리이다"(16:22). 베드로의 충성스럽지만 충동적인 반응은 예수님을 화나게 했다. "사탄아 내 뒤로 물러 가라 너는 나를 넘어지게 하는 자로다 네가 하나님의 일을 생각하지 아니하고 도리어 사람의 일을 생각하는도다"(16:23).

그리고 물론, 아무도 베드로의 부인을 잊을 수 없다. 그는 자신의 큰 열정 때문에 스스로 지킬 수 없는 약속을 하고 말았다. 그가 원하지 않아서가 아니라 육신 – 성령의 능력이 없는 – 의 세력 때문에 그는 약속을 지키지 못했다. "모두 주를 버릴지라도 나는 결코 버리지 않겠나이다"(마 26:33). 우리는 이미 그 결과, 곧 결의, 자포자기, 부인… 그리고 절망을 보았다.

그런 종류의 비극이 발생하면 당신은 스스로 영원히 끝장났다고 결론 내리고 싶어지지 않는가? 당신은 노골적으로 예수님을 부인한 적은 없을 것이다. 그러나 탈선한 생활 방식으로 인해 당신이 고백한 신앙에 부합되는 삶을 살지 못하고, 가정, 직장, 학교에서 복음을 증거하지 못하며, 화를 참지 못해 쏟아낸, 하지 말았어야 할 말들을 다시 주워담고 싶은 느낌이 어떤 것인지 알 것이다.

그러나 기쁜 소식이 있다. 그것은 실패가 결코 끝이 아니라는 사실이다. 어떤 실패, 어떤 부인, 어떤 죄도 참회하는 반항아를 회복시키시는 하나님의 은혜를 이길 수 없다. 베드로의 삶이 이 사실을 아주 잘 보여준다.

예수님의 부활 직후 빈 무덤에 있던 천사가 여인들에게 일렀다. "가서 그의 제자들과 베드로에게 이르기를"(막 16:7). 나는 그 구절을 볼 때마다 천사가 예수님이 부활하셨다는 소식을 전하라고 이르면서 일부러 베드로를 지목하는 것이 참 좋았다. 이 말에서부터 하

베드로는 최초의 교황이었나?

예수님은 베드로를 가톨릭 교회 최초의 교황으로 임명하셨는가? 어떤 사람들은 제자들 사이에 위치한 시몬 베드로의 지도자적 위상과 마태복음 16장 18-19절에 나오는 베드로의 특별한 개명(改名)을 연결 지어서 예수님이 베드로를 기반으로 교회를 세우셨다고 결론지었다.

> "또 내가 네게 이르노니 너는 베드로라 내가 이 반석 위에 내 교회를 세우리니 음부의 권세가 이기지 못하리라 내가 천국 열쇠를 네게 주리니 네가 땅에서 무엇이든지 매면 하늘에서도 매일 것이요 네가 땅에서 무엇이든지 풀면 하늘에서도 풀리리라 하시고"(마 16:18-19).

이 구절은 더 면밀히 살펴보아야 할 필요가 있다. 우리는 예수님이 베드로에게만 특별한 권한을 주시지도 않았고, 그를 토대로 보편 교회(전세계 가톨릭 교회를 일컫는 말 - 역주)를 세우시지도 않았음을 알아야 한다. 첫째, 그리스도에 대한 베드로의 고백 때문에 예수님이 시몬의 이름을 '반석(*Petros*)'으로 바꾸신 것은 사실이다. 그러나 예수님이 교회의 기초를 지칭하실 때에는 베드로의 고백이나 예수님 자신을 은유적으로 의미하는 '바위(*petra*)'라는 단어를 사용하신다. 둘째, 16장 19절에서는 '묶고 푸는' 권한이 단수형으로 베드로에게 주어졌지만, 마태복음 18장 18절과 요한복음 20장 23절에서는 모든 제자들에게 주어졌다. 마지막으로, 베드로 자신도 그리스도를 "부딪치는 돌(*petra*)"이라고 말하면서 *petra*라는 단어를 사용하는데(벧전 2:8), 여기서 "부딪치는 돌"이란 교회의 모퉁잇돌을 의미했다(2:4-8).

우리가 기억해야 할 것은 베드로가 초대 교회의 위대한 지도자였지만 단 한 번도 다른 사도들보다 우위에서 특별한 권한을 행사하도록 선택된 적이 없다는 사실이다. 따라서 그를 '최초의 교황', 다시 말해 가톨릭 교회에 대해 교리적 권한을 행사하면서 대대로 이어져 내려온 로마의 교황들 가운데 첫 번째 교황으로 간주해서는 안 된다. 초대 교회 교부들은 '베드로의 자리(seat of Peter)'가 다른 교회들보다 우선권을 갖는다는 개념을 받아들이지 않았다. 실제로, 개신교회와 마찬가지로 동방 정교회도 2천 년에 달하는 그들의 역사 동안 한 번도 교황의 권위를 인정하지 않았다.

바티칸에 있는 성 베드로 대성당 지붕에 있는 성 베드로 상.

나님의 회복 계획이 시작되었다. 베드로에 대한 이런 식의 명예 회복은 베드로가 부인하기 전에 예수님이 하셨던 약속과 일치한다. "시몬아, 시몬아, 보라 사탄이 너희를 밀 까부르듯 하려고 요구하였으나 그러나 내가 너를 위하여 네 믿음이 떨어지지 않기를 기도하였노니 너는 돌이킨 후에 네 형제를 굳게 하라"(눅 22:31-32).

이 회복의 절정은 요한복음에서 볼 수 있다. 갈릴리 바닷가에서 불을 피워놓고 제자들과 함께 아침을 드신 예수님이 조용히 시몬 베드로에게 돌아서서 말씀하신다. "요한의 아들 시몬아 네가 이 사람들보다 나를 더 사랑하느냐"(요 21:15). 요한은 '무조건적 사랑'이라는 뜻의 동사 *agapaō*라는 단어를 사용하고 있는데, 이 단어는 베드로가 다른 모든 사람이 주님을 버릴지라도 자기는 절대 주님을 버리지 않겠다는 약속과 함께 그가 했던 오만한 헌신을 강조한 것이었다(마 26:33).

다른 제자들보다 더 우월한 헌신을 하겠다고 주장했던 것을 부끄러워하며 베드로는 예수님의 질문에 답한다. "주님 그러하나이다 내가 주님을 사랑하는 줄 주님께서 아시나이다"(요 21:15). 이 구절에서 요한은 *agapaō*가 아닌 '형제애'라는 뜻을 가진 *phileō*라는 단어를 사용한다. 베드로는 동료 제자들보다 우위를 주장할 생각이 없었다. 다시는.

이것이 바로 예수님이 그 낙심한 지도자에게서 찾던 겸손한 자세였다. 그래서 예수님은 베드로에게 응답하셨다. "내 어린 양을 먹이라"(요 21:15). 베드로가 주님을 세 번 부인했듯이 예수님은 베드로의 헌신을 세 번 확인하셨다(요 21:15-17). 그런데 주님이 세 번째 물음에서 *agapaō* 대신 *phileō*를 쓰셨다는 사실은, 베드로가 그리스도에 대한 자신의 헌신의 감정이 잘못되었음을 깨달았을 때 주님이 어떤 태도로 그를 만나셨는지를 보여주고, 또한 그가 제자들 사이에서 지도자의 위치를 회복했음을 확인시켜주신다. 그 순간부터 베드로는 겸손히 섬기는 지도자로서 그리스도의 양 떼를 먹이는 목자로 떠올랐을 것이다.

예수님이 승천하신 후 베드로가 리더로서 구심점 역할을 하는 모습은 유다를 대체할 열두 번째 제자를 찾는 일을 주도하면서 "베드로가 그 형제들 가운데 일어"섰을 때 나타난다(행 1:15). 그리고 베드로는 오순절날 믿지 않는 유대인들이 성령의 기적적인 징표들이 무슨 의미인지 물었을 때 주저하지 않고 나섰다. "베드로가 열한 사도와 함께 서서 소리를 높여 이르되"(행 2:14). 훗날 사도 바울은 베드로에게 중요한 위치를 부여하면서 그를 교회의 기둥으로 여겼다(갈 1:18, 2:7-9).

베드로의 성숙함과 관련된 논란은 이번이 처음이 아니었다. 안디옥에 있던 바울은 예루살렘에서 유대인 신자들이 도착하자 이방인 신자들을 떠났던 베드로의 위선적인 행동을 공개적으로 질책해야 했다. 바울은 그 일을 기록하면서 베드로를 언급했다.

> "야고보에게서 온 어떤 이들이 이르기 전에 게바가 이방인과 함께 먹다가 그들이 오매 그가 할례자들을 두려워하여 떠나 물러가매 남은 유대인들도 그와 같이 외식하므로 바나바도 그들의 외식에 유혹되었느니라"(갈 2:12-13).

우리는 바울의 질책이 효과가 있었다는 사실을 안다. 베드로는 그 일을 통해 교훈을 얻었고, 그랬기 때문에 그는 예루살렘 공회에서 사도들 가운데서 일어나 은혜의 복음은 율법과 상관없이 이방인들을 위한 것임을 분명히 밝혔다.

> "많은 변론이 있은 후에 베드로가 일어나 말하되 형제들아 너희도 알거니와 하나님이 이방인들로 내 입에서 복음의 말씀을 들어 믿게 하시려고 오래 전부터 너희 가운데서 나를 택하시고 또 마음을 아시는 하나님이 우리에게와 같이 그들에게도 성령을 주어 증언하시고 믿음으로 그들의 마음을 깨끗이 하사 그들이나 우리나 차별하지 아니하셨느니라 그런데 지금 너희가 어찌하여 하나님을 시험하여 우리 조상과 우리도 능히 메지 못하던 멍에를 제자들의 목에 두려느냐 그러나 우리는 그들이 우리와 동일하게 주 예수의 은혜로 구원 받는 줄을 믿노라 하니라"(행 15:7-11).

분명, 베드로는 이방인들에게 복음을 전하시려는 하나님의 계획에 금방 적응하지는 못했다. 하나님은 베드로가 로마의 백부장 고넬료에게 복음을 전할 수 있도록 준비시키시려고 한 가지 환상을 베드로에게 세 번이나 거듭 보여주셨다(행 10:9-48). 그러나 일단 확신이 생기자 베드로는 이방인들에 대한 성령의 사명을 이루기 위해 매진하는 위대한 투사가 되었다. 그는 아직 생각이 바뀌지 않은 유대인 그리스도인들 앞에서 이 새롭게 전개된 사건을 변호했다(11:1-18).

진실로 베드로는 그리스도를 부인한 엄청난 실패로부터 회복되었다. 사람을 낚는 어부가 된 그 투박한 어투는 초대 교회의 기초가 다져지던 시절에 지속적으로 큰 영향을 미쳤다. 사도행전 전반부에 베드로가 남긴 몇 가지 자취를 생각해보라.

- 베드로는 유다를 대신할 열두 번째 제자를 선출하는 일을 주도했다(행 1장).
- 베드로는 최초의 전도 집회에서 주 대변인이 되었다(행 2장).
- 베드로는 요한과 함께 성전에서 절름발이를 고쳤다(행 3장).
- 베드로는 산헤드린에 맞선 채 예수님에 대한 설교를 중단하라는 요구를 거절했다(행 4장).
- 베드로는 아나니아와 삽비라의 속임수를 다루는 냉혹한 임무를 용감하게 수행했다(행 5장).
- 베드로는 사마리아인들에 대한 복음 전파를 확고히 하고, 마술사 시몬의 사기 행각을 해결했다(행 8장).
- 베드로는 룻다, 사론, 욥바에서 병든 자를 고치고 죽은 자를 살려냈다(행 9장).
- 베드로는 세상 만민에게 복음을 전하시겠다는 하나님의 계획을 받아들여 이방인들에게 복음을 전했다(행 10장).

윌리엄 셰익스피어는 이렇게 말했다. "인간이 저지른 악행은 그들이 죽은 뒤에도 남아 있고, 선행은 그들의 뼈와 함께 묻히는 경우가 허다하다."[4] 그리스도는 베드로에게 은혜를 베푸사 그의 유업을 되찾을 수 있는 두 번째 기회를 주셨다. 어쩌면 수탉이 울던 그 성 금요일 새벽에 베드로는 끝나버렸을 수도 있었다. 그러나 하나님은 베드로를 향해 다른 계획을 가지고 계셨다.

베드로전서의 개요

베드로가 보낸 초년의 삶을 간추려보면 베드로전서를 쓴 남자의 성품을 이해할 수 있는 배경에 대한 정보를 얻을 수 있다. (베드로의 말년은 베드로후서의 서문을 위해 남겨놓겠다.) 그의 삶을 들여다보면 이 편지를 더 잘 이해하게 해줄 무언가를 보게 될 것이다. 베드로는 상처받고 낙담한 사람들에게 동정심을 가지고 있었다. 그는 고통받는 사람들을 돌보는 사역을 했다. 그도 고통받았다. 그는 사역이란 잘 다듬어진 설교나 부드럽게 등을 다독이는 것 이상을 의미한다는 사실을 알았다. 신실성과 진리, 격려와 권고 이런 것들은 함께 간다. 그러므로 베드로가 자신의 첫 편지를 절망 속에 있는 상처받은 사람들에게 쓴 것은 놀랄 일이 아니다.

편지의 저자(들)와 수신인들

베드로전서 1장 1절은 베드로 자신이 이 편지의 저자임을 밝히고 있지만 뒤에서는 "내가 신실한 형제로 아는 실루아노로 말미암아 너희에게 간단히 써서 권하고"(5:12)라고 한다. 1세기 때 이런 표현은 통상적으로 이름이 언급된 사람이 편지를 받아 적었거나, 원저자의 직권 아래서 편지 작성을 돕는 비서로 일했다는 뜻이다. 이 또한 그런 뜻일 가능성이 높다.[5] 베드로는 이 편지를 실루아노를 통해 그들에게 전달했다고 말하는 것이 아니라, 그의 도움을 받아 이 편지를 썼다고 말하고 있는 것이다.

이 위대한 소망의 편지를 쓰는 데 베드로를 도왔던 실루아노는 어떤 사람이었을까? '실라'라고도 불렸던 실루아노는 그가 예루살렘 교회에서 베드로를 처음으로 만난 때인 사도행전 15장 22절에 최초로 등장한다. 그는 바울과 바나바와 함께 예루살렘 공회의 결과를 가지고 안디옥으로 파송된 사람들 가운데 하나였다(15:27). 실루아노는 안디옥에 있는 믿는 자들을 격려하고 힘을 북돋아준 "선지자"였다(15:32). 바울이 마가라 하는 요한을 두 번째 전도 여행에 데려가는 문제로 바나바와 갑자기 결별한 후(15:35-39), 바울은 바나바 대신 실루아노를 데려가기로 했다(15:40). 그리고 실루아노는 바울의 두 번째 전도 여행 동안 여러 차례 언급된다. 그는 바울과 함께 박해를 받았고, 고난 중에도 기뻐했다(16:19, 25). 그는 소아시아, 마게도냐, 헬라의 여러 곳에 교회를 개척하고 기초를 다지는 일을 하면서 바울과 디모데와 긴밀히 협력했다(행 16-18장, 고후 1:19).

데살로니가전 · 후서는 바울 혼자 쓴 것이 아니라 "바울과 실루아노와 디모데"(살전 1:1, 살후 1:1)가 함께 썼다는 사실이 간과되기 쉽다. 바울과 디모데와 함께 사역했던 실루아노는 로마에서 베드로와 함께 다시 모습을 드러낸다. 여기서 그는 소아시아 지역의 교회들에게 베드로의 편지를 써서 보내는 일을 책임지고 있다. 실루아노(실라)는 로마의 많은 성도들과 개인적인 친분이 있었던 것이 분명하다.

따라서, 만약 실루아노(실라)가 베드로전서의 일부를 썼다면 우리가 보는 것은 한 사도(베드로)와 한 선지자(실루아노)의 공동 저작이다.[6] 그 결과물인 이 편지는 성령의 감화로 쓰였기에 절대적인 권위를 가지며, 모든 시대의 교회와 깊은 관련이 있다. 바울의 독특한 언어와 상징을 연상시키는 여러 구절들 속에서 실루아노의 영향을 볼 수 있다고 해도, 이 편지의 내용을 주관하는 인간 저자는 베드로이다.

편지의 수신인들은 "본도, 갈라디아, 갑바도기아, 아시아와 비두니아에 흩어진 나그네"(벧전 1:1)들이다. 곳곳에 흩어져 있는 이 나그네들은 세상 저편에서 귀양살이를 하고 있는 천국의 시민들로서 예수님을 알고 있었다. 세상의 관점에서 보면 그들은 피난민들이었지만, 천국의 시각에서 보면 그들은 '선민들'이었다. 박해로 인해 뿔뿔이 흩어지고, 피치 못할 상황에서 희생당하며, 절망 가운데서 광야를 떠돌면서도 그들에게는 기뻐할 수 있는 이유가 있었다. 그들은 하나님이 선택하신 백성들이었다!

소아시아(현대의 터키) 전역에 흩어져 있던 신자들 가운데에는 핍박 받고 있는 유대인들을 위시해서 이방인 그리스도인들까지 모두 포함되어 있었다. 아마도 로마에서 이 글을 쓰고 있었을 베드로는 그의 유대적인 배경과 여러 문화를 체험한 경험을 버무려서 두 집단 모두에게 전달할 수 있는 메시지를 만들었다. 그는 구약 본문과 유대인 그리스도인들에게 익숙한 이미지들을 광범위하게 끌어다 썼다. 그와 동시에 이방인 독자들에게는 그들이 더 이상 무시되지도 않고 부도덕하지도 않으며(1:14), 이제는 하나님의 백성으로서 은총의 수혜자들임을 일깨워주었다(2:10).

편지의 목적과 개요

우리는 그리스도인들로서 우리가 가진 소망으로 인해 우리를 싫어하고 불신하는 사람들로부터 받는 대우에 초연해야 한다. 우리의 소망은 예수님과 그분의 확실한 약속에 의거해야 한다. 베드로가 쓴 편지의 요점은 간단히 말해서, 예수님은 고난의 때에도 소망을 주신다는 것이다. 인생의 초창기를 육체적, 정신적, 정서적, 영적 암흑 속에서 산 사람만큼 어두운 절망으로 가득 찬 냉혹한 세상에서 소망의 불꽃을 계속 피울 수 있는 방법을 잘 아는 사람이 또 있을까?

그렇기 때문에 베드로전서는 우리에게 고난의 실체를 일깨워준다(1:6-7, 2:18-19, 3:15-16, 4:12-16, 5:8-10). 이 주제는 베드로의 최우선 관심사로 계속 등장한다. 이것은 그의 독자들이 들어야 했던 메시지이며, 베드로는 그것을 전할 준비가 잘 되어 있다. 베드로는 그리스도인들에게 고통스러운 시련이 끝이 아님을 일깨워주고 싶어한다. 하나님은 원수를 이기시고 이 고통스러운 시기를 통해 구속의 목적을 성취하실 것이다. 베드로는 우리가 대단히 잊기 쉬운 사실 – 그리스도는 고난의 때에도 소망을 주신다 – 을 상기시킨다.

베드로는 세 가지 방법으로 그리스도가 고난의 때에도 소망을 주신다는 격려의 메시지를 전개한다. 첫째, 베드로는 독자들에게 그들의 산 소망에 대해 알려준다(1:1-2:12). 이 부분에서 그는 우리가 가진 소망을 주장하고(1:3-12), 거룩한 행실을 하며(1:13-25), 그리스도 안에서 성숙해가면(2:1-12) 은혜와 평안을 누릴 수 있음을 알려준다. 베드로는 그리스도의 부활을 통해 얻은 산 소망을 설명하면서 그 근거가 되는 은혜에 초점을 맞춘다(1:3). 그리스도는 고난의 때에 소망의 근원이 되신다.

둘째, 베드로는 독자들에게 삶이 낯설더라도 소망을 갖고 살 것을 권고한다(2:13-4:11). 그는 여러 가지 권위에 순종하고(2:13-3:7), 겸손한 마음을 품으며(3:8-22), 인내로 무장하고(4:1-6), 하나님을 영화롭게 하라고(4:7-11) 강조한다. 이런 원칙들이 적대적인 세상 속에서 그리스도인으로 살 수 있는 비결이다. 베드로는 개인의 순종을 통한 담담한 소망을 설명하면서 굳게 서기 위한 은혜를 강조한다(3:6). 그리스도는 고난의 때에 소망의 본보기가 되신다.

끝으로, 베드로는 불 같은 시련 가운데에 있는 독자들을 위로한다(4:12-5:14). 그는 역경이 닥칠 때 놀라지 말 것을 상기시킨다(4:12). 오히려 기뻐하고(4:13), 삶을 하나님께 의탁하며(4:19), 모든 염려를 그분께 맡겨야 한다(5:7). 베드로는 믿음을 통한 흔들리지 않는 소망을 바라보도록 우리의 주의를 돌리면서 은혜를 기뻐하라고 한다(4:19). 그리스도는 고난의 때에 소망의 근원이 되신다.

적용

베드로를 생각하라!

당신은 어떤지 모르겠지만 베드로의 삶과 사역은 나에게 희망을 준다. 그 투박한 갈릴리 남자가 사람을 변화시키시는 하나님의 은혜로 인해 실패의 자리에 머물지 않고 신실한 사람으로 변화된 것을 생각해보면 하나님이 당신과 나에게도 똑같은 일을 행하실 수 있다는 생각을 하지 않을 수 없다. 나는 우리가 베드로를 통해 배울 수 있는 중요한 교훈을 최소한 세 가지 발견했다.

첫째, 과거의 실패가 미래의 목표를 파기하지 않는다. 사람들은 하나님이 '일진 아웃제'를 따른다고 당신을 설득하려 할 것이다(그리고 당신이 스스로를 설득할 때도 있을 것이다). 당신이 일을 그르치면 하나님은 당신을 검토해보신 후, 더 믿을 수 있고 신실한 사람에게로 일을 넘기실 것이라고 할 것이다. 행여 하나님이 당신을 그분의 계획에서 제외시켰다고 생각하고픈 유혹을 느끼게 된다면 베드로를 생각하라. 삼진 아웃 후에 그는 스스로를 아웃시켰다. 그러나 그리스도는 조심스럽게 그를 회복시켜 동료 제자들 사이에서 지도자의 자리로 올려놓으셨다. 나는 베드로가 그리스도를 노골적으로 부인한 것에 대해 그분의 온전한 용서를 받아들이지 않았다면 초대 교회의 지도자가 되지 못했으리라고 생각한다. 그는 자신을 용서하는 과정에서 하나님의 용서를 받아들였다. 그는 하나님이 보시는 대로 자신을 보았다. 과거의 죄와 수치에서 벗어나 정결해진 자신의 모습을 본 것이다. 잠시라도 과거의 실패가 당신의 미래를 향한 하나님의 계획을 무효화시킨다는 생각은 하지 말라.

둘째, 상처 입은 마음은 균열된 삶을 치유하는 훌륭한 전제 조건이다. 바울은 하나님이 "우리의 모든 환난 중에서 우리를 위로하사 우리로 하여금 하나님께 받는 위로로써 모든 환난 중에 있는 자들을 능히 위로하게 하시는 이"(고후 1:4)라고 말했다. 예수 그리스도를 통한 하나님의 무조건적인 용서를 선포하면서 화해의 사역을 베드로보다 더 잘 번성시킬 수 있는 사람이 있을까? 그는 인간의 약함, 용감한 척하는 가면 뒤에 숨어 있는 내면의 나약함, 안간힘을 다해 서려고 애를 써도 넘어질 수밖에 없는 본성을 알았다. 그렇기에 그는 자신의 경험을 바탕으로, 금방이라도 넘어질 듯 비틀거리며 괴로워하는 성도들을 돌보면서 그들이 떨치고 일어나 설 수 있도록 힘을 실어줄 수 있었다. 우리도 마찬가지다. 우리가 곤고한 일을 당하고, 위기를 넘기며, 실패를 극복하는 데에는 이유가 있다. 하나님은 우리가 지난날의 경험을 사용해서 비슷한 처지에 있는 다른 사람들을 보살피기 원하신다. 상처 입은 마음이야말로 균열된 삶을 치유하는 훌륭한 전제 조건인 것이다.

셋째, 한 번 소망을 말하는 것이 표현되지 않은 천 가지 생각보다 더 힘이 된다. 멀리 로마에서 – 사역으로 분주한 가운데 – 베드로는 바다를 두 번 건너야 갈 수 있는 지역의 사면초가에 처한 성도들에게 편지를 써야겠다는 생각을 했다. 베드로는 물론 다른 사람들에게 그들을 돌보게 하고 떠났을 수도 있었다. 그런데도 그는 시간을 내어 스스로 "간단한" 편지라고 말한 편지를 썼다(5:12). 그런 따뜻한 마음의 표현이 그들의 삶을 온전히 변화시켰다. 당신도 당신이 격려해줄 수 있는, 어려운 시기를 헤쳐나가고 있는 사람들을 알고 있을 것이다. 당신도 그런 일을 겪었었다. 당신은 무슨 말이 필요한지 안다(그리고 무슨 말이 필요 없는지도). 그들에게 편지를 쓰라. 이메일이나 즉흥적인 메시지를 말하는 것이 아니다. 그들이 붙잡을 수 있는 실질적인 어떤 것, 그들이 혼자가 아님을, 저편 어딘가에 그들을 걱정하는 누군가가 있음을 보여주는 구체적인 징표를 보여주라. 베드로의 삶을 본보기 삼아 냉담한 관심과 실제 행동 사이의 간격을 메우라. 소망을 한 번 말하는 것이 표현되지 않은 천 가지 생각보다 더 힘이 된다는 사실을 알기 때문에 당신에게 다음 단계를 향해 나아갈 것을 촉구한다. 시간을 내어 누군가의 캄캄하고 절망적인 세상 속으로 희망의 빛을 가지고 들어가라.

주: 서론

1. Flavius Josephus, *The life of Flavius Josephus*, in *The Complete Works of Josephus*, trans. William Whiston(repr.; Grand Rapids: Kregel, 1981), 5.
2. William Barclay, *The Master's Men*(New York: Abingdon, 1959), 18.
3. Walter Bauer et al., *A Greek-English Lexicon of the New Testament*, 2nd ed.(Chicago: Univ. of Chicago Press, 1979), 726. 바울은 이 헬라어 단어를 사용해서 자기를 죄인들 중에 "괴수"(딤전 1:15)라고 했고, 사도행전 13장 50절은 같은 단어로 시내의 "유력자들"을 지칭한다.
4. 「줄리어스 시저(*Julius Caesar*)」 3막 2장에서 안토니가 로마 시민들에게.
5. Peter H. Davids, *The First Epistle of Peter*, The New International Commentary on the New Testament., ed. Gordon D. Fee(Grand Rapids: Eerdmans, 1990), 198.
6. 학자들은 종종 베드로전서와 후서 사이에 있는 헬라어 문체의 차이를 지적하면서, 둘 중 하나 또는 둘 다 베드로와 아무 관련이 없고 그의 이름을 사칭해 위조한 글이라고 주장한다. 그러나 신약 성경의 선지자이자 다른 신약 성경의 글들을 공동 집필한 실루아노가 편지의 작성을 도왔다는 사실을 참작하면 문체의 차이는 쉽게 해명된다. 베드로전서는 베드로가 실루아노를 통해 썼고, 베드로후서는 베드로가 직접 쓴 것이다(벧후 1:1).

우리의 산 소망

베드로전서 1:1-2:12

자기보다 몇 분 일찍 무덤에 도착한 손아래 동료들을 앞질러 어둠 속으로 뛰어든 시몬의 눈이 어둠에 적응하기까지는 시간이 걸렸다. 그는 대번에 마리아의 말이 사실이란 것을 알았다. 예수님의 시체가 사라졌다! 하지만 사라진 시체만 문제가 아니었다. 시몬은 무덤에서 시신 대신 석판 위에 놓여 있는 얼룩진 세마포와 그 옆에 원래 모습 그대로 놓여 있는 머리를 쌌던 수건을 발견했다(요 20:6-7).

갑자기 요한의 목소리가 석벽에 부딪혀 울리면서 정적을 깼다. "그분이… 그분이 부활하셨다!"

"쉿!" 베드로는 사태를 신중히 살피면서 말했다. 그는 평생 잊을 수 없는 성급한 결정들을 너무 많이 내렸었다. 그는 다시는 그런 결정을 하고 싶지 않았다. 누군가가 시체를 훔쳐 갔을지도 모른다. 그렇다면 누가? 제자들은 아니다. 그것만은 확실했다. 그들은 예수님과 같이 체포되어 처형당할지도 모른다는 두려움에 십자가 처형 이후로 숨어 지내왔다. 그렇다면 유대인 지도자들… 아니면 로마 사람들일 리도 없었다. 어느 누구보다 예수님을 죽여 장사 지내기를 원했던 그들이었다. 그렇다면 그들 외에 누가 시체를 강탈했다는 말인가? 그리고 시신을 어디로 가져갔다는 것인가?

"주님이 부활하셨어!" 요한은 주장했다. 베드로는 그에게 조용히 하라는 손짓을 하고나서 떨리는 손으로 수염을 쓰다듬었다. 누군가가 시체를 가져갔다 치더라도 시체를 쌌던 천을 남겨놓았다! 그들은 심지어 머리를 쌌던 수건을 단정하게 개 놓을 시간까지 있었다. 도대체 말이 안 된다! 예루살렘 거리를 알몸뚱이의 차가운 시체를 든 채 터덜터덜 걸어다닐 수는 없다. 그것은 어느 모로 보나 유대인 율법에 어긋나는 짓이었다. 베드로가 눈을 감자 예수님의 말씀이 마음속에 떠올랐다. 마치 예수님이 친히 그에게 다시 속삭이시는 듯했다. "시몬아, 시몬아, 보라 사탄이 너희를 밀 까부르듯 하려고 요구하였으나 그러나 내가 너를 위하여 네 믿음이 떨어지지 않기를 기도하였노니 너는 돌이킨 후에 네 형제를 굳게 하라."

차올랐던 눈물이 흘러내리자 그는 눈을 뜨고 무덤을 살펴보았다. 요한은 앞으로 가서 시체를 쌌던 세마포를 자세히 살펴보고 기쁨과 공포의 중간쯤 되는 표정으로 베드로를 향해 돌아섰다. "시몬, 잘 들어… 주님이… 부활하셨어. 그분이… 살아계셔!"

머리를 끄덕이며 베드로는 무덤 벽에 기대 서서 말했다. "자네 말이 맞아, 요한. 그분은 정말로 살아나셨어!" 그 순간 베드로는 육중한 무덤의 돌이 그의 가슴에서 굴러나가고 낡

핵심 용어

ἄφθαρτος [*aphthartos*, 아프타르토] *(862a)* '불멸의, 쇠하지 않는, 부패하지 않는"

이 단어는 사실상 발음이 거의 불가능한 *phthartos*('부패하기 쉬운')의 반대말이다. 인간(롬 1:23)과 물질적 상급(고전 9:25)을 포함해 이 타락한 세상의 모든 것은 썩지만, 그리스도인들은 썩지 않는 몸의 부활(15:13)과 쇠하지 않는 보상(벧전 1:4)을 소망하며 기다린다. 베드로는 우리가 썩지 않는 씨 – "살아 있고 항상 있는 하나님의 말씀"(1:23) – 로 거듭났기 때문에 불멸한다고 말하면서 이 개념을 더 자세히 설명한다.

ἅγιος [*hagios*, 하기오스] *(40)* '거룩한, 신성한, 구별된, 순수한, 고결한'

신성의 개념은 베드로의 첫 번째 편지에서 중요한 역할을 한다. 근본적 의미에서 '신성'하다는 것은 특별하고 독특한 목적을 위해 따로 떼어 분리시킨다는 뜻이다. 사람에게 사용할 때는 특별한 섬김을 위해서 성직에 임명되는 것을 의미하기도 한다(2:5). 다른 경우에는 도덕적 측면 – 주변의 부도덕한 사회로부터 도덕적으로 구별되는 것(1:15) – 이 강조된다. 어떤 경우든 우리의 거룩함의 기준은 하나님의 거룩하심이며(1:16), 그 방법은 성령의 거룩하게 하시는 역사를 통한 거룩하신 분의 부르심이다(1:2, 15).

ὑπακοή [*hypakoē*, 히파코에] *(5218)* '순종, 준수'

이 단어는 '듣는다'는 뜻의 *hypakouō*라는 동사와 관련이 있다. 고전 헬라어에서 이 말은 문을 두드리면 응답하는 임무를 가진 문지기를 일컬었다. 따라서 이 단어는 부름에 응답하거나 명령에 귀를 기울인다는 개념을 가지고 있다. 그리스도인들은 주님이신 그리스도께 절대적인 순종을 드려야 한다(1:2, 14, 22). 그러므로 우리는 그분의 명령에 귀를 기울여야 한다. 그리고 그분이 부르시면 망설이지 말고 즉시 대답해야 한다.

은 시체를 쌌던 천이 그의 마음에서 떨어져나가는 것을 느꼈다.

그는 곧 모든 것이 변하리라는 사실을 알았다… 모든 것이.

30여 년 후에 베드로는 이렇게 찬양했다. "우리 주 예수 그리스도의 아버지 하나님을 찬송하리로다 그의 많으신 긍휼대로 예수 그리스도를 죽은 자 가운데서 부활하게 하심으로 말미암아 우리를 거듭나게 하사 산 소망이 있게 하시며"(벧전 1:3).

베드로가 편지의 첫 번째 주요 대목에서 독자들에게 강조한 것이 이 산 소망에 대한 것이었다. 먼저 그는 독자들에게 그들이 가진 소망에 대해서 알려준다(1:1-2:12). 그러면서 우리를 위시한 모든 세대의 믿는 자들에게 고난 중에 소망을 가지고(1:3–12), 타락한 세상에서 거룩한 행실을 견지하며(1:13–25), 하나님의 특별한 백성들로서 그리스도 안에서 함께 자라가면(2:1–12) 은혜와 평강이 우리에게 주어질 수 있음을 알려주면서 자신의 논지를 확장한다.

어떤 상황 속에서도 우리에게 계속 나아갈 수 있는 힘을 주시는 은혜에 초점을 맞추면서 베드로는 부활하신 그리스도 – 우리 자신이나 세상이 아니라 – 를 곤고한 때에 신뢰할 수 있는 소망의 근원으로 조명한다. 2천여 년 전 환한 빛이 그 빈 무덤 속의 어둠을 몰아냈듯이, 소망의 빛이 절망의 그림자를 몰아내고 우리 마음을 기쁨으로 가득 채울 수 있다.

고난 중에 기뻐하기(베드로전서 1:1–12)

1 예수 그리스도의 사도 베드로는 본도, 갈라디아, 갑바도기아, 아시아와 비두니아에 흩어진 나그
네 2 곧 하나님 아버지의 미리 아심을 따라 성령이 거룩하게 하심으로 순종함과 예수 그리스도의 피
뿌림을 얻기 위하여 택하심을 받은 자들에게 편지하노니 은혜와 평강이 너희에게 더욱 많을지어다
3 우리 주 예수 그리스도의 아버지 하나님을 찬송하리로다 그의 많으신 긍휼대로 예수 그리스도
를 죽은 자 가운데서 부활하게 하심으로 말미암아 우리를 거듭나게 하사 산 소망이 있게 하시며 4 썩
지 않고 더럽지 않고 쇠하지 아니하는 유업을 잇게 하시나니 곧 너희를 위하여 하늘에 간직하신 것
이라 5 너희는 말세에 나타내기로 예비하신 구원을 얻기 위하여 믿음으로 말미암아 하나님의 능력으
로 보호하심을 받았느니라 6 그러므로 너희가 이제 여러 가지 시험으로 말미암아 잠깐 근심하게 되
지 않을 수 없으나 오히려 크게 기뻐하는도다 7 너희 믿음의 확실함은 불로 연단하여도 없어질 금보
다 더 귀하여 예수 그리스도께서 나타나실 때에 칭찬과 영광과 존귀를 얻게 할 것이니라 8 예수를 너
희가 보지 못하였으나 사랑하는도다 이제도 보지 못하나 믿고 말할 수 없는 영광스러운 즐거움으로
기뻐하니 9 믿음의 결국 곧 영혼의 구원을 받음이라
10 이 구원에 대하여는 너희에게 임할 은혜를 예언하던 선지자들이 연구하고 부지런히 살펴서
11 자기 속에 계신 그리스도의 영이 그 받으실 고난과 후에 받으실 영광을 미리 증언하여 누구를 또
는 어떠한 때를 지시하시는지 상고하니라 12 이 섬긴 바가 자기를 위한 것이 아니요 너희를 위한 것
임이 계시로 알게 되었으니 이것은 하늘로부터 보내신 성령을 힘입어 복음을 전하는 자들로 이제
너희에게 알린 것이요 천사들도 살펴 보기를 원하는 것이니라.

모든 사람, 모든 장소, 모든 시대가 갖는 공통점이 하나 있다. 우리는 상처받는다는 것

이 무슨 뜻인지를 안다는 것이다. 유대인이건 그리스도인이건, 무슬림이건 힌두교도이건, 무신론자건 우상 숭배자이건 눈물은 다 똑같다. 문화는 부침을 거듭하고, 국가들은 성쇠를 거듭하며, 민족들은 나타났다 사라지지만 고난은 모든 문화를 초월하며, 모든 국가에 침입하고, 그것이 가진 고통의 메시지를 지금까지 존재했던 개개인들에게 옮긴다.

만연한 고통의 문제에는 강력한 처방전이 필요하다. 베드로의 첫 편지는 어떻게 고난을 견딜 수 있는지 즉, 이를 악물고 준열한 결단을 내리는 것이 아니라 흔들리지 않는 평온한 마음, 심지어 기쁘기까지 한 마음을 가질 수 있는지 말해줌으로써 치료제를 제공한다. 대부분의 사람들은 이 말을 터무니없는 소리로 듣는다. 그러나 베드로의 주장에 귀 기울여 볼 필요가 있다.

베드로는 박해의 불길에 상처 입고 쫓겨난 성도들에게 편지를 쓰고 있다. 그들은 세상적인 관점에서 볼 때에는 온갖 절망의 이유를 다 가진 암울한 환경 속에서 삶을 이어가고 있었다. 많은 사람들이 망명 중에 있었다. 하지만 베드로는 그들에게 긍정적인 사고를 주입하려고 하거나, 무의미하고 진부한 말을 하려고 하지 않는다. 대신 그들의 고난에 동참하고, 조심스럽게 그들의 주의를 천국으로 돌려 현실 너머를 바라보며, 천국의 소명 가운데 새 소망을 발견하게 한다.

그리고 베드로의 말은 우리에게도 동일하게 적용될 수 있다.

—1:1-2—

나는 현대의 발명품들, 과학 기술 그리고 그것들이 주는 효율성과 편리성을 좋아한다. 하지만 옛것들도 좋아한다. 고전 음악, 예로부터 전해 내려오는 속담, 가죽 장정의 책. 그런데 내가 정말로 진가를 인정하는 것은 편지를 쓰는 사람이 서두에 자기 이름을 적는 구식 편지다. 편리하지 않은가? 고대에는 사람들이 편지 서두에 서명을 해서 그 양피지나 파피루스에 잉크를 묻힌 사람이 누구인지 대번에 알 수 있었다.

이제 당신이 사방에서 조여오는 엄청난 압박감 가운데 살고 있는 그리스도인이라고 상상해보라. 형편이 제일 나을 때, 당신은 이를 악물고 예수님의 재림이 늦어지는 것에 대해 불평을 토로한다. 형편이 최악일 때 당신은 회당의 친숙한 의식으로 되돌아가거나, 심지어는 우상으로 가득 찬 성전들로 되돌아갈 생각도 해본다. 환멸에 빠진 그런 순간에 누군가가 당신에게 둘둘 말아 끈으로 묶은 편지 한 통을 건네준다. 당신은 봉인을 뜯은 다음 천천히 두루마리를 펼쳐 그 자리에서 편지를 읽는다. "예수 그리스도의 사도 베드로는." 찌는 듯이 뜨거운 여름날 불어오는 산들바람처럼 이 서두는 당신의 고단함을 날려 보내고 새 소망의 불꽃을 일으킨다. 최고참 사도가 당신에게… 편지를 썼다. 갑자기 당신의 손 안에 있는 가벼운 파피루스 두루마리가 무겁게 느껴지면서 빨리 동료 성도들을 모아 자세히 읽어보고 싶어진다. 방금 소망이 도착했다!

베드로는 '흩어진 나그네들'에게 편지를 쓰고 있다. 그들은 집을 떠난 나그네들이었다. 그들이 마음속에 소중히 간직하고 있는 목적지는 그리스도와 함께 있는 곳, 즉 죽으면 천국이지만 그분이 재림하시면 궁극적으로는 그분의 왕국이었다. 하지만 지금 그들은 추방당해 세계 곳곳에 뿔뿔이 흩어져 있었다. '흩어진'이라는 단어는 디아스포라(*diaspora*)이다. 야고보는 이 말을 흩어져 있는 유대인 성도들을 지칭하는 데 사용했다(약 1:1). 여기서 베드로는 이 말을, 그들의 고국 유대 땅에서 쫓겨난 유대인들이 아니라 압제에 의해 거칠고 적대적인 세상이라는 광야로 쫓겨나 핍박받고 소외당한 모든 그리스도인 – 유대인과 이방인들 – 을 지칭하는 상징적 의미로 사용한다. 그들이 자신들의 집에 살고 있건 아니건 간에 이 독자들은 '흩어진' 삶, 균열이 생긴 영혼, 상처 입은 마음을 가지고 있었다. 그들의 고통은 골수에 사무쳤다.

핍박을 당할 때 우리의 본능은 도망가거나 대항하라고 말한다. 고난을 감내하면서 은혜를 보여주는 것은 지극히 어려운 일이다. 당신을 부당하게 대우한 사람이 있다면 당신은 자신을 변호하고, 반격하며, 받은 대로 갚아주고 싶은 유혹이 얼마나 큰지 알 것이다. 베드로는 그의 편지를 읽는 사람들이 그 모든 유혹을 초월하고, 마음의 평정을 얻으며, 모든 불공평한 대우에도 불구하고 소망을 찾도록 돕기 위해 이 편지를 쓰고 있다.

유대 지역의 유대인들 사이에서 교회가 제일 먼저 시작되었던 탓에 로마 제국은 처음에는 교회를 유대교의 한 '분파'로 생각했다. 로마 제국의 온갖 이방 종교들 틈에서 유대교만 유일하게 황제에게 제물을 바치지 않아도 되는 합법적인 종교였다. 그 대신 그들은 황제를 위해서 기도할 수 있었다. 따라서 그리스도인들이 유대교의 한 분파로 보여지는 한 그들은 유대교의 면제와 보호 속에 있을 수 있었다.

삼위일체와 구원

당신이 꼼꼼하지 않은 사람이라면 아마 베드로전서 1장 2절을 보면서 당신의 구원에 역사하시는 삼위일체의 역할을 알아채지 못했을 것이다. 많은 그리스도인들이 성부, 성자, 성령이 하나님의 자녀 된 우리의 새로운 신분을 확립하는 데 완전한 조화를 이루며 함께 일하신다는 사실을 망각한다. 아니면 최소한 그 중요성을 제대로 인식하지 못한다. 우리는 삼위일체의 교리가 우리의 삶과는 동떨어져 있으며, 현실적으로 중요한 의미가 없는 이론일 뿐이라고 여기는 경우가 많다. 그런데 베드로가 서두에서 말한 송영은 그런 시각을 기껏해야 근시안적인 것으로 일축한다.

어떤 작가는 이렇게 썼다. "삼위일체의 각 위는 각기 다른 역할을 담당한다. 성부는 택하시고, 성자는 구속하시며, 성령은 성화시키신다."[1] 우리는 삼위의 각 위가 우리의 구원에서 각기 다른 면에 영향을 미치지만 온전한 조화를 이루며 역사하신다는 사실을 인식해야 한다. 동시에 우리는 삼위의 각 위가 이름만 다른 동일한 인격이라는 식으로 혼동하지 않도록 유의해야 한다. 예컨대 성부 하나님께 십자가에서 죽으신 것에 대해 감사를 드리는 그리스도인은 무심결에 아들이신 예수님의 공로를 하나님 아버지께로 돌리는 것이다. 우리는 신약 성경의 예를 따라서 성

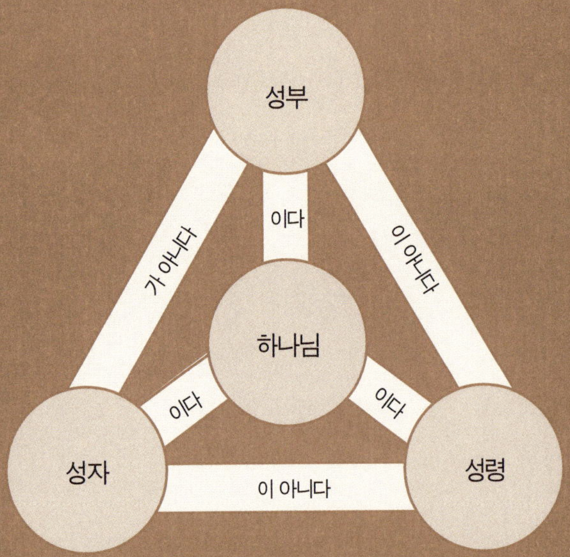

그런데 회당이 그리스도인들을 쫓아내기 시작하고 기독교가 이방인들과 유대인들로 구성된 다른 정체성을 갖게 되면서, 기독교는 법적 보호를 잃고 로마인들이 박해하는 대상이 되었다. 이것이 소아시아(현대의 터키)에 살고 있는 그리스도인들이 베드로의 편지를 받았을 때 처해 있던 상황이다. 의혹의 불꽃이 박해의 불길을 일으켰고, 그것이 결국에는 로마 제국이 초대 교회에 맞서 기독교를 초토화시키려는 광란의 불길로 이어질 터였다. 베드로의 말은 가혹한 시련 속에 있던 이 신자들을 위로함과 동시에 그 뒤에 이어질 핍박에 대응하여 미리 준비하기 위한 것이었다.

베드로는 편지의 독자들에게 하나님 앞에서 그들의 지위를 되새기며 격려하기 시작한다. 그들은 하나님 아버지의 예지로 '선택'되고, 성령에 의해 성별되어, 그들이 순종을 통해 섬겨야 하는 그리스도의 피로 정결하게 된 자들이다(1:1-2). 이렇게 그들을 향한 하나님의 은혜를 상기시키는 이유는 그들이 일상 가운데 감내하고 있는 혼란의 격랑 속에서 '충만한' 평화를 주기 위해서이다.

부, 성자, 성령이 - 영원히 연합하여 온전한 신성을 나누고 있지만 - 다른 역할을 하신다는 사실을 알아야 한다.

서로 구별되면서 연합하여 역사하신다는 것은 하나님의 단일성과 성부, 성자, 성령의 다양성을 나타낸다. 이방 종교들의 수많은 신들과는 대조적으로 성경은 참 하나님은 한 분뿐이라고 가르친다(신 6:4). 그러나 하나님의 삼위일체에는 영원히 공존하는 세 인격 - 성부, 성자, 성령 - 이 존재한다. 성부도 하나님이시고(요 6:27, 엡 4:6), 성자도 하나님이시며(요 1:1, 히 1:8), 성령도 하나님이시다(행 5:3-4). 그러나 아버지는 아들이 아니시며(눅 23:46, 요 20:17), 성령도 아니시고(눅 11:13, 요 14:26), 성령은 아들이 아니시다(요 14:16, 행 2:33). 그럼에도 세 명의 신이 아니라 하나의 삼위일체 하나님이 존재한다. 이 성경의 삼위일체 교리 - '세 인격을 가지신 한 분 하나님' - 를 완전히 이해할 수는 없지만 이것은 우리 구원의 기초이다(벧전 1:2).

1:3-9

3절에서 9절까지 베드로는 우리가 어떻게 고난에 대처하는 것 그 이상을 할 수 있는지에 대해 쓰고 있다. 실제로 우리는 고난 중에서 담대히 기뻐할 수 있다! 이른바 '송영(찬양의 말)'이라고 하는 이 장엄한 찬송에서 베드로는 고난 중에 기뻐할 수 있는 최소 여섯 가지 이유를 언급하면서 하나님을 찬양한다. 이 구절들은 2절에서 언급된 "은혜와 평강"이라는 뼈대에 살을 붙인 것이다. 2절이 하나님의 택하심을 받은 자들로서 삼위일체의 하나님 앞에서 우리에게 주어진 무조건적인 지위를 밝혔다면, 3-9절은 성부, 성자, 성령과의 영원한 관계 속에서 주어진 그 무엇과도 비길 수 없는 우리의 소유를 설명한다.

산 소망(1:3). 첫째, 우리에게는 '산 소망'이 있기에 기뻐할 수 있다. 예수 그리스도 안에 있는 신자들은 그리스도가 죽음에서 부활하셨기 때문에 산 소망에 대해 "거듭 났다." 길고 지난한 여정의 최종 목적지가 천국에서의 영원한 삶임을 깨달을 때 그 길에서 만나는 구덩이와 실패는 견딜 만한 것이 된다. 구원받지 못한 사람들에게 소망이란 별에게 소원을 비는 것에 불과하다.

- "로또에 당첨된다면."
- "우리 아들이 언젠가는 정신을 차렸으면."
- "직장에서 내 일이 잘 풀렸으면."
- "다음 달 월급이 나올 때까지 버틸 수 있었으면."

하지만 이런 류의 희망 사항은 산 소망과는 분명한 차이가 있다. 그리스도인의 소망은 그리스도의 실재와 그분의 부활에 근거한다. 그분이 무덤에서 살아나셨으므로 우리도 그분처럼 영화롭게 된 육체로 부활해 새 하늘과 새 땅에서 영원히 살 것이다(살전 4:16-18, 계 21:5).

영원한 유업(1:4). 둘째, 우리는 영원한 유업을 가지고 있기에 고난 중에 기뻐할 수 있다. 나는 사역을 하면서 많은 곳을 다녔고, 전 세계의 여러 모텔과 호텔에 묵는 특권을 누렸다. 그러나 솔직히 고백하자면 나는 '보장된' 예약이 사라졌을 때 많이 힘들다. 저녁 9시 30분, 긴 하루의 여행을 마치고 녹초가 된 채 이름과 신용 카드를 주면 호텔 직원은 자기 컴퓨터로 요술을 부린 후 내가 유령이라도 되는 듯이 뚫어져라 쳐다본다. 내 이름이 그 조그만 스크린에 뜨지 않으면 나는 존재하지 않는 것이다! 그러면 나는 그에게 예약 확인 번호를 주더라도 아무 소용이 없다. 결국에는 어떤 연유에서인지 내가 했던 예약이 사라졌다는 이유로 형식적인 사과만 받은 채, 몇 구역 지나 있는 허름한 여관으로 가게 된다.

베드로는 굉장한 뉴스를 전한다. 이런 일은 당신이 예약해놓은 영광에는 절대 일어나지 않을 것이다! 당신의 천국 예약은 그리스도의 피로 사서 그분의 영광스러운 부활로 확인했다. 천국의 직원은 당신을 보고 이렇게 말하지 않을 것이다. "성함이 뭐라고 하셨죠?" 또는 "선생님의 신용 카드를 다시 보여주시겠어요?" 이 땅에서의 길고 험난한 여정을 마치고나면 살아계신 하나님은 아무 형식적인 절차 없이 당신을 환영하며 맞아주실 것이다. 우리가 받을 유업이 확실하기에 우리는 고난 중에도 기뻐할 수 있다.

하나님의 보호하심(1:5). 셋째, 우리는 "하나님의 능력으로 보호하심을 받기" 때문에 고난 중에서도 기뻐할 수 있다. 핍박이 아무리 심해도 우리는 그 속에서 길을 잃지 않을 것이다. 위로와 힘을 주시는 하나님의 손길이 우리를 떠나지 않을 것이다. 어떤 불행이 닥쳐도, 어떤 죽음이 찾아와도, 고통이 아무리 깊어도, 재앙이 아무리 무서워도 우리는 하나님의 손길 안에 있다. 그리고 하나님은 전능하시고, 선하시며, 전지하시다. 이는 어떤 상황에서도 그분을 신뢰할 수 있다는 뜻이다. 죽음은 우리의 육신을 파괴하겠지만 하나님은 우리의 영혼을 지켜주시고, '마지막 때에' 영원히 죽지 않는 영광의 몸으로 우리를 살리겠다고 약속하셨다. 아무도 왜 우리가 그렇게 힘든 시기를 겪어야 하는지 말해주지 못한다. 아무도 만족할 만한 설명을 해주지 못한다. 그러나 우리는 우리의 하나님이 어떤 분이신지 알기에 고난의 불가사의를 받아들이고, 하나님이 그분의 능력으로 지금부터 영원까지 우리를 보호하실 것을 확신한다.

성장하는 신앙(1:6-7). 넷째, 이런저런 시련을 당할 때 그것이 우리의 믿음을 성장시키고 강건하게 할 것이기에 기뻐할 수 있다. 베드로는 그의 독자들이 "여러 가지 시험으로 말미암아 잠깐 근심하게" 되었음을 알고 있다. 베드로는 그들이 당하고 있는 고난의 실재를 경시하거나 묵살하려는 것이 아니라 시험을 받으면서도 - 시험 때문이 아니라 - "크게 기뻐할" 수 있는 이유를 제시한다(1:6). 고통과 고난 자체는 선하지 않다. 그것은 타락한 세상의 결과물이다. 우리는 하나님이 세상을 그 저주에서 회복시키시면 그것들이 사라질 것임을 확신할 수 있다. 핍박, 고통, 역경의 사악함에도 불구하고 하나님은 그분의 섭리 가운데 선한 결과를 이루어주신다.

6-7절은 시련에 대한 네 가지 진리를 제시한다.

- 시련은 우리를 겸손하게 하고, 우리의 주의를 우리 자신에게서 하나님께로 돌리는 데 필요하다.
- 시련은 괴롭고, 고통스러우며, 힘겹다. 그것은 선하지도, 기쁘지도, 쉽지도 않다.
- 시련은 각양각색이며, 다른 모습으로 다른 때에 다른 기간 동안 지속된다.
- 금이 불 속에서 단련되어 정제되고 순금이 되듯이 시련은 우리 믿음의 진실성을 입증한다.

신자들이 시련을 견디는 사이 이 모든 것들이 연합해 믿음의 성장을 일구어준다. 시련 자체를 기뻐할 수는 없어도 우리 하나님으로 말미암는 결과를 기뻐할 수는 있다.

보지 못한 구세주(1:8). 그리스도인들은 눈에 보이지 않는 그리스도의 능력을 믿기에 고난 중에도 기뻐할 수 있다. 베드로는 부활을 의심했던 도마에게 예수님이 살아계신 모습을 친히 드러내셨던 몇 년 전 사건을 염두에 두고 이 말을 했을 수도 있다. 도마가 마침내 예수님을 주님이며 하나님으로 믿는다고 선포하자(요 20:28), 예수님은 이렇게 응답하셨다. "너는 나를 본 고로 믿느냐 보지 못하고 믿는 자들은 복되도다"(20:29). 베드로의 독자들도 이 범주에 속한다. 그들은 정말로 구세주를 보지는 못했지만 그분이 계시는 것처럼 그분을 믿고 사랑했기 때문에 그들은 특별한 축복을 받았다. 우리는 시련을 당할 때 가장 명료하게 그리스도를 '본다.' 고난은 우리의 시야를 흐리는 짙은 안개를 몰아낸다. 그리고 대개는 구세주와 그분에 대한 우리의 신뢰만 남는다.

보장된 구원(1:9). 나는 지난 8일 동안의 캐나다 여행을 결코 잊지 못할 것이다. 내 가방이 베를린으로 가버리는 바람에 나는 이틀 동안 같은 옷을 입고 있었다. 항공사가 내 가방들을 전혀 건너갈 일이 없는 바다 너머 수천 킬로미터 떨어진 곳으로 보내버렸던 것이다. 그런 경험을 하고나면 당신은 당신의 가방을 아무도 모르는 곳으로 보낼 태세로 컨베이어 벨트 앞에 서 있는 사람을 믿어도 될지 다시 생각하게 된다. 나는 수하물을 부치지 않고 비행기에 가지고 타는 사람들을 이해한다. 제대로 배달된다는 보장이 없으니 말이다. 하지만 그리스도는 구원을 보장하실 수 있다[영어로 '배달'과 '구원'은 동음이의어(delivery)이다 – 역주]. 우리가 고난 가운데에도 기뻐할 수 있는 마지막 이유는 우리 영혼의 구원이 보장되었기 때문이다. 하나님은 우리를 물리적으로 역경 속에서 구원하실 수 있는 능력을 가지고 계신다. 그러나 우리의 육신이 마침내 죽음에 굴복할 때에도 우리의 영혼은 약속대로 틀림없이 구원받는다.

우리는 정말로 고난 중에도 기뻐할 수 있을까? 베드로는 이 질문에 큰 소리로 "그렇다!"라고 대답한다. 그러나 우리는 고난이 정말 좋아서 기뻐하는 것이 아니다. 현실과 괴리되어 기뻐하는 것이 아니라 우리가 산 소망, 영원한 유업, 하나님의 보호, 성장하는 믿음, 보이지 않는 구세주, 보장된 구원을 가지고 있기 때문이다. 이 모든 것을 잊지 않도록 우리 자신을 훈련시키면 인생의 위기를 약화시키는 데 도움이 된다.

—1:10-12—

얼마나 멋진 구원인가! 구원은 미래에 우리에게 주어질 유업을 보장할 뿐 아니라 현재에 설명할 수 없는 믿음, 소망 그리고 기쁨을 제공한다. 이 근사한 진리의 관점에서 잠시 과거를 다시 논의하기 위해 베드로는 미래와 현재에서 방향을 바꿔 먼 옛날로 되돌아간다.

이 약간의 퇴행은 9절에 언급된 '구원'에 대한 무언가를 보여주는 막간으로 생각하면 된다. 그는 "이 구원에 대하여는"이라는 말로 시작하면서 구약 성경의 선지자들에 대해 말한다. 그 선지자들이 당대에 예언했던 은혜가 베드로의 시대에 찾아왔다. 이 퇴행이 우리가 어려울 때에도 소망을 가질 수 있다는 베드로의 주장에 어떻게 들어맞는가? 한 마디로 선지자들이 얼마나 그리스도를 통한 구원을 고대했는지 생각해보면 현재 우리가 가진 소망의 가치가 커진다는 것이 베드로의 생각이다. 그것은 또한 하나님이 약속을 지키셨던 전력을 확인시켜준다. 선지자들은 소망 가운데 그리스도를 고대했다. 그리고 그리스도가 오셨다! 마찬가지로 우리도 그리스도의 재림을 고대한다. 그리고 그리스도는 오실 것이다!

베드로는 우리에게 구약의 선지자들이 갖지 못했던 이점이 있다고 말한다. 우리는 과거를 돌이켜 목격자들이 기록한 그리스도의 삶과 기적을 볼 수 있다. 우리는 그분의 구속의 죽음과 부활을 보고, 그분의 말씀과 약속들을 읽고, 어떻게 핍박을 받으면서도 교회가 성장하고 전 세계로 퍼져나갔는지 본다. 이 모든 것은 하나님이 오늘 우리의 삶 속에서 그분의 계획을 진행시키실 것이라는 확신을 준다. 그러나 구약의 선지자들은 의지할 수 있는 것이 훨씬 적었다. 그리스도가 오시기 전에 그들이 마음속에 가지고 있던 이미지들은 그분이 오신 후에 우리가 이해한 것만큼 분명하지 않았다. 실제로, 베드로는 그들이 “연구하고 부지런히 살펴서 자기 속에 계신 그리스도의 영이 그 받으실 고난과 후에 받으실 영광을 미리 증언하여 누구를 또는 어떠한 때를 지시하시는지 상고하니라”고 말한다(1:10–11).

베드로는 구약의 성인들이 하나님의 계획의 정점, 즉 그리스도의 죽음과 부활과 도래할 그분의 왕국을 보았으나, 그 사이에 있는 더 상세한 부분은 보지 못했다고 말한다. 언제나 하나님의 계획의 일부였지만 선지자들의 시야로부터는 숨겨져 있던 그 간극 속에 교회 안에서 그리스도를 통해 구원받는 현재의 시기가 포함되어 있는 것이다. 구약의 선지자들은 십자가의 고통으로부터 단번에 영광의 보좌로 도약하는 것을 기대했을 것이다. 하지만 우리는 이 두 가지 획기적 사건 사이에 ‘끼어 있는’ 사건들, 즉 고난과 소망, 고통과 영광이 한데 섞여 있는 경험을 한다.

이 선지자들은 그들이 성령의 계시에 의해 기록한 것을 온전히 이해하지 못했다. 그냥 순종하며 기록해가다가 그들이 적는 말이 미래에 대한 예언임을 깨달았다. 베드로는 그 미래가 그리스도의 인격과 사역 가운데 도래했으며, 성경에 영감을 불어넣었던 바로 그 성령이 주신 권능으로 소아시아의 신자들에게 기쁜 소식을 전했던 사도들에 의해 선포되었음을 밝힌다(1:12). 이러한 기대가 성취되는 일은 대단히 엄청난 것이어서 천사들까지도 우리가 부르는 구속의 노래를 엿듣고, 죄인들이 용서를 구하며 기도 드리는 모습을 어깨 너머로 보며, 신자들이 영원한 영광을 위해 일시적인 고난을 견딜 때 그 곁에 오래 머무르고 싶

예언의 사각지대

구약의 선지자들은 미래를 내다볼 때 하나님의 온전한 계획을 명확하게 볼 수 없었다. 그들은, 이를테면, 두 개의 산봉우리, 곧 골고다 언덕과 감람산을 보았다. 골고다 언덕 위에서는 그리스도가 굴욕과 치욕을 당하시고 죽으실 터였다(막 15:22). 감람산에서는 그리스도가 영광과 권세 가운데 재림하실 것이었다(슥 14:4). 그들은 산봉우리는 보았지만 그들의 시각에서는 두 산 사이에 뻗어 있는 깊은 골짜기를 볼 수 없었다. 이 골짜기는 현재의 교회를 나타낸다.

Mountain/Cross - PhotoDisc, Crown - © Ivan Ponomarev/www.istockphoto.com

구약의 신자들 역시 오늘날 우리처럼 성령이 우리 안에 영원히 거하시는 혜택을 누리지 못했다. 하나님의 영이 선지자들의 메시지에 불을 붙여 그들을 통해 말씀하셨지만, 그들은 그리스도의 몸이 되는 성령 세례를 체험하지 못했다(고전 12:12-13, 엡 3:4-6). 오늘날에는 다른 시대와 달리 성령이 우리에게 믿음과 소망의 권능을 주신다. 우리 뒤에는 십자가가, 앞에는 영광의 면류관이 있기에 우리는 떨쳐 일어날 수 있는 힘을 얻을 수 있다.

어할 정도이다.

천사들이 우리가 그리스도 안에서 소유한 소망을 보고 놀란다면, 우리도 놀라야 하지 않겠는가?

적용

고난을 이해하기

「고통의 문제(The Problem of Pain, 홍성사)」라는 책을 쓴 C. S. 루이스(C. S. Lewis)는 하나님이 우리 인생을 향해 가지고 계신 고귀하고 독창적인 비전, 곧 우리가 예수님을 더 닮게 되는 비전의 결과에 대해 언급했다.

우리는 비유가 아니라 정말로, 하나님의 예술 작품, 하나님이 제작하시는 중에 있는 작품이다. 어린아이를 즐겁게 해주려고 마음 편히 그리는 그림이라면 화가도 많은 공을 들이지 않을 것이다. 원래 의도했던 대로 그림이 나오지 않아도 크게 개의치 않을 것이다. 그러나 그의 필생을 건 역작 – 성격이 다르기는 하지만 한 남자가 한 여자를 사랑하거나, 엄마가 아이를 사랑하는 것만큼 열렬히 사랑하는 작품 – 이라면 그는 수고를 아끼지 않을 것이다. 그리고 만약 그 그림에게 지각이 있다면 그 그림이 감당해야 할 큰 수고를 끼치게 될 것이다.

우리는 감각을 느낄 수 있는 그림이 열 번씩이나 문질러지고 긁히고 다시 그려지는 동안 "차라리 내가 1분이면 완성될 손가락 스케치였으면" 하고 바라는 모습을 상상할 수 있을 것이다. 그처럼 우리를 향한 하나님의 뜻이 덜 영광스럽고 덜 힘겨운 것이기를 바라는 것은 자연스러운 일이다. 그러나 그것은 하나님이 우리를 더 사랑하시지 말고 덜 사랑해주시기를 바라는 태도이다.[2]

당신이 지금 고난을 당하고 있다면 오직 그리스도만이 당신의 비통함을 기쁨으로, 강퍅함을 겸손으로 바꾸실 수 있다. 나는 병실에서 아픈 사람들을 위해 기도할 때 그 일이 일어나는 것을 보았다. 내 서재에서 강퍅한 마음을 가진 사람을 상담할 때 그 일이 일어나는 것을 보았다. 그리스도를 받아들인 후 예수님이 그때까지 찾지 못했던 인생의 가장 중요한 퍼즐 조각임을 홀연히 깨달은, 세상에서 길 잃고 헤매던 사람들에게서 그 일이 일어나는 것을 보았다. 그분을 제자리에 놓으면 나머지 퍼즐은 아무리 어려운 그림이라도 이해되기 시작한다.

지금 폭풍우 한가운데 있는가? 도대체 언제 그 폭풍이 끝날 것인지 – 정말 끝이 난다면 – 궁금한가? 벌을 받고 있는 것 같다거나, 하나님이 당신을 버리신 것 같다거나, 이 모든 고통에서 벗어나기 위해 할 수 있는 일이 있다면 뭐라도 해야 한다는 생각이 들기 시작했는가? 생각을 멈추라. 그리스도인이 되었을지라도 인생의 폭풍우가 갑자기 멈추지는 않을 것이다. 진실을 말하자면 잠시 동안 그것은 더 강력한 허리케인이 되기도 한다. 하지만 허리케인 한가운데 있는 작은 돛단배일지라도 당신 곁에는 키를 조정하면서 당신을 안정시키고 계시는, 바람과 파도를 주관하는 주님이 계신다.

타락한 세상에서 정결함을 지키기(베드로전서 1:13–21)

13 그러므로 너희 마음의 허리를 동이고 근신하여 예수 그리스도께서 나타나실 때에 너희에게
가져다 주실 은혜를 온전히 바랄지어다 14 너희가 순종하는 자식처럼 전에 알지 못할 때에 따르던
너희 사욕을 본받지 말고 15 오직 너희를 부르신 거룩한 이처럼 너희도 모든 행실에 거룩한 자가 되
라 16 기록되었으되 내가 거룩하니 너희도 거룩할지어다 하셨느니라 17 외모로 보시지 않고 각 사람
의 행위대로 심판하시는 이를 너희가 아버지라 부른즉 너희가 나그네로 있을 때를 두려움으로 지내
라 18 너희가 알거니와 너희 조상이 물려 준 헛된 행실에서 대속함을 받은 것은 은이나 금 같이 없

어질 것으로 된 것이 아니요 [19] 오직 흠 없고 점 없는 어린 양 같은 그리스도의 보배로운 피로 된 것
이니라 [20] 그는 창세 전부터 미리 알린 바 되신 이나 이 말세에 너희를 위하여 나타내신 바 되었으
니 [21] 너희는 그를 죽은 자 가운데서 살리시고 영광을 주신 하나님을 그리스도로 말미암아 믿는 자
니 너희 믿음과 소망이 하나님께 있게 하셨느니라.

서두에서 베드로는 고난 가운데서도 붙잡을 수 있는 소망을 강조했다. 이 소망은 우리가 천국 집에서 누릴 안식에 초점을 맞출 때 더 강화된다. 여전히 이 타락한 세상 속에서 살고 있는 신자의 삶에 초점을 맞추면서 베드로는 물리적 시련에서 영적 시험으로 초점을 옮긴다. 첫 단락에서 나온 질문이 "어떻게 고난 중에서도 기뻐할 수 있는가?"였다면, 다음 단락에서 다루는 질문은 "타락한 세상에서 어떻게 정결을 지킬 것인가?"이다.

역사를 통틀어 그리스도인들은 이 질문에 대해 온갖 극단적인 답을 내놓았다. 더러는 동굴 속에서 독거하며 사는 은둔 사상을 받아들였다. 또 더러는 수도사 정신을 본받아 세상에서 고립된 채 긴밀하게 맺어진 그리스도인들만의 공동체 안에서 살았다. 이상향적 사상을 가진 사람들은 처음부터 다시 완전한 사회, 즉 세속적이지 않은 세상을 건설하려는 시도를 했다. 흥미로운 점은, 이들 모두가 고립에 의한 성화 - 그들에게 영향을 미치는 세상으로부터 어떤 식으로든 물러나는 - 라는 사상의 영향을 받고 있다는 것이다.

성경은 은둔자, 수도사, 이상주의자들과는 전혀 다른 접근을 하고 있다. 신자들은 세상에서 완수해야 할 사명을 가지고 있으며, 그렇기 때문에 우리는 세상으로부터 스스로를 고립시킬 수 있는 처지가 아니다. 거룩하지 않은 세상 속에서 거룩한 삶을 살아야 하는 문제에 대한 그리스도인의 해결책은 고립이 아니라 분리다. 1장 13-21절에서 우리에게 동굴이나 수도원이나 공동체 속으로 도피하지 말고 타락한 사회로부터 구별되라고 도전하는 이유도 이런 까닭에서이다.

1:13-16

로마에 머물고 있던 베드로가 자신의 방에서 찬양하는 자세로 편지의 첫 열두 구절을 구술하는 장면이 눈에 선하다. 창문을 바라보며 기도와도 같은 말을 구술할 때, 그 가운데

일부는 비서인 실루아노에게, 일부는 하나님 아버지에게로 향했을 것이고, 그는 신자들이 그리스도를 통해 소유하게 된 산 소망으로 인해 그분을 찬양했을 것이다. 나는 12절에서 베드로가 "천사들도 살펴 보기를 원하는 것"이라는 말을 한 후에 그 자리에 멈춰 서서 두 눈을 감고 깊게 숨을 쉬는 모습을 떠올릴 수 있다. 그리고 "그러므로 너희 마음의 허리를 동이고 근신하여"(1:13)라고 말할 때 그의 어조는 기쁨에서 권고로 바뀐다. 다시 말해 우리에게 아낌없이 부어진 놀라운 구원에 비추어볼 때 이제는 진지해질 때인 것이다. 그는 짧게 딱딱 끊어 말하는 명령을 잇달아 쏟아낸다. 그가 현대식으로 썼다면 아마 여러 개의 별표를 문장 앞에 달았을 것이다.

- 마음을 준비하라!
- 근신하라!
- 소망을 가지라!
- 사욕을 본받지 말라!
- 거룩하라!

베드로는 비록 우리가 매일매일이 숱한 시련과 악한 유혹으로 가득 찬 흉악한 세상 가운데 살고 있을지라도 현재의 상황 너머를 바라보아야 한다는 사실을 깨닫기 바란다. 이 말은 우리를 둘러싸고 있는 세상보다 더 높은 기준을 가지고 사는 것을 뜻한다. 그것이 베드로가 말하고 있는 '거룩함'이다. 그것은 다르다는 뜻이다.

베드로는 거룩함은 마음에서 시작된다고 말한다. "그러므로 너희 마음의 허리를 동이고 근신하여"(1:13). 그러나 그것은 우리 자신을 너머 외부로 뻗어나간다. "예수 그리스도께서 나타나실 때에 너희에게 가져다 주실 은혜를 온전히 바랄지어다." 요한일서 3장 3절에 의하면 소망과 거룩함은 한 세트로 되어 있다. "주를 향하여 이 소망을 가진 자마다 그의 깨끗하심과 같이 자기를 깨끗하게 하느니라."(마치 베드로와 요한이 긴밀하게 어울렸던 것처럼 들리지 않는가?)

그런 다음 베드로는 14절에서 신자들이 순종하는 경우를 가정한다. 이것은 신자들이 13절의 명령을 따르고 있다면 – 마음을 준비하고, 근신하며, 그들을 둘러싸고 있는 세상에 대해 깨어 있으면서 그리스도의 재림에 대한 소망을 잃지 않고 있다면 – 터무니없는 억측이 아니다. 그렇다면 순종은 더 수월해질 것이다.

그들의 순종은 독특한 모습으로 나타난다. "전에 알지 못할 때에 따르던 너희 사욕을 본받지 말고"(1:14). 우리는 앞서 베드로와 요한이 소망과 거룩함에 대해 얼마나 유사한 언어를 사용했는지 보았다. 로마서 12장 2절에 나오는 바울의 언어를 눈여겨보라. "너희는 이 세대를 본받지 말고 오직 마음을 새롭게 함으로 변화를 받아 하나님의 선하시고 기뻐하시고 온전하신 뜻이 무엇인지 분별하도록 하라." 그리고 이것을 주의해서 보라. 거룩함은 마음에서 시작된다. 거룩함은 무지로부터 벗어나 당신의 사유를 새롭게 하는 것을 포함한다. 그리고 그 때문에 세상의 정욕이 아닌 그리스도의 거룩함을 따르게 된다.

이것은 다시 거룩에 대한 권고로 이어진다. 거룩하신 그분처럼 신자들은 모든 행실이 거룩해야 한다(1:15). 그는 유명한 레위기 11장 44-45절을 의역해 말하면서 그들의 소망과 순종을 실제로 구현하도록 독려한다. 원래의 구절은 이렇게 선포한다. "나는 여호와 너희의 하나님이라 내가 거룩하니 너희도 몸을 구별하여 거룩하게 하고 땅에 기는 길짐승으로 말미암아 스스로 더럽히지 말라 나는 너희의 하나님이 되려고 너희를 애굽 땅에서 인도하여 낸 여호와라 내가 거룩하니 너희도 거룩할지어다."[3] 레위기 20장 26절에서는 이와 동일한 명령이 하나님의 특별한 백성으로서의 이스라엘의 역할과 결부된다. "너희는 나에게 거룩할지어다 이는 나 여호와가 거룩하고 내가 또 너희를 나의 소유로 삼으려고 너희를 만민 중에서 구별하였음이니라."

그리스도인들에게 '거룩하다(*hagios*)'는 것은 어떤 의미인가? 물어보면 수많은 대답 – 대부분이 틀린 – 이 돌아올 것이다. '거룩하다'는 말의 기본적 의미는 따로 떼어놓는 것, 특별하고, 독특한 목적을 위해서 분리된다는 뜻이다. 종종 결혼을 '성스러운 혼례'라고 부르는 것도 이런 이유에서이다. 남편과 아내가 이전 가족과의 결속에서 떨어져나와 독특하고 친밀한 관계 속에서 서로에게 헌신하는 것이 결혼이다. 우리가 성경(Bible)을 '성경(Holy Scripture)'이라고 부르는 이유도 성령의 영감으로 쓰인 이 글들은 오류가 전혀 없기 때문에 다른 모든 인간의 글이 아무리 훌륭하고 유용하다고 해도 그것들과는 구별되기 때문이다. 때문에 하나님의 백성들도 마찬가지다. 구약 시대의 이스라엘 백성들과 신약 시대를 살고 있는 현재의 그리스도인들은 하나님의 영광을 위해 구별된다.

묵상의 서재

거룩함이란 거룩한 행함이다

군 복무 중 아내와 만 3천 킬로미터나 떨어져 지낼 때 내 주위에는 내가 '거룩한 혼인 서약'을 잘 지키고 있는지 점검해줄 사람이 아무도 없었다. 내게 있는 것이라고는 두 설교자가 하나님 앞에 서서 신시아와 내가 남편과 아내가 되었다는 축복의 말을 해주었던 기억뿐이었다. 그리고 남은 평생 동안 나는 아내만을 위해서 구별되고, 아내는 나만을 위해서 구별되던 순간의 추억을 간직하고 있었다.

우리는 우리의 인생을 서로를 위해 따로 떼어놓음으로써 성결의 서약을 했다. 서로 다른 별개의 삶을 살거나 다른 파트너와 친밀한 관계를 맺는 것은 그 거룩한 관계, 거룩한 혼인으로 맺어진 우리 둘만의 합일을 깨는 것이었다. 그러나 그 당시 내게는 나 자신을 아내를 위해 성별하는 것만으로는 충분하지 않았다. 나는 끊임없이 결혼 반지를 보고, 사진을 뚫어져라 쳐다보며, 편지를 손에서 놓지 않고 거기에 쓰인 말을 떠올려야 했다. 아무리 내가 아내를 위해 영원히 구별되었다고 해도 나는 계속 그 헌신을 확인해야 했다.

결혼 관계에서 진리인 것은 하나님과의 관계에서도 진리다. 우리는 구원받았을 때 은혜로운 하나님에 의해 '거룩'하다고 선포되었고, 그분과의 영원한 관계 속으로 들어갔다. 하지만 하루하루 우리는 계속 스스로에게 우리의 거룩한 소명을 일깨우고 그것에 재헌신하며 살아야 한다.

내가 매일 아침을 다음의 말로 시작하는 것도 그런 이유에서다. "주님, 오늘 당신을 위해서 제 마음을 구별해놓습니다. 제 열정, 눈, 귀, 입술을 구별해놓습니다. 제 동기, 태도, 훈련을 구별해놓습니다. 이것들을 모두 당신을 위해 구별해놓습니다." 나는 이런 식으로 나 자신을 일깨움으로써 베드로가 15-16절에서 언급한 거룩함이라는 목표를 향해 계속 정진할 수 있었다. 당신도 그렇게 해보라.

—1:17—

우리는 우리가 가진 소망으로 인해 거룩한 삶을 살아야 할 뿐 아니라(1:13-16), 우리의 행보에 있어서도 하나님을 두려워해야 한다(1:17). 나는 하나님을 두려워하는 것에 대해서 별로 말하고 싶어하지 않는 세상에서 살고 있다는 사실을 안다. 사람들은 사랑, 은혜, 자비, 하나님이 주시는 복에 대해서 말하는 것은 괜찮지만 하나님을 심판관, 즉 우리의 일을 평가하시는 위대하고 거룩하신 아버지로서 두려워해야 할 분으로 언급하는 것은, 많은 사람들, 심지어 그리스도인들까지도 불편해한다. 그러나 베드로는 당신을 경외하라고 요구하시는 하나님의 거룩함과 의에 대해 언급하기를 주저하지 않는다.

하나님을 두려워하는 것은 우리가 힘 있는 사람에게 보일 법한 존경심을 초월한다. 히브리서 12장 21절은 모세가 하나님을 보는 것이 너무나 무서워서 "내가 심히 두렵고 떨린다"고 소리쳤다고 말한다. 이렇듯 '소멸하는 불'이신 하나님에 대한 우리의 반응은 "경건함과 두려움" 가운데 하나여야 한다(히 12:28). 실제로, 빌립보서 2장 12절은 "두렵고 떨림으로" 우리의 구원을 이루어야 한다고 말한다. 세상이 좋아하는 것에 우리의 태도를 맞추지 말고 베드로의 말에 맞추는 것이 현명할 것이다.

베드로가 "너희가 아버지라 부른즉"이라고 한 것은 기도를 염두에 두고 한 말이다. "우리 아버지"이신 하나님께 기도하려 한다면 우리는 "순종하는 자식"처럼 말하고 행동해야 한다(1:14). 우리는 언젠가 그분께 우리가 이 세상에서 보낸 시간에 대해 설명해야 한다는 사실을 알고 그분을 경외해야 한다. 그리고 소망이 또다시 그 사이의 공백을 메워주는데, 그 소망이란 우리가 바라던 천국의 처소로 올라갈 때 우리가 어떤 삶을 살았는가와 직결되는 상급이 따를 것이라는 깨달음이다. 바울은 이에 대해 우리를 엄중히 일깨운다. "이러므로 우리 각 사람이 자기 일을 하나님께 직고하리라"(롬 14:12). 그리고 고린도후서 5장 10절에서 그는 이렇게 쓰고 있다. "이는 우리가 다 반드시 그리스도의 심판대 앞에 나타나게 되어 각각 선악간에 그 몸으로 행한 것을 따라 받으려 함이라."

언젠가 신자들은 그리스도의 심판대 앞에 불려갈 것이다. 세상을 떠난 하나님의 백성들은 하나님 앞에서 그들의 삶을 설명하고, 하나님은 그들에게 그에 상응하는 상급을 주실 것이다. 고린도전서 3장 15절은 아무 상급을 못 받는 성도들도 구원받는다는 사실을 분명히 밝힌다. 그러나 하나님은 한 사람의 삶에서 칭찬받을 만한 일과 성도의 성결에 오점을 남기면서 허비한 시간, 물질, 에너지, 동기를 구분해서 심판하실 것이다.

이 세상에서는 그리스도인들이 다른 그리스도인들의 활발한 사역, 큰 감화를 미치는 전도 사역, 영향력 있는 간증에 많은 박수를 보낸다. 그리고 겉으로 볼 때는 많은 사람들이 대단한 성자인 것처럼 보이고 적어도 기독교계에서는 유명 인사의 반열에 오른 사람들도 있다. 그러나 그런 온갖 찬사와 갈채와 상관없이 우리는 하나님이 심판관이심을 결코 잊어서는 안 된다. 그분 한 분만이 우리 삶의 이면에 숨겨진 진정한 동기를 아신다. 마지막 분석에서 그분은 이렇게 말씀하신다. "이것은 상을 받을 만하고, 저것은 상을 받을 수 없다." 그분은 공평하게 우리의 행실을 심판하시고 우리의 동기를 드러내실 것이다. 천국에 대한 소망이 우리가 지상에서 거룩한 삶을 사는 동기가 되어야 하는 것도 이런 이유에서다.

—1:18-21—

베드로는 그리스도인들이 거룩한 삶을 살고(1:13-16) 두려운 마음을 가지고 행하기를 바란다(1:17). 그는 또한 그리스도인들이 그리스도께 마음을 집중하기 원한다(1:18-21). 우리의 주된 전쟁터는 마음이기 때문에 그리스도께 계속 초점을 맞추어야 한다. 원수는 우리의 마음을 노린다. 만약 그가 우리로 하여금 예수 그리스도 안에서 우리가 소유한 소망 외에 다른 것을 더 중요하게 생각하도록 만들 수 있다면 그는 싸움에서 이길 것이다. 그리고 그 외의 다른 죄들은 그냥 전리품을 쟁취하는 정도에 불과할 것이다.

우리는 "너희가 알거니와… 대속함을 받은 것은… 없어질 것으로 된 것이 아니요… 보배로운 피로 된 것"(1:18-19)이기에 주님을 두려워하며 거룩한 삶을 살아야 한다. 그리스도를 모르는 사람들은 죄의 노예 시장에 나온 상품이다. 그들은 그 사실을 모르겠지만, 참된 자유의 유일한 근원이신 하나님으로부터 멀어져 욕망, 충동, 무지의 노예가 되어 있다. 그들은 스스로를 도울 수도, 변화시킬 수도 없는 상황 속에서 살고 있다. 영적으로 눈멀고 죄의 사슬에 묶여 있는 그들은 통제 불능의 육신, 미혹하는 세상, 유혹하는 사탄에게 떠밀린 채 혹사당하고 있다. 그들은 이전 세대로부터 전해 내려온 무익하고 좌절뿐인 삶의 방식에서 벗어나지 못한다. 그들의 유일한 희망은 외부로부터의 도움이다.

그리스도가 십자가에서 자신의 피로 죄의 대가를 치르심으로써 도움의 손길을 내미셨다. 그분은 인간 영혼의 가치에 비교하자면 아무 가치 없는 금속 조각인 금이나 은을 지불하시지 않았다. 그리스도는 자신의 피로 사슬을 끊고, 문을 열고, 팔려가 예속된 상태에 있는 대속받지 못한 사람들을 나오라고 부르신다. 그것이 구속이다. 이 자유를 받지 못하게 막는 것이 딱 하나 있다. 그것은 그 사람 자신이 허무의 암흑을 벗어나 기쁘고 의미 있는 삶의 빛 속으로 들어와 거저 주어지는 영생을 받아들이려 하지 않는 것이다.

하나님은 물론 우리가 우리 자신을 죄의 노예 시장에서 해방시키거나 살 수 없는 빈털터리임을 아셨다. 그렇기에 세상의 기초가 세워지기도 전에 하나님은 실행할 준비가 되어 있는 계획을 세우셨다(1:20). 그리고 그 계획이란 그분의 영원한 아들이 천상의 안락과 특권을 제쳐두고 온전한 인간이 되어 우리를 위해 기꺼이 십자가를 지심으로써 하나님 안에 우리의 믿음과 소망을 둘 수 있게 하신 것을 말한다(1:21). 고통스러운 시기에 그리스도가 친히 모든 것을 짊어지시고 죽음을 이기심으로써 우리 또한 승리로 인도할 준비를 하셨다는 사실보다 더 확고한 소망의 근거는 없다.

찰스 웨슬리(Charles Wesley)가 쓴 훌륭한 찬송가의 한 구절이 이를 멋지게 요약한다.

죄와 야만의 밤에 오랫동안 갇혀 있던 내 영혼
당신의 눈이 소생의 광선을 비추사 나는 깨어났네
감옥은 빛으로 불타올랐네
내 사슬은 풀렸고 내 마음도 해방되었네
나는 일어나 앞으로 나아가 당신을 따랐네
놀라운 사랑! 나의 하나님이신 당신이
어떻게 나를 위해 죽으실 수 있었던가![4]

적용

그리스도의 대사(大使)들을 위한 명령

그리스도는 우리를 모조리 은둔자, 수도사, 이상주의자들로 만들기 위해서 자기의 귀한 피로 우리를 사신 것이 아니다. 우리는 노예였다가 대속되어 그분의 대사, 즉 세상에서 사명을 부여받은 특별 대리인으로 임명되었다. 이 사명은 타락한 사회에서 정결한 삶을 살고, 캄캄한 세상 속에서 빛의 표본이 될 것을 요구한다. 어떻게 이 일을 할 수 있을까? 내가 제시하는 네 가지 사항을 기억하기 바란다. 이것들을 이 세상에 사명을 가지고 파송받은 그리스도의 대리인으로서 받은 네 가지 일반 명령이라고 생각하라.

첫째, 보는 것에 각별히 유의하라. 다시 베드로전서 1장 13절로 돌아가보자. "그러므로 너희 마음의 허리를 동이고 근신하여 예수 그리스도께서 나타나실 때에 너희에게 가져다 주실 은혜를 온전히 바랄지어다." 당신의 눈은 당신의 마음과 가장 긴밀히 연결되어 있다. 눈은 매혹적이고, 매력적이며, 관능적이고, 즐거운 영상들을 포착한다. 당신이, 특히 혼자 있을 때 눈의 관문을 통과하는 것들을 주의하라! 이 원칙을 강화하기 위해서 욥기 31장 1절, 골로새서 3장 1-2절, 베드로후서 2장 13-14절을 읽으라.

둘째, 당장의 쾌락보다 결과를 더 신중히 고려하라. 세상의 한 가지 특성은 아무도 포르노, 불륜 또는 가족을 저버리고 자기의 탐욕을 채울 때 찾아오는 불행한 결과에 대해 말하지 않는다는 점이다. 당신의 행동이 가져올 결과를 그대로 그려보고, 그것이 미칠 영향을 심사숙고하며, 그로 말미암아 삶이 훼손될 사람들의 이름을 대보고, 명성의 실추라는 비싼 대가를 스스로에게 상기시키라. 죄의 결과를 생각하는 데 도움을 얻기 원하면 잠언 7장을 공부하라.

셋째, 하나님에 대한 경외심을 새롭게 함으로써 하루를 시작하라. 하나님을 경외하는 것을 교회나 소그룹 모임에서만 하는 것으로 국한하지 말라. 날마다 주님과 함께 시간을 보내는 것으로 하루를 시작하라. 나는 그냥 이렇게 말할 때도 있다. "주님, 제가 여기 있습니다. 저는 당신의 것입니다. 당신께 제 하루를 드립니다. 저는 연약하고 부족하기에 오늘도 당신의 도움이 필요합니다." 당신의 힘의 원천이신 그분을 경외하라. 아버지와 자녀 된 관계를 새롭게 하면서 하루하루를 시작하라. 날마다 하나님을 경외해야 한다는 사실을 자신에게 상기시키기 위해 전도서 12장 13-14절과 고린도후서 7장 1절을 읽으라.

넷째, 하루 종일 예수님께 끊임없이 초점을 맞추라. 사람들, 사건들, 유혹들이 당신의 길을 가로막으면 원래의 진로에서 벗어나게 마련이다. 무슨 일이 벌어지든 예수님께 다시 초점을 맞추라. 그것은 쉬는 시간이나 점심 시간에 규칙적으로 잠깐 기도하거나, 성경을 읽거나, 묵상의 시간을 갖는 것을 의미할 수도 있다. 하루 중 시간을 내어 예수님께 집중하라. 히브리서 12장 1-2절을 주의 깊게 읽고 당신이 예수님께 온전히 집중할 수 있는 새로운 방안들을 생각해보라.

협력해야 하는 이유(베드로전서 1:22-2:3)

22 너희가 진리를 순종함으로 너희 영혼을 깨끗하게 하여 거짓이 없이 형제를 사랑하기에 이르
렀으니 마음으로 뜨겁게 서로 사랑하라 23 너희가 거듭난 것은 썩어질 씨로 된 것이 아니요 썩지 아
니할 씨로 된 것이니 살아 있고 항상 있는 하나님의 말씀으로 되었느니라 24 그러므로

모든 육체는 풀과 같고
그 모든 영광은 풀의 꽃과 같으니
풀은 마르고
꽃은 떨어지되
25 오직 주의 말씀은 세세토록 있도다 하였으니 너희에게 전한 복음이 곧 이 말씀이니라

2:1 그러므로 모든 악독과 모든 기만과 외식과 시기와 모든 비방하는 말을 버리고 2 갓난
아기들 같이 순전하고 신령한 젖을 사모하라 이는 그로 말미암아 너희로 구원에 이르도록 자
라게 하려 함이라 3 너희가 주의 인자하심을 맛보았으면 그리하라.

앤드류 잭슨(Andrew Jackson)은 미합중국의 일곱 번째 대통령이 되기 전에 테네시 주 방위군 사령관으로 복무했다. 1812년 전쟁을 치르던 중 그의 군대는 사기가 떨어질 대로 떨어졌다. 군인들 사이에서 비판적인 생각이 점점 커졌다. 그들은 서로 언쟁하고, 다투며, 싸웠다. 알려진 바에 의하면 앤드류 잭슨은 긴장감이 극도에 달했을 때 군사들을 불러모았다. "제군들! 적은 저쪽에 있다는 사실을 기억합시다!"

이 시대의 교회를 얼마나 숙연하게 만드는 경고인가!

그리스도가 최후의 만찬을 집전하시던 저녁, 그분은 제자들에게 말씀하셨다. "너희가 서로 사랑하면 이로써 모든 사람이 너희가 내 제자인 줄 알리라"(요 13:35). 부끄럽게도 세상은 간혹 성경을 믿는 그리스도인들이 자기 본위적이고, 파벌적이며, 심지어는 사랑이 없고 논쟁을 좋아하는 사람들이라고 생각한다. 우리가 항상 서로를 사랑하고 돕는 자들로 알려

져 있는 것만은 아니다. 서로에게 신실하고 열렬히 헌신되어 있기는커녕 우리는 서로를 헐뜯고, 남을 세워주기보다 깔아뭉갤 방도를 찾으려는 습성이 있다. 정말 이상하지 않은가?

베드로는 독자들에게 그보다 나은 삶을 살 것을 요구한다. 핍박으로 인해 뿔뿔이 흩어지고 사면초가에 처해 있을지라도 그들은 협력하고 화합하면서 힘을 얻어야 한다. 그렇게 하면 그들 집단은 내부로부터 붕괴되거나 약화되지 않을 것이다. 그러나 우리 시대에 걸핏하면 발생하는 '형제자매 때리기'는 우리가 서로 협력해야 하는 이유를 스스로에게 일깨워야 할 필요가 있다는 사실을 의미한다.

베드로는 몸 안에서의 연합 즉, 역경에 처하거나 희망을 상실할 때 약화되고 심지어 깨어질 수도 있는 연합에 대한 중요한 몇 가지 생각들을 제시한다. 지금까지 보아왔듯이 베드로의 독자들은 온갖 시련을 겪고 있었다. 더러는 순응하거나 타협하거나 모두 포기하고 싶은 유혹에 빠졌다. 그들은 신경이 예민해져 있었다. 그리고 서로의 신경을 거스르고 있었다! 하지만 아마도 직접 사역을 하면서 예수님이 가르쳐주신 연합에 대해 깊이 생각해보았을, 그 지혜로운 노 사도는 패배라는 질병을 치료하는 데 쉽게 간과되는 해독제, 곧 연합을 처방한다.

—1:22—

뿔뿔이 흩어지고, 고초를 당하며, 시험받고, 유혹받은 베드로의 원독자들은 소망을 잃어버리게 만드는 모든 요건과 공동체의 해체를 경험했다. 이런 정황 속에서 베드로는 우리가 동기 부여 설교라고 부를 수 있을 설교 – 코치나 개인 트레이너 역할을 맡아 자기 팀이 협력하도록 촉구하는 – 를 시작한다. 그들은 한 가족이므로 같은 목표를 향해 같은 방향으로 나아가야 한다.

어떻게 해야 이것이 가능할까? 그리스도인들은 어떻게 서로를 도와야 하는가? 어떻게 우리의 연합과 공동체를 발전시키고 고독과 무기력함을 피할 수 있는가? 베드로는 22절의 첫 부분에서 이 질문에 대한 세 가지 해답을 제시한다. ⑴ '진리에 대한 순종'이 필요하다. 우리는 내적 충동, 다른 사람들의 예, 우리 문화의 기준을 따르지 않는다. 우리는 진리, 곧 그리스도인이 되는 것에 대한 하나님의 기준을 따른다. ⑵ '영혼의 순결'이 필요하다. 이것은 모든 자만심, 편견, 원한, 비통함을 배제한다. 순결한 영혼은 그리스도 안의 형제자매들 사이에 있는 이런 감정들을 제거한다 – 씻는다 – 는 의미다. (3) '진실한 사랑'이 필요하다. 진리를 따르고 영혼을 정결케 한 우리는 이제 위선 없는 사랑을 할 수 있다. 우리에게는 다른 사람들의 잘못을 눈감아주는 은혜라는 추가 수단이 주어졌다.

그런 다음 22절은 사랑하는 연합을 이룰 수 있는 조건에서 그것을 실현하는 명령으로 넘어간다. "마음으로 뜨겁게 서로 사랑하라." 얼핏 보기에는 베드로가 같은 말을 되풀이하고 있는 것처럼 – 거짓 없이 서로 사랑하고, 마음으로 뜨겁게 사랑하라 – 보일 것이다. 사실, 베드로는 이 한 구절 안에서 두 개의 다른 '사랑'이라는 단어를 사용하고 있다. 신약 성경은 사랑을 표현할 때 주로 두 개의 헬라어를 사용한다. 하나는 필레오(*philos*)인데, 이것은 형제애나 우정을 나타낸다. 또 하나는 아가페(*agapē*)로 무조건적인 사랑을 의미하는 고급 표현이다(고전 13:4–7 참고). 베드로전서 1장 22절에서는 이 두 종류의 사랑이 모두 사용되었다. "거짓이 없이 형제를 사랑하라"고 말했을 때는 형제애를 나타내는 *philadelphia*라는 단어를 사용했다. 그런 다음 독자들에게 "뜨겁게 서로 사랑하라"고 간곡히 권고할 때는 사랑의 지고한 형태인 *agapaō*를 사용했다. 그런데 이 사랑의 궁극적 표현을 '뜨겁게' 또는 '끊임없이'라는 뜻의 부사 *ektenōs*가 수식한다.[5]

현실적으로 말해서, 베드로의 권고는 우리가 서로를 도와야 한다는 뜻이다. 우리가 아는 사람들 가운데는 이혼의 상처로 아파하고 있는 사람들이 있다. 그들은 이혼을 겪어보았기 때문에 거부당한 느낌, 수치심, 외로움을 이겨낼 수 있는 방법을 아는 하나님 안에서 가족 된 사람들의 도움을 받아야 한다. 어떤 사람들은 최근에 사랑하는 사람들을 잃어서 슬픔의 어두운 골짜기를 그들과 함께 걸어줄 사람이 필요하다. 또 중독에서 벗어나기 위해 몸부림치고 있는 사람들은 그들과 동행하며 이렇게 말해줄 사람이 필요하다. "나도 그랬었답니다. 결심이 무너지고 다시 진흙탕에 빠지는 것 같은 느낌이 어떤 건지 나도 알아요. 도와주고 싶어요." 한마디로, 우리는 누구나 베드로가 마음으로 서로 뜨겁게 사랑하라고 표현한 보살핌과 격려를 받을 수 있는 피난처가 필요하다. 그리고 우리도 그 피난처를 다 제공할 수 있다.

묵상의 서재

가족의 필요성

한 연로한 해병대 친구가 퇴역하고나서 몇 년 후에 그리스도인이 되었다. 그가 회심했다는 소식을 들었을 때 내가 느낀 감정은 기분 좋은 놀라움 이상이었다. 나는 엄청난 충격을 받았다! 그는 영적인 것에 관심을 가지리라고는 상상조차 할 수 없는 부류의 사람이었다. 그는 큰소리로 욕을 했고, 술고래에다가 싸움꾼이었으며, 여자들 꽁무니를 쫓아다니고, 무기들을 좋아하며, 교회를 혐오했다. 내가 그와 부딪히곤 하던 시절에 그와 하나님은 앙숙이었다.

그러고나서 몇 년이 지난 어느 날 우리는 우연히 마주쳤다. 화제가 그의 구원으로 옮겨가자 그는 얼굴을 찌푸리며 내 어깨에 손을 얹더니 시인했다. "척, 지금 내게 딱 하나 아쉬운 게 있다면 옛날에 모두 해병대 제복을 입고 지하 선술집에서 함께 어울렸던 시간이야. 우리는 둘러앉아서 웃고, 이야기 나누고, 맥주를 마시고, 허심탄회하게 속마음을 털어놓았지. 정말 좋았어! 우리가 즐겼던 그 멋진 시간을 대신해줄 걸 아직 못 찾았다네. 내 잘못을 고백할 사람, 내 어깨에 팔을 두르며 나에게 그래도 괜찮다고 말해줄 사람이 이제 내겐 없어."

나는 속이 울렁거렸다. 그의 말에 충격을 받아서가 아니라 그의 말에 동의할 수밖에 없었기 때문이다. 그는 피난처, 곧 그의 말을 끝까지 들어줄 누군가가 필요했다. 그는 연습해서 무대에 올려진, 흔히 '교회'로 통하는 인간미 없는 작품이 아닌 하나님의 가족이 필요했다. 그는 그리스도의 몸, 그와 함께 울고 웃고, 그를 이해하고 받아주고, 함께 싸우고, 함께 고난받을 믿음의 형제자매가 필요했다. 하나님의 가족이 그들이 받은 참된 삶과 서로에 대한 진실한 사랑의 소명을 망각하게 되면 그들의 사랑은 동네 술집에서 나누는 우정에도 못 미치게 된다!

내가 우리 가족 안에서 성장하던 어린 시절에 아버지는 가족이 뭉쳐야 할 필요를 우리에게 상기시켜주곤 하셨다. "이 울타리 안에 사는 우리에게는 서로 다른 점이 있겠지만 명심해라, 얘들아. 만약 너희의 형제나 자매가 너를 필요로 한다면 너희는 그들을 돌봐주어야 한다. 그들을 사랑하고 돌보거라." 이것이야말로 오늘날 그리스도 안에 있는 형제자매들이 사용할 수 있는 격려의 말이 아닐까.

—1:23-2:3—

이와 같은 이타적인 사랑은 저절로 생겨나지 않는다. 우리의 이기적인 옛 본성은 갖은 핑계를 대며 저항한다.

- "내게는 그런 은사가 없어."
- "그 일에 대해서는 다른 사람들이 더 경험이 많아."
- "내 코가 석 자야."
- "시간만 있으면 할 수 있을 텐데!"

그러나 베드로는 우리가 하나님의 가족 안에서 서로를 보살피고 도와야 하는 네 가지 이유를 일깨우면서 우리가 댈 수 있는 갖은 핑계를 사전에 차단한다.

첫째, 우리는 모두 같은 하나님 아버지의 자녀들이다. 22절과 23절이 어떻게 논리적으로 연결되는지 유의해서 보라. 우리는 "마음으로 뜨겁게 서로 사랑"한다(1:22). 그런데 왜 사랑하는가? "너희가 거듭"났기 때문이다(1:23). 헬라어 본문에서 '왜냐하면'이라는 개념과 연결되는 동사 형태를 보면 이렇게 번역할 수 있다. "왜냐하면 너희는 모두 거듭났기 때문이다." 여기에 내포된 뜻은 우리 모두는 같은 아버지를 가졌다는 것이다. 우리를 그리스도께로 귀의하게 만든 특별한 상황은 다 다르지만 우리 신자들은 누구나 동일한 방식 – "살아 있고 항상 있는 하나님의 말씀"(1:23) – 으로 말미암아 영적으로 거듭났다. 우리는 영원한 가족 – 그리스도 안에 있는 형제자매 – 의 일원이다. 베드로가 말하려는 것은 우리는 모두 하나님의 한 가족으로 다시 태어났으니 한 가족처럼 살라는 것이다!

둘째, 우리는 같은 근원에서 나온 가르침을 받고 있기 때문에 한 가족으로서 협력해야 한다. 살아 있고 변치 않는 '하나님의 말씀'은 영원히 남는다. 베드로가 하나님의 말씀을 우리를 거듭나게 하는 '씨앗'으로 언급한 것은 마태복음 13장 1-23절에 나오는 예수님이 말씀하신 씨 뿌리는 자의 비유에서 나왔을 것이다. 그 씨앗이 우리의 삶에 뿌리를 내리고 열매를 맺게 하려면 제대로 심고 물을 주어야 한다. 똑같은 말씀을 동일한 집단의 사람들에게 읽고, 가르치고, 설교했음에도 사람마다 나타나는 결과가 현격히 다르다는 사실에 나는 늘 놀란다. 그 이유는 말씀은 그냥 듣는 것이 아니라 이해되고, 받아들여지며, 적용되어야 하기 때문이다.

베드로가 이사야 40장 6-8절을 인용하면서 의도적으로 인간의 육신의 연약함과 하나님의 말씀의 권능을 대비시키는 것에 주목하라. 베드로는 예수님이 감람산에서 베드로, 야고보, 요한에게 당신을 위해 기도해달라고 부탁하셨을 때 그들을 꾸짖으셨던 말씀을 염두에 두고 있었을지도 모른다. 그들이 예수님을 돕지 않고 계속 졸자 예수님은 이렇게 말씀하셨다. "마음에는 원이로되 육신이 약하도다"(마 26:41). 참으로 진리가 아닌가? 하나님의 말씀이 강력하고, 능력 있으며, 영원하다 해도 우리는 그 대척점에 서 있다. 약하고, 불완전하며, 썩어질 존재들인 것이다. 그러므로 하나님의 가족으로 뭉치기 위해서는 하나님의 말씀에서 가르침을 받고 부지런히 그것을 마음과 정신과 삶에 새겨야 한다.

셋째, 우리는 같은 영역에서 싸우고 있기에 협력해야 한다. 베드로는 2장을 "그러므로"라는 말로 시작하면서 하나님의 가족 안에서 형제자매이며, 말씀 아래서 함께 지도를 받는 우리의 관계를 계속 암시한다. 이것에 비추어, 우리는 우리 모두가 붙잡고 씨름하고 있는 다섯 가지를 떨쳐내야 한다. 더러워진 셔츠를 벗듯이 악독, 기만, 외식, 시기, 비방하는 말을 벗어버려야 한다. ('우리를 분열시키는 죄'라는 자료를 보면 이 죄들의 정의를 볼 수 있다). 이것들은 모두 우리와 다른 사람들과의 관계에 잠재적으로 해로운 영향을 끼치며, 그 하나하나가 베드로가 명령한 형제애(*philadelphia*)와 무조건적인 사랑(*agapē*)에 정면으로 배치된다. 그리고 베드로는 모든 신자들이 죽는 날까지 계속해서 노력해야 할 영역으로 접근한다.

우리를 분열시키는 죄

악독. 헬라어 *kakia*는 악을 표현하는 일반적인 단어이다.[6] 이 구절에서는 세상 체계에 깊이 뿌리내린 자들의 특성을 말한다.

기만. 헬라어로 *dolos*는 '교활한' 또는 '배신'이라는 뜻이다.[7] 이 말은 어떤 사람에게 거짓말을 하는 것 이상의 의미를 가지고 있는데, 부정직하거나 표리부동한 행위를 포함한다.

외식. 어근인 *hypokrisis*는 '표리부동'한 역을 맡은 사람을 지칭한다.[8]

시기. 베드로가 이 단어를 사용한 것에 대해 언급하면서 에드워드 셀윈(Edward Selwyn)은 시기를 "모든 자원 봉사 단체, 특히 종교 단체에서 끊임없는 골칫거리다. 심지어 열두 사도도 예수님의 사역이 위기에 처했을 때 시기했다. 시기는 여전히 동료 성도들 사이에서 '애호되는 실내 스포츠' 중 하나이다"라고 말했다.[9]

비방하는 말. 말 그대로 이 단어는 '악한 말'[10]이다. 이것은 소문이 퍼질 때 특히 만연한다. 이런 험담은 어떤 사람에 대한 우리의 신뢰를 무너뜨리고, 그 사람의 명성을 땅에 떨어뜨릴 수 있다.

우리가 하나님의 가족으로 협력해야 하는 네 번째 이유는 우리가 같은 목표를 지향하고 있기 때문이다(2:2-3). 3년여 동안 베드로는 예수님을 가까이 따라다니면서 그분의 말씀을 듣고, 그분의 행동을 관찰하며, 그분이 행한 기적들을 목격했다. 베드로는 예수님이 그에게 무한한 인내심을 보여주시고 받을 자격이 없는 용서를 베푸신 모습에서 주님의 친절하심을 직접 체험했다. 그리고 베드로는 점점 더 그리스도를 닮아갈 수 있었기에 자신의 제자들에게 그와 같은 길을 가라고 독려할 수 있었다. 그리스도인들은 갓난아기처럼 말씀의 젖을 먹고 구원을 이해하고 적용하는 데 있어서 성장해야 한다. 그리스도인의 삶의 목표가 영적 성숙이라면 그 자양분은 하나님의 말씀에서 나오며, 그 훌륭한 본보기는 하나님의 아들이다.

예수 그리스도는 우리가 시련을 당할 때 확실한 소망이 되신다. 그런데 안타깝게도 하나님의 가족이 고통의 근원인 경우가 허다하다! 베드로가 살던 시대도 다르지 않았다. 우리는 사소한 차이점들을 따로 떼어놓고, 우리가 공동으로 소유하고 있는 구원을 받아들이며, 그리스도 안에 있는 형제자매들을 위해서 소망을 반영하며 살려고 노력해야 한다. 듣기에는 간단하고 쉬울 것 같지만 전력을 다해야 하는 일이다!

적용

연합을 위한 네 단계

이상하게도, 성경 공부와 신학적 지식에 중점을 두고 있는 교회들이 사랑과 연합이 약한 경우가 많다. 그리스도인들은 지식 안에서 성숙하고 사랑 안에서 하나가 되기 위해 노력해야 한다. 우리는 그리스도인의 성숙이라는 중대 목표를 지키는 데 전념하고, 서로를 대할 때 자기를 낮추며 상대방을 존중하고, 그리스도를 닮기를 갈구하면서 그 길을 갈 때 서로를 도와야 한다. 예수님이 귀감이 되셨다. 그리고 그분의 제자들은 마침내 그것이 가능하다는 것을 보여주었다. 우리의 옛 본성의 잔재만이 우리가 그렇게 하는 것을 방해한다. 옛 모습을 버리고 새 모습으로 협력해야 할 때가 되었다!

연합의 필요성에 대한 베드로의 가르침, 특별히 연합의 필요성에 대한 네 가지 깨달음을 바탕으로 우리의 마음과 습관들을 잠시 살펴보자. 다음의 질문들을 스스로 해보라.

첫째, 당신은 동료 성도들을 같은 하나님 아버지의 자녀들로 대하는가(1:23)? 교회 안에서의 불화는 많은 경우 다른 신자들에 대한 험담, 지도자들에 대한 불만, 결정에 대한 불평, 다른 사람들의 결점에 대한 비판, 파당 만들기 등으로 나타난다. 잠시 당신의 교회를 검토해보고 당신이 나타내고 있을지도 모르는 이런 특성이나 다른 불화의 조짐이 있는지 잘 생각해보라. 특히 당신이 불친절한 태도나 행동을 보여주었던 사람들을 생각해보라.

둘째, 당신은 마음속에 하나님의 말씀의 씨를 심으려고 적극적으로 노력하고 있는가(1:23-25)? 우리는 다른 사람들과의 관계에서 말씀을 행하기보다 듣기만 하는 자가 되기 쉽다. 지금 당장 시간을 내어 하나님의 말씀이 가르치시는 것에 더 의지적으로 스스로를 굴복시킬 구체적인 행동을 시작하라. 당신은 하나님의 말씀을 신실하게 듣고 정기적으로 읽는가? 말씀의 의미와 취지를 자신에게 적용시켜 생각하는가? 그 말씀에 부합하는 구체적인 행동을 계획하는가? 하나님의 진리는 저절로 적용되지 않는다. 개개인이 직접 끝까지 해내는 훈련을 해야 한다.

셋째, 다른 사람들과의 관계에서 당신에게 가장 많은 영향을 미치는 일반적인 어려움은 무엇인가(2:1)? 악독(악한 생각, 의도, 행동)이 가장 힘든가? 기만(거짓말, 절반의 진실)인가? 외식(가식, 진의를 숨기는 것, 동기를 감추는 것)인가? 시기(앙심, 질투심, 다른 사람들을 해치는 야심 가득한 행위)인가? 아니면 비방의 말(험담, 제어되지 않은 비판, 냉소적인 말, 과장된 빈정거림)인가? 고통스럽더라도 이 순간 정직해지라. 이런 것들을 가지고 구체적으로 어떻게 다른 사람들의 마음을 아프게 했는가?

마지막으로 그리스도를 닮는 영적 성숙이 당신이 가장 갈구하는 것인가(2:2-3)? 대답하기 전에 곰곰이 생각해보라. 당신이 인생에서 최우선순위에 두는 것은 무엇인가? 대부분의 시간, 정력 그리고 돈을 어디에 쏟아붓고 있는가? 어떤 사람이 비디오 카메라를 들고 일주일 동안 당신을 따라다니거나, 회계사가 당신의 지출 내역을 훑어본다면 그들은 당신이 인생에서 가장 중요하게 생각하는 것이 그리스도인으로서의 성숙이라는 결론을 내릴까? 당신의 대답을 뒷받침할 수 있는 예를 들어보라.

이 질문들은 문제의 뿌리를 찾는 데는 도움이 될 수 있지만, 당신이 화합에 필요한 일을 하기로 결심하고 동료 성도들에게 사랑과 소망을 제공하기 전에는 아무것도 변하지 않을 것이다. 하나님께 그리스도의 형상을 닮게 해달라고 시간을 들여 기도하라. 불화와 상처를 낳는 옛 습성을 '벗고', 화합과 소망을 조성하는 새 습성을 입는 일에 도움을 요청하라. 만약 치유가 필요한 깨어진 관계가 드러났다면 자존심을 삼키고, 힘들지만 화해를 향한 발걸음을 내디디라. 짧은 편지를 쓰거나, 전화를 하거나, 커피를 마시라. 나쁜 관계가 곪아 터지게 남겨두지 말라.

산 돌이 되기(베드로전서 2:4-12)

---

4 사람에게는 버린 바가 되었으나 하나님께는 택하심을 입은 보배로운 산 돌이신 예수께 나아가
5 너희도 산 돌 같이 신령한 집으로 세워지고 예수 그리스도로 말미암아 하나님이 기쁘게 받으실 신
령한 제사를 드릴 거룩한 제사장이 될지니라 6 성경에 기록되었으되

보라 내가 택한 보배로운 모퉁잇돌을 시온에 두노니
그를 믿는 자는 부끄러움을 당하지 아니하리라 하였으니

7 그러므로 믿는 너희에게는 보배이나 믿지 아니하는 자에게는 건축자들이 버린 그 돌이 모퉁이
의 머릿돌이 되고

8 또한 부딪치는 돌과 걸려 넘어지게 하는 바위가 되었다 하였느니라

그들이 말씀을 순종하지 아니하므로 넘어지나니 이는 그들을 이렇게 정하신 것이라 9 그러나 너
희는 택하신 족속이요 왕 같은 제사장들이요 거룩한 나라요 그의 소유가 된 백성이니 이는 너희를
어두운 데서 불러 내어 그의 기이한 빛에 들어가게 하신 이의 아름다운 덕을 선포하게 하려 하심이
라 10 너희가 전에는 백성이 아니더니 이제는 하나님의 백성이요 전에는 긍휼을 얻지 못하였더니 이
제는 긍휼을 얻은 자니라

11 사랑하는 자들아 거류민과 나그네 같은 너희를 권하노니 영혼을 거슬러 싸우는 육체의 정욕을
제어하라 12 너희가 이방인 중에서 행실을 선하게 가져 너희를 악행한다고 비방하는 자들로 하여금
너희 선한 일을 보고 오시는 날에 하나님께 영광을 돌리게 하려 함이라.

대단히 많은 그리스도인들이 하나님을 생각할 때, 이를 악물고 눈썹을 치켜뜨고 팔짱을 낀 채로 우리의 생각과 언행을 끊임없이 비난하시는 모습을 상상한다. 그들의 생각에 하나님은 항상 찌푸린 얼굴로 우리가 망친 일에 대해 혀를 끌끌 차시고, 우리의 실수를 보시고 머리를 가로저으시면서, 예상했던 대로 우리가 탈선하는 순간 엄중한 벌을 내릴 준비가 되어 있으시다.

놀랍게도 우리 그리스도인들은 우리를 품에 안고 보호하시며, 걷고 말하는 법을 가르

치시고, 우리가 성장하는 데 필요한 양식을 먹이셨던 친절하고 사랑이 풍부한 우리 아버지의 모습을 잊어버리는 습성이 있다. 새 신자들은 대부분 하늘 아버지께 무엇이든 요청하고, 모든 것을 나누면서 스스럼없고 솔직하게 대한다. 그런데 그들의 성경적, 신학적 지식이 성장해갈수록 관계는 침식되기 시작한다. 많은 그리스도인들이 원래 어린아이처럼 하나님에 대해 가졌던 친밀감에서 멀어진다. 그리고 얼마 지나지 않아, 우리를 보살피시는 그 아버지는 멀리 계시는 듯하고, 일상의 문제에는 관심이 없으실 뿐만 아니라, 우리의 끊임없는 실수와 귀찮게 졸라 대는 요구 사항들을 귀찮아 하시는 것처럼 느낀다.

베드로전서는 소망이 사그라진 사람들에게 말하고 있다. 박해로 인해 추방당하고 세속적인 위안과 안락을 박탈당한 그들은 부당한 고통과 핍박의 세월을 감내하고 있었다. 하나님의 사랑받는 자녀들이라는 정체성을 거의 망각한 그들은 이교도 이웃들의 신경을 덜 거슬리게 하는 생활 방식으로 복귀하고 싶은 유혹을 느꼈다. 최소한 그 방식은 더 안전해 보였다. 하나님은 베드로의 말을 통해 우리가 고난을 받을 때 하나님의 눈에 어떻게 보이는지를 알면 소망을 품을 수 있다는 성령 충만한 가르침과 격려를 주셨다. 스스로를 교장 선생님의 매서운 눈초리에 주눅 든 말썽꾸러기 학생으로 보게 된 사람들이 하나님이 우리를 긍정적으로 평가하신다는 사실을 알면 참된 자유를 누릴 수 있다.

—2:4-8—

여기서 베드로가 말하는 "그"는 누구를 지칭하는가?[개역 개정 성경에는 "그(Him)"라는 단어가 생략되어 있음 – 역주] 그리고 그분께 나아오라는 것은 무슨 뜻인가? 문맥을 보면 첫 번째 질문의 답이 나온다. 3절은 이렇게 끝난다. "너희가 주의 인자하심을 맛보았으면 그리하라." 4절은 "사람에게는 버린 바 된" 자를 가리키며, 6절과 7절은 "보배로운 모퉁잇돌"과 "건축자들이 버린 돌"이라고 부른다. 전자는 이사야서 28장 16절의 표현을 의역한 것이다.

> "그러므로 주 여호와께서 이같이 이르시되 보라 내가 한 돌을 시온에 두어 기초를 삼았노니 곧 시험한 돌이요 귀하고 견고한 기촛돌이라 그것을 믿는 이는 다급하게 되

지 아니하리로다"(사 28:16).

베드로는 신자의 삶에 '소중한 가치'를 주는(2:7) 모퉁잇돌을 믿음으로써 얻는 구원은 부끄러움을 당하지 않는다고 말한다(벧전 2:6). 그것은 산 돌에게 나아온 사람들을 위한 복음이다! 그러나 그 견고한 기초를 알아보지 못한 사람들은 바로 그 돌에 걸려 넘어질 수 있다. 베드로는 시편 118편 22절과 이사야 8장 14절에 나오는 이미지들을 함께 엮어서 "부딪치는 돌과 걸려 넘어지게 하는 바위"가 된 건축자의 버린 돌이라고 말한다(벧전 2:8). 이사야서의 구절을 앞뒤 정황으로 살펴보면 아마도 베드로는 예수님을 메시아로 받아들이기를 거부한 그의 동료 유대인들을 마음에 두고 있는 듯하다(사 8:14). 그들은 말씀을 거역했기 때문에 넘어질 수밖에 없다. 하지만 이 본문은 "사람에게는 버린 바가"(벧전 2:4) 된 그리스도께 나아오기를 거부하는 모든 사람에게도 적용된다. 분명, 여기서 베드로는 예수 그리스도를 지칭하고 있다.

두 번째 질문에 답을 하자면, "예수께 나아가"라는 말은 최초의 회심을 가리키는 것이 아니라 하나님과 다른 사람들과의 교제 가운데 영적으로 성장하면서 하나님께 더 가까이 다가가는 것을 말한다. 헬라어 동사 '나아오다'는 5절의 주동사와 연결되는 현재 분사이다. "너희도… 세워지고." 따라서 베드로는 그리스도께 가까이 감으로써 우리는 세움을 받는다고 선포하는 것이다. 이 동사의 태가 수동태가 아닌 능동태인 점에 유의하라. 이는 하나님이 이 모든 것의 궁극적인 책임자시라는 뜻이다. 우리는 참여한다. 그렇다. 우리는 순종적이고, 자발적이며, 적극적으로 참여한다(1:14–15, 22, 2:1–2을 보라). 그러나 우리의 영적 성숙을 궁극적으로 책임지는 주체가 우리 자신이라고 생각하면 안 된다. 다른 상황에서 바울이 말했듯이, "나는 심었고 아볼로는 물을 주었으되 오직 하나님께서 자라나게 하셨"다(고전 3:6). 우리는 우리 자신과 다른 사람들이 성숙하는 데 우리의 몫을 담당하지만, 은혜를 베풀어 결실을 맺게 하시는 대장 원예사는 하나님이시다.

우리는 그리스도가 산 돌이시고, 고귀한 모퉁잇돌이시며, 그분을 거부한 사람들은 걸려 넘어질 수밖에 없음을 안다. 그렇다면 그분을 믿는 사람들은 어떤가? 베드로는 그리스도인들에게 특별한 비유를 사용한다. 그는 그들을 "신령한 집으로 세워지고" 있는 "산 돌"이라고 부른다(2:5). 베드로는 하나님의 백성들을 건축물로 비유하는 예를 어디서 얻었을까? 마태복음 16장에 기록된 사건으로 거슬러 올라가면 "주는 그리스도시요 살아 계신 하나님의 아들이시니이다"(마 16:16)라는 베드로의 고백과, 이에 대한 예수님의 "너는 베드로라 내가 이 반석 위에 내 교회를 세우리니"(16:18)라는 유명한 대답이 나온다.

건축 계획은 계속 진행 중이다. 그리스도는 죄의 구렁텅이에서 파낸 죽은 돌들을 "산 돌"로 소생시켜 교회라는 그분의 영광스러운 조직 속에 맞춰 넣으신다. 그렇게 그분은 교회를 세우고 계신다. 매번 누군가가 그리스도를 구세주로 믿을 때마다 또 하나의 돌이 살

하나님의 건축물 가운데 산 돌

1세기의 건축 공법에는 통상 채석장에서 새 돌을 깎아 그것을 제자리에 정확히 맞춰 넣는 작업이 필요했다. 그러나 더 신속하고 저렴하게 건축 자재를 확보하는 방법은 낡거나 무너진 건물에서 캐낸 석재를 적합한 모양으로 깎아 새 건물에 집어 넣는 것이었다. 실제로, 고고학자들은 종종 이전 시대의 석재가 많이 포함된 건축물들을 발굴해내고 있다. 그리고 이렇게 재활용된 석재들 가운데에는 예전에 새겨진 비문의 흔적이 남아 있는 것들도 많아서 원래 그 돌이 무엇에 사용되었었는지를 알 수 있다.

초대 교회는 이런 건축 관행을 하나님이 '산 돌'로 교회를 건축하시는 것에 대한 훌륭한 비유로 보았다. 그 돌들이 새 채석장(이방인 성도들)에서 왔건, 옛 건물(유대인 성도들)에서 왔건, 통합된 견고한 구조물 속에 맞춰 넣기 위해서는 모두 어느 정도 깎이고, 새겨지고, 다듬어져야 한다. 바울은 고린도에 보낸 편지에서 하나님이 성전을 건축하시는 이미지를 사용하고 있으며(고전 3:16-17, 고후 6:16), 이 이미지는 에베소서에도 잘 표현되어 있다(엡 2:20-22). 사도 시대 이후에도 고대 교회를 이끌었던 성직자들은 계속 교회를 건물과 탑, 성전에 비유했다.[11]

그리스도에 대한 확고한 믿음 때문에 2세기 초 안디옥에서 순교당한 목사인 이그나시우스는 AD 110년경 에베소 교회에 이런 글을 보냈다. "여러분은 하나님 아버지의 건축물을 위해 예비된 성전의 돌입니다. 예수 그리스도가 십자가를 크레인 삼고, 성령을 밧줄 삼아 높이 들어올린 돌입니다"(이그나시우스, 에베소인들에게 보낸 9번째 편지). 고대에는 성전이 흔했다. 성전들은 예배의 중심지였고, 신과 접촉하는 장소였다. 베드로는 교회를 성전에 비유하고, 성도들을 성전의 돌에 비유하면서 믿는 자들이 예배하고 하나님과 교감하기 위해 모일 때 일어나는 그리스도의 몸의 연합과 성령의 초자연적 임재의 중요성을 강조했다.

© Robert C. Magis/National Geographic Stock

아서 성장하고 있는 교회에 속하게 된다. 부디 바로 이해하기 바란다. 헤아릴 수 없이 많은 돌들로 이루어진 건축물 속의 한 돌이 된다고 해서 당신의 가치가 감소되는 것이 아니다. 사실 당신의 가치는 더 올라간다! 당신은 하나님의 계획을 완성하는 데 중요한 역할을 담당하게 되는 것이다. 당신이 없다면 한 부분이 비어 있게 될 것이다. 벽은 약해질 것이다. 그리스도의 커다란 공동체 안에서 당신이 차지하는 중요한 역할을 절대 과소평가하지 말라.

이 구절에서 베드로는 또 다른 비유를 끌어낸다. 우리는 하나님의 신령한 집에 있는 산 돌들일 뿐만 아니라 "예수 그리스도로 말미암아 하나님이 기쁘게 받으실 신령한 제사를 드릴" 소명을 받은 "거룩한 제사장"이다(2:5). 베드로는 9절에서 "왕 같은 제사장"이라는 표현을 반복한다. 모든 그리스도인들이 거룩하고 왕 같은 새 제사장으로 부름 받았다는 말 속에는 이중적인 의미가 함축되어 있다. 첫째, 우리는 하나님의 보좌 앞으로 직접 나아갈 수 있다. 우리와 그리스도, 곧 우리의 대제사장이신 분과의 관계 덕분에 우리는 "은혜의 보좌 앞에 담대히 나아갈" 수 있다(히 4:16). 우리를 정결케 하기 위한 동물 제사도, 중개자 역할을 할 세상 제사장도, 천국 문에 들어가기 위한 제사나 의식도 필요 없다. 우리는 하나님께 직접 나아갈 수 있다. 우리는 그저 "우리 아버지"라고 기도하면 된다.

둘째, 우리는 서로를 위해서 제사장 역할을 하는 특권과 책임을 누리고 있다. 신약 성경은 몇 번이고 거듭해서 기도로 서로를 중보하고, 심지어 서로에게 자신의 죄를 고백하라고 권면한다. 야고보서 5장 16절은 이렇게 말한다. "그러므로 너희 죄를 서로 고백하며 병이 낫기를 위하여 서로 기도하라."

모든 그리스도인이 목사, 설교자, 교사, 선교사, 전도자의 은사를 받았거나 부르심을 받은 것은 아니다. 그러나 우리는 모두 전임 제사장으로 부름받았다. 적어도 우리는 "신령한 제사를" 드려야 한다(2:5). 그렇다면 그것은 어떤 모습일까? 히브리서는 신약의 성도들에게 어떤 제사가 적합한지를 분명하게 보여준다.

> "그러므로 우리는 예수로 말미암아 항상 찬송의 제사를 하나님께 드리자 이는 그 이름을 증언하는 입술의 열매니라 오직 선을 행함과 나누어 주기를 잊지 말라 하나님은 이같은 제사를 기뻐하시느니라"(히 13:15-16).

하나님을 찬양하고, 감사하며, 선을 행하고, 나누는 것. 하나님을 기쁘시게 하는 제사란 이런 것들이다. 분명, 우리는 모두 "거룩하고" "왕 같은" 제사장으로서 하나님을 섬길 수 있다(2:5, 9).

2:9-10

하나님의 집에 속한 산 돌과 그 성전의 제사장이 되는 것 외에도 우리는 "거룩한 나라"의 "택하신 족속"이며(2:9), "그의 소유가 된" 새 백성이고(2:9-10), 하나님의 "긍휼"을 얻은 자이다(2:10). 베드로는 이런 명칭들을 신명기의 언어와 이미지에서 빌려와 구약의 특별히 선택된 백성인 이스라엘과 신약의 특별한 백성인 교회 사이에 있는 유사점을 끌어낸다.

> "너는 여호와 네 하나님의 성민이라 네 하나님 여호와께서 지상 만민 중에서 너를 자기 기업의 백성으로 택하셨나니 여호와께서 너희를 기뻐하시고 너희를 택하심은 너희가 다른 민족보다 수효가 많기 때문이 아니니라 너희는 오히려 모든 민족 중에 가장 적으니라 여호와께서 다만 너희를 사랑하심으로 말미암아, 또는 너희의 조상들에게 하신 맹세를 지키려 하심으로 말미암아 자기의 권능의 손으로 너희를 인도하여 내시되 너희를 그 종 되었던 집에서 애굽 왕 바로의 손에서 속량하셨나니"(신 7:6-8).

하나님이 이스라엘 백성들을 이교도 제국들 사이에서 특별한 목적을 가진 독특한 나라가 되라고 명하셨듯이, 교회 또한 사악한 세상 속에서 예수 그리스도의 독특한 증인이 되라는 소명을 받았다. 이것은 우리가 벌이는 싸움이 아니었다는 사실을 깨닫지 못하면 우리는 하나님의 선택을 받았다는 사실에 우쭐해질 수도 있다. 우리가 하나님께 선택받은 것은 우리가 쟁취하거나 받을 자격이 있어서 그렇게 된 것이 아니다. 히브리 백성들이 잘나서 선택된 것이 아니듯이(신 7:7), 그리스도인들도 지성이나 아름다움, 영향력, 도덕성이 뛰어나서 선택된 것이 아니다.

하나님은 우리를 택하시고 '거룩한 나라'가 되게 하셨다. 앞에서 배웠듯이 거룩함은 구별됨을 의미한다. 열국 가운데 한 '나라'로서 우리는 특별한 목적을 위해 부름받았다. "이는

교회는 이스라엘을 대신한 하나님의 백성인가?

베드로가 이스라엘에게 주어졌던 구약의 언어를 신약의 교회에 적용한 것은 이스라엘이 교회로 인해 완전히 거부되고 대체되었음을 암시하는 것일까? 현대의 많은 그리스도인들은 유대인들을 향한 하나님의 계획은 끝이 났으며, 영광스러운 나라와 그 땅에 대한 최고의 축복은 파기되었다고 생각한다. 어떤 이들은 그 약속이 그리스도인들에 의해서 영적인 의미로 성취되었다고 말한다. 또 어떤 이들은 하나님이 교회를 새 신부로 맞이하기 위해서 이스라엘과 이혼하셨다고 주장한다.

그러나 신약 성경은 하나님은 이스라엘에 대한 그분의 옛 언약을 재해석하거나 이스라엘에게 하신 구약의 약속들을 폐하는 것이 아니라 예수 그리스도를 통해 그것을 성취하시려 한다고 말한다. 예수님 시대 이후로 대다수의 이스라엘 민족은 불신앙 상태에 있었지만 하나님은 언젠가는 남은 자들로 그리스도를 믿게 하시고, 그들의 조상들에게 약속되었던 땅을 회복시키실 것이다(창 13:15). 예수님도 친히 사도들에게 "세상이 새롭게 되어 인자가 자기 영광의 보좌에 앉을 때에 나를 따르는 너희도 열두 보좌에 앉아 이스라엘 열두 지파를 심판하리라"(마 19:28)고 약속하셨다.

몇 년 후 바울이 당시 대다수 유대인들의 불신앙의 문제를 제기했을 때에도 이런 반항이 언젠가는 역전될 거라고 언명했다. "이스라엘의 더러는 우둔하게 된 것이라 그리하여 온 이스라엘이 구원을 받으리라"(롬 11:25-26). 다르게 말해서, 하나님은 교회를 통해 그분의 목적을 성취하시고나면 다시 이스라엘에게로 주의를 돌려 그들이 그리스도를 믿게 하실 것이다. 하나님은 당신의 백성들도, 당신이 하신 약속도 잊지 않으신다.

따라서 베드로가 이스라엘을 모퉁잇돌이신 예수 그리스도를 거부한 "건축자들"로 일컬을 때(2:7), 우리는 이것을 바울의 "그러므로 내가 말하노니 그들이 넘어지기까지 실족하였느냐 그럴 수 없느니라"(롬 11:11)는 가르침에 비추어 이해해야 한다. 그리고 베드로가 구약 성경의 구절을 신약의 교회에 적용할 때 구약의 선민들은 완전히 이혼당하고 새 백성들로 대체되었다고 생각해서는 안 된다. 구약은 그 구절의 본래 의미는 변하지 않은 채로 우리에게 적용할 수 있는 본보기가 된다. 바울은 구약 성경과 관련하여 이렇게 말한다. "그들에게 일어난 이런 일은 본보기가 되고 또한 말세를 만난 우리를 깨우치기 위하여 기록되었느니라"(고전 10:11).

너희를 어두운 데서 불러 내어 그의 기이한 빛에 들어가게 하신 이의 아름다운 덕을 선포하게 하려 하심이라"(2:9). 그렇듯 우리는 "그의 소유가 된 백성"이다. 평범한 것이 특별한 사람의 소유가 되었을 때 그 가치가 얼마나 커지는지를 생각해보라. 어떤 낡은 사전이 에이브러햄 링컨이 소유했던 사전이라면 그 가치는 더 올라간다. 어떤 책상이 윈스턴 처칠이 몸을 구부리고 앉아서 그의 유명한 연설문을 쓴 책상이라는 것이 밝혀지면 그것은 갑자기 더 비싸고 흥미로운 물건이 된다. 그렇다. 평범한 사람이 전능하신 하나님의 개인적 소유물이 되면 가치가 달라진다(2:10).

우리가 우리의 주인이 아니라는 사실은 우리가 어떻게 살며 누구를 위해 사는지에 영향을 미친다. 그것이 바로 2장 11-12절에서 베드로가 요약한 요지다. 하나님과 우리의 관계를 새롭게 하는 것은 그분 안에서의 우리의 신분을 기억하고, 우리가 어떤 상황 가운데 있든지 소망을 가지고 그분께 응답하는 것을 포함한다.

—2:11-12—

베드로는 즉각, 하나님 앞에서 자리매김된 우리의 새롭고 독특하고 '부름 받은'

지위에 비추어, 신학적인 위치를 실제적인 위치로 바꾼다. 이 세상에서 '거류민과 나그네'의 신분이 되었다는 것은 그들이 속해 있는 문화의 태도와 행태와 구별되는 방식으로 살아야 함을 의미한다. 이 짧은 두 구절 속에서 나는 최소한 네 가지 단순하면서도 긴급한 권고를 발견한다.

첫째, 하나님의 왕 같은 제사장은 모범이 되는 삶을 살아야 한다(2:11-12). 믿지 않는 자들에게 세상은 욕정의 놀이터다. 그러나 믿는 자들에게 세상은 저항과 유혹의 싸움터다. 우리는 정욕에게 "안 돼!"라고 소리쳐야 한다.

둘째, 하나님의 택하심을 받은 민족은 중상모략이 들어설 틈을 주지 말아야 한다(2:12). 믿지 않는 자들이 퍼붓는 거짓 비난에 대한 가장 강력한 방어는 나무랄 데 없는 청렴함이다. 거짓된 비난을 변호하기는 쉽다. 그러나 그 이상의 무언가가 있어야 한다. 우리의 삶은 우리를 제일 잘 아는 사람들이 그 비난을 들을 때 터무니없는 소리로 들릴 정도로 고결해야 한다.

셋째, 하나님의 거룩한 백성은 믿지 않는 자들 사이에서 선을 행해야 한다(2:12). 도움이 필요한 사람을 만났을 때 우리의 첫 질문은 "당신은 그리스도인인가요?"가 아니라 "무엇을 도와드릴까요?"여야 한다. 이것은 때때로 잘 보호된 그리스도인 공동체의 경계선을 넘어가 공동체 바깥의 사람들과 어울리는 것을 의미할 수도 있다. 또는 '이방인들'을 우리 가운데로 초대하는 것을 의미할 수도 있다. 그래야 예수님이 "이같이 너희 빛이 사람 앞에 비치게 하여 그들로 너희 착한 행실을 보고 하늘에 계신 너희 아버지께 영광을 돌리게 하라"(마 5:16)고 하신 것처럼 그들이 우리의 선행을 볼 수 있을 것이다.

마지막으로, 하나님의 백성들은 사람들에게 주시당하고 있음을 잊어서는 안 된다(2:12). 베드로는 우리의 선한 일을 '보고' 믿지 않는 자들이 하나님께 영광을 돌릴 것이라고 말한다. 좋든 싫든 우리는 관찰되고 있다. 세상이 우리를 지켜보고 있다. 그들이 갈망하고 있는 변치 않는 사랑과 소망이 우리에게서 보여지지 않는다면 그들은 우리의 구원 또는 우리의 구세주를 변변치 않게 생각할 것이다.

워렌 위어스비(Warren Wiersbe)는 다음과 같은 이야기로 이것에 대해 설명했다.

> 1805년 여름, 다수의 인디안 추장과 전사들이 보스턴 선교회(Boston Missionary

Society)에서 온 미스터 크램(Mr. Cram)이 전하는 설교를 듣기 위해 뉴욕 주의 버펄로 크릭에서 열리는 집회에 모였다. 설교가 끝난 후 추장 가운데 한 사람인 레드 재킷(Red Jacket)이 그 설교에 대해 응답했다.

"형제여, 우리는 그대들이 이곳에서 백인들에게도 설교했다고 들었소. 그들은 우리의 이웃이오. 우리는 그들을 익히 알고 있소. 우리는 잠시 기다리며 당신의 설교가 그들에게 어떤 영향을 미치는지 보겠소. 그것이 그들에게 유익을 끼치고, 그들이 정직해지며, 우리 인디언들을 덜 속이게 된다면, 그때 당신이 말한 것들을 다시 생각해 보겠소."[12]

주: 우리의 산 소망(베드로전서 1:1–2:12)

1. J. Carl Laney Jr., "God: Who He Is, What He Does, How to Know Him Better," in *Understanding Christian Theology*, ed. Charles R. Swindoll and Roy B. Zuck(Nashville: Nelson, 2003), 206.
2. C. S. 루이스, 「고통의 문제(*The Problem of Pain*, 홍성사)」
3. 베드로는 레위기 20장 7, 26절 또는 21장 8절을 언급하고 있는 것일 수도 있는데, 이 구절들은 레위기 11장 44–45절의 권고를 반복하고 있다.
4. 찰스 웨슬리, "어찌 날 위함이온지(And Can It Be)?" in *The Hymnal for Worship and Celebration*, no. 203.
5. Bauer et al., *A Greek–English Lexicon*, 245.
6. 같은 책, 397.
7. 같은 책, 203.
8. Stuart Briscoe, 1 Peter: *Holy Living in a Hostile World*, rev. ed., Understanding the Book Series(Wheaton, Il: Harold Shaw, 1992), 73.
9. Edward Gordon Selwyn, *The First Epistle of St. Peter*, 2nd ed.(New York: St. Martin's, 1961), 153.
10. Bauer et al., *A Greek–English Lexicon*, 412.
11. William R. Schoedel, *Ignatius of Antioch: A Commentary on the Letters of Ignatius of Antioch*, ed. Helmut Koester, Hermeneia(Philadelphia: Fortress, 1985), 66.
12. Warren W. Wiersbe, *Be Hopeful*(Wheaton, IL: Victor, 1982), 57.

우리의 특별한 삶

베드로전서 2:13-4:11

수십 년을 아프리카에서 신실하게 주님을 섬긴 후 배를 타고 미국으로 돌아온 한 미국인 선교사 부부의 이야기가 있다. 나는 그 이야기를 좋아한다. 그들과 같은 배를 탄 한 외교관이 항해하는 내내 귀빈 대접을 받을 때 그 선교사 부부는 뒤에서 조용히 그 소란을 지켜보았다. 뉴욕에 도착하자 그 정치인을 영접하기 위해 군중과 악단이 모여 있었다. 그가 트랩을 걸어 내려가자 음악과 함께 큰 박수 갈채가 터져나왔고, 그를 태운 자동차 행렬은 순식간에 사라져버렸다.

그런 다음 조용히, 팡파르도 없고, 그들을 환영해주는 사람이나 음악도 없이, 그 선교사 부부는 팔짱을 낀 채 트랩을 걸어 내려와 30여 년 만에 처음으로 고국 땅을 밟았다. 침묵을 지키던 남편이 아내를 향해 돌아서며 말했다. "여보, 저 사람은 저렇게 성대한 영접을 받는데, 이 모든 세월을 보내고 돌아온 우리는 아무도 환영해주지 않으니 좀 서글프구려."

아내는 남편을 팔로 감싸면서 다정히 말했다. "하지만 여보, 우리는 아직 고향에 온 게 아니잖아요."

> "믿음으로 그가 이방의 땅에 있는 것 같이 약속의 땅에 거류하여 동일한 약속을 유업으로 함께 받은 이삭 및 야곱과 더불어 장막에 거하였으니 이는 그가 하나님이 계획하시고 지으실 터가 있는 성을 바랐음이라"(히 11:9-10).

이 소망 때문에, 믿음에 이끌려, 숱한 구약의 성도들과 마찬가지로 아브라함은 이 세상에서 이방인처럼 살았다. 의로움의 설교자이자 하나님의 은혜를 입은 노아는 악이 판을 치는 세상과 어울리지 않았다(히 11:7, 벧후 2:5). 모세 역시 임시 체류자와 방랑자의 삶을 살면서 애굽에서도, 미디안 땅에서도, 시내 광야에서조차 한 번도 평안함을 느끼지 못했다. 실제로 모세는 그의 첫째 아들의 이름을 '이방인'이라는 뜻의 '게르솜'이라고 지어 그가 '타국에서 나그네'였음을 잊지 않도록 했다(출 2:22). 그보다 앞서 살았던 노아와 아브라함처럼 모세 또한 하나님의 종으로서 그의 궁극적인 시민권은 세상 왕국에 있지 않고 하나님의 왕국에 있음을 알았다.

그리스도인인 우리도 고향을 떠나 살고 있다. 이 지구상에서 특정한 나라에 임시로 거주하고 있지만 실제로는 다른 나라의 영원한 시민들이다. 이것을 분명히 말해보겠다. 우리

핵심 용어

ὑποτάσσω [*hypotassō*, 휘포타소] *(5293)* '아래에 두다, 복종시키다, 아래에 위치하다'
전치사 *hypo*('아래')와 헬라어 *taxis*('서열')에서 나온 이 단어는 문자적으로 다른 사람의 '지휘 아래 있다'는 뜻이다. 이 단어는 다른 사람의 명령에 자발적으로 복종하는 것을 표현하는 헬라의 군대 용어로 사용되었다. 이것은 다른 사람의 권위에 대한 의식적이고, 의지적인 순종을 의미했다. 이 순종이라는 주제는 베드로의 편지 전체에 흐르고 있다. 모든 사람은 인간 정부에(2:13–14), 하인들은 주인들에게(2:18), 아내들은 남편들에게(3:1), 젊은이는 장로들에게(5:5) 순종해야 한다. 다시 말해서, 인생의 모든 면은 혼란스럽지 않게 질서가 잡혀야 한다.

ἁγιάζω[*hagiazō*, 하기아조] *(37)* '거룩하게 만들다, 성별하다, 따로 떼어두다'
Hagios('거룩한')라는 형용사와 관련되어 있는 이 동사는 어떤 것 또는 어떤 사람을 따로 떼어놓는 과정을 의미한다. 대체로 이 단어는 성도들을 더 거룩하게 만드시는 하나님의 역사를 일컫는다(엡 5:26, 살전 5:23). 그런데 베드로가 딱 한 번 독특하게 이 단어를 사용한 적이 있는데, 그것은 성도들이 그리스도를 '거룩하게' 하기 위해 부름받았다고 말했을 때다(벧전 3:15). 우리가 의식적으로 '그리스도를 따로 떼어 놓을' 때 우리는 그분을 거룩하게 여기고, 우리 삶의 주관자이자 우리의 주인이라는 독특한 위치에 그분을 모시고 있는 것이다.

는 이교도의 철학, 이교도의 생활 방식, 이교도적 태도로 믿는 자들을 대하는 이교도들로 가득 찬 이교도 문화 속에서 살고 있다. 그러나 하나님이 우리를 이 땅에 살게 하신 이유는 우리를 이 세상 왕국이 아닌 다른 왕국의 대사로 임명하사 하나님이 설계하고 건설하신 더 좋은 도시로 사람들을 인도하게 하기 위함이다.

베드로전서의 중요한 세 단락 중 가장 긴 이 두 번째 단락에서 베드로는 독자들에게 그들의 삶이 낯선 나라에 사는 이방인과 같을지라도 희망을 가지고 살라고 권고한다(2:13–4:11). 그는 독자들에게 여러 세상 권세에 순종하고(2:13–3:7), 영적으로 겸손하며(3:8–22), 외국 땅에 주둔하고 있는 군사들처럼 무장하고(4:1–6), 그들을 본향에 데려가기 위해 오시는 그리스도의 재림으로 인해 하나님을 영화롭게 하라고(4:7–11) 충고한다. 이 원칙들은 적대적인 세상에서 그리스도인으로서 사는 비결이 된다. 이 단락을 통틀어 베드로는 개인적인 순종을 통한 조용한 소망을 설명하면서 견고히 서기 위한 은혜를 강조한다(3:6). 그리고 주 예수님은 드러나지 않은 영광을 바라보며 부당한 고난을 감내하는 모본, 곧 고난의 때에 소망을 품는 본보기가 되신다.

부당한 대우를 받으면서도 꿋꿋하게 나아가기(베드로전서 2:13–25)

13 인간의 모든 제도를 주를 위하여 순종하되 혹은 위에 있는 왕이나 14 혹은 그가 악행하는 자를
징벌하고 선행하는 자를 포상하기 위하여 보낸 총독에게 하라 15 곧 선행으로 어리석은 사람들의 무
식한 말을 막으시는 것이라 16 너희는 자유가 있으나 그 자유로 악을 가리는 데 쓰지 말고 오직 하나
님의 종과 같이 하라 17 뭇 사람을 공경하며 형제를 사랑하며 하나님을 두려워하며 왕을 존대하라
18 사환들아 범사에 두려워함으로 주인들에게 순종하되 선하고 관용하는 자들에게만 아니라 또
한 까다로운 자들에게도 그리하라 19 부당하게 고난을 받아도 하나님을 생각함으로 슬픔을 참으면
이는 아름다우나 20 죄가 있어 매를 맞고 참으면 무슨 칭찬이 있으리요 그러나 선을 행함으로 고난
을 받고 참으면 이는 하나님 앞에 아름다우니라
21 이를 위하여 너희가 부르심을 받았으니 그리스도도 너희를 위하여 고난을 받으사 너희에게
본을 끼쳐 그 자취를 따라오게 하려 하셨느니라 22 그는 죄를 범하지 아니하시고 그 입에 거짓도 없
으시며 23 욕을 당하시되 맞대어 욕하지 아니하시고 고난을 당하시되 위협하지 아니하시고 오직 공
의로 심판하시는 이에게 부탁하시며 24 친히 나무에 달려 그 몸으로 우리 죄를 담당하셨으니 이는
우리로 죄에 대하여 죽고 의에 대하여 살게 하려 하심이라 그가 채찍에 맞음으로 너희는 나음을 얻
었나니 25 너희가 전에는 양과 같이 길을 잃었더니 이제는 너희 영혼의 목자와 감독 되신 이에게 돌
아왔느니라.

중고차를 구입하고나서 몇 주 후에 당신이 산 차가 불량품이라는 사실을 알게 된 경험이 있는가? 작년 여름 가족 여행 비디오를 〈사운드 오브 뮤직〉처럼 보이게 만들어준 업체에 10달러를 허비해본 적이 있는가? 잘 손질된 머리에 에나멜 구두를 신고 줄무늬 양복을 입은 판매원의 번드르르한 말에 속아보지 않은 사람이 있을까? 그리고 지킬 수 없는 약속을 쏟아내는 현란한 정치 유세에 넌더리를 내보지 않은 사람이 있을까?

이런 속임수들은 비교적 흔하고 회복하기도 쉽다. 그러나 고통이 개인적인 것일 때에는 삼키기가 훨씬 힘들다. 어떤 사람에게 부당한 대우를 받은 적이 있는가? 당신보다 훌륭한 사람들도 그랬다. 다윗은 사울에게 부당한 대우를 받았다. 에서는 야곱에게 속았다. 요셉은 자기 형들에 의해 짐승처럼 팔렸다. 그리고 욥은 그의 육체와 영혼에, 눈에 보이는 것과 눈에 보이지 않는 부당한 일을 당했다! 물론, 부당한 대우를 받는 것에 있어서 다윗, 에

서, 요셉, 욥과 같은 반열에 드는 것이 그다지 근사한 일이라고 할 수는 없다.

누군가가 우리의 명성을 비난하고, 뒤에서 수근거리며, 생계를 위협하면 상황이 험악해질 수 있다. 내 경험에 의하면, 부당한 처사에 대해 우리가 자동적으로 보이는 반응은 대체로 세 가지 범주 가운데 하나다. 첫째, 우리에게 부당한 행위를 한 사람에게 그것이 무엇이 되었든 받은 그대로 갚아주면서 다른 이들을 비난하는 공격적인 태세를 취할 수 있다. 둘째, 스스로를 측은하게 여기면서 자기 연민에 빠져 자신이 처한 역경에 대해 계속 징징대는 수동적인 태도를 취할 수 있다. 셋째, 감정을 안으로 억눌러서 겉으로는 평온해 보이지만 속에서는 부글부글 끓는 상태가 될 수 있다.

이런 자연스러운 반응들은 인간적인 관점에서 볼 때는 다 이해가 된다. 그렇지 않은가? 그러나 이런 반응은 모두 자연적이고 인간적이다. 사도 베드로는 이런 전형적인 반응 대신 초자연적이고 신성한 대안을 제시한다. 하지만 경고할 것이 있다. 베드로가 예로 든 부당한 대우들은 우리가 가진 대부분의 사소한 불만보다 훨씬 더 강도가 센 것들이어서 우리가 이 세 가지 전형적인 반사 반응을 보이는 것에 대해 변명할 수 없을 것이다.

—2:13–17—

베드로가 이 편지를 쓴 목적은 소아시아에 있는 독자들에게 어려운 때 참된 소망의 공급자이신 예수 그리스도를 바라보게 하기 위함이었음을 기억하라. 그리고 그때가 얼마나 힘든 시기였는지도! 이 그리스도인들은 뿔뿔이 흩어져 핍박받고, 감옥에 갇히며, 노예로 팔려 갔다. 그들은 가족들에게 버림받고, 고용주들에게 낙인찍히며, 그들을 보호해야 할 행정 당국자들에게 공격을 받았다. 매일 당하는 이런 시련 외에도, 이들 모두는 – 제국 전역에 걸쳐 – 점점 광기를 드러내면서 반기독교적이 되어가는 네로 황제 치하에서 살고 있었다.

따라서 베드로가 "인간의 모든 제도를 주를 위하여 순종하되"라는 말로 부당한 대우에 대해 하나님께 영광을 돌리라는 내용을 말하기 시작했을 때 그 말은 이상하게 들리지 않는다. 과격하게 들린다! '순종'이라는 단어는 헬라어로 다른 사람의 명령에 대한 자발적인 복종을 표현하는 군대 용어인 *hypotassō*에서 나온 말이다. 이 말은 다른 사람의 권위에 대한 의식적이고 의지적인 복종을 뜻한다.

인간 정부에 순종한다는 것은 우리가 시민으로서 "가이사의 것은 가이사에게" 순종하는 것을 요구한다(마 22:21). 이것은 우리가 그들의 정치나 정책에 동의하건 동의하지 않건 간에 우리 위에 있는 권세 잡은 통치자들을 위한 진심 어린 기도를 포함한다(딤전 2:1-2). 그리고 이것은 우리가 그들의 영역 안에서 명예롭고 평화롭게 산다는 뜻이다(롬 13:1-7). 믿는 자들은 모범적인 시민이 되어야 하며 사회적으로 반역자나 부적합자가 되어서는 안 된다. 그렇기에 베드로는 독자들에게 지역 행정가('총독')나 더 높은 권세자들('왕들') 모두를 인정하라고 권고한다. 그들이 부패하고 우상을 섬길지라도 그 권세자들은 존경과 지지를 받아야 했다. 왜 그럴까?

베드로는 15절에서 이런 급진적인 복종에 대한 이유를 밝힌다. "곧 선행으로 어리석은 사람들의 무식한 말을 막으시는 것이라." "말을 막는다"는 말은 "곡식을 밟아 떠는 소의 입에 망을 씌우지 말라"(딤전 5:18)는 구절에 쓰인 것처럼 말 그대로 "입을 막는다"는 뜻이다. 그러나 신약에서는 이 말이 비유적 의미 – 누군가의 말문을 막는 것, 잘못이 드러나 대답하지 못하는 것(마 22:12), 논쟁에서 지는 것(22:34), 또는 더 높은 권위에 복종하는 것(눅 4:35) – 로 더 많이 쓰였다. 베드로가 내심 품고 있는 생각은 기독교를 반대하는 어리석은 자들의 '입을 막는 것'이다.

네로 카이사르. AD 54년부터 68년까지 통치했고, 학정과 잔혹함 그리고 로마에서의 짧지만 끔찍했던 그리스도인 박해로 유명했다.

알다시피, 당시에는 그리스도인에 대한 근거 없는 비난과 소문이 분분했다. "저들은 다른 왕을 섬긴다." "저들은 반역 파당이다." "저들은 정부를 전복시키려고 한다." "저들은 사회를 파괴하려는 자들이다!" 자발적으로 순종하고 하나님과 사람들 앞에서 옳은 일을 행함으로써, 그리스도인들은 이런 고약하고 잘못된 소문을 퍼트리는 자들의 입을 막을 수 있을 것이었다.

순종하라는 베드로의 명령(2:13-14)과 그가 말한 순종의 이유(2:15) 뒤에는 순종하는 우리의 태도에 대한 중요한 원칙이 숨어 있다(2:16-17). 현대에는 우리가 대통령이나 그의 당을 지지하지 않았더라도 대통령에게 순종한다. 그리고 입법자들이 의결한 법률이 간혹 무분별하고 과도하다고 생각해도 그들의 결정에 따른다. 요컨대, 우리가 순종하는 이유는 우리가 맹목적인 국수주의자여서가 아니라 '하나님의 종'인 까닭이다. 또한 그렇기 때문에 우리의 의무는 하나님을 섬기는 것이고, 그러기 위해서 대외적으로 그분의 명성을 명예롭게 하는 방식으로 살아야 한다.

이 원칙과 함께 네 가지 간단한 명령이 뒤따른다. "뭇 사람을 공경하며 형제를 사랑하며 하나님을 두려워하며 왕을 존대하라"(2:17). 이 말은 말하기는 쉬우나 전체적으로 그들 모두를 만족시키기란 쉽지 않다. 그렇지 않은가? 우리는 그리스도에 대한 믿음, 하나님이 배제된 생활 방식, 그리스도인들에 대한 그들의 태도와 상관없이 모든 사람을 존경하고 존중해야 한다. 동시에 우리는 믿음의 형제들을 조건 없이 사랑해야 한다. 이 사랑은 *agapē* – 조건 없는, 그리스도와 같은 사랑 – 이다. 하나님은 늘 우리의 존경을 받으셔야 하며, 우리는 그분의 뜻을 최고로 받들어야 한다. 그러나 우리는 우리를 싫어하고, 자신의 백성들을 싫어하며, 하나님을 싫어할지도 모르는 왕 역시도 존중해야 한다!

현실을 직시하자. 성경은 한 번도 통치자들이 완전할 것이라고 말한 적이 없으며, 시민으로서 우리가 보여야 하는 순종은 정부가 기독교의 덕목을 본받거나 그리스도인의 도덕을 반영하는 것을 조건으로 내세우지 않는다. 기억하라. 베드로가 살던 시대에 그 제국은 자비롭고, 친기독교적인 군주국이 아니었다. 그리스도인이 내는 세금의 일정 부분이 이교도의 성전 건축에 쓰였고, 부당한 전쟁을 위한 자금으로 투입되었다. 게다가, 정신 나간 독재자 네로는 그리스도인들에게 잔혹하기로 악명이 높았다. 이런 복합적인 요소들이 베드로와 그의 독자들을 궁지에 빠트렸다. 어떻게 모든 사람을 존중하고, 믿음 안에 있는 형제자매를 사랑하며, 하나님을 두려워하면서 그 유별난 왕을 공경할 수 있는가? 오히려 그렇게 탄압적인 통치를 지원하는 데 쓰이는 세금 납부를 거부해야 하지 않을까? 아니면 무기를 들고 그런 지도자가 이끄는 정부에 저항해야 하지 않을까? 베드로는 아니라고 말했다. 성경 어디에서도 반란이나 무정부 상태를 권장하지 않는다.

그러나 질서 유지 시스템으로서 기존의 정부에 순종하라는 베드로의 명령은 하나님이 각각의 통치자 모두를 지지하신다는 뜻은 아니다. 하나님은 당신의 뜻을 거스르는 특정한 법들을 승인하지 않으신다. 믿는 자들은 뚜렷이 드러난 하나님의 뜻에 상충되는 법을 따를 의무가 없다(단 6장, 행 5:29 참고). 성경은 하나님의 백성들에게 명백한 사회적, 정치적 불의에 대하여 침묵을 지키라고 가르치지 않는다(막 6:17-18 참고). 하나님이 그분의 백성들에게 명령 - 복음을 전파하는 것과 우상을 숭배하지 말 것과 같은 - 하신 것에 대해서는 인간 지도자들보다 하나님께 순종해야 한다. 그러나 그렇게 할 때 불순종의 법적 결과와 노골적인 비판을 감당할 준비도 해야 한다.[1]

분명한 것은, 우리는 인간 정부에 순종해야 할 의무를 지혜롭게 기도하면서 이행해야 한다는 것이다. 우리는 또한 바로 그 정부의 불의와 악에 어떻게 반응해야 할지를 신중하게 생각해야 한다. 정답은 애국심의 국기를 흔들면서 압제자의 사악한 계획표를 따르지 않는 것이다. 그것은 하나님, 교회, 세상을 욕되게 할 것이다. 우리는 철조망을 두른 울타리 안에 방어벽을 치고 들어앉아서 세금 계산서나 수색 영장을 들고 찾아와 문을 두드리는 부패한 정부 관리들과 싸움을 벌여서는 안 된다. 그런 행위는 왕에게 굴욕을 주고 그리스도께 치욕이 될 것이다. 우리는 이 양극단 사이에서 우리를 끊임없이 압박하고 불편하게 하는, 또한 불가능해 보이는 베드로의 명령 - "뭇 사람을 공경하며 형제를 사랑하며 하나님을 두려워하며 왕을 존대하라" - 으로 인한 갈등 속에 살고 있다. 하나님이 주신 지혜만이 우리가 이 갈등 속에서 합당한 삶을 살게 해줄 수 있다.

—2:18-25—

정부의 권위에 대한 순종이라는 큰 쟁점을 뒤로하고 베드로는 1세기에 일반화되어 있던 복종의 특별한 예, 곧 노예 제도에 더 가까이 초점을 맞춘다.

노예라는 말만 들어도 거부감을 드러내는 것이 당연한 21세기에는 베드로의 말이 충격일 것이다. 어떤 이들에게는 매우 거슬릴 것이다! 그러나 베드로의 시대에 노예 제도는 근대사 속의 역겨운 인종 차별적 제도나 현대의 개탄스러운 암흑 세계 속 노예 매매와는 사뭇 달랐다. 하지만 고대의 노예도 비참했고, 심지어는 생명의 위협 – 특히 주인이 노예가 그리스도 안에서 새로 찾은 믿음을 좋아하지 않았다면 – 까지도 느꼈을 것이다!

많은 사람들이 1세기의 노예 제도와 오늘날의 노사 관계를 연결시켜볼 때 이 구절을 현대의 근로 환경에 적용하는 데 무리가 없는 유사성이 있다고 주장한다. 어떤 면에서는 그렇지만 근본적으로 여러 면에서 그 비유는 성립되지 않는다. 우선 적용해야 할 곳이 일터인 것은 맞지만, 오늘날 대부분의 근로 환경은 강제적이지 않고 자발적이라는 사실을 잊어서는 안 된다.

역사상 일부 과격한 그리스도인들은 그들이 그리스도 안에서 소유하고 있는 자유가 권세와 압제로부터 사회적, 정치적 자유를 보장하는 것으로 해석해왔다. 종교 개혁 때 마틴 루터가 강조한, 가톨릭 교회의 영적 속박으로부터 '그리스도인의 자유'를 극단적으로 받아들인 열정적인 농부들은 독일의 대군주들에게 맞서 무기를 들고 싸웠다. 오늘날 '자유 신학'을 옹호하는 많은 이들은 억압적인 사회 제도를 전복시키고 만민의 경제적 평등을 주장하면서 십자가의 메시지를 사회주의적 또는 공산주의적 방식으로 해석해왔다.

그러나 사도들과 초대 교회 지도자들은 마음과 생각의 진정한 회심과는 무관하게 사회적, 정치적 봉기를 주장하는 것은 위험하다는 사실을 인식하고 있었다. 예수 그리스도의 복음이 사람들의 마음속에 널리 퍼지면 문화가 변화되고, 빈곤, 노예 제도, 사회적 억압 같은 악이 급격히 줄어드는 것은 사실이다. 그러나 이런 사회적 변화들은 하나님이 계획하신 최우선적인 목표 – 마음과 생각을 변화시키는 것 – 가 아니라 그 결과다(롬 12:1-2, 고전 7:20-24).

부당한 처사에 반항하는 인간의 성정을 알고 있는 베드로는 그리스도인 종들에게 주인 – 난폭하고 괴팍한 주인들에게도 – 에게 복종하라고 권면한다. 분명 그것은 버거운 짐이다. 그러나 복종에 대한 베드로의 권고를 하나님을 믿지 않는 어두운 세상 속에서 그리스도의 성품을 나타내는 빛이 되라는 부르심과 연결시키면 이해가 된다. 베드로는 이 점을 그리스도가 받으신 부당한 고난과 다시 연결시켜 분명하게 밝힌다. "이를 위하여 너희가 부르심을 받았으니 그리스도도 너희를 위하여 고난을 받으사 너희에게 본을 끼쳐 그 자취를 따라오게 하려 하셨느니라 그는 죄를 범하지 아니하시고 그 입에 거짓도 없으시며"

(2:21–22). 잔혹한 독재자나 불공평하고 고압적인 상사로부터 부당하게 고통을 당할 때 우리는 다른 사람들을 위해서 부당한 고통을 당하신 그리스도의 사역에 동참하는 것이다. 그리스도는 우리를 위해 고난을 받으셨다. 우리는 일상의 삶 속에서 복음을 목격해야 하는 믿지 않는 자들을 위해서 고난을 받는다.

그리스도만큼 부당한 고난을 받은 사람은 없다. 지상에 존재했던 모든 사람 중 유일하게 완전했던 단 한 분은 청중들에게 오해를 받으셨고, 적들의 비방을 받으셨으며, 가족들에게 버림받으셨고, 친구들에게 배반당하셨으며, 제자들에게 버림받으셨고, 법 집행자들에게 고문당하셨으며, 정치가들에게 처형당하셨다. 역사상 항의할 수 있는 모든 권리를 가

로마 제국의 노예 제도

베드로 시대의 노예 제도를 근대의 노예 제도와 유사한 것으로 생각한다면 틀린 것이다. 고대의 노예는 일종의 사회 계층으로 생각해야 한다. 역사가들은 로마 사회에서 노예들이 차지하는 전체적인 비율이 인구의 25에서 40퍼센트 사이였을 것이라고 추정한다.[2] 베드로 시대 이전에 로마는 대부분의 노예들을 전쟁의 노획물로 얻었다. 그러나 시간이 흐르면서, 사람들이 노예가 되는 다양한 경로가 생겨났다. 노예의 자식들은 자동적으로 주인의 재산이 되었다. 버려진 아이들이 노예로 양육되기도 했다. 심지어는 빚이나 다른 채무를 해결하기 위해서 스스로를 노예로 팔기도 했다. 이렇듯, 로마의 노예 제도는 인종이나 민족보다는 사회적, 경제적, 정치적 신분에 바탕을 두고 있었다.

노예들의 일과는 그들이 가진 기술, 주인의 신분, 거주 지역에 따라 각양각색이었다. 청소처럼 허드렛일을 할 수도 있었고, 채굴처럼 혹독한 일을 할 수도 있었다. 어떤 노예들은 대접 받는 요리사, 선생, 심지어 의사가 될 수도 있었다. 그리고 주인들의 성정에 따라서 노예들에 대한 대우도 달랐다.

주인들은 노예들을 풀어줄 수도 있었는데, 그럴 때 그 노예는 통상적으로 주인의 이름과 주인과 같은 사회적 신분을 부여받았다.[3] 로마법은 해방된 노예들에게 권리를 부여할 수 있게 허용했기 때문에 노예에 대한 인구 구성은 시간이 흐르면서, 특히 민족적 다양성과 관련해서 변하기 시작했다. 한때는 로마 제국 백성이 아닌 사람들만 노예였었지만, 베드로 시대에는 노예의 인구 구성이 다양해져서 로마인과 비(非)로마인 모두로 이루어졌다.[4]

Werner Forman/Art Resource, NY

로마 시대의 여인과 하인의 모습을 보여주는 부조.

지셨던 단 한 분은 그러나 침묵을 지키셨다. 하나님께 적들을 심판해달라고 청할 수 있었던 유일하신 분은 받지 않아도 될 심판을 묵묵히 감내하셨다(2:23). 그리고 그분은 이 모든 것을 그분 자신을 위해서가 아니라 우리를 위해서 하셨다(2:24). 우리를 대신해 십자가에서 죽으심으로써 – 불의한 자를 위해서 의로운 자가 – 우리가 의로운 새 삶을 살 수 있도록 우리의 영혼을 치유하셨다(2:24).

베드로는 우리를 포함하여 그의 독자들에게 권세 있는 자들이 부당한 행동을 하더라도 기꺼이 권위에 순종하라고 외친다. 그러나 그는 단지 평화를 유지하거나 세상 체제를 유지하기 위해서 이런 명령을 하는 것이 아니다. 그보다 그는 획기적인 본보기로 예수 그리스도를 가리킨다. 그리스도는 그분 자신을 "오직 공의로 심판하시는 이에게" 의탁하셨고, 그렇기 때문에 소망을 가지고 불의를 견디실 수 있었다. 이와 마찬가지로, 믿는 자들도 그들의 영혼의 목자이시고 보호자이신 분께 영혼을 맡길 수 있다(2:25 참고). 다시 말해서, 우리는 그리스도를 본받아 고난의 때에도 흔들리지 않는 소망을 지킬 수 있다.

적용

인내의 유익

정부와 직장에서 우리를 지배하는 사람들로부터 부당한 대우를 받는 것에 대한 바울의 접근법은 급진적으로 보인다. 사실, 노골적인 반항이나 공공연한 복수는 그리스도를 위해서 부당한 고난을 참고 견디는 것보다는 덜 혁명적인 것 같다.

우리 가운데 현재 정부로부터 핍박을 받는 이들은 많지 않지만, 기독교에 대해서 점점 덜 관대해지면서 갈수록 다원화되어가고 있는 사회 속에서 우리는 불공평한 대우를 수반하는 정치적, 사회적 기관들로부터 도전을 받고 있는 것이 현실이다. 기독교적 가치가 급격히 쇠퇴하고 있는 가운데 우리는 그리스도에 대한 헌신으로 인해 직장에서 부당한 대우를 받을 가능성이 높다. 두 경우 모두에 대해 우리가 처음 보이는 반응은 과격하게 큰소리를 내는 것이기 쉽다. 그러나 베드로는 더 급진적인 방안을 제시한다.

우리가 사는 세상은 우리의 권리를 옹호하라는 메시지를 주입시킨다. 우리는 누군가가 우리 발을 밟거나, 선을 넘거나, 경계선을 침범하거나, 사적인 영역에 침입하면 재빨리 스스로를 방어한다. 우리는 역경을 견디라는 성경 구절을 찾는 것보다 변호사 전화번호를 더 빨리 찾을 수 있다. 잠시 생각해보라! 가장 최근에 그리스도를 위해 묵묵히 참고 견딘 것이 언제였는가? 그리스도의 본을 따르기 위해 의지적으로 당신의 권리를 마지막으로 포기했던 것이 언제였는가? 이런 일들은, 특히 반격하고 받은 만큼 되갚는 우리 문화 속에서 얼마나 희귀한가!

21세기의 교회는 갓 부화한 초대 교회에 보내는 베드로의 메시지에 복부를 강타당하는 느낌을 받을 수 있다. 우리는 그리스도의 제자가 됨으로써 수반되는 편협함, 편견, 부당한 대우를 감내하라는 그 명령의 중요성을 경시해서는 안 된다. 이런 태도는 자연스럽게 나오지 않으므로 다음의 질문들에 답하면서 불공정한 대우에 대한 당신의 대처 방법을 점검해보라.

첫째, 불공정한 처사에 대해 당신이 가장 '자연스럽게' 반응하는 태도는 어떤 것인지 생각해보라. 즉시 반격하는가? 복수할 기회를 노리는가? 당신의 경험에 의하면 이 반응들 가운데 어떤 것이 부정적인 영향을 미쳤는가? 당신의 반응으로 인해 믿지 않는 자들이 그리스도인이나 기독교에 대해 어떤 인식을 가졌으리라 생각하는가?

둘째, 마태복음 5장 38-42절을 곰곰이 생각해볼 때 그리스도의 가르침이 당신의 일상 속에서 어떻게 적용되고 있는가? 가혹한 처사에 대해 당신이 이 급진적인 반응을 실천한다면 믿지 않는 자들이 그리스도인들과 기독교를 어떻게 보겠는가?

스스로를 옹호하거나, 또는 우리 위에 군림하는 자들에게 앙갚음을 하면 개인적으로는 희열을 느끼겠지만 그리스도는 우리를 더 좋은 방법으로 이끄신다. 세상이 뺨을 때리면 복부를 가격하는 대신 다른 뺨도 돌려 대라고 예수님은 말씀하신다. 세상의 옳고 그름의 잣대가 우리에게까지 영향을 미치게 해서는 안 된다. 우리는 더 큰 영광을 위해 개인의 권한을 포기하는 본을 보이신 완전한 지도자의 다스림에 순종해야 한다.

가정 생활을 위한 화합(베드로전서 3:1-7)

1 아내들아 이와 같이 자기 남편에게 순종하라 이는 혹 말씀을 순종하지 않는 자라도 말로 말미
암지 않고 그 아내의 행실로 말미암아 구원을 받게 하려 함이니 2 너희의 두려워하며 정결한 행실을
봄이라 3 너희의 단장은 머리를 꾸미고 금을 차고 아름다운 옷을 입는 외모로 하지 말고 4 오직 마음

에 숨은 사람을 온유하고 안정한 심령의 썩지 아니할 것으로 하라 이는 하나님 앞에 값진 것이니라
5 전에 하나님께 소망을 두었던 거룩한 부녀들도 이와 같이 자기 남편에게 순종함으로 자기를 단장
하였나니 6 사라가 아브라함을 주라 칭하여 순종한 것 같이 너희는 선을 행하고 아무 두려운 일에도
놀라지 아니하면 그의 딸이 된 것이니라

7 남편들아 이와 같이 지식을 따라 너희 아내와 동거하고 그를 더 연약한 그릇이요 또 생명의 은
혜를 함께 이어받을 자로 알아 귀히 여기라 이는 너희 기도가 막히지 아니하게 하려 함이라.

젊은 신랑이 눈을 반짝이며 그의 아리따운 신부가 마차에 올라타는 것을 돕고나서 자기도 올라탄다. 그는 말 한 필이 끄는 마차의 고삐를 쥐고 짧은 구령과 함께 천천히 말을 출발시킨다. 말을 타고 가기에 더할 나위 없이 좋은 상쾌하고 청명한 밤이다. 대기는 낭만적인 분위기로 가득 차 있다. 신혼부부는 바싹 붙어 앉아 달빛에 물든 주변 경치보다 서로를 보기에 바쁘다. 그러나 몇 킬로미터를 지나자 상황이 변하기 시작한다. 남편은 이제 말을 모는 것보다 다른 데 정신이 팔려 있다. 마차는 길에서 벗어난다. 아내는 다시 말을 통제해 보려고 하지만 만만치 않다. 두 사람이 가죽 고삐를 쥔 채 줄다리기를 하는 동안 말은 전속력으로 달려 숲속으로 돌진한다. 별이 가득한 밤하늘 아래서 순탄하던 여정은 돌연 험난하고 위태로운 고난으로 전락하고만다. 결국 마차는 전복되고, 부부는 터지고 멍이 든 외상보다 내면의 상처가 더 아프다.

이 상상 속 장면은 중요한 사실을 예시한다. 결혼식과 결혼은 전혀 별개라는 사실이다. 50여 년 동안 아내와 결혼 생활을 해오면서 나는 결혼에 대해서만큼은 현실주의자 – 이상주의자가 아닌 – 가 되었다. 우리가 부부로 살아온 세월은 함께했던 배움과 성장, 곤경, 기쁨, 발견, 가슴 아픔, 비극, 상심의 시간들 그리고 환희의 순간들로 가득 하다. 이런 경험들은 우리의 결혼을 더 견고하게 만들어주었다. 사도 베드로도 결혼에 대해서 말했는데 그의 말은 선지자들이 거하는 외딴 동굴이나 현실과 동떨어진 학자의 격언에서 나온 말이 아니었다. 그도 그럴 것이, 베드로는 결혼한 사람이었다. 실제로 베드로의 아내는 그의 여행에 여러 차례 동행했다(고전 9:5). 그래서 베드로는 결혼한 부부라면 누구나 예외 없이 겪는 갈등을 체험을 통해 알고 있었다.

플래티늄으로 세팅된 다이아몬드처럼 베드로는 절망적이고 적대적인 세상 가운데 그리스도인들이 영위하고 있는 이상한 삶에 대한 논의의 한가운데에서 그리스도인의 결혼에

초점을 맞추고 있다. 이 편지는 시종일관 고난의 때에 우리에게 소망의 통로가 되시는 예수 그리스도를 집중 조명한다. 이 구절에 잇대어 베드로가 그리스도를 위해서 인간 주인들뿐만 아니라 인간 제도에도 순종할 것 – 그들을 혹독하게 대하는 자들에게도 – 을 믿는 자들에게 요구하면서 순종의 문제를 논의하기 시작했다는 사실을 잊지 말라(2:13-25). 우리가 순종해야 하는 이유는 그럼으로써 하나님을 영화롭게 하고 외부 사람들에게 기독교를 비방할 근거를 주지 않기 위해서다. 또 우리가 복종할 수 있는 이유는 그리스도가 그 뒤에 올 영광에 대한 소망을 바라보며 더 큰 목적을 위해 받으실 필요가 없는 고통을 감내하시는 본을 보여주셨기 때문이다.

그러므로 결혼의 화합에 대해 이야기하는 베드로전서 3장 1-7절은 불공정하고 견디기 어려운 상황 속에서 살아갈 수 있는 능력과 맥락을 같이한다. 내가 아는 대부분의 결혼이 꼭 '견디기 힘든' 것만은 아니다. 결혼 생활이 힘들고, 버겁고, 실망스러운가? 그렇다. 그러나 대개는 견딜 수 없을 만큼 괴롭거나 생명이 위태로울 정도로 위험하지 않다. 그것은 일반적인 결혼의 모습이 아니다. 나는 또 거의 대부분의 결혼이 한쪽이 다른 쪽을 피폐하게 하거나 심한 경우 절망에 빠지게 만드는 힘겨운 시기를 몇 날, 몇 주, 심지어는 반복적으로 거친다는 사실도 안다. 베드로는 예수 그리스도를 본받음으로써 얻게 되는 소망을 제시하면서 이와 같은 결혼 생활의 갈등을 다루고 있다.

—3:1-6—

베드로는 "이와 같이"라는 말로 시작한다. 이 접속사는 "무엇과 같이?"라는 질문과 함께 바로 앞의 논고로 돌아가게 한다. 더 적합한 질문은 이것일 것이다. "누구와 같이?" 바로 뒤에 나오는 내용이 하나님의 계획과 목적에 대한 그리스도의 신실하심을 보여주는 예라는 사실은 전혀 놀랄 일이 아니다. 그러나 그리스도를 본받으라는 이 명령을 한 발짝 떨어져서 보면, 성실한 시민(2:13), 충직한 섬김(2:18)이라는 주제를 보게 된다. 다르게 말해서, 우리가 정부 기관에 충실하거나 피고용인으로서 충성하라는 명령을 받았듯이, 결혼이라는 제도에도 충실해야 한다는 것이다.

그렇다면 베드로가 시민과 종들에게 주었던 것과 동일한 명령 – "아내들아 이와 같이 자기 남편에게 순종하라" – 을 되풀이하는 것은 놀랄 일이 아니다. 여기서 *hypotassō*는 자발적으로 다른 사람에게 순종한다는 뜻이며, 다른 사람의 인도를 순종하며 따른다는 의미가 내포되어 있다. 나는 결혼 생활에서 순종의 문제가, 특히 여성들이 그리스도의 사랑이란 눈꼽만큼도 보이지 않는 폭력배 같은 남편들에게 육체적, 정신적 학대의 대상이 되기 일쑤인 세상에서 얼마나 예민해질 수 있는 문제인지 잘 알고 있다. 베드로가 뒤에 7절에서 남편들에게 말하는 것에 유의하라.

나는 베드로가 아내나 남편, 또는 어린아이가 건강이나 생명의 위협을 받을 정도의 학대가 자행되는 결혼 생활을 견디라고 강요할 의도였다고는 생각하지 않는다. 그것은 순종이 아니다. 그것은 용인할 수 없는 항복이다. 그럼에도 불구하고 어떤 이들은 결혼의 역할에 관한 이 구절을 현대에는 부적합한, 그리고 베드로 시대에나 해당되는 문화적 배경의 산물로 해석했다. 그래서 이것은 선택 사항 – 그마저도 시대에 뒤떨어진 – 이 되었다. 그렇다면 인간 정부에 복종하는 것 역시 선택 사항이라는 뜻일까? 또는 직장에서 불복종하는 것은 이제 그리스도인들에게 허용이 되는 것인가? 성경의 원칙에 대한 이런 식의 상대주의적 접근법은 인기는 있으나 도움이 되지 않는다. 그러니, 좁은 길 양옆에 나 있는 도랑을 조심하면서 베드로의 말에서 남편과 아내에 대한 이 지혜로운 조언을 이해하기 위한 설명을 끌어내야 한다.

첫 여섯 구절에서 나는 남편의 리더십에 복종해야 하는 아내의 의무에 대해 베드로가 말한 일반적인 원칙 속에 짜 넣은, 함축된 네 가지 명령을 찾았다.

- 당신의 행동을 검토하라(3;1-2).
- 꾸미는 것에 주의하라(3:3).
- 마음가짐을 점검하라(3:4).
- 당신의 관심사를 평가하라(3:5-6).

각각의 항목을 자세히 검토해보자.

첫째, 베드로는 아내들에게 자신들의 행동을 검토하라고 권고한다(3:1-2). 베드로는 제일 먼저 순종의 원칙에 대해 공통적으로 보이는 반응을 다룬다. "교대로 해야 공평하지. 조지가 하나님이 원하시는 모습의 남편이 되면… 나도 하나님이 원하시는 그런 아내가 될 거야!" 그러나 1절에 분명히 나타난 남편의 모습은 성경적인 이상을 만족시키는 삶을 살고 있지 않다. 베드로는 아내들에게 남편이 "말씀을 순종하지 않는 자"라도 그들에게 순종하는 태도를 보여야 한다고 말한다. "말씀을 순종하지 않는"이란 구절은 최소한 성경의 원칙대로 살지 않는 사람들을 의미하며, 그 외에도 그리스도를 주로 섬기지 않는 사람들도 포함할 수 있다.

베드로는 이것을 '아내들의 콧대를 꺾으려고' 쓴 것이 아니다. 순종은 단순히 가정의 질서뿐만이 아닌 더 큰 목적을 갖는다. "혹 말씀을 순종하지 않는 자라도 말로 말미암지 않고 그 아내의 행실로 말미암아 구원을 받게 하려 함이니." 요점은 이것이다. 그리스도인 아내가 태도와 행실에서 그리스도와 같은 삶을 살면, 만일 그렇지 않았다면 성경의 진리에 대해 강퍅했을지도 모르는 남편의 마음을 끌 수 있다. 실제로 베드로는 그런 남편은 아내의 "두려워하며 정결한 행실"을 보고 그리스도께 나아올지도 모른다고 말한다(3:2). "보고"(개역 개정은 "행실로 말미암아"로 번역되어 있으나 현대인의 성경은 "생활을 하는 것을 지켜보고"로 번역되어 있다 – 역주)라는 말은 슬쩍 보는 것이 아니라 자세히 관찰한다는 의미를 내포하고 있다. 순수하고 공손한 순종이라는 하나의 '선행'으로는 충분하지 않다. 베드로가 생각하고 있는 것은 한결같이 덕스러운 성품이다. 이런 담백하고 정중한 순종은 굽실거리고, 줏대 없이 쩔쩔매는 순종이 아니라 아내가 남편에게 정조와 순결, 헌신을 약속하는 것이다. 그러려면 고집스럽게 반대하기보다 헌신적으로 협조하는 차분한 마음가짐이 필요하다. 그런 아내는 무시당할 수 없다(그리고 무시당하지도 않을 것이다).

둘째, 베드로는 아내들에게 단장하는 것을 주의하라고 권면한다(3:3). "단장"으로 번역된 헬라어는 *kosmos*로, 여기서 'cosmetics(화장품)'라는 말이 나왔다. 이 단어는 아름답게 하거나 장식하는 데 쓰이는 모든 것을 지칭한다. 누가는 이 단어의 동사를 예루살렘 성전을 "그 아름다운 돌과 헌물로 꾸민 것"(눅 21:5)이라고 말할 때 사용한다. 또한 질서 정연한 세상, 곧 질서 정연하게 창조된 물리적 세상(행 17:24), 보편적인 인간 세상(요 3:16), 하나님을 반대하는 쪽으로 나아가는 인간 체제(요일 5:19)를 표현하는 데에도 이 단어가 사용되었다.

부디 베드로가 적절한 화장, 장신구, 머리 손질을 금지하지 않는다는 사실에 유의하기 바란다. 어떤 이들은 이 구절의 문맥을 무시하고 '아무런 치장도 하지 않는' 의미로 받아들여 깔끔하지 못하고 너저분하기까지 한 외모로 인해 과도하게 화려한 치장과 마찬가지로 사람들의 시선을 끄는 결과를 낳았다. 그런 접근 방식은 베드로의 요점을 놓친 것이다. 적절히, 품위 있는 화장을 하는 아내들은 '세속적'이지 않다. 그러나 내면의 성품은 함양하지 않고 외모에만 치중하는 이들은 우선순위가 잘못된 것이다.

셋째, 베드로는 아내들에게 마음가짐을 점검하라고 권고한다(3:4). 베드로는 독자들에게 육신의 외적 치장보다 마음의 내적 태도를 지적한다. '마음'은 *kardia*인데, 이것은 한 개인이 가지고 있는 진정한 성품의 근원이다. 이러한 마음의 치장은 눈에 보이지는 않지만 외적으로 나타나는 언행 속에서 발현된다. 따라서 3절과 4절에서 베드로는 *kosmos*와 *kardia*, 외면과 내면, 육신의 겉모습을 꾸미는 것과 그것보다 뛰어난 미덕의 발현을 대조시킨다. 우아한 저녁 시간을 보내기 위한 준비는 몇 시간이면 되지만, 우아한 성품을 형성시키려면 평생이 걸린다. 어린 딸들은 특히 엄마의 우선순위를 본받기 때문에 어머니들은 이 경고에 각별히 주의해야 한다. 당신은 어린 딸에게 머리, 화장, 장신구, 옷에 대해 안달복달하는 태도는 가르치면서 겸손, 온화함, 평안 같은 중요한 덕목은 가르치지 못할지도 모른다.

이런 점을 강조하는 것을 현대 사람들은 그다지 좋아하지 않는다. 서구 문화는 외모를 꾸미고, 멋있고, 유행을 따르는 것을 중요하게 생각한다. 미디어는 우리에게 한 가지 메시지를 주입시킨다. "당신이 최고로 멋져 보이게 만들 수 있는 모든 것을 하라!" 세상은 육체적으로 가장 아름답다고 생각되는 사람들에게 엄청난 부를 선사한다. 그러나 하나님은 세상의 지침을 역전시키신다. 내면을 치장하는 미덕은 유행에 뒤떨어지는 법이 없다. 그것은 후패하지 않기 때문이다. 부드럽고 온화한 성품은 아카데미 시상식장의 레드 카펫 주변에 몰려든 군중들의 관심은 끌지 못하겠지만, 하나님의 눈에는 소중하다.

마지막으로, 베드로는 아내들에게 그들이 무엇에 관심을 두고 있는지 살펴보라고 권한다(3:5-6). 성경이 말하는 순종의 원칙을 예로 설명하기 위해 베드로는 그가 "하나님께 소망을 두었던 거룩한 부녀들"이라고 말하는 구약의 여걸들에게로 주의를 돌린다. 베드로가 거룩함과 소망을 연결시킨 것 – 그가 지금까지 전개시켜왔고 이 편지를 통틀어 계속 전개시킬 주제 – 에 유의해야 한다. 하나님 안에 소망을 둠으로써 – 하나님을 능력, 거룩함,

공급, 보호의 원천으로 보는 것 - 옛 성도들은 겸손, 온유, 순종을 실천할 수 있었다. 이 거룩한 소망이 없다면 이와 같은 거룩한 성정을 유지하기란 불가능하다.

그 외에도 베드로가 말과 행실 모두에서 나타나는 마음가짐에 대해 "단장"이라는 말을 사용하는 것에 유의하라. 아브라함의 아내 사라가 바로 하나님 안에서 소망을 가지고 남편에게 거룩한 순종을 보여준 본보기다. 그녀는 말과 행실로 남편을 존경했다. 그리고 그녀는 두려움 없이 그렇게 했다. 그녀는 자기가 좋아하는 일을 하기 위해서 아브라함에게 반항하지 않았고, 그를 비난하거나 버리지도 않았다. 그녀는 아브라함에게 남편으로서 그가 받아야 할 관심과 존경을 주었다.

나는 이것을 읽으면서 팔짱을 끼고 이렇게 말하는 사람도 있으리라는 사실을 안다. "하지만 사라는 믿음의 조상 아브라함하고 결혼했잖아! 만약 내 남편이 아브라함 같은 성자라면 나는 기꺼이 그를 따를 수 있어!" 그러나 사라가 아브라함의 아내로서 감내해야 했던 험난한 삶을 잊지 말자. 사라의 관점에서 이것을 생각해보라.

- 그녀의 남편은 하나님으로부터 낯선 땅으로 이주하라는 지시(그들이 상당히 연로했을 때)를 환상 가운데 받았다고 주장했다(창 12:1-5).
- 그녀의 남편은 애굽에서 바로가 사라를 취하려고 했을 때 사라에게 자기 누이 행세를 하라고 설득했다(창 12:10-20).
- 그녀는 아브라함이 조카 롯에게 가장 좋은 땅을 양도했을 때 남편의 결정에 따랐다(창 13:1-11).
- 이번에는 그랄 왕 아비멜렉이 사라를 아내로 취하려 하자 아브라함은 재차 사라를 자기 누이로 속이려고 했다(창 20:1-18).
- 그녀는 하나님이 이삭을 제물로 바칠 것을 명령하셨다고 주장하는 아브라함의 손에 외아들을 잃을 뻔했다(창 22:1-19).

사라의 관점에서 볼 때 아브라함은 변덕스럽고, 솔직하지 못하며, 어리석고, 무모하며, 무책임해 보였을 수 있다. 몇몇 경우는 그 남편에 대한 그녀의 평가가 꽤 정확했을 것이다! 그런데 베드로는 베드로전서 3장 6절에서 "사라가 아브라함을 주라 칭하여 순종한 것 같이"라고 말한다. 그녀의 결혼이 안정되고 완전해서가 아니라 불안하고 불완전했기 때문에 사라는 모든 믿는 자들에게 순종의 귀감이 된다.

여기서 아내들은 다음의 질문들을 통해 스스로 점검해볼 필요가 있다.

- 나는 역할 모델을 사라 같은 성도들에게서 찾는가, 아니면 TV 드라마에서 찾는가?
- 남편이 나의 기도 제목에서 우선순위에 들어 있는가?
- 나는 계획을 세울 때 남편을 제일 먼저 고려하는가?
- 남편을 존중할 방법들을 찾고 있는가?
- 나는 그의 삶을 더 수월하게 만들어주고 있는가, 아니면 더 힘들게 하고 있는가?

이런 질문들은 경건한 아내로서 거룩하고 희망에 찬 삶을 살라는 베드로의 권고에 적합하다.

—3:7—

베드로는 아내들에게만 무거운 짐을 지워주고 남편들은 면죄시켜주지 않았다. 사실, 베드로는 겨우 한 구절로 남편들에게 말하지만, 그 한 구절 속에는 – 뚜렷이 명시되어 있건 암시되어 있건 간에 – 세 개의 강력한 명령이 들어 있다. "네 아내와 살라." "네 아내를 알라." 그리고 "네 아내를 존중하라." 이 명령으로 돌입하기 전에 부디 베드로가 "남편들아 이와 같이"(3:7)라는 말로 남편들에 대한 명령을 시작하는 것에 유의하라. 이것은 베드로가 아내들에게 했던 말의 서두와 같다.

"아내들아 이와 같이"(3:1).
"남편들아 이와 같이"(3:7).

헬라어로 *homoiōs*는 '유사하게' '마찬가지로' 또는 그냥 '이처럼'이라는 뜻을 가진 부사이다. 이 부분의 전체적인 맥락을 기억하는가? 우리가 그리스도 안에서 소유하고 있는 소망으로 말미암아 우리는 삶의 모든 상황 – 정부, 직장, 결혼 – 속에서 그분을 위해, 그분 안에서 안심하고 다른 사람들에게 순종할 수 있다. 그리스도인 아내들이 결혼 생활에서 실천해야 할 특정한 책임이 있듯이, 그리스도인 남편들도 담당해야 할 똑같이 중요한 역할이 있다.

첫째, 남편들은 아내와 함께 살아야 한다. 이 말은 '머무르는 것' 또는 '살아내는 것' 이상의 의미를 가진다. 이것은 친밀한 관계 – 육체적으로, 정서적으로, 정신적으로, 영적으로 – 속에서 함께 거하는 것을 의미한다. 남편들은 걸핏 하면 시간과 대화와 감정을 나누는 것을 풍요와 물리적 필요를 제공하는 것으로 대체한다. 하지만 앞에서 말한 것과 같은 친밀한 관계는 아내와 참된 의미에서 함께 사는 데 반드시 필요한 요소이다.

둘째, 남편들은 아내를 알아야 한다. 헬라어 본문은 글자 그대로 남편들이 "지식을 따라" 그들의 아내와 함께 거해야 한다고 말한다. 이것은 아내가 좋아하는 색깔이나 싫어하는 음식 같은 피상적인 지식과는 전혀 상관이 없다. 보편적인 여자들의 필요에 대한 심리학적 지식과도 관계가 없다. 그런 것이 아니라, 베드로는 아내에 대한 깊은 이해와 감사를 말하고 있다. 이것은 아내의 가장 내밀한 욕망과 개인적 필요를 아는 것을 포함한다. 아내가 말하지 않은 근심이나 걱정을 알아차리는 것도 포함한다. 그리고 자상하게 보살피는 태도로 아내가 가진 문제들을 해결하도록 돕는 것도 포함한다. 이것은 '함께 사는 것'과 직접적인 관련이 있다. 따라서 함께 산다는 것은 끊임없이 매 순간 아내를 이해한다는 뜻이다.

이런 이해와 함께 베드로는 남편들에게 아내를 말 그대로 "더 연약한 그릇"으로 대하라고 요구한다. 이것을 바꿔 말하면 '깨지기 쉬운 화병'이라고 할 수 있다.[5] 남편은, 남자 친구나 동료들을 대할 때처럼 남성적인 태도로 상황을 처리하는 황소와 같이 투박한 성향을 가진 사람일 수 있다. 그러나 그는 자기 아내를 정교한 도자기처럼 다루어야 한다. 부드럽고 섬세하고 온유하게. 풋볼 공은 이리저리 던질 수 있지만 값진 에투루리아 화병으로 던지기 놀이를 하는 사람은 없을 것이다!

여기서 베드로가 "더 연약한 그릇"이라고 표현한 것은 여성을 비하하거나 가치를 절하시키려는 의도가 아니다. 사실은 그 반대이다! 이것은 절대 여자들이 정신적으로나 지적으로 남자들보다 더 약하다는 뜻이 아니다. 그리고 나는 그 말이 지구력이 약하다는 의미가 아니라는 사실을 알만큼 임신, 출산, 엄마 역할 등의 어려운 일들을 감내해낸 많은 여자들과 막역하게 지내왔다! 도리어, 대다수의 주석가들은 이 구절이 일반적으로 비교했을 때 남자들보다 약한 여자들의 체력을 말한다고 생각한다.[6]

보통 남자들이 생리적으로 근육량이 더 많도록 창조되었다는 것은 사실이다. 이 말은, 백 명의 보통 남자들과 백 명의 보통 여자들이 줄다리기를 하면 남자들이 이길 거라는 뜻이다. 그러므로 베드로가 남편들에게 아내를 이해하고, 섬세한 그릇을 취급하듯이 아내를 대하라고 요구했을 때 그가 생각한 것은 여자들이 필요로 하는 육체적 보살핌과 보호인 것이다. 이것은 오늘날에도 여전히 적용되지만, 쉽게 범죄에 희생되거나 남편의 보호가 없으면 법적으로 이용당할 수 있었던 고대에는 특히 더 그랬다. 그러나 이것 외에 아내들에게 어떤 언어적, 신체적 학대도 하지 말라는 요구도 내포되어 있다. 베드로의 말 뒤에는 날카로운 질책이 언뜻 비친다. "자기 아내보다 몸집이 두 배나 큰 남자가 부인에게 주먹질을 할 생각을 하다니 얼마나 역겨운가?"

셋째, 남편들은 아내를 존중해야 한다. 여기서 베드로는 그가 여자들을 존중받는 동등한 배우자로 생각한다는 것을 분명히 밝힌다. 남편들은 아내를 상석에 두어야 한다. 한 남자의 아내는 그의 마음과 생각뿐 아니라 그의 스케줄, 그의 말 그리고 그의 행동에 있어서 가장 큰 자리를 차지하는, 그 남자의 최우선순위여야 한다. 그리고 아내는 열등한 존재가 아니기에 이런 존중을 받아 마땅하다. 아내는 "생명의 은혜를 함께 이어받을 자"이다. 남편과 아내는 그들의 주인이신 예수 그리스도와의 관계를 공유한다. 영적 영역에서 그들은 분명 동등하다.

마지막으로 베드로는 가정의 평화를 유지해야 하는 큰 목적을 지적한다. "이는 너희 기도가 막히지 아니하게 하려 함이라." 아내와 말다툼을 하고나서 기도해본 적이 있는가? 서로 대립하며 입씨름을 벌인 후에 남편과 손잡고 기도하는 것이 쉽던가? 남편과 아내가 결혼 생활을 온전히 지키지 못한다면 영적 생활을 제대로 유지하기 힘들 것이다. 왜냐하면 하나님을 사랑하는 것과 동료 성도들을 사랑하는 것 사이에는 직접적인 관계가 있기 때문이다(요일 4:20). 그러므로 결혼은 매일의 관계를 통해 우리의 영적 생활을 가늠하는 지표 역할을 한다. 생각해보라. 만약 두 사람이 예수 그리스도의 이름으로 모인 곳에 그분이 계신다면(마 18:20), 남편과 아내가 연합해서 – 그리스도와 그분의 교회 사이의 연합을 나타내는 인간적 비유 중에서 가장 적합한 비유이다(엡 5:31-32) – 드리는 기도가 얼마나 강력

연약한 그릇

풋내기 목사 시절, 나는 불행을 향해 치달을 것이 감지되던 한 쌍의 결혼식을 주례했다. 지나고보니, 나는 주례를 거절했어야 하지 않았을까 싶다. 하지만 내가 아무리 결혼을 미루려고 애를 써도 그들은 막무가내였다. 사랑에 눈이 멀고 열정에 들뜬 그들은 결혼을 하기로 결심했다… 그것도 당장!

예비 신부와 단 둘이 있게 되었을 때 내가 보기에는 신랑이 "좀 이상하다"고 솔직히 말했던 것을 기억한다. 딱히 뭐가 이상한지 꼬집어 말할 수는 없었지만 그에게서 무언가 정상이 아닌 듯한 느낌을 받았다. 놀랍게도, 그녀 역시 동의했다. 하지만 결혼 전의 세상을 하트 모양의 핑크색 안경을 통해 바라보는 허다한 남자와 여자들이 그렇듯이, 그녀도 "나도 알아요. 하지만 우리는 잘 할 수 있을 거예요"라고 대답했다. 그녀는 그의 이상한 행동을 참을 수 있거나, 아니면 그를 변화시킬 수 있을 거라고 생각했다.

결혼한 지 몇 달 후 그 부부는 다시 내 서재 문을 들어섰다. 남편은 멋쩍어하며 걸어 들어와 자리에 앉았다. 긴장감이 방 안을 가득 채웠다. 마침내 그 아내가 말문을 열었다. "결혼한 뒤에 남편이 집 안의 문짝을 모조리 떼어버리는 게 정상인가요?"

"글쎄요" 나는 대답했다. "처음 들어보는 이야기이긴 한데…."

"우리가 신혼여행에서 돌아오고나서 며칠 후에 남편은 우리 둘 사이에 아무 비밀도 없어야 한다면서 문짝을 모두 떼어버렸어요!"

그 남자는 아내를 믿지 못해 아내의 일거수일투족을 지켜봐야 했다. 집 안에서조차도! 얼마나 섬뜩한가! 하지만 그런 경우는 너무 많다. 불신과 의심은 질투로 변한다. 질투는 격노로 이어진다. 그리고 격노는 폭력을 낳는다. 나는 자기 아내를 육체적으로, 정서적으로 또는 언어적으로 학대하는 남자보다 더 비열한 남자는 없다고 생각한다. 만약 남편이 자기 아내를 말이나 주먹으로 공격하는 것을 제어할 수 없다면, 그는 즉시 도움을 받아야 한다. 그리고 당신이 그와 동일한 행동을 하지 않았다고 해서 죄의식에서 벗어날 수 있는 것은 아니다. 억압, 교묘한 조종, 집착, 무시 – 그리고 아내를 감시하기 위해서 문짝을 모두 떼어버리는 것 – 이런 것들 모두가 남편들에게 아내를 이해해주면서 아내와 동거하라고 한 베드로의 권고에 정면으로 위배되는 것이다.

해질 수 있는지를!

적용
괴팍한 남편과 고약한 아내에서 탈피하기

솔직히 말해보자. 많은 남편들이 자기 아내를 이해하고 존중하는 것을 정말 힘들어한다. 그들은 아내와 친밀한 관계를 쌓기보다는 출세하고, 자기의 흥미를 만족시키며, 자아를 부풀리는 일들로 스케줄을 가득 채우는 습성이 있다. 마찬가지로, 많은 아내들은 남편을 지도자로 따르고 존중하는 데 어려움을 느낀다. 그들은 친구들 앞에서 공공연히 남편에 대해 불평을 늘어놓거나 남편을 비하한다.

남편과 아내 모두 배우자로서의 역할과 책임을 스스로에게 상기시키는 것이 현명하다. 베드로전서 3장 1-7절의 원칙들은 몇 가지 방법으로 실행될 수 있는데, 지금 당장 시작할 수 있는 몇 가지 프로젝트를 제시해주고 싶다.

첫째, 앞으로 일주일 동안 부부가 함께 시간을 보내면서 배우자에 대해 당신이 가장 고맙게 생각하는 네 가지 특성을 적으라. 그것에 대해 이야기하라. 당신이 당신의 아내 또는 남편을 한 사람으로서 어떻게 존중하기 원하는지 알려주라.

둘째, 베드로전서 3장 1-7절을 지침으로 해서 당신이 배우자를 대하는 태도 가운데 바꾸기 원하는 것 한 가지를 인정하라. 반대로 하지 말라! 당신 배우자가 바뀌었으면 하는 것 네 가지를 말하지 말라. 당신에게 적용되는 성경 말씀에 충실하라. 그렇게 한 다음 당신의 배우자에게 당신이 그렇게 살지 못했고 그렇게 하려고 노력하고 싶다고 말하라. 그리고 기도와 인내로 그렇게 행하라.

셋째, 혹 당신이 남편이나 아내의 역할을 하는 데 어려움을 느낀다면 당신이 배우자와의 관계를 잘 세워가도록 도와줄 수 있는 역할 모델을 찾는 것을 생각해보라(딛 2:3-5). 조화로운 결혼의 좋은 본보기로서 당신이 존경하는 사람을 찾아가 화목한 결혼을 이루는 그들의 방법을 배우고 싶다고 부탁하라. 또는 당신이 결혼 생활의 부침을 겪어보았기에 신혼부부에게 가르쳐줄 수 있는 지혜를 가지고 있다면 당신이 멘토를 해줄 수 있을 것 같은, 결혼의 한 계절을 통과하고 있는 부부를 찾아보라.

무엇보다도, 진정한 가정의 평화는 쉽게 얻어지는 것이 아님을 명심하라. 간혹 절대 불가능하게 느껴질 때도 있다. 괴팍한 남편들의 고집불통과 고약한 아내들의 물러나지 않으려는 태도가 이 구절에서 말하는 베드로의 원칙을 적용하는 데 실질적인 장애물이 될 수 있다. 그러나 포기하지 말라! 힘들어도 하나님 안에서 소망을 가지면 배우자의 삶 속에서 당신의 신실함이 열매를 맺을 때까지 힘써 나아갈 수 있다.

의로운 삶과 예비된 변호(베드로전서 3:8-17)

8 마지막으로 말하노니 너희가 다 마음을 같이하여 동정하며 형제를 사랑하며 불쌍히 여기며 겸
손하며 9 악을 악으로, 욕을 욕으로 갚지 말고 도리어 복을 빌라 이를 위하여 너희가 부르심을 받았
으니 이는 복을 이어받게 하려 하심이라

10 그러므로 생명을 사랑하고 좋은 날 보기를 원하는 자는 혀를 금하여 악한 말을 그치며
그 입술로 거짓을 말하지 말고
11 악에서 떠나 선을 행하고 화평을 구하며 그것을 따르라
12 주의 눈은 의인을 향하시고 그의 귀는 의인의 간구에 기울이시되 주의 얼굴은 악행하는
자들을 대하시느니라 하였느니라

13 또 너희가 열심으로 선을 행하면 누가 너희를 해하리요 14 그러나 의를 위하여 고난을 받으면
복 있는 자니 그들이 두려워하는 것을 두려워하지 말며 근심하지 말고 15 너희 마음에 그리스도를
주로 삼아 거룩하게 하고 너희 속에 있는 소망에 관한 이유를 묻는 자에게는 대답할 것을 항상 준비
하되 온유와 두려움으로 하고 16 선한 양심을 가지라 이는 그리스도 안에 있는 너희의 선행을 욕하
는 자들로 그 비방하는 일에 부끄러움을 당하게 하려 함이라 17 선을 행함으로 고난 받는 것이 하나
님의 뜻일진대 악을 행함으로 고난 받는 것보다 나으니라.

분명, 영적 성장의 과정은 길고, 종종 고통스럽다. 성숙해가는 과정 속에서 우리는 누구나 우유를 엎지르고, 하지 말아야 할 말을 하며, 나잇값을 못하기도 한다. 어린아이처럼 짜증을 내거나, 유치원생처럼 뿌루퉁해지거나, 사춘기 아이들처럼 투덜댈 때도 있다. 그런 와중에도 우리는 성숙한 성도로서 행동하고, 믿음이 어린 자들에게 본이 되어야 한다. 우리는 머리로는 알지 모르지만 옳은 일을 실행할 의지가 없다. 영적으로 성숙한 자들이라도 '미운 두 살'로 되돌아갈 때가 있다.

부모들은 아이들이 갓난아기에서 유년기를 거쳐 사춘기를 통과하고 성인이 되는 것을 기뻐한다. 마찬가지로, 하늘에 계신 우리 아버지도 모든 자녀의 믿음이 성장하기를 바라신다. 그러나 안타깝게도, 성숙하지 않은 채 성장하는 그리스도인들이 허다하다. 차이를 아는가? 많은 사람들이 "나는 하나님의 자녀가 된 지 30년째입니다"라고 말한다. 때때로 나는 이렇게 말하고 싶다. "그럼 세 살짜리 성도처럼 행동하지 마세요!"

3장 8-12절에서 사도 베드로는 성숙한 그리스도인의 전형적인 생활 양식이라고 생각하는 것을 총망라한다. 여기에 나오는 덕목들은 성도들의 영적 성장을 가늠하는 일종의 잣대 역할을 한다. 구체적이고 객관적인 일련의 점검 항목들을 사용해 삶의 다양한 영역에서 우리의 성숙도를 측정할 수 있다. 겨우 다섯 구절 안에 그는 성숙의 아홉 가지 표징에 대한 설명을 요약한다.

편지의 이 부분에서 베드로가 의도하는 바는 세상과의 관계 속에서 우리가 살고 있는 생소한 삶을 정확하게 표현하는 것이다. 이 그리스도인의 덕목은 분명 보편적인 문화 규범에 어긋나며, 부정한 세상 속에서 믿는 자들을 하나님의 거룩한 백성들로 선별해준다. 몇 번이고 연거푸 베드로는 이 거룩한 생활 방식을 소망의 삶 - 예수 그리스도가 다시 오실 때 받을 상급을 계속 기대하는 - 과 연결시킨다. 성숙하고 거룩한 삶은 고난을 받을 때에도 그리스도를 우리의 소망으로 품어야만 가능하다.

—3:8-12—

베드로는 성숙을 가늠할 수 있는 이 점검표를 "마지막으로 말하노니"라는 말로 시작한다. 헬라어 *telos*는 문자 그대로 '끝' 또는 '결론'이라는 뜻이다. 베드로는 편지를 끝내는 것이 아니라 그가 앞에서 마음가짐과 행동에 대해 가르친 목적을 종합하고 있다.[7] 앞의 내용은 믿는 자들에게 직접 육신의 욕망에 맞서 싸우면서 "거류민과 나그네"로 살라고 가르친다(2:11-12). 이 싸움은 인간 정부에 의한 부당한 대우(2:13-17), 주인들의 불공정한 처사(2:18-25), 결혼 생활의 갈등(3:1-7)이라는 전쟁터에서 벌어지고 있다. 베드로는 이 세상에서 이상적인 '거주 외국인'의 삶을 사는 데 필요한 덕목을 요약하면서 앞에서 다루었던 몇몇 문제들을 언급한다. 그리고 그가 이 편지의 나머지 부분에서 다룰 몇 가지 주제들을 미리 언급한다.

성숙의 점검표에는 연합, 상호 관심, 우정, 애정, 긍휼, 겸손, 용서, 절제된 혀, 순결한 삶, 온화한 성품 등이 포함된다.

마음을 같이하는 연합 – "마음을 같이하여"(3:8). *Homophrōn*이라는 헬라어는 문자적으로 "같은 마음을 갖다"라는 뜻이다.[8] 이 말은 하나된 마음, 동일한 목적 그리고 주요 교리의 일치를 암시한다. 연합은 획일 – 모두의 모습과 행동이 똑같은 – 과 다르다. 그리고 이것은 만장일치 – 모든 사람이 모든 것에 대해 100퍼센트 동의하는 – 와도 다르다. 베드로는 한 가지 소리가 아니라 화음 – 저마다 자기의 독특한 소리로 단음 합창과는 비교할 수 없을 정도로 아름다운 합창을 이루는 – 으로 노래하라고 말한다.

상호 관심 – "동정하며"(3:8). *Sympathēs*는 영어 'sympathy'의 헬라어 원어이다. 이 말은 문자적으로 누군가와 '공감하는 것'이라는 뜻이다. 베드로가 생각하는 것만큼 우리가 동료 성도들과 친밀하게 지낸다면 다른 이들이 기뻐할 때 기뻐하고, 슬퍼할 때 슬퍼하면서 자연스레 서로에게 정서적으로 영향을 미칠 뿐 아니라 서로에게 관심을 갖게 될 것이다.

진실된 동료애 – "형제를 사랑하며"(3:8). 헬라어 *philadelphos*는 베드로가 1장 22절에서 "형제를 사랑"하라고 할 때 사용한 단어의 형용사이다. 이 말은 깊은 우정이나 동기간의 사랑을 지칭한다. 이런 뜨거운 동료애는 많은 교회에서 흔히 '교제'라고 일컫는 피상적인 활동들보다 훨씬 깊은 것이다. *Philadelphos*는 가족 관계만큼이나 끈끈한 의리를 표현한다.

진심에서 우러난 동정심 – "불쌍히 여기며"(3:8). 바울은 에베소서 4장 32절에서 이 단어를 사용한다. "서로 친절하게 하며 불쌍히 여기며 서로 용서하기를 하나님이 그리스도 안에서 너희를 용서하심과 같이 하라." 용서와 밀접한 관계가 있는 이 진심 어린 동정심은 상심한 사람들에게 손을 내미는 행동을 강조한다.

겸손한 마음 – "겸손하며"(3:8). 이 말은 자기를 낮추면서 마음으로 고개를 숙인다는 뜻이다. 거짓된 겸손으로 겸허해 보이기는 쉬울 수 있다. 그러나 베드로가 생각하는 것은 아무도 볼 수 없는 마음 깊은 곳 – 우리의 생각 속에서 – 으로부터 우러나오는 겸손이다. 내가 우선인 이 세상에서 '나중 된 자가 먼저 된다'라는 원칙을 받아들이기란 쉽지 않다. 비범한 재능이나 기술을 축복으로 받은 사람들은 자기를 알리거나 세간의 이목을 끌고 싶은 큰 유혹과 싸운다. 진정으로 겸손한 마음은 만족할 줄 모르는 내면의 식욕을 억제한다.

지금까지 살펴본 성숙한 그리스도인의 다섯 가지 덕목은 우리가 생각하고(한마음이 되는 것과 겸손한 마음) 느끼는 것(불쌍히 여기고, 형제를 사랑하며, 동정하는)과 관련이 있다. 이제부터 나오는 네 가지 특성은 우리가 행하고 말하는 것 - 사람들에게 직접 영향을 미치는 외적 행동 - 과 연관된다. 물론 이것들 중 어떤 것도 상호 배타적이지 않다. 교만하고, 걸핏하면 입씨름을 벌이는 사람은 긍휼, 애정, 동정심을 느낄 수 없을 것이다. 그리고 풋내기 그리스도인의 생각과 정서를 가진 사람은 덕스러운 언행을 나타내지 못할 것이다. 그렇다면 우리는 이와는 대조적으로, 마음과 감정과 의지가 어우러진 전인적이고 균형 잡힌 그리스도인으로 성장해야 한다. 그것은 그리스도인에게 걸맞을 뿐더러 믿지 않는 자들의 마음을 끄는 생활 방식을 보여주게 될 것이다.

용서하는 성품 - "악을 악으로, 욕을 욕으로 갚지 말고"(3:9). 우리가 해를 입었을 때 어떤 식으로든 받은 대로 복수하기를 거부하는 것(3:9)과 축복으로 응대하는 것 - 말 또는 행위로 - 은 전혀 다른 문제이다. 하지만 우리는 축복을 이어받기 위해 부름 받았고, 그리스도가 이 소망을 보증하셨기 때문에 죄악과 치욕을 인내와 은혜로 견딜 수 있다.

혀의 제어 - "그러므로 생명을 사랑하고 좋은 날 보기를 원하는 자는 혀를 금하여 악한 말을 그치며"(3:10). 베드로는 혀를 제어하는 것에 대한 단호한 명령의 근거를 구약에 두면서 시편 34편 12-13절을 인용한다. 이 인용구는 복수하지 말라는 경고(3:9) 바로 뒤에 나온다. 성숙한 성도는 자기 혀를 길들이고, 험담, 중상, 상스러운 말, 기만, 과장, 온갖 종류의 사악하고 어리석은 행위를 피한다. 이것은 또 다른 시편을 생각나게 한다. "여호와여 내 입에 파수꾼을 세우시고 내 입술의 문을 지키소서"(시 41:3). 매일 아침 해서는 안 될 말이 혀에서 흘러나가기 전에 이 구절들을 기도로 하면 좋다.

순결한 삶 - "악에서 떠나 선을 행하고"(3:11). 계속해서 시편 34편 14절을 인용하면서 베드로는 거룩한 삶에 대한 반복된 권고를 다른 말로 표현한다. 악으로부터의 순결이란 악한 마음, 유혹 그리고 심지어 과거 한때 우리를 괴롭혔던 죄로부터 돌이킨다는 뜻이다. 그 대신 우리는 이런 나쁜 생각과 습관들을 순수하고 긍정적인 생각으로 대체해야 한다.

온유한 성품 - "화평을 구하며 그것을 따르라"(3:11). 우리는 논쟁하고 다투기를 좋아한다. 부당한 대우를 받으면 펄쩍 뛰고, 도전을 받으면 완강하게 버티며, 방해를 받으면 주먹을 불끈 쥔다. 그것이 사소한 교리의 차이이건 양탄자 색깔에 대한 것이건 간에 그리스도인들은 눈 깜짝할 사이에 서로의 평화를 앗아갈 수 있다. 우리는 평화를 찾고 추구하기보다는 빈번히 논란을 일으키거나 공공연히 갈등을 일으킨다. 그런데 평강의 왕자(사 9:6)를 섬기는 종들이라면 그 평화와 관련된 무언가를 교회에서 그리고 세상 속에서 나타내야 하지 않을까?

베드로가 기술한 그리스도인의 덕목들 뒤에는 중요한 추정이 깔려 있다. 믿는 자들은 하나님의 말씀의 빛 속에서 부단히 걷는 경지로까지 영적으로 성숙할 수 있다는 것이다. 내가 넘어지지 않고 완벽하게 걸을 것이라 말하지 않고 부단히 걸을 것이라고 말한 것에 유의하라. 연합, 상호 관심, 우정, 애정, 긍휼, 겸손, 용서, 자기 절제, 순결, 평화가 지속되는 삶이라고 해서 우리가 절대 실패하지 않으리라는 뜻이 아니다. 도리어 우리가 실패했을 때 그 사실을 인정하고, 하나님의 은혜가 우리를 회복시키고 강건케 하시도록 허용한다는 뜻이다.

영적 성숙에 관한 이 열 가지 덕목은 우리 삶의 모든 영역을 아우르기에 충분할 만큼 보편적이면서 우리의 약점을 찌를 만큼 구체적이다. 이 덕목들을 제대로 이해하고나면, 베드로가 연방 쏘아대는 화살은 우리가 아직도 훈련병에 불과하다는 사실을 확인시켜주면서 우리가 입은 영적 갑옷의 가장 약한 부분을 향해 날아온다. 그러나 갑옷의 균열을 찾다가 자칫 베드로의 더 큰 관점을 놓칠 수 있다. 그는 악하고 소망 없는 세상에서 우리가 가져야 할 거룩함과 소망을 향한 더 큰 목적을 생각하고 있다.

—3:13–17—

베드로는 3장 8–12절에 묘사된 영적으로 성숙한 사람은 주변 세상의 반응을 보게 될 것이라고 분명히 말한다. 이 반응이 꼭 긍정적이지만은 않더라도 놀라지 말라! 많은 세상 사람들의 생활 양식은 평화 대신 갈등, 순결 대신 죄, 겸손 대신 교만, 긍휼 대신 혐오이다. 어떤 이들은 그리스도인들을 자기 만족이라는 고속도로 위에 있는 과속 방지 턱으로 볼 것이다. 또 다른 이들은 그리스도인들로 하여금 거룩함과 소망이라는 이상한 삶을 살게 만든 동기가 무엇일까 의아해할 수도 있다.

그래서 베드로는 독자들에게 한 가지 중요한 질문을 생각해보라고 권한다. "또 너희가 열심으로 선을 행하면 누가 너희를 해하리요"(3:13). 그는 이미 3장 8-12절에 나오는 아홉 가지 덕목을 가지고 열심히 '선'을 행하는 것이 어떤 모습인지 분명히 밝혔다. 대부분의 그리스도인들은 이렇게 살면 – 세상 사람들이 보기에는 이상하게 보일망정 – 대체로 별 탈이 없을 것이다. 왜냐하면 "주의 눈은 의인을 향하시고 그의 귀는 의인의 간구에 기울이시"기 때문이다(3:12). 생각해보라. 빚을 갚으면 보통은 경제적으로 견실해질 것이다. 성적 순결을 지키면 좌절과 질투에서 벗어나게 될 것이다. 행실이 겸손하고 온유하다면 대개는 적을 만들 일이 없을 것이다. 그리고 다른 그리스도인들과 친밀한 관계를 유지한다면 힘든 시기를 헤쳐나가도록 도와줄 사람들을 주위에 늘 두게 될 것이다. 그러므로 전반적으로 지혜로운 삶에 대한 베드로의 충고를 따를 때 우리는 다른 사람들의 도움 – 해가 아니라 – 을 받게 될 것이다.

그 원칙은 보편적으로 거의 언제나, 거의 모든 상황 속에서 진리이기는 하지만 베드로는 예외가 있다는 사실을 알고 있다. 실제로, 역사의 어느 특정 시기에 특정 지역들에서는 검게 탄 적대감의 재가 노골적인 박해의 불길로 확 타오를 수 있다. 그리고 그리스도인들의 안전을 지켜주는 생활 양식이 정작 그들을 위험에 빠트릴 수 있다! 베드로는 우리가 실제로 "의를 위하여 고난을 받"을지도 모른다고 말한다(3:14).[9] 부당한 대우를 받을 가능성에 대한 바울의 논의에서 나는 예수 그리스도를 희망의 중심에 둔 그리스도인들로서 어떤 반응을 보여야 하는지에 대한 다섯 가지 조언을 발견한다.

첫째, 부당한 대우를 받을 때 스스로를 하나님의 축복을 받은 자로 여기라(3:14 상). 이것은 우리가 예상할 수 있는 반응이 아니다. 부당한 대우를 당할 때 우리는 이런 생각을 할 수 있다. '내가 뭘 잘못했지?' 하나님이 내 선행을 보지 못하셨나? 왜 내게 이런 일이 일어나게 하시지?' 그런데 베드로는 야고보서 1장 2절과 비슷한 태도를 취한다. "내 형제들아 너희가 여러 가지 시험을 당하거든 온전히 기쁘게 여기라."

믿는 자들은 어떻게 부당한 대우를 하나님이 주신 축복으로 여길 수 있을까? 첫째, 하나님은 이런 식의 부당한 대우를, 우리를 강건하게 하시고 그리스도를 더 닮게 하시기 위한 계획의 일환으로 사용하시기에 우리는 복을 받은 것이다(2:21-3:9 참고). 의인에 대한 부당한 대우는 하나님의 뜻에서 배제된 것이 아니라 오히려 우리가 하나님의 뜻과 계획 안에 있음을 나타낸다. 둘째, 그런 시련을 견딤으로써 장차 받을 상급을 기대할 수 있기에 우리는 복을 받은 것이다. 예수님은 "의를 위하여 박해를 받은 자는 복이 있나니 천국이 그들의 것임이라"(마 5:10)고 말씀하셨다. 베드로는 아마 이 편지를 쓰면서 주님의 이 말씀을 염두에 두었을 것이다.

올곧은 삶을 푸대접하는 것에 대한 두 번째 반응은 두려워하거나 근심하지 말라는 것이다(3:14 하). 이것은 가해자에게로 주의를 돌린다. 우리는 가해자들의 위협이나 괴롭힘을 두려워할 이유가 없다. '두려워하다'라는 뜻의 헬라어 동사는 *phobeō*인데, 여기서 영어의 'phobia(병적인 공포)'라는 말이 나왔다. 이 말은 무언가로부터 도망치거나 피한다는 뜻을 내포한다.[10] '근심'이라는 말은 누군가를 뒤흔들거나, 동요시키거나, 위협하는 것을 나타낸다.[11] 예수님은 이 말을 요한복음 14장 1절에서 제자들에게 "너희는 마음에 근심하지 말라 하나님을 믿으니 또 나를 믿으라"고 말씀하실 때 사용했다. 베드로가 두려워하거나 근심하지 말라고 권고한 배경에는 주님이 당신의 백성 이스라엘에게 그들을 위협하는 이방 국가들을 두려워하거나 무서워하지 말라고 하셨던 이사야 8장 12-13절이 있다. 이스라엘 백성은 그 열국들 앞에서 두려워하거나 떨지 말고 하나님의 약속에 의지하며, 오직 하나님 앞에서만 떨어야 한다.

실제로, 주님을 거룩한 자로 여기라는 이사야의 명령은 가혹한 대우에 대한 베드로의 세 번째 반응, 즉 그리스도를 주로 삼는 것(3:15 상)으로 우리를 인도한다. "너희 마음에 그리스도를 주로 삼아 거룩하게 하고"라는 구절은 핍박자들의 위협을 두려워하는 것과 대조를 이룬다. 여기에 등장하는 언어와 이미지는 다음의 비교 표에서 볼 수 있듯이 이사야 8장 13-14절의 이사야의 권고와 밀접한 관련이 있다. 베드로는 당대에 발견된 이사야서의 헬라어 번역본과 유사한 헬라어를 사용하고 있다.

이사야 8:12-13	베드로전서 3:14-15
12 그들이 두려워하는 것을 너희는 두려워하지 말며 놀라지 말고.	14 그들이 두려워하는 것을 두려워하지 말며 근심하지 말고.
13 만군의 여호와 그를 너희가 거룩하다 하고.	15 너희 마음에 그리스도를 주로 삼아 거룩하게 하고.

베드로가 언급하고 있는 구약 성경의 히브리어 본문은 '주님'이라는 뜻의 하나님의 이름 – Yahweh(야훼) – 을 사용하고 있다는 사실을 모른 채 이 구절이 이사야 8장 13절을 암시한다고 속단해서는 안 된다. 즉, 베드로는 예수님을 구약의 주 하나님과 동일시함과 동시에 우리가 예수 그리스도를 우리 삶의 주님으로서 '신성시' 하고 '거룩하게 여겨야' 한다고 선포하면서 예수님의 신성을 분명하고 직설적으로 주장하고 있는 것이다. 그리스도가 우리 삶의 모든 면을 관장하는 주님이시자 하나님이시라면 우리는 적의 대항을 두려워할 필요가 없다.

부당한 대우에 대한 네 번째 반응은 변론할 준비를 갖추는 것이다(3:15 하). '변호'라는 말은 헬라어로 *apologia*로서 '설명하다' 또는 '변론하다'라는 뜻이다. 영어의 'apologetics(변증론)'라는 단어가 이 말에서 파생되었다. 베드로는 독자들에게 그들이 그리스도 안에서 가지고 있는 소망에 대한 이유를 설명할 준비가 되어 있어야 한다고 말한다. 소망에 대한 그 설명은 그들이 스스로를 축복받은 자로 여기고, 두려움과 걱정을 물리치며, 그리스도를 그들이 받는 불공정한 대우를 관장하시는 주님으로 인정할 때에만 가능하다는 사실에 유의하라. 그러면 외부 사람들이 그들의 행동을 보고 경탄할 것이다. "어떻게 이런 대접을 참을 수 있나요? 나 같으면 벌써 폭발했을 거예요!" 여기에서 고통스러운 때에 소망의 근원이 되시는 그리스도라는 베드로의 핵심 주제가 다시 표면으로 떠오른다. 오로지 예수님만이 고난 중에 견고한 소망의 근거를 제공하신다.

마지막으로, 베드로는 선한 양심으로 세상의 불공정한 대우에 대응하라고 강조한다(3:16). 우리는 그리스도를 우리 삶의 모든 사건을 주장하시는 주님으로 구별해야 할 뿐 아니라 선한 양심을 지켜야 한다. 베드로는 우리를 하나님의 거룩하고 소망을 가진 백성으로 구분지어주는 그리스도인의 덕목들을 나열하는 것으로 이 단락을 시작했다(3:8-12). 그러고나서 이런 방식의 삶이 대개는 선한 결과를 가져오지만 때로는 악인들의 분노를 일으킬 수도 있음을 지적했다(3:13). 그러나 그럴 때 자신의 존엄성은 지키면서 다른 이들의 부당한 대우를 참아야 한다고 바울은 쓰고 있다. 핍박 속에서도 선한 양심을 지키는 것은 이방인들의 관심을 끌 뿐 아니라 중상하는 자들까지도 입을 다물게 할 것이다. 다른 말로, 베드로는 고결함을 잃지 않는 삶이야말로 예수 그리스도의 주권을 증언할 수 있는 기회를 열어주는, 그리스도인의 삶에 대한 암묵적인 변호라는 사실을 주장한다.

베드로는 앞서 2장 20절에서 진술한 원칙들을 되풀이하면서 이 단락을 끝맺는다. 우리는 고결한 그리스도인의 삶으로 인해 부당한 대우를 받을지언정 악행으로 벌을 받지 않도록 주의해야 한다. 그리스도를 위해서 그리고 다른 이들에게 복음을 증거하는 것으로 인해 부당한 고난을 당할 때에야 우리를 위해 고난 받으시고 목숨을 버리셨던 우리 주님을 진정으로 따르고 있다고 말할 수 있다(3:18).

적용
변증론 입문

신학교에 다닐 때 나는 기독교 신앙의 훌륭한 '변증론자들' – 불합리한 철학적 반론과 무질서하다는 근거 없는 고발에 대해 기독교의 신앙을 논리 정연하게 변호한 위대한 지성들 – 에 대해 배웠다. 2천여 년의 교회사를 통해 모든 세대마다 굳건한 믿음의 표상이 되었던, 그리고 때로는 압도적인 적대감에 저항했던 기독교 학자들이 있었다. 오늘날에도 기독교 변증론 분야는 무신론자들과 믿지 않는 자들을 침묵시킬 수 있는 박사들로 가득 차 있다. 나는 세상의 철학과 말씀의 참된 지혜로 단련된 이들로 인해 하나님께 감사드린다.

그러나 때때로 그 밖의 나머지 사람들은 하나님의 존재에 대한 논쟁을 할 수 없다거나, 진화론에 대한 우리의 세 가지 입장을 말하지 못한다거나, 가인의 아내는 어디서 왔는지를 설명하지 못한다는 이유로 변증의 책임에서 벗어났다고 생각하기도 한다! 애초에 변증론은 우리에게 주어진 몫이 아니라고 스스로에게 말하면서 이런 질문들은 자격 있는 학자들에게 떠넘긴다.

그러나 베드로에 의하면, 사실 믿는 자들은 너나 할 것 없이 변증론자로 부름받았다. 우리는 그리스도 안에서 우리가 소유하고 있는 소망에 대해 답변할 준비가 늘 되어 있어야 한다. 그러나 베드로는 이 변론에 대한 전제로 믿지 않는 자들의 관심을 끄는 덕목을 갖춘 특별한 종류의, 한결같은 생활 양식을 설명한다. 그러므로 변증론 입문은 사람들의 회의적인 도전에 대한 올바른 답을 내놓는 것에서 시작되는 것이 아니라 올바른 질문을 제기하는 올바른 생활 양식을 갖는 것에서 시작된다!

베드로의 권고를 충실히 따르려면 3장 8-12절에 나오는 영적 성숙의 기준을 만족시키

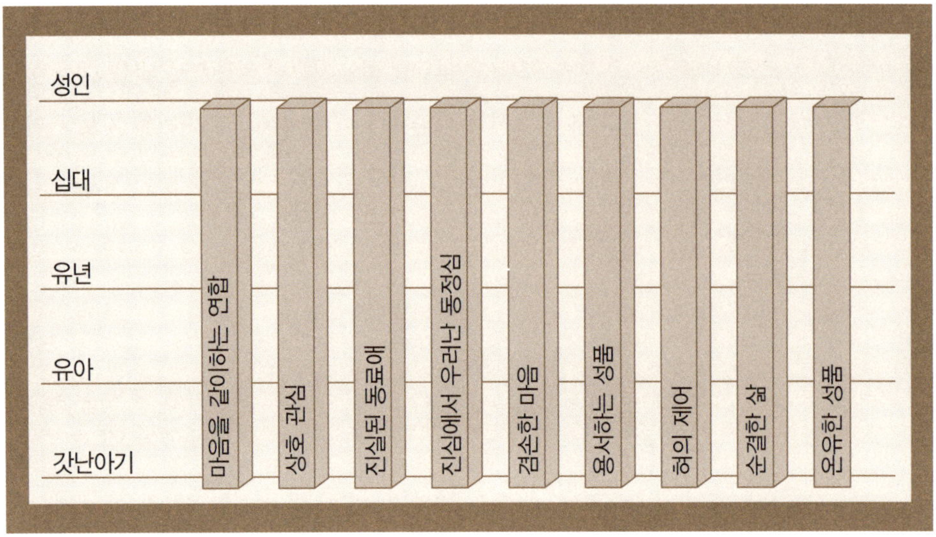

고 있는지 우리의 삶을 점검해보아야 한다. 각각의 영역에서 당신이 도달해야 할 성숙의 단계를 정하는 것이 좋다. 그럴 용기가 있다면 절친한 친구(또는 배우자)에게도 평가를 부탁하라! 일단 당신의 삶에서 미성숙하다는 평가를 받을 가능성이 가장 높을 것 같은 영역을 찾으면 당신의 삶이 보여주는 변증론이 강화되어야 할 부분을 볼 수 있을 것이다. 위에 실린 표를 사용해서 당신의 성숙도를 갓난아기, 유아, 유년, 십대, 성인으로 등급을 매기라. 각각의 영역에 대한 설명을 보기 위해 다시 본문으로 돌아가야 할 수도 있다.

이제 당신이 가장 많이 성장해야 할 영역을 한 가지 선택하라. 이 영역을 놓고 간절히 기도하라. 하나님을 위해 "선한 양심"을 지키기 위해서 3장 15절에 설명된 그리스도의 주권에 이 영역을 맡기는 데 전력을 다하라. 우리는 그리스도의 몸 안에서 함께 성장하라는 명령을 받았으므로 당신이 성장하기 원하는 영역을 친한 친구, 목사, 교사와 나누고 그들이 당신이 성장할 수 있도록 책임을 나눠지고 기도해줄 수 있게 하라(엡 4:15-16). 그 외에도 성경을 읽고, 공부하고, 묵상하는 시간에 이 성장해야 할 영역에 초점을 맞추어 "순전하고 신령한 젖"(벧전 2:2)을 먹음으로써 갓난아기에서 자라가라.

예수 그리스도만 바라보기(베드로전서 3:18-22)

18 그리스도께서도 단번에 죄를 위하여 죽으사 의인으로서 불의한 자를 대신하셨으니 이는 우

리를 하나님 앞으로 인도하려 하심이라 육체로는 죽임을 당하시고 영으로는 살리심을 받으셨으니
19 그가 또한 영으로 가서 옥에 있는 영들에게 선포하시니라 20 그들은 전에 노아의 날 방주를 준비
할 동안 하나님이 오래 참고 기다리실 때에 복종하지 아니하던 자들이라 방주에서 물로 말미암아
구원을 얻은 자가 몇 명뿐이니 겨우 여덟 명이라 21 물은 예수 그리스도께서 부활하심으로 말미암아
이제 너희를 구원하는 표니 곧 세례라 이는 육체의 더러운 것을 제하여 버림이 아니요 하나님을 향
한 선한 양심의 간구니라 22 그는 하늘에 오르사 하나님 우편에 계시니 천사들과 권세들과 능력들이
그에게 복종하느니라.

때는 AD 200년, 장소는 로마이다. 삼위일체 하나님께 대한 헌신과 가입 의식을 위해 마음의 준비를 하며 며칠간의 금식을 마친 후, 마침내 때가 되었다. 결혼 예식에 대한 흥분과 기대로 가득 찬 작은 무리의 그리스도인들이 그들의 목사, 장로, 집사들과 함께 모였다. 회중들은 그가 '서약', 곧 신앙 고백을 선포하는 것을 기다리고 있고, 기독교 신앙에 귀의한 그 젊은이는 물 속으로 걸어 들어갔다. 형태는 지역과 교회마다 조금씩 다르지만, 그들은 모두 같은 이야기를 했다. 그들은 모두 동일한 진리를 강조했다.

> 나는 전능하신 아버지 하나님, 천지의 창조주를 믿습니다.
> 나는 그의 유일하신 아들 우리 주 예수 그리스도를 믿습니다.
> 그는 성령으로 잉태되어 동정녀 마리아에게서 나시고
> 본디오 빌라도에게 고난을 받아 십자가에 못 박혀 죽으셨으며
> 음부에 내려가셨다가 장사된 지 사흘만에 죽은 자 가운데서 다시 살아나셨고
> 하늘에 오르시어 전능하신 아버지 하나님 우편에 앉아 계시다가
> 거기로부터 살아 있는 자와 죽은 자를 심판하러 오십니다.
> 나는 성령을 믿으며 거룩한 공교회와 성도의 교제와
> 죄를 용서받는 것과 몸의 부활과 영생을 믿습니다 아멘.[12]

새 신자가 이 신경을 맹세하면 교회는 그의 신앙 고백을 받아들였고, 그가 성부, 성자, 성령의 이름으로 세례를 받고 물에서 일어나면 세례 의식에 의해 승인받은 교회의 정식 신도가 되었다.

빨리 감기로 여러 세기를 건너뛰어 가보자. 청년 때 우리 가족은 회중들이 매주 주일 사도신경을 암송하는 교회에 다녔다. 몇 달 안에 나는 그것을 외웠다. 암송한다고 해서 이해하는 것은 아니었고, 목사님은 그것을 굳이 설명하시지 않았다. 나는 2세기의 그리스도인들이 사도신경에 함축된 신학을 명쾌히 이해하기 위해서 3년의 교육 기간을 거쳤던 것 같은 혜택을 누리지 못했다. 그래서 "음부에 내려가셨다가(He descended into Hades)"라고 할 때 정확히 그게 무슨 뜻인지 몰랐다. 어떤 신경은 이 구절을 이렇게 번역해 놓기도 했다. "지옥에 내려가셨다가(He descended into Hell)." 나는 그것을 생각에서 지웠던 것으로 기억한다. 그리고 오랜 세월이 흐른 후 신학교 강의실에 앉아서 베드로전서의 헬라어 본문을 공부하기 전까지 그것을 다시 생각하지 않았다. 그제서야 신경의 어두운 구석 – 예수님의 죽음과 기적적인 육신의 부활 사이에 있었던 예수님의 행적 – 에 빛이 비춰졌다.

3장 18–22절은 사도신경의 일면을 설명했을지 모르지만 동시에 몇 가지 새로운 의문점들과 논란을 제기했다. 사실, 3장 20–21절은 번역도 힘들지만 해석 또한 가장 난해한 구절에 속한다. 내용을 더 잘 파악하는데 도움이 될 문맥에 초점을 맞추어 이 구절을 면밀히 검토해보자.

—3:18—

이 부분은 한 단락 – 베드로의 생각과 주장의 더 큰 단위인 – 의 중간에서 시작한다. 앞부분에서 베드로는 부당한 고난을 당할 때 믿는 자가 보여야 할 합당한 반응에 대해 언급했다(3:14–17). 덕스러운 삶을 사는 믿는 자들(3:8–12)은 간혹 그로 인해 불공평한 대우를 받는다(3:14). 베드로는 17절에서 자신의 논지를 뚜렷이 밝힌다. "선을 행함으로 고난 받는 것이 하나님의 뜻일진대 악을 행함으로 고난 받는 것보다 나으니라." 이 단락의 이 지점에서 베드로는 부당한 형벌을 받는 본보기가 되셨던 그리스도께로 우리의 주의를 돌린다. 이제 18–22절에서는 그리스도 한 분에게만 관심의 초점이 맞춰진다.

베드로는 그리스도의 주요 활동을, 우리를 위한 그분의 고난과 죽음으로부터(3:18) 부활하여 하늘에 오르사 하나님 우편에 앉아 계심(3:21–22)까지 약술한다. 우리에게 익숙한 그리스도의 죽음과 부활에 대한 이야기 사이에 그리스도가 내려가셨을 때 무엇을 하셨는지(3:19-20) 그리고 우리 믿는 자들이 회심과 세례를 통해 어떻게 그리스도의 죽음과 부활에 공적으로 참여하는지(3:21)에 대한 간략한 진술을 볼 수 있다.

그러나 19-20절에서 그리스도의 내려가심을 쫓기에 앞서 그분의 고난이 어떻게 묘사되어 있는지 자세히 보라. 여기에 복음에 대한 분명하고 간략한 진술이 들어 있다.

- 그리스도는 죄를 위해 죽으셨다.
- 그리스도는 단번에 모든 인간을 위해 죽으셨다.
- 그리스도는 죄인들을 대신해, 곧 '불의한 자를 위해 의로운 자가' 죽으셨다.
- 그리스도는 우리를 하나님께로 데려가기 위해 죽으셨다.

여기에는 우리의 필요(우리의 죄), 완전한 대속(우리를 대신한 그리스도의 죽음), 충분한 대속(모두를 위해 단번에), 그리고 결과(우리가 하나님께 나아갈 수 있음)가 있다. 이보다 더 분명할 수는 없다. 이것은 모두 잃어버린 죄인들을 위한 기쁜 소식인 복음의 요소들이다. 베드로는 이미 1장에서 이 구원에 대해 언급하면서 하나님의 자비가 "예수 그리스도를 죽은 자 가운데서 부활하게 하심으로 말미암아 우리를 거듭나게 하사 산 소망이 있게 하시며"(1:3)라고 말했다. 우리는 믿음을 통해 하나님의 능력으로 구원을 받는다(1:5). 이 구절들은 구원에서 하나님의 역사, 즉 하나님의 섭리를 강조한다. 3장 18절과 21절에서는 우리의 구원을 확증해준 십자가의 공로와 부활, 즉 그리스도의 대속을 볼 수 있다. 그리고 3장 21절에서 베드로는 복음에 대한 믿는 자의 내적, 외적 반응, 즉 우리의 고백에 초점을 맞춘다.

따라서 이 구절의 핵심 주제는 그리스도의 부당한(그러나 구속을 위한) 고난, 죽음, 부활, 승천이다. 이와 같이 그리스도의 사역이 V자 형태로 부침을 겪으신 이유는 우리에게 소망을 주기 위해서이다. 우리는 낯선 세상에서 그리스도의 제자이자 이방인으로 살면서 고난을 받는다. 우리는 또한 우리를 위해 그리스도가 겪으신 죽음과 부활에 영적으로 동참했고, 세례를 통해 그 영적 실재와 물리적으로 동일시되었다. 그렇기 때문에 우리는 이 땅에서의 삶이 끝나면 그리스도처럼 부활해서 영화롭게 될 것이라는 절대 흔들리지 않는 소망을 기대할 수 있다.

신약 성경에서 그리스도의 죽음과 부활의 복된 소식을 말할 때에는 대개 성금요일과 부

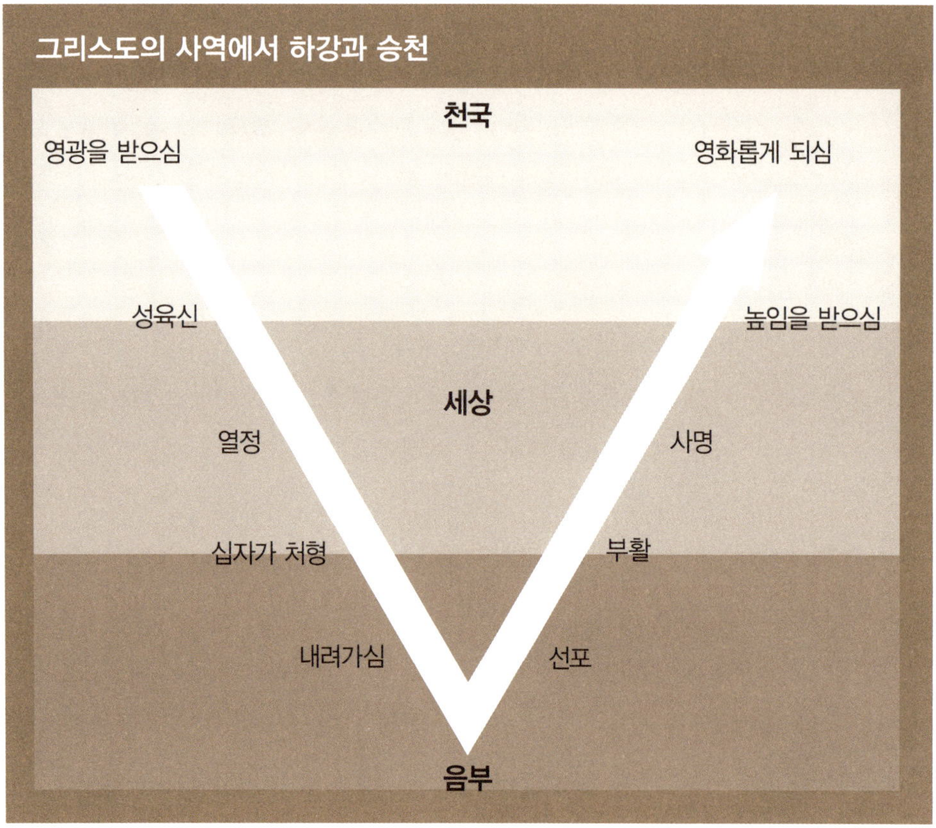

활 주일에 초점을 맞춘다. 베드로도 그렇게 했다면 그의 설명은 전혀 이상할 여지가 없었을 것이다. 그런데 성령은 베드로에게 예수님의 죽음과 부활 사이의 토요일에 예수님이 하셨던 일에 대해 간략히 논하게 하셨다.

베드로는 그리스도가 "육체로는 죽임을 당하시고 영으로는 살리심을 받으셨으니"(3:18)라고 말한다. 헬라어로 "육체로(*sarki*)"와 "영으로(*pneumati*)"는 많은 것을 의미할 수 있다. 이것은 그리스도가 십자가에서 죽으신 후에 성령이 그리스도를 부활시키셨다는 뜻일 수 있다. 그러나 이 해석은 3장 19절에서 베드로가 굳이 "옥에 있는 영들"을 언급한 이유를 설명하지 못한다. 그리스도가 "영으로" 살아나셨다는 것은 얼핏 영적 감옥에 갇혀 있는 악한 영들의 현재 상태를 떠오르게 한다. 따라서 십자가 상에서 육신적으로 사망하셨다가 주일에 육신으로 부활하셨던 그 사이의 토요일에 그리스도의 영혼이 하신 일에 대해 베드로가 한 말을 검토해보는 것이 좋을 듯하다. "육체로"라는 말은 그리스도의 육체적 죽음과 물리적이고 세속적인 세상에서의 죽음을 가리키고, "영으로"라는 말은 육체에서 이탈한 영이 영계에서 살아 계속 존재하는 것을 가리킨다는 것이 내 생각이다.[13]

—3:19-20—

그렇다면 예수님은 그분의 죽음과 부활 사이의 토요일에 무엇을 하셨을까? 베드로는 예수님이 영적 세계에서 살아나셨을 때 "그가 또한 영으로 가서 옥에 있는 영들에게 선포하"셨다고 말한다(3:19). 그가 말하는 이 '영들'의 정체는 무엇일까? 베드로는 노아 때에 불순종했던 자들의 영이라고 말한다(3:20). 실제로, 베드로의 언어와 설명은 창세기 6장 1-4절을 바탕으로 해서 유대인들과 초기의 그리스도인들이 모두 알고 있는 내용을 반영하고 있다. 그 이야기를 보면 노아의 홍수 전에 타락한 천사들(사탄)이 인간 여인들과 동거하는 심각한 죄를 지었다. 성령의 영감으로 쓰인 성경에 포함되어 있지는 않지만 창세기 6장 1절의 사건을 부연해서 설명하고 있는 고대의 〈에녹 1서〉를 보면 베드로 시대에 어떤 생각이 널리 퍼져 있었는지 분명히 알 수 있다.

> 그 무렵 사람의 자손이 계속 번성하여 아주 아름다운 미인의 딸들이 태어났다. 이것을 본 천사들, 즉 하늘의 아들들은 그 여자들에게 미혹되어 "자, 저 사람의 딸들 중에서 각자 아내를 택하여 아들을 낳기로 하자"고 서로 말하였다(에녹 1서 6장).

하지만 베드로가 베드로전서 3장 19-20절을 쓰면서 창세기 6장에 대해 통용되는 역사적 해석을 염두에 두고 있었다는 사실을 어떻게 확신할 수 있을까? 유다서와 베드로후서에 있는 이것과 유사한 구절들에 사용된 언어를 에녹 1서의 구절과 비교해보면 실제로 베드로와 유다 모두 에녹서에 대해 전통적으로 합의된 내용을 염두에 두고 있다는 사실을 알 수 있다. 이 구절들을 비교했을 때 사용된 언어와 이미지가 얼마나 유사한지 눈여겨보라.

베드로전서 3:19-20	"그가 또한 영으로 가서 옥에 있는 영들에게 선포하시니라 그들은 전에 노아의 날 방주를 준비할 동안 하나님이 오래 참고 기다리실 때에 복종하지 아니하던 자들이라."
베드로후서 2:4	"하나님이 범죄한 천사들을 용서하지 아니하시고 지옥에 던져 어두운 구덩이에 두어 심판 때까지 지키게 하셨으며."
유다서 6절	"또 자기 지위를 지키지 아니하고 자기 처소를 떠난 천사들을 큰 날의 심판까지 영원한 결박으로 흑암에 가두셨으며."
에녹 1서 10:4, 12:4	"아자젤(악한 천사들 중 하나)의 손과 발을 묶어서 흑암 가운데 던져 넣으라… 그는 큰 심판의 날에 불에 보내질 것이다… (천사들은) 높은 천국, 거룩하고 영원한 곳을 떠났다."

그러므로 베드로는 아마도 고대 구약 성경의 선지자들로부터 전승되어 일반적으로 통용되던 이야기를 말했을 것이다. 그 이야기는 사탄의 반항적인 본성 때문에 그들이 지금까지도 영계에서 특별한 장소에 투옥되어 있다는 내용이다. 거기서 그들은 장차 있을 심판을 기다리고 있으며, 그 심판 때 그들은 사탄과 그의 천사들을 위해 예비된 영원한 불에 던져질 것이다(마 25:41).

이 표현이 그 타락한 천사들을 가리키는 것이라면 예수님은 영계에 가셨을 때 무슨 '선포'를 하셨을까? 헬라어 *kēryssō*는 공식적인 칙령의 선포를 뜻한다.[14] 이는 아마도 그리스도의 사망, 죄 그리고 사탄의 권세에 대한 승리의 선포를 말할 것이다. 그 옥에 갇힌 천사들이 인류를 유전적 타락으로 말살시키려고 했지만, 약속의 후손, 즉 "여자의 후손"(창 3:15)이 오셨다. 그리고 사탄과 그의 악한 영들이 십자가를 통해서 그 여자의 후손을 파멸시키려고 했지만, 그분은 그 뱀의 머리를 으스러뜨리려고 오셨다. 그 토요일에 그리스도는 그들의 노력이 허사가 되었음을 보여주셨고, 십자가를 통해 승리를 이루셨음을 선포하셨다(고전 2:8, 골 2:13-14 참고). 베드로전서 3장 22절에서 그리스도의 승리에 대해서 말할 때에도 그는 이 영계에 대해 언급한다. 그리스도는 하늘에 올라가셔서 "천사들과 권세들과 능력들이 그에게 복종하느니라."

악한 영들이 가공할 죄를 짓던 홍수 이전 시대를 생각하면서 베드로는 당대에 의의 지표였던 노아와 비교하는 것에 집중한다. 베드로 시대의 독자들처럼 노아와 그의 가족들도 의롭다는 이유로 그들을 핍박하는 악한 영들과 사악한 사람들로 가득한 이상하고 적대적인 세상에서 살았다. 하지만 결국 세상이 홍수로 모조리 쓸려나가는 심판을 받았을 때 살아남은 것은 노아와 그의 식솔들이었다. 불의한 핍박자들은 방탕한 죄로 물든 그들의 세상과 함께 쓸려가버렸고, 세상은 깨끗하게 씻겨 새로운 세상을 이룰 수 있는 길이 생겼다.

베드로는 그런 다음 노아 때의 물과 베드로 시대에 세례를 줄 때 사용되었던 물 사이의 유사점을 재치 있게 비교한다. 세상을 심판과 죽음으로 몰아넣었던 그 물은 동시에 여덟 사람(그리고 동물들)을 안전하게 떠받쳤다. 초대 교회가 종종 노아의 방주를 구원의 상징이나 그림으로 보았던 것도 이런 이유에서다. 방주에 소속되었거나 노아와 연결된 사람들은 영원한 공동체에 속하거나 승리하신 그리스도와 하나가 된 자들과 비교될 수 있다.

이 비유를 완성하기 위해서 베드로는 독자들에게 그리스도와의 연합의 행위인 물 세례를 강조한다.

패역한 하나님의 아들들?

수세기 동안 – 천 년까지도 – 성경을 공부하는 학생들은 창세기 6장 1–4절에 나오는 "하나님의 아들들"과 그들의 죄에 대한 다양한 해석을 가지고 골머리를 앓았다. 어떤 이들은 이것이 셋의 의로운 후손들("하나님의 아들들")이 하나님을 등지고 가인에게 속한 부정한 후손의 딸들("사람의 딸들")과 결혼한 것을 나타낸다고 말한다. 또 어떤 이들은 "하나님의 아들들"은 세상을 일부다처제, 부도덕, 살인이 판을 치는 곳으로 변질시킨 권세 있는 인간 통치자들 – 악령에 씌인 – 이었다고 말한다. 두 가지 해석 모두 세상의 사악함이 극에 달해서 하나님이 세상을 홍수로 심판하셨다고 말한다.

그러나 고대에는 창세기 6장 1–5절에서 말하는 "하나님의 아들들"을 가장 전형적인 의미로 해석해서 천사들이라고 생각했다(욥 1:6, 2:1, 38:7).[15] 이 해석에 의하면 천사들이 인간이 아닌 후손을 낳았다(창세기 6장 4절에 네피림 또는 "거인들"이라고 나온다). 이 악령들은 하와의 후손인 구세주를 보내시겠다는 하나님의 약속을 깨트리기 위해 전 인류를 타락시키려고 했다(창 3:15).

그런데 천사가 인간에게서 자식을 낳는 것이 가능한 일인가? 많은 사람들이 마태복음 22장 30절을 들어서 이 가능성을 배제한다. "부활 때에는 장가도 아니 가고 시집도 아니 가고 하늘에 있는 천사들과 같으니라." 하지만 이 구절에서 말하는 것은 특별히 "하늘에 있는" 결혼하지 않은 천사들이지 천국을 떠나 죄에 빠진 천사들이 아니다. 게다가 우리는 어떻게 악령들이 인간 여자들과의 사이에서 자손을 낳을 수 있었는지 모른다. 어쩌면 자연적 생식이 아닌 초자연적인 방법에 의한 유전자 조작 같은 것이었을 수도 있다. 어떻게 그런 일이 가능한지 알 길이 없기 때문에 이 점에 대해서는 섣불리 추측하지 않는 것이 현명하다.

어쨌든, 기괴하고 역겹게 들리겠지만, 악령인 "하나님의 아들들"이 알 수 없는 방법으로 인간 여자들을 수태시켰다는 것이 창세기 6장 1–4절의 가장 개연성 있는 해석인 듯하다.

—3:21–22—

베드로는 그리스도인의 세례를 노아의 가족들이 "물로 말미암아"(3:20) 구원받은 것에 직접 비유하면서 설명을 시작한다. 그는 세례는 노아의 홍수에 '해당한다'고 말하면서 *antitypos* – 'antitype(원형)'– 라는 헬라어를 사용한다. 여기서 '예표(type)'와 '원형(antitype)'의 성경적 개념을 이해하는 것이 중요하다. 그리스도가 오셔서 전에는 숨겨져 있던 하나님의 계획을 드러내신 후(엡 3:9)에 사도는 구약 성경에서 신약 성경의 진리를 생생하게 예시하는 전조의 패턴을 보게 되었다. 구약의 이미지는 '예표'라고 불리고, 신약의 이미지는 '원형'이라고 불린다. 예컨대, 바울은 구약의 사건들을 "이러한 일은 우리의 본보기(예표)가 되어"(고전 10:6)라고 말했다. 특히 아담은 그리스도의 '예표'이다. 그 예표(아담)는 죄에 빠진 옛 인류의 기원이며 머리였고, 원형(그리스도)은 새로운, 대속 받은 인류의 기원이며 머리이시다(롬 5:14).

그렇다면 노아 때의 홍수와 신약 시대의 세례가 믿는 자들을 '구원하는' 방식은 어떤 면이 일치하는가? 홍수의 물은 노아와 그의 가족을 악한 세상에서 구출하여 홍수가 물러간 후에 새 세상을 시작하게 함과 동시에 죄로 가득 찬 인류를 심판하는 방법이었다. 마찬가지로 세례의 물은 과거의 죄로 가득 찬 생활 양식을 탈피하고 그리스도를 믿는 자로서의 새 출발을 상징한다. 성경에서 물 세례는 복음과 그 복음이 가져다준 구원에 대한 우리의 반응을 생생하게 나타낸다. 세례의 물은, 홍수로 불어난 물처럼 죄의 형벌인 죽음을 상징한다. 이것은 장엄한 실물 교육이며 무언의 설교다. 믿는 자가 물속으로 들어가는 것은 그리스도와 함께 죽어 묻히는 것을 상징한다. 물 위로 올라오는 것은 새로운 삶으로 부활하는 것을 나타낸다(롬 6:1-4 참고).

베드로전서 3장 21절에 삽입된 설명은 특히 해석하기가 어렵다. 앞부분은 육신을 정결하게 하는 행위에서 초점을 전환하려 한다는 사실을 보여준다. 즉, 세례는 더러운 몸을 씻는 데 국한되지 않는다는 것이다. 그것은 "육체의 더러운 것을 제하여 버림"이 아니다. 그러나 물 세례의 역할에 대한 베드로의 설명은 해석하기가 더 어렵다. 이에 대한 다양한 해석들의 예를 몇 가지 살펴보자.

개역개정	"하나님을 향한 선한 양심의 간구니라."
개역한글	"오직 선한 양심이 하나님을 향하여 찾아가는 것이라."
공동번역	"깨끗한 양심으로 살겠다고 하느님께 서약을 하는 것이며."
새번역	"선한 양심이 하나님께 응답하는 것입니다."

세례의 역할에 관한 성경의 전반적인 가르침에 비추어볼 때 이 구절의 의미는 "깨끗한 양심으로 살겠다고 하나님께 서약하는 것"으로 보는 것이 가장 타당할 듯하다. 다시 말해서, 베드로는 세례를 결혼 예식과 같이, 죄를 대속받은 새 삶을 살겠다는 공개적인 고백과 헌신이 담긴 외적인 의식으로 본다. 물 세례가 새 생명을 주거나 선한 양심을 갖게 해주는 것은 아니다. 그러나 그것은 믿음을 통해 성령이 이미 정결케 하신 양심에 입각해 하나님께 보이는 반응이다. 이 '선한 양심'은 예수 그리스도가 죽음에서 부활하심으로써 가능해진 새 삶과 함께 온다(3:21).

예수 그리스도가 십자가에서 고난받고 죽음을 당하심으로써 죄와 사망에 대해 승리를 선포하셨듯이, 믿는 자들은 물 세례를 통해 죄와 사망에 대한 승리를 선포한다. 세례의 물 자체는 사람을 구원하거나 양심을 깨끗하게 하지 못한다. 그것은 성령의 역사이다. 성령은 물 세례와 별도로 믿는 자들에게 믿음으로 세례를 주고 구원하신다. 이 차이는 사도행전 10장 44-48절에 명시되어 있다. 베드로는 물 세례를 개인의 구원에 필수 요소로 볼 수 없다는 사실을 현장에서 직접 목격했다.

> "베드로가 이 말을 할 때에 성령이 말씀 듣는 모든 사람에게 내려오시니 베드로와 함께 온 할례 받은 신자들이 이방인들에게도 성령 부어 주심으로 말미암아 놀라니 이는 방언을 말하며 하나님 높임을 들음이러라 이에 베드로가 이르되 이 사람들이 우리와 같이 성령을 받았으니 누가 능히 물로 세례 베풂을 금하리요 하고 명하여 예수 그리스도의 이름으로 세례를 베풀라 하니라 그들이 베드로에게 며칠 더 머물기를 청하니라"(행 10:44-48).

죄인들이 그리스도의 인격과 사역을 믿게 되면 세례를 통해 그리스도와의 연합을 재현함으로써 자신들의 믿음을 나타낸다. 그 고대의 의식 속에서 죽음과 부활이 생생하게 표현된다. 물 속에서 올라오면서 우리가 따르기로 헌신한 것은 고인이 된 현자나 전설적인 스승의 철학이나 가르침이 아니다. 그렇다. 우리의 구세주는 하늘에 올라가셨고 하나님 우편에 앉아 계신다(벧전 3:22). 하늘과 땅과 음부의 모든 권세를 주관하시는 그 살아계신 주님이 그분을 따르는 자들에게 고난 가운데에서 산 소망을 주신다.

적용

세례의 의미

베드로가 3장 21절에서 진술한 것은 한 사람이 그리스도가 자기의 죄를 대속하기 위해 죽으셨음을 믿음으로써 그리스도께 귀의하는 것과 그 내면의 신앙을 외부에 고백하는 의식으로 세례를 받는 것을 밀접하게 연결시켰던 초대 교회의 관례를 그대로 반영한다. 세례와 기독교 신앙에 귀의하는 것은 아주 밀접한 관계에 있었기 때문에, 베드로는 노아 시대의 홍수가 하나님의 백성들을 당시의 악한 세상에서 구원했듯이, 죄로 가득했던 이전의 삶에서 믿는 자들을 "세례가 구원한다(영어 성경의 경우 'baptism now saves'라고 표현됨 – 편주)"고까지 말할 수 있었던 것이다.

물 세례 자체가 구원을 이루는 것은 아니지만, 일부 그리스도인들은 극단적으로 수 년 혹은 수십 년 동안 물 세례를 아예 무시하거나 부인해왔다. 그러나 세례가 믿음을 공개적으로 고백하는 행위의 정점이라는 점에서 그 중요성을 생각해볼 때 믿는 자들이 세례를 불필요한 것으로 배격하거나 간과하는 것은 성경에 위배되는 일이다. 현대적인 비유를 들자면, 물 세례를 받지 않고 그리스도인이 되는 것은 결혼식을 하지 않고 결혼하는 것과 같다고 할 수 있다! 물론 두 남녀가 가출해서 함께 살거나 결혼 신고만 하고 살 수도 있다. 그러나 그런 사람들은 중요한 의식에 가족과 친구들이 참여할 기회를 주지 않는 것은 물론이고, 서로에게 헌신하겠다는 서약을 천명할 수 있는 뜻깊은 기회를 회피하는 것이다. 결혼한 부부는 평생 동안 그들이 함께해온 삶의 공식적인 출발점으로 결혼식을 떠올리게 된다.

마찬가지로 세례는 우리가 예수 그리스도를 우리의 주님으로 믿기 이전의 삶에 대해 죽었다는 사실을 상기시켜주는 장치가 될 수 있다.

> "그럴 수 없느니라 죄에 대하여 죽은 우리가 어찌 그 가운데 더 살리요 무릇 그리스도 예수와 합하여 세례를 받은 우리는 그의 죽으심과 합하여 세례를 받은 줄을 알지 못하느냐 그러므로 우리가 그의 죽으심과 합하여 세례를 받음으로 그와 함께 장사되었나니 이는 아버지의 영광으로 말미암아 그리스도를 죽은 자 가운데서 살리심과 같이 우리로 또한 새 생명 가운데서 행하게 하려 함이라"(롬 6:2-4).

물 세례는 성령이 그리스도와 함께 우리를 살리시고, 그분과 하나 되게 하시며, 죄의 권세에서 우리를 자유롭게 하셨음을 상기시켜준다. 그렇기 때문에 바울은 우리에게 "이와 같이 너희도 너희 자신을 죄에 대하여는 죽은 자요 그리스도 예수 안에서 하나님께 대하여는 살아 있는 자로 여길지어다"(롬 6:11)라고 말할 수 있는 것이다. 결혼 생활에 충실하려고 애쓰고 있는 남편은 결혼 서약을 회상하며 자기가 한 맹세를 되새길 수 있다. 마찬가지로 믿는 자들은 세례를 과거의 삶에 대한 영적인 죽음과 새 삶으로의 부활을 나타내는 가시적인 징표로 되새길 수 있다.

당신이 예수 그리스도를 믿음에도 아직 물 세례를 받지 않았다면 망설일 이유가 있을까? 대부분의 제3세계 문화권에서 공개적인 세례는 "나는 예수 그리스도의 제자다!"라고 선포하는 것이다. 그리고 그 성도에 대한 핍박도 그때부터 시작된다.

새 생명에 대한 고대의 그 의미 깊은 기념식을 당신이 그리스도를 따르겠다는 굳은 헌신의 증표로 삼으라. 당신이 이미 세례를 받았다면 그 의미심장한 기념 의식이 상징하는 새 삶에 대한 고백과 헌신을 스스로에게 일깨우라. 당신의 옛 삶을 훼손시켰던 죄가 새 삶을 손상시키지 않게 하라. 사람들 앞에서 그리스도에 대한 당신의 믿음을 증거하라! 날마다 세례가 상징하는 실재, 즉 승리하는 삶을 살 수 있는 힘의 원천이기도 한 성령의 정결케 하시는 능력에 의지하라.

물론, 당신이 그리스도께 귀의하는 것은 당신과 주님 사이의 사적인 문제다. 그러나 오직 믿음으로 그리스도께 나아갔다면 그분과 당신과의 관계를 숨기지 말라. 물 세례는 당신이 세상에 "나는 예수 그리스도께 헌신한 사람이다!"라고 말하는 것이다. 그러면 당신의 공적인 증언과 성숙을 향한 사적인 여정에 놀라운 변화가 일어날 것이다.

이교도들을 놀라게 하는 방법(베드로전서 4:1-6)

1 그리스도께서 이미 육체의 고난을 받으셨으니 너희도 같은 마음으로 갑옷을 삼으라 이는 육체
의 고난을 받은 자는 죄를 그쳤음이니 2 그 후로는 다시 사람의 정욕을 따르지 않고 하나님의 뜻을
따라 육체의 남은 때를 살게 하려 함이라 3 너희가 음란과 정욕과 술취함과 방탕과 향락과 무법한
우상 숭배를 하여 이방인의 뜻을 따라 행한 것은 지나간 때로 족하도다 4 이러므로 너희가 그들과
함께 그런 극한 방탕에 달음질하지 아니하는 것을 그들이 이상히 여겨 비방하나 5 그들이 산 자와

죽은 자를 심판하기로 예비하신 이에게 사실대로 고하리라 6 이를 위하여 죽은 자들에게도 복음이 전파되었으니 이는 육체로는 사람으로 심판을 받으나 영으로는 하나님을 따라 살게 하려 함이라.

신약 성경을 읽어보면 진실된 회심에는 삶의 변화가 따른다는 내용이 도처에 나온다. 하나님이 회심 이전에 우리가 살면서 지은 죄들을 기꺼이 모두 용서해주시면, 즉 그리스도의 의가 우리 구좌에 입금되고 성령이 우리 마음속에 거하시면, 옛 것은 지나가고 모든 것이 새롭게 된다(고후 5:17). 그리고 평생에 걸친 변화의 과정이 시작된다. 이러한 일련의 근본적인 변화는 친구를 선택하는 것뿐만 아니라 우리의 마음가짐, 내적 동기, 습관, 취미까지도 변화시킨다.

1세기에 베드로는 이 모든 것에 대해 썼다. 베드로의 청중들과 우리 사이에는 2천 년이라는 시간이 가로놓여 있지만, 오늘날의 많은 그리스도인들도 이 사도의 말에 공감할 수 있다. 특정한 때에 쓰였어도 그의 말은 시간을 초월한다. 그것은 놀라울 정도로 현대에도 잘 맞는다. 특히 주님을 모르는 사람들의 반응에 대한 내용은 더더욱 그렇다.

이 부분에서 베드로는 우리는 천국 시민권자들이므로 우리가 살고 있는 세상은 우리의 진정한 집이 아니라는 사실을 상기시킨다. 우리는 다른 왕국의 대표자들이다. 그리고 다른 나라를 방문하고 있는 이국 땅에서 온 여행자들의 경우처럼, 사람들은 우리를 통해서만 하나님의 나라가 실제로 어떤 모습인지 알 수 있다. 결국 믿지 않는 자들은 오늘 우리가 보여주는 천국 본향에 매료될 수도 있고, 진저리를 치게 될 수도 있다.

—4:1-3—

논리적 접속사인 "그러므로(therefore)"(한글 성경에는 접속사가 없으나 영어 성경은 'therefore'라는 접속사로 시작한다 – 역주)를 사용함으로써 베드로는 간략하게 이렇게 말하고 있는 것이다. "이제 내가 방금 그리스도에 대해서 쓴 모든 것에 비추어 몇 가지 실제적인 결론을 말해주려고 한다." 앞에서 베드로는 우리 죄의 대가를 치르시기 위한 그리스도의 고난과 죽음 그리고 우리에게 새 생명을 주시기 위한 그분의 부활에 대해 논했다. 그러나 베드로의 논고는 이 메시지를 듣고 믿음으로 응답한 자들의 옛 생명은 죽고 새로운 시작을

했다는 실재도 포함하고 있다. 이것은 공개적인 세례로 상징되는 개인적 변화다.

그리스도가 행하신 구원의 역사와 우리의 관계에 비추어 베드로는 옛 생명은 죽고 새 생명으로 산다는 의미의 "같은 마음으로 갑옷을 삼으라"고 촉구한다. 헬라어 *hoplizō*('무장하다')는 전쟁에 대비해 무장하는 군인을 일컫는 군대 용어이다. 바울은 명사 *hoplon*을 사용해 빛의 '갑옷'(롬 13:12), 의의 '무기'(고후 6:7), 영적 전쟁의 '무기'(고후 10:4)라고 말했다. 그리스도인을 군인의 이미지로 표현하면서 우리는 영적 전쟁을 하는 군인들이라는 사실을 강조하는 것은 신약 성경에서 많이 사용하는 비유다.[16] 주석가 케네스 우스트(Kenneth Wuest)는 "같은 어원에서 나온 명사가 창과 커다란 방패를 가진 완전 무장한 보병을 일컫는 말로 사용되었다… 그리스도인은 영혼을 공격하는 적에 대항하기 위해서 할 수 있는 최대한의 무장을 해야 한다."[17]

베드로의 요지는 분명하다. 그리스도는 우리를 재미있는 곳을 찾아 다니는 행락객이 아니라 전쟁을 치르고 있는 병사로 보내셨다. 우리는 천천히 쉬면서 편안히 경치를 즐기고 가이드가 집에 데려다주기를 기다리라는 지시를 받은 것이 아니다. 그러기는커녕 우리는 외국 땅에서 치열한 전투를 벌이고 있다. 우리는 이 세상의 유혹을 물리치기 위해 영적 갑옷으로 무장해야 한다(엡 6:10–18 참고). 베드로는 우리가 그리스도의 죽음과 부활에 참여했다면 죄의 권세는 깨어졌다고 말한다(벧전 4:1). 당신의 옛 사람은, 말하자면 그리스도와 함께 죽었고, 이제 그리스도와 함께 살 수 있다.

1–3절에서 우리의 새로운 상태를 일깨워주는 네 가지 사실에 대해 알아보자. 이 네 가지는 우리가 이 적대적인 세상에서 복무하는 동안 유혹과 죄에 대항하는 데 필요한 무장을 시켜준다.

- 우리는 더 이상 죄를 주인으로 섬기지 않는다(4:1).
- 우리는 욕망에 사로잡혀 우리의 남은 날들을 쓰지 않는다(4:2 상).
- 우리는 하나님의 뜻에 대해 문을 열었다(4:2 하).
- 우리는 하나님을 믿지 않는 삶에 대해 문을 닫았다(4:3).

"하나님의 뜻"(2절)과 "이방인의 뜻"(3절) 사이의 뚜렷한 대비를 놓치지 말라. 베드로는

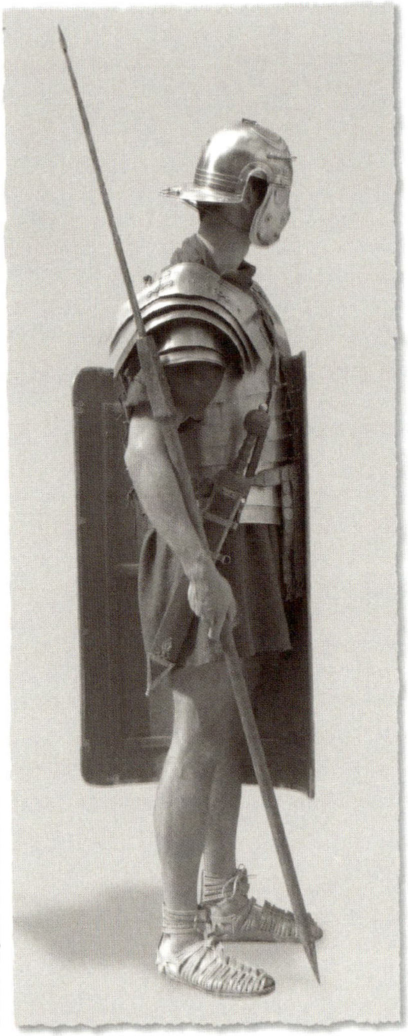

전투복으로 무장한 로마 군인.

"이방인의 뜻을 따라 행한 것은 지나간 때로 족하도다"라고 말한다. 어떤 의미에서 믿는 자들은 누구나 저마다의 삶 속에 BC와 AD, 곧 그리스도를 만나기 전과 만난 후가 있다. 베드로는 세례가 공식적인 표징이 되는 회심의 순간을 'AD 1년'으로 보았다(3:1).

이 영적인 생일 전에는 옛 사람이 옛 인생 행로 – "음란과 정욕과 술취함과 방탕과 향락과 무법한 우상 숭배"(4:3) – 를 따라 살았다. 베드로의 목록은 끝이 없는데, 이것은 많은 믿는 자들의 'BC' 시절의 추악한 모습을 묘사한다. 세상 사람들은 모든 사람이 자기들이 하는 욕설을 하고, 자기들의 뒤틀린 사고방식과 관습을 따르며, 자기들의 타락한 문화적 가치를 유지하기 바라는데, 이것은 세상의 거의 모든 사람이 아직도 'BC'의 세월을 살고 있다는 사실을 생각해볼 때 놀랄 일이 아니다. 우리가 그들을 따르지 않으면 그들은 알아챈다. 우리가 삶의 무대에서 변화되는 모습을 보여주면, 그들의 방종한 행동에 참여하지 않음으로 인해 무리들 가운데서 뚜렷하게 드러날 것이다.

—4:4-5—

당신이 그리스도 안에서 새로운 생활을 시작했을 때 아마 이런 말들을 들어보았을 것이다.

- "그렇게 안 하겠다니, 도대체 무슨 말이야?"
- "세상에! 하나님이 네가 즐거워하는 걸 바라지 않으신다는 말이야?"
- "그래서, 자네가 성자라도 된 줄 아나?"
- "네가 우리보다 낫다고 생각하니?"
- "도대체 왜 그러는데?!"

우리 삶의 지난 장을 덮고 새 장을 열 때 이전의 친구들 또는 현재의 동료들은 보통 깜짝 놀라고, 충격을 받기도 한다. 종종 당신의 새 삶을 보고 놀란 그들은 당신을 버리거나 무시하기도 한다. 그들이 당신을 더 이상 파티에 초대하지 않는다는 것을 당신은 금방 알게 된다. 그들은 당신에게 저녁 식사를 청하지도 않을 것이고, 심지어 당신과의 우정도 버릴 수 있다.

많은 경우, 세상은 경멸의 시선을 보낼 것이다. 베드로는 그들이 당신을 '비방할' 것이라고 말한다. 영어 단어 'blasphemy(신성 모독)'의 헬라어 어원은 *blasphemeō*이다. 이 말은 신성한 것에 대해 거친 독설을 퍼붓는 것을 말한다. 여기서 그들이 비방하는 신성한 것은 믿는 자, 즉 사악한 세상에서 거룩한 삶을 살도록 구별된 자이다(3:15). 한 왕국의 대사를 모독하는 것은 그 왕국과 그 나라의 왕 – 위대한 주님이자 심판관이신 – 을 모독하는 것이다. 세상에서 참되고 선한 것을 위해 꿋꿋하게 버티고 있는 당신의 존재 자체가 믿지 않는 자들이 도달할 수 없는 의의 기준이 된다. 믿지 않는 자들은 하나님은 공정한 기준을 가지고 계시며, 언젠가 그들은 그들의 삶에 대해 해명해야 한다는 사실을 깨닫게 된다(4:5). 이런 일깨움은 방탕한 삶으로 치닫고 있는 이교도들로 하여금 그리스도인들을 인생의 '고속방지 턱' 같은 존재로 여기며 멸시하게 만들 것이다.

—4:6—

믿는 자들이 새 삶을 살게 되면서 관계가 끊어진 사람들 모두가 결국에는 그들의 삶을 주님께 드리게 될 거라고 나는 말하고 싶다. 베드로도 우리가 비록 핍박을 받을지라도 계속 기독교 신앙을 증거하면 그렇게 될 가능성이 있으며, 심지어 그것을 목표로 삼아야 한다고 제안한다(2:15, 3:1, 15-16). 그런데 그 희망의 가닥과 보복의 위협은 병행한다(2:18-19, 3:14, 17). 교회사는 그리스도 안에서 새 삶을 시작한 믿는 자들이 가혹한 대우, 위협, 핍박, 투옥, 때로는 죽음으로까지 몰렸던 예들로 가득 차 있다.

6절은 복음을 위해 목숨을 바친 이런 믿는 자들 – 베드로의 독자들도 알고 있는 – 의 실상에 대해 말하고 있다. 베드로가 쓴 편지의 이 두 번째 주요 단락은 적의로 가득 찬 세상에서 이방인으로서 어떻게 살아야 하는가라는 질문에 답한다. 믿는 자들은 그리스도를

두려움 없는 소망으로 분노에 맞선 사람

그리스도인이라면 누구나 믿음으로 인해 고난을 받은 다른 그리스도인들에 대한 역사 속 이야기와 현대의 이야기를 읽는 것이 유익할 것이다. 예를 들어 「기독교 순교 사화(Foxe's Book of Martyrs)」는 수 세기에 걸친 그리스도인들의 순교의 자취를 따라가면서 세상이 그리스도를 닮은 성품의 빛을 끄기 위해서 얼마나 잔혹한 행위를 할 수 있는지 보여준다. 2세기 때 서머나 교회의 목사였던 순교자 폴리캅의 순교에 관한 유명한 이야기가 있다. 그는 사도 요한과 아는 사이로서 그에게서 직접 가르침을 받았던 인물이다. 폴리캅이 보여준 담대한 소망은 서머나 총독의 격분을 샀다.

> 그가 총독 앞에 끌려 나오자 총독은 그가 폴리캅이 맞는지 물었다. 그가 그렇다고 하자 총독은 그를 배교시키려고 했다. 총독은 "그대의 나이를 생각하시오"라고 하면서 절차를 따라 늘상 하는 말을 했다. "황제의 이름으로 맹세하시오. 회개하고 '무신론자들(당시에는 로마의 신들을 믿지 않는 그리스도인들을 무신론자라고 생각했다 – 역주)에게 죽음을!'이라고 외치시오." 폴리캅은 엄숙하게 경기장에 모인 무지막지한 이교도들을 보면서 그들을 손으로 가리켰다. 그리고 하늘을 우러러보며 탄식하듯이 말했다. "무신론자들에게 죽음을!" 그러나 총독은 윽박지르면서 계속 말했다. "맹세하시오. 그럼 당신을 석방하겠소. 그리스도를 저주하시오." 그러자 폴리캅이 대답했다. "86년 동안 나는 그분을 섬겼고, 그분은 나에게 한 번도 잘못하신 적이 없는데 내가 어찌 나를 구원한 나의 왕을 모독할 수 있겠소?"
>
> 그러나 총독은 끈질기게 계속 강요했다. "황제의 이름으로 맹세하시오." 폴리캅은 대답했다. "그대가 원하는 대로 내가 황제의 이름으로 맹세하고 그분을 모르는 척 할 것이라는 헛된 생각을 계속 한다면 잘 들으시오. 나는 그리스도인이오…."
>
> 그러자 총독은 말했다. "당신이 마음을 바꾸지 않으면 맹수들에게 던질 것이오." 그러자 폴리캅이 말했다. "맹수들을 데려오시오! 우리는 선에서 악으로 돌이킬 수 없소. 하지만 악에서 의로 돌이키는 것은 숭고한 일이오."
>
> 그러자 총독은 다시 그를 향해 말했다. "당신이 맹수들을 두려워하지 않으니 마음을 바꾸지 않으면 화형에 처하겠소." 폴리캅은 말했다. "그대는 잠깐 타다가 꺼지는 불로 나를 위협하지만, 하나님을 경외하지 않는 사람들에게 장차 있을 심판과 영원한 형벌의 불은 모르는구려. 뭘 망설이시오? 어서 원하는 대로 하시오."
>
> 그가 용기와 기쁨이 충만해서 말을 할 때 그의 얼굴은 은총으로 빛났다. 그는 총독의 말을 듣고 겁에 질려 무너지지 않았고, 오히려 총독이 깜짝 놀라 경기장으로 전령을 보내 세 번 선포하게 했다. "폴리캅이 그리스도인이라고 자백했다!"[18]

믿는 것 때문에 세상에서 부당한 대우를 받을 수 있다. 베드로는 그리스도의 복음을 들었지만 육체로는 글자 그대로 '사람으로' 심판을 받은 이들에 대해 말한다. 즉, 인간의 기준에서는 '유죄'가 선포되어 사형에 처해진 이들이다. 마찬가지로, 그리스도도 인간의 심판을 받고 "육체로는" 죽음을 당하셨다(3:18, 4:1). 그러나 그분은 "영으로는" 살아나 새 생명으로 부활하셨다(3:21–22). 이와 같이 이 세상에서 살면서 극심한 거부, 핍박, 심판으로 고통받는 믿는 자들은 "영으로는 하나님을 따라 살게" 될 것이다(4:6). 그리고 그들의 주님처럼 언젠가는 영생으로 부활할 것이다.

역사적으로 볼 때 대부분의 그리스도인들이 순교를 당한 것은 아니다. 하지만 그리스도인이라면 거의 예외 없이 정도는 다르지만 조롱과 거부의 대상이 되었다(요 15:18–20, 요일 3:13). 친구와 가족들이 우리에게 화를 내면 절대 잊지 말아야 한다. 우리는 육체로는 '사람으로' 심판을 받지만, 하나님은 은혜로 우리를 '무죄'로 판결하셨음을. 그러니 사람들이 우리에게 무슨 짓을 하든 우리는 이제 성령 안에서 살 수 있다.

적용
이 세대를 본받지 않기

베드로전서 4장 1–6절의 내용 – 경고와 상급 모두 – 은 당신의 인격 속에 그리스도인의 흔적이 있다는 사실을 전제로 한다. 십자가 목걸이를 하거나, 자동차 범퍼에 물고기 모양을 붙이거나, 주일 아침에 차를 몰고 교회에 오는 것을 말하는 것이 아니다. 그런 것이 아니라 사람들 사이에서 당신을 눈에 확 띄게 하는 어떤 것을 뜻한다. 특정한 때에 특정한 장소에서 그리스도인으로 보이는 것은 쉽다. 그러나 당신이 어느 곳에 있든 마음가짐과 외부에 보여지는 행동이 늘 일치하는 고결한 삶을 사는 것은 다른 문제다.

이것이 바로 베드로전서의 중심부에 설명된 급진적 제자도다. 베드로는 믿는 자들이 그리스도께 귀의하기 전에 육체 가운데 살았던 "지나간 때"에 대해 말했다(4:3). 그는 독자들이 자기가 어떤 상태로부터 구원받았는지 잊었을 경우를 대비해서 과거의 삶의 모습을 몇 가지 제시했다. 당신이 어떤 것들로부터 구제받았는지 개인적으로 생각해보기에 이보다 더 좋은 순간은 없을 것이다. 다음에 나오는 그림의 네모 칸에 당신의 'B.C.'를 상징하는

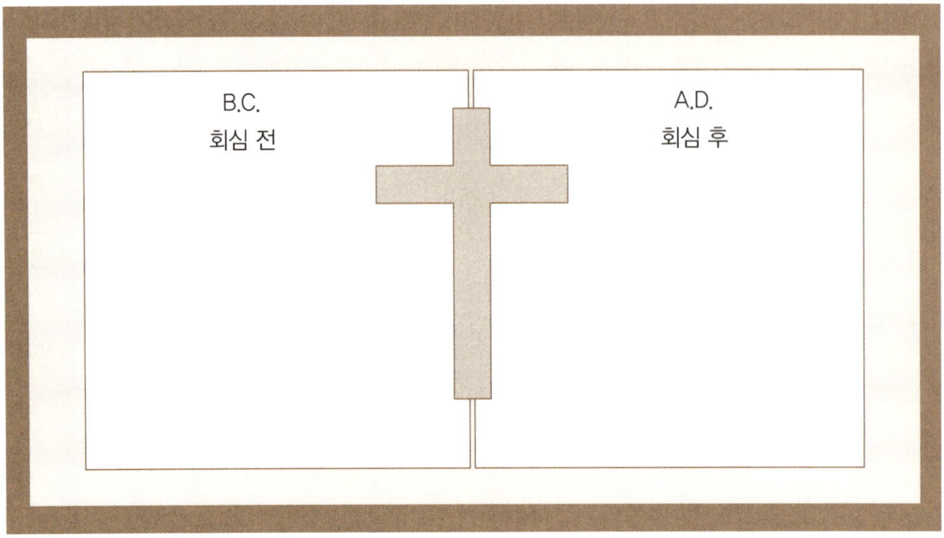

내적, 외적 특성들을 적어보라(부정적인 면). 그런 다음 'A.D.' 칸에 당신의 마음가짐과 행동거지에서 눈에 띄게 변한 부분을 적어 넣으라(긍정적인 면). 쓰기 전에 생각하라.

이 연습 문제를 후딱 넘어가지 말고 첫 번째 칸('B.C.')으로 돌아가서 십자가를 뛰어넘어 당신의 새 삶 속으로 다시 파고드는 과거의 생활 양식이 무엇인지 살펴보라. 하나님의 갑옷이 강화되어야 할 부분으로 드러난 성품에 표를 하라. "갑옷을 삼으라"는 베드로의 명령을 행동에 옮길 때 당신의 문제점들을 변화시키시는 그리스도의 능력에 초점을 맞추고 기도로 그분 앞에 엎드리라. 당신의 변화되어야 할 특정 부분을 성령의 능력으로 강해지게 해달라고 하나님께 간구하라. 그런 다음 하나님의 능력이 당신 안에 그리고 당신과 함께 역사하고 있음을 신뢰하며 생활 속에서 그 영역들을 강화시키는 첫 발을 내디디라. 쉽지 않을 수도 있다. 하루아침에 변하지 않을 것이다. 더러는 다른 사람들의 도움이 필요할 수도 있다. 그러나 그 과정을 거치고나면 당신은 더 강한 그리스도의 병사가 되어 있을 것이다.

역사를 장식한 용감한 믿음의 병사들처럼 암흑의 제국에서 빛의 왕국의 대사로 우뚝 서기 원하는가? 물론 그럴 것이다! 광적인 신앙으로 무장할 필요는 없다. 당신은 남을 향해 비난의 삿대질을 하거나 비판하는 태도를 키우기를 원하지 않을 것이다. 당신의 삶이 부당한 공격에 휘둘리지 않게만 하면 된다. 당신을 냉대하는 이들이 많을 것이다. 헐뜯는 이들도 있을 것이다. 물리적으로 당신을 해치려고 하는 사람들이 있는 위험한 지역에서 살게 될 수도 있다. 그러나 그 가운데는 당신의 변화된 삶에서 나타나는 고결한 성품을 보고 당신이 섬기는 왕에 대해 묻는 이들도 있을 것이다.

십자가 군병들을 향한 행군 명령(베드로전서 4:7–11)

7 만물의 마지막이 가까이 왔으니 그러므로 너희는 정신을 차리고 근신하여 기도하라 8 무엇보
다도 뜨겁게 서로 사랑할지니 사랑은 허다한 죄를 덮느니라 9 서로 대접하기를 원망 없이 하고 10 각
각 은사를 받은 대로 하나님의 여러 가지 은혜를 맡은 선한 청지기 같이 서로 봉사하라 11 만일 누가
말하려면 하나님의 말씀을 하는 것 같이 하고 누가 봉사하려면 하나님이 공급하시는 힘으로 하는
것 같이 하라 이는 범사에 예수 그리스도로 말미암아 하나님이 영광을 받으시게 하려 함이니 그에
게 영광과 권능이 세세에 무궁하도록 있느니라 아멘.

'베드로'라는 이름과 '실제적'이라는 말은 밀접한 관련이 있다. 그가 기혼자라는 것과 어부라는 직업을 가졌다는 사실도 거기에 일조한다. 그리스도를 따르기 전에 베드로의 삶은 구체적이고 실제적인 것들로 이루어져 있었다. 곧 배, 그물, 물고기, 땀, 노역, 가족 등 현실 생활의 근간을 이루는 것들이 그의 삶을 둘러싸고 있었다. 그렇다면 그의 다부진 성품과 그의 글에서 나타나는 간단명료한 문체는 지극히 당연한 일일 것이다.

학구적이지도 않고 지적이지도 않은 베드로는 이론적인 토론에는 눈곱만큼의 관심도 없었다. 그에게 진리는 삶 속에서 구현되어야 하는 것이지 말로만 떠들다가 잊어버리는 것이 아니었다. 만약 싸워야 할 가치가 있는 대의가 있다면 싸우라. 철학적으로 설명하려 하지 말라! 행동을 취해야 할 화급한 일이 있을 때 베드로는 팔을 걷어붙이고 일했다. 그는 고난 중에 있는 성도들에게 편지를 쓰면서 에둘러 말하지 않고 바로 본질적인 문제로 들어갔다. 절박하면 단순해진다.

그리스도 안에 있는 소망을 가지고 어떻게 고난에 맞설 것인지에 대해 논의할 때 베드로는 그리스도의 재림을 바라보며 사는 삶의 실제적인 효과를 말하지 않을 수 없었다. 그는 마지막 때가 언제, 어디서, 어떻게 시작될 것인가에 얽매이지 않고 그 대신 "그럼 어떻게 해야 하는가?"라는 질문에 초점을 맞추었다. 그는 4장 7–11절에서 이 결론을 요하는 질문에 답했다. 길지 않은 다섯 구절 속에서 우리는 네 가지 따라야 할 긴급한 명령과 기억해

야 할 한 가지 단순한 목표를 볼 수 있다.

—4:7—

시간이 없다는 사실을 알 때, 그렇지 않았다면 그냥 지나쳤을 두 가지 운용 원칙이 갑자기 발효된다. 긴급성과 단순성. 예를 들어 사람들은 자기가 오래 살지 못한다는 사실을 알게 되면 사랑하는 사람들과의 관계가 가장 중요한 자리를 차지하게 되고 일상의 스케줄은 단순해진다. 또는 허리케인이나 토네이도가 금방 들이닥칠 거라는 뉴스를 들었을 때 어떻게 되는지 생각해보라. 사람들은 크로케 게임을 꺼내거나 뒤꼍의 정원을 다듬기 시작하지 않는다. 꼭 필요한 것들을 챙긴 다음 피난처로 달려간다. 그 즉시! 시간이 부족하면 긴급성과 단순성이 요구된다.

성경이 마지막 때를 다루는 것도 같은 방식이다. 성경은 누누이 시간이 얼마 없으며 마지막 때가 가까웠음을 상기시킨다.[19] 7절부터 베드로는 이러한 마지막 때의 긴급성과 단순성을 다소 아리송한 구절로 바꾼다. "만물의 마지막이 가까이 왔으니." 내가 "아리송하다"고 말하는 이유는 2천여 년이 지난 후에도 만물의 마지막 – 내가 말할 수 있는 바로는 –은 아직 오지 않았기 때문이다. 베드로가 잘못 말한 것일까? 아니다! 베드로의 말을 이해하려면 임박함에 대한 기독교의 교리를 이해해야 한다.

"가까이 오다"라고 번역된 헬라어는 *engizō*라는 동사이다. 이 구절의 첫머리를 글자 그대로 번역하면 "만물의 목적이 가까이 왔다"이다. 베드로는 천국에서 아버지 오른편 왕좌에 앉으사 "가라!"는 한 마디가 떨어지기를 기다리고 계시는 그리스도의 모습을 묘사하고 있다. 그러므로 성경이 마지막이 "가까이 왔다"거나 "곧 올 것"이라고 말할 때 그 뜻은 그리스도가 예기치 못한 순간에 급작스럽게 오신다는 것이다. 즉, 그리스도는 언제라도 오실 수 있다는 말이다.

이렇듯 그리스도의 재림과 최후의 심판이 '언제라도' 임할 수 있다는 사실을 고려해서 구체적인 행동으로 대응해야 한다고 베드로는 말한다. 중요한 "그러므로" 뒤에 첫 번째 명령이 나온다. 그리스도의 재림이 임박했으니 분별력을 가지고 기도하며 동요하지 말라. 건전한 판단력과 냉철한 정신이 의미하는 것은 자연재해를 당하거나, 우리가 싫어하는 공직

자가 선출되거나, 또는 저녁 뉴스가 점점 더 나쁜 소식들로 채워지는 것 같아도 불안해하지 않는 것이다. 염려하지 말라! 높은 빌딩에서 뛰어내리지 말라! 이것은 또한 예수님이 오늘 오실 수도 있다고 해서 하던 일을 그만두지 말라는 뜻이다. 도리어 지속적인 목적 의식과 절박감을 잃지 않으면서 힘써 일하기를 그치지 말아야 한다. 그리스도가 오늘 오실지도 모른다는 태도로 살아가되, 당신이 세상을 떠난 후에 오실 수도 있다는 가능성을 염두에 두고 계획을 세우라. 그렇게 하는 것이 그리스도가 오시는 시기는 아무도 모른다는 점을 고려할 때 합리적이고 균형 잡힌 접근이다. 미국 독립 전쟁 때 민병들이 내걸었던 좌우명이 생각난다. "하나님을 신뢰하라… 그러나 만약의 사태에 대비하라!"

이런 식의 균형과 침착함을 유지하는 비결은 기도다. 당신을 놀라게 하는 일이 생기면, 기도하라. 지금 벌어지고 있는 일들이 혼란스러우면, 기도하라. 세상이 걷잡을 수 없이 돌아가고 있는 듯 보이면, 기도하라. 기도는 우리의 의식을 더 선명하게 만들어서 분별력을 키워준다. 기도는 혼란 가운데에서도 그리스도에 대한 진정한 소망과 확신을 준다. 불안하다면 기도하고 있지 않은 것이다. 반발하고 있다면 전능하신 당신의 하나님을 신뢰하고 있지 않은 것이다.

—4:8—

그리스도의 임박한 재림을 염두에 두고 따라야 할 두 번째 명령은 서로를 뜨겁게 사랑하는 것이다. '뜨겁게'라는 말은 '팽팽한'이라는 뜻의 헬라어 *ektenēs*에서 나왔다.[20] 이 말은 운동 선수가 마지막 바퀴에서 결승선을 향해 몸을 던지는 것처럼 격렬하고 투지에 찬 모습을 표현한다. 베드로는 예수님의 발치에 앉아서 마지막 때에는 "많은 사람의 사랑이 식어지리라"(마 24:12)고 말씀하시는 것을 들었다. 그리고 바울은 디모데에게 마지막 때에는 사람들이 "자기를 사랑"할 것이라고 말했다(딤후 3:2). 베드로는 이 냉랭한 자기애를 완전히 뒤집고, 이와 반대로 믿는 자들은 서로를 향한 뜨거운 사랑을 가져야 한다고 말한다.

이것은 우리 시대에도 곧바로 적용된다. 세상에서 부당한 대우를 받고 핍박을 당할 때 서로에 대한 사랑과 관심만큼 믿는 자들에게 힘과 용기를 주는 것은 없다. 베드로는 이 사랑을 실제로 나타내는 방법을 잠언 10장 12절을 인용해서 설명한다. "미움은 다툼을 일으켜도 사랑은 모든 허물을 가리느니라." 그리스도의 교회가 서로 열렬히 사랑하기는커녕 악독하게 싸우는 모습을 보여준다면 믿지 않는 자들은 곧 그리스도에 대한 관심을 잃어버릴 것이다.

—4:9—

그리스도의 임박한 재림과 관련해서 베드로가 내린 세 번째 명령은 서로를 대접하는 것이다. 우리는 대부분 접대의 형태를 우리가 결정하는 한 접대라는 개념을 싫어하지 않는다. 좋아하는 사람들을 집에 초대하고 주인으로서 당연히 적절한 한도를 조절해서 기꺼이 대접한다. 그러나 베드로는 "서로"라는 말을 가장 넓은 의미로 쓰고 있다. 4장 8절에서는 우리가 용서해야 할 사람들, 다시 말해서 우리에게 잘못한 사람들까지도 뜨겁게 사랑하라고 하면서 이 단어를 사용했다. 그리고 4장 10절에서는 우리가 영적 은사를 가지고 섬겨야 하는 그리스도의 더 큰 몸을 가리키면서 "서로"라는 말을 사용한다. 그러므로 당신의 삶 속에 누구를 초대할지를 고르는 행동은 베드로의 생각과는 거리가 멀다.

베드로는 이 명령을 더 확고하게 해주는 다른 말을 찾아낸다. "원망 없이." 진심에서 우러나온 환대는 돈이 들 수도 있다. 물론 시간도 내야 한다. 불편해질 수도 있고 실망스러울 때도 있을 수 있다. 베드로는 믿는 자들이 접대에 대해 긍정적인 태도를 가져야 한다고 역설한다. 그리고 그런 마음가짐은 4장 7–8절에서 말하는 뜨거운 사랑과 기도를 통한 소망에서 흘러나온다.

그렇다고 해서 그리스도인들이 서로를 대접하는 행위를 이용해서는 안 된다. 분별력과 사랑을 가지라고 해서 사람들이 아무것도 하지 않고 빈둥거리면서 우리에게 더부살이를 하도록 허용하라는 뜻이 아니다. 베드로 시대에 일부 그리스도인들은 그리스도의 임박한 재림에 대한 가르침으로 인해 불균형한 삶을 살고 있었다. 그들은 생각했다. 그리스도가 곧 오신다면 왜 굳이 일을 해야 하는가? 가진 것을 다 팔고 남에게 얹혀 살면 어떨까? 바울은 데살로니가후서 3장 6–15절에서 이 문제를 구체적으로 다뤘고, 베드로는 10–11절에서 간접적으로 진실되고 자기희생적인 대접의 또 다른 면 – 그리스도의 몸 안에서 모든 믿는 자들이 서로 돕는 것 – 을 다룬다.

묵상의 서재

비밀 규약

그 일은 1968년 뉴욕 행 비행기 안에서 일어났다. 으레 그렇듯 특별할 것 없는 지루한 비행이 끝나갈 참이었다. 그런데 이번에는 그렇지 않았다. 비행기가 하강 준비를 시작했을 때 조종사는 착륙 기어가 걸리지 않는다는 사실을 알게 되었다. 그는 조종 장치들을 이것저것 만지면서 기어가 제대로 걸리도록 계속 시도했지만 허사였다. 조종사는 지상 관제 팀에게 안내를 요청했다. 비행기가 공항 위를 선회하는 동안 비상 대원들이 활주로를 포말로 덮었다. 그리고 소방차와 온갖 비상 차량들이 제 위치로 이동했다.

그 와중에, 조종사는 그들의 특기인 차분하고 침착한 목소리로 매번 어떤 조치가 취해지고 있는지 탑승객들에게 알려주었다. 승무원들이 침착하고 조심스럽게 승객석 사이를 돌아다녔다. 충돌 직전에 승객들은 머리를 무릎 사이에 넣고 발목을 잡으라는 지시를 들었다. 눈물을 흘리거나 절망감에 소리치는 사람도 있었다. 흔히 우리가 "남 이야기인 줄만 알았던 일이 나에게 일어나다니"라고 말하는 그런 경험이었다.

그때, 착륙하기 불과 몇 분 전에 조종사가 인터콤으로 불쑥 안내 방송을 했다. "우리는 이제 마지막 하강을 시작합니다. 지금, 제네바에서 체결된 국제 항공 규약에 따라서 여러분 중에 하나님을 믿으시는 분들이 있다면 기도해주시기를 부탁드립니다." 맹세컨대 그는 정말 그렇게 말했다!

다행히 동체 착륙은 별 탈 없이 성공했다. 부상자도 없었고, 기체가 크게 손상된 것만 제외하고는 항공사도 그 사건을 거의 잊을 정도로 잘 해결되었다. 그런데 한 승객의 친척이 항공사에 전화를 걸어 조종사가 인용했던 기도 규정에 대해 물었다. 차분하면서 조심스러운 대답이 돌아왔다. "말씀드릴 수 없습니다."

놀랍지 않은가? 위기가 닥쳐야만 '비밀 규약'을 털어놓는다니. 벼랑 끝에 내몰리고, 막다른 골목에 몰리고, 갈 데까지 가고, 도피로가 다 차단되어야만 우리 사회는 혹시 하나님이 거기 계실지도 모른다는 생각 – "당신이 믿는다면 기도해달라" – 을 내비친다.

이 이야기를 듣고 나는 1980년에 세인트 헬레나 화산이 폭발한 직후에 텔레비전에서 보았던 인터뷰가 생각났다. 인터뷰를 하고 있는 남자는 직접 그 악몽 같았던 폭발 사진과 그 당시 녹음한 소리를 가지고 화산에서 '살아 돌아온' 기자였다. 그는 화산이 폭발할 때 분화구 근처에 있다가 그야말로 죽을 힘을 다해 도망쳤다. 카메라와 마이크를 켠 채로. 사진들은 초점이 맞지 않고 어두웠지만 소리는 생생하게 녹음이 되었다.

그 소리는 괴상하고, 공개하기에는 지나치게 개인적이었다. 그는 거친 숨을 쉬고, 흐느끼고,

헐떡이면서 하나님께 직접 말했다. 아무런 형식도, 상투적인 문구도 없었다. 위기에 처한 피조물의 절박한 절규만 있었을 뿐이다.

"아, 하나님, 하나님… 도와주세요! 도와주세요!" 흐느낌이 점점 더 커졌고, 갈수록 호흡이 가빠지고, 침을 뱉고, 목이 막히고, 헐떡거리는 게 심해졌다. "너무 뜨겁고 캄캄해요… 도와주세요, 하나님! 제발, 제발, 제발, 제발…"

그것이 없었다면 드러나지 않았을 영혼의 숨은 진실을 드러내는 것이 위기다. 모든 영혼이 다 그렇다.

우리는 그 진실을 가리고, 외면하고, 그럴듯한 교양과 지적인 부인으로 그것을 덮을 수 있을지는 몰라도, 안락함이라는 쿠션을 빼앗기고, 안전이라는 보호막이 제거되며, 극심한 공포를 완화시켜줄 사람도 주변에 없이 죽음의 위협 앞에 선다면, 확신하건대, 인간이라면 거의 예외 없이 '기도를 시작한다.'

위기는 우리를 깨트린다. 그러면서 우리를 정제하고 정화시킨다. 나는 숱한 임종을 지켜보았고, 재난을 당한 사람들을 수없이 보살폈으며, 마음이 찢어지고 상처 입은 수많은 사람들의 이야기를 들어보았기에 이것을 확신할 수 있다.

불행히도 대개는 이렇게 강한 고통의 펀치를 맞아야 강팍한 마음이 말랑말랑해져 뚫고 들어갈 수 있게 된다.[21]

—4:10-11—

그리스도가 언제라도 다시 오실 수 있다는 것과 관련해서 베드로가 내린 네 번째이자 마지막 명령은 서로 섬기기를 그치지 말라는 것이다. 베드로는 믿는 자들은 각각 저마다 영적 은사를 가지고 있다는 몇 마디 말로 이 점을 분명히 한다. 그는 말한다. "각각 은사를 받은 대로." 그는 믿는 자라면 누구나 하나님이 은사를 주셨음을 추호도 의심하지 않는다. 그러나 은사는 우리가 자신에 대해서 더 자신감을 갖거나, 자아를 부추기거나, 자신의 이익을 위해서 주어진 것이 아니다. 오히려 하나님은 그분의 몸에 속한 여러 지체들에게 투자한 것에서 수익을 기대하신다.

달리 말하면, 우리는 '다양한 하나님의 은혜의 선한 청지기'가 되어야 한다. '다양한'이라는 헬라어 *poikilos*는 '색색 가지'라는 뜻이다. 이 말은 그리스도인 공동체 안에 참으로 다양한 은사가 있음을 암시한다. 베드로는 이 은사들을 다 나열하지 않았지만 동료인 사도 바울은 그의 글 곳곳에서 얼마나 다양한 은사가 있는지 알려준다(288페이지의 비교 표를 보라).

베드로는 하나님이 각자에게 주신 독특한 은사를 성실하게 사용하라고 독자들을 독려한다. 베드로는 다양한 은사들 가운데 대표적인 두 가지 은사 – 말하는 은사와 봉사하는 은사(4:11) – 를 선택해서 구체적인 예를 제시한다. 그는 우리의 타고난 재능을 책임감을 가지고 소중히 여겨야 한다고 주장한다. 하나님의 능력에 의지해서 우리가 선포하는 메시지는 우리의 것이 아니라 그분의 메시지임을 절대 잊어서는 안 된다는 것이다. 또한 은사의 목적은 우리 자신을 위한 것이 아니라 "서로를" 섬기기 위한 것이다(4:10).

요컨대, 우리가 고대하는 주님의 재림이 우리로 하여금 건전한 판단력을 사용하고, 기도하며, 근신하게 하는 원동력인 것이다(4:7). 우리는 서로를 뜨겁게 사랑해야 한다(4:8). 서로를 대접하기를 잊지 말아야 한다(4:9). 그리고 영적 은사를 사용해서 서로 섬기기를 게을리하지 말아야 한다. 이 네 가지 명령은 베드로가 제기한 "그리스도가 언제 다시 오실지 알 수 없는 상황에서 우리는 어떻게 해야 하는가?"라는 질문에 대한 답이다.

그러나 베드로는 이것을 영적 군사들에게 내린 행군 명령으로만 남겨놓지 않는다. 그는 우리의 궁극적 사명, 그것을 위해 우리가 부름받고, 준비되고, 보냄받은 사명을 상기시

성경에 기록된 영적 은사들

베드로는 베드로전서 4장 11절에서 '영적 은사'를 딱 두 개만 언급하지만, 사도 바울은 베드로가 언급한 말하는 은사와 섬기는 은사 외에도 여러 은사들을 언급한다.

로마서 12:6-8	고린도전서 12:4-11	에베소서 4:11	베드로전서 4:10-11
예언	지혜의 말씀	사도	말
섬김	믿음	선지자	봉사
가르침	병 고침	복음 전하는 자	
위로	기적	목사	
구제	예언	교사	
다스림	영 분별		
긍휼	방언		
	방언 통역		

킨다. 군대의 사령관이라면 누구나 궁극적인 군사 목표를 가지고 있듯이 하나님도 예외는 아니시다. 우리는 그것을 11절 말미의 '송영' – 간결하면서 강렬한 찬양 – 에서 볼 수 있다. 우리는 낯선 세상의 이방인으로 살면서 부당한 대우를 견디며, 사랑의 연합체 안에 함께 거해야 한다. "이는 범사에 예수 그리스도로 말미암아 하나님이 영광을 받으시게 하려 함이니 그에게 영광과 권능이 세세에 무궁하도록 있느니라."

우리가 이 궁극적 목표를 마음 한복판에 새기고 있다면 인생에서 그 외의 것들은 그다지 중요하지 않게 되고 모든 것은 제자리를 찾는다. 나는 이것이 이해가 될 거라고 말하지 않았다! 만사가 형통할 것이라고 말하지 않았다! 그러나 우리는 뒤로 물러나서 모든 사건, 모든 상황 속에서 하나님 한 분만이 영광을 받으실 것이라고 고백할 수 있을 것이다. 우리가 그분께 영광을 돌림으로써 우리가 수고한 결과를 그분께 맡길 수 있으며, 우리가 필요로 하는 능력을 그분이 주실 것을 신뢰할 수 있다. 모든 일에서 하나님의 영광을 추구하는 것은 영적 전쟁터인 이 세상에서 녹록지 않은 과제다. 그러나 우리가 그리스도의 재림 – 그때에 이 전쟁은 승리가 선포될 것이다 – 이라는 구체적인 소망을 바라본다면, 시련을 당할 때에도 견딜 수 있게 해주는 구체적인 소망을 품을 수 있는 것이다.

주: 우리의 특별한 삶(베드로전서 2:13-4:11)

1. Robertson McQuilkin, *An Introduction to Biblical Ethics*, rev. ed.(Wheaton, IL: Tyndale, 1995), 483-86을 보라.
2. Sam Tsang, *From Slaves to Sons: A New Rhetoric Analysis on Paul's Slave Metaphors in His Letter to the Galatians*(New York: Peter Lang, 2005), 22.

3. Mark Hassall, "Romans and Non–Romans," in *The Roman World*, John Wacher ed.(London: Routledge, 2002), 2:685–700.
4. Tsang, From *Slaves to Sons*, 39.
5. Barclay M. Newman Jr., *A Concise Greek–English Dictionary of the New Testament*(Stuttgart: German Bible Society, 1993), 27; Bauer et al., A. Greek–English Lexicon, 115–16을 보라.
6. J. Ramsey Michaels, *1 Peter*, Word Biblical Commentary, vol. 49, ed. David A. Hubbard, Glenn W, Barker, and Ralph P. Martin(Waco, TX: Word, 2988), 169.
7. 같은 책, 175–76.
8. Bauer et al., *A Greek–English Lexicon*, 569.
9. 헬라어에는 네 가지 종류의 '조건문'이 있다. 즉, '만약 …면' 형태의 구문은 여러 가지 상황을 암시할 수 있다. 그리고 각 상황마다 사용된 단어와 문법 형태에 따라서 가능한 정도가 다르다. 첫 번째 종류의 조건문은 '만약'으로 시작되는 구문이 사실이다. 예를 들어, 사탄은 예수님께 "네가 만일 하나님의 아들이어든 명하여 이 돌들로 떡덩이가 되게 하라"(마 4:3)고 말했다. 두 번째 종류에서는 '만약'이 사실이 아니다. "내가 지금까지 사람들의 기쁨을 구하였다면 그리스도의 종이 아니니라"(갈 1:10). 세 번째 '만약'은 불확실한 경우다. 이 경우에 '만약'이 들어간 표현은 '그러면'이라는 진술만 사실이 된다. 이 형식은 베드로전서 3장 13절에 쓰였다. 베드로는 "또 너희가 열심으로 선을 행하면 누가 너희를 해하리요"라고 말한다. 그는 우리가 원래 마땅히 살아야 하는 대로 사는 한 가혹한 대우를 받을 가능성이 희박하다는 사실을 강조하고 있다. 그런데 14절에서 베드로는 세 번째 종류의 조건문에 연이어 네 번째 "만약 …면" 구문을 선보인다. 네 번째 조건문은 가능성이 희박한 '만약'이 역시 가능성이 희박한 '그러면'으로 이어지는 형태다. "그러나 의를 위하여 고난을 받으면 (흔하지 않은 경우다) 복 있는 자니…."
10. Bauer et al., *A Greek–English Lexicon*, 863.
11. 같은 책, 805.
12. "The Apostles' Creed," in *The Hymnal for Worship and Celebration*, no. 716.
13. 바울은 "육신"과 "영"이라는 말로 죽는 육체와 계속 존재하는 영적인 부분을 대비시킨다(고전 5:5). 베드로도 베드로전서 4장 6절에서 동일한 방식으로 이 단어들을 사용한다. 그 외에도 사도 요한은 "성령에 감동되다"라는 말로 물리적 세상에서는 보이지 않는 것들을 볼 수 있는 '영적 세계'로 이행하는 것을 표현한다(계 4:2).
14. Bauer et al., *A Greek–English Lexicon*, 431.
15. 이 구절에 대한 다른 관점이 궁금하면 Allen P. Ross, "Genesis," in *The Bible Knowledge Commentary: Old Testament*, ed. John F. Walvoord and Roy B. Zuck(Wheaton, IL: Victor, 1985), 36–37을 보라.
16. 에베소서 6:11–13, 빌립보서 2:25, 디모데후서 2:3–4, 빌레몬서 2절을 보라.
17. Kenneth Wuest, *Wuest's Word Studies from the Greek New Testament for the English Reader*(Grand Rapids: Eerdmans, 1973), 2:110.
18. *Martyrdom of Polycarp* 9.1–10.1; 11.1–12.1. Translation from Michael W. Holmes, *The Apostolic Fathers: Greek Texts and English Translations*, 2nd ed.(Grand Rapids: Baker, 1999), 233–37.
19. 예를 들어 로마서 13:11, 야고보서 5:3, 요한1서 2:18, 요한계시록 1:3을 보라.
20. Bauer et al., *A Greek–English Lexicon*, 622–23.
21. Charles R. Swindoll, "Commence Prayer," in *The Finishing Touch: Becoming God's Masterpiece*(Dallas: Word, 1994), 550–52.

우리가 당하는 불 같은 시험

베드로전서 4:12-5:14

인생이 그렇듯이, 베드로전서는 고통의 실재에 대해 끊임없이 상기시킨다. 철두철미한 현실주의자인 베드로는 믿는 자들이 인생의 여정 속에서 불가피하게 맞닥뜨리게 될 가혹한 진실을 달콤한 말로 포장하려 하지 않았다. 그러면서도 그는 냉소적이지 않다. 그는 고난받는 성도들을 있는 그대로 묘사하면서도 하나님이 고난의 시기를 통해 그분의 구속 계획을 이루실 것이라는 소망으로 계속 인도한다. 베드로는 우리가 너무 쉽게 잊어버릴 수 있는 것 – 그리스도는 시련의 때에 소망을 주신다 – 을 일깨워준다.

교향곡이 단조와 장조로 이루어져 있듯이 베드로는 격려의 메시지를 세 악장으로 나누어 전개시킨다. 여기까지 오면서 우리는 이미 첫 두 악장을 들었다. 첫째, 베드로는 독자들에게 그들이 가진 산 소망에 대해 알려주었다(1:1–2:12). 그는 우리가 소망을 가지고 누리며(1:3–12), 거룩한 행실을 하고(1:13–25), 그리스도 안에서 자라가면(2:1–12) 은혜와 평강을 소유할 수 있게 된다고 말한다. 베드로는 그리스도의 부활을 통해 가능해진 산 소망을 표현하면서 그 근거로 은혜에 초점을 맞추었다(1:3). 주로 경쾌하고 활기찬 음조로 이루어진 베드로 교향곡의 제1악장은 그리스도를 시련의 때에 소망의 근원으로 표현한다.

두 번째 악장에서는 음조가 변한다. 더 깊고, 침울하고, 더 어두운 어조로 베드로는 독자들에게 그들의 고난에 찬 생소한 삶의 현실에도 불구하고 소망을 가지고 살 것을 독려한다(2:13–4:11). 베드로는 여러 권위에 순종하고(2:13–3:7), 자신을 낮추며(3:8–22), 인내로 무장하고(4:1–6), 모든 일에 하나님을 영화롭게 할 것을(4:7–11) 강조한다. 이 원칙들은 적대적인 세상에서 그리스도인으로 살아가는 비결이 되었다. 베드로는 개인적인 순종을 통한 차분한 소망을 설명하면서 굳게 서게 해주는 은혜를 강조했다(3:6). 이 2악장을 거치면서 우리는 그리스도를 시련의 때에 소망을 갖는 본보기로 삼았다. 제2악장은 우리가 말하고, 행하고, 생각하고, 체험하는 것은 모두 예수 그리스도를 통해 하나님을 영화롭게 하는 것이어야 함을 일깨우면서 송영으로 끝난다.

이제 마지막 3악장으로 옮겨갈 차례다. 3악장에서 베드로는 소망과 고난이라는 모티브로 다시 돌아간다. 대립하는 두 개의 주제가 어우러져 장엄한 클라이맥스를 이룬다. 이 부분에서 베드로는 불 같은 시험을 당하고 있는 그의 독자들을 위로하려고 한다(4:12–5:14). 그는 역경 속에서도 놀라지 말라고 이른다(4:12). 오히려 계속 기뻐하고(4:13), 영혼을 하나님께 의탁하며(4:19), 염려를 그분께 맡기라고(5:7) 권고한다. 베드로는 또 그의 독

핵심 용어

ποιμαίνω *[poimainō,* 포이마이노] *(4165)* '가축을 인도하다, 지키다'
문자적으로 '인도하다(shepherd)'는 말은 양을 치거나 가축을 지킨다는 뜻이다. 이것은 '양치기(*poimēn*)'와 '가축(*poimnē*)'이라는 명사와 연결되어 있다. *Poimēn*은 금세 회중의 지도자를 가리키는 공용어가 되어 '목사'로 번역되었다(엡 4:11). 베드로에게 '인도하다'라는 동사는 회중들의 영적인 삶과 개인의 성장을 감독하는 임무를 맡은 교회 장로들을 향한 명령이다(벧전 5:2).

ταπεινόω *[tapeinoō,* 타페이누] *(5013)* '겸손해하다, 낮아지다, 낮추다'
베드로는 그의 편지에서 딱 한 번 이 말을 사용하는데 야고보가 스스로를 "낮추라"고 비슷한 권면을 한 것을 익히 알고 있음을 분명히 밝히기 위해서이다(약 4:10, 벧전 5:6). 겸손에 대한 생각은 베드로의 편지 곳곳에 스며들어서 순종, 복종, 인내와 같은 주제의 토대를 마련한다. 야고보가 그랬듯, 베드로에게도 하나님 앞에서 자신을 낮추는 것이 장차 하나님의 때가 이르렀을 때 높아지는 길이다.

자인 우리 모두에게 하나님의 은혜만 바라보고, 믿음의 눈으로 흔들리지 않는 소망에 주의를 돌려 기뻐하라고 권면한다(4:19). 베드로의 이 웅대한 소망 교향곡의 장려한 대미 속에서 우리는 우리 삶의 작곡가이자 지휘자이신 그리스도 – 시련의 때에 소망의 반석이 되시는 – 를 본다.

불 시험을 통과한 견고한 반석(베드로전서 4:12–19)

12 사랑하는 자들아 너희를 연단하려고 오는 불 시험을 이상한 일 당하는 것 같이 이상히 여기지
말고 13 오히려 너희가 그리스도의 고난에 참여하는 것으로 즐거워하라 이는 그의 영광을 나타내실
때에 너희로 즐거워하고 기뻐하게 하려 함이라 14 너희가 그리스도의 이름으로 치욕을 당하면 복 있
는 자로다 영광의 영 곧 하나님의 영이 너희 위에 계심이라 15 너희 중에 누구든지 살인이나 도둑질
이나 악행이나 남의 일을 간섭하는 자로 고난을 받지 말려니와 16 만일 그리스도인으로 고난을 받으
면 부끄러워하지 말고 도리어 그 이름으로 하나님께 영광을 돌리라 17 하나님의 집에서 심판을 시작
할 때가 되었나니 만일 우리에게 먼저 하면 하나님의 복음을 순종하지 아니하는 자들의 그 마지막
은 어떠하며 18 또 의인이 겨우 구원을 받으면 경건하지 아니한 자와 죄인은 어디에 서리요 19 그러
므로 하나님의 뜻대로 고난을 받는 자들은 또한 선을 행하는 가운데에 그 영혼을 미쁘신 창조주께
의탁할지어다.

잠시 다음 말씀을 마음속으로 되뇌어보라. 서두르지 말고 한 줄 한 줄 음미하라.

네 길이 불 같은 시험을 통과할 때도,
나의 족한 은혜가 너를 채우리라.
불이 너를 상치 못하리니, 이는 오직
너의 찌꺼기를 제하여, 네 금을 연단하기 위함이라.[1]

시대를 초월하는 이 찬송가 가사는 여러 세대에 걸쳐서 담대함과 확신을 노래했다. 그러나 이 가사는 우리가 소중히 여기는 것들이 돌연 세상이 주는 시련의 소각장에서 불붙는 순간 바로 잊혀진다. 용광로의 불꽃이 우리의 삶과 생계를 그슬리기 시작하면 이런 진부한 가사는 이상하게 아득해지고, 심지어 비현실적인 것처럼 보일 수 있다.

C. S. 루이스(C. S. Lewis)는 「고통의 문제(The Problem of Pain)」라는 그의 명저에서 불 같은 시련이 미치는 영향에 대해 썼다.

늘 그렇듯이 타락하고 불경스러운 상황에 만족하면서, 다음 날 있을 친구들과의 즐거운 만남이나 오늘 나의 허영을 채워준 소소한 일, 휴일이나 새로운 책에 빠져 하루하루 살아가고 있던 어느 날, 심각한 병일지도 모르는 복부의 갑작스런 통증이나 인류가 전멸할지도 모른다고 위협하는 뉴스가 등장하여 상황을 완전히 뒤집어버립니다. 처음에 저는 놀라서 어찌할 바를 모릅니다. 저의 작은 행복들은 마치 부서진 장난감처럼 흩어집니다. 저는 서서히, 마지못해, 조금씩 자신을 추슬러, 사실은 그 전에 이미 견지하고 있었어야 했던 마음 상태로 돌아가기 위해 노력합니다. 저는 이런 장난감들을 마음에 두어서는 안 되며, 나의 행복은 다른 세상에 있고, 유일한 진짜 보배는 그리스도뿐이라는 사실을 스스로에게 상기시킵니다. 그리고 하나님의 은혜로 성공을 거두면, 하루나 이틀 정도는 그를 의식적으로 의지하며 올바른 원천에서 힘을 끌어오는 피조물로 삽니다. 그러나 위협이 물러가는 순간, 저의 모든 본성은 대번 그 장남감들을 향해 달려가버립니다.[2]

이것이 인간의 본성이다. 우리는 너무 쉽게 인생의 시련에 수반되는 약속을 잊는다. 우리는 시험의 목적과 고난의 결과에 대해 가르친 찬송가도, 성경 말씀도, 설교도, 가르침도 잊는다. 그리고 시련이 잦아들면 또 다른 불의의 습격이 피할 수 없는 불길로 돌아오기 전까지 금세 원래의 생각과 생활 방식으로 돌아간다. 그것을 분명히 보여주는 숫자가 9/11이다.

베드로는 절망적인 상황 – 이유 없는 고난, 부당한 대우, 예기치 못했던 재난 – 에 처해 있던 그리스도인들에게 이 편지를 썼다. 베드로는 마지막 충고에서 시련의 때에 소망을 가지라는 핵심 주제로 되돌아가 불꽃 속에서 살아남을 뿐만 아니라, 그 안에서 풍성히 살아가는 데 도움이 되는 실제적인 통찰을 제공한다.

—4:12-13—

베드로가 사용한 "불 같은 시험"이라는 말은 헬라어로는 *pyrōsis*라는 한 단어이다. 이 말은 불에 타는 고통을 뜻한다(계 18:9, 18). 정관사 '그(the)' [영어로는 the fiery trial(불 같은 시험)이다 – 역주]는 베드로가 독자들이 현재 감내하고 있는 특별한 상황을 염두에 두고 있음을 나타낸다. 우리는 이 시련이 1세기의 기독교 혐오자들에 의한 부당한 대우와 연관이 있음을 안다. 그 혹독한 시련이 점점 더 심해지면서 결국 베드로가 그런 때에 그들의 소망의 근원을 상기시키는 편지를 쓰기에 이른다. 그 시련이 구체적으로 어떤 것이었는지 우리는 모른다. 시련이 길지 않고 가벼울 때는 쉽게 잊힌다. 하지만 어떤 때는 시련이 좀체 떠나지 않고 압박하면서 우리를 지치고 낙심하게 만든다. 심지어는 한동안 아무것도 하지 못하게 만들기도 한다.

베드로는 이렇게 고통스러운 시련에 대한 적절한 두 가지 반응을 제시한다. 첫째, "이상히 여기지 말"아야 한다(4:12). 그런 일이 우리에게 일어나는 것을 이상하게 생각하지 말라는 뜻이다. 베드로가 별 뜻 없이 이 단락을 "사랑하는 자들아"라는 말로 시작한 것이 아니다. 이 편지는 불순종하는 성도나 가짜 신자들이 아니라 신실한 그리스도인들에게 쓴 것이다. 그는 또한 "불 시련"이 "너희 중에," "너희에게," "너희 위에" 임한다고 말한다. 이는 무고한 희생자가 잘못된 때 잘못된 장소에 있다가 몰려나가는 군중들에게 휘말리듯이 그들을 우연히 휩쓸고 가는 것이 아니다. 오해하지 말라. 그리스도를 믿는 믿음 때문에 그들은 불 시험을 당했다.

아이러니하게도, 많은 그리스도인들은 자기들이 불에 대해 내구성이 있을 거라고 믿는다. 그들이 보인 최초의 반응은 베드로가 거부한 바로 그것이다. 그들은 깜짝 놀란다! 나는 이렇게 이의를 제기하는 소리를 비일비재하게 듣는다. "내게 이런 일이 일어나다니 믿을 수가 없어요!" "어째서 하나님은 이런 일에서 나를 지켜주시지 않나요?" "왜 하나님이 지금 나에게 이런 일이 일어나게 하시는 걸까요?" 그러나 베드로는 이렇게 깜짝 놀라는 전형적인 반응에 대해 중요한 사실을 상기시키는 것으로 대응한다. 불 시험은 믿는 자들을 시험하기 위해서 온다. 불이 금을 테스트하고 정제해서 불순물과 귀금속을 분리시키듯이 시련의 불은 우리의 깊은 속내를 시험하고 정제한다.

현재 우리의 삶을 교실로, 하나님을 선생님으로 생각해보면 도움이 될 것이다. 우리는 학교 선생님이 깜짝 퀴즈나 어려운 시험을 낸다고 해서 놀라지 않을 것이다. 우리가 지적인 성장이나 기술 연마를 위한 과정 중에 있다면 시험은 당연히 있는 것이다. '그리스도를 닮기' 과목에서 위대한 스승의 지도를 받으면서 그분이 우리를 시험한다고 그것이 놀랄 이유가 되겠는가?

이것은 논리적으로 불 시험에 대한 두 번째 반응으로 이어진다. 기뻐하는 것이다(4:13). 고난 중에 기뻐하라는 역설을 펼친 사람은 베드로 혼자만이 아니다. 야고보는 "내 형제들아 너희가 여러 가지 시험을 당하거든 온전히 기쁘게 여기라"(약 1:2)고 쓰고 있다. 바울은 시련은 우리를 그리스도와 더 밀접한 관계로 이끈다고 딱 잘라 말한다(빌 3:10). 거기에 더하여 베드로는 세상에서 믿는 자들이 현재 당하는 고통의 근원으로 그리스도의 고통을 지목하며 되짚어 올라간다. 그러고나서는 고통의 목적을 장차 있을 그리스도의 재림으로 연결시킨다. 부당한 고난을 당할 때 우리는 그만큼은 아니더라도 그리스도가 우리를 위해 당하셨던 것과 같은 종류의 고난에 참여한다. 스승이 고난을 받으셨다면 그 제자들도 고난을 받게 마련이다. 동시에 우리는 그리스도가 다시 오실 때 이 땅에서 믿음을 지키다 고난받은 이들을 위로하시고 상급을 주실 것을 알기에 기뻐하라는 권고를 받았다. 미래에 대한 우리의 확고한 소망은 현재로 반사되어 불 같은 시련 속에서도 기뻐할 수 있게 한다. 야고보서 1장 12절은 그것을 이렇게 표현한다. "시험을 참는 자는 복이 있나니 이는 시련을 견디어 낸 자가 주께서 자기를 사랑하는 자들에게 약속하신 생명의 면류관을 얻을 것이기 때문이라."

그것 또한 잠시 멈추고 곰곰이 생각해볼 가치가 있다.

—4:14–18—

불 시험을 당할 때 어떻게 반응해야 할지를 가르치고난 베드로는 마음에 새겨야 할 다섯 가지 진리를 설명한다. 불길이 거세질 때

1. 시련은 하나님의 능력에 의지할 기회를 제공한다(4:14).
2. 어떤 고난은 우리가 초래한 것이다(4:15).
3. 대부분의 고난은 우리가 부끄러워할 것이 아니다(4:16).
4. 고난은 대개 때와 필요에 맞춰서 온다(4:17 상).
5. 지금 믿는 자들이 받는 고난은 불의한 자들이 훗날 겪을 고통과는 비교가 되지 않는다(4:17 하 – 18).

첫째, 시련은 하나님의 능력에 의지할 수 있는 기회가 된다(4:14). 가혹한 시련이 닥치면 우리는 쉽게 자신의 한계에 도달한다. 그런 절망적인 순간이 오면 금세 정신은 혼란스러워지고, 감정은 고갈되며, 육신은 기진맥진해지고, 영혼은 힘이 빠지고 만다. 인간적인 관점에서만 보면 도달할 수 있는 최악의 상황에 떨어졌다고 생각하기 십상이다. 그러나 하나님의 관점에서 본다면 시련은 믿는 자들을 하나님께 더 가까이 가게 만드는 데 더할 나위 없는 필요조건이다. 더 이상 어찌해볼 수도 없을 정도로 자신의 한계에 도달했을 때만큼 성령의 능력에 의지하게 되는 때는 없다. 우리 스스로 문제를 처리할 수 있다는 환상에서 벗어나지 못하는 한 우리는 영적 허약아로 남아 있을 수밖에 없다. 그러나 그리스도를 떠나서는 우리가 아무것도 할 수 없다는 사실을 인정하고나면(요 15:5), 우리는 하나님의 능력에 의지할 수 있게 된다. 하나님은 우리가 그리스도를 믿는다는 이유로 욕을 먹을 때 성령을 통해 능력을 주겠다고 약속하신다. 이렇게 우리는 부당한 대우를 받을 때에도 '축복'

을 받는다.

둘째, 그리스도의 대의를 위해서 고난을 받는 자들에게 영적 축복과 능력이 주어지기는 하지만 어떤 고난은 사실 우리가 받아 마땅한 것이라는 사실을 잊지 말아야 한다(4:15). 베드로는 관원들이나 그리스도인들을 요모조모 관찰하는 사람들을 화나게 하고 그들의 비난을 받게 만드는 믿는 자들의 행동에 대해 몇 가지 예를 든다.

처음 두 가지 범죄 – 살인과 도둑질 – 는 정부의 분노를 사는 극단적이고 확실한 범법 행위다. 그것에 대한 단죄는 정당하고 당연하다. 믿는 자건 믿지 않는 자건 누구나 그런 범죄에 대해서는 처벌을 받는 것이 합당하다. 그런 자들은 그 고난의 결과로 하나님의 축복이 아닌 징계를 기대해야 한다.

두 번째 나오는 두 가지 범죄 – 악행과 남의 일에 간섭하는 것 – 는 범법은 아니지만 도덕적, 사회적으로 옳지 못한 행위를 일컫는 것 같다. 믿는 자들이 간혹 의의 통로가 아닌 악의 도구가 되어서 위선적인 행동을 할 수 있다. 뿐만 아니라 쓸데없이 믿지 않는 자들의 신경을 건드리고 분노를 촉발시키는 대의와 행동에 동조할 수도 있다. “남을 간섭하는 자”(4:15)라는 말은 자신의 소명과 상관없는 일에 참견하는 사람을 말한다. 그리스도인들이 방향을 잃고 예수 그리스도의 복음과는 아무런 상관이 없는 정치나 사회적 대의에 참여하기 쉽다. 베드로는 우리를 목표에서 벗어나게 하고 그리스도의 이름을 욕되게 하는 것은 물론이고, 하나님의 축복과 그리스도가 재림하실 때 주어질 상급을 잃게 만드는 활동에 참여하지 말라고 조언한다.

셋째, 우리가 그리스도인으로서 우리의 의로 인해 고난을 받는다면 그 고난을 부끄러워해서는 안 된다(4:16). 오늘날에는 ‘그리스도인’이라는 말을 대놓고 쓰지만 이 말은 신약성경에 딱 세 번밖에 등장하지 않는다. 이 말의 원래 뜻을 알면 베드로가 여기서 이 명칭을 사용한 의도를 어느 정도 간파할 수 있다. 사도행전 11장 26절은 “제자들이 안디옥에서 비로소 그리스도인이라 일컬음을 받게 되었더라”고 말한다. 실제로, ‘그리스도인’은 원래 기독교 반대자들이 제자들에게 ‘꼬리표’처럼 붙인 경멸의 의미가 담긴 명칭이었던 것 같다. 따라서 베드로는 그리스도인이 언행 속에서 ’그리스도’라는 이름을 내걸고 있다는 이유로 고난을 받는다면 부끄러워할 이유가 없다고 말하는 것이다. 정녕, 그런 고난은 영광으로 생각해야 한다.

넷째, 베드로는 고난은 보통 필요와 때를 맞춰서 온다는 점을 상기시킨다(4:17 상). 시련은 늘 견디기 어렵고 당시에는 이해하기 힘들 때도 많지만 믿는 자들은 시련을 통해서 정결하게 된다. 하나님은 자기 백성들을 성화시키고, 정결케 하며, 정제하는 도구로 고난을 사용하신다. '하나님의 가정'은 매일 쓸고 닦는 것은 물론이고 주기적인 대청소도 해주어야 한다. 잠언 3장 12절은 여기에 나오는 베드로의 생각과 비슷한 중요한 구절이다. "대저 여호와께서 그 사랑하시는 자를 징계하시기를 마치 아비가 그 기뻐하는 아들을 징계함 같이 하시느니라."

실상은 우리가 하나님의 자녀임에도 불구하고가 아니라 하나님의 자녀인 까닭에 우리를 정결하게 하는 훈육을 감내한다는 것이다. 부모라면 알겠지만, 훈육에는 긍정적인 것과 부정적인 것이 있다. 즉, 나쁜 행동을 바로잡는 행동과 착한 행동을 격려하는 훈육이 있다. 히브리서 12장 11절은 부정적인 훈육을, 디모데전서 4장 7절은 긍정적인 훈육을 말한다. 하나님이 훈육을 목표로 우리에게 불 시험을 허락하신다는 사실로 인해 놀라거나 환멸을 느낄 필요는 없다. 오히려 정반대다! 하나님이 우리에게 관심을 가지고 계시기 때문에 우리가 하나님과 동행하며 성숙해갈 수 있도록 꾸짖고 훈육하신다는 사실에서 힘을 얻어야 한다.

마지막으로, 베드로는 교회가 축복과 그에 따른 상급을 받기 위해 잠시 고난을 당하고 있다고 해서 우리를 괴롭히는 자들이 처벌을 면할 수는 없다는 사실을 알려준다. 기본적으로 우리는 현재 믿는 자들이 당하는 고통은 훗날 불의한 자들이 겪을 고통과 비교할 수 없다는 사실을 마음에 새겨야 한다(4:17 하 – 18). 하나님이 사랑하고 관심을 가지시는 하나님의 자녀들이 그분의 훈육을 피할 수 없다면, 하나님을 향해 주먹을 휘두르는 자들에게 어떤 형벌이 기다리고 있을지 상상조차 할 수 없다는 것이 베드로의 생각이다! 베드로는 잠언 11장 31절 뒤에 숨어 있는 생각을 다르게 표현한다. "또 의인이 겨우 구원을 받으면 경건하지 아니한 자와 죄인은 어디에 서리요." '구원받기' 어렵다고 말할 때 베드로가 의미하는 것은 구원에 동반되는 곤경, 시련, 고난의 삶을 말하는 것이지 고난으로 인해 구원을 얻는다는 말이 아니다.

'간신히'라는 말은 영적 여정의 질을 말한다. 누가는 자신과 다른 사람들이 그레데로 항해할 때 겪었던 힘든 여정에 대해 말하면서 이 단어를 사용했다. "배가 더디 가 여러 날 만에 간신히 니도 맞은편에 이르러"(행 27:7). 이와 마찬가지로 믿는 자들은 회심의 첫 진수부터 영광의 최종 목적지인 천국 항구에 다다르기까지 영적 여정을 거치면서 많은 역경을 만난다. 존 번연(John Bunyan)의 고전 「천로역정(The Pilgrim's Progress)」은 이 과정을 아주 잘 보여준다.

—4:19—

경건을 이루기 위해서 믿는 자들이 "하나님의 뜻에 따라" 고난을 당하는 이 험난한 영적 여정을 거치는 동안 하나님의 선하심과 권능을 전적으로 확신하지 못하면 낙담할 수 있다. 하나님은 무소불위하시므로 하나님의 궁극적인 목표를 무산시킬 수 있을 만한 시련은 없다는 사실을 우리는 안다. 더불어 하나님은 이런 고통스러운 상황을 통해서 그분의 계획을 성취하실 수 있다는 것도 확신할 수 있다. 그리고 하나님은 선한 분이시기 때문에 그분의 목적은 우리를 멸망시키는 것이 아니라 성숙시키려는 것임을 안다. 베드로가 하나님은 "미쁘신 창조주", 곧 전능하고 선하신 이심을 우리에게 일깨운 것도 이런 이유에서다! 부당한 고난을 당하면서도 옳은 일 행하기를 그치지 않으면 시련이 닥치더라도 소망을 가지고 그분께 우리의 삶을 의탁할 수 있다.

적용

그분 안에서 누리는 안식

그리스도인으로서 우리가 감내하는 시험과 시련은 절대 헛되거나 잘못되는 적이 없다. 하나님은 "앗, 실수를 했군! 그건 프랭크에게 갈 거였는데. 미안해 밥"이라고 말씀하시는 법이 없다. 그분은 믿는 자들의 삶에 무더기로 시련을 던져주시고는 그 가운데 몇 사람에게 효력이 있기를 바라지 않으신다. 하나님은 우리 한 사람 한 사람을 위해 특별한 커리큘럼 – 우리 마음속 깊은 곳에 그리스도의 고결한 성품이 열매 맺도록 계획된 특별한 교육과정 – 을 짜신다. 이렇듯 특별한 계획 아래서 맞춤으로 제작된 시련은 우리가 주님께 나아가 괄목할 만한 영적 성장을 이루는 데 필요한 자극제가 된다.

전형적인 반응은 저항이다. 시련에 저항하는 것은 인간의 본성이다. 때로는 시험이 너무 혹독해서 하나님의 훈련소를 떠나고 싶어지기도 한다. 그러나 하나님이 각 사람에게 맞춰서 계획하신 시련은 그리스도인의 삶에서 선택 과목이 아니라는 사실을 이해해야 한다. 정녕코 시련은 그리스도를 닮기 위한 전제 조건이다. 베드로전서 4장 19절과 관련해서 두 가지 제안을 하고 싶다. 내가 가장 가까운 출구로 달려가지 않고 시련을 마주할 수 있도록 도와준 지침들이다.

첫째, 시련이 닥칠 때 하나님은 신실하시다는 사실을 기억하라. 처한 상황을 보면 하나님이 당신을 버리신 것처럼 보일지라도 하나님은 당신을 버리지 않으셨다. 냉소적인 사람들이 하는 말을 듣지 말라. 하나님은 당신을 잊지 않으셨다. 하나님은 미쁘시다. 우리는 하나님이 우리의 궁극적인 선을 위해 목적을 이루고 계시다는 사실을 믿을 수 있다(롬 8:28). 하나님이 결코 당신을 버리지도 떠나지도 않겠다는 약속(히 13:5)을 지키시는지 의심이 든다면 그분은 "미쁘신 창조주"(벧전 4:19)이심을 기억하라. 이 말은 그분은 절대 거짓말을 하지 않으신다는 뜻이다(히 6:18). 더불어 그분이 창조하신 모든 것이 "심히 좋았고"(창 1:31), 모든 것을 지으시되 때를 따라 아름답게 하셨으며(전 3:11), 모든 것이 결국에는 온전하게 회복될 것(계 21:5)이라는 뜻이기도 한다.

하나님의 신실하심에 대한 이 진리는 한 가지 특별한 행동 - 그분 안에서의 안식 - 으로 이어진다. 베드로전서 4장 19절의 핵심 단어는 의탁이다. 헬라어 *paratithēmi*는 어떤 물건을 보관하기 위해 돈을 내고 다른 사람에게 맡긴다는 뜻이다.[3] 누가복음 23장 46절에서 예수님이 "내 영혼을 아버지 손에 부탁하나이다"라고 말씀하실 때에도 이 단어가 쓰였다. 하나님은 미쁘시고 권능이 있으시므로 우리는 우리의 삶을 통째로 그분께 맡길 수 있다.

방사선 촬영 결과가 좋지 않을 때 하나님은 신실하시다는 것을 기억하라. 그분 안에서 안식하라. 남편이나 아내로부터 당신이 상상도 하지 못했던 내용의 쪽지를 받았을 때 하나님은 신실하시다는 것을 기억하라. 그분 안에서 안식하라. 당신 아이에 대해서 어떤 부모도 믿고 싶지 않을 이야기를 들었을 때 하나님은 신실하시다는 것을 기억하라. 그분 안에서 안식하라. 직장에서 두려워하던 해고 통지서가 날아와 이제 막 해고당했다는 사실을 알게 되었을 때 기억하라. 하나님은 신실하시다는 것을. 그분 안에서 안식하라.

어떻게 하나님이 신실하시다는 사실을 기억할 수 있을까? 그분의 말씀에 의해서다. 나는 앞에서 관련된 몇 구절을 언급했다. 그러나 성경을 몇 장만 읽어도 하나님의 백성들이 하나님을 믿지 못하고 반항하는데도 불구하고 그들의 삶 속에서 끝까지 신실하신 하나님의 모습을 찾아볼 수 있다. 그분의 말씀을 통해 당신 자신에게 하나님의 신실하심을 상기시키는 것으로 시작하라.

그렇다면 우리는 어떻게 하나님께 전적으로 의탁할 수 있는가? 어떻게 마침내 그분 안에서 안식할 수 있는가? 우리 자신을 하나님께 맡겨야 한다. 얼마나 지혜로운 방법인가! 그러면 이 땅에서는 평화와 기쁨이라는 이익이 산출되는 것은 물론이고, 하늘나라에서는 영원한 배당금까지 받게 될 것이다. 시련을 당할 때 우리 영혼을 하나님께 의탁한다는 것은 기도를 통해 우리의 상황을 하나님께 넘기는 것도 해당된다. 그리고 우리가 역경을 헤쳐 나오는 동안 도움을 줄 수 있는 그리스도의 몸인 교회의 구성원들에게 우리의 고통을 드러낸다는 뜻이기도 하다. 그리고 불 시험이 계속 우리를 불사를 때 매 순간 그렇게 하기를 그치지 않는다는 뜻이다.

시련이 닥칠 때 – 그리고 시련은 오게 마련이다 – 하나님은 신실하시다는 사실을 확신하라. 그분 안에서 안식하라.

목자들의 직무 기술서(베드로전서 5:1–4)

[1] 너희 중 장로들에게 권하노니 나는 함께 장로 된 자요 그리스도의 고난의 증인이요 나타날 영
광에 참여할 자니라 [2] 너희 중에 있는 하나님의 양 무리를 치되 억지로 하지 말고 하나님의 뜻을 따
라 자원함으로 하며 더러운 이득을 위하여 하지 말고 기꺼이 하며 [3] 맡은 자들에게 주장하는 자세를
하지 말고 양 무리의 본이 되라 [4] 그리하면 목자장이 나타나실 때에 시들지 아니하는 영광의 관을
얻으리라.

찰스 해돈 스펄전(1834–1892)은 영국뿐만 아니라 전 세계적으로 가장 유명한 설교자 가운데 한 사람이다. 스무 살 되던 해 그는 런던에 있는 뉴 파크 스트릿 교회(New Park Street Chapel)에서 목사로 부르심을 받았다. 강대상에 오른 지 얼마 지나지 않아 그의 설교를 들으러 많은 사람들이 몰려드는 바람에 6년 후 그 유명한 메트로폴리탄 태버내클

(Metropolitan Tabernacle)을 건축해야 했다. 그는 38년 동안 목회를 하면서 14,000여 명으로 불어난 교인들을 이끌었다.[4]

그는 1세기 전에 살았던 인물이지만 그가 왕성하게 썼던 글들은 지금 읽어도 전혀 시대에 뒤떨어지지 않는다. 찰스 스펄전의 훌륭한 설교 가운데 일부는 그의 명저인 「목회자 후보생들에게(Lectures to My Students)」에 수록되어 있다. 그가 가졌던 목자의 심정이 그의 글 속에서 큰 소리로 고동치고 있다.

> 일꾼이라면 누구나 연장이 잘 손질되어 있어야 한다는 사실을 안다… 연장의 날이 무뎌지면… 그 일꾼은 힘이 더 들거나 일이 제대로 되지 않으리라는 사실을 안다.
> …내가 자기 수양을 소홀히 한다면 서재에 책을 쌓아두거나, 단체를 조직하거나, 계획을 세우는 것은 헛된 일일 것이다. 책, 단체, 체계는 내가 받은 거룩한 소명을 위한 도구에 불과할 뿐이다. 나의 영, 혼 그리고 육신이야말로 성직에 필요한 가장 정밀한 기계다. 나의 영적 능력 그리고 나의 내밀한 삶, 이것이 전쟁에서 내가 사용하는 도끼와 무기다.[5]

찰스 스펄전의 엄격한 원칙은 전통적으로 경험이 풍부한 목회자들이 젊은 사역자들에게 주는, 여러 세기에 걸쳐 내려온 조언의 일부다. 목자의 심정에 대한 강의는 예수님에게로 거슬러 올라간다. 예수님은 3년에 걸쳐 당신이 떠난 후에 사역을 이어받을 제자들을 준비시키셨다. 목자로 검증된 바울은 젊은 사역자인 디모데와 디도에게 그가 세상을 떠난 후에도 사역을 열심히 하라고 격려했다.

편지의 이 대목에서 베드로는 일반적인 지도자에서 교회를 영적으로 이끌 책임을 지고 있는 자들에게로 초점을 돌린다. 이제 그는 교회의 목자 또는 '목사들'이 '문화를 경시하거나' 스스로를 소홀히 하지 않도록 말을 그들에게 맞추어 세밀하게 조율한다.

목회자의 지도력에 대한 이러한 논의는 그리스도인들이 소망을 가지고 하늘나라를 바라보면서 이 땅에서 당하는 부당한 대우, 시련, 환난의 불 시험을 어떻게 견딜 수 있는가에 대해서 논의하는 가운데 등장한다. 베드로는 이 세상에서 번성하기 위해서는 강력한 영적 지도력이 가장 중요하다고 주장한다. 지도자들이 경건의 본을 보이고 양 떼들을 돌보려 할

목상의 서재

기대를 낮추라

내가 평생에 걸쳐 해온 목회를 돌이켜 보노라면 강대상 양편에서 벌어질 수 있는 기대에 대한 두 가지 개인적인 통찰이 떠오른다. 한 젊은 사역자가 성도들에 대한 비현실적인 기대를 가득 안고 교회에 온다. 다른 한편에서는 교인들이 한 목회자를 초빙한다. 그런데 그 교인들은 엄청난 기대를 가지고 있어서 어느 목회자도 그들의 기대에 부응하지 못한다!

그러므로 장기적으로 목회할 수 있는 비결 가운데 하나는 목사와 교인들 모두를 위한 명쾌한 사실주의를 기반으로 하는 것이다. 모든 교회가 괄목할 만한 성장을 이루지는 못할 것이다. 대부분의 설교자들은 능변가도 아니고 인기가 많지도 않을 것이다. 이런 것들은 최고에 대한 환상일 뿐이다. 목사와 교인들 모두 위엄과 인기에 대한 기대를 마음에서 떨쳐내야 한다.

내가 목회를 계속 할 수 있게 해준 또 다른 원칙은 상호 이해의 중요성이다. 목사는 자기가 섬기는 사람들에게 관대해야 한다. 그리고 교인들은 그들을 섬기는 사역자에 대해 관대해야 한다. 우리는 폭넓은 재량권을 주면서 은혜로운 태도를 취해야 한다. 서로에게 시도해보고 실패할 수 있는 자유, 불완전할 수 있는 자유, 자기 자신이 될 수 있는 자유를 허용해야 한다. 은혜, 자비, 용서, 흔들림 없는 사랑은 사역이 번성하는 데 필요한 용인, 인내, 관용을 만드는 재료다.

그리고 크고 효과적인 사역으로 가는 길에는 반드시 실망스러운 웅덩이와 예기치 못했던 굽이가 있게 마련이라는 사실을 알려주고 싶다. 나는 그릇된 동기로 나를 고발하고, 나의 솔직한 면을 비판하며, 나의 신실성을 의심하고, 화를 내며 떠나간 교인들도 겪어보았다. 나 또한 디모데전서 3장 1-7절에 진술된 조건을 만족시키는 삶을 살지 못하고 그런 일을 겪을 만한 실수와 잘못된 판단을 했다. 불완전한 목자가 완전한 계획을 가지고 계시는 완전한 하나님을 섬기면서 불완전한 양 떼를 인도하는 것, 그것이 적나라한 사역의 모습이다.

때 교회에 속한 모든 사람은 그들이 시련을 당할 때에도 소망을 주시는 목자장을 바라볼 수 있을 것이다.

—5:1-2 상—

베드로는 "그러므로"라는 말로 연설을 시작한다[한글 성경에는 "그러므로"라는 말이 없으나 영어 성경 NASB는 "그러므로(therefore)"로 시작된다 – 역주]. 교회 리더십에 관한 쟁점을 전개시키려고 갑자기 저속 기어로 전환하는 것은 그가 실제적인 그리스도인의 삶을 빠른 속도로 다룬 것과는 다소 어울리지 않는 듯 보일 수도 있다. 그러나 믿는 자들이 적대적이고 하나님을 경외하지 않는 세상에서 어떻게 사느냐의 문제는 양 떼를 인도하는 목자로서 지도자들의 역할과 밀접한 관련이 있다는 것이 베드로의 생각이다.

나는 5장의 첫 두 구절 속에서 사역의 지도자로 부름받은 자들을 위한 두 가지 효과적인 원칙을 본다. 첫째는 지위로 인한 교만한 마음이 없어야 한다는 것이다. 사도 베드로가 스스로를 어떻게 지칭하는지 눈여겨보라. 그는 그리스도의 고난, 죽음, 부활을 직접 목격했으면서도 자기를 "함께 장로된 자"라고 부른다(5:1). 그는 또한 그리스도가 다시 오실 때 장차 드러날 영광의 '참여자' 또는 파트너이다. 그는 독자들과 운명을 같이하며 같은 사역팀에서 그들을 섬긴다. 그들은 함께 애쓰고 있다.

사역자들은 몇 가지 이유에서 교만해질 수 있다.

- 사역자들은 하나님을 대신해서 말하고 섬긴다.
- 사역자들은 정기적으로 큰 무리의 사람들에게 연설한다.
- 사람들은 그들의 가르침을 바탕으로 인생의 중요한 결정들을 내린다.
- 그들은 대다수의 사람들에게 신뢰를 받지만 그들이 책임져야 할 사람은 거의 없다.

이런 것들은 자칫 교만, 불손 그리고 참담한 몰락을 초래할 수 있다. 베드로가 겸허히 다른 교회 지도자들과 자기 자신을 동일시한 것이 참으로 통찰력 있는 태도로 다가오는 것도 이 때문이다. 만약 열두 제자 가운데 한 사람이자 초대 교회의 대변인이었던 베드로가 자신을 "함께 장로된 자"라고 말했다면, 우리 사역자들도 자신의 지위를 낮췄던 그의 선례를 따라야 한다.

두 번째 효과적인 원칙은 목자의 마음이 있어야 한다는 것이다(5:2 상). 이 구절의 첫 번째 명령은 '양을 치라'이다. 이 동사의 어원은 '가축을 돌보다'라는 뜻의 헬라어 *poimainō*이다. 이 말은 고대 문학과 신약 성경에서 일반적인 지도자나 특별한 지위를 비유적으로 표현할 때 쓰였다.[6] 비유적 용법 외에도 성경에는 하나님과 그의 백성들과의 관계를 목자와 양 떼에 비유하는 예가 많이 나온다.[7] 이 단어의 명사형, *poimēn*은 영어 단어 'pastor(목사)'의 어원이다. 이 단어는 에베소서 4장 11절에서 교회 목사들을 일컫는 말로 쓰였다.

2절은 목사와 장로들에게 "너희 양 떼를 치라"고 하지 않고 "하나님의 양 무리를 치라"고 말한다. 이 구절에서 양 무리는 목사들에게 보살펴달라고 맡겨진 이들이지 목사들을 따르던 자들이 아니다. 최고의 목자는 하나님이시다. 그러나 목사와 교사들은 부하 목자들로서 대장 목자를 본보기 삼고 감화를 받으면서 신실하게 섬겨야 한다. 베드로는 의도적으로 목자의 이미지를 사용한다. 목자의 역할에는 가르침도 포함되지만 교사만큼은 아니다. 행정도 하지만 관리자이기만 한 것은 아니다. 복음 전파에 대한 열정도 있어야 하지만 그것에 그쳐서도 안 된다. 베드로는 5장 2 하반절 – 3절에서 하나님의 양 떼를 돌보는 목자에게 요구되는 몇 가지 자세와 책임을 구체적으로 다룬다.

베드로는 또 목자 – 또는 '목회' – 의 책임을 '감독하는 것'으로 표현한다. 여기에 사용된 헬라어는 *episkopeō*이다. 명사형 *episkopos*('감독', 또는 전통적인 '주교')는 빌립보서 1장 1절에서 '장로(*presbyteros*)'와 동의어로 쓰였고, 디모데전서 3장 2절과 디도서 1장 7절에서는 감독 직분에 요구되는 자질을 논할 때 쓰였다. 예수님의 제자들이 교회를 직접 감독했을 당시에는 장로, 목사, 감독은 모두 같은 직분을 의미했다. 사도들이 세상을 떠난 후에 교회의 권위를 유지하기 위해서 '원로 감독 장로'라는 직분이 생겨났다. 그리고 이 직분이 여러 세기 후에 여러 교회를 한 사람이 감독하는 '주교 제도(episcopacy)'로 발전했다.

그러나 신약 시대에는 장로, 목사, 감독은 모두 양 떼를 돌보는 동일한 책임을 부여받았다. '장로,' '목사,' '감독'은 사도행전 20장 17, 28절에서 함께 쓰였다. 바울은 에베소 교회 '장로들(*presbyteros*)'을 만나기 위해 밀레도로 그들을 불러서 가르쳤다. "여러분은 자기를 위하여 또는 온 양 떼를 위하여 삼가라 성령이 그들 가운데 여러분을 감독자로 삼고 하나님이 자기 피로 사신 교회를 보살피게 하셨느니라"(행 20:28).

—5:2 하-3—

교회 지도자들을 훈계한 후에 베드로는 목자들이 감독할 때 지녀야 할 세 가지 실제적인 태도를 제시한다. 그는 이 세 가지를 각각 부정적인 특성과 그것에 상응하는 긍정적인 태도를 모두 포함하는 형태로 서술한다. 간단한 표로 만들면 그 대비가 뚜렷하다.

말고(Not)	그러나(But)
– 억지로 하지 말고	– 자원함으로
– 더러운 이득을 위하여 하지 말고	– 기꺼이 하며
– 주장하는 자세를 하지 말고	– 양 무리의 본이 되라

첫 번째 태도는 기꺼이 하는 마음이다. "억지로 하지 말고 하나님의 뜻을 따라 자원함으로 하며"(5:2 하). '억지'라는 말은 강제로 한다는 뜻이다. 베드로는 목사들이 많은 에너지를 필요로 하는 사역을 계속하기 위해서 스스로에게 동기를 부여하는 일이 고역스러울 수 있다는 사실을 알고 있다.

이 훈계가 담고 있는 부정적인 면을 재미있는 예화로 설명해보겠다. 한 젊은이가 주일 아침에 곤히 자고 있는데 그의 어머니가 불쑥 들어와 말했다. "일어나라, 얘야. 지금 당장 일어나라구!"

그는 얼굴을 베개에 묻고 기어 들어가는 목소리로 대꾸했다. "제가 일어나야 되는 이유를 세 가지만 말해보세요."

침대보를 가지고 실랑이를 벌이던 어머니가 말했다. "첫째, 오늘은 주일이고 기독교인들은 주일에 교회에 가니까."

남자는 앓는 소리를 냈다.

"둘째, 예배 시간까지 45분밖에 안 남았는데 너는 아직 샤워도 안 했으니까!"

남자는 못 들은 척했다.

"셋째, 네가 그 교회 목사니까!"

그게 바로 억지로 하는 사역이다! 대부분의 목사들은 주일날 아침 어머니들이 침대에서 끌어내야 할 필요는 없지만 강대상에 서는 많은 목사들이 소진되기 일보 직전의 상태에서 간신히 버티고 있다. 그들은 성경 대학이나 신학교를 다녀 학위를 받고 사역의 기술은 습득했는지 모르지만 마음은 더 이상 사역에 있지 않다. 어쩌면 사역을 너무 오래 했기 때문에 이제 와서 직업을 바꾸는 것은 인생을 다시 시작하는 것을 의미할 수도 있다. 혹은 사역에서 자신의 은사나 받은 교육과 맞지 않는 직책에 묶여서 더 적합한 쪽으로 바꿀 방도를 찾지 못하고 있을 수도 있다. 어떤 경우든, 억지로 하는 사역은 열정과 동기의 상실, 아주 심한 경우에는 의기소침으로까지 이어진다. 베드로의 말은 이런 경우 변화가 필요하다는 뜻을 내포하고 있다. 사역의 욕구를 앗아가는 문제를 해결하든지, 아니면 사역의 기쁨이 돌아올 때까지 잠시 물러나 있을 방도를 모색해야 한다.

목자가 가져야 하는 두 번째 자세는 열정이다. "더러운 이득을 위하여 하지 말고 기꺼이 하며"(5:2 하). 베드로는 사역에 대한 진정한 열정과 금전적 동기를 대비시킨다. "더러운 이득"이라는 말은 탐욕스러운 동기를 암시한다. 즉, 그들이 양 떼를 위해서 무엇을 할 수 있는지보다 양 떼가 그들을 위해서 무엇을 할 수 있는지에 더 관심이 많다는 의미다. 디도서 1장 10-11절은 구체적인 예로 이 점을 설명한다. "그들의 입을 막을 것이라 이런 자들이 더러운 이득을 취하려고 마땅하지 아니한 것을 가르쳐 가정들을 온통 무너뜨리는도다"(딛 1:11). 장로의 자격 가운데 하나로 돈을 사랑하지 않는 것을 꼽는 것도 이런 이유에서다(딤전 3:3, 6:10).

하나님의 목자들은 자기를 희생하는 열정적인 자세를 가져야 한다. 단순히 섬기겠다는 의지가 아닌 가슴에서 우러나오는 진실된 열정이 있어야 한다. 이 원칙은 오늘날 사역자들에게서 흔히 볼 수 있는 지나친 전문성을 반박한다. 학위, 이력서, 인기, 추천서는 사역자의 자격 요건이 아니다. 그보다는 섬기고자 하는 열정 - 때때로 큰 대가를 치르는 - 이 전인적인 목자와 균형 잡힌 사역에서 발견되는 필수 요소다.

성공적인 사역에 필요한 세 번째 자세는 온유함이다. "맡은 자들에게 주장하는 자세를 하지 말고 양 무리의 본이 되라"(5:3). "주장하는 자세"라는 말은 예수님이 권세를 부리는 지도자들의 태도에 대해 경고하셨던 말을 베드로가 그대로 따라 한 것이다.

> "예수께서 제자들을 불러다가 이르시되 이방인의 집권자들이 그들을 임의로 주관하고 그 고관들이 그들에게 권세를 부리는 줄을 너희가 알거니와 너희 중에는 그렇지 않아야 하나니 너희 중에 누구든지 크고자 하는 자는 너희를 섬기는 자가 되고 너희 중에 누구든지 으뜸이 되고자 하는 자는 너희의 종이 되어야 하리라 인자가 온 것은 섬김을 받으려 함이 아니라 도리어 섬기려 하고 자기 목숨을 많은 사람의 대속물로 주려 함이니라"(마 20:25-28).

'섬기는 지도자'라는 개념은 '권세를 부리는 지도자'에 대한 경고에 뿌리를 박고 있다. 일반적으로 인정하는 바와 같이 '섬기는 지도자'라는 표현은 종종 그 뜻이 잘못 해석되는 진부한 표현이다. 그러나 '섬기는 지도자'는 사역자들이 권위적인 자세를 갖지 않는 것의 중요성을 강조한 예수님의 가르침을 한 마디로 표현한다. 예수님이 그런 태도를 보이지 않으셨으니 우리도 그래서는 안 된다. 우리는 팀의 리더들이 되어야 한다. 같은 일을 하며 함께 배우고, 나누고, 파트너가 되어야 한다. 우리와 함께 섬기는 다른 사람들에게서 우리가 기대하는 것과 같은 태도로 우리도 섬겨야만 '양 무리의 본'이 될 수 있다. 목자들은 그리스도가 그러셨듯 섬기는 자세를 보여주어야 한다.

—5:4—

교회에서 지도자들의 역할에 대해 말하면서 베드로는 두 가지 효과적인 원칙을 제시했다. 직분으로 인한 자만심을 갖지 말아야 한다(5:1). 목자의 심정이 있어야 한다(5:2 상). 그런 다음에 세 가지 반드시 있어야 할 태도로 목자의 마음 자세를 보여준다. 자원하는 마음(5:2 하), 열정(5:2 하), 온유(5:3). 그렇다. 하나님의 양 떼를 돌보는 것은 힘든 일이다! 베드로가 교회의 장로와 목사들에게 한 연설을 끝맺으면서 그들의 영원한 상급을 상기시킨 것도 그런 이유에서다. 만약 그리스도의 목자들이 합당한 태도로 그들의 임무를 신실하게 이행한다면 그리스도가 다시 오실 때 "시들지 아니하는 영광의 관"을 얻을 것이다. '목자장'으로서 예수님은 세상의 목자들이 어떻게 섬겨야 하는지 직접 본을 보여주신다. 그렇게 그리스도는 친히 사역의 완벽한 본이 되신다.

이 편지에서 계속 그랬던 것처럼 베드로는 리더십에 대한 논의를 시련의 때에 진정한 소망의 근원이 되시는 그리스도를 가리키는 것으로 마무리한다. 사역이 버거워질 때 그리고 참을 수 없는 지경에 이르렀을 때, 우리는 계속 나아갈 수 있는 동기를 발견할 수 있다. 그리스도도 견디기 힘든 난관과 적대적인 태도에 굴하지 않고 사역을 포기하지 않으셨다. 그분의 희생적인 섬김의 결과는 말로 다할 수 없을 정도로 엄청나다. 우리도 장차 그리스도의 심판대 앞에서 신실한 섬김에 대한 상급을 받을 것을 확신할 수 있다(고전 3:10-14).

적용
목자들을 위한 몇 가지 조언

2천여 년 전 베드로처럼 나도 기독교 사역에 종사하고 있는 이들에게 목자 대 목자, 장로 대 장로로서 하고 싶은 말이 있다.

첫째, 당신이 선생이라면 좋은 학생이 되어야 한다. 항상 가르침을 받을 수 있는 자세를 견지하라. 읽고, 경청하고, 배우고, 관찰하라. 당신이 틀렸을 때 그것을 인정하는 것은 당신이 옳을 때 흔들리지 않는 것만큼이나 중요하다. 당신이 가르치는 사람들과 배운 것을 나누라. 사역자라고 해서 다 아는 것은 아니다. 그러니 당신이 모든 것을 다 안다는 듯이 행동하지 말라. 교만한 성경 교사만큼 꼴불견은 없다!

둘째, 당신이 지도자라면 잘 따르라. 당신 말을 듣는 것이 어떤 기분일지 생각해보라. 당신이 맡은 지도자의 직분을 과대평가하는 것은 당신의 은사와 섬김을 과소평가하는 것과 똑같이 위험하다. 잘 이끌려면 위임을 잘 해야 한다. 물론, 다른 사람들이 당신과 똑같이 하지는 않을 것이다. 결과가 당신이 하는 것보다 못할 수도 있다. 그러나 일을 놓을 줄도 알아야 한다. 그렇지 않으면 당신은 '군림하는 지도자' 상의 본보기가 될 것이다. 또한 그런 지도자 상을 남편은 가정에 도입하고, 상사들은 사무실에서 실행하며, 다른 목사들은 사역에 반영하게 될 것이다.

셋째, 너무 심각해지지 말라. 자주 웃으라. 특히 자신을 보며 웃으라. 스스로를 농담의 소재로 삼으라. 당신만의 기벽이나 약점을 알려주라. 다른 사람들과 당신 스스로에게 당신 또한 인간에 불과하며, 전능하신 하나님이 선한 목자이신 예수 그리스도를 통해 성령의 권능을 받은 불완전한 사람들을 사용하셔서 그분의 완전한 계획을 성취하고 계시다는 사실을 일깨우라.

마지막으로, 휴식을 취하라. 뒤로 물러나라. 긴장을 풀라. 재충전하라. 사생활을 새로운 원기로 채우라. 매일 전속력으로 달리지 말라. 신학교 시절 많은 신학생들은 평생 사역에 헌신하는 것이 바로 현대판 순교라고 생각했다. 우리는 이런 어리석은 말을 반복했다. "빈둥거리느니 일하다 죽는 게 낫지!" 그리고 그런 생각은 스케줄로 빼곡한 달력과 텅 빈 가정 생활에 그대로 나타났다. 돌이켜보면 그것이 얼마나 어리석은 말이었는지 알 수 있다. 양쪽 다 틀렸다. 어느 쪽으로도 가지 말라.

마지막으로 일주일에 하루는 쉬라. 진짜 휴식을 취하라는 말이다. 그리고 휴가를 가지라. 지치고, 기진맥진하고, 의기소침해지고, 동기를 상실한 목사는 건강하고, 건전한 목자가 아니다.

안도감을 주는 공식(베드로전서 5:5-7)

---

5 젊은 자들아 이와 같이 장로들에게 순종하고 다 서로 겸손으로 허리를 동이라 하나님은 교만
한 자를 대적하시되 겸손한 자들에게는 은혜를 주시느니라 6 그러므로 하나님의 능하신 손 아래에
서 겸손하라 때가 되면 너희를 높이시리라 7 너희 염려를 다 주께 맡기라 이는 그가 너희를 돌보심
이라.

우리 사회는 성공을 추구하는 데 혈안이 되어 있다. 신분 상승, 출세, 고속 승진. 보다 위로! 더욱 위로! 가장 위로! 오로지 한 방향만 바라본다. 우리의 머리 속은 돈 버는 기술로 가득 차 있고, 우리를 멋지게 보이도록 만드는 방법을 가르쳐주는 서적과 세미나에는 돈을 아끼지 않는다. 사실, 물질적인 성공에 대한 우리의 과욕이 경제를 부풀려 결국 폭발하게 만든 것은 그리 오래전 일이 아니다. 그러나 걱정하지 말라! 우리는 곧 파편들을 주워 모아 다시 시작할 테니까.

세상은 재물이 우리를 만족시켜준다고 말한다. 돈을 벌라. 많이 벌라! 사회는 중요한

존재가 되려면 명성이 필요하다고 우리를 설득한다. 유명해지고 줄을 잘 서라. 이 시대의 문화는 영향력을 가져야 진정 성공할 수 있다고 우리를 설득한다. 권력을 휘두르고, 좌지우지하며, 명령을 받는 사람이 아닌 명령을 하는 사람이 되라! 그리고 혹 이 성공의 '3대 요소'가 만족감을 주지 않는다면, 그때는 도락이 진정한 비결이다. 당신의 욕구, 욕망, 쾌락을 채우라. 이런 것들을 성취하는 세상의 방법은 어렵지 않다. 열심히 일하라. 최소한 다른 사람들보다는 열심히 일하라. 밀어붙여라. 다른 이들을 밟고 서는 한이 있더라도. 친구, 가족, 신앙 따위의 장애물을 모두 제거하라. 당신 자신을 선전하라. 약간 과장해도 괜찮고, 다른 사람을 얕잡아 말해도 괜찮다!

이 구조가 가지고 있는 커다란 아이러니는 우리가 성공할수록 더 많은 것을 원한다는 것이다. 역사, 경험, 종교, 심리학, 사회학은 하나같이 그런 맹목적인 추구는 진정한 의미를 찾는 갈급함을 적셔주지도, 참된 행복에 대한 갈구를 채워주지도 못한다는 사실을 가르쳐주었다. 성취감은커녕 실망감만 가득 차 욕지기가 난다. 결국 'All-you-can-eat(먹을 수 있는 만큼 양껏 먹는 - 편주)' 식 생활 양식은 우리의 기상을 꺾고, 근심에 넌더리를 내며, 삶에 치이게 만든다.

이 시대에는 겸손과 같은 반문화적 메시지는 인기도 없고 진가를 인정받지도 못한다. 멋지게 보이는 것이 선한 것보다 더 중요하게 여겨지고, 외면적인 인상이 한결같은 진실성보다 더 큰 인기를 끄는 이런 시대에 누가 순종, 의지, 신뢰 같은 것에 신경을 쓰겠는가! 먹고 먹히고, 새치기하는 생활 방식 속에서 다른 사람들의 의견을 따르는 것은 바보처럼 보이고 어리석게 들린다.

이 세상의 성공에 대한 자기애적 계획과는 대조적으로 베드로는 5장 5-7절에서 편한 마음을 갖는 데 없어서는 안 될 요소들을 간략하게 서술한다.

—5:5—

5장 1-4절에서 베드로는 성도들을 감독하는 권한을 가진 목사와 장로들에게 말했다. 그들은 효과적인 사역에 필요한 특별한 책임을 부여받았다. 이러한 리더십의 원칙은 권위 아래 있는 사람들 위에 '군림하려는' 인간의 보편적인 성향을 거스르는 것이었다. 그래서 베드로가 나이 많은 성도들의 권위 아래 있는 젊은 사람들에게로 주의를 돌렸을 때 우리는 그가 다시 한 번 우리의 문화적 기대를 저버릴 것을 예상할 수 있다.

실제로 그가 서두에서 사용한 헬라어 부사는 "이와 같이"이다. 나이 많은 지도자들이 문화적인 관습에 어긋나게 그리스도와 같은 행동을 해야 하듯이 젊은이들도 그래야 한다. 직분은 다를지라도 그리스도를 따라 살아야 하는 우리의 소명은 결코 변하지 않는다.

5절에서 베드로는 누구에게 말하고 있을까? *Neōteros*('젊은 자들')라는 말은 여러 가지 의미를 가지고 있다. 이 단어에서 차용한 영어의 접두사 'neo'는 '새로운' 또는 '젊은'이라는 뜻이다. 신약 성경에서는 가장 일반적인 의미 – 오래된 것에 반대인 새것 – 로 제일 많이 쓰였다.[8] 이 말은 또 더 성숙한 사람에 비해서 육체적으로 더 젊은 사람을 나타낼 수도 있다.[9] 한 번은 구원받은 후에 우리가 그리스도 안에서 갖게 된 '새로운' 신분과 관련해서 쓰였다(골 3:10). 그 외에도 일반적으로 지도자들의 지배 아래 있는 이들, 즉 하인, 제자, 조수 등을 지칭하기도 한다(행 5:6).

베드로는 5장 5절에서 *neōteros*라는 말을 어떻게 사용하고 있는가? 이 단어의 용법을 이해할 수 있는 열쇠는 여기서 베드로가 기억해낸 것이 분명한 예수님의 말씀에 있다. 지도자에 대해서 말한 앞 대목에서 우리는 이방인 지도자들의 리더십에 대해 예수님이 여러 차례 경고하시는 것을 보았다. "이방인의 임금들은 그들을 주관하며 그 집권자들은 은인이라 칭함을 받으나 너희는 그렇지 않을지니"(눅 22:25-26 상). 이 말씀은 지도자들에게 "주장하는 자세"를 갖지 말고 순종적인 종의 자세를 보여주는 귀감이 되라고 한 베드로의 명령과 일치한다(벧전 5:3). 이와 비슷하게, 예수님은 말을 이으셨다. "너희 중에 큰 자는 젊은 자와 같고 다스리는 자는 섬기는 자와 같을지니라"(눅 22:26 하). 예수님의 말씀에 의하면 '큰 자'와 '젊은 자'가 대비되는 것과 같은 방식으로 지도자와 섬기는 자가 대비된다. 베드로도 이 대비를 의식하는 것 같다. 베드로전서 5장 1-4절에서 지도자들에게 섬기라고 요구하고나서 이제는 지도자들 아래 있는 이들 – 5-7절에 나오는 '새' 신자들 – 에게 지침을 준다.

이 구절은 베드로가 장로들의 권위 아래 있는 자들에게 한 권고다. 간단히 말해서, 그들은 장로들의 권위에 순종해야 한다. 개인의 성공에 필요한 기업가적이고 독립적인 정신을 고취시키는 이 시대에 얼마나 독창적인 생각인가! 그러나 베드로는 여기서 그치지 않는다. 그는 예수님이 십자가에 달리시기 전에 하셨던 말씀과 행동을 암시하는 듯한 또 다른 말로 믿는 자들에게 겸손으로 "허리를 동이라"고 가르친다(5:5). 어쩌면 베드로는 가장 위대한 지도자이신 예수님이 허리에 수건을 두르시고 제자들의 발을 씻기셨던 다락방에서의 최후의 만찬을 떠올렸을지도 모르겠다(요 13:4-7). 주님은 종들을 섬기셨다. 영적으로 더 성숙하신 분이 몸을 굽혀 영적으로 더 젊은 사람들의 발을 씻기셨다.

베드로가 사용한 "허리를 동이라"는 말은 문자 그대로 "무엇을 입거나 묶다"[10]라는 뜻이다. 케네스 우스트는 이 말이 "긴 겉옷을… 허리 부분을 말아 올리거나 끈이나 띠로 끌어올리는 행동을 말한다. 이 단어의 명사는 겉옷이 여며진 부분 위에 두르는 노예들의 앞치마를 가리킨다."[11] 예수님은 차림새까지 노예들과 똑같이 하셨다. 얼마나 놀라운 겸손인가!

5절에서 베드로가 한 권고의 핵심은 현명한 자들에게 순종하라는 것이다. 그는 장로들의 권위 아래 있는 젊은 성도들에게 장로들의 조언을 경청하라고 명령한다. 그들의 견책을 받아들이라. 그들의 삶을 보고 그들을 본받으라. 그들에게 도전하거나 결과를 넘겨 짚어 비난하지 말고 그들의 결정을 수용하라. 그들의 연륜과 경험을 존중하라. 이 모든 것이 젊은 그리스도인들을 향해 장로들에게 "순종하라"고 한 명령에 포함되어 있다.

겸손과 순종에 대한 그의 명령을 뒷받침하기 위해서 베드로는 구약과 신약을 통틀어 다양하게 표현된 유명한 말씀을 인용한다.

시편 138:6	여호와께서는 높이 계셔도 낮은 자를 굽어살피시며 멀리서도 교만한 자를 아심이니이다.
잠언 3:34	진실로 그는 거만한 자를 비웃으시며 겸손한 자에게 은혜를 베푸시나니.
마태복음 23:12	누구든지 자기를 높이는 자는 낮아지고 누구든지 자기를 낮추는 자는 높아지리라.
야고보서 4:6	하나님이 교만한 자를 물리치시고 겸손한 자에게 은혜를 주신다 하였느니라.
베드로전서 5:5	하나님은 교만한 자를 대적하시되 겸손한 자들에게는 은혜를 주시느니라.

하나님은 교만한 자들을 낮추시려고 권능을 보여주셨다. 그리고 그분은 겸손한 자들

을 높이기 좋아하신다. 가족과 친구들에게 부당하게 고난을 받았던 두 사람, 요셉과 다니엘의 삶을 통해 이것을 확인할 수 있다. 하나님은 당신의 목적을 이루시기 위해서 미천한 신분에 처해 있던 그들에게 높은 지위를 허락하셨다. 마찬가지로 하나님은 자만심에 가득 차 있는 세상 지도자들을 아무것도 아닌 존재로 만들기도 하신다(사 14:4-21, 겔 28:1-10, 단 4:28-37). 이것이 구약과 신약이라는 직물에 누벼져 있는 대표적인 주제다.

따라서 진정한 만족과 참된 성공을 찾기 원하는 자들을 위한 충고의 강력한 첫마디는 성경에 나오는 일련의 구절들에서 찾을 수 있다. 자신의 권위를 내세우지 말고 지혜로운 자들에게 순종하라. 겸손한 태도로 진실하게 순종하는 자들에게 하나님은 큰 은혜를 베푸실 것이다.

—5:6—

베드로의 세 가지 명령 시리즈 가운데 두 번째는 우리의 태도와 관련이 있다. 인생에서 진정한 성공을 거두려면 하나님의 전능하신 손 아래에서 겸손해야 한다(5:6) 구약에서 하나님의 '손'은 두 가지를 나타냈다. 징계(출 3:20, 욥 30:21, 시 32:4)와 구원(신 9:26, 겔 20:34). 따라서 자신을 낮춘다는 것은 그분이 주시는 것은 무엇이든 받아들인다는 뜻이다. 전능하신 주님을 따라 평탄한 고속도로도, 울퉁불퉁한 비포장도로도 가고, 사건이나 사람들을 마음대로 조종하지 않으며, 우리의 시간표에 맞추려고 일을 서두르지 않는 것이다. 오히려 그분의 템포에 맞추어 일을 주관하시게 한다. 베드로전서 5장 6절의 약속은 그분의 방법으로만 우리에게 이루어질 수 있다. "때가 되면 너희를 높이시리라."

예를 들어보겠다. 당신이 꽤 재능 있는 작곡가라고 치자. 당신은 당신이 다니는 작은 교회와 일단의 그리스도인 친구들 사이에서만 알려진 신출내기 무명 작곡가이다. 그런데 당신은 주님을 사모해서 그분이 주신 재능을 가지고 그분을 섬기기 원한다. 때문에 당신은 고민에 휩싸인다. 유명해지기 위해서 더 애를 써야 할까? 얼마나 더 노력해야 할까? 어쨌거나, 재능은 사용해야 가치가 있는 것이 아닌가? 이런 경우에는 하나님의 전능하신 손 아래에서 겸손해진다는 것이 무슨 뜻인가? 하나님은 우리를 혼란 가운데 버려두지 않으신다.

성경에 다윗 왕의 예가 나온다. 사무엘상 16장에서 우리는 아버지의 양을 치는 한 젊은 촌뜨기 음악가를 볼 수 있다. 그는 대중의 갈채를 받아본 적이 없다. 그가 아는 세계란 매매 하고 우는 양이 전부다. 그러나 그는 쉬임 없이 음악을 연주하고, 노래를 짓는다. 언젠가 그의 창작물이 시편에 수록될 것이라고는 꿈에도 모른 채. 다윗은 음악으로 부나 명예를 추구하지 않았다. 그는 자신의 노래들을 흥행시키려고 마차를 빌리지 않았다. 그럼에도 불구하고, 그 어떤 '히트 곡'들보다도 다윗의 영감 어린 시편들은 하나님을 영화롭게 했다. 그분의 때가 이르렀을 때, 하나님은 어린 다윗을 찾으셨다. 그의 겸손한 태도가 그와 그의 작품을, 자기 힘으로는 절대 도달하지 못했을 위치로까지 끌어올렸다. 실제로, 시편 78편은 다윗에 대해 어떻게 말하고 있는지 보라.

> "또 그의 종 다윗을 택하시되 양의 우리에서 취하시며 젖 양을 지키는 중에서 그들을 이끌어 내사 그의 백성인 야곱, 그의 소유인 이스라엘을 기르게 하셨더니 이에 그가 그들을 자기 마음의 완전함으로 기르고 그의 손의 능숙함으로 그들을 지도하였도다" (시 78:70–72).

다윗이 하나님의 전능하신 손 아래에서 자신을 낮추자 하나님은 적절한 때에 그를 높이셨다.

—5:7—

나는 낙하산을 짊어지고 비행기에서 뛰어내리거나, 거대한 고무줄을 몸에 감고 높은 다리에서 뛰어내려본 적이 없다. 그렇지만 스카이다이빙이나 번지 점프로 자유 낙하를 하는 느낌이 우리가 하나님 앞에서 우리를 낮추고 다른 이들의 권위에 전적으로 순종했을 때의 느낌과 비슷하지 않을까 생각한다. 완전한 항복과 무력감은 우리를 불안하게 만들 수 있다. 그러나 우리의 생명을 주관하는 것은 낙하산이나 번지 점프가 아니라 살아계신 하나님이심을 알고나면 우리가 불안정한 것을 참된 안전과 바꾸었다는 사실을 깨닫게 될 것이다. 하나님의 초자연적 능력에 의지하기보다 인간이 만든 장치에 의지하고 있었다는 사실을 알게 될 것이다.

이것은 참된 성공에 대한 베드로의 세 번째 전략과 연결된다. 너 자신을 하나님의 자비와 돌보심에 맡기라(5:7). "맡기라"는 말의 원어가 가지고 있는 문자적 의미는 "의탁하다"라는 뜻이다.[12] 이것은 우리 쪽에서 수동적이거나 불완전하게 하지 않고 단호하게 행동하는 것을 의미한다. 베드로는 우리에게 모든 염려를 주님께 맡기라고 말했고, 그렇게 함으로써 우리는 6절에서 말한 것처럼 그분의 전능하신 손 아래에서 우리를 낮추게 되는 것이다. 우리는 모든 염려, 의구심, 우려를 내려놓는다. 시편 55편 22절도 같은 생각을 표현한다. "네 짐을 여호와께 맡기라 그가 너를 붙드시고 의인의 요동함을 영원히 허락하지 아니하시리로다." 이처럼, 베드로도 완전한 내려놓음을 권고하면서 하나님의 성품을 상기시킨다. 하나님이 우리를 돌보시기에 우리는 그분께 모든 것을 맡길 수 있다.

하나님이 당신을 어떤 성공의 길로 인도하시든 그것을 감당할 수 있는 능력과 당신이 필요로 하는 안도감까지 얻을 수 있는 간단한 공식을 알기 원하는가? 베드로는 5장 5–7절에서 바로 그 공식을 알려준다. 이 공식은 사람들이 좋아하지도 않고 분명히 세상 사람들의 조언과는 거리가 멀다. 경고하건대 이 공식을 실천하려고 하면 당신의 본능은 이것을 거부할 것이다. 그러나 그 공식이야말로 소망 가운데 사는 삶을 이루는 주재료이다.

다른 이들에게 순종 + 하나님 앞에서 겸손 – 세상 근심 = 진정한 안도감

적용

진정한 성공

진정한 성공이란 무엇이며 어떻게 그것을 얻을 수 있는지 알려면 세상의 미혹하는 메시지를 무시하고 하나님의 말씀이 가르치시는 것에 귀를 기울여야 한다. 겸손의 귀감이신 그리스도를 바라보고 자만심의 본보기인 사탄을 외면해야 한다. 내가 보기에 이런 방향 전환에는 세 가지 측면이 존재한다. 지향점, 훈련, 분별.

첫째, 누구에게 순종해야 할지를 알 수 있도록 지향점이 있어야 한다. 우리는 아무에게나 순종하라고 명령받지 않았다. 우리 생각대로 길을 가서도 안 된다. 베드로는 우리가 순

종해야 할 사람들이 누구인지를 분명히 밝힌다. 우리의 '장로들'이다. 그렇지만 그들이 신뢰할 만한지 어떻게 알 수 있는가? 한 가지 방법은 그들이 자기 자신이 아닌 그리스도를 가리키고 있는지 확인하는 것이다. 바울은 "내가 그리스도를 본받는 자가 된 것 같이 너희는 나를 본받는 자가 되라"고 썼다(고전 11:1). 우리는 또 자신의 생각이나 주장이 아니라 하나님의 말씀을 등불 삼아 우리를 인도하는 사람들을 따라야 한다. 시편 119편 105절은 말씀을 "내 발에 등이요 내 길에 빛 "이라고 표현한다. 마지막으로, 교회 안에서 하나님이 공식적인 지도자의 직분을 가지고 우리에게 권한을 행사하도록 하신 이들에게 순종해야 한다. 히브리서 13장 17절은 "너희를 인도하는 자들에게 순종하고 복종하라 그들은 너희 영혼을 위하여 경성하기를 자신들이 청산할 자인 것 같이 하느니라"고 말한다.

둘째, 우리의 흉악한 자만심을 억누르는 훈련을 해야 한다. 자만심은 계속해서 그 추악한 머리를 쳐들 것이다. 당신이 성공할수록 세상을 향한 하나님의 계획을 저버리고 싶은 유혹이 커질 것이다. 세상으로 난 길로 몇 발자국만 걸어보았을 뿐인데 어느새 잘못된 길로 접어들어 엉뚱한 곳으로 가고 있는 자신을 발견하게 될 것이다. 디모데전서 4장 7-8절은 바른 관점을 제공한다. "망령되고 허탄한 신화를 버리고 경건에 이르도록 네 자신을 연단하라 육체의 연단은 약간의 유익이 있으나 경건은 범사에 유익하니 금생과 내생에 약속이 있느니라." 바울은 한편으로는 "허탄한 신화"와 "연단"을, 다른 한편으로는 경건과 내세 지향적인 소망을 대비시킨다. 우리의 자만심은 절대 조용히 있지 않을 것이다. 그것이 분수를 지키게 하기 위해서는 강도 높은 훈련이 필요하다.

셋째, 불안감이 고개를 쳐드는 것을 감지할 수 있는 분별력이 필요하다. 두려움이 스며들기 시작하는 순간을 잡아내지 못하면 두려움은 금세 우리 마음과 생각에 들러붙어 기쁨과 평안을 질식시킬 것이다. 작은 근심이 당신을 들볶았던 적이 있는가? 당신은 그것을 머릿속에서 쫓아낼 수 없다. 독소처럼 그것은 당신의 내면을 부식시키기 시작하고, 얼마 지나지 않아 당신은 두려움으로 옴짝달싹할 수 없게 된다. 그런 종류의 근심이 걷잡을 수 없이 세력을 확장하기 전에 잡아낼 수 있는 분별력이 있어야 한다.

당신은 성공 증후군에 사로잡혀 불만족의 쳇바퀴 위를 헛되이 달리고 있지는 않은가? 아직도 세상에서 말하는 성공에 이르는 길이 최선의 길이라고 확신하는가? 남보다 앞서기 위해서 사람들을 교묘히 조종하고 연줄을 이용하고 있는가? 멈추라! 그런 식의 성공은 절대 만족을 주지 못한다. 하나님의 성공 공식만이 진정한 안도감을 줄 것이다. 성숙한 성도들에게 순종하고, 하나님 앞에서 겸손하며, 우리의 염려를 그분께 맡기면 영원한 위안을 체험할 수 있다. 지향점, 훈련, 분별은 우리가 시련의 때에 견딜 수 있는 소망을 갖도록 도와주는 가장 중요한 요소들이다.

적과 대면하기(베드로전서 5:8-14)

[8] 근신하라 깨어라 너희 대적 마귀가 우는 사자 같이 두루 다니며 삼킬 자를 찾나니 [9] 너희는 믿
음을 굳건하게 하여 그를 대적하라 이는 세상에 있는 너희 형제들도 동일한 고난을 당하는 줄을 앎
이라 [10] 모든 은혜의 하나님 곧 그리스도 안에서 너희를 부르사 자기의 영원한 영광에 들어가게 하
신 이가 잠깐 고난을 당한 너희를 친히 온전하게 하시며 굳건하게 하시며 강하게 하시며 터를 견고
하게 하시리라 [11] 권능이 세세무궁하도록 그에게 있을지어다 아멘
[12] 내가 신실한 형제로 아는 실루아노로 말미암아 너희에게 간단히 써서 권하고 이것이 하나님
의 참된 은혜임을 증언하노니 너희는 이 은혜에 굳게 서라 [13] 택하심을 함께 받은 바벨론에 있는 교
회가 너희에게 문안하고 내 아들 마가도 그리하느니라
[14] 너희는 사랑의 입맞춤으로 서로 문안하라 그리스도 안에 있는 너희 모든 이에게 평강이 있을
지어다.

시련의 때에 바라볼 수 있는 소망에 대한 베드로의 강력한 메시지는 여기서 끝난다. 그가 쓴 편지의 극적인 클라이맥스는 마치 군대의 대장이 군사들을 전쟁에 내보내기 위해 재집결시키는 장면 같다. 베드로는 독자들의 믿음을 시험하고 강건하게 할 불 시험을 상기시키면서 이 대목을 시작했다(4:12-19). 그러고나서 그는 임명받은 사령관들 - 교회 장로들 - 을 향해 그리스도와 같은 고결한 리더십을 발휘해서 그들의 부대를 이끌 것을 간곡히 권고한다(5:1-4) . 그런 다음 베드로는 믿음이 어린 자들에게 사령관들의 권위와 리더십에 순종하라고 충고한다. 그들은 겸손한 태도로 그들의 총사령관을 믿고 따라야 한다. 그분은 전쟁에서 패하시는 법이 없다(5:5-7).

끝으로, 이 마지막 대목에서 베드로는 전투 경보를 내린다. 그는 그들이 당하는 불 시험 뒤에서 사악한 전략을 세우고 있는 영적인 적들에게로 군사들의 주의를 돌린다(5:8). 베드로는 그리스도의 군사들이 어떻게 적을 무찌를 수 있는지 알려준다(5:9). 그는 치열한 싸

움이 곧 끝날 것이며, 우리가 승리자가 되는 날이 올 것임을 상기시킨다(5:10). 궁극적으로, 그는 승리하셔서 만물을 다스리실 그리스도를 가리킨다(5:11).

—5:8—

사탄은 존재하지 않는다고 생각하는 사람이 있다면 그는 망상 속에 살고 있는 것이다. 8절에서 또렷하고 확실한 어조로 베드로는 마귀의 존재를 확인하고 설명한다.

사탄은 성경에서 몇 가지 이름으로 불린다. *Diabolos*, 즉 '악마'라는 말은 하나님의 백성들을 중상모략하는 자들이라는 뜻이다.[13] 헬라어 *Satanas*, '사탄'은 '적'이라는 뜻의 히브리어에서 나온 것이다.[14] 요한계시록 9장 11절에서는 그의 파괴적인 성향을 일컬어 '파괴자(Destroyer)'라는 뜻의 *Abbadon*과 *Apollyon*으로 부른다.[15] 사탄에 대한 이런 명칭들과 다른 꼬리표들은 한결같이 사탄을 기회만 있으면 우리를 중상하고 고발하는 위험하고 파괴적인 사기꾼으로 묘사한다. 요한계시록 12장 9-10절은 사탄의 미래와 최후에 하늘에서 떨어지는 모습을 생생하게 표현한다. 그 구절을 보면 사탄의 본성과 활동을 알 수 있다.

> "큰 용이 내쫓기니 옛 뱀 곧 마귀라고도 하고 사탄이라고도 하며 온 천하를 꾀는 자라 그가 땅으로 내쫓기니 그의 사자들도 그와 함께 내쫓기니라 내가 또 들으니 하늘에 큰 음성이 있어 이르되 이제 우리 하나님의 구원과 능력과 나라와 또 그의 그리스도의 권세가 나타났으니 우리 형제들을 참소하던 자 곧 우리 하나님 앞에서 밤낮 참소하던 자가 쫓겨났고."

나는 사탄을 아주 진지하게 생각한다. 그렇다고 겁을 먹은 것은 아니다. 나는 그를 두려워하지 않는다. 그러나 유혹, 속임수, 파괴 등의 방법으로 사람들에게 큰 해를 입힐 수 있는 그의 능력을 얕잡아보지도 않는다. 사탄은 세상의 - 믿는 자들의 삶 속에서도 - 온갖 고통과 고난의 근원이다. 그는 미세한 유혹이나 좌절의 모습으로 찾아올 수 있다. 또는 격노, 비극, 파괴의 고삐를 풀 수도 있다. 그가 우리의 육신적, 영적 삶에 미칠 수 있는 잠재적 피해를 무시해서는 안 된다. 예수님이 사탄을 "처음부터 살인한 자"(요 8:44)라고 일컬으셨다는 사실을 명심하는 것이 현명하다.

그러나 사탄의 능력을 과대평가할 필요도 없다. 많은 그리스도인들이 사탄을 과대평가한다. 그들은 좋지 않은 일이 일어나면 무조건 그것이 사탄이나 마귀로부터 온 것이라고 생각한다. 그러나 그것은 사탄의 능력을 과소평가하는 것 못지않게 잘못된 일이다. 사탄은 고난이나 죄의 직접적인 원인이 아니다. 타락하고 부패한 인간은 마귀가 부추기지 않아도 자신과 다른 사람들을 충분히 파괴한다. 더구나 이 세상 체계는 그리스도인들이 믿음의 삶을 살아가는 데 폐해를 끼치는 악한 유혹물들을 제공한다.

사탄의 능력을 지나치게 크게 보거나 지나치게 작게 보는 이 극단적인 두 개의 관점은 과잉 반응이나 준비 부족이라는 결과를 낳는다. 따라서 믿는 자들은 사탄의 책략을 어느 정도 알 필요가 있다. 한 작가는 이렇게 썼다.

> 어떤 지휘관도 적을 모르는 상태에서 전쟁에서 이기리라는 기대를 할 수 없다. 적이 육로로 공격해올 것에 대비하면서 하늘이나 바다로 접근할 가능성을 간과한다면 패할

하나님 대 사탄?

사람들은 흔히 사탄을 하나님의 적이라고 생각한다. 즉, 사탄은 영생 불사하는 하나님의 적이며, 선과 악 사이의 전쟁은 영원히 계속될 것이라고 생각한다. 그러나 이 그림은 성경이 묘사하고 있는 하나님과 사탄의 모습과는 다르다.

고대 조로아스터교인들은 하나님에 대한 이원론적 사상을 믿었다. 그것은 동일한 능력을 가진 두 신, 선한 신과 악한 신이 서로 대립하고 있다는 사상이었다. 동양의 음양, 빛과 어두움, 긍정과 부정의 개념과 유사한 이 두 신은 인간 위에 군림하면서 서로 영원히 끝나지 않을 싸움을 벌이고 있다.[17]

영적 세계에 대한 고대의 이원론적 이미지는 숱한 이방 종교에 영향을 미쳐왔고, 대중 예술과 문화에도 침투했다. 고대의 여러 이단 종교들은 신을 동등한 힘을 가진 선신과 악신으로 양분하는 세상의 이원론적 관점을 발전시켰다. 중세에는 하나님은 선한 신으로, 사탄은 악한 신으로 세상에 영향을 미치고 있다는 미신적인 신앙을 가진 그리스도인들이 많았다. 현대에는 영화를 통해 빛의 '세력'과 어둠의 '세력'이 존재한다는 사상이 보급되었다.[18]

하지만 사탄은 하나님의 지배를 받으며 하나님의 허락 없이는 아무것도 할 수 없는(욥 1:1–12, 눅 22:31) 하나님이 창조하신 천사라고 성경은 가르친다(겔 28:12–16). 그는 하나님과 '동등한 적수'가 아니라 천사장 미가엘의 맞수이다(유 9절, 계 12:7). 그리고 또 인간의 적이자 고발자이다(슥 3:1–2, 벧전 5:8). 우리는 사탄이 우리를 공격하고 함정에 빠지게 할 수 있는 힘을 가졌음을 부인해서도 안 되지만(엡 4:27, 6:11, 딤전 3:7), 동시에 그가 실제로 가진 것보다 더 많은 능력을 그에게 부여하지 않도록 조심해야 한다.

> 길을 활짝 열어놓는 것과 다를 바 없다. 또는 육지나 바다를 통한 공격은 대비하면서 상공에서 공격할 가능성은 무시한다면 그의 전략은 위험에 빠질 것이 분명하다. 그 누구도 영혼의 적을 알지 못하면, 또한 그의 철학, 그의 작전, 그가 유혹하는 방법들을 알지 못하면 적을 이길 수 없다.[16]

베드로는 사탄을 "대적 마귀"라고 부른다(5:8). 그리고 사탄은 사냥감을 찾는 사자처럼 돌아다니기 때문에 우리는 '정신을 바짝 차려야' 한다. 즉, '경계 태세'를 유지해야 한다. 베드로전서를 구성하는 세 단락 모두 우리에게 "깨어 있으라"고 권고한다.

영적으로 깨어 있으라는 첫 번째 명령은 그리스도 안에서 우리가 가지고 있는 믿음과 소망의 확신에 대한 반응에서 나온다. "그러므로 (확실한 약속에 의거해서) 너희 마음의 허리를 동이고 <u>근신하여</u> 예수 그리스도께서 나타나실 때에 너희에게 가져다 주실 은혜를 온전히 바랄지어다"(1:13, 밑줄 나의 강조).

정신을 차리라는 두 번째 명령은 그리스도의 임박한 재림과 부단한 기도의 필요성에 대해 말하는 가운데 나온다. "만물의 마지막이 가까이 왔으니 그러므로 너희는 정신을 차리고 <u>근신하여</u> 기도하라"(4:7, 밑줄 나의 강조).

정신을 차리고 깨어 있으라는 세 번째이자 마지막 명령은 그리스도가 주실 영원한 상급을 기대하면서 믿음을 굳게 하고 사탄의 공격을 감내해야 할 필요를 함께 아우르고 있다(5:8-10).

아프리카의 황량한 대초원을 배회하는 들짐승들처럼 우리는 누군가가 우리를 노리고 있다는 사실을 계속 의식해야 한다. 그 사자는 키가 큰 풀숲에 몸을 감추고 우리 뒤를 밟으면서 방심한 틈을 타 공격할 순간을 노리고 있다. 우리가 무리에서 떨어지거나, 무기를 내려놓거나, 햇볕 아래에서 깜빡 잠이 들면 그는 공격해올 것이다. 사탄은 우리의 약점과 강점을 안다. 그는 수천 년 동안 인류를 관찰해왔기 때문에 인간의 본성에 정통하다. 정말로 사탄은 당신 자신보다도 당신이 얼마나 속속들이 썩어 있는지 더 잘 안다. 우리는 그의 사냥감이며, 그 굶주린 사자는 삼킬 자를 찾아 울부짖고 있다는 사실을 절대 잊어서는 안 된다.

사탄은 우리 주변을 배회하다가 전혀 예기치 못한 순간에 우리를 덮친다. 그런 까닭에 우리는 정신을 차리고 깨어 있어야 한다. 그의 유일한 목표는 우리를 파괴하는 것 - 우리의 간증, 소망, 경건, 가능하다면 우리의 생명까지도 - 이다. 그러므로 그의 궤계를 알고 그의 능력을 무시하지 말아야 한다. 태평양 제도의 주민들이 화산을 무서워하고, 선원들이 허리케인의 가공할 위력을 무시하지 않는 것처럼 우리를 속이고 공격하는, 우리보다 한 수 위인 적의 능력을 얕잡아보면 안 된다.

—5:9—

적과 얼굴을 마주치면 우리는 어떻게 할까? 겁에 질려 어쩔 줄 모를까? 도망칠까? 포기할까? 아니다! 베드로는 "믿음을 굳건하게 하여 그를 대적하라"(5:9)고 말한다. '대적하다'라는 말은 '저항하다, 맞서다'라는 뜻이다. 그러나 이 명령은 한 가지 중요한 특성이 있어야 실행이 가능해진다. 우리는 우리의 힘이나 능력을 믿고 사탄에게 맞서면 안 된다. 그러면 우리보다 한 수 위인 적과 싸우게 된다. 먼저 우리의 믿음을 굳건히 해야 한다. 베드로가 자기 자신이나 다른 인간, 또는 다른 종류의 방법이나 만트라(기도나 명상 때 외우는 주문 - 역주), 술책 등을 믿으라고 말하고 있지 않다는 것은 분명하다. 오히려 마귀의 악한 역사에 저항하기 위해서 그분의 보호하심에 의지하면서 전능하신 하나님을 굳게 믿으며 우뚝 서야 한다고 말한다.

야고보는 전능하신 하나님의 존재의 그늘 안에서 사탄에게 대적하면서 굳건히 서야 한다고 못박아 말한다. "그런즉 너희는 하나님께 복종할지어다 마귀를 대적하라 그리하면 너희를 피하리라 하나님을 가까이하라 그리하면 너희를 가까이하시리라"(약 4:7-8). 그리고 에베소서에서 사도 바울은 똑같은 지혜가 담긴 충고를 한다. "끝으로 너희가 주 안에서와 그 힘의 능력으로 강건하여지고 마귀의 간계를 능히 대적하기 위하여 하나님의 전신 갑주를 입으라"(엡 6:10-11). 베드로, 야고보, 바울 모두 믿는 자들은 사탄을 충분히 이긴다는 사실을 알았다. 그러나 우리에게 그들을 이길 만한 힘이 충분하지 않다는 것도 알았다. 우리가 주님을 의지하면서 믿음을 통해 그분의 무한한 능력을 사용할 때 우리는 적에게 대항할 수 있다.

베드로는 또 다른 힘의 원천을 추가한다. 그것은 우리가 홀로 싸우지 않는다는 것을 아는 데서 오는 자신감이다(5:9). 유사 이래로 지금까지 존재해온 성도들로 이루어진 거대한 군대가 그 힘든 싸움에 참여한다. 전 세계의 믿는 자들이 어깨를 나란히 한 채 같은 영적 전쟁을 싸우면서 같은 고난을 견디고, 같은 난관에 부딪히면서 같은 승리를 맛보고 있다는 사실을 기억할 때마다 우리의 소망은 견고해진다. 하나님의 돌보심과 기도하는 공동체로부터 공급받는 힘의 진가는 다 가늠하기 힘들 정도다. 지원해주는 그룹과 기도의 사슬이 인기 있는 이유는 딱 하나다. 효과가 있기 때문이다! 하나님은 그리스도의 몸이 이런 방식으로 역할을 수행하도록 계획하셨다. 잊지 말라. 우리는 우리보다 더 강한 적과 육박전을 벌이고 있는 론 레인저(Long Ranger, 미국 서부극의 주인공 - 역주)가 아니라는 것을. 우리는 하나님의 능력으로 승리할 것을 확신하며 경계를 게을리하지 않고 서로를 지원하는 군대이다.

—5:10-11—

베드로는 승리가 확실하다 해도 전쟁에는 고난과 고통이 따르게 마련이라는 사실을 상기시킨다. 적의 공격을 당한 사람들 가운데 어느 정도 고통을 당하지 않은 사람은 없다. 전쟁은 우리를 뒤흔들고, 충격을 주며, 더러 흉한 상처를 남기기도 할 것이다. 그러나 사태가 진정되고나면 무슨 일이 일어나는가? 베드로는 하나님이 주시는 천국판 '퍼플 하트 훈장'(미국에서 전투 중 부상을 입은 군인에게 주는 훈장 - 역주)과 함께 오는 혜택을 나열한다.

- 그분은 우리를 온전하게 하실 것이다.
- 그분은 우리를 굳건하게 하실 것이다.
- 그분은 우리를 강하게 하실 것이다.
- 그분은 우리의 터를 견고히 하실 것이다.

베드로는 전쟁을 치르면서, 다른 방법으로는 개발될 수 없었을 성숙함과 안정감을 갖게 된 잘 훈련되고 노련한 전사의 모습을 그린다. 그러나 하나님이 우리를 다듬고, 강하게 하고, 성장시키기 위해서 허락하신 불 시험을 거치면서도 우리는 절대 잊을 수 없는 네 가지 진리로 인해 여전히 소망을 가질 수 있다. 믿는 자들이라면 누구나 이 진리를 마음에 새겨야 한다. 고난에는 하나님의 은혜와 부르심이 따른다(5:10 상). 고난은 '잠깐'일 뿐이다(5:10 중). 고난에는 사탄이 추구하는 것을 역전시키고 망쳐놓는 거룩한 목적이 있다(5:10 하). 그리고 고난의 모든 과정은 감사하게도, 하나님이 주관하신다(5:11).

이 진리에 비추어 그리스도 안에서의 확신과 육신 가운데에서의 자만심을 혼동하지 말라. 홀로 서려고 하지 말라. 다시 말해서 당신의 방법이나 수단으로 육신, 세상, 마귀와 전쟁을 벌일 생각을 하지 말라는 것이다. 잠언 21장 31절에서 말하듯이, "싸울 날을 위하여 마병을 예비하거니와 이김은 여호와께 있느니라." 고난은 일시적이며 하나님의 상급은 영원하다는 사실을 늘 기억하라. 바울은 우리의 소망을 이렇게 멋지게 표현한다. "생각하건대 현재의 고난은 장차 우리에게 나타날 영광과 비교할 수 없도다"(롬 8:18).

—5:12-14—

당신이 헬라어를 사용하는 이 편지의 원래 수신인 가운데 한 사람이었다면 베드로전서 5장 12절에 나타난 갑작스런 변화를 눈치챘을 것이다. 교양 있는 작가의 품격 있고 유려한 문체가 돌연 투박한 어부의 필체로 바뀐다. 문법, 글의 짜임새, 어휘가 달라진다. 여기서부터 이 연로한 사도는 조수 실라로부터 펜을 넘겨받아 못 박인 손으로 직접 편지를 마무리한다.

베드로는 편지에 쓴 권고를 전체적으로 아울러서 재천명한다. 우리는 신뢰할 수 있는 하나님을 믿기에 하나님의 은총 가운데 굳게 서야 한다. 모든 압제, 학대, 유혹, 시험을 당할 때에도 하나님의 능력이 우리를 붙잡아주시기에 우리는 소망을 가지고 인내할 수 있다(5:12). 요컨대, 우리는 그리스도로 인해서 흔들리지 않는 소망을 가질 수 있다.

마지막 몇 줄은 해석자들로 하여금 계속 머리를 갸우뚱거리게 만드는 수수께끼 같은 진술로 끝난다. 자매(현대인의 성경에는 '자매 교회'라고 번역되어 있음 – 역주), 도시(바벨론을 말하는 듯함 – 역주), 아들. 자매라는 말은 "택하심을 함께 받은"이라고 표현된 이름 모를 여인으로부터의 인사를 베드로가 전하는 것이다(5:13). 어떤 이들은 베드로가 '그리스도의 신부'인 로마 교회를 상징적으로 일컫는 것이라고 말한다. 또 어떤 이들은 이것을 문자 그대로 그의 아내를 말하는 것으로 받아들인다(막 1:30, 고전 9:5).[19] 안타깝게도 우리는 정확히 누구를 말하는지 알 수 있는 충분한 정보를 가지고 있지 않다. 두 해석 모두 개연성이 있다. 그러나 한 가지는 분명하다. 초대 교회의 성도들은 전 세계의 교회와 동료 성도들과 공고한 동류 의식을 가지고 있었다는 것이다. 자기 교회만이 아닌 다른 교회에 대한 이런 관심은 오늘날 우리가 기억해야 할 중요한 교훈이다.

두 번째 수수께끼는 베드로가 말한 여인이 거주하고 있는 "바벨론"이라는 명칭이다. 이것은 현대의 이라크가 위치하고 있는 구약 성경의 그 바벨론을 말하는 것일까? 아니면 다른 도시를 상징적으로 일컫는 비유적 표현일까? 그것도 아니면 '바벨론과 같은' 세상 체계를 나타내는 것일까? 신약 성경 외에 가장 오래된 기독교 자료에 의하면 베드로의 사역은 메소포타미아에 있는 도시인 바벨론까지 확장되지 않았다. 그가 말년에 펼친 사역은 로마에 집중되었다. 더구나 바벨론이라는 이름을 가진 도시는 1세기 경에는 그 규모와 중요성이 감소되어서 베드로가 이 편지를 쓸 무렵 그곳의 유대인 공동체는 규모가 매우 작았다. 베드로는, 특히 실라와 함께라면 더더욱, 고대의 바벨론에서 왕성한 사역을 벌이지 않았을 것이다.

그렇다면 5장 13절에 나오는 "바벨론"은 로마를 가리킬 가능성이 가장 높다. 이 명칭은 1, 2세기의 유대인들과 그리스도인들 사이에서 로마를 상징하는 암호였다. 신약 성경의 다른 곳에서도 부정적이거나 긍정적인 뜻을 내포하는 상징적인 도시 이름이 사용되고 있다(갈 4:24-26, 계 11:8을 보라).[20]

끝으로, 13절 끝에 등장하는 "마가"는 누

마지막 결론

한 걸음 물러서서 베드로의 편지를 총체적으로 살펴보면 마지막에 나온 사랑, 연합, 평화, 믿음, 은혜, 소망이라는 주제가 편지 전체에 흐르고 있음을 보게 된다. 그가 우리를 정신이 번쩍 들게 하는, 그러나 힘을 북돋아주는 여정으로 이끈 것은 분명하다. 우리는 1장 1절-2장 12절에서 제일 먼저 산 소망이라는 주제를 방문했다. 우리는 주님만 바라보고 그분의 말씀을 신뢰함으로써 이 소망을 온전히 가질 수 있다.

베드로는 그 다음에 우리의 본향이 아닌 세상에서 이방인으로 살아가는 우리의 낯선 인생살이가 겪는 부침을 탐구했다(2:13-4:11). 우리는 부정한 세상 속에서 경건한 삶을 견지하며, 부당한 대우를 받으면서도 권위에 순종하면서 순례자의 삶을 산다.

마지막으로, 베드로는 불 시험을 통과한 후에 구세주 - 우리가 그분을 위해 고난받고 섬기라는 명령을 받은 - 의 팔에 안기게 될 본향으로 우리를 인도했다(4:12-5:14). 우리는 홀로 이런 시련을 당하지 않고 다른 그리스도인들과 무리를 이루어, 두렵지만 패배한 적에게 맞서는 신실한 목자들의 보살핌을 받는다. 서로에 대한 사랑과 관심 그리고 하나님의 권능을 온전히 의지함으로 적이 우리를 집어삼키려고 보낸 불길은 오히려 우리를 정화시키고 강건하게 만든다.

요컨대, 베드로의 감명 깊은 편지는 시련의 때에 꼭 필요한 소망을 제공하는 가장 중요한 목적을 성취한다.

구인가? 베드로는 그를 자기 "아들"이라고 말한다. 하지만 이것은 흔히 친밀한 조수나 때로는 믿음에 귀의한 자들을 일컫는 말로 쓰였기 때문에 굳이 문자적인 뜻으로 받아들일 필요는 없다(딤전 1:2, 딛 1:4). 그러나 베드로가 마가라는 이름을 가진 그의 실제 아들을 말했을 가능성도 배제할 수 없다. 하지만 "마가라 하는 요한"과 동일인일 가능성이 가장 높다(행 12:12, 25, 15:37). 그를 기억하는가? 마가는 사도행전에서 바나바와 바울 사이에 언쟁을 일으켰던 인물이다. 바나바는 요한 마가를 두 번째 전도 여행에 데려가고 싶어했고, 바울은 반대했다(행 15:37-38). 결국, 바나바 혼자 마가를 데리고 구브로로 가고, 바울은 실라와 함께 여행길에 올랐다(15:39-40).

대략 15년 후에 베드로와 긴밀히 협조하고 있는 실라와 마가를 함께 볼 수 있다는 것은 흥미로운 일이다. 이것은 중도에 심한 다툼이 있기는 했어도 본질적으로는 사도들의 사역이 화합을 이루고 있었음을 보여주는 일화다. 초기 기독교 역사는 바로 이 마가가 그의 이름을 건 복음서를 썼다고 말한다. 이 복음서는 줄곧 베드로가 직접 체험한 것을 마가가 기록한 것으로 생각되어왔다. 마가는 베드로전서가 쓰일 즈음 베드로와 로마에 있으면서 그 복음서를 썼을 것으로 추정된다.

베드로는 사랑과 평안을 거듭 강조하면서 이 놀라운 소망의 편지를 끝맺는다. 믿는 자들은 "사랑의 입맞춤으로 서로 문안"해야 한다(5:14). 이 공식적인 입맞춤은 초기 그리스도인들 사이에서 형제애, 헌신, 연합을 나타내는 평화의 징표였다(고전 16:20). 외적인 입맞춤은 그리스도인들 사이의 내적인 평화를 반영했다. 이것이 베드로가 "그리스도 안에 있는 너희 모든 이에게 평강이 있을지어다"라고 쓸 수 있는 이유다.

주: 우리가 당하는 불 같은 시험(베드로전서 4:12-5:14)

1. "How Firm a Foundation," in *The Hymnal for Worship and Celebration*, no. 275.
2. C. S. 루이스, 「고통의 문제(*The Problem of Pain*, 홍성사)」.
3. Bauer et al., *A Greek-English Lexicon*, 622-23.
4. J. E. Johnson, "Spurgeon, Charles Haddon," in *The Concise Evangelical Dictionary of Theology*, ed. Walter A. Elwell(Grand Rapids: Baker, 1991), 488을 보라.
5. 찰스 해돈 스펄전, 「목회자 후보생들에게(*Lectures to My Students*, 크리스찬다이제스트)」.
6. Bauer et al., *A Greek-English Lexicon*, 683.
7. 창세기 48:15, 시편 23편, 100:3, 이사야 53:6-7, 누가복음 15:3-7, 요한복음 10:1-16을 보라.

8. 마태복음 9:17, 마가복음 2:22, 누가복음 5:37–39, 고린도전서 5:7, 히브리서 12:24을 보라.
9. 누가복음 15:12–13, 요한복음 21:18, 디모데전서 5:1–2, 11, 14, 디도서 2:4, 6.
10. Bauer et al., *A Greek–English Lexicon*, 216.
11. Wuest, *Wuest's Word Studies*, 2:127.
12. Bauer et al., *A Greek–English Lexicon*, 298.
13. 같은 책, 182.
14. 같은 책, 744–45.
15. 같은 책, 1.
16. J. Dwight Pentecost, *Your Adversary, the Devil*(Grand Rapids: Zondervan, 1969), introduction.
17. Edwin M. Yamauchi, "Religions of the Biblical World: Persia," in *The International Standard Bible Encyclopedia*, ed. Geoffrey W. Bromiley et al.(Grand Rapids: Eerdmans, 1988), 4:123–129를 보라.
18. Robert P. Lightner, "Angels, Satan, and Demons: Invisible Beings that Inhabit the Spiritual World," in *Understanding Christian Theology*, ed. Charles R. Swindoll and Roy B. Zuck(Nashville: Nelson, 2003), 572–73을 보라.
19. Roger M. Raymer, "1 Peter," in *The Bible Knowledge Commentary: New Testament*, ed. John F. Walvoord and Roy B. Zuck(Wheaton, IL: Victor, 1983), 857을 보라.
20. 베드로전서 5장 13절의 "바벨론"의 정체를 밝히기 위한 논의에 대해서는 Edwin A. Blum의 "1 Peter," in *The Expositor's Bible Commentary*, ed. Frank E. Gaebelein(Grand Rapids: Zondervan, 1981), 12:253–54, Loenhard Goppelt, *A Commentary on 1 Peter*, ed. Ferdinand Hahn, trans. John E. Alsup(Grand Rapids: Eerdmans, 1993), 373–75; and R. C. H. Lenski, *The Interpretation of the Epistles of St. Peter, St. John, and St. Jude*(Minneapolis: Augsburg, 1966), 231–32를 보라.

AD 25 · AD 30 · AD 35 · AD 40 · AD 45

- 시몬 베드로, 부르심을 받음
- 베드로의 부인과 회복
- 바울의 회심
- 고넬료의 회심

베드로전·후서를 받은 소아시아의 지역들.

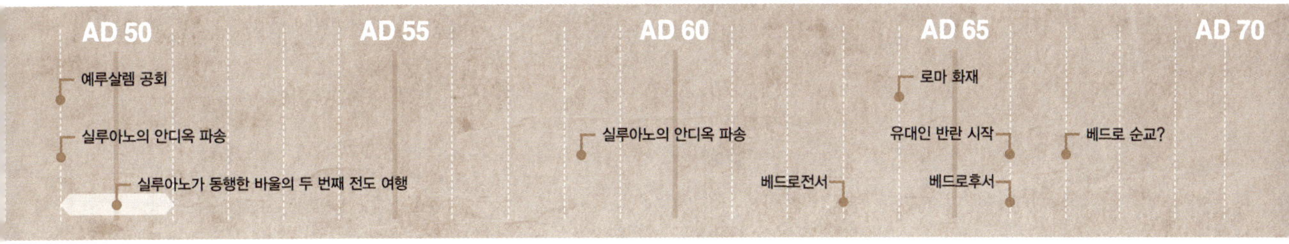

베드로후서

서론

우리가 아무리 '네 눈을 주께 돌려'나 '내 눈을 여소서' 같은 찬양을 부른다고 해도 이것은 영적 깨달음에 대한 염원일 뿐 부활하신 그리스도와의 물리적 조우는 아니다. 사실, 1세기에도 그리스도인들 대부분은 그리스도를 개인적으로 만난 적이 없었다. 그들은 우리가 예수님을 만난 것과 동일한 방법, 즉 목격자였던 베드로, 야고보, 요한, 안드레, 도마 그리고 그 외의 사도들의 설교를 통해 그분을 만났다.

기독교의 이야기는 수많은 증인들에 의해 목격된 사건인 예수 그리스도의 탄생, 삶, 죽음 그리고 부활에서 시작된다(요일 1:1-3). 그리고 그리스도가 승천하셔서 아버지의 우편에 앉으시고 유월절에 작은 무리의 믿는 자들에게, 또한 부활의 목격자들 – 남녀 모두 합해 5백 명 남짓일 – 에게 성령을 보내신 이야기로 이어진다.

의사 누가가 오늘날 사도행전이라고 알려진 누가복음의 속편을 쓰게 된 이유도 바로 이 계속 이어지는 하나님의 격정적인 구원의 역사를 이야기하기 위해서였다. 이 역동적인 이야기는 예수 그리스도의 복음을 예루살렘과 유대와 사마리아와 땅 끝까지 전파한 성령의 역사를 따라간다(행 1:8). 그 모험에 앞장섰던 사람들은 두말할 필요 없이 사도 베드로와 바울이었다.

한눈에 보는 베드로후서

단락	영적 성장에 대한 권고	거짓 선생들에 대한 비난	그리스도의 재림에 대한 기대
주제	**도덕적 타락** 질문: 어떻게 은혜 안에서 성장하고 타락을 피할 수 있는가? 경고: 순결하라(1:2–4)! 일깨움: (1:12–14) 약속: 결코 실족하지 않을 것이다(1:10). 관점: 내면을 봄	**교리적 타협** 질문: 거짓 선생들에게 무엇을 예상해야 하는가? 경고: 바로 알라(2:1–3)! 일깨움: (2:21–22) 약속: 주가 너를 구원하실 것이다(2:9). 관점: 뒤를 봄	**선지자적 질문** 질문: 그리스도의 재림에 비추어 우리는 어떤 사람들이 되어야 하는가? 경고: 근면하라(3:14)! 일깨움: (3:1–2) 약속: 새 하늘과 새 땅을 바라보라(3:13). 관점: 앞을 봄
	지식… 근면… 기억하라… 타락		
핵심 용어	믿음 예언	이단 심판 멸망	인내 주의 날 약속
구절	1:1–21	2:1–22	3:1–18

핵심 용어

ἐπίγνωσις [*epignōsis*, 에피그노시스] *(1922)* '지식, 통찰, 인지'
지식을 표현하는 더 일반적인 용어인 *gnōsis*와 비슷한 이 단어는 '올바른' 또는 '정확한' 지식을 가리킨다(벧후 1:3, 8). 이 더 깊은 지식은 단순히 지적 인식이나 이론적 지식이 아닌 '가슴으로 깨달은 지식'을 말한다. 믿는 자들은 하나님에 대해서 아는 것이 아니라 하나님을 개인적으로 친밀하게 안다. 그리고 그 앎은 영적으로 성장할수록 더 깊어진다(1:2, 참고 – 3:18).

σπουδάζω [*spoudazō*, 스푸다조] *(4704)* '힘쓰다, 서두르다, 노력하다'
기독교 신앙은 본래 수동적이지 않다. 그것은 적극적인 참여를 요구한다. 베드로는 눈에 보이는 변화를 가져오는 노고를 암시하는 헬라어를 사용해서 우리 소명의 진실성을 보여준다(벧후 1:10, 3:14). 그러므로 믿는 자들은 '더욱 힘쓰는' 그리스도인의 미덕을 믿음의 기초로 쌓아야 한다(1:5).

ὑπομιμνῄσκω [*hypomimnēskō*, 휘포밈네스코] *(5279)* '기억나게 하다, 상기시키다, 생각해내다'
이 말은 배운 것을 복습한다는 뜻이다. 신약 성경은 잊혔거나 간과된 중요한 기독교의 지식을 강조하는 것을 표현하는 데 이 단어를 몇 차례 사용하고 있다(딤후 2:14, 딛 3:1). 베드로는 중요한 진리를 상기시키기 위해서 베드로전•후서를 썼다(벧후 1:12). 실제로 그는 자신의 편지에 대해 독자들이 이미 알고 있는 것을 '일깨우는 것'이라고 말한다(1:13, 3:1).

φθορά [*phthora*, 프토라] *(5356)* '파괴, 타락, 쇠퇴, 파멸'
흔히 '타락'으로 번역되는 이 단어는 비도덕적인 의미와 도덕적인 의미를 모두 가질 수 있다. 중립적이고 비도덕적인 의미로는 썩어질 것이 썩는 것을 나타낸다(고전 15:50). 도덕적인 의미에서 '부패'란 징계나 심판으로 이어지는 비정상적이고 부정한 행위를 하는 것을 뜻한다(벧후 1:4, 2:19). 이것은 미래의 심판 때 닥칠 멸망을 의미할 수도 있다(2:12). 따라서 타락한 행위를 한 자들은 그들이 저지른 행위의 결과가 멸망을 초래할 것이다.

베드로의 사역

사실, 사도행전은 이 두 사도의 확연히 다른 사역에 초점을 맞추어 대략 두 부분으로 나눌 수 있다. 예수 그리스도의 부활을 선포했던 사도들의 사역 초기에는 베드로가 주대변인으로 자주 등장한다.[1] 그러다가 우리는 기독교에 강력한 적개심을 품고 있던 다소의 사울이 극적으로 회심하는 것을 보게 된다. 사울이 사도 바울이 된 놀라운 변화는 초대 교회의 급작스러운 전환점이 되었고(행 9장), 특히 이방인들에게 복음을 전파하는 문제에 있어서는 더욱 그러했다. 그러나 사실 최초로 이방인을 그리스도께로 귀의시키는 데 직접 관여한 사람은 바울이 아니라 사도 베드로이다. 그리고 그 일의 당사자는 로마의 백부장 고넬료이다(행 10장).

사도행전의 그 뒤 두 장은 계속 베드로의 사역을 따라간다. 그러다가 13장에서 이방인들에게 복음을 전하라는 하나님의 소명을 받은 사도 바울의 첫 번째 선교 여행으로 관점이 바뀐다. 실제로 13장 이후에 베드로의 이름은 딱 한 번 등장한다. 13장에서 28장까지 누가는 주로 바울의 사역을 기술하고 있다. (사도행전에 나타난 두 사도의 이름을 비교한 다음의 표를 보라.)

베드로가 사도행전에서 완전히 자취를 감추었다는 사실을 근거로 베드로의 사역이 바울의 과감한 개척 사역과는 잘 맞지 않았다 – 또는 중요성이 떨어졌다고 – 고 생각할 수도 있다. 그러나 그것은 사실과는 거리가 먼 생각이다. AD 45년에서부터 AD 67년 즈음 그가 생을 마감할 때까지 베드로의 사역에 대한 상세한 기록이 없다고 해서 베드로가 사역을 그만두고 어업으로 돌아갔다거나, 세상의 시선에서 벗어나 외딴 섬에 틀어박혔다는 뜻으로 해석해서는 안 된다. 베드로는 두루 다니면서 유대인들과 이방인 성도들을 계속 보살폈다. 베드로의 생애 마지막 20년에 대해 우리가 아는 것은 신약 성경에 암시된 것과 초대 교회

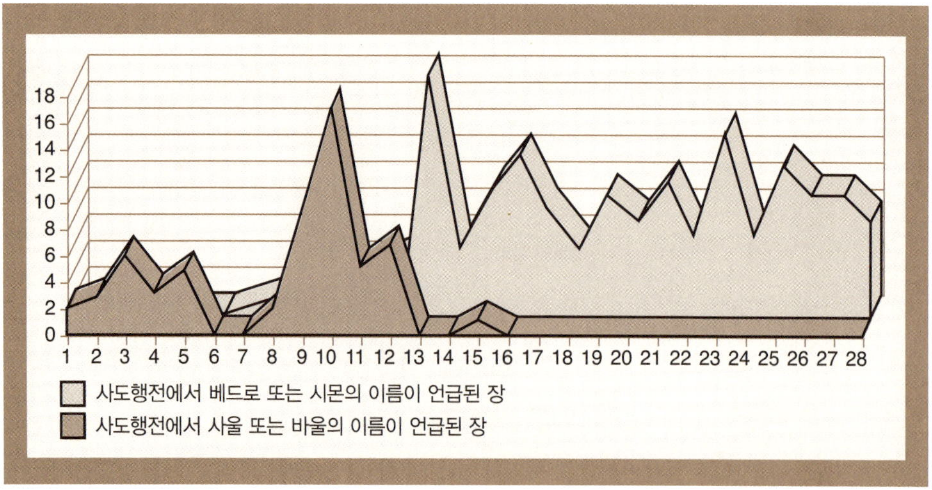

역사가들의 기록에 근거한다.

베드로는 예루살렘부터 지중해 북부 지역까지 순회하면서 안디옥(갈 2:11), 고린도(고전 1:2), 로마(벧전 5:13)에서 가르치고 복음을 전했던 것 같다. 같은 믿음을 가졌던 그의 아내가 여행에 동행했다(고전 9:5). 베드로와 바울은 다른 문화권에 복음의 진리를 적용하는 것과 관련된 실제적인 문제를 놓고 사소한 의견 충돌을 겪었지만(갈 2장), 서로의 사역을 상충되거나 분열되었다고 보지 않고, 조화롭고 상호 보완적이라고 생각했다(갈 2:9, 벧후 3:15). 사실, 베드로가 주로 유대인들을 전도하고 바울은 이방인 선교에 매진했음에도, 그들의 사역은 겹치는 부분이 있었다(갈 2:7-8).

생의 말년에 접어들면서 베드로는 바울의 옛 동료였던 실루아노('실라'로도 알려진)와 그가 함께 사역했던 로마에 정착했다. 실루아노는 베드로가 소아시아에 있는 교회들에게 보내는 첫 번째 편지를 쓰는 것을 도왔다(벧전 1:1, 5:12). 마가라 하는 요한도 그와 함께 있었는데(5:13), 초기 기독교 전승에 의하면 마가는 주로 베드로의 증언을 바탕으로 그의 복음서를 썼다고 한다.[2]

베드로 사후 그의 이름을 제일 먼저 언급한 사람은 AD 98년경 로마 교회의 목사였던 글레멘드인데, 그는 빌립보서 4장 3절에서 바울이 언급한 글레멘드와 동일인이었을 것이다. 글레멘드는 고린도 교회에 보내는 편지에서 "다른 사람들의 몹쓸 시기심 때문에 한두 번이 아니라 숱하게 고난을 당하고 그 가운데에서 증인의 일을 해낸 베드로는 마땅히 영광스러운 곳으로 갔다"(글레멘드전서 5:4)라고 썼다. 이로 인해 우리는 베드로가 그의 고난, 시련, 죽음으로 유명해졌음을 알게 되었다. 실제로, AD 200년경 카르타고의 터툴리안(Tertullian)은 베드로가 로마에서 그리스도처럼 십자가 처형을 당했다고 회상했다.[3] 그의 죽음을 상세히 기록한 가장 오래된 기록에 의하면 그가 주님과 같은 방법으로 죽기를 원하지 않아서 로마인들은 그를 거꾸로 십자가에 매달았다고 한다.

베드로는 네로 치하에서 최후를 맞았다. 그가 처형된 장소는 1, 2세기에 수많은 그리스도인들이 고문당하고 살해당했던 원형 경기장인 키루쿠스 네로(Circus of Nero)일 가능성이 가장 높다. 베드로가 죽은 지 얼마 후에 그가 묻힌 곳을 기리는 성당이 세워졌고, 그 후 수세기에 걸쳐 그 자리에 교회들이 잇따라 세워졌다. 현재 바티칸에 있는 성 베드로 성당은 베드로가 순교당해 묻힌 곳으로 추정되는 곳에 자리잡고 있다. 그런데 1950년대에

현재 바티칸 시에 있는 성 베드로 성당 앞 광장. 화살표가 가리키는 곳이 베드로가 십자가에 달렸을 것으로 추정되는 지점이다. 하지만 그의 유해는 대성당의 제단 밑 깊은 땅 속에 묻혀 있을 가능성이 높다.

로마의 성 베드로 성당 밑의 베드로가 묻힌 곳으로 전승되는 지점 근처에서 1세기 것으로 추정되는 60–70대 노인의 유골이 발굴되었다. 어쩌면 그 유골이 사도 베드로의 것일지도 모른다.

베드로는 처형되기 일 년 전쯤으로 추정되는 AD 66년경에 그의 두 번째 편지를 썼다. 그는 이 세상에서 그가 받은 시간이 다해가고 있으며 주님이 재림하시기 전에 자기가 죽을 것을 알았다(벧후 1:14). 간략하지만 강력한 베드로후서는 교회들에게 보내는 그의 마지막 글이자, 그의 실제적인 가르침을 담은 영원한 유언이다.

사도 베드로가 이 편지를 쓴 후 소아시아에 있는 다섯 개의 로마 속주에 흩어져 있던 교회들이 이 두 번째 편지를 받았다. 그리스도를 시련의 때에 붙잡을 소망의 근원으로 지목했던 첫 번째 편지와 달리 베드로는, 소위 말하자면, 분란을 일으키기 위해서 두 번째 편지를 쓴다. 그는 세상에서 그에게 주어진 시간이 거의 다했음을 알고 있었다. 베드로는 곧 잊혀질, 점점 희미해져가는 그의 설교의 메아리 외에, 그의 가르침을 변하지 않는 글로 남기기를 원했다. 당연히, 베드로는 마지막 힘을 쏟을 부분을 지혜롭게 골랐다. 그는 지엽적인 문제들에 할애할 시간도, 인내심도 없었다. 대신, 그는 자신의 원독자들은 물론이고 우리에게도 중요한 주제들을 다루고 있다.

두 가지 살펴볼 점

편지의 개관으로 들어가기에 앞서 베드로가 교회에 남긴 마지막 말에 대해 먼저 살펴볼 것이 두 가지 있다.

첫째, 베드로의 두 번째 편지는 첫 번째 편지보다 해석이 더 까다롭다. 짧고 분량이 적은 장들은 복잡해서 때로는 해석과 이해가 난해하다. 그러므로 이 편지의 전반적인 목적 – 마지막 때의 그릇된 교리와 도덕적 해이에 대한 경고 – 으로 계속 되돌아가는 것이 중요하다.

둘째, 두 번째 편지의 관심사는 첫 번째 편지와 다르다. 첫 편째 편지는 행정 당국에 의한 박해, 노예 주인들의 부당한 대우, 점점 증가하는 이교도들의 적대감 같은 고난의 외적 요인에 중점을 두었다. 이와는 대조적으로 베드로후서는 거짓 선생들 – 그리스도인으로 자처하지만 실제로는 아닌 – 의 문제를 다룬다. 실제로, 베드로는 이 두 번째 편지를 쓰는 목적을 분명하게 진술한다. "사랑하는 자들아 내가 이제 이 둘째 편지를 너희에게 쓰노니 이 두 편지로 너희의 진실한 마음을 일깨워 생각나게 하여 곧 거룩한 선지자들이 예언한 말씀과 주 되신 구주께서 너희의 사도들로 말미암아 명하신 것을 기억하게 하려 하노라"(3:1–2).

이단과 싸우기 위해 베드로는 성경의 토대 – 구약 성경 그리고 모아져서 신약 성경이 될 사도들과 선지자들의 초기 글들 – 를 재확인한다. 베드로는 이렇게 쓰고 있다. "그러므로 너희가 이것을 알고 이미 있는 진리에 서 있으나 내가 항상 너희에게 생각나게 하려 하노라 내가 이 장막에 있을 동안에 너희를 일깨워 생각나게 함이 옳은 줄로 여기노라"(1:12–13). 그의 피할 길 없는 죽음과 거짓 선생들이 가하는 목전의 위협 때문에 베드로는 견고한 가르침에 대한 기억을 일깨우고, 믿음에 정진하도록 독려하며, 그들의 믿음과 행위를 받쳐 주는 성경적 토대를 더 든든히 다지고 싶어했다.

베드로후서의 개요

화살이 화살깃, 화살대, 화살촉으로 나누어지듯이 베드로는 그의 편지를 특정한 논지로 귀결시키는 세 가지 주제를 전개시킨다. 우리는 이 세 가지 깃털을 이렇게 이름 붙일 수 있을 것이다. 경고–"조심하라." 일깨움–"명심하라, 잊지 말라." 약속–"그 일은 일어날 것

베드로후서의 저자는 누구인가?

편지의 서두에 "시몬 베드로"(벧후 1:1)라는 말이 나오기는 하지만, 많은 자유주의 신학자들은 베드로가 이 서신서를 썼다는 것을 의심한다. 그들은 베드로가 세상을 떠나고 오랜 후에 다른 누군가가 썼다고 생각한다. 그들의 이론에 의하면 2세대 그리스도인들이 베드로와 같은 권위를 가지고 자기들의 문제를 다루고 싶어했던 것이라고 주장한다. 이 편지에 대해 비판적인 학자들의 논점은 세 가지다. (1) 베드로전·후서의 문체가 전혀 다르다는 점. (2) 초대 교회에서 이 편지가 제한적으로 사용되었다는 점. (3) 바울의 글이나 그리스도의 재림이 지연되는 것과 같은 후세들이 관심을 가질 법한 쟁점들을 다룬다는 점.

첫째, 두 편지의 문체, 어휘, 헬라어 용법이 다르다는 것은 누가 보아도 알 수 있다. 가장 큰 이유는 첫 번째 편지가 "실루아노로 말미암아"(벧전 5:12) 쓰였기 때문이다. 이것은 아마도 실루아노가 번역가와 (또는) 비서로서 이 편지를 쓰는 일을 도왔다는 뜻일 것이다. 베드로전서의 언어는 한결 더 세련되고 정확하다.[4] 우리는 베드로가 두 번째 편지를 쓸 때 이와 동일한 수준의 도움을 받았다는 아무 단서도 가지고 있지 않다. 그가 두 번째 편지를 쓸 때 이름이 밝혀지지 않은 또 다른 조수의 도움을 받았을 수도 있겠지만 베드로의 이름만 저자로 언급되어 있다(벧후 1:1).[5]

둘째, 베드로후서가 전서만큼 폭넓은 인기를 얻지 못했던 것은 사실이다. 후세 그리스도인들의 글에 자주 인용되지도 않았고, 가장 오래된 신약 성경 목록에도 포함되어 있지 않다. 그러나 신약 성경의 사도들과 선지자들의 영감 어린 저작들을 필사하고 수집하는 과정은 시간이 걸리는 작업이었을 뿐만 아니라, 이 편지가 쓰인 역사적 상황으로 인해 소아시아에 있는 공동체들이 이 편지를 다른 교회들에 전달하는 데 한계가 있었을 수도 있다. 그런데 로마 제국 주변에 살던 초기 그리스도인들은 베드로후서를 입수했을 때 이내 그것이 사도 베드로에게서 온 영감으로 쓰인 성경 말씀이라는 것을 알아보았다.[6]

셋째, 60년대에 거짓 선생들이 나타나기 시작하고 예수님의 원래 제자들 가운데 많은 이들이 체포되거나 순교당하면서 바울의 글을 사용하는 것 그리고 지연되고 있는 그리스도의 재림에 관한 의문들이 제기될 수밖에 없었다. 권위 있는 사도들과 선지자들이 죽어가고 있는 와중에 교회들은 어디에서 권위 있는 가르침을 얻을 것인가? 베드로는 이에 대한 대답으로 구약 성경(1:19–21)과 더불어 예수님과 모든 사도의 가르침(1:16–18, 3:1, 15–16)을 가리킨다. 그리고 원래의 사도들이 점점 사라지고 있었기 때문에 많은 사람들은 왜 그리스도가 그 첫 세대가 살아 있었을 때 다시 오시지 않았는지 머리를 긁으며 의아해했다. 베드로는 종말이 연기됨으로써 더 많은 사람들에게 회개의 기회가 주어진다는 것, 그러나 그리스도의 재림은 불시에 찾아올 것임을 분명히 하면서 이 쟁점들을 다룬다.

간단히 말해서, 자기가 세상을 떠난 오랜 후에 그리스도인들이 이런 문제들에 관심을 가지리라는 사실을 성령이 주시는 지혜로 알았던 사도 베드로가 생의 말년에 베드로후서를 썼다는 사실을 의심할 만한 설득력 있는 이유를 찾을 수 없다.

이다. 믿으라." 베드로는 이 깃털로 독자들의 귀를 간질이려는 것이 아니다. 오히려 이 진리들을 부지런히 적용하도록 돕는다. 그래서 1장에서 그가 쏘는 상상의 화살대에 붙은 꼬리표는 근면 – 자기 안에 그리스도인의 도덕적 행실을 힘써 키우는 – 이다. 베드로가 정면으로 맞닥뜨린 본질적인 질문은 "어떻게 은혜 안에서 성장하면서 세상에 오염되지 않을 수 있는가?"이다. 베드로의 독자들이 그의 경고에 열심히 귀를 기울이고, 일깨우는 것들을 상고하며, 약속을 받아들인다면 화살은 겨냥한 표적 – 소망 – 을 맞힐 것이다.

2장은 도덕적 타락에서 두 번째 주요 쟁점으로 전환한다. 바로 교리적 타협이다. 베드로는 아주 중요한 질문을 던진다. "거짓 선지자들에 대해 어떤 일들을 예상해야 하는가?" 두 번째 화살의 시위를 당기면서 베드로는 먼저 거짓 선지자들이 올 것이라고 경고한다(2:1–3). 그런 다음 그릇된 가르침은 심판을 초래할 것임을 상기시킨다(2:21–22). 그리고 또 하나님이 의인들을 분노에서 구원하실 것이라는 약속을 나눈다(2:9). 두 번째 화살은 거짓 선생들과 기독교에 위배되는 그들의 가르침을 힘써 막을 것을 요구한다(2:1–3). 이것은 동시에 당신의 백성들을 지키시겠다는 하나님의 약속에서 나온 소망을 표적으로 한다(2:10).

마지막으로 3장은 베드로의 예언자적 관심사를 나타낸다. 그는 질문을 보다 발전시킨다. "이 모든 것은 어떻게 끝날 것인가?" 다시 말해서, 그는 그리스도의 재림과 종말과 관련된 쟁점들을 다룬다. 이 세 번째 화살은 마지막 경고 – 세상의 타락과 거짓 선생들을 피하라 – 로 쓰인다(3:11, 17–18). 이것은 성경의 증언이 신뢰할 만하다는 사실을 마지막으로 일깨워주는 역할도 한다(3:1–2). 그리고 여기서 베드로는 영광의 약속 – 의인들이 거하는 새롭게 창조된 세상이 올 것이다 – 을 선포한다(3:13). 이 마지막 화살은 점도 없고 흠도 없이 살 것을 위해 노력할 것을 요구한다(3:14). 그리고 그것이 가리키는 표적은 흔들리지 않는 소망 – 지금뿐만 아니라 영원까지 – 이다(3:12, 18).

조심하라! 대비하라! 이 두 가지 명령은 베드로후서의 주제를 간명하게 요약한다. 베드로는 도덕적 타락(1장), 교리적 타협(2장), 선지자적 관심사(3장)를 다룬다. 인생의 막바지에 이르러 신앙이 원숙해진 베드로는 역사가 짧은 교회가 당면하고 있는 가장 긴급한 몇 가지 사안들에 대해서 문자로 쓰인 유산을 남기고 싶어한다. 마치 모든 세대의 믿는 자들에게 남기는 마지막 유언과 증언인 것처럼, 베드로는 마지막 때에 거짓 교리와 도덕적 타협을 속사포처럼 긴급히 일깨우는 이 편지를 쓴다. 그리고 그의 글은 성령의 영감으로 쓰였기에 그가 남긴 마지막 말들은 1세기의 믿는 자들에게 그랬듯이 지금 우리 시대에도 여전히 유효하다.

적용

베드로후서의 산 소망

'소망(HOPE)'이라는 단어의 각 글자를 사용해서 베드로가 모든 세대의 믿는 자들에게 추구하라고 한 부지런하고, 경계하는 태도를 견지할 수 있는 네 가지 중요한 비결을 알려주고 싶다.

H – Heed what you already know(이미 알고 있는 것에 주의를 기울이라, 1:12–13, 3:1–2). 많은 그리스도인들은 이미 우리를 강하게 붙잡아주고 신실함을 지켜주는 진리를 배울 만큼 배웠다. 대다수의 그리스도인들이 가진 문제점은 성경의 지식이 부족한 것이 아니라 개인적 적용이 없는 것이다. 우리는 더 많은 성경의 진리를 배우는 데 지나치게 몰두하다가 이미 알고 있는 진리를 소홀히 하기 쉽다. 우리는 걸핏 하면 기본을 잊어버리기 때문에 종종 기독교 신앙과 실천의 본바탕으로 돌아가야 한다. 당신이 삶에 반영되지 않은 성경적, 신학적, 역사적 지식만 습득해왔다면 한 걸음 물러나 믿음의 기본적인 훈련, 곧 기도, 고백, 교제, 예배에 관심을 가지라. 당신이 이미 알고 있는 것에 주의를 기울이라.

O – Open your eyes and ears(눈과 귀를 열라, 2:1–3; 3:17). 분별은 습득되는 기술이다. 새로 그리스도인이 된 사람들은 간혹 진정한 기독교 신앙과 실천과는 무관한 사상이나 습관을 흡수한다. 이런 것들을 더 성숙하게 걸러낼 수 있는 능력을 개발시키는 것도 성장 과정의 일부이다. 당신이 주로 어디서 지식을 얻는지 살펴보라. 선생들이 말하는 것은 물론이고 말하지 않는 것에 더 유념하라. 하나님의 말씀을 가르친다고 주장하는 설교자들의 삶을 살펴보라. 그들이 말씀대로 살고 있는가? 성경의 권위를 인정하는가, 아니면 자기 자신이나 다른 누군가의 말을 성경 말씀보다 우위에 두는가? 우리가 성경을 이해하고 적용하도록 돕는 것과 다른 진리와 동기로 성경을 대체하는 것은 별개의 문제다. 눈과 귀를 계속 열어놓으라.

P – Pursue a godly lifestyle(경건한 삶을 추구하라, 1:5–8, 3:11, 14). 신약 성경을 통틀어

그리스도의 재림이나 말세에 관한 주제가 나오면 거의 예외 없이 순결한 삶을 강조한다. 성경은 행함이 없는 이론에 쓸데없이 말을 낭비하지 않는다. 행위가 따르지 않는 관념을 탐닉하지 않는다. 그러므로 말씀을 실천하겠다는 열의를 가지고 베드로후서를 대해야 한다. 우리는 경건한 삶을 힘써 추구해야 한다.

E–Expect Christ's return(그리스도의 재림을 기대하라, 3:12). 종말을 생각하며 살라. 그분이 오늘 오실 수도 있다는 사실을 날마다 일깨우는 것으로 하루를 시작하라. 그리스도가 아직 그분의 약속을 성취하시지 않았다는 이유로 그분의 과거와 현재의 사역을 의심하는 냉소적이고 회의적인 사람들의 대열에 합류하지 말라. 그 대신 우리가 전혀 예상하지 못한 때에 그분이 오실 것이라는 진리를 받아들이라. 그러면 당신의 우선순위, 목적, 지향점이 달라질 것이다. 태도와 행동이 달라질 것이다. 관점과 세계관이 바뀔 것이다. 그리스도의 재림을 기대하라. 간절히 기다리며 살라.

주: 서론

1. 사도행전 1:15–22, 2:14–40, 3:1–26, 4:8–12, 5:1–11을 보라.
2. 히에라폴리스의 파피아스(Papias of Hierapolis), 파피아스 6.1(*Fragments of Papias 6.1*)의 일부.
3. 터툴리안, *Prescription against the Heretics* 36.
4. 이 편지를 쓰는 데 실루아노가 어떻게 참여했는지 알려면 베드로전서의 서론을 보라.
5. Kenneth O. Gangel, "2 Peter," in Walvoord and Zuck, *The Bible Knowledge Commentary: New Testament*, 860을 보라.
6. Edwin A. Blum, "2 Peter," in Gaebelein, *The Expositor's Bible Commentary*, 12:257–61을 보라.

영적 성장에 대한 권고

베드로후서 1:1-21

로마의 은신처 2층 창문에서 밖을 내다보던 백발이 성성한 시몬 베드로는 서쪽 티베르 강 건너 멀리 펼쳐진 바티카누스 산등성이를 바라보았다. 눈을 가늘게 뜨고 보면 칼리굴라 원형 경기장의 윤곽을 볼 수 있었다. 그곳에서 네로는 그리스도인들을 고문하고, 불태우고, 목을 매달고, 십자가에 못 박고, 심지어는 맹수의 밥이 되는 광경을 구경거리로 내놓았다. 지금까지는 주님이 지켜주셨지만 베드로는 자신이 잡히는 것이 시간 문제임을 알고 있었다. 언제, 어디서, 어떻게 그 일이 일어날지는 아직 모르지만 예수님은 곧 자신이 이 세상을 떠나리라는 것을 알려주셨다. 언제라도 아래층 문이 벌컥 열리고, 로마 병사들의 갑옷이 철커덕거리는 소리, 거친 라틴어 비속어와 칼이 끌리는 소리가 들릴 것이었다. 위험한 범죄자처럼 결박당한 채 끌려가 엉터리 재판을 받고 소위 말하는 그의 '죄목들'보다 훨씬 무거운 선고를 받을 터였다.

베드로는 눈을 감고 조용히 그러나 엄숙하게 예수님의 말씀을 떠올렸다. "내가 진실로 진실로 네게 이르노니 네가 젊어서는 스스로 띠 띠고 원하는 곳으로 다녔거니와 늙어서는 네 팔을 벌리리니 남이 네게 띠 띠우고 원하지 아니하는 곳으로 데려가리라"(요 21:18). 물론, 예수님이 맞았다. 베드로는 노쇠했지만 세상을 떠나고 싶지 않았다. 예수님을 다시 보고 믿음을 지키다가 먼저 죽은 사람들과 영광 가운데 다시 만나는 것을 원하지 않아서가 아니었다. 그는 그러기를 바랐다! 그러나 주변을 둘러보면 아직도 해야 할 일이 너무 많았다.

이제는 미쳐버린 네로 황제의 핍박이 점점 잦아지고 심해지고 있는 가운데 많은 성도들이 이미 입을 다물었거나 변절하기도 했다. 또 더러는 근심과 공포에 짓눌린 나머지 얕은 물에 가라앉은 고깃배처럼 영적인 성장이 바닥까지 떨어진 상태였다. 현재의 삶에서 벗어나려면 조금씩 더 깊은 물로 몰고 가 신선한 성령의 바람이 그들을 원래의 항로로 밀고 나가게 해야 했다. 베드로의 뇌리에는 이 물음이 떠나지 않았다. 내가 떠나면 누가 그들을 밀어줄 것인가?

게다가 최근 몇 년간 거짓 선생들 몇 명이 그리스도인 공동체 안으로 슬쩍 스며들었다. 그 가운데에는 자기가 신이라고 주장하는 사마리아의 건달, 마술사 시몬처럼 금방 잡아낼 수 있는 사람들도 있었다. 실제로, 시몬은 악령의 힘을 빌린 마술로 많은 추종자들을 만들었고, 로마인들이 그를 추앙하는 의미에서 티베르 강에 "SIMONI DEO SANCTO" – "거룩한 신, 시몬에게 바침" – 라고 새긴 조각상을 세웠다.[1] 베드로는 시몬이 만들어낸 '지식'이

핵심 용어

πίστις [*pistis*, 피스티스] *(4102)* '믿음, 신뢰, (기독교) 신앙'
신약 성경에서 '믿음'은 구원의 방법으로서의 그리스도에 대한 동의, 믿음, 신뢰라는 뜻으로 가장 많이 쓰이지만, 간혹 기독교 신앙의 전체 내용, 즉 기독교 신앙을 지칭하기도 한다. 베드로후서 1장 1절의 뜻도 이런 의미일 것이다. 또한 이 믿음을 바탕으로 그리스도인의 삶의 모든 덕목이 형성된다(1:5).

προφητικὸς λόγος [*prophētikos logos*, 프로페티코스 로고스] *(4397+3056)* '예언, 선지자의 메시지'
'예언'이라는 말은 '성경의 예언'(1:20)이라는 말과 병행해서 신약 성경에 딱 한 번 나온다(벧후 1:19). 그러므로 '예언'이라는 말은 글로 기록된 하나님의 말씀, 즉 성경을 의미한다. '예언'은 미래를 예언하는 것만을 뜻하지 않으며, 대부분 선지자들을 통해 주어진 하나님의 계시를 일컫는다(롬 12:6, 고전 13:2). 따라서 '예언'이란 성경에 기록된 것과 같이 예언자들에게서 나온 정확하고 믿을 수 있는 계시의 말씀이다.

심연에서부터 터져나오는 이단이라는 홍수의 첫 물방울에 불과하다는 것을 알고 있었다. 다시 한 번 그 질문이 떠올랐다. 내가 가고나면 누가 늑대들로부터 이 양 떼를 지켜줄까?

베드로는 한숨을 쉬며 두루마리와 철필을 꺼냈다. 몇 년 전 부활하신 예수님은 그에게 "시몬아, 내 어린 양을 먹이라. 내 양을 치라"고 하셨다(요 21:15–17을 보라). 죽음은 다가오고 굶주린 늑대들과 울부짖는 사자들은 먹잇감을 찾아 배회하고 있는 지금, 베드로는 자신이 떠나고나면 이 어린 양 떼들이 기만당할 위험에 처하리라는 것을 알고 있었다. 펜을 손에 들고 그는 양들에게 주는 마지막 말을 적기 시작했다. "예수 그리스도의 종이며 사도인 시몬 베드로는 우리 하나님과 구주 예수 그리스도의 의를 힘입어 동일하게 보배로운 믿음을 우리와 함께 받은 자들에게 편지하노니…(벧후 1:1)."

베드로후서의 첫 번째 주요 단락에서 이 노작가는 말세에 있을 도덕적 타락에 대해 말한다(1:4–21). 그는 핍박받는 로마의 교회를 보면서 이미 그것이 어떤 것인지 감지하고 있다. 그는 그의 독자들이 물어볼 것이 분명한 절박한 질문에 답한다. "어떻게 해야 죄에 물들지 않을 수 있을까?" 그는 세상의 썩어질 것을 피하라고 경고한다(1:4). 그런 다음 적극적인 참여가 필요하다는 것과 그리스도인의 삶을 유용하고 열매 맺는 삶으로 만들어줄 능력이 그들에게 공급되었다는 사실을 상기시킨다(1:5–13). 베드로는 또 경건한 삶이 안정, 즉 유혹과 거짓 가르침을 하나님의 능력으로 대항할 수 있는 능력을 준다고 약속을 확장시킨다(1:10). 베드로는 이런 주제들을 가지고 글을 쓰면서 뿔뿔이 흩어져 있는 양 떼들에게 힘써 견디고 끝까지 소망을 잃지 말라고 권고하기 시작한다(1:19). 이제 곧 그는 그들과 헤어질 것이다. 그러나 그는 기도한다. 그의 몸이 차가운 땅 속에 누운 지 오랜 시간이 지난 뒤에도 그의 말은 남아 있기를.

열매 맺는 믿음(베드로후서 1:1–11)

---

1 예수 그리스도의 종이며 사도인 시몬 베드로는 우리 하나님과 구주 예수 그리스도의 의를 힘입
어 동일하게 보배로운 믿음을 우리와 함께 받은 자들에게 편지하노니 2 하나님과 우리 주 예수를 앎
으로 은혜와 평강이 너희에게 더욱 많을지어다 3 그의 신기한 능력으로 생명과 경건에 속한 모든 것
을 우리에게 주셨으니 이는 자기의 영광과 덕으로써 우리를 부르신 이를 앎으로 말미암음이라 4 이
로써 그 보배롭고 지극히 큰 약속을 우리에게 주사 이 약속으로 말미암아 너희가 정욕 때문에 세상
에서 썩어질 것을 피하여 신성한 성품에 참여하는 자가 되게 하려 하셨느니라 5 그러므로 너희가 더
욱 힘써 너희 믿음에 덕을, 덕에 지식을, 6 지식에 절제를, 절제에 인내를, 인내에 경건을, 7 경건에
형제 우애를, 형제 우애에 사랑을 더하라 8 이런 것이 너희에게 있어 흡족한즉 너희로 우리 주 예수
그리스도를 알기에 게으르지 않고 열매 없는 자가 되지 않게 하려니와 9 이런 것이 없는 자는 맹인
이라 멀리 보지 못하고 그의 옛 죄가 깨끗하게 된 것을 잊었느니라 10 그러므로 형제들아 더욱 힘써
너희 부르심과 택하심을 굳게 하라 너희가 이것을 행한즉 언제든지 실족하지 아니하리라 11 이같이
하면 우리 주 곧 구주 예수 그리스도의 영원한 나라에 들어감을 넉넉히 너희에게 주시리라.

내가 아는 거의 모든 사람이 하나같이 삶 속에서 원하는 두 가지가 있다. 우리는 누구나 다른 사람들이 우리의 삶을 중요하게 여기고, 우리의 삶이 세상에 도움이 되기를 바란다. 달리 말해서, 사람은 누구나 무의미하게 살면서 자리만 차지하는 것보다 자신의 존재에 의미를 부여하고, 이 세상에서 성취해야 할 나름의 목표를 갖기 원한다는 것이다. 그들은 또한 세상을 떠날 때 미래의 세대들에게 자신이 수고해서 얻은 의미 있는 결실을 유산으로 남기고 싶어한다. 가끔 나는 이 보편적인 원칙에 어긋나는 극소수의 예외를 발견한다. 무슨 이유에서인지 끊임없이 악행을 일삼거나 극도로 의기소침해진 사람들 중에 완전

히 길을 잃어버린 사람들이 있다. 그러나 보편적으로 사람들은 대체로 유용하고 유익한 존재가 되기를 원한다.

좀처럼 채워지지 않는 허기나 갈증과 같이 사람들은 목적과 의미를 간절히 원한다. 물리적 필요는 채워지면서 영적 필요는 완전히 무시된 채 있을 수 있다. 그러다 보면 한 사람의 정신과 정서가 피폐할 대로 피폐해지는 참담한 결과가 생길 수 있다. 만성 질환이 견디기 힘든 것도 이런 이유에서일 것이다. 병상에 누워 있다보면 쇠약해진 육신과 나약해진 정신 때문에 자신이 아무 쓸모없는 존재라는 허무감이 들 수 있다. 또는 노쇠해서 거의 집 밖에 나가지 못하는 노인들을 생각해보라. 단기간이라도 자신이 비생산적인 존재라고 느끼면 그들은 대부분 자신을 무기력 속에 갇힌 죄수처럼 느낀다. 그리고 이런 느낌은 회한, 슬픔, 비통으로 이어질 수 있다.

독일 시인 괴테는 이렇게 말했다. "요절한 삶 외에 무익한 삶이란 없다." 그러나 물리적으로 다른 사람들에게 도움을 줄 수 없는 삶만 죽음과 같은 삶은 아니다. 따분해하는 학생, 고단한 경영자, 기진맥진한 엄마도 쓸데없고 무익한 존재라는 생각에 빠질 수 있다. 이런 생각은 세상의 공허한 철학을 받아들인 불신자들에게 찾아오지만 하나님의 뜻과 인생의 목표를 추구하다가 열심을 잃어버린 신자들에게도 찾아올 수 있다.

베드로가 쓴 편지의 첫 단락은 쓸모없고 무익하다는 생각에서 벗어나는 방법에 대한 확

예수님이 '하나님'이시면, 아버지는 누구인가?

베드로가 예수님을 "우리 하나님과 구주"로 일컫고 있다는 사실에 주목하라(1:1). 이 구절은 신약 성경에서 예수님을 노골적으로 '하나님'이라고 언급하는 몇 안 되는 구절들 가운데 하나이다. 그러나 구약의 하나님을 예수님으로 대체하고 있다는 오해를 방지하기 위해서 그는 서두의 축사에서 '하나님'과 '예수 그리스도'를 구별해서 '하나님과 우리 주 예수'를 앎으로써 은혜와 평강이 온다고 말한다(1:2).

사도 요한도 예수님("말씀")이 '하나님과 함께' 계셨고 '하나님'이셨으며(요 1:1), 아무도 하나님을 보지 못했으나 '독생하신 하나님'이 그분을 나타내셨다(1:18)고 말하면서 같은 방식으로 구분을 짓는다. 바울도 예수님을 "우리의 크신 하나님 구주 예수 그리스도"(딛 2:13)로 표현하면서 역시 "하나님 아버지"와 "그리스도 예수 우리 구주"(1:4)라고 구별한다. 히브리서의 저자는 시편 102편 24절을 인용하면서 구약 성경에 나오는 야훼("주님")라는 이름을 예수님께 적용 – "또 주여 태초에 주께서 땅의 기초를 두셨으며 하늘도 주의 손으로 지으신 바라"(히 1:10) – 함과 동시에, 하나님이 "하나님의 아들을 통해" 세상을 창조하셨다고 분명하게 밝힌다(1:1-2).

이렇듯 혼란스러운 일련의 구절들에 대한 해답은 성경에 나오는 삼위일체 교리의 핵심 가운데 있다. 하나님의 아들 – 진정한 인간으로 성육하신 – 은 성부, 성령과 동등한 온전한 하나님이시다. 그러나 그렇다고 해서 성부, 성자, 성령이 이름만 달리한 동일 인격체라는 뜻은 아니다. 성부, 성자, 성령은 서로 연합한 가운데 영원히 존재해온 별개의 (분리되지 않는) 신적 삼위이다. 그렇기 때문에 창조와 구원의 역사에서 성부, 성자, 성령의 역할과 활동은 다르다. 하지만 이 삼위는 모두 '하나님', '주님', '창조자'라고 불리는 것이 맞다

실한 조언을 제공한다. 이 편지는 바로 당신과 나 같은 사람들을 위해 쓰였으며 우리가 무연(無緣)한 삶에 빠지지 않으려면 어떤 태도로 살아야 하는지를 집중적으로 다루는 것으로 시작한다. 베드로의 말을 주의 깊게 살펴보라. 쓸모없고 무익한 삶을 살았다는 생각에 지난날을 회한에 찬 눈으로 돌아보기를 원하는 사람은 아무도 없다.

—1:1–3—

베드로는 간단하게 자기 소개를 하며 편지를 시작한다. "예수 그리스도의 종이며 사도인 시몬 베드로는"(1:1). 베드로는 이 두 번째 편지에서 사도인 자신의 신분을 강조하는 동시에 스스로를 예수 그리스도의 종이라고 일컬어 동료 그리스도인들과 자신을 동일시한다. 흥미롭게도, 그는 예수님을 메시아라고 고백했을 때 예수님이 지어주신 이름인 베드로(마 16:16–18)와 그의 성 시몬을 결합시킨다. 이 간단한 서술 속에서 사도가 된 이 늙은 어부가, 겸손한 호칭을 덧붙이긴 하지만, 하나님이 주신 새로운 신분과 그리스도가 부여한 가치를 말하는 데 주저함이 없다는 것을 알 수 있다.

그의 겸손한 소개에 어울리게 베드로는 스스로를 독자들과 '같은 믿음'을 가진 사람이라고 말한다. 즉, 믿는 유대인인 베드로와 그의 독자들 그리고 이방인들은 모두 그리스도의 의로 인해 똑같이 부르심을 받고, 구원받고, 그리스도인의 삶을 살 수 있는 능력을 소유하고 있다. 그들은 모두 예수 그리스도 안에서 그들을 하나로 묶어주는 동일한 은혜와 평강의 '상속자', '지체', '참여하는 자'이다(엡 3:1–6을 보라).

그리스도인들은 하나님과 그리스도를 '앎으로' 더 많은 은혜와 평강을 경험한다(1:2). 여기서 '앎'(*epignōsis*)이라는 단어는 단순히 지적인 것이거나 이론적인 것뿐만이 아니라 '가슴으로 깨달은 앎'을 말한다. 베드로와 그의 동료 신자들은 단순히 하나님과 예수님에 대해서 아는 것이 아니라 하나님과 친밀한 교제를 나눈다. 그들은 예수 그리스도를 통해 말 그대로 하나님을 안다. 즉, 그리스도를 통해 하나님을 '가슴으로 알게 될' 때 우리는 그리스도를 더 닮아가면서 더 많은 은혜와 평강을 체험하게 된다.

베드로는 3절에서 하나님의 신기한 능력이 – 스스로를 개선하려는 노력이 아니라 – '생명과 경건'에 필요한 모든 것을 주셨다고 강조한다. 그리고 그러면서 은혜와 평강과 하나님을 아는 지식이 커가는 것에 대한 생각을 계속 이어간다. 우리의 삶이 이러한 하나님이 주신 능력 안에 푹 잠기면 두 가지 일이 일어난다. 다른 사람들과 더 유용하고 열매를 많이 맺는 관계를 이루게 되며, 하나님과의 관계가 더욱 경건해지고 풍성해진다. 결국 우리에게 필요한 '모든 것'을 얻게 되는 것이다!

그러나 하나님은 우리의 힘으로 물을 주고 키워야 하는 영적인 씨앗을 내던져주고 그것을 열매 맺는 그리스도인의 삶으로 성장시키라고 하지 않으신다는 점에 유의하라. 하나님은 씨앗과 햇빛, 괭이와 수확에 필요한 도구에 이르기까지, 우리에게 필요한 모든 것을 제공하신다. 우리 안에 거하시는 성령을 통해 모든 신자는 처음 믿을 때 하나님의 능력을 충분히 소유하게 된다(엡 3:16을 보라). 근사하지 않은가!

참으로 멋진 이 진리는 수동적인 태도에 대한 변명이 아니라 참여하라는 초대이다. 하나님이 우리에게 필요한 모든 것을 제공하시지만 행동해야 하는 것은 우리다. 하나님이 우리에게 주신 능력을 사용해야 한다고 해서 하나님이 원인과 결과를 전적으로 책임지신다는 사실을 부인하는 것은 아니다. 바울은 "나는 심었고 아볼로는 물을 주었으되 오직 하나님께서 자라나게 하셨나니 그런즉 심는 이나 물 주는 이는 아무 것도 아니로되 오직 자라게 하시는 이는 하나님뿐이니라"(고전 3:6-7)는 말로 우리의 영적 성장에 대한 핵심을 보여준다. 이 말을 알아듣겠는가? 바울과 아볼로는 수동적이지 않고 능동적이었다. 그들은 정말로 일을 하고 있었고, 만약 그들이 사역에 참여하지 않았다면 성장은 일어나지 않았을 것이다. 그러나 동시에, 바울은 그 과정에서 성장하게 하는 것은 하나님이시라는 사실을 인정했다.

최초의 구원과 함께 하나님은 우리에게 필요한 모든 것이 담긴 입문자용 꾸러미를 우리 안에 거하시는 성령님을 통해 주셨다. 우리는, 우리가 사용하기만 한다면, 수평적(다른 사람들과의 관계)이고 수직적(하나님과의 관계)으로 유용한 자원을 이용할 수 있다. 그러나 우리에게 필요한 모든 것을 갖추었다고 해서 우리가 반드시 그것에서 혜택을 얻으리라는 보장은 없다. 우리는 그것을 제대로 사용해야 한다. 이것은 베드로가 4-9절에서 전개시킨 생각으로 바로 이어진다.

—1:4-9—

하나님이 주시는 능력(1:3)과 고귀한 "약속"(1:4)에 비추어 베드로는 나아와 열심히 참여하라고 명령한다(1:5-9). 하나님은 우리가 그분께 귀의할 때 "보배롭고 지극히 큰 약속"을 우리에게 주셨다(1:4). 이 약속은 눈에 보이지는 않지만 역동적인 성령의 역사에 의해 우리가 그리스도와 영적으로 연합될 때 우리의 것이 된다. 그리스도와 분깃을 함께하는 사람이 되면 우리가 그분과 하나가 될 때 따라오는 모든 약속을 유업으로 받는다. 바울은 "하나님의 약속은 얼마든지 그리스도 안에서 예가 되니 그런즉 그로 말미암아 우리가 아멘 하여 하나님께 영광을 돌리게 되느니라 우리를 너희와 함께 그리스도 안에서 굳건하게 하시고 우리에게 기름을 부으신 이는 하나님이시니 그가 또한 우리에게 인치시고 보증으로 우리 마음에 성령을 주셨느니라"(고후 1:20-22)고 썼다. 그것은 어떤 약속들일까?

- 우리의 과거, 현재, 미래의 모든 죄를 사함 받음.
- 하나님 아버지의 영적인 양자가 됨.
- 성령이 영적 능력을 주심.
- 고난과 역경 속에서 위로를 주심.
- 필요를 채우심.
- 죽었을 때 천국의 소망이 있음.
- 예수님의 재림 때 몸이 부활함.
- 주님의 왕국에서 그분과 함께 다스림.

약속의 목록은 계속된다. 그러나 위의 목록들만 보아도 어떻게 베드로가 "이 약속으로 말미암아" 다음의 두 가지를 성취할 수 있다고 말할 수 있는지 이해가 된다. 그 두 가지는 이것이다. (1) "신성한 성품에 참여"하게 된다. (2) "세상에서 썩어질 것을 피한다." 이 두 가지는 우리가 구원과 함께 수반되는 약속을 의지하면서 하나님이 우리에게 주신 능력을 사용하는 데 있어서 필요한 적극적인 측면과 소극적인 측면을 의미한다. 다시 말해 우리를 타락시키는 정욕을 떨쳐버리면 우리는 하나님의 성품에 더욱더 많이 참여하게 된다. 우리는 말 그대로 속사람과 겉으로 나타나는 행위가 모두 점점 더 그리스도를 닮아간다. 믿음을 통해 은혜로 단번에 선포된 것 – 하나님 앞에서 우리의 의 – 이 점차 우리의 삶 가운데 하나님과 다른 사람들 앞에서 의로운 행위로 드러나게 된다. 전자는 '칭의(우리가 의롭다고 선포될 때)', 후자는 '성화(우리가 점점 더 의롭게 될 때)'라고 한다.

어떻게 이 의의 삶에 참여하는가? 베드로는 5절에서 이 질문에 답한다. 하나님이 우리에게 능력과 약속들을 주셨으므로 우리는 "더욱 힘써" 행함으로 참여하게 된다(1:5). 이 구절은 말 그대로 어떤 과제를 위해서 '모든 노력을 다하다'라는 뜻의 숙어로, '최선을 다해 정진하다'라는 뜻이다.[2]

베드로는 이런 근면성과 더불어 '너희 믿음에' 몇 가지를 '더하라'고 말한다. 믿음은 이미 있다는 사실에 유의하라. 믿음은 그리스도인의 삶의 본바탕, 즉 뿌리다. 이는 베드로가 영적 성장을 위해 주어진 능력과 약속들이라고 말한 것에 의지한다는 뜻이다. 이는 우리를 하나님, 즉 그분의 뜻, 그분의 능력, 그분의 지혜에 맡긴다는 뜻이다. 우리는 그리스도가 중심이 되고 성령에 의해 세워진 이러한 신앙의 토대를 딛고 굳게 서야 한다. 따라서 이 토대에 '더한다'는 것은 그것에 보태는 것, 목표를 향해 그것을 진척시키는 것을 의미한다. 베드로는 그런 다음 이 믿음의 토대 위에 세워지는 일곱 가지 특성을 나열한다.

덕(1:5). 도덕적 견고함, 용기, 필요할 때 옳은 일을 하면서 홀로 설 수 있는 능력(내적 동기를 바탕으로 한)을 말한다. 여기서 이 말은 겉으로 드러나는 특정한 행위, 즉 베드로의 목록에서 뒤에 나올 행위를 말한다기보다는 도덕적으로 바른 내면의 성정을 강조한다.

지식(1:5). 예리한 관찰과 경험을 통해 터득한 실제적인 지식을 말한다. 베드로는 베드로전서 3장 7절에서 이 *gnōsis*라는 단어를 사용해 '지식을 따라' 아내와 동거하라고 남편들에게 권고하는데, 이는 아내를 개인적으로, 친밀하게 알라는 뜻이다. 친밀한 관계를 통해 예수 그리스도를 개인적으로 안다고 말할 때에도 이 단어가 쓰였다(빌 3:8).

절제(1:6). 그리스도인들이 높은 도덕성과 지식을 가지고 믿음을 세워갈 때 절대 예수님 외에 다른 어떤 것이나 어떤 사람이 우리를 지배하게 허용해서는 안 된다. 돈, 성, 권력, 음식, 마약, 습관, 일, 개인적 목표가 우리를 지배하게 해서는 안 된다. 자기 절제란 세상이 방종을 부추길 때에도 균형 잡힌 삶을 유지하는 것을 의미한다. 이것은 한 그릇 더 또는 한 번 더 원할 때 "안 돼"라고 말하는 것이다.

인내(1:6). 그리스도인들은 우리를 둘러싼 모든 것이 우리를 밀어내려고 할 때에도 좁은 길에서 벗어나서는 안 된다. 역경이나 재난이 닥칠 때 흔들리지 않는 굳건하고 명료한 정신을 유지하라. 인내란 어떤 일이 닥치든 '그 밑에 남아 있다'는 뜻이다. 그러려면 믿음의 토대 위에 굳건히 서서, 소망에서 눈을 떼지 않고, 그 무엇보다도 인내하는 것이 필요하다.

경건(1:6). 헬라어 *eusebeia*는 참된 경건이란 뜻인데, 두 가지 뜻을 가지고 있다. 첫째, 전능자에게 합당한 경외심과 예배를 보여주는, 하나님을 향한 바른 관점과 태도를 지닌 사람을 나타낸다. 둘째, 다른 사람들을 올바른 관점 – 진심으로 섬기는 마음, 다른 사람들에게 그들이 응당 받아야 할 존경과 존중을 주는 것 – 으로 대하는 것을 나타낸다.

형제 우애(1:7). *Philadelphia*란 단어는 다른 사람들을 가족처럼 대한다는 뜻이다. 여기에는 서로의 짐을 나눠 지고, 서로의 기쁨과 아픔을 느낄 정도로 친밀한 관계 속에서 사는 것이 포함된다. 그리고 다른 사람들의 의견, 감정, 생각, 주장이 들어설 여지를 남겨놓는 것이다. 형제 우애는 진실되고 조화로운 공동체 생활의 비결이다.

사랑(1:7). '믿음'의 토대 위에 세워진 일곱 칸의 사다리 맨 꼭대기에 사랑 – *agapē* – 이 있다. 이런 종류의 사랑은 다른 사람들의 최선을 구하고 다른 사람들의 필요를 자신의 필요보다 우선시한다. 이것은 무조건적인 헌신을 뜻한다. 하나님은 예수 그리스도를 보내심으로써 이런 사랑을 보여주셨다(롬 5:8). 베드로와 마찬가지로 바울도 이런 사랑을 그리스도인의 최고의 덕목으로 꼽는다(고전 13:13).

얼마나 근사한 목록인가! 베드로가 하나님이 우리에게 능력을 주셨다는 것(1:3)을 상기시키지 않고 믿음부터 사랑에 이르는 이 단계를 말하는 것으로 그의 말을 시작했다면, 믿음의 토대 위에 세워진 이 일곱 가지 덕목은 에베레스트산을 오르는 것 만큼이나 불가능해 보였을 것이다. 그러나 성령을 통한 하나님의 약속과 임재하심이 함께한다면, 우리가 그리스도를 점점 더 닮아갈수록 하나님이 우리 안에서 그리고 우리와 함께 역사하실 것이라는 확고한 소망을 가지고 베드로의 가르침을 진지하게 받아들여 정진할 수 있다.

그런 다음 베드로는 우리가 이러한 덕목들을 함양해야 하는 이유를 밝힌다. 이러한 덕목들과 구원을 얻는 것과는 아무 관련이 없다. 구원은 믿음을 통해 은혜로 이미 받았고, 그 외에 더할 것은 아무것도 없다! 사실, 우리가 아직 구원받지 못했다면 우리는 필요한 능력을 소유하지 못했을 것이다. 그런데 베드로는 만약 이런 것들이 우리의 삶에 나타나고 있고 노력하는 가운데 점점 더 성장하고 있다면, 우리는 그리스도인으로서 더욱더 쓰임받고 많은 열매를 맺게 될 것이라고 말한다(1:8).

베드로는 모든 사람이 성숙에 이르도록 정진하지는 않는다는 것을 알고 있다. 일부 눈먼 신자들은 그들이 예수님께 돌아왔을 때 하나님이 그들의 죄를 씻어주셨던 것을 생각하지 못한다. 근시안을 가진 신자들은 예수님이 재림하셔서 신실한 신자들에게 상을 주실 것을 내다보지 못한다. 따라서 그들은 현재의 삶과 이기적인 삶에 시선이 고정되어 있다. 이런 사람들은 앞에 나온 덕목들을 갖지 못할 것이며, 하나님이 그들에게 주신 능력을 허비할 것이다(1:9).

—1:10-11—

베드로는 힘써 행해야 할 또 다른 덕목을 마지막으로 영적 성장에 대한 권고를 마무리한다. 그는 "너희 부르심과 택하심을 굳게 하라"(1:10)고 말한다. 이는 우리가 구원을 받거나 천국에서 우리의 자리를 보장받기 위해서 이런 것들을 실천해야 한다는 뜻이 아니다. 오히려, 이것은 우리가 받은 소명대로 살라는, 즉 구원의 실재를 보여주라는 긴급하고 간절한 호소이다. 전체적인 맥락은 베드로가 이미 그의 독자들을 경건한 삶을 위해 필요한 모든 것을 공급받고 부르심을 받은 '형제들'로 여겼다는 사실을 뒷받침한다. 베드로는 그들에게 영적 성장을 통해 객관적인 부르심을 주관적으로 실천하라고 간청한다. 한 주석자는 이렇게 썼다. "한 사람의 경건한 행위는 예수님이 그의 과거의 죄를 씻기셨고, 그러므로 그는 실제로 하나님께 부름 받고 선택받았다는 사실을 스스로 증명하는 보증서이다."[3] 영적 성장을 위해 애쓸 때 우리는 그 결과로 구원을 얻는 것은 아니다. 하지만 견고함, 유용성, 풍성한 열매를 얻게 된다. 그리고 그리스도가 재림하실 때 영원한 상급을 얻게 된다.

실제로, 11절은 하나님이 우리에게 예수 그리스도의 영원한 나라에 들어갈 충분한 자격을 주실 것이라고 말한다. 예수님의 재림에 대한 소망은 분명 우리가 흔들리지 않고 힘써 분발하도록 힘을 북돋울 것이다. 그러면 우리는 큰 상급을 받을 것이다. 그러나 만약 믿음이 성장하지 못한다면 우리는 바울이 엄중히 경고한 바와 같이 그리스도의 심판대 앞에서 상을 받지 못할 것이다. "만일 누구든지 그 위에 세운 공적이 그대로 있으면 상을 받고 누구든지 그 공적이 그대로 불타면 해를 받으리니 그러나 자신은 구원을 받되 불 가운데서 받은 것 같으리라"(고전 3:14-15).

우리는 구원받을 때 하나님이 우리에게 주신 능력과 귀중한 약속들을 헛되고 무익하게 허비한 것을 부끄러워하며 예수 그리스도를 대면하고 싶어하지 않는다. 그러므로 우리는 베드로의 경고, 일깨움, 약속에 주의를 기울이고 영적 성장에 힘쓰면서 그리스도의 재림에 대한 소망을 목표로 지향해야 한다.

적용
안전한 투자

금융 투자의 세계에서는 아무것도 보장되지 않는다. 가장 위험성이 낮은 투자 전략도 손실을 낼 수 있다. 또는 노력의 대가라고 하기에는 너무나 소소한 이득을 얻을 수도 있다. 교육에 정진하는 것도 마찬가지다. 대부분은 각고의 노력 끝에 얻은 학위가 그동안의 고생을 보상해주지만, 간혹 최고의 학력을 가진 사람이 교실에서 보낸 시간만큼의 가치를 지닌 일자리를 찾기 힘들 때가 있다. 직업도 마찬가지로 우리를 농락할 수 있다. 우리는 오랜 시간 동안 우리가 가진 전부를 쏟아붓고 할 수 있는 모든 것을 다 한다. 그러나 우리가 투자한 시간과 에너지가 보답되는 것을 보지 못한 채 승진을 가로막는 유리 천장에 계속 머리를 부딪힐 수 있다.

그런데 우리의 시간, 에너지, 자원을 영적 성장에 투자하면 그렇지 않다. 하나님은 우리가 영적인 삶에 투자하면 그에 맞는 보상을 하실 것이라는 절대 변치 않는 약속을 하셨다. 우리는 우리의 성결, 인내, 사랑이 그만한 가치가 있는지 의심을 품거나 걱정할 필요가 없다. 디모데전서 4장 8절은 "육체의 연단은 약간의 유익이 있으나 경건은 범사에 유익하니 금생과 내생에 약속이 있"음을 우리에게 일깨운다. 마찬가지로 히브리서 6장 10-12절은 이것을 이렇게 멋지게 표현했다.

> "하나님은 불의하지 아니하사 너희 행위와 그의 이름을 위하여 나타낸 사랑으로 이미 성도를 섬긴 것과 이제도 섬기고 있는 것을 잊어버리지 아니하시느니라 우리가

간절히 원하는 것은 너희 각 사람이 동일한 부지런함을 나타내어 끝까지 소망의 풍성함에 이르러 게으르지 아니하고 믿음과 오래 참음으로 말미암아 약속들을 기업으로 받는 자들을 본받는 자 되게 하려는 것이니라."

우리는 힘써 노력한 것에 대해 보상을 받을 것을 보장하는 이 위대한 약속에 어떻게 반응해야 할까? 분명히, 베드로는 믿음의 토대 위에 그리스도인이 가져야 할 덕목의 피라미드를 쌓으라고 권고한다. 베드로가 말한 덕목들을 잠시 검토해보면서 당신의 삶에서 가장 잘 개발되었다고 생각되는 덕목들을 꼽아보라. 그리고 당신이 더 발전시켜야 한다고 생각되는 것들에 동그라미를 치라.

사람은 누구나 특별하다. 우리가 이 덕목들을 어떻게 발전시키는가는 우리의 배경, 기질, 성격, 경험에 따라 다를 것이다. 당신이 부족한 부분을 강화시킬 수 있는 방법을 시간을 내어 곰곰이 생각해보라. 누구나 예외 없이 기도로 시작해야 한다. 특히 우리가 하나님을 기쁘시게 하는 삶을 사는 데 필요한 모든 것을 공급해주시는 것에 대해 하나님께 감사의 기도를 드리라. 그런 다음, 그렇게 하겠다고 하신 하나님의 약속에 의거해 당신의 삶에서 그 능력이 분명히 나타나게 해달라고 하나님께 간청하라. 마지막으로, 참여하라! 믿음부터 사랑에 이르는 일곱 가지 덕목을 힘써 행하지 못했던 것을 고치기 위한 구체적인 준비를 시작하라.

시간이 필요할까? 그렇다! 에너지가 필요할까? 물론이다! 그러나 당신의 투자는 영원히 안전하며 그 투자에 대한 보상은 놀라울 정도로 만족스러울 것이다. 그러므로 안심하라!

진리의 원천(베드로후서 1:12–21)

12 그러므로 너희가 이것을 알고 이미 있는 진리에 서 있으나 내가 항상 너희에게 생각나게 하려
하노라 13 내가 이 장막에 있을 동안에 너희를 일깨워 생각나게 함이 옳은 줄로 여기노니 14 이는 우
리 주 예수 그리스도께서 내게 지시하신 것 같이 나도 나의 장막을 벗어날 것이 임박한 줄을 앎이라
15 내가 힘써 너희로 하여금 내가 떠난 후에라도 어느 때나 이런 것을 생각나게 하려 하노라

16 우리 주 예수 그리스도의 능력과 강림하심을 너희에게 알게 한 것이 교묘히 만든 이야기를 따
른 것이 아니요 우리는 그의 크신 위엄을 친히 본 자라 17 지극히 큰 영광 중에서 이러한 소리가 그
에게 나기를 이는 내 사랑하는 아들이요 내 기뻐하는 자라 하실 때에 그가 하나님 아버지께 존귀와

영광을 받으셨느니라 [18] 이 소리는 우리가 그와 함께 거룩한 산에 있을 때에 하늘로부터 난 것을 들
은 것이라
[19] 또 우리에게는 더 확실한 예언이 있어 어두운 데를 비추는 등불과 같으니 날이 새어 샛별이
너희 마음에 떠오르기까지 너희가 이것을 주의하는 것이 옳으니라 [20] 먼저 알 것은 성경의 모든 예
언은 사사로이 풀 것이 아니니 [21] 예언은 언제든지 사람의 뜻으로 낸 것이 아니요 오직 성령의 감동
하심을 받은 사람들이 하나님께 받아 말한 것임이라.

나는 이런 말을 자주 듣는다. 그리스도인들이 함부로 "하나님이 내게 말씀하셨다"거나 "주님이 나에게 말씀하셨다"라고 하는 것 말이다. 그런 간증을 하는 사람들은 정확히 어떻게 하나님이 그들에게 말씀하셨는지 따져 묻는 것을 싫어한다. 이유가 무엇일까? 그들이 하나님께 받았다는 메시지가 어디에서 왔는지를 보면, 대부분 성경적인 타당성이 부족하다. 사실 하나님의 기록된 말씀과 정면으로 배치될 때도 있다!

자, 나는 기도와 하나님의 말씀에 대한 묵상, 주변의 상황들, 경건한 사람들의 조언을 아울러서 하나님의 인도하심을 느끼는 사람들에 대해 말하고 있는 것이 아니다. 사람들이 종종 "하나님이 나를 인도하셨다"거나, "하나님이 나에게 보여주셨다"라고 말할 때에는 정말로 하나님이 그렇게 하셨다는 뜻이다. 그런데 간혹 하나님이 말씀하셨다거나 무언가를 보여주셨다고 주장하면서 한층 더 대담한 주장을 하는 사람들이 있다. 그런 사람들은 자신들이 전능하신 분에게 직접 공식적인 메시지를 받았다고 믿는다! 가끔 나는 그분의 목소리가 바리톤인지 베이스인지 묻곤 한다. 나는 지금까지 살면서 이런저런 방법들이 나왔다가 사라지는 것을 보아왔다. 모두 자신들의 방법이 하나님 혹은 최소한 초자연적인 세계에서 계시를 받는 분명한 방법이라고 주장하는 것들이었다. 그런 요지경 같은 주장들을 들으면 나는 화가 나서 견딜 수가 없다.

카드, 묵주, 꿈, 환상, 죽은 사람의 목소리, 표적과 상징들, 느낌, 외계인들, 천사들, 구름의 형상, 성령과 직접 대화를 나누는 것! 이러한 '진리'의 출처들은 서로 모순될 뿐만 아니라 대부분 성경 말씀에 위배된다.

그렇다면 우리는 어떻게 성경을 믿을 수 있다고 확신하는가? 하나님의 말씀이 하나님의 계시라고 주장하는 다른 것들과 구별되는 이유는 무엇인가? 어째서 그것은 다른 모든

신성한 진리의 기준을 능가하는가? 1장 12-21절에서 베드로는 유일하게 믿을 수 있는 진리의 원천이 성경이라는 것을 상기시키면서 하나님의 신성한 말씀이 우리의 믿음과 행위의 확고한 기준으로 신뢰받을 수 있고, 받아야 하는 이유를 설명한다.

이것은 건전한 가르침에 대한 그리스도인들의 기억을 일깨우고, 그들이 믿음 안에서 정진하기를 촉구하며, 그들의 믿음과 실천의 성경적 바탕을 단단히 다지기 위해서 쓰인 편지에 나오는 지극히 중요한 논제이다. 12-18절에서 베드로는 무엇이 진리이고 무엇이 진리가 아닌지를 상기시킨다. 그리고 19-21절은 하나님이 성경의 저자들을 통해 그분의 말씀을 전달하신 과정과 우리가 가진 원전(原典)을 믿을 수 있는 이유를 설명한 보기 드문 구절이다.

—1:12-15—

현재의 유익과 미래의 보상에 따르면 베드로는 기본적인 믿음에서부터 맨 꼭대기의 무조건적인 사랑으로 오르는 여정 가운데 그리스도인의 덕목을 힘써 기르라고 독자들에게 권고했다(1:1-11). 그런 다음 자신이 세상의 장막에 거하는 동안, 즉 자신이 육신적으로 살아 있는 동안 그들에게 이것들을 계속 생각나게 할 것이라고 말한다(1:12-13). 그가 그것들을 '생각나게 한다'는 사실은 베드로가 그들이 들어보지 못한 새로운 계시나 근본적인 원칙들에 대해 쓰고 있는 것이 아니라는 뜻이다. 도리어 베드로는 그들이 이런 것들을 이미 알고 있으며 "이미 있는 진리에 서 있"었다고 못박는다(1:12). 이것들이 너무나 중요하기 때문에 자신이 곧 순교당할 것을 주님의 특별한 계시로 알았던 베드로는(사도들 사이에서는 하나님과의 소통이 드문 일이 아니었다) 마지막으로 이것들을 강조하고 있는 것이다(1:14).

그러므로 기본적인 기독교의 진리는 하나님의 백성들이 그 안에 '서 있고' 일깨움을 받는 어떤 것이다(1:12). 진리는 운이 좋으면 우연히 발견하는 난해한 알아맞히기 게임도 아니고, 영리한 사람들에 의해 풀리기를 기다리고 있는 불가사의한 수수께끼도 아니다. 또한 그것은 애매모호하거나 막연하지 않다. 그것은 문화의 사조나 그때그때의 경험에 따라 바뀌지 않는다. 베드로가 그들이 이미 딛고 서 있는 진리를 생각나게 한다는 사실이 그것이 변하지 않음을 분명히 나타낸다.

베드로는 또 진리는 객관적이라고 말한다. 그것은 생각날 수 있는 말로 표현될 수 있다(1:15). 진리는 신자들의 믿음을 세워주고, 하나님의 인격과 뜻을 존귀히 여기며, 인생의 실체 – 과거, 현재, 미래 – 를 드러낸다.

—1:16-18—

진리란 어떤 것인지를 다룬 후에(1:12-15) 베드로는 진리가 아닌 것을 설명한다(1:16-18). 예수 그리스도께 선택받은 사도로서의 경험에 의거해 그는 기독교의 주장을 신뢰할 만한 진리라고 보지 않을 수도 있는 사람들의 의구심에 답한다.

진리는 신화가 아니다. 베드로가 사용한 '이야기(tales)'라는 단어는 헬라어의 *mythos*로서 영어의 myth(신화)의 어원이다. 신화란 사람들이 인생을 설명하기 위해 만들어낸 추측, 우화, 허구, 영적 진리에 대한 비유, 또는 그것들을 감동적인 이야기로 그려내 사람들에게 재미를 주는 것이다. 베드로는 자신들이 믿는 신들의 위업에 대한 온갖 신화를 만들어낸 고대 로마, 헬라, 페르시아, 이집트의 종교들에 둘러싸여 있었다.

허구의 영화와 소설이 현대판 신화라고 할 수 있을 것이다. 〈스타워즈(Star Wars)〉는 우리를 즐겁게 하고, 감동을 주며, 흥분시킬 수 있지만 제정신이 있는 사람이라면 아무도 영화의 등장인물들이 멀고 먼 은하계 어디엔가 실제로 존재하리라고 믿지 않을 것이다! J.R.R. 톨킨(J.R.R. Tolkein)의 「반지의 제왕(Lord of the Rings)」이나 C. S. 루이스의 「나니아 연대기(Chronicles of Narnia)」 같은 영웅담은 기독교의 진리에 대한 의도적인 비유를 담고 있지만, 실제로 중간계가 있다거나 옷장 안에 다른 세계가 존재한다고 믿는 사람은 없다! 그런 기상천외한 이야기들은 신화적인 허구라는 것을 금방 알 수 있다.

베드로는 그리스도의 재림, 그의 죽음과 부활에 대한 기본적인 기독교의 주장은 '신화'의 장르에 속하지 않는다는 점을 명백히 밝힌다. 베드로는 어떻게 그런 주장을 그렇게 분명하게 할 수 있을까? 왜냐하면 그는 직접 목격했기 때문이다! 그와 다른 제자들은 그리스도의 위엄을 눈으로 보았다(1:16). 그리고 베드로는 그가 전설, 신화, 또는 허구가 전혀 섞이지 않은 진리를 그의 독자들에게 전달했다고 분명히 말한다. 에드윈 A. 블룸(Edwin A. Blum)은 이렇게 썼다.

> (신약 성경은) *Mythos*라는 말을 항상 부정적이거나 복음의 진리와 상반되는 의미로 사용한다(딤전 1:4, 4:7, 딤후 4:4)… 그 거짓 선생들은 사도들이 말한 성육신, 부활, 도래할 왕국은 꾸며낸 이야기일 뿐이라고 주장했을 가능성이 높다![4]

베드로 시대에 거짓 종교와 거짓 선생들의 신앙과 관행은 그들이 역사적 사실이라고 소개한 꾸며낸 이야기에 바탕을 두었던 반면에, 그리스도에 대한 베드로의 가르침은 그가 실제로 경험한 것에서 나왔다. 베드로는 그가 야고보와 요한과 함께 목격했던 한 사건 – 갈릴리 북단에 있는 헤르몬산으로 추정되는 '거룩한 산'에서의 변모 – 을 고른다.

복음서 중에서는 마태복음 17장 1–8절, 마가복음 9장 2–8절, 누가복음 9장 28–36절에서 이 사건에 대한 기록을 볼 수 있다.

변화산에서의 영광

지상에서의 사역이 끝나갈 즈음 예수님은 어리둥절해 있는 제자들에게 자신이 예루살렘에 가서 고초를 당하고, 죽음을 당한 후에 다시 살아날 것이라고 가르치기 시작하셨다(마 16:21). 베드로는 예수님을 옆으로 모시고 가 메시아답지 못하게 그런 말을 하신 것을 나무랐다(16:22). 이 숨겨진 계획이 드러난 지 엿새 후에 그리스도는 세 명의 제자들을 데리고 '높은 산'에 오르셨다(17:1). 베드로는 이 산을 그냥 '거룩한 산'(벧후 1:18)이라고 했는데, 성경에 그 이상 밝혀진 것은 없다. 교회의 전승에 의하면 이 산은 나사렛이 있는 갈릴리 서쪽에 있는 다볼산(Mt. Tabor)이라고 하는데, 많은 학자들은 이 산이 실제로는 가이사랴 빌립보 방향인 갈릴리 북쪽에 있는 헤르몬산이었다고 믿고 있다. 이 주장이 타당한 이유는 베드로가 성령의 감화를 받아 예수님이 "주는 그리스도시요 살아 계신 하나님의 아들이시니이다"(마 16:16)라고 고백했을 때 예수님이 이미 북쪽에 계셨기 때문이다. 다볼산은 가이사랴 빌립보에서 약 80킬로미터 떨어진 곳에 있는 반면에, 헤르몬산은 약 24킬로미터 떨어진 곳에 위치하고 있다.

Wayne Stiles

그리스도가 변모하신 곳으로 추정되는 헤르몬산.

베드로가 우선적으로 이 이야기를 선택한 까닭은 그가 직접 영광의 구름 속에서 예수님에 대해 증거하는 목소리를 들었기 때문이다. "이는 내 사랑하는 아들이요 내 기뻐하는 자라"(벧후 1:17). 베드로는 하나님이 친히 예수님의 말씀과 행위가 인간을 초월하는 어떤 것임을 입증하셨다고 당당히 말할 수 있었다(1:18). 하나님의 말씀을 직접 들은 것 외에도 베드로는 예수님이 변하셨던 잠깐 동안 찬란하게 빛나시던 모습을 육안으로 보았다. 이렇게 그는 눈과 귀로 예수님의 위격과 사역에 대한 진리의 확증을 보고 들었다.

베드로는 주 하나님이 시내산에서 모세에게 십계명을 주셨을 때에는 글로 말씀하셨지만, 헤르몬산에서는 예수님을 가리켜 육신이 된 말씀(요 1:14)이라고 귀에 들리게 말씀하셨다고 주장한다. 그리고 구약 성경에서 율법과 선지자를 대표하는 모세와 엘리야가 나타났을 때(마 17:3) 베드로는 예수님에게서 구약이 성취되었음을 깨닫는다(눅 24:44, 요 1:45). 이렇듯 입이 다물어지지 않을 정도로 놀라운 예수님의 사역에 대한 확증이 있었기에 그분에게서 인격화된 진리를 본다는 사실을 아무도 의심할 수 없었을 것이다.

물론, 모든 사람이 헤르몬산에서 세상을 떠난 성인들의 영혼을 보고 하나님이 직접 기독교의 진리를 확증하는 소리를 듣는 특권을 누리는 것은 아니다. 베드로가 사도들의 메시지에 대한 신뢰성에서 영원히 사라지지 않을 하나님의 기록된 말씀 - 성경에 대한 신뢰성으로 주제를 돌린 것도 이런 이유에서이다.

—1:19-21—

베드로는 자신이 직접 그리스도의 영광과 하나님의 음성을 보고 들었기에 "또 우리에게는 더 확실한 예언이 있어"(19절 상)라는 말로 성경에 대한 논의를 시작한다. 여기서 말하는 예언이란 예언서만이 아닌 성경 전체를 일컫는다. 베드로는 20절에서 "성경의 모든 예언"이라고 말하면서 더 명확하게 규명한다. 우리는 성경에서 글로 쓰인, 읽을 수 있고, 연구할 수 있으며, 상고할 수 있고, 성령의 인도하심과 능력으로 적용할 수 있는 하나님의 진리를 본다. 성경의 진리는 절대불변이다. 그것은 시대에 뒤떨어지는 법이 없다. 구약의 성도들은 성경을 절대 틀림없는 증거라고 믿었지만, 성경의 신뢰성은 베드로가 메시아에 대해 기록된 예언이 실제로 이루어지는 것을 보았을 때 더 확실해졌다. 이것이 베드로가 그의 독자들에게 알려준 진리의 확실한 기초이다.

베드로는 우리가 성경의 예언에 주의를 기울이는 것이 좋을 것이라고 말한다(1:19). '주의하다'라는 말은 어떤 것에 관심, 주의, 헌신을 집중한다는 뜻이다(히 2:1을 보라). 즉, 구약의 인물들과 그 이야기들을 대충 알거나 피상적으로 이해하는 것만으로는 부족하다는 말이다. 실질적으로 이 말은 우리가 성경 말씀을 그냥 읽기만 하지 말고 공부해야 한다는 뜻이다. 우리는 말씀을 대충 훑어보지 말고 곰곰이 생각해야 한다. 말씀을 중얼거리지 말고 암송해야 한다. 말씀을 액자에 끼워서 벽에 걸어놓지 말고 삶에 적용해야 한다.

이렇듯 우리는 원래부터 "어두운 데를 비추는 등불"(1:19)로 여겨졌던, 분명하고 권위 있는, 글로 쓰인 하나님의 말씀을 다루려고 한다. 여기서 '어두운'이라는 것은 말 그대로 '어두컴컴한'이라는 뜻이다. 베드로는 우리가 살고 있는 세상을 울부짖는 소리로 가득 찬 황량하고 어두운 곳으로 묘사한다. 어쩌면 그는 절대 벗어날 수 없는 무덤이나 지하 감옥을 생각하고 있었을지도 모르겠다. 믿음을 가진 사람들로서 우리는 인간적 지혜나 이해조차 신뢰할 만한 안내자가 되지 못하는 이런 환경 속에서 우리의 길을 밝혀주시는 하나님 말씀의 인도하심에 의지해야 한다. 시편 기자는 시편 119편 105절에서 "주의 말씀은 내 발에 등이요 내 길에 빛이니이다"라고 했다. 마음을 꿰뚫는 하나님 말씀의 빛을 좇지 않으면 자칫 길을 잃고 세상의 혼탁한 수렁 속에 빠져들게 될 것이다.

늘 하던 대로 베드로는 이 절망적인 상황의 한가운데에 희망의 밝은 빛을 비춘다. 그는 독자들에게 하나님의 영광이 그리스도를 통해 빛나고, 세상의 어둠을 몰아내며, 새로운 여명이 비칠 날이 올 것임을 상기시킨다. 새벽 별이고 세상의 빛이신 예수 그리스도는 다시 오셔서 우리를 일으켜 그분의 영광에 함께 참여하게 하실 것이다(요 8:12, 계 22:16). 그때까지 우리는 어둠 속에서 확실한 빛의 근원에 눈을 맞추어야 한다.

베드로가 "먼저 알 것은"이라는 말로 20절을 시작할 때 우리는 귀를 쫑긋 세우고 다음에 나오는 말에 정신을 집중해야 한다. 그가 말하려고 하는 것은 지극히 중요한 것이기 때문이다. 그가 우리 모두에게 알려주고 싶어하는 진리란 이것이다. "성경의 모든 예언은 사사로이 풀 것이 아니니"(벧후 1:20). '해석'이라는 말은 헬라어로 *epilysis*이다. 보통 성경 본문의 뜻을 해석한다고 말할 때 쓰이는 헬라어는 *dianoigō*(눅 24:32)와 *diermēneuō*(눅 24:27)이다. 그러므로 '사사로운 해석'은 믿는 사람들 개개인이 겸허한 마음으로 성령께 의지하고

성경 말씀을 부지런히 공부하면서 성경을 해석할 수 없다는 뜻이 아니다.[5]

그렇다면 베드로는 무슨 뜻으로 '사사로이 풀다'라는 말을 썼을까? 아마도 베드로는 성경의 어떤 구절도 홀로 뚝 떼어놓고 봐서는 안 된다는 뜻으로 말하는 것 같다. 즉, 어떤 선지자도 이미 계시된 것에 위배되는 말씀을 말하거나 쓰지 않는다는 뜻이다. 여기에는 이중적인 뜻이 들어 있다. (1) 성경의 어느 한 구절도 다른 구절 – 다른 작가가 쓴 것이어도 – 과 절대 상충되지 않는다. (2) 모든 각각의 구절은 성경의 전체적인 관점에 비추어서 이해되어야 할 뿐 아니라 유사하거나 관련이 있는 구절들에 비추어 이해되어야 한다.

다음 구절과 가장 잘 맞는 세 번째 관점은 모든 성경의 예언은 궁극적으로 성경의 근원이신 하나님에게서 온 것이라는 뜻이다. 성경 말씀은 하나님의 계시에 대한 선지자의 사사로운 해석이나 인간의 설명을 반영하지 않는다. 베드로는 21절에서 그 과정을 설명한다. "예언은 언제든지 사람의 뜻으로 낸 것이 아니요 오직 성령의 감동하심을 받은 사람들이 하나님께 받아 말한 것임이라." 이 구절로 베드로가 한 '사사로이 풀다'라는 말을 해석한다면 이 세 번째 관점이 가장 타당하다. 성경은 하나님의 계시에 대해 오류가 있는 인간의 생각과 해석을 기록한 것이 아니다. 성경은 성령이 역사하셔서 인간 저자들이 원문을 쓸 때 일체 오류가 없도록 쓰인 완전하고 권위 있는 하나님의 말씀이다. 어쨌든 세 번째 관점이 맞다면, 성경은 서로 상충되지 않으며 총체적인 관점을 가지고 읽어야 한다는 두 번째 관점 역시 진리다. 왜냐하면 구약 성경과 신약 성경 모두 그 뒤에 계신 단 한 분의 작가는 하나님이시기 때문이다.

21절은 성경의 영감성과 무오성과 관련하여 성경에서 가장 중요한 구절 가운데 하나이다. 베드로는 성경은 궁극적으로 인간의 생각이나 인간의 뜻에서 나온 결과물이 아니라고 분명하게 말한다. 그 과정에 인간이 개입되어 있는 것은 분명하지만 그 결과물 – 성경 – 은 한낱 인간이 쓸 수 있는 한계를 훌쩍 뛰어넘는 특성과 수준을 갖추고 있다. 세상 신화들에서 볼 수 있는 '잘 짜인 이야기들'과 달리 하나님의 말씀은 하나님이 직접 관여하셔서 나온 결과물이다.

베드로는 그림을 그리듯이 생생한 말로 이 진리를 설명한다. 인간 저자들은 "성령의 감동하심을" 받았다. 헬라어로 '영'은 *pneuma*인데, '바람'이라는 뜻도 가지고 있다. 그리고 '감동되다(moved)'는 *pherō*로 개인의 능력이나 힘과는 상관없이 '나르다' 또는 '실어가다'라는 뜻을 가진다. 누가는 사도행전 27장 15, 17절에서 폭풍에 휩쓸린 배가 '밀리다'는 뜻으로 이 단어를 사용했다. 마찬가지로 성경은 그 쓰이는 과정에서 작가들이 특별한 성령의 지배를 받았기 때문에 하나님의 영감을 받았다. 이는 그들이 의식적으로 그 과정에 참여했다는 뜻이다.

성경이 영감에 의해 쓰였다고 해서 하나님이 인간 저자들에게 말씀을 받아 적게 하셨다는 뜻이 아니다. 또한 인간 저자들이 일종의 최면 상태에 있었다는 뜻도 아니다. 그들은 아마 하나님의 영감을 받은 말씀을 오류 없이 쓰고 기록하도록 성령이 그들을 움직이고 계시다는 사실을 인식하지 못했을 것이다. 그럼에도 불구하고 그 결과로 하나님의 영감으로 쓰인 완전무결한 성경이 완성되었다.

신약 성경의 저자가 '성경'이라고 말할 때 그들이 염두에 두고 있는 것은 기본적으로 유대인들과 초기 그리스도인들이 하나님의 영감으로 쓰인 말씀으로 인정한 구약의 글들이었다. 그러나 우리는 베드로가 이미 신약의 사도들과 선지자들의 글이 구약 성경과 같은 반열에 있으며, 똑같이 존중하고 순종해야 할 말씀으로 대해야 한다는 사실을 인식하고 있었음을 볼 수 있다(3:16).

성경 영감설에 대한 베드로의 기술적인 설명이 이 편지를 쓰는 전체적인 목적에 어떻게 부합되는가? 베드로는 올바른 가르침에 대한 독자들의 기억을 불러일으키고, 그들이 믿음 안에서 정진하도록 독려하며, 그들의 믿음과 실천의 성경적 바탕을 단단히 다지기 위해서 이 편지를 썼다. 이 모든 것에 있어서, 성경의 권위를 이해하는 것은 필수이다. 곧 베드로도 그럴 테지만, 사도들이 세상을 떠나고나면 성경이 교회를 올바른 가르침으로 이끌어야 할 것이었다. 그의 독자들은 성경을 통해 그들이 무엇을 믿는지, 또 어떻게 살아야 하는지에 대한 성경적 기초를 재확인해야 했다. 그들의 믿음이 하나님의 말씀을 중심으로 섰을 때에만 거짓 교리를 분별하고 이단들의 거짓 주장들을 물리칠 수 있을 터였다. 바울은 성경의 중요성을 이렇게 표현한다. "모든 성경은 하나님의 감동으로 된 것으로 교훈과 책망과 바르게 함과 의로 교육하기에 유익하니 이는 하나님의 사람으로 온전하게 하며 모든 선한 일을 행할 능력을 갖추게 하려 함이라"(딤후 3:16-17).

1세기의 신자들에게 보낸 베드로의 메시지는 우리에게도 의미가 있다. 그의 말은 우리로 하여금 두 가지 중요한 진리로 주의를 돌리게 하려는 의도를 가지고 있다. 첫째, 당신

묵상의 서재

목사와 학자

사역 초기에 나는 메사추세츠 주의 월섬(Waltham)에서 목회를 했다. 나는 몇 개월 동안 담임 목사의 직무를 대행하고 있던 한 목사의 후임으로 왔다. 그는 히브리 학자이자 성경 선생으로 명망 높은 브루스 왈트케(Bruce Waltke) 박사였다. 몇 년 동안 함께 지내면서 우리는 절친한 친구가 되었다.

한번은 왈트케 박사가 나를 자신의 집 지하실로 데려갔는데 그곳은 마치 폭탄 맞은 도서관 같았다. 히브리어, 헬라어, 아람어, 라틴어로 된 낡은 성경책들이 여기저기 흩어져 있었고, 다양한 성경 발행본과 번역본들이 기다란 책상 위에 쌓여 있었다. 또한 메모를 적은 쪽지들이 사방에 흩어져 있었다.

"브루스, 대체 이게 다 뭔가?" 나는 그가 도대체 무슨 일을 하고 있는지 파악하려고 애쓰며 물었다. 행여나 그가 설교를 준비한 것이라면 나는 아마도 평생 동안 극복하지 못할 열등감을 갖게 되었을 것이다!

"음." 그가 말했다. "새로 발행될 성경의 관주 작성을 돕고 있어. 그 성경은 'New American Standard Bible'이라는 이름으로 발행될 거야."

나는 다시 책들을 둘러보았다. 잊지 말라. 그때는 성경 소프트웨어나 온라인 검색 엔진이 나오기 전이었다. 관주를 일일이 손으로 작성해야 했다. 힘들고, 지겹고, 공이 많이 드는 작업이었다. 브루스 왈트케 같은 사람이나 이런 일을 할 수 있고… 좋아할 수 있는 일이었다. 그런데 그 다음 그의 입에서 나온 말은 목사와 학자를 구분 짓는 경계선이 극복될 수 있다는 사실을 보여주면서 내게 큰 영향을 미쳤다.

"여보게, 찰스." 그는 미소를 지으며 말했다. "이 작업은 정말 내 삶을 변화시켰다네. 나는 성경의 모든 구절을 적어도 다섯 번씩 읽었거든."

하나님의 말씀에 대한 열정이란 이런 것이다! 사역을 하면서 나는 성경을 교과서 그리고 그 외에 아무것도 아닌 것처럼 취급하는 학생들과 학자들을 보았다. 그들은 성경의 진리가 마음속에 스며들게 하지는 않으면서 지적인 지식을 얻기 위해 성경을 읽었다. 어떤 사람들은 설교 본문을 찾으려고 대충 훑어보았다. 브루스 왈트케 같은 사람들은 드물었다. 나는 성경 구절 하나하나에 관주를 다는 작업보다 더 사람을 지치게 만드는 일(그리고 지루할 일!)을 상상하기 힘들다. 그런데 그렇게 세밀하고, 심도 있는 연구를 하면서도 브루스는 하나님이 한 가지 목적, 즉 우리를 그리스도께 이끌어 성령의 능력으로 삶을 변화시키기 위해 성령의 영감으로 쓰인 하나님의 말씀을 우리에게 주셨다는 사실을 한시도 잊지 않았다. 얼마나 신중하고 헌신된 학자의 귀감인가!

이 하나님의 말씀에 의지할 때 모든 자원 중에서 가장 신뢰할 수 있는 자원에 의뢰하고 있다는 사실을 기억하라. 세상은 가설, 다른 계시의 출전(出典), 경쟁 철학들로 가득 차 있다. 오로지 성경만이 기록된 하나님의 말씀, 즉 객관적이고 변치 않는 진리의 기준을 가지고 있다.

둘째, 당신이 성경에 필적하거나 더 신뢰할 만한 다른 자원 – 경험, 꿈, 느낌, 초자연적 현상, 견해 – 을 만들어낼 때 당신은 오류에 빠지게 될 것이라는 사실을 명심하라. 시편 138편 2절에서 말씀하고 있듯이 그 무엇도 하나님의 말씀보다 더 추앙받아서는 안 된다. "내가 주의 성전을 향하여 예배하며 주의 인자하심과 성실하심으로 말미암아 주의 이름에 감사하오리니 이는 주께서 주의 말씀을 주의 모든 이름보다 높게 하셨음이라." 베드로는 이것을 너무나 잘 알고 있다. 그는 그의 편지 전체를 다른 지식을 하나님의 말씀보다 우위에 두는 것에 대한 경고로 채운다. 나중에 그의 편지를 보면 알겠지만 그 결과는 참담하다.

주: 영적 성장에 대한 권고(베드로후서 1:12-21)

1. Justin Martyr, 1 *Apology* 26을 참고하라.
2. Johannes E. Louw and Eugene A. Nida, eds., *Greek-English Lexicon of the New Testament Based on Semantic Domains*, vol. 1, *Introduction and Domains*, 2nd ed.(New York: United Bible Societies, 1988), 68. 64.
3. Gangel, "2 Peter," 867.
4. Blum, "2 Peter," 273.
5. 신명기 17장 19절, 다니엘 9장 2절, 누가복음 10장 26절에서 개인이 성경을 공부하고 해석한 예를 참고하라. 그러나 그것은 신자들이 정규 교육을 받고 재능 있는 교사들과 함께, 또는 공동체 안에서 성경을 공부해서는 안 된다는 뜻이 아니다. 그런 경우는 성경에서 많이 볼 수 있다(느 8:8, 행 17:10-12, 살전 5:27).

거짓 선생들에 대한 비난

베드로후서 2:1-22

우리는 모두 언젠가 한 번쯤은 사기꾼에게 속았던 경험이 있을 것이다. 어쩌면 한 번 이상이었는지도 모른다! 몇 년 전… 아니면 바로 어제였을 수도 있다. 그것은 유원지에서 야바위 게임에 잔돈을 잃는 수준의 무해한 것일 수도 있고, 투자 사기로 퇴직금을 날리는 재앙일 수도 있다. 그런 사기는 당신을 거의 미치게 만들 수도 있다. 크리스토퍼 에드워즈(Christopher Edwards)가 그랬다. 「하나님께 미치다(Crazy for God)」라는 그의 책 서문에서 그는 자신이 기만당했던 끔찍한 경험을 서술했다.

> 내 이야기는 1975년 6월 내가 아무것도 모른 채 문선명의 통일교 위장 단체 소유의 한 농장에서 열리는 '즐거운 주말(Fun Weekend)'에 유인되어 갔을 때부터 시작된다….
>
> 나는 지적이고, 독립적인 인간에서 나의 새로운 메시아에게 전적으로 굴종하는 제자로 바뀌었다. 나는 의문을 제기하기를 두려워했고, 일거수일투족을 지도자들에게 의지했으며, 문 목사의 절대적인 통치를 받는 세상으로 회복시키기 위해서라면 기꺼이 목숨을 바치거나 살인을 저지를 준비가 되어 있었다.[1]

우리가 희생양이 될 수 있는 온갖 사기 가운데 가장 파괴적인 것이 사이비 종교의 속임수이다. 이런 류의 사기꾼들은 날조된 진리, 즉 순진한 사람들을 속이기 위한 가짜 진리를 다룬다. 날마다 텔레비전, 서점, 영화 산업 그리고 심지어 설교 강대상 뒤에서 거짓을 파는 장사꾼들에게 사람들은 고개를 끄덕이며 동의를 표한다. 날조된 진리는 큰 사업이다. 이 시대의 모든 사역은 사이비들에게 대항하고 사기꾼들에게 이의를 제기하는 역할을 해왔다. 이단들의 목록을 싣거나 그들의 교리를 반박하는 서적들은 대체로 너무 방대하거나, 아니면 그릇된 가르침을 간략히 요약하는 식으로만 다룰 수 있다.

베드로후서 2장에서 그 강직한 사도는 종교를 밀거래하지만 진정한 신앙은 없는 거짓 선생들에 대해 적나라하게 설명한다. 그들은 지략이 뛰어나고 진실되어 보이지만 사실 머리는 텅 비어 있고 허위로 가득 차 있다. 그들은 해답과 소망을 준다고 주장하면서 거짓말과 절망을 불러온다. 신뢰할 만한 지식을 선포하는 척하지만 신자들과 같은 언어, 다른 사전을 사용한다. 그리고 그리스도인의 자유를 얻은 듯이 행동하지만 썩어질 것들에 사로잡

핵심 용어

αἵρεσις [*hairesis*, 하이레시스] *(139)* '선택, 다른 의견, 거짓 교리'

이 말은 원래 철학이나 신학의 여러 갈래 또는 '유파' – 여러 '당파들' 중 한 가지 '선택'(행 5:17, 15:5) – 를 지칭하는 중립적인 용어였다. 그러나 신약 성경의 저자들은 이 단어를 사도들의 가르침에서 벗어난 그릇된 선택이나 비정상적인 파당을 일컫는 데 사용했다(고전 11:19). 베드로가 최초로 이 단어를 '거짓된 기독교의 가르침(벧후 2:1)'이라는 더 전문적인 의미로 사용하고 있으며, 2세기에는 이 뜻이 널리 통용되게 된다.

κρίσις [*krisis*, 크리시스] *(2920)* '결정, 심판, 정죄'

법정에서 선고를 한다는 뜻의 법률 용어인 이 단어는 일반적으로 긍정적인 의미와 부정적인 의미로 – 무죄 또는 유죄, 선 또는 악 – 다 쓰일 수 있다(고후 5:10). 베드로후서에서 *krisis*라는 단어는 거의 기술적 의미로서 마지막 때에 정죄와 파멸을 포함해서 악한 사람들에게 선고된 형벌을 가리킨다(벧후 2:4, 9).

ἀπώλεια [*apōleia*, 아폴레이아] (684) '멸망하는, 몰락, 상실, 파괴'

'심판'이라는 뜻의 *krisis*와 밀접한 관련이 있는 이 단어는 판결보다는 형벌 – 파멸 – 을 강조한다. 베드로는 이 단어를 사용해 불의 형태로 올(3:7) 이단에 대한 심판을 설명한다. 이와 유사하게 요한계시록은 '멸망'이라는 말로 불못에 던져질 짐승의 최후 운명을 설명한다(계 17:8, 17). 이것은 꼭 전적인 소멸은 아니더라도 완전한 파멸을 뜻한다.

혀 있으면서 다른 사람들을 사로잡을 방법을 모색한다. 그들은 성공하고 있는 듯이 보일 수도 있고 성도들보다 더 높은 점수를 올리고 있는 듯이 보일 수도 있다. 그러나 사실, 그들은 장차 올 진노의 날에 받을 심판을 쌓아올리고 있을 뿐이다.

앞서 교회에 전한 메시지에서 베드로는 그리스도인들에게 "조심하라! 대비하라!"고 간곡히 말했다. 그는 신자들에게 올바른 가르침을 생각나게 하고, 믿음에 정진하도록 격려하며, 신앙과 관례에 대한 성경적 기초를 공고히 하기 위해서 이 편지를 썼다. 이제 2장에서 그는 올바른 교리를 망각하고, 믿음에 등을 돌리며, 성경적 신앙과 관례에서 이탈한 사람들을 분석한다. 따라서 다소 어둡기도 하지만 언제나 사실이고 어느 시대에나 적용할 수 있는 이 대목은 우리 모두에게 주는 경고인 셈이다.

가짜 전달자들에 대한 폭로(베드로후서 2:1-3)

1 그러나 백성 가운데 또한 거짓 선지자들이 일어났었나니 이와 같이 너희 중에도 거짓 선생들
이 있으리라 그들은 멸망하게 할 이단을 가만히 끌어들여 자기들을 사신 주를 부인하고 임박한 멸
망을 스스로 취하는 자들이라 2 여럿이 그들의 호색하는 것을 따르리니 이로 말미암아 진리의 도가
비방을 받을 것이요 3 그들이 탐심으로써 지어낸 말을 가지고 너희로 이득을 삼으니 그들의 심판은
옛적부터 지체하지 아니하며 그들의 멸망은 잠들지 아니하느니라.

고린도후서 11장 3절에서 바울은 이 세상 최초의 사기꾼에 대해서 쓰고 있다. "뱀이 그 간계로 하와를 미혹한 것 같이 너희 마음이 그리스도를 향하는 진실함과 깨끗함에서 떠나 부패할까 두려워하노라." 조금 후에 바울은 그 사기꾼의 제자들에 대해 말한다. "그런 사람들은 거짓 사도요 속이는 일꾼이니 자기를 그리스도의 사도로 가장하는 자들이니라 이것은 이상한 일이 아니니라 사탄도 자기를 광명의 천사로 가장하나니"(11:13-14). 이 구절 속에 들어 있는 사탄의 궤계를 놓치지 말라. 그는 속이고, 마음을 미혹하며, 기독교의 헌신이 의미하는 단순성을 흐리고, 자신을 선하고 영광스러운 존재로 위장하며, 숱한 거짓말로 사람들을 속인다.

거짓 선생들은 보통 교리적으로 바르고, 인간적인 매력이 있으며, 신실하고, 논리적으로 설득력이 있어 보인다. 그러나 그들은 기만하고, 회유하며, 진리를 왜곡하는 사람들이다. 베드로후서 2장 1-3절은 그들의 간계에 주의하라고 경고한다.

—2:1—

앞 단락에서 베드로는 신뢰할 수 있는 진리의 출처로 성경과 사도들과 신령한 선지자들의 증언을 제시했다. 우리가 성경을 믿을 수 있는 이유는 참 선지자들이 성령의 감동으로 하나님께 받은 말씀을 했기 때문이다(벧후 1:21). 그러나 거짓 선지자들은 진실된 하나님의 선지자들 사이에 섞여서 진리의 싸구려 모조품을 팔고 있었다. 베드로가 말했던 것처럼 그의 동료 성도들은 그 당시 설교자들 가운데 거짓 선지자들이 있을 것을 예상해야 했다. 하나님이 성령의 능력으로 예수 그리스도의 참된 사도들과 선지자들을 보내셨듯이 사탄도

거짓 선지자들과 사도들을 보낼 것이다. "그러나… 거짓 선지자들"이라는 구절은 참된 선지자들과 거짓 선지자들의 말을 흑백으로 대비하고 있음을 시사한다.

참된 선지자	거짓 선지자
신뢰할 수 있는 목격자의 말	교묘히 꾸며낸 신화
주의를 기울여야 할 말	거부해야 할 말
어둠 속을 비추는 말	몰아내야 할 어둠의 말
성령의 감동에 의한 말	인간이나 악령의 감동에 의한 말

이런 차이점을 바탕으로 베드로는 2장 1–3절에서 거짓 선생들의 특성을 적어도 네 가지 제시한다.

- 이단을 끌어들임(2:1 상).
- 진리를 공공연히 부인함(2:1 하).
- 호색을 부끄러워하지 않음(2:2).
- 이기적인 탐심을 나타냄(2:3).

첫째, 그리스도인들 사이에 있는 거짓 선지자들은 "멸망하게 할 이단을 가만히 끌어들"일 것이다(2:1 상). '이단'이라는 말은 '선택하다'라는 뜻을 담고 있는 헬라어 *hairesis*에서 나온 말이다.[2] 은밀하고 교활하게 '이단들'은 매혹적인 진리의 대안을 제시한다. 그들은 종종 의지적으로나 정서적으로 받아들이기 어려울 것 같은 진리를 거부하는 대안을 제시하기도 한다. 그들은 사람들이 진리 앞에서 망설일 때 '선택'을 재촉하면서 더 매혹적인 대안을 만들어낸다. 그렇다고 그것이 꼭 진리를 거스르거나 욕되게 하는 것만은 아니다. 오히려, 그들은 겉모습은 진리처럼 보이지만 내용은 진리를 부정하는 어떤 것으로 위장하고, 그들의 교리를 '가만히 끌어들인다.' 워렌 위어스비(Warren Wiersbe)가 이것을 잘 표현했다. "거짓 선생들은 우리와 같은 언어를 사용하지만 사전은 다른 것을 사용한다."[3]

거짓 선생들은 '죄', '구원', '영감', '하나님', '예수 그리스도', '부활'에 대해 말하지만 그 말의 의미는 성경적 의미가 아니다. 죄는 단지 인간의 잠재력을 실현하지 못하는 것을 의미할 수도 있고 구원은 자아 실현이나 정신적 행복을 의미할 수도 있다. 현대의 거짓 선생들에게 성경은, 위대한 시나 문학이 '영감으로' 쓰인 것과 동일한 방식으로 영감을 받아 쓰인 것이다. 사람들은 하나님을 흔히 개인의 초월적 힘(Higher Power) – 현실 속에서 스스로를 초월하는 믿음에 대한 욕구가 투영된 것 – 으로 본다. 예수 그리스도는 높은 수준의 신적 의식을 가진 위대한 도덕적 스승, 또는 인간의 잠재력을 최고로 발현한 보편적 표상으로 여긴다. 또한 부활은 예수님의 가르침과 윤리를 지키고 따름으로써 '예수'를 살아 있게 한다는 비유로 생각될 수 있다. 거짓 선생들은 오래된 교리에 의문을 제기하도록 우리를 부추기면서 이런 용어들을 다시 생각하고 재정의한다. 그들은 '보수적' 기독교를 싫어하고, 기본적인 진리를 계속 수정하여 바꾸는 '진보적' 기독교를 더 좋아한다.

거짓 선생들의 두 번째 특성은 공공연히 진리를 부인하는 것이다(2:1 하). 그들은 그리스도의 인격과 사역을 받아들이는 것보다 부인하는 것이 더 많은 것으로 유명해질 것이다. 그들은 의도적으로 참된 선지자, 성경, 교회와 대립각을 세운다. 그들은 성경에 개진되고 교회 역사를 통해 여러 차례 재확인된 역사적 기독교의 정통 교리 가운데 상당 부분 – 혹은 전부 – 을 거부한다. 초대 교회 때부터 현재에 이르기까지 그리스도인들은 믿음에 대한 특정한 성경적인 교리를 정통 신앙을 규정하는 가장 중심 되는 특성으로 지켜왔다. 이 정통 신앙의 핵심에서 벗어난 사람들은 진정한 기독교 신앙을 벗어난 사람들로 간주되었다. 이 핵심 진리란 다음과 같은 것들이다.

- 성경의 영감설과 무오설.
- 세 위격이시며 영원히 존재하시는 단 분뿐이신 삼위일체의 하나님: 성부, 성자, 성령.
- 예수 그리스도의 영원불변한 신성과 인성.
- 그리스도의 동정녀 잉태, 죄 없는 삶, 죄를 대속하는 죽음, 몸의 부활, 장차 있을 재림.
- 특수 창조설과 인류의 타락.
- 믿음을 통해 은혜로 받는 구원.
- 신자들의 영생과 믿지 않는 사람들에 대한 심판.

그런 거짓 선생들은 구원받았을까? 2장에서 베드로가 쓴 것을 보면 정통 신앙과 극명하게 다른 교리를 가르치는 사람들은 사실상 영적으로 거듭난 그리스도인이 아니라는 결론을 내릴 수 있다. 베드로는 그들을 값을 치르고 사신 주님을 그들 스스로가 거부했다고, 다시 말해서 예수 그리스도가 그들의 죄를 대신 갚으시는 것을 거절했다고 말한다. 그리스도는 타락한 인류를 대신해 죽으심으로써 세상의 죄에 대한 대가를 치르셨다. 즉, 인류가 마땅히 받아야 할 형벌을 스스로 대신 받으셨다. 그리스도의 죽음은 모든 사람들의 죄의 대가를 갚기에 충분하지만(요일 2:1-2), 그분을 믿는 사람들만이 그 구원의 혜택을 받는다(요 3:16-18). 거짓 선생들은 특별히 심각한 곤경에 처해 있다. 왜냐하면 그들이 그리스도의 구원에 대한 설교를 들었음에도 불구하고 그것을 거부하고, 주님에 대한 거짓 가르침으로

역사 속 이단들

예수님과 사도들은 거짓 선지자와 선생들이 나타나 그리스도인들을 기만하고 믿는 자들에게서 진리를 강탈하려 할 것임을 예견했다(마 24:11, 벧후 2:1). 그들은 여러 모로 달랐지만 하나같이 기독교 신앙의 핵심 진리를 거부했다. 베드로 시대 또는 그 직후에 교리를 전파했을 것으로 추정되는 몇몇 거짓 선생들이 있다.

사마리아인 시몬. 사도행전 8장 9-24절은 사마리아인 시몬이 그릇된 신앙으로 베드로의 질책을 받은 사실을 언급한다. 초기 기독교 역사에 따르면 그가 자신을 하늘에서 내려온 위대한 하나님이며 자신이 데리고 온 창녀 헬레나는 최초의 피조물이라고 주장했다고 말한다.[4] 사마리아인 시몬은 네로의 선왕 클라우디우스 황제가 재임할 당시 로마에서 살았다. 누가가 60년대에 쓴 사도행전에 그의 거짓 회심을 포함시킨 것만 봐도 그의 악명이 얼마나 높았는지 알 수 있다. 베드로는 시몬의 거짓 가르침을 알았을 것이고 그래서 베드로후서에서 가짜 전달자들을 공격하는 글을 쓸 때 그와 그의 추종자들을 어느 정도 염두에 두고 있었을 것이다.

세린투스(Cerinthus). 1세기 말 소아시아에 살았던 세린투스는 그리스도는 하늘에서 내려와 예수라는 순전한 인간의 몸을 빌려 입은 천상의 영적인 존재였다고 가르치면서 그리스도의 성육신을 부인했다.[5] 사도 요한이 네 번째 복음서를 쓴 이유 중 하나도 세린투스의 이설을 반박하기 위해서였을 것이다. 요한은 신성한 하나님의 아들이 인간의 육신을 빌리거나 차지한 것이 아니라 "말씀이 육신이 되어 우리 가운데 거하"셨다고 분명하게 말했다(요 1:14).

그노시스주의자들(Gnostics). 흔히 '그노시스파'라고 불리는 여러 분파들은 1세기 말 메난드로스(Menander)와 사투르니누스(Saturninus)처럼 마술사 시몬의 추종자들이 전하는 난해하고 혼합주의적인 가르침에 그 뿌리를 두고 있다. 그노시스주의자들은 보편적으로 그리스도는 미지의 하나님에게서 나온 많은 영적인 존재들 중 하나에 불과하며, 그 하나님은 특별한 지식(그노시스)을 가지고 영적 엘리트들을 인도하고 교화시켜 구원한다고 가르쳤다. 많은 그노시스파들은 성경 대신 그들만의 거짓 경전을 쓰거나, 그들의 이상한 신학을 뒷받침하기 위해서 성경을 극도로 우화적이고 영적인 의미로 재해석했다.[6]

대체했기 때문이다. 이로 인해 그들은 잃어버린 바 된 사람들임이 분명하다.

베드로는 또 이 거짓 전달자들은 "임박한 멸망"(2:1)을 바라보고 있다고 말한다. '임박한'이라는 헬라어는 *tachinos*로서 급작스러운 몰락을 뜻한다. 즉, 거짓 선생들에게 심판은 그들이 전혀 예상하지 못했을 때 닥친다는 말이다. 그들이 마치 아무 응보도 없을 것처럼 살고 있을 때 멸망은 무단 침입자처럼 그들의 삶을 가로막을 것이다.

베드로가 생각하고 있는 것은 어떤 멸망일까? 신약 성경의 다른 부분을 보면 멸망, 즉 *apōleia*는 종종 구원받지 못한 사람들이 받을 심판과 천벌을 일컫는다(마 7:13, 빌 1:28, 히 10:39). 더 주목해야 할 점은 베드로도 이 단어를 구원받지 못한 사람들이 받을 심판이라는 뜻으로만 사용하고 있다는 사실이다(벧후 2:3, 3:7, 3:16). 진실된 그리스도인들 – 예수 그리스도를 믿음으로써 구원받고 영원한 성령의 인치심을 받은 사람들 – 도 의심하고, 속고, 죄를 지을 수 있다. 그러나 그들이 완전히 변절해서 구원을 잃는 일은 절대 없다. 절대로! 하나님이 크신 은혜로 그들을 영원히 손에서 놓지 않으신다(요 10:29, 롬 8:38-39, 유 24절).

그러므로 기독교의 핵심 진리를 부정하면서 믿음을 '버린' 것처럼 보이는 사람들은, 사도 요한이 그 시대에 있었던 일부 가짜 전달자들에 대해 말했듯이, 진정으로 구원받은 적이 없었던 사람들이다. "그들이 우리에게서 나갔으나 우리에게 속하지 아니하였나니 만일 우리에게 속하였더라면 우리와 함께 거하였으려니와 그들이 나간 것은 다 우리에게 속하지 아니함을 나타내려 함이니라"(요일 2:19).

—2:2—

수많은 거짓 선생들의 세 번째 특징은 뻔뻔한 호색이다. '호색'이라는 말은 헬라어로 대놓고 음탕한 것을 생생하게 표현하는 단어다. 주석가 윌리엄 바클레이(William Barclay)는 그 단어를 "수치심을 잃은 남자의 태도를 표현하는 말이다. 자기의 죄를 숨기고 싶어하거나 부끄럽게 여기는 단계를 넘어간 것이다"[7]라고 설명한다. 여기서 베드로는 진리를 함부로 변경시키는 행위 이면에 숨어 있는 동기에 대한 통찰을 제공한다. 정욕을 아무 제약 없이 마음껏 충족시키기 위해서 의의 기준을 다시 정립해야 하는 것이다.

사실을 외면하지 말자. "그대가 뜻하는 바를 행하라"고 말하는 종교는 "하지 말라"고 가르치는 종교보다 우리의 죄성에 더 호소한다. 그러므로 많은 사람들이 소위 '은혜'라는 왜곡된 교리로 위장한 관능의 유혹, 도덕적 방종, 음란한 행위를 좇는다. 알다시피, 이런 사기꾼들에게 '은혜'란 그들이 원하는 것을 원하는 때에 원하는 장소에서 원하는 사람과 할 수 있는 자유를 뜻한다. 이와는 반대로, 성경에서 말하는 신자들에게 주어지는 은혜란 죄에 대한 형벌을 면제받는 것과 율법적으로 지켜야 할 규범과는 별개로 그리스도를 자유롭게 사랑하고 섬길 수 있는 하나님이 주신 능력이다.

많은 추종자들을 만들기 원한다면 인간의 범죄 행위에 대한 규제를 없애는 것은 물론이고 그들의 원초적 욕망 – 쾌락, 탐욕, 이기심 – 에 호소하는 종교를 만들면 된다. 단박에 인기를 얻을 것이다. 그러나 동시에 이런 거짓 선생들과 추종자들은 그리스도의 이름에 치욕을 안겨줄 것이다. 그런 선생들은 '그리스도인'이라는 이름을 버리려 하지 않기 때문에 그들의 기만적이고 비정상적인 행위는 기독교와 연관된다. 그리스도의 대의는 훼손되고 지상명령의 성취는 방해를 받는다.

—2:3—

마지막으로, 가짜 전달자들은 이기적인 탐욕을 보인다. '이득을 삼다'라는 말은 '거래'나 '교환'을 뜻하는 마케팅 용어이다. 돈에 대한 제어되지 않은 탐욕이 거짓 선생들의 가장 큰 동기가 된다는 것은 정말 맞는 말이다. 그들의 금고를 채우기 위해 그들은 베드로가 말한 '지어낸 말'의 대가(大家)가 된다. '지어낸'이라는 말은 헬라어의 *plastos*인데, 여기서 현대의 *plastic*이라는 단어가 나왔다.[8] 거짓 선생들은 진리를 싸구려 – 그렇지만 설득력 있는 – 모조품으로 대체함으로써 추종자들이 진리 대신 거짓말을 받아들이기 쉽게 만든다.

돈을 지나치게 강조하는 것을 보면 우리의 이단 감지기는 큰 소리로 울려야 한다. 설교자의 전반적인 신학이 물질적 축복을 받는 기적적인 방법을 제시하는 것이라면 우리의 마음속에서는 경보가 울려야 한다. 거의 모든 메시지의 적용이 금전적인 씨앗을 뿌리거나 물질적인 결실을 거두는 것이라면, 도망치라. 선생들이 주로 인용하는 성경 구절이 이기적인 욕구를 만족시키는 것과 관련된 것이라면 가능한 한 빨리 그곳을 떠나라.

진실된 복음의 사역자는 하나님의 모든 권고 – 불편하고, 인정받지 못하며, 사람들이 좋아하지 않는 부분까지도 – 를 설교한다. 그런 사람은 복음을 전하는 것으로 생계를 유지하지만(고전 9:14), 그것으로 큰 돈을 벌어서는 안 된다. 그는 자기 자신이 아닌, 다른 사람들을 섬긴다. 대저택이 아닌 주택에서 산다. 리무진이 아닌 승용차를 탄다. 그는 책임을 유기하지 않고 책임을 진다. 그는 재정적으로 투명하고, 아첨하거나 원칙을 저버리지 않으며, 부자들의 비위를 맞추려 하지 않는다. 그에게서는 억제할 수 없는 탐욕의 속성을 찾아볼 수 없다. 그의 사생활은 비밀스러운 것이 없고 투명하다.

베드로는 거짓 선생들의 운명을 상기시키면서 그들에 대한 설명을 마무리한다. 행여 한 사람이라도 진리를 아무런 제약을 받지 않는 악행이나 도를 넘어선 탐욕과 바꾸려는 유혹에 빠질세라 베드로는 거짓 선생들에 대한 심판이 임박했음을 일깨운다(2:3). 당분간은 거짓 선지자들의 악한 속임수가 성공하고 있는 것처럼 보일지 몰라도 하나님의 심판은 수세기 동안 점점 끓어오르고 있다. 심판을 하지 않는 것이 아니라 다만 기다리고 계신다. 잠자고 있는 것이 아니라 때가 되면 불시에 덮칠 준비를 하고 계신다. 그분의 심판의 맷돌은 천천히 돌지만 하나도 빠짐이 없다.

베드로는 그리스도인들에게 올바른 가르침을 일깨우고, 믿음 안에서 정진할 것을 독려하며, 믿음과 실제의 성경적 토대를 튼튼히 하기 위해서 이 편지를 썼다. 베드로 시대에는 가짜 설교자들이 정통 신앙을 해체하고, 믿음을 약화시키며, 경건한 삶에서 사람들을 멀어지게 만드는 명백히 존재하는 위험을 나타냈다. 그와 동일한 어두운 위험의 세력이 오늘날 교회를 위협하고 있다. 조심하라!

적용

가짜 가려내기

베드로가 살던 시대의 거짓 선생들의 위협을 경시해서가 아니라 라디오, 텔레비전, 인터넷의 출현으로 1세기 초에는 방울방울 떨어지던 이단의 빗방울이 21세기에는 허리케인이 되었다. 어떻게 하면 사탄의 속임수라는 강풍과 폭우를 피할 수 있을까? 이 기만의 산성비로부터 우리를 보호해줄 수 있는 세 가지 실제적인 지침을 알려주겠다. 멈추라, 보라, 들으라.

멈추라! 겉보기에 해가 없어 보인다는 이유만으로 특정인의 가르침을 무조건 수용하지 말라. 거짓의 구렁텅이에 빠질 수도 있다. 사람들의 마음을 끄는 사람, 교회, 사역에 다른 사람들이 기쁨을 얻고, 설득되며, 영감을 받고, 은혜를 받았다는 것만으로는 절대 충분하지 않다. 충분한 시간을 들여 그들이 가르치는 내용을 성경의 분명한 가르침 그리고 정통 신앙의 핵심 교리와 비교할 때까지는 함부로 움직이지 말라. 당신 영혼의 깊은 곳에서 옳지 않다고 느껴지면 두려워하지 말고 돌아서서 도망치라.

보라! 특정 사역이나 운동을 대표하는 인물의 삶을 관찰하라. 그들이 그리스도를 닮은 가치와 덕목의 모범을 보여주고 있는가? 그들은 자기 자신을 부각시키는가, 그리스도를 부각시키는가? 당신이 보기에 그들은 신뢰할 만하고 투명한가? 진정한 겸손을 보여주는가? 진정성이 느껴지는가? 사랑이 있는가? 그들은 하나님의 말씀의 권위에 순종하는가? 그들을 따르는 사람들은 어떤 사람들인가? 어떤 사람이 외견상 진실되고, 지적이며, 카리스마가 있다고 해서 그것에 휘둘려서는 안 된다.

들으라! 선생들이 사용하는 언어에 주의를 기울이라. 그들이 말하는 내용뿐만 아니라 말하는 방식에도 주의를 기울이라. 또 말하지 않는 것이 무엇인지도 주의하라. 단지 기분을 좋게 해준다는 이유로 무언가를 진리라고 판단하는 함정에 빠지지 말라. 참된 진리는 뺨을 때리거나 복부를 한 대 치는 것 같을 때가 많다. 참된 진리란 거의 예외 없이 변해야 한다는 확신과 의무감을 불러온다. 그러나 거짓은 대개 거짓 안정감, 죄를 지을 수 있는 자유, 감정적 흥분을 제공하도록 꾸며져 있다. 주의 깊게 들으라. 비판적으로 생각하라.

우리는 너 나 할 것 없이 이 세상에 만연한 거짓된 가르침에 대해 더 잘 알아야 한다. 그들의 오류, 동기, 위험성을 규명해야 한다. 지금부터 며칠간 이런저런 속임수에 대해 눈을 크게 뜨고 분별력을 키우기 시작하면 어떨까? 멈추라. 보라. 그리고 들으라. 그리고 어느 지점에서 이 거짓 선생들이 곁길로 빠졌는지 탐색해보라. 당신이 자신 있는 분야에서 거짓을 가려내는 기술을 연마하면 사기꾼들이 예상하지 못했던 모퉁이에서 당신에게 달려들 때 더 잘 대처할 수 있게 될 것이다.

분노와 구원의 하나님(베드로후서 2:4-11)

4 하나님이 범죄한 천사들을 용서하지 아니하시고 지옥에 던져 어두운 구덩이에 두어 심판 때
까지 지키게 하셨으며 5 옛 세상을 용서하지 아니하시고 오직 의를 전파하는 노아와 그 일곱 식구
를 보존하시고 경건하지 아니한 자들의 세상에 홍수를 내리셨으며 6 소돔과 고모라 성을 멸망하기
로 정하여 재가 되게 하사 후세에 경건하지 아니할 자들에게 본을 삼으셨으며 7 무법한 자들의 음란
한 행실로 말미암아 고통 당하는 의로운 롯을 건지셨으니 8 (이는 이 의인이 그들 중에 거하여 날마
다 저 불법한 행실을 보고 들음으로 그 의로운 심령이 상함이라) 9 주께서 경건한 자는 시험에서 건
지실 줄 아시고 불의한 자는 형벌 아래에 두어 심판 날까지 지키시며 10 특별히 육체를 따라 더러운
정욕 가운데서 행하며 주관하는 이를 멸시하는 자들에게는 형벌할 줄 아시느니라
이들은 당돌하고 자긍하며 떨지 않고 영광 있는 자들을 비방하거니와 11 더 큰 힘과 능력을 가진
천사들도 주 앞에서 그들을 거슬러 비방하는 고발을 하지 아니하느니라.

우리는 아직 이단 문제를 다루고 있으므로 가장 큰 이단 하나를 소개하고자 한다. 마르시온(Marcion)은 베드로가 앞으로 나타날 거짓 선생들에 대한 경고의 글을 쓴 지 80여 년 후에 로마에 출현했다. 그는 흑해 연안에 있는 소아시아 북쪽인 본도(Pontus) 출신이었다. 그는 감독의 아들이었다고 전해지는데, 그렇기 때문에 기독교의 교리와 성경을 잘 알았으리라고 추정할 수 있다. 그는 분명 성경 구절을 외워서 인용할 수 있었을 것이다. 그는 성경을 매우 주도면밀하게 읽었다. 그러던 중 그는 구약에 나오는 엄격하시고, 율법을 제정하셨으며, 노기등등하시고, 심판하시는 하나님은 우리를 구원하기 위해 예수 그리스도를 보내신 사랑이 많으시고, 긍휼을 베푸시며, 은혜로우신 하나님의 모습과 전혀 다르다고 단정했다. 그는 또 이 물리적 우주는 불완전하고 부패한 것으로 가득 찼으므로 선하시고, 거룩하시며, 영적이신 하나님이 이런 곳을 창조하셨을 리가 없다고 결론지었다. 그래서 마르시온은 구약의 하나님 – 야훼 – 은 예수님의 아버지이신 신약의 하나님과 다른 신이라고 추론했다.

2세기 때 초대 교회는 마르시온의 광기에 신속하고 단호하게 대처했지만, 하나님의 속성이 가진 양면성이라는 '쟁점'은 여전히 신자들을 혼란에 빠뜨렸다. 성경은 실로 동일한 하나님의 양면성 – 한 면은 정의, 심판, 분노의 속성을 가지고 있고, 다른 한 면은 자비, 구

원, 축복의 속성 – 을 보여주는 것처럼 보인다. 하나님의 이런 '양면성'은 출애굽기 34장 6-7절에 잘 나타나 있다.

출애굽기 34장 6-7절 상	"여호와께서 그의 앞으로 지나시며 선포하시되 여호와라 여호와라 자비롭고 은혜롭고 노하기를 더디하고 인자와 진실이 많은 하나님이라 인자를 천대까지 베풀며 악과 과실과 죄를 용서하리라…."
출애굽기 34장 7절 하	"그러나 벌을 면제하지는 아니하고 아버지의 악행을 자손 삼사 대까지 보응하리라."

이 서술의 첫 번째 대목은 친절하고, 우리의 죄를 용서하며, 축복이 넘쳐흐르는 사랑하는 아버지의 모습으로 누구나 액자에 끼워 걸어놓고 싶어하는 그림이다. 그러나 두 번째 대목은 하나님이 죄를 눈감아주지 않으신다는 엄정한 현실을 우리에게 일깨워준다. 실제로, 그분의 심판은 때로는 너무나 엄격해서 그 여파가 삼사 대까지 미친다!

사실, 하나님이 친절하고, 사랑이 많으신 아버지처럼 보이는지 또는 복수심에 불타는 노기등등한 심판관으로 보이는지는 우리와 그분과의 관계에 달려 있다. 바울은 이렇게 말했다. "그러므로 하나님의 인자하심과 준엄하심을 보라 넘어지는 자들에게는 준엄하심이 있으니 너희가 만일 하나님의 인자하심에 머물러 있으면 그 인자가 너희에게 있으리라 그렇지 않으면 너도 찍히는 바 되리라"(롬 11:22). 실제로 바울은 복음의 메시지 자체가 그것을 대하는 사람이 믿는지 믿지 않는지에 따라서 달게 느껴지기도 하고 씁쓸하게 느껴지기도 한다고 말한다. "우리는 구원받는 자들에게나 망하는 자들에게나 하나님 앞에서 그리스도의 향기니 이 사람에게는 사망으로부터 사망에 이르는 냄새요 저 사람에게는 생명으로부터 생명에 이르는 냄새라 누가 이 일을 감당하리요"(고후 2:15-16).

바로 이런 하나님의 양면성 – 그분의 긍휼과 심판 – 이 베드로후서 2장 4-11절에서 함께 어우러진다. 거짓 선생들에게 심판은 임할 것이다. 그러나 구원받은 사람들에게는 하나님이 구원의 손길을 내미실 것이다. 이 구절에서 베드로는 그리스도인들에게 올바른 교리를 굳게 지키라고 하면서 경고, 약속, 소망을 나눈다.

한편, 2장 4-10절은 헬라어로 된 하나의 긴 문장이다. 그러나 구조적으로는 아주 단순하다. 이 문장은 기본적인 "만약… 하면"의 구문 형식을 따르고 있다. 베드로는 이렇게 말하고 있다. "만약 하나님이 역사 속에서 그분의 의로운 백성들을 구출하시면서 악한 자들에 대한 심판을 적절한 때를 기다리며 보류하시는 패턴을 정립하셨다면, 우리는 하나님이 미래에도 그렇게 하실 것 – 다가올 진노에서 우리를 구원하시고, 악하고 거짓된 선생들의 심판을 남겨두시는 것 – 을 확신할 수 있다."

기본적인 논지를 알았으니 베드로가 4–10절에서 어떤 식으로 주장을 펼치는지 살펴보자.

—2:4–8—

우리는 2장 4–10절에 나오는 "만약… 하면" 부분에서 '만약'에 해당되는 부분을 다음의 두 가지 역사적 사건으로 나눌 수 있다. 노아 시대 때 세상의 심판과 롯 시대 때 소돔과 고모라의 심판이 그것이다. 첫 번째 사건은 범죄한 천사들에 대한 심판뿐 아니라(2:4), 악한 사람들에 대한 심판까지도 포함했다(2:5).

범죄한 천사들(2:4)은 누구일까? 세 가지 가능성이 있다. 첫째, 어떤 사람들은 베드로가 원래 천사였던 존재의 타락, 즉 사탄의 타락을 말하고 있다고 보았다(겔 28:11–19). 그런데 베드로후서의 이 구절을 보면 이 범죄한 천사들은 구덩이에 던져져서 심판을 기다리고 있다고 쓰여 있다. 그런데 사탄과 그의 천사들은 세상에서 자유롭게 활동하고 있다(마 12:27–28, 벧전 5:8).

두 번째는, 최초의 사탄과 그의 마귀들의 타락 이후 어느 때인가 두 번째로 천사들의 타락이 있었다고 보는 것이다. 그런데 우리는 그런 두 번째 타락에 대한 기록을 가지고 있지 않으며, 사탄을 따르지 않았던 천사들은 그 후에 의로운 상태로 인치심을 받은 것으로 보인다. 바울은 "택하심을 받은 천사들"(딤전 5:21)이라는 표현을 하는데, 이것은 보통 사탄의 타락이라는 시험을 통과해서 절대 타락할 수 없는, 검증된 완벽한 상태로 인치심을 받은 천사들을 일컫는 것으로 이해되어왔다.

그렇다면 베드로후서 2장 4절에 언급된 그 범죄한 천사들은 사탄과 함께 타락했던 원 집단의 일부로서 그 이후에 어떤 죄 – 그들을 타락하게 만들었던 것보다 더 엄한 심판을 받아야 했던 극악한 죄 – 를 지은 천사들일 가능성이 가장 높아 보인다. 베드로는 그 사악한 천사들이 어떤 죄를 지었는지는 말하지 않으며, 그의 독자들은 이미 베드로가 어떤 사건을 말하고 있는지 알고 있는 것처럼 보인다. 실제로, 베드로는 그들의 심판에 대해 말하면서 굳이 그 의미를 명확히 설명하려 하지 않는다.

베드로는 "하나님이 범죄한 천사들을 용서하지 아니하시고 지옥에 던져 어두운 구덩이에 두어 심판 때까지 지키게"(2:4) 하셨다고 말한다. 그는 신약 성경에서 흔히 '지옥'을 말할 때 쓰는 단어인 *hadēs*(마 11:23)나 *gehenna*(마 5:22)와는 다른 독특한 단어를 사용한다. 베드로는 하나님이 범죄한 천사들을 타르타루스(*Tartarus*)에 던지셨다고 말한다. 헬라 세계에서 이것은 *hadēs*보다 더 심한 고통과 형벌의 장소로 간주되었다. 우리는 그것을 '지옥 중의 지옥'으로 부를 수 있을 것이다. 베드로는 이 심판의 엄정함을 강화시키기 위해서 헬라어의 표현을 끌어다 썼을 뿐 아니라 〈에녹 1서〉라고 불리는 1세기의 유대인들과 그리스도인들에게 널리 읽히던 책에 대해 언급한다. 이 책의 저자들은 성경의 홍수 이야기(창 6장)를 창조적으로 개작해서 인간 여인들과 동거한 천사들의 죄를 기술했다. 이 가증스럽고 괴이한 죄로 인해 그들은 가장 깊은 어둠 속에 던져져 심판의 날을 기다리게 되었다. 장차 올 그날에 악한 영들은 불 속에 던져질 것이다(에녹 1서, 10.6-9).[9]

이런 맥락에서 베드로가 '타르타루스(*Tartarus*)'라고 부르는 곳은 신약 성경에 몇 차례 언급된 '무저갱(abyss)'과 같다고 볼 수 있다. 예수님이 세상에서 사역하시는 동안 마귀들은 예수님께 자기들을 '무저갱(abyss)'에 보내지 말아달라고 애원했다(눅 8:31). 사탄도 그리스도의 재림 후 최종적으로 '불 못'(계 20:10)에 갇히기 전에 천 년 동안 '무저갱'에 던져질 것이다(계 20:3). 이곳은 그들이 세상과 접촉하거나 영향을 미치지 못하도록 악한 영들을 가둬두는 깊고 어두운 장소인 듯하다. 일종의 사형수 독방 같은 타르타루스는 가장 악한 영들이 심판을 기다리는 장소이다. 이 해석이 베드로의 주장에 가장 잘 들어맞는다.

5절에서 베드로는 타락한 천사들이 범죄한 시기를 홍수 이전의 시기와 연결시킨다(창 6-8장). 인류는 "그의 마음으로 생각하는 모든 계획이 항상 악할 뿐"일 정도로 악해졌었다(창 6:5). 악이 너무나 깊어서 하나님은 옛 세상을 용서하시지 않고 홍수를 일으켜 경건하지 않은 사람들을 멸절시키셨다(벧후 2:5).

그러나 이 심판 가운데서 하나님은 여덟 사람을 보전하셨다. '의를 전파하는 사람'인 노아, 그의 아내, 세 아들과 며느리들. 베드로는 사악한 천사와 인간들이 심판받는 중에 의인들이 구원받는 것을 예로 들었다. 장차 있을 심판의 때, 하나님은 당대에 의를 전파하고 악한 거짓 선생들을 비난하는 그리스도인들을 보호하실 것이다.

베드로가 예로 든 두 번째 사건은 소돔과 고모라의 심판이다(창 19장). 하나님은 이 도시에 사는 거주민들의 악행을 그냥 지나치지 않으셨다. 오히려, 그들은 하나님이 죄의 심판을 얼마나 심각하게 생각하시는지에 대한 본보기가 되었다. 이 도시들은 율법을 받지 않았지만 하나님은 그럼에도 그들의 극악한 죄와 폭력에 대해 책임을 물으셨다. 창세기 13장 13절은 이렇게 말한다. "소돔 사람은 여호와 앞에 악하며 큰 죄인이었더라." 그리고 창세기 18장 20절에서 하나님은 아브라함에게 "소돔과 고모라에 대한 부르짖음이 크고 그 죄악이 심히 무거우니"라고 말씀하셨다. 이 때문에, 하나님은 그들을 멸망시키기로 하셨다.

그런데도 아브라함은 물었다. "주께서 의인을 악인과 함께 멸하려 하시나이까"(창 18:23). 하나님의 대답은 그분의 심판과 분노 속에 담긴 자비에 대한 중요한 그림을 제공한다. 하나님은 그 도시의 의로운 주민들을 악한 사람들과 함께 멸망시키지 않으실 것이었다(창 18:25). 실제로, 하나님은 만일 그 도시에 의인 열 명이 있다면 심판을 중단하겠다고 약속하셨다(창 18:32). 하나님은 의로우시며 의인들에게 분노를 쏟아붓지 않으실 것이기 때문에 심판이 임하기 전에 두 천사를 소돔에 보내 롯과 그의 아내를 구하셨다.

이 예에서 베드로는 이 면을 강조한다. 하나님은 악한 사람들에게 심판을 내리시기 위해 그들로부터 롯과 그의 가족들을 옮겨서 "의로운 롯을 건지셨다"(벧후 2:7). 여러 가지 면에서 베드로의 원독자들은 소돔의 악한 사람들 사이에서 살았던 롯에 대한 베드로의 설명에 공감할 수 있었다. 소돔 사람들의 음란한 행위는 롯을 압박했고, 그의 심령은 그들의 무법한 행실을 보고 계속 괴로움에 시달렸다(2:7-8).

베드로는 악한 자들이 심판당할 때 의인이 구원받는 이 예를 그리스도인의 소망의 본보기로 사용한다. 장차 있을 심판의 때에 하나님은 악행과 무법이 판을 치는 세상에서 의로운 삶을 사는 그리스도인들을 보호하실 것이다. 그리고 그분은 그리스도의 재림보다 먼저 있을 심판의 때에 이 부도덕한 이교도들의 악행을 정죄하실 것이다.

—2:9—

'만약… 하면'의 논법에서 '만약' 부분을 심판을 내리기 전에 의인들을 구원하신다는 하나님의 패턴을 예를 들어 설명한 후에 베드로는 중요한 '…하면' 부분을 기술한다. "주께서 경건한 자는 시험에서 건지실 줄 아시고 불의한 자는 형벌 아래에 두어 심판 날까지 지키시며"(2:9). 베드로는 장차 있을 하나님의 심판의 때에 하나님은 악한 사람들과 의로운 사람들을 함께 쓸어버리지 않고, 그리스도 안에 있는 의로운 신자들이 심판을 당하지 않게 구원하실 것이라고 주장한다. 그러나 악한 사람들은 유죄를 선고받고 장차 있을 심판을 기다리게 될 것이다.

'시험(temptation)'이라고 번역된 *peirasmos*는 한 사람의 믿음의 진실성(베드로전서 1장 6절에서와 같이)에 도전하는 시험 또는 우리의 죄성에 호소하고 도덕적 진실성(누가복음 4장 13절, 야고보서 1장 1-4절에서 이 단어에 대한 설명을 보라)에 도전하는 '시험'을 의미할 수 있다. 이것은 특별히 요한계시록 3장 10절에 묘사된 말세 때 있을 환난을 가리킨다. 이 구절에서 예수님은 베드로가 그랬듯이 믿는 사람들은 도래할 심판에서 제외될 것이라고 약속하신다. "내가 또한 너를 지켜 시험의 때를 면하게 하리니 이는 장차 온 세상에 임하여 땅에 거하는 자들을 시험할 때라." 바울이 믿는 사람들이 "장래의 노하심에서 우리를 건지시는 예수"(살전 1:10)의 재림을 기다리고 있다고 말한 것은 앞으로 있을 최후의 심판 때의 바로 그 구원을 언급한 것이다. 그리고 믿는 사람들이 변화되어 그리스도와 함께 구름 속으로 들려 올라갈 휴거에 대해 말하면서(살전 4:17), 바울은 이 약속을 반복한다. "하나님이 우리를 세우심은 노하심에 이르게 하심이 아니요 오직 우리 주 예수 그리스도로 말미암아 구원을 받게 하심이라"(살전 5:9).

베드로의 주장을 바탕으로 우리는 신약의 그리스도인들 - 구약 성경에 나오는 노아와 롯처럼 - 은 최후의 심판의 형벌을 받지 않을 것이라고 결론 지을 수 있다. 그 심판은 경건하지 않은 거짓 선생들의 몫이다. 그 대신, 신자들은 그리스도인들에 대한 하나님의 구원을 기대할 수 있다. 베드로는 어떤 식으로 그 구원이 이루어질지 명시하고 있지는 않지만 노아와 롯에 대한 언급으로 보아 신자들은 심판이 임하기 전 분노가 쏟아질 장소에서 옮겨질 것이다. 사실, 데살로니가전서 5장 9절에 나오는 장차 있을 심판에서 신자들이 구조될 것에 대한 바울의 가르침과 요한계시록 1장 10절에 나오는 신자들에 대한 그리스도의 약속은 동일하게 주님의 날이 임하기 전에 신자들을 구원하시는 하나님의 방법으로 교회의 휴거를 가리킨다.

—2:10–11—

베드로는 이 대목을 거짓 선생들의 특성을 더 자세히 설명하면서 끝맺는다. 그는 이미 이 장의 처음에 나오는 몇 구절에서 충격적인 그림을 그렸다. 거짓 선생들은…

- 가만히 이단을 끌어들인다.
- 자신들을 대속하신 주를 부인한다.
- 멸망을 스스로 취한다.
- 호색한다.
- 진리의 도가 비방을 받게 만든다.
- 탐심으로 신자들을 착취한다.

이미 충분히 우울한 이 목록에 베드로는 음울한 특성을 몇 가지 덧붙인다. 이 거짓 선생들은 육체를 따라 더러운 정욕 가운데 행하고 권위를 멸시했기 때문에 형벌을 언도 받은 상태이다(2:10). 전자는 각각 노아와 롯의 시대에 성적 타락으로 나타난 죄악상을 요약한다. 후자는 권위 있는 위치에 있는 사람들을 대하는 거짓 선생들의 보편적인 성향과 관련이 있다.

헬라어 *kyriotēs*는 보통 천사의 권위를 가리키는데(엡 1:21, 골 1:16), 여기서는 천사의 권위와 함께 인간의 권위도 나타내는 것으로 보인다. 베드로는 거짓 선생들을 “당돌하고”, “자긍하는” 사람들로 묘사하는데, 이런 성질은 그가 믿는 사람들이 보여주기를 바란다고 다른 곳에서 표현한 순종적인 태도와 정면으로 배치된다. 첫 번째 편지에서 베드로는 독자들에게 ‘인간의 모든 제도’에 순종하라고 권고한다(벧전 2:13). 그러나 베드로후서 2장에 나오는 거짓 선생들은 천사들을 비방하기를 서슴지 않는다(벧후 2:10).

우리는 자신들의 정욕과 탐욕을 채우기 위해서라면 무슨 말이든 하고 무슨 일이든 할 수 있는, 건방지고, 거만하며, 제멋대로이고, 통제 불능인 지도자상을 보게 된다. 그런 사람들은 하나님의 백성이 아니다. 그리고 그런 사람들은 그리스도가 자신의 백성들을 구원하고 세상을 심판하러 다시 오실 때 정의의 하나님으로부터 자비가 아닌 진노의 대상이 될 것이라고 베드로는 말한다.

적용
하나님의 진노에서 구원받기

하나님은 두려운 심판관이신가, 아니면 선하고 은혜로우신 아버지이신가? 그분은 분노와 멸망의 근원이신가, 아니면 영원한 축복의 원천이신가? 이 질문에 대한 답은 하나님이 어떤 분이신가가 아니라 당신이 어떤 사람인가에 따라 달라진다. 하나님은 변치 않으신다. 그분은 거룩하시므로 악에 맞서신다. 그분은 의로우시므로 죄인들을 공정하게 심판하실 것이다. 그러나 하나님은 또한 자비롭고 은혜로우시며, 죽음에서 부활하셔서 우리에게 용서와 새 생명을 주신 그리스도를 믿는 사람들을 용서하시고 축복하신다. 하나님은 공정하게 죄를 심판하시고, 그리스도의 죽음을 바탕으로 공정하게 죄를 용서하신다. 여기에서 두 가지 중요한 사실을 끌어낼 수 있다.

첫째, 하나님의 긍휼하심으로 모든 믿는 사람들은 구원을 얻게 될 것이다. 그분은 공정하고 신실하시므로 자신의 자녀들을 한 사람도 잊지 않으실 것이다. 이 약속은 그분의 모든 자녀들 – 강퍅한 사람과 순종적인 사람, 약한 사람과 강한 사람, 성숙한 사람과 미성숙한 사람 – 에게 적용된다. 당신이 당신의 과거, 현재, 미래의 모든 죄에서 구원받기 위해 그리스도 한 분만을 믿음으로써 하나님의 자녀가 되었다면, 하나님의 은혜가 당신을 감쌀 것이다. 그리고 당신이 하나님의 자녀라면 장차 있을 큰 심판에서 당신을 구원하겠다는 하나님의 약속이 당신에게 적용될 것이다. 당신을 못 보고 넘어가는 일은 없을 것이다. 그분은 실수로 당신을 악한 사람들과 함께 휩쓸어버리거나, 그들이 받을 심판 가운데 당신을 남겨두지 않으실 것이다.

둘째, 하나님의 심판은 모든 믿지 않는 사람들을 벌할 것이다. 은혜로 '의롭다 함'을 받은 신자들을 향해 하나님이 신실한 긍휼을 베푸시듯이 하나님은 그분이 선물로 주신 영생을 거절함으로써 죄인으로 남아 있는 믿지 않는 사람들에 대한 그분의 심판 또한 신실하게 행하실 것이다. 하나님이 은혜로 베푸신 용서를 멸시한 사람들은 그 응보를 피할 길이 없을 것이다. 그리스도의 죽음과 부활에 등을 돌린 사람들은 하나님의 심판을 받을 것이다.

우리는 이 두 가지 진리에 어떻게 반응해야 하는가? 그리스도인이라면 찬양과 기도로 응답해야 한다. 당신을 향해 베푸신 하나님의 큰 자비로 인해 그분을 찬양하라! 우리는 모두 죄로 인해 똑같이 공정한 벌을 받아야 마땅한데도 하나님은 우리의 죄를 그리스도께 전가시켜 우리를 대신해 형벌을 받게 하셨다. 그리고 그리스도의 의를 우리에게 덧입혀 우리가 그분의 생명과 축복에 참여할 수 있게 하셨다. 이것은 당신의 예리한 통찰력, 경건함, 또는 스스로 일군 장점과는 아무런 상관이 없다. 이것은 오로지 그분의 비길 데 없는 은혜에 의한 것이다. 하나님의 은혜로 우리는 구속받았고, 우리를 사랑하시는 하나님 아버지 되시는 그분 앞에 겸허한 확신을 가지고 설 수 있다. 그날은 얼마나 멋진 날이 될 것인가!

그러나 당신은 또한 기도해야 한다. 아직 그리스도를 알지 못하는 사람들을 위해 기도하라. 베드로는 그들의 운명 – 심판 – 을 생생하게 묘사했다. 친구들, 사랑하는 사람들, 동료들 – 공정한 심판관이신 하나님 앞에 이미 서 있는 당신이 아는 사람들 – 을 위해 기도하라. 하나님이 그들의 삶에 개입하셔서 그들의 강퍅한 마음을 말랑말랑하게 해줄 환경을 허락하시고, 그들을 얽어매고 있는 죄의 사슬을 끊어주시며, 거짓의 어둠 속에 소망의 빛을 비춰주시기를 간청하라. 그리고 당신의 기도에 당신 스스로가 응답이 될 수 있는 방법을 생각해보라. 그들이 십자가와 구원의 복음에 더 다가가도록 도울 수 있는 방법을 알려달라고 하나님께 간청하라.

불순종의 나락(베드로후서 2:12-22)

[12] 그러나 이 사람들은 본래 잡혀 죽기 위하여 난 이성 없는 짐승 같아서 그 알지 못하는 것을 비
방하고 그들의 멸망 가운데서 멸망을 당하며 [13] 불의의 값으로 불의를 당하며 낮에 즐기고 노는 것을
기쁘게 여기는 자들이니 점과 흠이라 너희와 함께 연회할 때에 그들의 속임수로 즐기고 놀며 [14] 음심
이 가득한 눈을 가지고 범죄하기를 그치지 아니하고 굳세지 못한 영혼들을 유혹하며 탐욕에 연단된
마음을 가진 자들이니 저주의 자식이라 [15] 그들이 바른 길을 떠나 미혹되어 브올의 아들 발람의 길을

따르는도다 그는 불의의 삯을 사랑하다가 [16] 자기의 불법으로 말미암아 책망을 받되 말하지 못하는
나귀가 사람의 소리로 말하여 이 선지자의 미친 행동을 저지하였느니라
[17] 이 사람들은 물 없는 샘이요 광풍에 밀려 가는 안개니 그들을 위하여 캄캄한 어둠이 예비되어
있나니 [18] 그들이 허탄한 자랑의 말을 토하며 그릇되게 행하는 사람들에게서 겨우 피한 자들을 음란
으로써 육체의 정욕 중에서 유혹하는도다 [19] 그들에게 자유를 준다 하여도 자신들은 멸망의 종들이
니 누구든지 진 자는 이긴 자의 종이 됨이라 [20] 만일 그들이 우리 주 되신 구주 예수 그리스도를 앎
으로 세상의 더러움을 피한 후에 다시 그 중에 얽매이고 지면 그 나중 형편이 처음보다 더 심하리
니 [21] 의의 도를 안 후에 받은 거룩한 명령을 저버리는 것보다 알지 못하는 것이 도리어 그들에게 나
으니라 [22] 참된 속담에 이르기를 개가 그 토하였던 것에 돌아가고 돼지가 씻었다가 더러운 구덩이에
도로 누웠다 하는 말이 그들에게 응하였도다.

잠시 사람들이 어떤 성경 구절들을 벽에 걸어놓는지 생각해보라.

시편 23편 – "여호와는 나의 목자시니 내게 부족함이 없으리로다…"(시 23:1).

마태복음 6장 – "하늘에 계신 우리 아버지여…"(마 6:9).

민수기 6장 – "여호와는 네게 복을 주시고 너를 지키시기를 원하며…"(민 6:24).

로마서 8장 – "이 모든 일에 우리를 사랑하시는 이로 말미암아 우리가 넉넉히 이기느니라…"(롬 8:37).

이 구절들과 형용할 수 없을 정도로 멋진, 수많은 다른 장면들이 성경에 나온다. 우리는 이런 말씀들을 그 의미에 어울리는 평화로운 정원이나 자연 경관, 눈부신 빛깔들, 완만한 구릉들을 배경에 넣고 금박을 입힌 액자에 넣는다. 그런 눈요기는 우리에게 평화와 소망이라는 자양분을 공급해준다.

그러나 '액자에 끼울 수 없는' 성경 말씀들도 있다. 똑같이 영감으로 쓰이고 진리로 가득 차 있지만, 이런 구절들에 어울리는 그림은 어떤 방에도 걸 수 없을 것이다. 만약 그것이 악보라면 처음부터 끝까지 단조로 쓰였을 것이다. 이처럼 그림을 그리듯이 생생하게 묘사된 말씀은 얼굴을 찌푸리게 하고, 평화를 흐트러뜨리며, 우리의 삶에 힐난의 어두운 그림자를 드리우고, 불신의 추악함과 파렴치한 죄의 두려운 결과를 생생하게 표현한다.

나는 하나님이 속이거나, 꾸미거나, 추켜세우지 않으시는 것이 좋다. 그분은 정치적으로 정당한(politically correct) 하나님이 아니시다. 하나님의 영이 여러 선지자들과 사도들을 감동시키셔서 우리가 언젠가 하나님의 영감으로 쓰인 성경 말씀으로 읽을 말씀을 펜을 들고 쓰게 하셨을 때 하나님은 한 번도 이렇게 말씀하시지 않았다. "자, 적당히 해라. 아무도 공격하지 말고 완곡하게 쓰라." 결코 아니다! 하나님은 공정하시다. 그분이 한 사람의 초상을 그리신다면 사마귀와 흉터와 반점들까지 다 그리실 것이다. 노아의 주정에서부터 다윗의 간음, 야곱의 음해에서부터 베드로의 위선에 이르기까지, 하나님의 말씀은 사람들의 모습을 그릴 때 후세의 신화 작가들이 바라는 모습이 아니라 있는 그대로의 모습을 보여 준다.

이런 것들은 어린이 성경 이야기책에 있는 이야기들이 아니다. 그렇지 않은가? 노아의 방주, 다윗과 골리앗, 야곱의 사다리, 물 위를 걷는 베드로. 이런 것들은 고상하게 고쳐 쓴 성경 이야기 속에 들어 있다. 그러나 하나님의 말씀은 성경에 기록된 악하고 추한 역사를 회피하지 않는다.

그래서 하나님은 인간의 마음 상태를 표현하실 때 하나님이 주신 창조성, 선량함, 사랑에 대한 잠재력만 드러내지 않으신다. 오히려, 하나님은 우리에게 "만물보다 거짓되고 심히 부패한 것은 마음이라"(렘 17:9)고 말씀하신다. 사도 바울은 우리 인간들이 얼마나 죄로 가득하고 타락했는지를 거침없이 표현한다.

> "기록된 바 의인은 없나니 하나도 없으며 깨닫는 자도 없고 하나님을 찾는 자도 없고 다 치우쳐 함께 무익하게 되고 선을 행하는 자는 없나니 하나도 없도다"(롬 3:10-12).

내 멘토 가운데 한 분이 즐겨 말했듯이, "만약 타락이 파란색이라면 우리는 머리부터 발끝까지 파랄 것이다." 로마서 3장의 말씀은 "시종일관 비관적이다(영어로 blue는 '우울한, 비관적'이라는 뜻을 가지고 있다 - 역주)." 이것은 당신이 형광펜으로 표시하거나 액자에 넣어서 거실에 걸어놓을 말씀은 아니지 않는가? 그럼에도 그들이 선포하는 진리는 균형 잡힌 신학을 위해서 "하나님이 세상을 이처럼 사랑하사 독생자를 주셨으니 이는 그를 믿는 자마다 멸망하지 않고 영생을 얻게 하려 하심이라"(요 3:16)는 말씀만큼 중요하다.

이 개인적인 일화나 구절들처럼 껄끄럽고 불편하게 생각될 베드로후서 2장 12-19절에 나오는 거짓 선생들에 대한 묘사는 더 적나라하고 상세하며 가차없어 보인다. 성경에 나오는 전기(傳記)는 단편적으로 인간의 죄악상을 보여주고, 바울의 말은 인간의 타락상을 선 굵은 붓놀림으로 그려내는 반면에, 사도 베드로는 인간의 타락을 섬세하고 극적인 그림으로 표현한다. 그 장면은 즐겁지도 고무적이지도 않다. 도리어 어둡고 불길한 예감이 든다. 악취가 풍기는 빈민굴 - 부도덕한 빈민굴의 분위기가 시궁창 속의 썩은 쓰레기처럼 우리의 도덕 관념을 자극하는 - 의 지저분한 뒷골목을 걷는 것 같은 느낌이다.

베드로는 왜 인간의 타락을 이처럼 깊이 파고드는가? 베드로가 이 편지를 쓴 목적은 신자들에게 올바른 가르침의 원천을 일깨우고, 믿음 안에서 분발하도록 격려하며, 믿음과 실천의 성경적 기반을 굳게 하기 위해서라는 사실을 잊지 말라. 긍정적인 면을 독려하기 위해서 베드로는 부정적인 면을 검은 배경막 삼아 긍정적인 면을 부각시킨다. 1장에서 그는 성장하고 있는 성도의 유용하고 유익한 이미지를 밝은 색조로 표현하고, 하나님의 말씀을 언제나 변함없는 진리의 기준으로 받아들임으로써 그들이 갖게 되는 소망을 부각시켰다. 2장에서는 무익하고 열매 맺지 못하는 믿지 않는 사람들이 하나님의 말씀과 하나님의 아들을 거부하고 다른 사람들을 그릇된 길로 이끈 것을 지적하면서 어둡고, 칙칙한 어조로 그들을 묘사한다.

—2:12-14—

이 세 개의 구절은 인간을 사로잡은 정욕의 절망적 초상을 보여준다. 이러한 짐승 같은 욕정에 지배당하면 자책과 멸망에 이르게 된다.

하나님은 아담과 하와를 창조하시고 에덴동산에 두시면서 그들에게 모든 동물들을 다스리는 권한을 부여하셨다(창 1:26-27). 이렇게 동물들을 지배하는 것은 하나님의 형상대로 창조된 인간이 마땅히 맡아야 할 역할이다. 사탄은 인류를 속이기 위해 뱀의 형상을 취했는데 그 인간 부부는 동물에 대한 지배권을 행사하기는커녕 그의 거짓말에 굴복하고, 귀를 기울이며, 자신들의 지위를 포기했다(창 3장). 그 비극적인 실추 이래로 인간은 계속 만물의 영장으로서의 지위를 하나님이 다스리라고 맡기신 짐승들과 똑같은 위치로 전락시키는 행동과 맞바꿨다.

하나님이 더 뛰어난 이성을 부여하셨음에도 불구하고 인간들은, 베드로가 말하듯이, "이성 없는 짐승"과 같아졌다. 지배권을 행사하기는커녕 "본래 잡혀 죽기 위하여 난 짐승"처럼 행동한다. 그들을 존엄과 영광의 자리로 끌어올려줄 하나님의 능력에 순종하는 대신 그들은 자신들이 이해하지 못하는 것을 조롱하고 욕한다. 짐승 같은 마음에는 타락한 도덕성이 따른다. 그런 사람들은 끊임없이 간음과 불륜을 찾아 배회한다. 그들은 모든 상황을 죄를 지을 기회로 생각하며, 참담한 결과는 개의치 않은 채 미끼 달린 낚싯바늘을 보는 대로 덥석 문다.

다른 짐승들을 잡아먹는 포식자처럼 그들은 어수룩하고, 연약하며, 불안정한 희생 제물을 사냥한다. 실제로, 베드로는 그들이 "탐욕에 연단된 마음"을 가진 사람들 – 속이고, 갈취하고, 훔치고, 위협하는 데 있어서 도가 튼 사람들 – 이라고 말한다. 그들은 사람들의 심금을 울리는 방법과 자신들의 말이 진지하게 들리게 하는 방법을 알고 있다. 예수님도 그런 괴물 같은 인간들에 대해 말씀하셨다. "거짓 선지자들을 삼가라 양의 옷을 입고 너희에게 나아오나 속에는 노략질하는 이리라"(마 7:15). 베드로가 이런 거짓 선생들을 "저주의 자식"이라고 부른 것은 놀랄 일이 아니다(벧후 2:14)!

—2:15-17—

하나님의 바른 길을 알고 있었던 거짓 선생들은 옆길로 빠져 악이 가득한 황무지에 그들의 길을 냈다. 그들은 참된 선지자이신 그리스도를 따르지 않고 대표적인 거짓 선지자인 발람의 전철을 밟는다. 베드로는 구약 성경에 나오는 이 인물을 자신의 은사를 팔아먹은 돈을 목적으로 일하는 선지자의 예로 든다(민 22-24, 31:1-16). 그 남자는 돈을 사랑했다. 그리고 탐욕 때문에 그는 이스라엘을 죄에 빠뜨렸다. 그의 유창한 웅변은 신실하게 진리를 대변하는데 쓰이지 않고 욕정을 채우는 데 쓰였다. 이와 유사하게, 베드로 시대의 거짓 선생들은 사욕을 채우기 위해 그럴듯한 거짓 예언으로 사람들을 그릇된 길로 이끌었다.

오늘날의 거짓 선지자들도 다르지 않다. 사실, 현대의 발람들은 예외 없이 품삯을 요구한다. 그들이 겉보기에는 사역을 위해 그 일에 종사하는 것처럼 보이지만, 실제로는 돈 때문에 그 일을 하고 있다는 사실을 알아채기까지는 그리 오랜 시간이 걸리지 않는다. 그리고 가격만 맞으면 틀림없이, 그들은 원칙을 버리고 이득을 취한다.

이들을 생각하면 나는 어느 한적한 오후에 부패한 한 은행 간부가 부하 직원에게 접근해서 이렇게 속삭이는 모습이 떠오른다. "이봐, 내가 만약 자네에게 2만 5천 달러를 준다면 나를 도와주겠나? 이를테면, 장부를 좀 '손보자'는 거지. 이익을 좀 남기게 조정할 수 있겠나?'

직원은 대답했다. "네, 2만 5천 달러를 주시면 그렇게 할 수 있을 것 같습니다."

그의 상사는 몸을 기울였다. "100달러를 준다면 하겠나?"

모욕감을 느낀 직원이 대꾸했다. "말도 안 됩니다. 도대체 저를 뭘로 보시는 겁니까? 제가 좀도둑으로 보이십니까?"

그 은행 간부는 대답했다. "벌써 공모는 이루어졌으니 이제 가격만 흥정하세."

이 이야기의 요지는 모든 가짜는 품삯을 요구한다는 것이다. 도덕성이 결여되어 있는 사람들은 탐욕을 채우기 위해 무슨 짓이라도 할 것이다. 베드로는 이것을 "불의의 삯"이라고 부른다(2:15). 그러나 이 거짓 선지자들은 그들의 착취가 단기적으로는 이득을 남기는 것처럼 보일 수 있지만, 악행은 결국 죄의 삯 – 사망 – 을 얻는다는 사실을 걸핏 하면 망각한다(롬 6:23). 하나님은 당나귀를 통해 초자연적인 방법으로 직접 발람을 꾸짖으셨다. 당나귀를 사용하신 것은 그 선지자의 짐승 같은 광기의 심각성을 상징한 것이었다. 그리고 여호수아 13장 22절은 약속의 땅을 정복하는 과정에 대한 간략한 기록인데, 이것은 마침내 심판이 닥쳤을 때 잘못된 편에 있는 자신들을 발견하게 될 거짓 선지자들의 최후를 나타낸다. "이스라엘 자손이 그들을 살륙하는 중에 브올의 아들 점술가 발람도 칼날로 죽였더라." 죄의 삯은 사망이었다.

그런 다음 베드로는 그런 배교자들을 그림을 그리듯 생생한 말로 묘사한다. 첫째, "물 없는 샘"(2:17)인 그들은 뭔가 신선한 것을 줄 수 있는 것처럼 보이지만 가까이에서 보면 영적 신기루에 불과하다는 사실을 알게 된다. 둘째, 그들은 "광풍에 밀려 가는 안개"(2:17)이다. 보통 폭풍은 물기를 잔뜩 머금은 비구름을 몰고 와서 곡물을 자라게 하고 가뭄을 예방해준다. 그러나 배교자들은 우레와 같은 주장과 번득이는 호소로 사람들을 속인다. 영적인 자양분을 공급하는 교리는커녕 쓸데없는 안개만 가져온다. 셋째, 그들은 "깨우침을 주는"

묵상의 서재

적정량의 분별

고등학교 때 웅변 선생님은 우리에게 페르시아의 속담을 외우게 했다. 그 속담은 다음과 같았다.

모르면서 자기가 모른다는 사실을 모르는 사람은 바보이다. 그를 멀리하라.
모르면서 자기가 모른다는 사실을 아는 사람은 어린아이이다. 그를 가르치라.
알면서 자기가 안다는 사실을 모르는 사람은 자고 있는 사람이다. 그를 깨우라.
알면서 자기가 안다는 사실을 아는 사람은 지혜로운 사람이다. 그를 따르라.

고등학교 이후로 나는 이 말의 진정한 의미를 깨우쳤다. 나는 캠퍼스, 회사, 이웃들, 교회 등 어느 곳에서나 이 네 가지 '유형'을 모두 찾을 수 있다는 사실을 알게 되었다. 그들은 '바보', '어린아이', '잠자고 있는 사람', '지혜로운 사람'이라고 표시된 배지를 달고 있지 않다. 그리고 당신에게 다가와 악수를 청하면서 "안녕하세요? 제 이름은 도널드이고, 저는 바보입니다"라고 말하는 사람은 없을 것이다. 아마 당신에게 제일 들키기 싫은 것이 바로 내밀한 진실, 즉 "그가 모른다는 것을 그는 모른다"는 진실일 것이다.

그렇다면 도대체 어떻게 피할 사람, 가르칠 사람, 깨울 사람, 따를 사람이 누구인지 알 수 있을까? 한마디로 대답하자면 분별이다. 분별이란 특성을 정확히 읽는 기술과 참된 진리를 인지하고 알아볼 수 있는 능력, 겉모습 이면에 감춰진 모습을 간파하는 것, 행간을 읽는 것, 무언가가 옳지 않음을 직관적으로 감지하는 것이다. 히브리서 5장 14절은 분별을 성숙의 특징이라고 말한다. 분별은 한 사람에게 적절한 기준 틀, 선악을 가르는 명확한 선을 제공한다. 인생에서 판정관 역할을 하며, 가짜가 나타나면 호각을 불어 경고한다. 그것은 현미경을 들여다보는 병리학자처럼 세심하다.

분별은 가짜에 속지 않고, 사이비들과 놀아나지 않으며, 사기꾼들과 춤추지 않고, 거짓 굿나잇 키스를 하지 않는다. 사실, 분별은 어리숙한 무리들과 빈둥거리며 시간을 보내기보다 밤에 혼자 성경을 보며 쉬는 것을 더 좋아한다. 왜냐고? 바보와 어린아이들, 자고 있는 자들과 지혜로운 자들을 분별하는 법을 바로 그 책에서 얻기 때문이다.

당신은 "하지만 그건 너무 냉정하잖아!"라는 진부한 말로 일축하기 전에 사도 요한의 충고를 읽어보는 것이 좋겠다. 당신은 요한을 기억하는가? 그는 예수님에 대한 애틋한 사랑으로 알려진 사람이다. 그런 그가 이런 말을 썼다. "사랑하는 자들아 영을 다 믿지 말고 오직 영들이 하나님께

속하였나 분별하라 많은 거짓 선지자가 세상에 나왔음이라"(요일 4:1). 요즘 말로 하면 "너희가 듣는 것을 다 믿지 말라. 더 이상 속지 말라. 깐깐해지라. 생각하라!" 분별력이 없는 것은 무조건 믿는 것보다 더 많은 이단을 낳고 불러들인다. "악한 자의 모든 불화살"(엡 6:16)이 날아올 때 살아남을 수 있는 한 가지 전략은 우리가 믿음의 방패를 단단히 쥐고 있는 것이다.

분별력이 없는 그리스도인은 레이더나 잠망경이 없이 전속력으로 달리는 잠수함과 같다. 또는 승객을 가득 태운 747기가 계기나 통신 장비 없이 짙은 안개 속에서 착륙을 시도하는 것 – 제아무리 소리치고, 용을 쓰고, 선한 의도를 가졌어도 – 과 같다. 그 결과를 설명하는 또 다른 페르시아 속담을 나는 모른다. 그렇지만 누가 그것을 필요로 하겠는가? 그것은 하루가 멀다 하고 정기적으로 재앙을 초래한다.

베드로후서는 거짓 선생들이 배회하고 있는 모습을 생생한 언어로 상기시킨다. 그들은 의심하지 않는 성도의 갑옷에서 균열을 발견하는 순간 감추고 있던 이단의 단도를 꺼내 성도를 찌를 것이다. 분별력은 무릎으로 키워진다. 야고보서 1장 5절은 구하는 사람에게 지혜를 주시겠다고 약속한다. 말씀을 찾으라. 시편 119편 98-100절은 세상의 어떤 자료보다도 뛰어난 통찰력을 제시한다. 그리고 지혜로운 사람을 찾아가라. 분별력은 학습되는 것이 아니라 몸에 배는 것이다. 경험이 많은 성도들, 다시 말해 지혜가 많다고 인정받는 사람들을 가까이하라.[10]

가르침으로 사람들을 빛으로 인도한다고 주장하지만 그들과 그 추종자들은 결국 같은 곳 – "캄캄한 흑암" – 에 가게 될 것이다.

—2:18–19—

리용의 이레니우스(Irenaeus of Lyons)는 로마, 그리고 그 다음으로 현대의 프랑스인 리용으로 파송되기 전에 스미르나에 있는 폴리캅의 교회에서 성장했다. 평생에 걸쳐 그는 숱한 거짓 선생들을 만났고 그들의 가르침을 논박하는 다섯 권의 저서를 저술했다. 그럴듯한 이야기들을 지어내는 거짓 선생들의 교활한 본성에 대해서 이레니우스는 이렇게 썼다. "오류는, 참으로, 즉시 간파되면 안 되기 때문에 그 결함을 그대로 드러내는 법이 없다. 그 외양은 멋진 옷으로 교묘하게 가려져 있어서 세상 물정 모르는 사람에게는 (표현이 이상하게 들릴지도 모르지만) 진리보다 더 진실된 것처럼 보인다."[11] 정말로, 거짓 선생들은 강한 인상을 남기는 거만하고, 과장된 말로 순진한 피해자들을 꼬인다. 그들은 모든 것에 대해 답을 가지고 있다. 그들은 불분명하거나 잊혀진 자료를 인용하며 '단순한' 진리를 대담하게 비판하고, 교묘한 주장을 하며, 사물의 이치를 왜곡한다. 어수룩한 사람들은 그것을 넙적 받아먹는다.

베드로는 거짓 선생들의 멋진 말은 우리를 진리로 인도하지 않고, 도리어 그 말을 하는 사람을 부각시킨다는 점을 강조한다. 우리는 지나치게 사근사근하고, 세련되며, 매력적으로 보이는 사람들을 수상쩍게 생각할 수 있는 지혜를 갖추어야 한다. 이런 특성은 그런 선생들은 대체로 그들이 이행할 수 없는 약속을 한다는 것을 말해주는 징표일 경우가 많다. 특히 끊임없이 다른 복음 사역자들을 깎아내리고 자신들이, 또는 자신들만이 가장 훌륭한 진리의 제공자인 것처럼 행세하는 사람들을 경계해야 한다.

그런 사람들은 자유를 약속하지만 정작 그들의 삶의 방식은 다른 사람들을 멸망의 종으로 만든다(2:19). 그들은 자유를 과시하는 것을 좋아한다. 그들에게 자유란 그들이 원하는 만큼 죄에서 자유롭고, 진리에 구속받지 않으며, 현세나 내세에 미칠 여파를 두려워하지 않는 것을 의미한다. 부디 오해하지 말기 바란다. 나는 은혜를 전파하는 설교자다. 그리고 나는 그리스도가 우리를 율법에서 자유롭게 해주셨고, 인간이 만든 율법주의에서 구해주셨음을 믿는다. 그러나 지식이 없고 세속적인 신자들은 우리가 율법에서 자유롭게 된 것은 하나님의 사랑을 받는 자녀로 살기 위해서이지, 흉포한 주인에게 두들겨 맞는 노예로 살기 위해서가 아니라는 사실을 깨닫지 못하는 경우가 많다.

하나님은 죄를 지어도 된다는 일종의 허가증으로 우리에게 자비와 은총을 베푸신 것이 결코 아니다. 로마서 6장 1–2절에서 바울이 말하고 있듯이 "그런즉 우리가 무슨 말을 하리요 은혜를 더하게 하려고 죄에 거하겠느냐 그럴 수 없느니라 죄에 대하여 죽은 우리가 어찌 그 가운데 더 살리요." 거짓 선생들은 은혜의 교리를 더 넓은 진리의 맥락에서 따로 떼어내 기독교 신앙을 정체불명의 괴상한 것으로 변형시켰다. 디트리히 본회퍼(Dietrich Bonhoeffer)의 말을 빌리자면 그들은 '싸구려 은혜'를 제시했다.[12]

—2:20–22—

거짓 선생들에 대해 설명하는 내내 베드로는 그들이 장차 받게 될 심판을 암시했다(2:1, 3, 9, 12, 13, 17, 19). 2장의 마지막 몇 구절에서 베드로는 그리스도를 통한 의의 길을 알고 난 후 그 길에서 돌이켜 자신이 원하는 길로 가버린 사람들의 운명에 주목한다.

베드로가 염두에 두고 있는 거짓 선생들은 단순히 혼란에 빠진 그리스도인들, 의심하는 도마 같은 사람들, 타락한 신자들이 아니다. 그들은 거짓 전문가들, 얼핏 보기에는 진짜 같은데, 실제로는 주머니에 가득 든 지폐 속에 섞여 있는 위조지폐 같은 자들이다. 그들은 잠깐 동안은 진정한 그리스도인 것처럼 행세할 수 있지만 결국에는 말과 행실에서 정체가 드러난다.

베드로는 이 거짓 선생들이 "우리 주 되신 구주 예수 그리스도를 안다"(2:20)고 말한다. 열매를 보면 그들이 그리스도를 아는, 구원을 이루는 참된 지식 – 그들의 삶을 진정으로 변화시킨 – 을 가지고 있지 않다는 것을 분별할 수 있다. 베드로는 이 편지의 다른 부분에서 그리스도를 앎으로써 열매 맺고, 구원을 이루는 것에 대해 말한다.

- "하나님과 우리 주 예수를 앎으로 은혜와 평강이 너희에게 더욱 많을지어다"(1:2).
- "그의 신기한 능력으로 생명과 경건에 속한 모든 것을 우리에게 주셨으니 이는 자기

의 영광과 덕으로써 우리를 부르신 이를 앎으로 말미암음이라"(1:3).

- "이런 것이 너희에게 있어 흡족한즉 너희로 우리 주 예수 그리스도를 알기에 게으르지 않고 열매 없는 자가 되지 않게 하려니와"(1:8).

이 구절들 속에서 우리는 그리스도를 아는, 구원을 이르는 참된 지식의 결과, 즉 은혜와 평강, 생명과 경건이 커지고 유익한 덕목과 열매가 많아지는 것을 본다. 이것은 매일, 매주, 심지어 매달 신자의 삶이 수준 높은 영적 열매를 풍성히 맺을 것이라는 뜻이 아니다. 그보다는 개인적으로 예수 그리스도를 주님과 구세주로 앎으로써 평생에 걸쳐 열매를 맺을 것이라는 뜻이다. 열매는 시절을 좇아 맺힌다는 사실을 기억하는 것이 도움이 된다. 베드로는 모든 신자들이 유용하고 열매 맺는 삶을 회복하거나 유지하기 위해서 영적 성장을 독려하는 것이 필요하다고 생각해서 이 편지를 쓰고 있다(1:8).

베드로는 예수님이 사탄이 "곡식 가운데 가라지" – 알곡이 여물었을 때에야 분명히 드러나는 꼭 닮은 사기꾼 – 를 심을 것이라고 말씀하셨을 때 의미했던 부류의 사람들을 염두에 두고 있다(마 13:25-26). 아울러 거짓 선생들 중에는 요한이 "그들이 우리에게서 나갔으나 우리에게 속하지 아니하였나니 만일 우리에게 속하였더라면 우리와 함께 거하였으려니와 그들이 나간 것은 다 우리에게 속하지 아니함을 나타내려 함이니라"(요일 2:19)고 설명했던 '적그리스도들'도 포함되어 있다. 그렇다고 진실된 신자들이 구원을 잃을 수 있다는 말이 아니다. 사실은, 정반대이다! 사실 거짓 신자들은 애초에 구원을 받은 적이 없었다는 뜻이다. 그리고 이것은 그들이 진리의 길에 계속 있지 못함으로써 입증된 사실이다.

이들은 진리를 머리로는 알지만 그 진리로 마음이 변화되지는 않았다. 결국, 그들은 진리를 듣지 못한 사람들보다도 형편이 더 나빠진다(2:20-21)! 그들은 자신들의 신앙이 신실한 것처럼 보이도록 행동할 만큼 기독교의 신앙에 대해 잘 알고 있었다. 그러나 결국에는 거짓의 가면이 벗겨지고 그들의 악의가 만천하에 드러났다.

어떻게 드러났을까?

앞서 거짓 선생들을 "이성 없는 짐승"(2:12) 같다고 한 비유를 보면 베드로는 그들의 행위를 개나 돼지에 비유한다. 베드로 시대에 개는 떼지어 다니는 불결하고 포악한 야생 동물로 여겨졌다. 오늘날의 말끔하게 단장하고 사람들의 보살핌을 받는 애완동물을 생각하면 안 된다. 쓰레기를 찾아 돌아다니는, 거대한 쥐 같은 짐승으로 생각하면 된다. 베드로는 잠언 26장 11절을 인용하면서 진리에 등을 돌린 이 거짓 선생들은 자신이 토한 것을 다시 먹는 개 같은 자들이라고 말한다. 그는 또 그들은 방금 몸을 씻고도 진흙탕을 보면 그냥 지나치지 못하고 다시 그곳에서 뒹구는 돼지 같은 자들이라고 말한다. 길들지 않은 짐승들의 본성 속에는 짐승처럼 행동하는 무언가가 있다. 아무리 잘 보살펴주고 예쁘게 치장해주어도, 결국에는 본능이 튀어나와 짐승의 야성이 드러나게 마련이다.

이렇게 베드로는 진리를 모르는 것이 진리를 배반하는 것보다 낫다는 놀라운 주장을 한다. 그는 어떻게 그런 말을 할 수 있을까? 세 가지 이유를 생각할 수 있다. 첫째, 진리를 모르는 사람은 하나님께 돌아올 수 있지만, 진리를 거부한 사람은 바로잡거나 변화시킬 수 있는 여지가 거의 없다. 그들은 자신들이 "이미 경험해봐서 다 안다"고 생각한다. 전혀 불가능한 것은 아니지만 마음속 응어리를 풀고, 혼란을 정리하며, 그들이 믿기로 작정한 것을 버리도록 돕는 것은 쉽지 않다.

둘째, 진리를 모르는 사람들은 진리를 '아는 자들'처럼 다른 사람들에게 영향을 미치지 않는다. 자신이 다 안다고 생각하는 사람들은 정말 자신이 다 아는 듯이 가르친다. 그들은 사람들에게 영향을 미치고 잘못된 길로 인도한다. 내 경험에 비추어보건대, 기독교에 가장 치명적인 비평가들은 스스로 믿었다가 돌연 다른 종교 또는 아예 종교가 아닌 것에 의해서 '깨달음을 얻었다'고 주장하는 사람들이다. 이런 배교자들의 간증은 큰 영향을 미칠 뿐만 아니라 아주 설득력이 있을 수 있다.

셋째, 최후 심판의 때에 진리를 몰랐던 사람들보다 배교자들에 대한 형벌이 더 가혹할 것이다. 성경은 그리스도를 아는 참된 구원의 지식을 갖지 못하고 죽은 사람들이 하나님으로부터 영원히 분리되는 벌을 받을 것이라고 말한다. 그러나 누가복음 12장 41-48절에 나오는 예수님의 비유를 보면 예수님을 전혀 몰랐던 사람들은 진리를 알 기회가 있었는데도 그분에게서 돌아선 사람들보다 형벌의 정도가 더 약할 것임을 알 수 있다. 예수님은 이렇게 말씀하셨다.

> "주인의 뜻을 알고도 준비하지 아니하고 그 뜻대로 행하지 아니한 종은 많이 맞을 것이요 알지 못하고 맞을 일을 행한 종은 적게 맞으리라 무릇 많이 받은 자에게는 많이

요구할 것이요 많이 맡은 자에게는 많이 달라 할 것이니라"(눅 12:47-48).

주: 거짓 선생들에 대한 비난(베드로후서 2:1-22)

1. Christopher Edwards, *Crazy for God*(Englewood Cliffs, NJ: Prentice-Hall, 1979), preface.
2. Walter Bauer et al., eds., *A Greek-English Lexicon of the new Testament and Other Early Christian Literature*, 2nd rev.ed.(Chicago: Univ. of Chicago Press, 1979), 23-24.
3. Warren W. Wiersbe, *Be Alert*(Wheaton, IL: Victor, 1984), 38.
4. Irenaeus, *Against Heresies* 1.16; Tertullian, On the Soul 34를 보라.
5. Irenaeus, *Against Heresies* 1.26.1.
6. Oskar Skarsaune, *In the Shadow of the Temple: Jewish Influences on Early Christianity*(Downers Grove, IL: InterVarsity Press, 2002), 246-53.
7. William Barclay, *The Letters of James and Peter*, 2nd ed., The Daily Study Bible Series(Philadelphia: Westminster, 1960), 377.
8. Bauer et al., *A Greek-English Lexicon*, 666.
9. 267-269쪽의 베드로전서 3장 19-20절에 대한 설명에 나오는 창세기 6장에 대한 심도 있는 논의와 유다서 6절의 비유를 보라.
10. 찰스 스윈돌(Charles R. Swindoll), *Come before Winter and Share My Hope* 안에 있는 "Think with Discernment"(Grand Rapids: Zondervan, 1985), 18-19를 개작함.
11. Irenaeus of Lyons, Against Heresies 1.1.2, in *The Ante-Nicene Fathers: Translation of the Writings of the Fathers down to AD 325*, ed. Alexander Roberts et al.: vol. 1, *The Apostolic Fathers, Justin Martyr, Irenaeus*, American reprint ed. (New York: Charles Scribner's Sons, 1899), 315.
12. 디트리히 본회퍼(Dietrich Bonhoeffer), 「제자의 길과 십자가(The Cost of Discipleship, 오리진)」.

그리스도의 재림에 대한 기대

베드로후서 3:1-18

먹구름이 걷히기 시작하고 거짓 선생들에 대한 베드로의 벼락 같은 나무람이 잦아들 무렵 어둠 속에서 한 줄기 빛이 비친다. 이 위대한 사도는 이제, 미래의 모습에 소망의 빛을 비출 때라고 판단한다. 거짓 선생들에 대한 위협은 사실이고 곧 닥칠 일이지만, 그는 우리가 바로 앞의 일만 보지 말고 눈을 들어 저 멀리 앞으로 다가올 밝은 지평선을 보기 원한다. 거짓 선생들이 판을 치는 힘든 시기와 세상의 회복 사이에 두 개의 잊지 못할 사건, 즉 현재의 세계와 세상의 모든 악을 멸망시키는 대환란과 의가 다스리는 새 시대가 시작될 그리스도의 재림이 있다는 사실을 기억하는 것이 중요하다.

베드로가 이 중요한 주제를 전개시키기 전에 그가 우리를 인도해온 곳을 잠깐 생각해 보자. 베드로가 유언으로 남기고 싶은 메시지의 요지는 두 가지 명령으로 요약할 수 있다. "조심하라!"와 "준비하라!"이다. 편지의 첫 장은 마지막 때에 있어야 할 도덕적 순결의 문제를 다뤘다. 그는 세상의 썩어질 것을 피하라고 권고하면서(1:4) 경건한 삶에 필요한 모든 것을 갖춘 사람들에게서 기대되는 열매 맺는 그리스도인의 삶이 어떤 것인지 상기시킨다(1:5-13). 베드로는 신자들을, 믿음의 견고한 토대로서 성령의 영감으로 쓰인 완전무결한 하나님의 말씀인 성경으로 인도하면서 진리 안에 굳게 서라고 격려한다(1:16-21). 교리적으로나 도덕적으로 성실할 것에 대한 이런 권고는 베드로가 거짓 선생들의 출현에 대한 엄중한 경고로 화제를 전환하는 데 필요했다.

2장은 경건한 삶과 진리에 대한 확신에서 죄악과 거짓말을 파는 장사꾼들에 대한 이야기로 넘어간다. 2장 전체가 사람들을 기만하는 이단들의 도덕적, 교리적 참상을 묘사한다(2:1-3). 그들의 교활한 거짓말로 인해 그들은 교회에 가공할 만한 적이 될 것이다. 그러나 베드로는 진리를 희롱하고나서 등을 돌리는 배교자들이 큰 형벌을 받게 될 것임을 상기시킨다(2:21-22). 장차 세상이 심판받을 때 그리스도 안에 있는 참된 신자들은 심판을 면하게 될 것이지만(2:9), 거짓 선지자들은 불의 심판을 받게 될 것이다. 거짓 선생들에 대한 이 장황한 비난은 우리 모두를 향한 경고이다. 분별력을 가지고 진리 가운데 굳게 서서 그들의 거짓말에 넘어가지 말라.

이제 3장에서 베드로는 편지를 마무리한다. 그는 앞의 두 장에서 몇 차례 언급한 마지막 때에 대한 논점을 더 전개시킨다. 베드로가 순교당하기 전 교회에 보낸 최후의 글인 이 편지에서 그는 "세상이 어떻게 종말을 맞이하는가?"라는 질문에 답한다. 그는 우리에게 마

핵심 용어

μακροθυμέω [*makrothymeō*, 마크로티메오] *(3114)* '인내하다, 참다, 오래 기다리다'

이 말은 '큰'이라는 뜻의 헬라어 *makros*와 '격노, 격분'이라는 뜻의 *thymos*에서 나온 말이다. 이 두 단어가 합해서 분노를 억누르는 행위라는 뜻을 가지게 되었다. 이런 사람은 화를 오래 참고 좀처럼 분노를 폭발시키지 않는 사람이라고 말할 수 있다. 베드로후서 3장 9절에서, 3장 15절의 명사형과 함께, 이 단어는 더 많은 사람이 구원받기 위해서 화를 억누르고 계시는 하나님의 오래 참으심을 나타낸다.

ἡμέρα κυρίου [*hēmera kyriou*, 헤메라 큐리오] *(2250+2962)* '주님의 날'

번역은 쉽지만 '주님의 날'이라는 성경 용어는 복잡하고 이해하기가 다소 난해하다. 이것은 뒤에 축복이 따르는 모든 심판의 때를 나타내는 보편적인 명칭이다. 이것은 보통 24시간으로 이루어진 한 날을 말하는 것이 아니라 별도의 심판 기간을 의미한다. 구약 성경에서 이것은 하나님이 악한 사람들을 벌하시는 기간을 뜻했다. 따라서 역사적으로 '주님의 날들'은 여러 번 있었다. 그러나 베드로는 이 말을 장차 있을 최후의 심판을 나타내는 더 구체적인 의미로 사용하고 있다.

ἐπαγγελία [*epangelia*, 에판겔리아] *(1860)* '약속, 보장'

언약이 주어지는 상황(엡 2:12, 히 6:17, 11:9)에서 자주 사용되는 이 단어는 일반적으로 신자들이 아직 온전히 경험하지 못했지만 소망하고 있는 하나님이 보장하신 여러 가지 약속들을 가리킨다. 그것들 중에 성령(갈 3:14, 엡 1:13)과 영생(딤후 1:1, 요일 2:25)이 있다. 베드로는 구체적인 미래의 사건들 – 그리스도가 재림하셔서 심판하신다고 한 약속(벧후 3:4, 9)과 더불어 그 뒤에 올 "새 하늘과 새 땅"(3:13) – 에 초점을 맞춘다. 하나님은 반드시 약속을 지키시리라는 것을 우리는 확신할 수 있다. 약속을 지키는 데 있어서 그분의 기록은 흠잡을 데가 없다.

지막 경고를 한다. "세상의 썩어질 것들과 거짓 선생들을 멀리하라"(3:11, 17-18). 그는 마지막으로 한 가지를 상기시킨다. 하나님의 증거는 믿을 수 있다(3:1-2). 그리고 그분은 영광의 약속을 선포하신다. 의가 깃들어 있는 새로운 세상이 올 것이다(3:13).

회의론자들과 죄인들에 대한 경고(베드로후서 3:1-7)

1 사랑하는 자들아 내가 이제 이 둘째 편지를 너희에게 쓰노니 이 두 편지로 너희의 진실한 마음
을 일깨워 생각나게 하여 2 곧 거룩한 선지자들이 예언한 말씀과 주 되신 구주께서 너희의 사도들로
말미암아 명하신 것을 기억하게 하려 하노라 3 먼저 이것을 알지니 말세에 조롱하는 자들이 와서 자

기의 정욕을 따라 행하며 조롱하여 [4] 이르되 주께서 강림하신다는 약속이 어디 있느냐 조상들이 잔
후로부터 만물이 처음 창조될 때와 같이 그냥 있다 하니 [5] 이는 하늘이 옛적부터 있는 것과 땅이 물
에서 나와 물로 성립된 것도 하나님의 말씀으로 된 것을 그들이 일부러 잊으려 함이로다 [6] 이로 말
미암아 그 때에 세상은 물이 넘침으로 멸망하였으되 [7] 이제 하늘과 땅은 그 동일한 말씀으로 불사르
기 위하여 보호하신 바 되어 경건하지 아니한 사람들의 심판과 멸망의 날까지 보존하여 두신 것이
니라.

2장에서 거짓 선생들에 대한 비열한 교리와 관행을 비난하는 긴 연설을 한 후에 베드로는, 내 상상 속에서, 갈릴리 사람의 격노를 가라앉히기 위해 잠시 휴식을 취한다. 그는 자리에서 일어서서 심호흡을 하면서 눈을 감고 그가 첫 번째 편지에 쓴 내용을 돌이켜본다. 그리고 이 두 번째 편지에서 그가 이미 다룬 문제들을 곰곰이 생각한다. 그런 다음 결연히 '사랑하는'이라는 애정이 담긴 말로 그의 독자들에게 말하기 시작한다. 이 말은 1장 17절 이후로 한 번도 사용되지 않았는데, 그는 교회에 쓴 이 마지막 글을 끝내기 전에 네 차례나 이 말을 반복한다(3:8, 14, 15, 17).

베드로는 그가 이 두 번째 편지를 쓰는 이유 – 우리가 이미 알고 있어야 하는 것들을 생각나게 해서 우리의 '진실한 마음'을 일깨우는 것(3:1) – 를 분명하게 진술한다. 그가 이 편지를 이미 온전한 생각을 가지고 있고 거짓과 타락의 염려가 없는 사람들에게 쓰고 있다는 사실에 유의하라. 그들은 생각과 행위가 '순전하다.' 그러나 순전함은 훼손될 수 있다. 그러므로 경계심을 늦추지 말아야 한다.

이 말은 참담했던 9 · 11 사태 후 몇 개월간 미국의 분위기를 생각나게 한다. 당신도 기억할 것이다. 전투기들이 상공을 순찰했다. 경찰들은 계속 경계 태세였다. 의심스러운 행동을 못 본 척할 만큼 뱃심이 두둑한 사람은 아무도 없었다. 항공사의 안전 점검은 최고조에 달했다. 예상하지 못한 공격 위협이 실제로 가능하며 도처에 도사리고 있다는 것을 모르는 사람은 아무도 없었다. 그것은 언제든, 어디서든, 누구에게서든 가해질 수 있었다. 그러나 몇 달이 지나고 몇 년이 흐르면서 미국인들은 이 참사에서 멀어졌고, 애초의 경계심이 점점 식어가다가, 사실상 완전히 냉각되었다.

미국의 국토안보부가 위협을 몇 단계로 설정했었는지 아는 사람은 거의 없었고, 나중에는 관심을 가진 사람도 거의 없었다. 수많은 사람들이 테러 조직에 대한 이야기를 더 이

상 듣고 싶어하지 않게 되었다. 그리고 많은 사람들이 세계 도처에 있는 테러리스트 운둔지에 대한 군사 행위에 염증을 느끼게 되었다. 자신의 고국이 다시 공격받기를 바라는 사람은 없다. 하지만 그것을 방지하기 위해서 필요한 경계 태세를 유지하는 사람은 거의 없다. 경계심은 시들해졌다. 우리는 평범한 일상으로 돌아갔다.

베드로의 시대에도 똑같은 일이 거짓 선생들에 대해서 벌어지고 있었다. 신자들은 머리로는 위험성, 위험 요소, 위협을 알고 있었다. 그들은 순결하고 더럽혀지지 않은 상태로 스스로를 지켰다. 그러나 그들에게는 주의를 환기시키는 경고, 즉 그들을 각성시키고 다시 한 번 경종을 울려주는 것이 필요했다. 베드로는 거짓의 첫 번째 파도가 왔었고, 그가 쓴 편지를 받는 사람들이 신실성을 지켜냈음을 알았다. 그러나 진리를 왜곡시키는 사람들이 해일처럼 들이닥칠 것이며, 신자들은 엄청난 파괴력을 가진 공격에 대비해 마음을 다잡아야 했다.

—3:1-2—

베드로는 거짓 선생들의 위협이 계속 남아 있다는 사실을 바탕으로 그의 독자들이 최우선적으로 관심을 두기 바라는 것에 대해 정확히 설명한다. 첫째, 선지자들이 전에 말한 것을 기억해야 한다(3:2). 여기에는 구약 성경의 모든 글이 포함된다. 이 말과 함께 베드로는 1장 19-21절에서 그가 소개한 주제로 되돌아간다. 거기서 그는 그의 독자들에게 "어두운 데를 비추는 등불"과 같은 예언의 말에 "주의하라"고 권고했다(1:19). 그 빛나는 등불은 성경의 저자들을 감동시켜 하나님의 영감의 말씀을 쓰게 하신 성령이 – 오류 없이 – 밝히셨다. 이 예언의 글들은 예수님이 오실 것을 기대하며 쓰였다고 전해진다. 실제로, 그리스도도 이렇게 말씀하셨다. "너희가 성경에서 영생을 얻는 줄 생각하고 성경을 연구하거니와 이 성경이 곧 내게 대하여 증언하는 것이니라"(요 5:39). 모세 오경, 예언서, 시편들은 한결같이 예수 그리스도를 지목한다(눅 24:27, 44, 요 1:45, 행 28:23, 롬 1:1-4, 고전 15:3-4).

둘째, 우리는 구세주가 하신 명령을 기억해야 한다(벧후 3:2). 이 명령들은 대부분 복음서 – 마태복음, 마가복음, 누가복음, 요한복음 – 에 나온다. 예수님은 청중에게 다른 무엇보다도 그분이 아버지와 동등하시다는 사실을 믿을 것을 요구하셨다. "하나님을 믿으니 또

나를 믿으라"(요 14:1). 실제로 예수님이 길이요, 진리요, 생명이시기 때문에, 아무도 그분을 통하지 않고 아버지께로 올 수 없다(요 14:6). 그리스도의 위격에 관한 이 기본적인 확신에 의거해서 예수님은 구약 성경에 나오는 마음을 다하고, 목숨을 다하고, 뜻을 다하여 하나님을 사랑하라고 한 명령을 재차 강조하셨다(마 22:37). 하지만 이 명령과 함께 보편적으로는 우리 이웃(22:39)과 특별하게는 동료 신자들(요 13:34)에 대한 수평적 사랑을 강조하셨다.

셋째, 베드로의 진술 속에는 사도들의 가르침을 기억하라는 명령이 내포되어 있다(벧후 3:2). 사도들이 만든 교리가 그리스도가 모퉁잇돌이 되신 교회의 튼튼한 기초가 되었다(엡 2:20). 그들의 사역은 자신을 부각시키지 않고 그리스도의 인격, 사역, 말씀으로 돌아갔다. 동시에 예수님의 말씀은 그분의 역사가 성취되고 그분의 영광스러운 위격이 드러나게 될 앞으로 있을 재림을 가리킨다.

3장 2절에 나오는 베드로의 짧은 진술은 구약과 신약 전체 – 선지자들, 예수님 그리고 사도들 – 를 아우른다. 다른 어떤 진리의 원천도 우리에게 영속적인 견고함과 변함없는 확신을 주지 못한다. 베드로는 경건한 사람들에게 그들이 가진 믿음의 바탕이 되는 성경의 가르침 위에 굳게 설 것을 강력히 일깨운다. 그런 후에 경건하지 않은 사람들에게 엄중한 경고를 한다. 3-7절에서 그는 현재, 과거, 미래와 연관된 세 가지 관점에서 비롯된 생각을 전달한다.

—3:3-4—

첫째, 베드로는 현재에 대해서 우리가 알아야 할 것에 관해 이야기한다. 그는 이렇게 쓰고 있다. "먼저 이것을 알지니 말세에 조롱하는 자들이 와서"(3:3). 이제 이생에서의 삶이 다해가고 있는 베드로의 관점에서 보자면 이 진술은 예언적이다. 그렇다. 거짓 선지자들은 벌써 사도들에게 도전하면서 그들이 만들어낸 가짜 그리스도들을 제시하기 시작했다. 많은 신자들이 이미 믿음을 버리고, 이단과 정욕, 탐욕에 빠져 잘못된 길로 들어섰다. 그러나 베드로가 생각하고 있는 것은 다른 부류의 반대자들, 즉 믿음을 무시하고, 놀리며, 조롱하고, 거부할 사람들이다. 2장에서 언급된 사람들은 믿음의 사람들이라고 주장하지만 실제로는 아닌, 거짓 형제들이었다. 3장에 묘사된 사람들은 외부에서 믿음을 조롱하는 냉소적인 사람들이다. 간혹 양쪽이 겹치기도 하지만 대체로 이들은 별개의 세력이다.

베드로는 예언처럼 조롱하는 사람들에 대해 경고하고 있지만 몇 년 후 이런 사람들이 일으킨 첫 파문이 나타나기 시작했다. 실제로, 이보다 몇 년 후에 쓰인 유다의 짧은 편지는 이미 실현되고 있던 베드로의 예언을 인용했는지도 모른다.

> "사랑하는 자들아 너희는 우리 주 예수 그리스도의 사도들이 미리 한 말을 기억하라 그들이 너희에게 말하기를 마지막 때에 자기의 경건하지 않은 정욕대로 행하며 조롱하는 자들이 있으리라 하였나니 이 사람들은 분열을 일으키는 자며 육에 속한 자며 성령이 없는 자니라"(유 17-19절).

1세기부터 우리 시대에 이르기까지 냉소적인 사람들은 나타났다가 사라졌다. 그들이 보내는 신랄한 조롱과 기독교를 향한 비난들은 많은 관심을 끈다. 베드로가 한 말을 다른 말로 바꾸어 표현하자면 다음과 같다. "도대체 어떻게 이런 것을 믿을 수 있는가? 너희는 예수가 다시 올 것이라고 생각하는가? 그는 살았고, 가르쳤고, 죽었다. 그게 끝이다. 그리고 모든 것이 그대로다. 아무것도 변하지 않았다! 사실, 역사는 수천 년 동안 그래왔듯이 계속 천천히 움직이고 있다."

알다시피, 냉소적인 사람들은 현재 일어나고 있는 역사적, 자연적 사건들이 아주 오래전에도 똑같은 모습과 과정으로 일어났었기 때문에 지금까지 존재해온 모든 것이 앞으로도 계속 존재할 것이라고 생각한다. 이것을 그럴듯한 말로 표현하자면 '동일 과정설(uniformitarianism)'이다. 정말 길고 복잡한 말이다! 모든 현상은 역사 속에 부단히 작용하는 원인과 결과가 있으며, 이 사건들은 미래에도 끊어지지 않고 계속 이어질 것이라는 생각이다. 이러한 사상에 집착하는 이론이 유물론 - 만물의 근원을 물질로 보고, 모든 정신 현상도 물질의 작용이나 그 산물이라고 주장하는 이론 - 이다. 그리고 또 다른 대단히 긴 단어가 있다. 반초자연주의(antisupernaturalism)는 인간 역사의 흐름을 변화시키기 위해 간섭할 초자연적 존재(특히 하나님)는 존재하지 않는다고 생각한다. 이것은 대개 무신론, 즉 그런 활동적인 하나님은 아예 존재하지 않는다는 믿음과 연결된다.

오늘날 이와 같은 냉소하는 사람들 - 무신론자, 유물론자, 반초자연주의자, 동일과정

묵상의 서재

비웃음을 당하다

공식 석상에 서는 설교자로서 비아냥대는 말을 직접 듣는 경우는 매우 드물지만 그런 말이 있다는 것은 알고 있다. 이것은 대부분의 설교자들도 마찬가지다. 나는 '설교자 규탄 대회'가 주일 오후에 정기적으로 벌어진다는 것을 알지만, 대부분 그런 헐뜯는 말들은 목사의 귀에까지 들어오지 않는다. 내가 대부분이라고 말하는 까닭은 가끔 목사의 귀에 들릴 때도 있기 때문이다.

나는 어떤 사람이 설교 시간에 정말로 조롱하는 것을 목격했던 일을 절대 잊지 못할 것이다(그리고 그것이 마지막이 아니었다). 나는 설교자가 아니라 교인으로서 한 작은 교회의 신도석에 앉아 있었다. 내 뒤에, 설교자의 말에 동의하지 않는 것이 분명한 한 남자가 앉아 있었다. 잠시 후 그 남자는 더 이상 참을 수가 없었는지 일어서서 주먹을 쥐고 흔들며 소리쳤다. "말도 안 돼!" 그러고는 밖으로 나가버렸다. 그런데 그 설교자는 놀랍게도 눈 하나 깜짝하지 않고 설교를 계속했다!

내가 처음 그리스도의 복음에 관해 공개적으로 조롱을 받은 때는 신학교에 다니던 1960년대 초였다. 그때 나는 친구와 함께 오클라호마 주의 노르만으로 차를 몰고 갔다. 나는 그곳에 있는 자유 연설을 하는 연단에 서서 공개적으로 주 예수 그리스도에 대해 전했다. 그때 내 설교에 관심을 보이는 사람은 거의 없었다. 그런데 몇몇 사람들이 나를 향해서가 아니라 예수 그리스도를 향해 비아냥거리거나 냉소적인 말을 하면서 반응을 보였다. 실제로, 그들 가운데 몇 사람은 물건을 집어던지기까지 했다! (그때까지 나는 그런 일은 영화 속에서만 일어나는 줄 알았다!) 그들은 자신들을 위해 목숨을 버리신 예수님을 조롱하는 것을 즐겼다.

이 두 사건은 몇십 년 전에 있었던 일이다. 그 이후 나는 미국에서 예수님에 대한 조롱의 속도와 규모가 점점 더 심화되는 것을 보았다. TV에서, 영화에서, 라디오 방송에서, 인터넷에서, 미국 문화가 전반적으로 점점 더 세속화되어갈수록 ('이교도적'이라고 말하고 싶지만) 조롱하는 사람들은 점점 더 대담해졌다. 무신론, 인본주의, 유물론, 반초자연주의는 지식인들 사이에서 표준이 되었고, 이것은 변할 것 같지 않다.

놀랄 것 없이, 베드로의 말이 맞았다. 조롱하는 사람들이 나타났다.

론자들 - 의 목소리가 높다. 그들은 인기 있고 학구적인 책을 저술하며, 토크 쇼 프로그램을 순회 강연하고, 대중들의 생각에 영향을 미친다. 세부적인 내용은 새로워졌을 것이고, 분명히 언론의 호의적인 보도도 늘어났을 테지만, 그 기조와 의도는 베드로 시대에 조롱하던 사람들과 다르지 않다. 이렇게 조롱하는 자들이 심판의 날에 가깝다는 주장에 이의를 제기하는 모습은 우리 시대의 상황을 잘 설명한다.

—3:5-6—

베드로는 조롱하는 자들이 출현(3:3-4)하는 현재 상황에 대해 알아야 할 것을 말한다. 그리고 그런 다음 우리가 과거에서 기억해야 할 것이 무엇인지 말한다(3:5-6). 베드로는 이들이 예수님이 다시 오셔서 심판과 회복을 통해 세상을 변화시키는 일은 절대 없을 거라고 주장하는 것은 하나님이 전에도 이와 동일한 일을 행하셨다는 사실을 잊고 있기 때문이라고 말한다.

조롱하는 사람들은 기독교 역사관을 떠받치는 두 개의 기반을 본질적으로 거부한다. 무에서의 창조와 세계적인 홍수. 5절은 하나님이 물에서 물을 분리시켜서 지구의 환경("하늘")을 창조하셨을 뿐만 아니라, 이미 오래전에 땅과 물을 분리시켜 인간이 살 수 있는 세상을 만드셨다는 것을 짧게 요약해서 진술한다. 창세기 1장이 이 두 가지 행위를 묘사하고 있다.

> "하나님이 이르시되 물 가운데에 궁창이 있어 물과 물로 나뉘라 하시고 하나님이 궁창을 만드사 궁창 아래의 물과 궁창 위의 물로 나뉘게 하시니 그대로 되니라 하나님이 궁창을 하늘이라 부르시니라 저녁이 되고 아침이 되니 이는 둘째 날이니라 하나님이 이르시되 천하의 물이 한 곳으로 모이고 뭍이 드러나라 하시니 그대로 되니라 하나님이 뭍을 땅이라 부르시고 모인 물을 바다라 부르시니 하나님이 보시기에 좋았더라"(창 1:6-10).

이것이 최초의 천지 창조였다. 이것이 무신론자, 유물론자 그리고 다른 회의주의자들이 공공연히 거부하는 하나님의 특별한 창조 행위이다. 사실, 베드로는 창조의 진리를 "그들이 일부러 잊으려 한다"(3:5)고 말한다. 이것은 단순히 하나님이 만물을 명령하셨다는 사실을 들어본 적이 있는지 없는지의 문제가 아니다. 오히려 그들은 주권을 가진 창조주에 대한 생각을 그들의 마음속에서 떨쳐 내기 위한 여러 가지 이론과 이유를 내놓는다. 그들은 창세기 1장을 신화나 고루한 세계관으로 치부하고, 수십억 년에 걸친 천문학적이고 지질학적인 진화 이론을 좋아한다.

베드로는 하나님이 하늘과 땅을 창조하실 때 물을 나누신 행위를 강조하는데, 이것은 노아 시대에 이 땅을 심판하실 때 홍수를 사용해서 그러한 분리를 뒤바꾸셨기 때문이다. 그때의 세상, 즉 창세기 1장에 나오는 원래 창조되었던 세상은 바로 이 물에 의해 파괴되었다. 홍수의 심판은 창세기 7장 11–12절에 설명되어 있다.

> "노아가 육백 세 되던 해 둘째 달 곧 그 달 열이렛날이라 그날에 큰 깊음의 샘들이 터지며 하늘의 창문들이 열려 사십 주야를 비가 땅에 쏟아졌더라."

나는 하나님이 세상을 계획하고 창조하신 증거를 거부하는 사람들이 전 세계적인 홍수의 증거 또한 거부한다는 사실이 흥미롭다. 그들은 똑같은 지질학적 증거를 보고, 전 세계의 거의 모든 고대 문화 속에서 발견되는 똑같은 홍수 이야기를 읽고도 그것이 모두 전설이나 신화이며, 기껏해야 지진 해일이나 허리케인 같은 재난이 한 지역에서 일어난 것을 과장한 이야기라고 결론 짓는다.

그러나 베드로는 하나님이 홍수를 통해 원래 창조하셨던 하늘과 땅을 파괴하셨다고 분명히 밝힌다. 홍수가 그치고 난 후에 생긴 새로운 질서는 이전의 악한 세상과는 완전히 달랐다. 베드로가 뜻하는 것은 수천 년 전 하나님이 홍수라는 대이변을 일으켜 개입하셨듯이 언젠가 다시 한 번 개입하실 것이며, 그러나 그때에는 불로 개입하시리라는 것이다.

—3:7—

베드로는 우리의 현재 – 조롱하는 자들이 나타날 것(3:3–4) – 상황에 대해 말한 후에 고대 역사, 곧 하나님이 노아의 시대 때 조롱하는 자들의 세상을 심판하신 것(3:5–6)을 되돌아보게 했다. 이제 그는 이 두 가지 사실을 합해서 미래에 일어나리라고 믿는 것, 즉 현재의 세상 질서에 대한 심판을 가리킨다.

베드로는 현재의 '하늘과 땅' – 인류가 노아의 홍수 이래로 살아온 세상 질서 – 은 불사르기 위해 보존되고 있다고 말한다. 이 불은 최후의 심판 때 하나님이 세상과 경건하지 않은 사람들의 행실을 멸망시키실 때 나타날 것이다. 두말할 필요 없이 여기에는 2장의 거짓 선생들과 3장의 조롱하는 자들이 포함될 것이다. 이것은 악한 사람들이 멸망하고 의인들이 구원받을, 도래할 심판에 대한 베드로의 반복된 경고와 일치한다(2:1, 3, 9).

불 심판 다음에는 무엇이 오는가? 베드로는 13절에서 이 주제 – 현재의 질서가 대화재로 소실되고 '새 하늘과 새 땅'이 도래할 것 – 를 다룰 것이다. 창세기 1장의 세계가 심판받고 홍수 후에 회복되었듯이 현재의 하늘과 땅도 심판받고 불이 지나간 후에 회복될 것이다. 우리는 베드로가 언급한 여러 단계의 세상을 세 개의 '하늘과 땅' 시기로 구분해서 도표로 만들 수 있다. 홍수 이전, 홍수 이후, 불 심판 이후.

하나님이 의인들을 구원하시고 악인들을 심판하시는 성경의 예를 언급한 2장에서 베드로가 노아의 홍수와 소돔과 고모라에 내린 불 심판을 예로 든 것은 흥미로운 일이다. 이것은 베드로가 과거에 있었던 홍수 심판과 미래에 있을 불 심판을 언급한 것과 일치한다. 사실, 베드로는 하나님이 소돔과 고모라 백성들을 "후세에 경건하지 아니할 자들에게 본을 삼으셨"(2:6)다는 말까지 했다.

베드로의 메시지는 분명하다. 날마다 세상이 어떻게 돌아가든, 조롱하는 사람들이 아무리 그리스도의 재림과 다가올 심판을 비웃더라도 결국에는 하나님이 승리하신다는 것이다!

적용

재림을 다시 생각함

그렇다. 비판하는 사람들은 그것을 부인해왔다. 냉소적인 사람들은 그것을 비웃었다. 학자들은 그것을 무시했다. 자유 신학자들은 그것을 대충 얼버무렸고(그들은 그것을 '비신화화'라고 부른다), 광신자들은 그것을 왜곡시켰다. "주께서 강림하신다는 약속이 어디 있느냐"(벧후 3:4). 많은 사람들이 지금도 조롱하며 소리친다. 구세주의 재림은 계속 공격받고, 오용되며, 부정당할 것이다. 그러나 재림은 곧 이루어질 것이며, 절망과 불신 가운데 우리에게 소망과 격려를 줄 준비를 갖추고 반석처럼 굳게 버티고 있다.

"좋아요. 그러면 그 동안 나는 어떻게 해야 하죠?" 여러 명의 실용주의자들이 한 목소리로 질문하는 소리가 들린다. 좋다. 그리스도의 재림에 대한 교리가 우리의 실생활에 아무런 영향을 미치지 못한다면 조롱하는 사람들이 비아냥거린다고 해도 무슨 상관인가? 다소 당혹스럽고 시대에 맞지 않는 그 교리는 덮어두고 더 중요한 것에 관심을 가져야 하지 않을까? 그리스도의 재림을 확신한다면 우리는 무엇을 해야 하는가?

첫째, 당신이 하지 말아야 할 것을 이해하는 것이 최선일 것이다. 하얀 가운을 입고 생각이 비슷한 광신자들끼리 공동체나 지붕 위에 모이지 말라. 직장을 버리고 주님이 강림하

홍수에 대한 단상

전 세계를 뒤덮었던 홍수를 기록한 고대의 서적은 성경만이 아니다. 남미로부터 아시아, 아프리카, 오스트레일리아에 이르기까지 고대의 사람들은 노래, 시, 구전, 전설 속에서 대홍수를 회상한다. 학자들은 오래전부터 고대 문화에 널리 퍼져 있던 '홍수 이야기' – 신들이 소수의 사람들만 남긴 채 악하고 귀찮은 인간들을 멸망시키려고 홍수를 일으켰다는 내용의 서사시 – 를 알고 있었다.

예를 들어 수메르인들은 지우수드라 왕에 대한 이야기를 기술하고 있는데, 그는 엔카라는 신으로부터 다른 신들이 인간을 홍수로 멸망시키려는 계획을 세우고 있다는 말을 듣는다. 인간을 멸망시키려는 이유는 사람들이 너무 시끄럽게 떠들어서 신들을 밤낮 깨우기 때문이었다![1] 지우수드라는 즉시 큰 배를 건조해서 자신의 가족과 동물들을 태워 목숨을 보전한다.[2] 비가 잦아든 후에 왕은 안과 엘릴이라는 신들 앞에 엎드려 머리를 조아리고 생명을 구해줄 것을 간청한다.[3]

바빌로니아의 「길가메시 서사시(Epic of Gilgamesh)」에는 인류를 멸망시키려고 신들이 보낸 홍수에서 살아남은 우트나피시팀이라는 노인에 대한 이야기가 나온다. 에아(Ea)라는 한 신이 그에게 계획을 알려주면서 방주를 지으라고 했다. 비가 그치고 방주가 높은 산 위에 머물렀을 때 우트나피시팀은 배에서 내려도 되는지 알아보기 위해 까마귀와 비둘기를 날려보냈다. 동시에 그는 신들의 비위를 맞추기 위해 제사를 지냈다.[4]

더 동쪽으로 가면 힌두교의 홍수 신화가 있다. 주인공 마누는 물고기로부터 그가 있는 곳을 파괴할 홍수를 피하기 위해 배를 만들라는 말을 듣는다. 마누는 그 말하는 물고기의 경고를 받아들인다. 비가 오기 시작하자 마누는 방주에 들어가고 그 물고기가 방주를 산꼭대기로 끌고 간다. 홍수는 마누를 제외한 모든 생물들을 멸망시켰다.[5]

이 몇 가지 윤색된 홍수 이야기들을 보면 창세기 6-9장에 나오고, 베드로후서 3장에서 반복된 사건들이 역사적인 사건에 기초하고 있다는 것을 알 수 있다. 실제로, 여러 문화가 성경에 기록된 실화를 윤색한 것이다. 그들은 야훼를 여러 신들(또는 물고기!)로, 노아를 지우수드라, 마누, 우트나피시팀 같은 인물들로 바꿨다. 하지만 기본적인 줄거리는 인류가 종종 망각하는 역사적 진실을 우리에게 일깨운다. "이로 말미암아 그 때에 세상은 물이 넘침으로 멸망하였으되"(벧후 3:6).

실 때 제일 먼저 맞이하기 위해 높은 산으로 이주하지 말라. 그리고 가당치도 않은 계산에 근거해서, 또는 '종말의 징조들'을 경솔하게 해석해서 그분이 재림하실 날을 지목하려고 하지 말라. 다시 말해 그리스도의 재림에 과잉 반응함으로써 언제라도 손에 썩은 과일을 들고 조롱할 태세를 갖추고 있는 사람들에게 비웃음을 사기에 마땅한 비성경적인 사기꾼들과 함께하지 말라.

마음을 다잡고 흔들리지 말라. 그분의 영광을 위해 날마다 그날이 마지막 날인 것처럼 살라. 주님의 이름을 위해 그분이 앞으로 10년 동안은 오시지 않을 것처럼 가정과 직장에 충실하라. 기회를 얻을 때마다 소금의 역할을 하라. 빛을 비추고, 조화로우며, 쾌활하고, 매력적이며, 차분한 태도로 날마다 그분의 재림을 기대하라. '우울하고 비관적인' 사람들에게 부지런히 복음을 전하라. 그리고 소망을 가지고 위만 바라보며 회의론자들을 냉정하게 대하라.

아, 한 가지 더 있다. 예수님이 자신의 백성들을 공중으로 끌어올리실 때 당신이 날 준비가 완전히 되어 있지 않다면(살전 4:17), 표를 얻는 것이 좋을 것이다. 서두르라. 표가 남아 있다면 거저 얻을 수 있다. 그러나 기다리지 말라. 마침내 당신이 결심했을 때 이 모든 일이 벌써 벌어지고, 당신은 위가 아니라 뒤를 바라보고 있게 될지도 모른다. 그러면 눈 깜짝할 사이에 천국에 도착해 구세주와 영원히 함께하는 대신 이곳에 남겨지게 될 것이다. 갑자기 상당히 멍청해 보이는 '똑똑한' 회의주의자들에게 둘러싸인 채.

주의 날(베드로후서 3:8-13)

8 사랑하는 자들아 주께는 하루가 천 년 같고 천 년이 하루 같다는 이 한 가지를 잊지 말라 9 주
의 약속은 어떤 이들이 더디다고 생각하는 것 같이 더딘 것이 아니라 오직 주께서는 너희를 대하여
오래 참으사 아무도 멸망하지 아니하고 다 회개하기에 이르기를 원하시느니라 10 그러나 주의 날이
도둑 같이 오리니 그 날에는 하늘이 큰 소리로 떠나가고 물질이 뜨거운 불에 풀어지고 땅과 그 중에
있는 모든 일이 드러나리로다 11 이 모든 것이 이렇게 풀어지리니 너희가 어떠한 사람이 되어야 마땅
하냐 거룩한 행실과 경건함으로 12 하나님의 날이 임하기를 바라보고 간절히 사모하라 그 날에 하늘
이 불에 타서 풀어지고 물질이 뜨거운 불에 녹아지려니와 13 우리는 그의 약속대로 의가 있는 곳인
새 하늘과 새 땅을 바라보도다.

내가 젊었을 때, 성경의 예언은 가장 인기 있는 주제였다. 지역 교회의 출석률을 높이려면 예언 집회를 계획하거나 계시록 시리즈를 설교하겠다는 계획을 널리 알리면 됐다. 매년 예언에 관한 서적들이 수십 권씩 쏟아져나오는 것 같았다! 따라가기가 버거울 정도다. 수십 년이 지나면서 말세에 대한 관심이 그때만큼은 아니지만, 아직도 말세에 대해 가르치는 선생들을 따라다니는 열혈 팬들을 볼 수 있다.

예언에 대한 이런 호기심과 일각의 도를 넘은 풍조를 감안해서, 미래에 벌어질 일들에 대한 일반적인 사실을 몇 가지만 말하겠다. 거두절미하고 간단히 핵심적인 조언 몇 가지만 하겠다. 첫째, 하나님은 미래에 대해 몇 가지를 알려주셨다. 하지만 아직도 베일에 싸여 있는 것이 많다. 미성숙한 그리스도인들의 특징 가운데 하나는 성경을 있는 그대로 읽지 않고 더 많은 의미를 붙여서 읽는 것이다. 성경의 예언에서는 큰 그림을 볼 수 있지만, 여러 세세한 사항은 분명하게 드러나 있지 않다.

둘째, 답을 찾을 때 끊임없이 의문의 여지를 남겨라. 장차 일어날 일의 세부 사항에 대한 합의를 다른 성도들과의 교제를 근거로 이루려고 하지 말라. 삼위일체, 그리스도의 성육신, 죽음, 부활, 승천 속에 나타난 그분의 위격과 사역에 관한 본질적이고, 구원과 관련된 진리에 동의한다면, 그리스도의 재림이 어떤 식으로 전개될 것인지에 대해서는 피차 관용을 베풀라. 당신처럼 명확한 시각을 갖고 있지 않은 사람들에게 관대하라.

셋째, 상세한 부분까지 모두 아는 사람이 없다 하더라도 성경에 뚜렷하게 명시된 것에 대해서는 주저하지 말고 단호한 태도를 취하라.

- 그리스도는 육신으로 재림하실 것이다.
- 최후의 심판이 있을 것이다.
- 천국과 지옥은 실제로 존재한다.
- 몸의 부활은 확실하다.

이것들은 성경에 분명히 명시되어 있기 때문에 믿을 수 있다. 최근에는 세세한 부분에 지나치게 집착하거나 큰 그림도 모르고 있는 양극단 사이를 왔다 갔다 하는 듯하다. 언제나 그렇듯, 여기에도 균형이 필요하다. 극단적인 교조주의도 건전하지 않지만 교리적 관점에 계속 우유부단한 태도를 보이는 것도 현명하지 못하다. 하다못해 잠정적인 답이라도 내놓지 않는다면 구도자들은 답을 주는 다른 종교를 찾을 것이다.

예언된 사건들은 언제나 우리의 상상력을 자극한다. 미래에 대한 궁금증 때문에 우리는 지평선 저편에 무엇이 있는지 찾는 것을 한사코 멈추지 않는다. 과학자, 철학자, 역사가, 정치가, 심지어 점쟁이들까지도 하나같이 나름대로 예측을 한다. 그리고 그것을 추종하는 사람들도 있다. 하지만, 성경에 필적할 만한 자료는 없다. 우리가 신뢰할 수 있고, 영감을 받아 쓰인 진리에 관한 한 유일하게 꼽을 수 있는 자료는 이 책밖에 없다.

베드로는 이미 과거와 현재에 대한 진리의 원천으로 성경의 권위를 확립했다(1:19–21). 그는 불시에 믿지 않는 사람들을 덮치고(2장) 조롱하는 사람들의 코를 납작하게 만들, 장차 있을 심판에 대해 경고했다(3:1–7). 베드로는 신자들이 믿음 안에서 정진하고, 믿음과 실천이라는 성경적 기초를 공고히 하도록 하기 위해 올바른 가르침을 주었다. 베드로는 경고와 주의, 약속들을 통해서 그리스도가 다시 오셔서 영광 가운데 악한 자들을 심판하시고 의인들에게 상을 베푸실 것이라는 소망에 비추어 신실함을 잃지 말라고 권고한다. 3장 8–13절에서 베드로는 소망을 잃지 않도록 더욱 힘을 북돋워준다.

—3:8–9—

베드로의 편지를 받는 원독자들은 어려운 시기 가운데 있었다. 황제와 통치자들의 핍박, 거짓 선생들의 위협, 조롱하는 자들의 멸시, 죄에 대한 유혹, 잘못된 믿음의 영향. 그들의 마음을 달래기 위해 베드로는 노아 시대에 하나님이 세상의 악인들을 멸절시키셨듯이 또 그렇게 하실 것임을 재확인한다(3:3–4). 그는 잘못된 것이 바로잡히고 의인이 다스리는 날이 올 것임을 일깨운다(3:4–7). 현재의 "하늘과 땅"(3:7)은 심판의 대상이다.

8절의 첫머리에서 베드로는 하나님이 그들을 심판하실 것을 믿지 않는 회의론자들의 조롱에 대해서 한 가지를 주목하라고 권고한다. 베드로가 하나님께는 하루가 천 년 같고 천 년이 하루 같다고 말한 것은 실제로 하루를 천 년으로 해석해서 세상의 마지막 날을 알아낼 수 있는, 예언을 푸는 비결을 알려주고 있는 것이 아니다. 그보다 그는 시편 90편 4절을 인용한 것이다. "주의 목전에는 천 년이 지나간 어제 같으며 밤의 한 순간 같을 뿐임이니이다." 이 말의 의미는 하나님께 우리의 제한된 시간 개념을 적용하는 것은 적절하지 않다는 뜻이다.

세상의 시간은 어떤 식으로든 하나님의 전체 계획에 영향을 미치지 못한다. 그분은 시간의 제한을 받지 않으신다. 다시 말해서 그분은 우리가 인식하는 시간의 인과 관계의 흐름과는 무관할 뿐만 아니라 그것을 초월하신다. 이사야는 이렇게 기록했다. "이는 내 생각이 너희의 생각과 다르며 내 길은 너희의 길과 다름이니라 여호와의 말씀이니라 이는 하늘이 땅보다 높음 같이 내 길은 너희의 길보다 높으며 내 생각은 너희의 생각보다 높음이니라"(사 55:8-9).

베드로가 이런 신학적 진리를 언급한 이유는 무엇일까? 그것은 조롱하는 사람들이 자신들의 주장의 근거를 세상의 시간에 두고, 그리스도의 재림이 오래 지체되는 것은 하나님이 약속을 지키시지 않는다는 것을 의미한다고 주장하고 있기 때문이다. 분명, 유한한 인간의 관점에서 보면 하나님은 보통 개입을 서두르지 않으신다. 그분은 종종 느리게 움직이시는 것처럼 느껴진다. 우리는 그분이 약속을 성취하시도록 재촉하거나, 아니면 계획을 서두르시도록 재촉하고 싶은 마음이 굴뚝 같다. 그러나 하나님은 그분만의 신비한 시간표에 맞춰 일하신다. 그렇다고 하나님이 의인들을 구원하고 그들에게 보상하는 것에 무관심하시다는 뜻이 아니다. 그 반대이다! 베드로는 하나님이 심판을 '지연'시키시는 것은, 사실 자비를 베푸시기 위해서라고 주장한다!

9절은 하나님의 오래 참으심에 대해 말한다. 하나님은 약속을 등한시하지 않으신다. 하나님은 가능한 많은 사람들에게 그리스도께로 돌아설 기회를 주어 구원받게 하려고 말세의 사건들을 의도적으로 지연시키고 계신다. 이런 관점에서 보면 하나님은 느리신 것이 아니라 참을성이 많으시다. 그분은 늦으시는 것이 아니라 일부러 지체하고 계신다. 그분은 무관심하신 것이 아니라 자비로우시다. 그분의 계획은 원래 정하신 그대로 진행되고 있다. 사도 바울은 "하나님은 모든 사람이 구원을 받으며 진리를 아는 데에 이르기를 원하시느니라"(딤전 2:4)고 썼다.

이것을 개인적으로 적용하기 위해 당신이 믿음을 갖기 딱 2주 전, 또는 이틀 전에 예수님이 재림하셨다고 상상해보라. 당신은 심판의 불이 떨어지기 직전에 구원을 놓쳤다! 이제 이것을 아직 예수 그리스도를 모르는 당신의 지인들에게 적용해보라. 9절의 "너희", "아무도" "다" 대신 그들의 이름을 대입해보라. "오직 주께서는 ( )를 대하여 오래 참으사 ( ) 멸망하지 아니하고 ( ) 회개하기에 이르기를 원하시느니라." 관점이 바뀌지 않는가?

하나님의 인내심은 믿지 않는 사람들에게만 혜택을 주는 것이 아니다. 하나님은 심판을 늦추시면서 타락한 신자들에게 제자리로 돌아올 기회를 주신다. 그분은 우리에게 회개할 여지, 즉 영원한 파멸로부터의 구원이 아니라 영적으로 메마른 삶에서 열매 맺는 삶으로 돌이킬 여지를 남겨주신다. 하나님은 비그리스도인들이 믿음을 갖게 되기를 인내하며 기다리시는 것은 물론, 우리에게 잃어버린 사람들에게 구원의 복음을 전할 수 있는 시간을 주고 계신다(롬 10:17을 보라).

—3:10-13—

하지만 하나님이 언제까지나 지체하고 계시지는 않을 것이다. 언제인지는 모르지만 참으시는 시기에는 한계가 있다. 하나님이 긍휼과 자비로 심판을 늦추고 계시는 것은 사실이다. 그러나 이러한 자비는 "그러나 주의 날이 도둑 같이"(3:10) 오면 갑작스러운 종말을 맞게 될 것이라고 확실히 밝힌다.

'주의 날'은 모든 심판의 때를 가리키는 일반적인 명칭이다. 우리가 "할아버지가 젊었을 때에는 컴퓨터가 없었단다"라고 말하듯이 '날'이라는 말은 비유적으로 사용된다. '주의 날'이라는 표현은 하나님이 악한 자들에게 심판을 내리시는 모든 때를 가리킨다. 이는 역사적으로 숱한 '주의 날들' – 노아의 홍수나 소돔과 고모라의 심판처럼 – 이 있었음을 의미한다.

그런데 이런 날들은 하나같이 공통점을 가지고 있었다. 이사야의 말이 이것을 잘 표현하고 있다. "보라 여호와의 날 곧 잔혹히 분냄과 맹렬히 노하는 날이 이르러 땅을 황폐하게 하며 그 중에서 죄인들을 멸하리니"(사 13:9). 하지만 베드로가 오순절 설교 때 인용한 요엘 선지자의 말처럼 심판 때에도 의로운 자들은 구원을 받을 것임을 하나님은 약속하신다. "주의 크고 영화로운 날이 이르기 전에 해가 변하여 어두워지고 달이 변하여 피가 되리라 누구든지 주의 이름을 부르는 자는 구원을 받으리라 하였느니라"(행 2:20-21).

베드로는 3장 10-12절에서 우리를 위해 말세의 전반적인 모습에 관한 질문에 답한다.

하지만 우리가 알고 싶은 상세한 부분에 대해 정확하게 답을 주고 있지는 않다.

- 주의 날은 언제 임하는가?
- 주의 날이 오면 어떤 일이 일어나는가?
- 주의 날은 어떻게 임하는가?
- 그렇다면, 도래할 주의 날에 대해 우리는 무엇을 해야 하는가?

첫째, 언제인가? 베드로는 주의 날은 예기치 못한 때에 '도둑 같이' 올 것이라는 말로 언제라는 질문을 받아 넘긴다. 이것은 마태복음 24장 43절에서 그리스도가 심판 때에 그분의 재림을 설명하면서 사용하신 생생한 비유이다. 바울 또한 이 비유를 사용해서 이렇게 말한다. "주의 날이 밤에 도둑 같이 이를 줄을 너희 자신이 자세히 알기 때문이라"(살전 5:2). 도둑이 아무런 경고나 고지 없이 예기치 못한 시간에 오듯이 최후의 심판 또한 사람들이 꿈도 꾸지 못한 시간에 시작될 것이다.

둘째, 무슨 일이 일어나는가? 10절의 세 구절은 이 최후의 심판이 닥칠 때 무슨 일이 일어나는지에 대해 말한다. "하늘이… 떠나가고", "물질이… 풀어지고", "땅과 그 중에 있는 모든 일이 드러나리로다." 12절은 하늘이 불에 타고 물질이 강한 열에 녹을 것이라고 표현하면서 이 참담한 광경을 더 상세히 설명한다. 이것은 보기 좋은 광경이 아니다. 노아 시대의 세상이 모든 것을 삼키는 홍수에 휩쓸려 갔듯이, 현재의 세상도 강한 열기를 뿜는 불에 모조리 소실될 것이다.

셋째, 어떻게 임하는가? 베드로는 10절에서 다음에 나오는 세 가지 단어로 앞으로 닥칠 멸망을 설명한다. "큰 소리", "떠나가고," "뜨거운 불." 이 이미지들은 모두 재앙의 불과 함께 수반되는 익숙한 소리와 느낌을 나타낸다. 산불이 처음에는 타닥타닥 타다가 걷잡을 수 없는 화염으로 커지듯이 처음에 그것은 나무 사이를 스치는 거센 바람 소리처럼 들린다. 그러나 산불은 나뭇잎과 가지들을 훑어내고 나무 몇 그루를 넘어뜨리는 대신 생명이라고는 찾아볼 수 없는 검게 탄 황무지만을 남겨놓는다. 이런 익숙한 비유로 베드로는 현재 세상의 소멸을 묘사한다. 실제로, 베드로는 이 '물질'의 파괴를 녹는다고 표현한다(3:10, 12). 고대에는 이 표현이 현대 과학에서처럼 원자 입자를 의미하는 것이 아니라 인식 가능한 물질 세계 – 흙, 물, 바람 – 를 이루는 기본 요소를 의미했다. 이런 것들이 새로운 것에 길을 내주기 위해서 한꺼번에 제거될 것이라고 베드로는 말한다.

마지막으로, 그래서 어쨌다는 말인가? 만물의 종말에 대해 생각할 때 우리 믿는 사람들은 어떻게 해야 하는가? 베드로는 11-13절에서 이 질문에 답한다. 만물이 불로 파괴될 것이기 때문에 우리는 "거룩한 행실과 경건함으로"(3:11) 살아야 한다. 세상의 물질적인 것들에 집착 – 물질에 소망을 두고, 투자하며, 의지하는 – 할 여력이 없다. 그것들은 모조리 불에 타 없어질 것이다!

동시에 우리는 "하나님의 날이 임하기를 바라보고 간절히 사모"(3:12)해야 한다. 어떤 의미에서 우리가 전도를 하고 복음을 전하는 것은 그리스도의 재림을 앞당기는 데 참여하는 것이다. 하나님은 이미 어떤 사람들이 구원받는지, 몇 명이 구원받는지 알고 계시며, 그 숫자가 채워지는 날 종말이 올 것이다(마 24:14, 롬 11:24-25). 하지만 여기에 너무 집중해서는 안 된다. 우리로서는 누가 그리고 얼마나 많은 사람이 구원받을지 알 수 있는 방법이 없기 때문에, 실제로 우리의 복음 사역이 종말을 앞당긴다 해도, 우리는 그분의 시간표 속에서 우리의 일을 하고 있는 것이다!

베드로는 이 밖에도 "우리는 그의 약속대로 의가 있는 곳인 새 하늘과 새 땅을 바라"(3:13)보아야 한다고 말한다. 즉, 우리는 현재의 이 세상을 벗어나 악이 없는 온전하고 영원한 상태에 초점을 맞춰야 한다. '새 하늘과 새 땅'이라는 말은 이사야서에서 환난 후에 그리스도가 지상에 그분의 왕국을 건설하실 때의 새 환경을 설명하는 대목에서 최초로 쓰였다(사 65:17, 66:22). 이것은 또 천년 왕국과 크고 흰 보좌 심판 후에 새롭게 창조된 세상이 옛 세상을 대신할 때의 영원한 상태를 말한다(계 21:1). 베드로는 만물의 최종적, 궁극적 상태를 강조하면서, 세상의 악인들이 환난 때에 심판받은 후와 죽은 사람들이 불못에서 심판받은 후를 보편적으로 다 일컫는 것 같다. 베드로는 이 두 가지 말세 때의 사건을 개괄적인 서술로 압축한다. 그의 의도는 시간표를 제시하려는 것이 아니라 현존하는 이 세상은 임시로 존재하며, 장차 올 세상만이 영원하다는 사실을 강조하려는 것이다.

베드로와 비슷한 생각을 반영하면서 사도 바울은 그리스도인의 소망을 다음과 같이 정리한다.

"'우리가 잠시 받는 환난의 경한 것이 지극히 크고 영원한 영광의 중한 것을 우리에게 이루게 함이니 우리가 주목하는 것은 보이는 것이 아니요 보이지 않는 것이니 보이는 것은 잠깐이요 보이지 않는 것은 영원함이라"(고후 4:17-18).

적용
세 가지 명령

예수님의 재림을 기다리는 신자들로서 우리가 받은 행군 명령은 세 가지로 요약될 수 있다. 당신의 삶을 정화하라. 하늘을 우러러 그분의 재림을 기대하라. 그리고 때를 얻을 때마다 전하라. 잠시 시간을 내어 말세 때 적용해야 할 이 명령들을 하나하나 되새겨보기로 하자.

첫째, 당신의 삶에서 정화되어야 할 부분은 무엇인가? 너무 성급하게 생각하지 말라. 이것은 중요한 일이다. 우리는 한 사람도 예외 없이 살면서 죄를 짓는다. 실제로, 요한은 이렇게 기록했다. "만일 우리가 죄가 없다고 말하면 스스로 속이고 또 진리가 우리 속에 있지 아니할 것이요"(요일 1:8). 가장 성숙한 성도라도 다루어야 할 영역이 있다. 양심이 찔리는 부분을 찾는 데 도움을 얻으려면 갈라디아서 5장 19-23절에 나오는 바울의 '육체의 일'과 '성령의 열매'를 대조하고 있는 목록을 공부하라. 당신의 삶 속에 있는 육체의 일과 또한 당신에게 결여되어 있는 성령의 열매에 표시를 하라. 그리고 하나님께 나아가라. 사도 요한은 죄에 대한 논의를 계속 이어갔다. "만일 우리가 우리 죄를 자백하면 그는 미쁘시고 의로우사 우리 죄를 사하시며 우리를 모든 불의에서 깨끗하게 하실 것이요"(요일 1:9). 죄를 고백하고, 용서를 구하며, 그 영역에 속하는 죄를 극복할 수 있는 힘을 달라고 간구하라.

둘째, 어떻게 날마다 그분의 재림을 계속 기대하면서 살 수 있을까? 현재의 세상은 일시적이며, 하나님의 의가 다스리는 영원한 왕국이 임하리라는 현실을 스스로에게 어떻게 상기시킬 수 있을까? 당신이 자신의 시간과 물질을 어떻게 사용하고 있는지 검토해보면 당신의 관점을 평가할 수 있다. 당신은 그분이 재림하실 때 살아남아 상급을 받을 영원한 것에 투자하고 있는가? 아니면 결국 불에 타 없어질 것들을 애써 추구하고 있는가? 고린도전서 3장 10-15절을 공부하라. 당신의 수표책을 검토하고, 지출을 점검하며, 하나님의 사역에 기부한 액수를 주의 깊게 살펴보라. 당신의 달력을 자세히 보라. 당신은 불길에서 살아

남지 못할 나무, 지푸라기, 그루터기 같은 일시적인 재료로 집을 짓고 있는가? 아니면 앞으로 있을 심판을 견뎌낼 고귀한 영적 재료를 사용하고 있는가? 하지만 거기서 멈추지 말라. 당신은 그분의 재림을 기다리면서 중요한 것에 더 많이 집중하기 위해 예산이나 스케줄을 어떻게 조정할 수 있는가?

마지막으로, 너무 늦기 전에 당신은 누구에게 예수님을 전할 수 있는가? 예수님이 내일 다시 오셔서 심판하신다고 상상해보라. 당신이 천국에서 보지 못할 사람이 누구일까? 뒤에 남겨질 사람은 누구일까? 크고 흰 보좌 앞에서 심판받는 모습을 보고 슬퍼할 사람, 당신이 단지 복음을 전하기만 했다면 영원한 형벌을 면할 수도 있었을 사람이 누구일까? 그 사람을 위해 기도하라. 자존심을 버리고 그 사람에게 사랑하는 마음으로 진리를 전하라. 당신이 염려하고 있다는 것을 말해주라. 그들은 귀 기울이지 않을 수도 있다. 당신을 비웃을지도 모른다. 그러나 반대로, 당신의 말이 그들을 하나님의 영원한 왕국에 한 발짝 더 가까이 다가가게 만들지도 모른다. 정결하게 하라. 위를 보라. 그리고 말하라. 주님이 다시 오실 때까지 이 세 가지 명령을 실천하기에도 바쁠 것이다.

어려운 시대를 살아가기(베드로후서 3:14-18)

---

14 그러므로 사랑하는 자들아 너희가 이것을 바라보나니 주 앞에서 점도 없고 흠도 없이 평강 가
운데서 나타나기를 힘쓰라 15 또 우리 주의 오래 참으심이 구원이 될 줄로 여기라 우리가 사랑하는
형제 바울도 그 받은 지혜대로 너희에게 이같이 썼고 16 또 그 모든 편지에도 이런 일에 관하여 말하
였으되 그 중에 알기 어려운 것이 더러 있으니 무식한 자들과 굳세지 못한 자들이 다른 성경과 같이
그것도 억지로 풀다가 스스로 멸망에 이르느니라 17 그러므로 사랑하는 자들아 너희가 이것을 미리
알았은즉 무법한 자들의 미혹에 이끌려 너희가 굳센 데서 떨어질까 삼가라 18 오직 우리 주 곧 구주
예수 그리스도의 은혜와 그를 아는 지식에서 자라 가라 영광이 이제와 영원한 날까지 그에게 있을
지어다.

베드로는 신자들에게 올바른 가르침을 주고, 믿음 안에서 정진할 것을 독려하며, 믿음과 실천이라는 성경적 기초를 공고히 하기 위해 이 편지를 썼다. 그리고 그는 곳곳에 있는 신자들에게 멸망에 이르는 거짓 선생들의 이단적인 해석을 거부하고 올바로 성경을 읽어

야 한다고 역설한다. 그래야만 잘못된 가르침을 접했을 때 흔들리지 않고 영적 성장의 열매를 맺을 수 있다.

베드로는 마지막 다섯 구절 속에 네 가지 중요한 명령을 남긴다.

- 힘쓰라(3:14).
- 여기라(3:15).
- 삼가라(3:17).
- 자라 가라(3:18).

—3:14—

'힘쓰라'는 베드로의 분명한 명령에서 가장 먼저 우리의 눈에 띄는 것은 그가 이 명령을 앞에서 논의한 것과 연결시킨다는 것이다. 그는 논리적 접속사 '그러므로'로 말문을 열면서 다가올 심판과 예수님의 재림을 생각하며 살라는 권고를 다시 일깨운다. 그는 조금 전 의가 있는 곳인 새 하늘과 새 땅에 대한 그리스도인의 소망에 대한 글을 끝냈다(3:13). 이런 것들을 기대하면서 우리는 오늘을 성실하게 살아야 한다.

'힘쓰다'라는 동사, *spoudazō*는 과업을 성취하는 데 있어서 '열성적이다' 또는 '애쓰다'라는 뜻이다. 이 경우에 베드로는 평강의 필요성을 강조한다. 무서워서 안절부절하거나 불안감에 우왕좌왕하지 말고 평화가 흘러나와야 한다. 이런 심리적 평온은 '점도 없고 흠도 없는' 상태, 즉 도덕적 오점이나 지속적인 죄책감이 없는 상태에서 나온다.

우리가 하나님께 죄를 숨김없이 고백함으로써 떳떳한 양심을 가지고 믿음 안에서 열심히 성장해가면, 현재의 역경과 미래의 심판을 더 큰 확신을 가지고 대면할 수 있다. 베드로는 예수님이 재림하셔서 우리를 찾으실 때 우리의 상태에 관해 생각하고 있다. 사도 요한도 동일한 권고를 한다. "자녀들아 이제 그의 안에 거하라 이는 주께서 나타내신 바 되면 그가 강림하실 때에 우리로 담대함을 얻어 그 앞에서 부끄럽지 않게 하려 함이라"(요일 2:28).

—3:15-16—

조롱하고 비웃는 사람들이 예수님의 재림이 지연된 것은 그분이 오시지 않는다는 뜻이라고 주장한 반면에, 베드로는 그분의 지체하심은 믿지 않는 사람들에게 '구원'의 기회를 주시는(3:15) 자비의 표현이라고 했다(3:8-9). 베드로는 그의 독자들이 예수님의 재림이 지체되는 데는 이유가 있다는 것을 확신하는 데 힘을 실어주고 싶어한다.

이제, 어떤 사람들은 그런 식의 반응을 변명 – 예수님이 지체하시는 것에 대한 핑계 – 으로 생각할지도 모른다. 그러나 베드로는 성경을 잘 아는 그리스도인들은 모두 예수님의 재림이 지연된 것에는 이런 목적이 숨어 있다는 사실을 믿는다고 주장한다. 이것을 뒷받침하기 위해 베드로는 그와 같은 권위를 가진 사도 바울의 비슷한 가르침을 이야기한다. 그는 그의 독자들에게 바울 역시 예수님의 오래 참으심은 구원을 위해서라고 썼다는 사실을 상기시킨다. 디모데전서 2장 4절에 그 내용 – 모든 사람이 구원받고 진리를 알게 되기를 바라는 마음 – 이 기술되어 있다. 그러나 바울은 로마서 2장 4절에서는 이렇게도 말하기도 했다. "혹 네가 하나님의 인자하심이 너를 인도하여 회개하게 하심을 알지 못하여 그의 인자하심과 용납하심과 길이 참으심이 풍성함을 멸시하느냐."

베드로는 바울의 편지에 간혹 '이해하기 어려운' 구절이 있다는 것을 인정한다. 이것은 바울이 의미하는 것을 해석하려고 특정 구절들을 연구하는 데 평생을 바쳐온 우리 같은 사람들에게 격려가 되기도 한다! 베드로에게도 어려운 구절이 있었다면 우리는 얼마나 더 겸손한 마음과 인내심을 가지고 성경을 대해야 하겠는가?

하지만 바울의 글에서 의미가 불분명한 구절들이 엉뚱한 사람들의 손에 들어가면 참담한 결과가 나올 수 있다. 베드로는 일부 사람들 – "무식한 자들과 굳세지 못한 자들" – 이 바울의 글과 성경의 나머지 부분들까지도 왜곡시킨 결과 스스로 멸망을 초래했다고 말한다. '무식하다'는 것은 무슨 뜻인가? *Amathēs*라는 이 헬라어는 신약 성경에서만 찾아볼 수 있다. 한 헬라어 사전은 이 말을 "정식 교육을 받지 않은 사람, 따라서 어리석고 무지하다는 의미를 내포한다"[6]고 정의한다. 그리고 '굳세지 못한'이라는 뜻을 가진 *astēriktos*는 자신의 견해를 바꾸거나 갈팡질팡하는 습성을 가진 사람을 일컫는다.[7]

이 단어들은 바울이 2장에서 상세히 다룬 거짓 선생들을 묘사하고 있다. 베드로는 이제

막 대두되기 시작한 신약 성경의 글들은 물론이고 구약 성경까지 제멋대로 해석하는 행태를 설명하면서 다시 그들을 떠올린다. 이러한 거짓 선생들은 공식적으로 권위를 인정받은 사도들에게 겸손하게 순종할 마음이 없었기 때문에 – 그리고 믿음이 흔들리고 있기 때문에 – 성경을 '왜곡하는' 것이다.

'왜곡'이라는 뜻을 가진 헬라어는 *strebloō*인데, '뒤틀다, 비틀다, 고문하다'라는 뜻을 가지고 있다. 명사형은 '고문대'라고 하는 고문 기구를 지칭한다. 조사관이 자백을 끌어내기 위해서 이 잔인한 장치에 사람을 묶어놓고 뒤틀고 돌리면, 사지가 탈구되곤 했다. 베드로

초기의 신약 성경

신약 성경에서 다른 신약 성경의 글을 구약 성경과 같은 반열에 놓고 '성경'이라고 지칭한 구절은 베드로후서 3장 15-16절이 유일하다. 2세대 그리스도인들에게서는 사도들의 글이 성령의 영감으로 쓰인 성경이라는 인식이 늘어난 것을 볼 수 있지만, 1세기에 '성경'이라는 말은 권위 있는 유대인의 거룩한 글로 인정받은 정경, 즉 구약 성경을 의미했다. 바울의 글에 대한 베드로의 언급은 사도 바울과 그의 서신서에 대한 유용한 통찰을 담고 있다.

첫째, 베드로는 벌써 여러 교회들이 바울의 편지를 수집하기 시작했음을 보여준다. 이는 신약 성경의 글들이 일찍이 쓰인 지 10년도 채 안 됐을 때부터 '정경'이나 신약 성경의 표준 '모음집'으로 발전했음을 시사한다. 물론, 신약 성경의 책들은 아직도 집필되고 있는 중이었고, 한 교회나 한 사람이 당시에 쓰인 모든 글들을 하나도 빠짐없이 수집했을 가능성은 매우 낮다. 고대에 이 책들이 필사되고, 수집되며, 정경으로 확인되기까지는 오랜 시간이 걸렸다. 그러나 "바울도… 썼고"라고 베드로가 말한 것은 AD 66년경 로마에 있는 베드로가 바울의 글들이 계속 수집되고 있음을 알았다는 것을 시사한다.

둘째, 베드로는 바울의 글을 분명히 보편적으로 인정된 성경과 같은 반열에 놓는다. 베드로는 거짓 선생들이 바울의 글을 '다른 성경과 같이' 뒤튼다고 말한다. 베드로는 바울의 글을 구약 성경을 위시한 더 큰 범주에 속하는 작은 부분으로 보았다. 여기서 '성경'이라는 말은 헬라어로 *graphē*인데, 디모데후서 3장 16절 "모든 성경은 하나님의 감동으로 된 것으로"에서 바울도 이 단어를 사용했다. 이는 하나님이 구약 성경에 신약 성경 – 계시가 진전되면서 진리의 분명한 자료로 사용되기 위해서 구약과는 다르지만 동일하게 영감에 의해 쓰이고 권위를 가진 글들 – 을 추가하고 계시다는 것을 그들이 이미 알고 있었음을 의미한다.

일부 비평가들은 초기 그리스도인들이 사도들의 글을 '성경'으로 간주하지 않았으며, 이 신약 성경을 정경으로 모아서 정리하는 과정은 몇 세대에 걸쳐 이루어졌다고 주장해왔다. 그렇다면 그들은 베드로가 바울의 글에 성경적 권위를 부여했음을 보여주는 베드로후서 3장 15-16절의 명백한 증거를 어떻게 생각하는가? 그저 간단히, 그들은 베드로후서가 훨씬 뒤에 쓰였다고 생각한다. 개인이 미리 생각한 결론에 증거를 억지로 맞추는 전형적인 예이다!

실제로, 바울의 글에 대한 베드로의 언급은 1세기에 이미 '신약 성경'이라는 개념이 확고히 자리잡았음을 보여주는 초기의 중요한 증거이다.[8]

는 여기에서 적절한 비유를 하고 있다. 거짓 선생들은 손에 성경을 들고 그들이 원하는 말을 할 때까지 성경을 뒤틀고 고문하곤 했다. 그들은 문맥에서 구절들만 떼어내 그러지 않았다면 뜻이 명확했을 구절들을 억지로 뒤틀어서 의미를 모호하게 만들고, 증거를 은폐하거나 과장하며, 사람들이 그들의 가르침을 '성경적'이라고 받아들이도록 속이기 위해서 온갖 방법을 다 동원했다.

이것은 우리 모두에 대한 경고로 받아들여야 한다. 시류에 편승하고 성경을 교묘하게 이용하는 사람을 추종하기에 앞서 우리는 그들이 가르치는 것을 상세히 검토해야 한다. 그들이 주장하는, 지금까지 감춰져 있던 교리의 '새로운 발견'이 기독교 신앙의 중심 진리에 부합하는가? 그들의 새로운 통찰이 성경의 나머지 부분과 맞물리는가? 거짓 선생들은 독특하고, 미묘하게 다르고, 새로운 것을 고안해내는 데 능하다. 그들은 걸핏 하면 아무도 또한 한 번도 주목한 적이 없는 것들을 발견했다고 주장한다! 그리고 건강한 그리스도인들과 학식 있는 학자들이 그들의 말에 동의하지 않아도 개의치 않는다. 사실, 그들은 그들의 비상식적인 가르침과 논란을 일으키는 교리를 명예 훈장처럼 달고 다닌다!

우리가 말씀을 들을 때 일부분만 따로 떼어낸 말씀이 아닌 총체적인 하나님의 말씀 – 모든 성경이 한결같이 말하고 있는 것 – 으로 걸러내야 하는 것도 이런 이유에서이다. 설교자의 스타일이나 선생의 카리스마에 미혹되어 날조된 논쟁을 받아들이고 교묘한 결론을 인정해서는 안 된다. 누가 가르치든 그 가르치는 내용을 그리스도인들이 처음부터 믿어왔던 것 그리고 성경에서 분명한 예를 찾을 수 있는 것과 비교하면서 비판적으로 사고해야 한다. 거짓 선지자들의 경박함과는 달리 신뢰할 수 있는 성경 해석자들은 하나님의 말씀의 권위 아래 있고, 도전에 용감히 맞서며, 시간이 지나도 변하지 않는다.

—3:17—

이 편지의 끝맺는 말에 나오는 베드로의 세 번째 명령은 '경계하라'이다. 거짓 선생들이 성경을 가지고 다닌다는 것을 미리 알고 있기에 우리는 경계를 게을리해서는 안 된다. 베드로는 눈을 부릅뜨고 적군의 접근을 감시하며 망을 본다는 뜻의 군사 용어를 사용한다. 적들은 거짓의 짙은 안개 속에서 아군의 군복을 입고, 아군의 무기를 가지고, 아군의 언어로 말하면서 은밀히 다가올 것이기 때문에 경계를 늦추지 말아야 한다. 지금부터는 아무도 몰랐다는 핑계를 댈 수 없다. 태만이나 무책임, 나태는 그렇다 쳐도, 몰랐다는 말은 안 된다.

경계를 게을리한 대가는 다음의 두 가지다. 첫째, 우리는 거짓 선생들의 오류에 휘말릴 것이다. 망루를 등진 군인처럼 적은 갑자기 달려들어 우리를 사로잡을 것이다. 둘째, 우리의 굳건한 위치를 잃을 것이다. 베드로는 구원을 잃는 것을 말하는 것이 아니라 성화의 상실, 즉 영적 성장이 퇴행하는 것을 말한다. 이 편지의 서두에서 베드로가 믿음과 사랑 사이에서 우리가 발전시켜야 할 덕목들 – 우리가 유용하고 열매 맺는 그리스도인임을 나타내는 경건한 습관들 – 을 나열했던 것을 떠올려보라(1:5-8). '영적 성장에 정진하라'는 이 권고에는 다음과 같은 약속이 수반되었다. "너희가 이것을 행한즉 언제든지 실족하지 아니하리라"(1:10). 3장 17절에서 베드로는 퇴행의 가능성 – 영적인 안정감이 상실되고, 무익하게 되며, 열매를 맺지 못하게 됨 – 을 인식하고 있다.

잠시라도 경계심을 늦추지 말라. 그 결과는 재앙이 될 수도 있다.

—3:18—

안정되지 못해서 영적인 내리막길로 미끄러지는 것과는 대조적으로, 베드로는 마지막 명령 – "자라 가라" – 을 말한다. 그는 "오직 우리 주 곧 구주 예수 그리스도의 은혜와 그를 아는 지식에서 자라 가라"고 권면한다. 이 명령과 함께 베드로는 편지 서두에 나오는 축복의 말을 되풀이한다. "하나님과 우리 주 예수를 앎으로 은혜와 평강이 너희에게 더욱 많을지어다"(1:2). 그는 첫 번째 편지에서도 영적 성장을 명령했다. "갓난 아기들 같이 순전하고 신령한 젖을 사모하라 이는 그로 말미암아 너희로 구원에 이르도록 자라게 하려 함이라"(벧전 2:2). 베드로의 편지가 의도하는 포괄적인 목표는 신자들이 계속 성장하고, 은혜가 풍성해지며, 영적 생활에서 열매를 맺는 것이다.

3장 18절에서 베드로는 신자들에게 은혜와 지식에서 자라 가라고 권고한다. 우리에게 주는 도전은 이 두 가지를 추구하면서 균형을 잃지 않는 것이다. 이 둘은 서로 배타적인 범주인 것처럼 보일 때도 있을 것이다. 자칫 무분별하게 한쪽으로만 극단적으로 치우칠 수 있다. 그러나 우리는 이 두 가지를 함께 추구해야 한다.

은혜	지식
… 사랑과 인내심을 갖게 해준다.	… 굳세게 하고 확신을 갖게 해준다.
… 자비와 긍휼을 베푼다.	… 분별력과 식견을 준다.
… 믿고 받아들이게 해준다.	… 질문하고 비판할 수 있게 해준다.
… 취약해진다.	… 확고해진다.

당신의 영적 성장을 점검하기 위해 끊임없이 탐색하는 질문을 스스로에게 던지라. 나는 은혜와 지식을 조화롭게 갖추고 있는가? 다른 사람들이 내 인격에서 괄목할 만한 변화를 보는가? 과거의 유혹이 이전처럼 강하게 느껴지지 않게 되었는가? 가짜 주장들에 대해서 더 분별력이 생겼는가?

1세기와 21세기의 그리스도인들 모두를 위해 기록된 베드로의 이 마지막 말은 예수 그리스도에 대한 찬양이다. 자신의 구세주에게 바치는 이 마지막 송영은 한때 자기 확신에 빠졌었지만 다시 돌아와 그 어떤 신자들도 근접할 수 없는 영적 거장으로 우뚝 선 한 남자의 속 깊은 간증이다. 베드로는 고집스러운 갈릴리 사람에서 겸손한 사도로, 고기를 낚는 평범한 어부에서 사람을 낚는 전설적인 어부로 성숙했다. 우리도 그를 좇아 그의 경고에 귀를 기울이고, 그의 가르침을 떠올리며, 그가 설명한 하나님의 약속들을 받아들이고, 열심과 소망을 실천하며, 성령의 예비하심에 의지하면서 영적 성장을 향해 나아가는 이 놀라운 여정에 참여할 수 있다. 그렇게 할 때 우리는 거짓 교리를 물리치고, 도덕적인 타협을 피하며, 우리 구주 예수 그리스도에 대한 베드로의 가슴 뜨거운 찬양에 참여할 수 있게 될 것이다.

"영광이 이제와 영원한 날까지 그에게 있을지어다"(벧후 3:18).

주: 그리스도의 재림에 대한 기대(베드로후서 3:1-18)

1. James D.G. Dunn and John W. Rogerson, eds., *Eerdmans Commentary on the Bible*(Grand Rapids: Eerdmans, 2003), 36.
2. Thorkild Jacobsen, "The Eridu Genesis," *Journal of Biblical Literature 100*, no. 4(1981): 524.
3. 같은 책, 525.
4. John H. Tullock, *The Old Testament Story*, 6th ed.(Upper Saddle River, NJ: Prentice Hall, 1981), 43.
5. James George Frazer, *Folk-Lore in the Old Testament: Studies in Comparative Religion, Legend and Law*(New York: MacMillan, 1923), 1:183-84.
6. Louw and Nida, eds., *Greek-English Lexicon*, 27.24.
7. 같은 책, 31.79.
8. 신약 성경의 정경이 형성되는 역사에 대해서는 F. F. Bruce, *The Canon of Scripture*(Downers Grove, IL: InterVarsity Press, 1988), Bruce M. Metzger, *The Canon of the New Testament: Its Origin, Development, and Significance*(Oxford: Clarendon, 1987)을 보라.

찰스 스윈돌의 신약 인사이트 시리즈
야고보서, 베드로전 · 후서

1쇄 인쇄 2011년 11월 30일
1쇄 발행 2011년 12월 10일

지은이 찰스 스윈돌
옮긴이 김희수
펴낸곳 주) 도서출판 디모데 〈파이디온 선교회 출판 사역 기관〉

등록 2005년 6월 16일 제 319 – 2005 – 24호
주소 서울 강남구 개포동 1164–21
전화 마케팅실 070) 4018–4141
팩스 마케팅실 02) 6919–2384
홈페이지 www.timothybook.com

값 30,000원
ISBN 978–89–388–1502–6 04230
ISBN 978–89–388–1499–9 (세트)